NomosPraxis

Dr. Hartmut Rensen
Richter am Oberlandesgericht Köln,
Lehrbeauftragter der Universität Osnabrück

Beschlussmängelstreitigkeiten in der GmbH

Nomos

Die Deutsche Nationalbibliothek verzeichnet diese Publikation in der Deutschen Nationalbibliografie; detaillierte bibliografische Daten sind im Internet über http://dnb.d-nb.de abrufbar.

ISBN 978-3-8329-0582-5

1. Auflage 2014

Vorwort

Das Beschlussmängelrecht der GmbH ist schon deshalb besonders unübersichtlich, weil es an einer auf die Bedürfnisse der Gesellschaftsform GmbH zugeschnittenen, gesetzlichen Regelung fehlt. Außerdem treffen bei Beschlussmängelstreitigkeiten materielles GmbH-Recht und Prozessrecht aufeinander.

Das vorliegende Handbuch soll die damit einhergehenden Schwierigkeiten verringern helfen. Wenngleich das eine wissenschaftliche Durchdringung des Stoffes erfordert, richtet sich das Handbuch doch in erster Linie nicht an die Wissenschaft, sondern an die in der Praxis mit Beschlussmängelstreitigkeiten in der GmbH befassten Juristen in Unternehmen, Rechtsanwaltskanzleien und Gerichten. Dies hat Konsequenzen sowohl für den Gegenstand der Untersuchung als auch für den Gang der Darstellung.

So verbietet sich mit Rücksicht auf das sehr weite Feld praxisrelevanter Fragen eine allzu restriktive Begrenzung der Untersuchung. Gegenstand der folgenden Ausführungen ist deshalb die Geltendmachung etwa vorhandener Mängel von Gesellschafterbeschlüssen in einem umfassenden Sinn. Die folgenden Erläuterungen betreffen dementsprechend keineswegs nur die Geltendmachung von Beschlussmängeln im Wege einer Nichtigkeits- und Anfechtungsklage, sondern die Ausführungen gelten ebenso der positiven Beschlussfeststellungsklage, der allgemeinen Feststellungsklage im Zusammenhang mit Beschlussmängeln, dem einstweiligen Rechtsschutz sowie der Geltendmachung von Beschlussmängeln als Einwendung. Außerdem haben die gerade im Zusammenhang mit Beschlussmängelstreitigkeiten bedeutsamen Schieds- und Mediationsverfahren Berücksichtigung gefunden.

Wichtigstes Anliegen des Handbuchs ist schon im Hinblick auf den Adressatenkreis die praktische Brauchbarkeit der Darstellung. Dem dienen zunächst drei wesentliche Elemente: 1. Jeder Abschnitt beginnt mit kommentierenden Erläuterungen. Um des besseren Verständnisses willen werden dabei gelegentlich allgemeine Erwägungen angestellt. So werden etwa die denkbaren Mängel der Einladung zu Gesellschafterversammlungen einer GmbH im Zusammenhang mit allgemeinen Ausführungen zum notwendigen Inhalt solcher Einladungen erörtert. 2. Die kommentierenden Erläuterungen werden regelmäßig unterbrochen von Auszügen aus besonders wichtigen Entscheidungen, insbesondere des Bundesgerichtshofs, aber auch der Oberlandesgerichte und anderer Gerichte. Diese Auszüge sind graphisch hervorgehoben und dienen nicht nur dem besseren Verständnis der erläuterten Grundsätze, sondern sie erlauben den in der Praxis tätigen Juristen als Lesern außerdem eine unmittelbare Verwendung des betreffenden Zitats in Schreiben, Schriftsätzen und Entscheidungen. 3. Den einzelnen Abschnitten der Erläuterung und den Auszügen aus der Rechtsprechung folgen Übersichten über die wichtigsten Grundsätze des betreffenden Zusammenhangs. Diese Übersichten sind ebenfalls graphisch hervorgehoben. Sie sollen dem Leser und Verwender des Handbuchs ein schnelles Erfassen der wesentlichen Grundsätze auf einen Blick erlauben.

Den um Entscheidungsauszüge und Übersichten erweiterten Erläuterungen folgen Abschnitte zum einen mit ergänzenden Ausführungen zu den praktisch besonders wichtigen Fällen der Zwangseinziehung eines Geschäftsanteils, des Ausschlusses eines Gesellschafters, der Abberufung des Geschäftsführers und der Auflösung der Gesellschaft, zum anderen mit Prüfungsschemata zur Nichtigkeitsklage, zur Anfechtungsklage, zur positiven Beschlussfeststellungsklage und zur allgemeinen Feststellungsklage einerseits sowie mit einigen Formulierungsvorschlägen andererseits. Es folgen schließlich Formulare zu den vorgenannten Klagen sowie zu einer einstweiligen Verfügung.

Mit den Erläuterungen, Entscheidungsauszügen, Übersichten, Prüfungsschemata, Formulierungshilfen und Formularen sollen auch weniger erfahrene Praktiker in die Lage versetzt werden, Beschlussmängelstreitigkeiten sicher zu führen. Insbesondere sollen die Fragen, welche Gesichtspunkte jeweils zu prüfen sind und wie dieselben in ein Verfahren einzuführen sind, in ebenso leicht verständlicher und schnell erfassbarer wie tiefgehender Form beantwortet werden.

Das vorliegende Handbuch berücksichtigt den Stand von Gesetzgebung, Rechtsprechung und Literatur im Dezember 2013.

Es ist während meiner richterlichen Tätigkeit als Mitglied des für das Recht der Handelsgesellschaften zuständigen 18. Zivilsenats des Oberlandesgerichts Köln entstanden und beruht dementsprechend insbesondere auf Kenntnissen, die ich während der Beschäftigung mit gesellschaftsrechtlichen Fragen im 18. Zivilsenat des Oberlandesgerichts Köln gewonnen habe. Besonders wichtig waren für mich dabei die Diskussionen mit den Kollegen Dr. Burkhard Gehle, Dr. Uwe Schmidt, Hans-Josef Beumers, Roland Zickler und Dr. Jan Luckey, und zwar sowohl innerhalb als auch außerhalb der Senatsberatung. Ich danke den Kollegen sehr herzlich für ihre stets bereitwillig gewährte Unterstützung.

Ferner danke ich meiner Ehefrau, Frau Dr. Lena Michel-Rensen, und zwar zum einen für ihre Geduld, zum anderen für ihre Unterstützung sowohl bei der Abfassung des Handbuchs als auch bei der Korrektur des Manuskripts.

Hinweise zwecks Verbesserung des Handbuchs sind jederzeit willkommen. Ich bitte, diese an die folgende E-Mail-Anschrift zu richten: Rensen-Praxishandbuch@web.de.

Köln, im Januar 2014 *Dr. Hartmut Rensen*

Inhaltsübersicht

Inhaltsverzeichnis

Abkürzungsverzeichnis

aA	anderer Ansicht
aaO	am angegebenen Ort
abl.	ablehnend
Abs.	Absatz
Abschn.	Abschnitt
abw.	abweichend
aE	am Ende
AEUV	Vertrag über die Arbeitsweise der Europäischen Union
aF	alte Fassung
AG	Aktiengesellschaft; Amtsgericht
AGB	Allgemeine Geschäftsbedingungen
AGG	Allgemeines Gleichbehandlungsgesetz
AktG	Aktiengesetz
allg.	allgemein
allgA	allgemeine Ansicht
allgM	allgemeine Meinung
Alt.	Alternative
aM	anderer Meinung
Anh.	Anhang
Anm.	Anmerkung
Art.	Artikel
ARUG	Gesetz zur Umsetzung der Aktionärsrechterichtlinie
Aufl.	Auflage
ausdr.	ausdrücklich
ausf.	ausführlich
Az	Aktenzeichen
BB	Betriebs-Berater (Zeitschrift)
Bd.	Band
Begr.	Begründung
Bek.	Bekanntmachung
Bekl.	Beklagte(r)
ber.	berichtigt
BerGer.	Berufungsgericht
bes.	besonders
Beschl.	Beschluss
bespr.	besprochen

bestr.	bestritten
Bet.	Beteiligte(r)
bez.	bezüglich
BFH	Bundesfinanzhof
BGB	Bürgerliches Gesetzbuch
BGH	Bundesgerichtshof
BGHZ	Entscheidungen des Bundesgerichtshofs in Zivilsachen
Bl.	Blatt
BR-Drucks.	Drucksache des Deutschen Bundesrates
bspw	beispielsweise
BStBl.	Bundessteuerblatt
BT-Drucks.	Drucksache des Deutschen Bundestages
BVerfG	Bundesverfassungsgericht
bzgl	bezüglich
bzw	beziehungsweise
DB	Der Betrieb (Zeitschrift)
ders.	derselbe
dh	das heißt
dies.	dieselbe
DIS	Deutsche Institution für Schiedsgerichtsbarkeit e.V.
Diss.	Dissertation
DNotZ	Deutsche Notar-Zeitschrift
Dok.	Dokument
DrittelbG	Drittelbeteiligungsgesetz
DStR	Deutsches Steuerrecht (Zeitschrift)
E.	Entwurf
ebd	ebenda
Einf.	Einführung
eingetr.	eingetragen
Einl.	Einleitung
einschl.	einschließlich
einschr.	einschränkend
Entsch.	Entscheidung
Entw.	Entwurf
Erkl.	Erklärung
Erl.	Erlass; Erläuterung

entspr.	entsprechend
etc.	et cetera
EUR	Euro
e.V.	eingetragener Verein
evtl	eventuell
f, ff	folgend, folgende
FamFG	Gesetz über das Verfahren in Familiensachen und in den Angelegenheiten der freiwilligen Gerichtsbarkeit
FamRZ	Zeitschrift für das gesamte Familienrecht
Fn	Fußnote
FS	Festschrift
geänd.	geändert
gem.	gemäß
GG	Grundgesetz
ggf	gegebenenfalls
ggü	gegenüber
GmbH	Gesellschaft mit beschränkter Haftung
GmbH & Co.KG	Gesellschaft mit beschränkter Haftung & Co.Kommandit-gesellschaft
GmbHG	Gesetz über die Gesellschaften mit beschränkter Haftung
GmbHR	GmbH-Rundschau (Zeitschrift)
grds.	grundsätzlich
GV	Gesellschafterversammlung
GVG	Gerichtsverfassungsgesetz
GWB	Gesetz gegen Wettbewerbsbeschränkungen
GWR	Gesellschafts- und Wirtschaftsrecht (Zeitschrift)
hA	herrschende Auffassung
Habil.	Habilitation
Hdb	Handbuch
HGB	Handelsgesetzbuch
hL	herrschende Lehre
hM	herrschende Meinung
Hrsg.	Herausgeber
hrsg.	herausgegeben
Hs	Halbsatz

iA	im Auftrag
idF	in der Fassung
idR	in der Regel
idS	in diesem Sinne
iE	im Ergebnis
ieS	im engeren Sinne
iHv	in Höhe von
inkl.	inklusive
insb.	insbesondere
insg.	insgesamt
InsO	Insolvenzordnung
iS	im Sinne
iÜ	im Übrigen
iVm	in Verbindung mit
iwS	im weiteren Sinne
JW	Juristische Wochenschrift (Zeitschrift)
JZ	Juristenzeitung (Zeitschrift)
Kap.	Kapitel
KG	Kammergericht; Kommanditgesellschaft
KG a.A.	Kommanditgesellschaft auf Aktien
Kl.	Kläger(in)
krit.	kritisch
LG	Landgericht
lit.	littera
Lit.	Literatur
LS	Leitsatz
Ltd.	Limited
m.Anm.	mit Anmerkung
mE	meines Erachtens
MediationsG	Mediationsgesetz
mind.	mindestens
MitbestErgG	Gesetz zur Ergänzung des Gesetzes über die Mitbestimmung der Arbeitnehmer in den Aufsichtsräten und Vorständen der Unternehmen des Bergbaus und der Eisen und Stahl erzeugenden Industrie

MitbestG	Gesetz über die Mitbestimmung der Arbeitnehmer (Mitbestimmungsgesetz)
Mitt.	Mitteilung(en)
mN	mit Nachweisen
MoMiG	Gesetz zur Modernisierung des GmbH-Rechts und zur Bekämpfung von Missbräuchen
MontanMitbestG	Gesetz über die Mitbestimmung der Arbeitnehmer in den Aufsichtsräten und Vorständen der Unternehmen des Bergbaus und der Eisen und Stahl erzeugenden Industrie
mwN	mit weiteren Nachweisen
mWv	mit Wirkung von
Nachw.	Nachweise
nF	neue Fassung
NJW	Neue Juristische Wochenschrift (Zeitschrift)
NJW-RR	NJW-Rechtsprechungs-Report Zivilrecht
Nov.	Novelle
Nr.	Nummer
n.r.	nicht rechtskräftig
n.v.	nicht veröffentlicht
NZG	Neue Zeitschrift für Gesellschaftsrecht
oa	oben angegeben, angeführt
oÄ	oder Ähnliches
og	oben genannt
OLG	Oberlandesgericht
PostG	Postgesetz
resp.	respektive
RG	Reichsgericht
RGZ	Entscheidung des Reichsgerichts in Zivilsachen
Rn	Randnummer
Rspr	Rechtsprechung
S.	Satz; Seite
s.	siehe
s.a.	siehe auch
Slg	Sammlung
s.o.	siehe oben
sog.	sogenannt

str.	streitig; strittig
s.u.	siehe unten
TOP	Tagesordnungspunkt
u.a.	unter anderem
uÄ	und Ähnliches
u.a.m.	und anderes mehr
uE	unseres Erachtens
UG	Unternehmergesellschaft (haftungsbeschränkt)
UMAG	Gesetz zur Unternehmensintegrität und Modernisierung des Anfechtungsrechts
umstr.	umstritten
UmwG	Umwandlungsgesetz
unstr.	unstreitig
Urt.	Urteil
usw	und so weiter
uU	unter Umständen
uVm	und Vieles mehr
v.	von; vom
vgl	vergleiche
VO	Verordnung
WM	Wertpapier-Mitteilungen (Zeitschrift)
wN	weitere Nachweise
zB	zum Beispiel
ZGR	Zeitschrift für Unternehmens- und Gesellschaftsrecht
ZHR	Zeitschrift für das gesamte Handelsrecht und Wirtschaftsrecht
Ziff.	Ziffer
ZIP	Zeitschrift für Wirtschaftsrecht
zit.	zitiert
ZPO	Zivilprozessordnung
zT	zum Teil
zust.	zustimmend
zutr.	zutreffend
zzgl	zuzüglich

A. Allgemeines

I. Große Bedeutung der Gesellschaft mit beschränkter Haftung

Selbst wenn man die Zahl der in der Handelsregister-Statistik nicht gesondert geführten haftungsbeschränkten Unternehmergesellschaften (UG) – am 1. Januar 2011 44.361 und am 1. Januar 2012 64.371 – in Abzug bringt, hat die Zahl klassischer GmbH in Deutschland seit Ende 2010 die Millionengrenze überschritten – am 1. Januar 2011 1.000.105 und am 1. Januar 2012 1.007.537 – und liegt damit nicht nur sehr weit vor den am 1. Januar 2012 eingetragenen 16.705 Aktiengesellschaften (AG) und den 261 registrierten Kommanditgesellschaften auf Aktien (KG a.A.),[1] sondern auch die Limited (Ltd.) ist im Vergleich zur GmbH von zahlenmäßig geringer Bedeutung, zumal die Zahlen jedenfalls seit der Einführung der UG stagnieren bzw rückläufig sind.[2] Trotz der schon mit der schieren Zahl registrierter GmbH verbundenen großen tatsächlichen Bedeutung dieser Form der Kapitalgesellschaft und ihrer Wichtigkeit, insbesondere für eine Vielzahl kleiner und mittlerer Unternehmen mit überschaubarem Gesellschafterkreis,[3] sind bedeutende Teile des GmbH-Rechts gesetzlich nicht geregelt, sondern lassen sich nur anhand einer mehr oder weniger verzweigten Rechtsprechung des Bundesgerichtshofs erschließen. Das gilt vor allem für das Beschlussmängelrecht der GmbH, in dem das Verfassungsrecht der GmbH einerseits sowie allgemeine und spezielle prozessrechtliche Bestimmungen andererseits zusammentreffen. 1

II. Analoge Anwendung der §§ 241 ff AktG

Bei unbefangener Betrachtung erstaunt im Zusammenhang mit der Frage, wie bestimmte Mängel von Gesellschafterbeschlüssen in der GmbH geltend gemacht werden können, nicht nur, dass das GmbHG keine diesbezüglichen Regelungen enthält,[4] obgleich die GmbH als Rechtsform eine Erfindung des historischen Gesetzgebers des Jahres 1892 ist[5] und obwohl auch die mit der Geltendmachung von Beschlussmängeln verbundenen Fragen keineswegs neu sind, sondern schon Gegenstand der Rechtsprechung sowohl des Reichsgerichts[6] als auch der frühen Rechtsprechung des Bundesgerichtshofs[7] waren. Überraschend ist, dass auch nach derart langer Zeit noch unverändert heftig über die Schließung dieser Lücke gestritten wird. Das gilt insbesondere im Hinblick auf die Notwendigkeit, bestimmte Beschlussmängel im Wege einer Anfechtungsklage und binnen kurzer Frist gerichtlich geltend zu machen (Klagemonopol),[8] und obwohl der Bundesgerichtshof seit langem in ständiger Rechtsprechung 2

---

1 *Fastrich,* in: Baumbach/Hueck, GmbHG, Einl. Rn 16; *Lutter,* in: ders./Hommelhoff, GmbHG, Einl. Rn 1 (auch zu Gründen für den Erfolg).
2 *Fastrich,* in: Baumbach/Hueck, GmbHG, Einl. Rn 17; *Lutter,* in: ders./Hommelhoff, GmbHG, Einl. Rn 36 (Fn 2).
3 *Fastrich,* in: Baumbach/Hueck, GmbHG, Einl. Rn 12.
4 *Wertenbruch,* in: MünchKomm-GmbHG, § 47 Anh. Rn 1.
5 *Roth,* in Roth/Altmeppen, GmbHG, Einl. Rn 1.
6 RG, JW 1930, S. 3738 f; RGZ 166, 129.
7 BGH, NJW 1954, S. 385 ff.
8 So etwa *Zöllner,* in: Baumbach/Hueck, GmbHG, § 47 Anh. Rn 3 ff mwN und mit sehr scharfen, polemischen Angriffen gegen *Bayer,* in: Lutter/Hommelhoff, § 47 Anh. Rn 1 ff. Vgl zu abweichenden Lösungsansätzen ferner *Casper,* ZHR 163 (1999), S. 54 ff; *Noack,* Fehlerhafte Beschlüsse in Gesellschaften und Vereinen, S. 46, 71 ff, 103 ff, 136 ff; *Raiser,* in: FS für Heinsius, S. 645 (655 ff); *Zöllner/Noack,* ZGR 1989, S. 525 (532 ff).

eine analoge Anwendung der §§ 241 ff AktG befürwortet, soweit nicht die Besonderheiten der GmbH ausnahmsweise anderes gebieten.[9]

3 Ausgangspunkt für sämtliche Überlegungen zur Schließung der Lücke des GmbHG muss zunächst die Rechtsnatur von Gesellschafterbeschlüssen in der GmbH sein. Auch wenn in einem Gesellschafterbeschluss keine für das Außenverhältnis bestimmte Willenserklärung liegt, sondern es sich lediglich um einen Akt der internen Willensbildung der Gesellschaft handelt, sind Gesellschafterbeschlüsse doch mehrseitige Rechtsgeschäfte.[10] Danach liegt die Anwendung der Regeln des BGB über Rechtsgeschäfte sowie hierunter insbesondere der §§ 119 bis 124 BGB und der §§ 125, 134, 138 BGB nahe. Das kommt jedoch aus mehreren Gründen nicht in Betracht:[11] Zum einen ist zu berücksichtigen, dass die vor allem auf Verträge ausgerichteten Bestimmungen des BGB für eine ganze Reihe in Betracht kommender Mängel der Beschlussfassung keine speziellen, interessengerechten Regelungen enthalten. Das gilt etwa für Verstöße gegen Bestimmungen der Satzung (§ 243 Abs. 1 Alt. 2 AktG). Nicht jede Satzungsbestimmung kann nämlich als Verbotsgesetz im Sinne des § 134 BGB ausgelegt werden. Zum anderen bedarf es materieller Regeln, die durch differenzierte Anordnung der in Betracht kommenden Rechtsfolgen der Nichtigkeit und der bloßen Anfechtbarkeit nicht nur interessengerechte Konfliktlösungen erlauben, sondern durch Fristen für die Geltendmachung von Mängeln (§ 246 Abs. 1 AktG) auch in prozessualer Hinsicht die Rechtssicherheit befördern. Von entscheidender Bedeutung ist aber schließlich ein weiterer prozessualer Grund: Urteile über die Nichtigkeit von Beschlüssen bedürfen im Interesse sowohl der Rechtssicherheit als auch der Funktionsfähigkeit der Gesellschaft nicht nur der in der ZPO vorgesehenen Rechtskraft inter partes, sondern erforderlich ist eine Rechtskraft inter bzw erga omnes, wie § 248 Abs. 1 S. 1 AktG sie vorsieht.[12] Die analoge Anwendung der §§ 241 ff AktG und insbesondere das daraus folgende „Klagemonopol" stehen im Übrigen weder der Aufhebung eines fehlerhaften Beschlusses durch die Gesellschafter oder einer Maßnahme zur Heilung des Mangels noch einer einverständlichen Regelung streitiger Fragen durch die Gesellschafter eventuell unter Inanspruchnahme eines Mediators wirklich entgegen.[13] Dementsprechend unterliegen Gesellschafterbeschlüsse ungeachtet ihrer Natur als mehrseitige Rechtsgeschäfte zunächst nicht den Regeln des BGB über die Wirksamkeit und die Anfechtung von Rechtsgeschäften, sondern sowohl in materiellrechtlicher als auch in prozessualer Hinsicht in erster Linie der analogen Anwendung der §§ 241 ff AktG. Die Regeln des BGB und der ZPO gelten nachrangig und nur dort, wo die §§ 241 ff AktG entweder keine spezielle Bestimmung enthalten oder die betreffende Regelung den Besonderheiten der GmbH im Vergleich zur AG nicht hinreichend gerecht wird.

4 Die vorstehend vertretene Lösung hat schließlich mehrere praktische Vorteile: Zum einen erlaubt sie eine Auseinandersetzung mit der sehr umfangreichen höchstrichterlichen und obergerichtlichen Rechtsprechung nicht nur auf der Basis von Hilfserwä-

9 BGH, NJW 1954, S. 385 f; WM 1969, S. 176 (177); NJW 1988, S. 1844 ff; BGH, NZG 2003, S. 127 (128 ff); 2008, S. 317 (318); dem BGH folgend etwa OLG Rostock, NZG 2004, S. 191 (192); *Bayer*, in: Lutter/Hommelhoff, § 47 Anh. Rn 1.

10 *Bayer*, in: Lutter/Hommelhoff, § 47 Rn 1; *Roth*, in Roth/Altmeppen, GmbHG, § 47 Rn 2.

11 *Bayer*, in: Lutter/Hommelhoff, § 47 Anh. Rn 1; *Roth*, in Roth/Altmeppen, GmbHG, § 47 Rn 2; *Wertenbruch*, in: MünchKomm-GmbHG, § 47 Anh. Rn 1.

12 *Bayer*, in: Lutter/Hommelhoff, § 47 Anh. Rn 3; *Wertenbruch*, in: MünchKomm-GmbHG, § 47 Anh. Rn 219.

13 *Bayer*, in: Lutter/Hommelhoff, § 47 Anh. Rn 3.

gungen, zu denen sich die Vertreter alternativer Lösungswege gezwungen sehen.[14] Zum anderen hat sich die gesellschaftsrechtliche Praxis auf die jahrzehntealte ständige Rechtsprechung zur analogen Anwendung der §§ 241 ff AktG eingestellt und führte eine fundamentale Änderung in diesem Bereich zu einer kaum überschaubaren Vielzahl von Einzelproblemen, die erneut einer aufwändigen höchstrichterlichen Klärung bedürften. Bedeutsam ist schließlich mit Rücksicht auf die ebenfalls jahrzehntealte, der Rechtsprechung angepasste Praxis der Gesichtspunkt des Vertrauensschutzes.

Zu beachten ist im Zusammenhang mit der analogen Anwendung der §§ 241 ff AktG 5
allerdings die bereits genannte Einschränkung: Die entsprechende Anwendung der Regeln des AktG steht unter dem Vorbehalt, dass die Besonderheiten der GmbH keine abweichende Regelung erfordern. Diese Erkenntnis lag insbesondere der Entscheidung des Bundesgerichtshofs vom 14. Mai 1990 zugrunde, nach der der die Anfechtungsfrist betreffende § 246 Abs. 1 AktG auf die GmbH nicht analog anwendbar ist, sondern für die Anfechtung hier eine nach den Umständen des Einzelfalles zu bestimmende, angemessene Frist maßgebend ist. Der Regelung des § 246 Abs. 1 AktG sollte danach lediglich Leitbildfunktion zukommen.[15] Dogmatisch war das nur schwer zu begründen. Entweder man zog die Frage einer vergleichbaren Interessenlage als Voraussetzung jeder Analogie heran, oder man stützte sich von vornherein auf eine bloße Rechtsanalogie. Unabhängig von der fraglichen Analogie zu § 246 Abs. 1 AktG, ist jedenfalls bei der Heranziehung einzelner Bestimmungen der §§ 241 ff AktG stets zu fragen, ob sie bestimmten Besonderheiten der AG Rechnung tragen und ob die GmbH hiervon in maßgebender Hinsicht abweicht. Dieses Vorgehen gestattet jederzeit einen interessengerechten Ausgleich zwischen der gebotenen Rechtssicherheit und den Anforderungen im Zusammenhang mit Besonderheiten der GmbH. Für § 246 Abs. 1 AktG bedeutet das nach der neueren Rechtsprechung des Bundesgerichtshofs allerdings keine bloße Leitbildfunktion, sondern danach findet – abgesehen von eng begrenzten Ausnahmen – auch für die GmbH die in § 246 Abs. 1 AktG geregelte Monatsfrist (analoge) Anwendung, wenn nämlich nicht entweder die Satzung eine wirksame abweichende Regelung enthält oder zwingende Gründe den Gesellschafter an einer früheren Geltendmachung des Beschlussmangels gehindert haben.[16] Dementsprechend macht es wenig Sinn, mit allseits bekannten und bereits beschiedenen Argumenten eine teilweise unverständlich polemisch geführte Diskussion über geklärte Grundsatzfragen (§ 543 Abs. 2 S. 1 Nr. 1 ZPO) fortzuführen. Der Blick ist vielmehr auf die Beantwortung jedenfalls teilweise nicht hinreichend geklärter Detailfragen und im Übrigen auf die korrekte Anwendung der höchstrichterlich geklärten Grundsätze zu lenken.

BGH, Urt. v. 16. Dezember 1953 – II ZR 167/52 –, NJW 1954, S. 385 f:

„... Die Frage, welche Rechtsfolgen die Mangelhaftigkeit eines Gesellschafterbeschlusses hervorruft, ist im GmbHG nicht geregelt. Diese Lücke hat die Rechtsprechung in Übereinstimmung mit dem Schrifttum seit langem dadurch ausgefüllt, dass es die für das Aktienrecht herausgebildeten und dann im AktG (§§ 195 ff) gesetzlich festgelegten Rechtsregeln, über die Nichtigkeit und Anfechtbarkeit von Beschlüssen der Hauptversammlung

14 Das räumt *Zöllner*, in: Baumbach/Hueck, GmbHG, § 47 Anh. Rn 5 aE ein.

15 BGH, NJW 1990, S. 2625 (zur Frist des § 246 Abs. 1 AktG); dagegen *Zöllner*, in: Baumbach/Hueck, GmbHG, § 47 Anh. Rn 9.

16 BGH, NZG 2005, S. 551 (554); NZG 2009, S. 1110; *Drescher*, in: Henssler/Strohn, Gesellschaftsrecht, § 246 AktG Rn 4.

der AG und insbes. auch über die Abgrenzung zwischen beiden auf die GmbH angesichts der sehr weitgehenden Ähnlichkeit der Sach- und Rechtslage grundsätzlich sinngemäß angewandt hat, soweit nicht die Besonderheiten der GmbH eine Abweichung notwendig machen ..."

BGH, Urt. v. 23. März 1981 – II ZR 27/80 –, NJW 1981, S. 2125 (2126):

„... Nach Ablauf von drei Jahren seit Eintragung des Beschlusses ins Handelsregister kann der Kläger in entsprechender Anwendung des § 242 Abs. 2 S. 1 AktG die Nichtigkeit nicht mehr geltend machen. Der Senat hat zwar bisher die starre aktienrechtliche Dreijahresfrist nicht ohne weiteres ins GmbH-Recht übernommen, vielmehr eine Klageerhebung in angemessener Frist genügen lassen ... und eine kürzere Frist als drei Jahre von vornherein ausgeschlossen... Er hält nunmehr aber auch bei der GmbH die Wahrung einer festen Frist aus Gründen der Rechtssicherheit für geboten. ..."

BGH, Urt. v. 14. Mai 1990 – II ZR 126/89 –, NJW 1990, S. 2625:

„... Der Senat hat bereits in früheren Entscheidungen, ohne die Frage endgültig beantworten zu müssen, deutlich zum Ausdruck gebracht, dass wegen der Verschiedenheiten zwischen Aktiengesellschaft und Gesellschaft mit beschränkter Haftung gewichtige Gründe dafür sprächen, die strikte Frist von einem Monat, innerhalb deren nach § 246 Abs. 1 AktG die Anfechtungsklage gegen einen Beschluss der Hauptversammlung erhoben werden muss, nicht auf das GmbH-Recht zu übertragen... Das Bedürfnis an Rechtssicherheit, dem die einmonatige Anfechtungsfrist im Aktienrecht dient, ist dort wesentlich größer als bei der GmbH. Diese Gesellschaftsform ist im Gegensatz zur Aktiengesellschaft wegen der typischerweise zwischen den Gesellschaftern bestehenden persönlichen Beziehungen auf eine tragfähige Vertrauensgrundlage angewiesen. Etwaige Meinungsverschiedenheiten über einen von der Gesellschafterversammlung gefassten Beschluss müssen nach Möglichkeit einvernehmlich bereinigt werden können, bevor eine Anfechtungsklage erhoben wird. Das führt dazu, § 246 Abs. 1 AktG auf Anfechtungsklagen gegen Beschlüsse der Gesellschafterversammlung einer GmbH nicht entsprechend anzuwenden. Die Klage muss gleichwohl, wie der Senat in den erwähnten Entscheidungen ebenfalls ausgesprochen hat, mit aller dem anfechtungsberechtigten Gesellschafter zumutbaren Beschleunigung erhoben werden. Dabei kann die Monatsfrist des § 246 Abs. 1 AktG, die dem Gesellschafter in jedem Fall zur Verfügung stehen muss, als Leitbild herangezogen werden. Liegen keine besonderen Umstände vor und ist eine einverständliche Regelung nicht zu erwarten, muss der Gesellschafter Mängel, die ihm bereits bei der Beschlussfassung erkennbar sind, innerhalb eines Monats durch Klageerhebung geltend machen. Das gilt entgegen der Ansicht des Berufungsgerichts grundsätzlich auch für kleinere Gesellschaften, deren Gesellschafter durch verwandtschaftliche Beziehungen miteinander verbunden sind. Nicht zumutbar ist dem Gesellschafter die Klageerhebung insbesondere, solange er nicht ausreichend Zeit hatte, schwierige tatsächliche oder rechtliche Fragen zu klären oder klären zu lassen, auf die es für die Beurteilung der Erfolgsaussicht der Klage ankommt ..."

BGH, Urt. v. 18. April 2005 – II ZR 151/03 –, NZG 2005, S. 551 (554):

„... Nach der ständigen Rechtsprechung des Senats muss die Klage auf Anfechtung eines Gesellschafterbeschlusses mit aller dem Gesellschafter zumutbaren Beschleunigung erhoben werden, wobei die Monatsfrist des § 246 Abs. 1 AktG – von eng begrenzten Ausnahmen abgesehen – als Maßstab gilt. Wird diese Frist überschritten, kommt es darauf an, ob zwingende Gründe den Gesellschafter an einer früheren Geltendmachung des Anfechtungsgrundes gehindert haben ..."

BGH, Urt. v. 13. Oktober 2008 – II ZR 112/07 –, NJW 2009, S. 230:
„... Die Feststellung der Nichtigkeit eines Gesellschafterbeschlusses entsprechend § 249 Abs. 1 AktG hat über das Prozessverhältnis zwischen Gesellschaft und Gesellschafter hinaus Wirkung für und gegen alle ...“

III. Mangelkategorien

1. Nichtigkeit und Anfechtbarkeit von Beschlüssen

Mit Rücksicht auf § 241 AktG einerseits und § 243 AktG andererseits ist auch für die GmbH zwischen Gesellschafterbeschlüssen, die nichtig sind, und solchen, die lediglich anfechtbar sind, zu unterscheiden. Während ein zur Anfechtung berechtigender Beschlussmangel nur dann zur Nichtigkeit führt, wenn der mangelbehaftete Beschluss auf eine entsprechende Anfechtungsklage hin für nichtig erklärt worden ist, § 241 Nr. 5 AktG analog, können Nichtigkeitsgründe von jedermann und unabhängig von einem bestimmten Verfahren geltend gemacht werden.[17] So besteht für die Geltendmachung der Nichtigkeit auch keine Frist, die der Anfechtungsfrist des § 246 Abs. 1 AktG vergleichbar wäre. Jedoch kann der zur Nichtigkeit führende Mangel geheilt werden entweder unmittelbar durch Eintragung in das Handelsregister, § 242 Abs. 1 AktG analog, oder durch Eintragung und Ablauf einer dreijährigen Frist, § 242 Abs. 2 AktG analog.[18] Ein wesentlicher Unterschied zwischen nichtigen und bloß anfechtbaren Beschlüssen besteht ferner darin, dass Letztere bis zu einem der diesbezüglichen Anfechtungsklage stattgebenden Urteil wirksam sind. Dementsprechend kommt einem zwar nicht nichtigen, aber anfechtbaren Gesellschafterbeschluss in der GmbH eine dem rechtswidrigen Verwaltungsakt ähnliche Tatbestandswirkung zu.[19] Das der Anfechtungsklage stattgebende Urteil hat danach Gestaltungswirkung. Dagegen handelt es sich bei einem auf das Vorliegen eines Nichtigkeitsgrundes gestützten Urteil um ein Feststellungsurteil.[20] Die erfolgreiche Anfechtung ist im Sinne einer auflösenden Bedingung zu verstehen. Wird entweder die Anfechtungsklage abgewiesen oder läuft die Anfechtungsfrist ab, entfällt die auflösende Bedingung für die Wirksamkeit des anfechtbaren Gesellschaftsbeschlusses und der Beschluss bleibt dauerhaft wirksam.[21] Ungeachtet dieser nicht unerheblichen Unterschiede haben die Nichtigkeits- (§ 249 AktG analog) und die Anfechtungsklage (§§ 246, 248 AktG analog) in prozessualer Hinsicht einen einheitlichen Streitgegenstand und handelt es sich nicht um zwei getrennte Klagen, sondern um eine einheitliche Klage.[22] Das ändert allerdings nichts daran, dass die unterschiedlichen Voraussetzungen der beiden Klagen gesondert und mit Blick auf die jeweils maßgebenden speziellen Regeln zu prüfen sind. Das ist zB dann von besonderer Bedeutung, wenn der Kläger als Fremd-Geschäftsführer der GmbH zwar zulässig Nichtigkeitsklage erheben kann, ihm aber für eine Anfechtungsklage die notwendige Anfechtungsbefugnis fehlt.[23] 6

17 *Roth,* in: Roth/Altmeppen, GmbHG, § 47 Rn 91; *Wertenbruch,* in: MünchKomm-GmbHG, § 47 Anh. Rn 2.
18 *Roth,* in: Roth/Altmeppen, GmbHG, § 47 Rn 91 und 114; *Wertenbruch,* in: MünchKomm-GmbHG, § 47 Anh. Rn 2.
19 *Drescher,* in: Henssler/Strohn, Gesellschaftsrecht, § 241 AktG Rn 15; *Wertenbruch,* in: MünchKomm-GmbHG, § 47 Anh. Rn 2.
20 *Wertenbruch,* in: MünchKomm-GmbHG, § 47 Anh. Rn 2.
21 BGH, NJW 1987 S. 2514; *Roth,* in: Roth/Altmeppen, GmbHG, § 47 Rn 91.
22 BGH, NJW 1997, S. 1510 (1511); NJW 2002, S. 3465 (3466).
23 *Roth,* in: Roth/Altmeppen, GmbHG, § 47 Rn 112 und 139.

2. Nichtbeschlüsse

7 Fraglich ist, ob neben den Kategorien der Nichtigkeit und der Anfechtbarkeit hinsichtlich in Betracht kommender Beschlussmängel zwei weitere Kategorien anzuerkennen sind, nämlich diejenige der Nichtbeschlüsse (oder auch: Scheinbeschlüsse) und diejenige der wirkungslosen Beschlüsse.[24]

8 Zunächst zu den Nichtbeschlüssen: Die Begriffe „Nichtbeschluss" und „Scheinbeschluss" werden synonym verwendet. Hier wird der zuerst genannte Begriff „Nichtbeschluss" gebraucht, weil Konstellationen gemeint sind, in denen elementare Mängel nicht zur Nichtigkeit oder Anfechtbarkeit eines gefassten Beschlusses führen, sondern bereits das Vorliegen eines Beschlusstatbestandes hindern. Ob der zurechenbar veranlasste Rechtsschein eines Beschlusses vorliegt, ist im vorliegenden Zusammenhang dagegen nicht von Bedeutung.[25]

9 Hintergrund der Frage nach weiteren Mängelkategorien und der Abgrenzung zwischen den einzelnen Kategorien sind die unterschiedlichen Rechtsfolgen: Während bei Nichtigkeits- und Anfechtungsgründen die §§ 241 ff AktG mit der Folge analog anzuwenden sind, dass es entweder binnen kurzer Frist einer Anfechtungsklage bedarf oder eine Heilung des Nichtigkeitsgrundes durch Eintragung und Fristablauf verhindert werden muss, um die Wirkungen des Beschlusses zu verhindern, bedarf es bei Nichtbeschlüssen keiner entsprechenden Maßnahmen und kann jederzeit ohne Weiteres eine allgemeine Feststellungsklage (§ 256 Abs. 1 ZPO) erhoben werden.

Dass der Nichtbeschluss als weitere Kategorie von Beschlussmängeln anzuerkennen ist, folgt insofern bereits aus den analog anzuwendenden §§ 241 ff AktG selbst, als diese Bestimmungen jeweils das Vorliegen eines (nichtigen oder anfechtbaren) Gesellschafterbeschlusses voraussetzen,[26] also dann nicht einschlägig sind, wenn ein Beschluss der Gesellschafterversammlung überhaupt nicht vorliegt, weil nicht zur Gesellschaft gehörende Personen einberufen worden sind und einen Beschluss gefasst haben.[27] Hier liegt kein Gesellschafterbeschluss vor, so dass sich weder die Frage nach einem Nichtigkeitsgrund stellt, noch eine Heilung denkbar ist. Vielmehr kommen dem betreffenden Akt keinerlei Rechtswirkungen im Sinne eines Gesellschafterbeschlusses zu.[28]

BGH, Urt. v. 16. Dezember 1953 – II ZR 167/52 –, NJW 1954, S. 385 (386):

„... Es lassen sich allerdings auch jetzt noch Fälle denken, in denen das Fehlen der wesentlichsten Voraussetzungen einer Hauptversammlung so offensichtlich ist, dass nur von einer Scheinversammlung und von Scheinbeschlüssen gesprochen werden kann. Das ist zB der Fall, wenn ein Mann von der Straße eine Versammlung von Leuten einberuft, die mit der Gesellschaft gar nichts zu tun haben. Ein solcher extremer Ausnahmefall ist hier aber nicht gegeben, weil sowohl die Einberufer als auch die Einberufenen Gesellschafter der Beklagten waren. ..."

---

24 Zur analogen Anwendung der §§ 241 ff AktG BGH, NJW 1954, S. 385; WM 1969, S. 209 (211); OLG Frankfurt a.M., GmbHR 1997, S. 171; OLG Stuttgart, DB 2000, S. 1218 (1220); zu den Kategorien etwa *Zöllner,* in: Baumbach/Hueck, GmbHG, § 47 Anh. Rn 25 ff; *Roth,* in: Roth/Altmeppen, GmbHG, § 47 Rn 93.

25 Vgl dazu *Wertenbruch,* in: MünchKomm-GmbHG, § 47 Anh. Rn 4, der den Begriff „Scheinbeschluss" für vorzugswürdig hält; *Zöllner,* in: Baumbach/Hueck, GmbHG, § 47 Anh. Rn 26 f.

26 *Wertenbruch,* in: MünchKomm-GmbHG, § 47 Anh. Rn 3 und 4; krit. dagegen *Zöllner,* in: Baumbach/Hueck, GmbHG, § 47 Anh. Rn 25; *Puszkajler,* in: Hk-GmbHG, § 47 Anh. Rn 13.

27 BGH, NJW 1954, S. 385 (386); *Wertenbruch,* in: MünchKomm-GmbHG, § 47 Anh. Rn 4.

28 *K. Schmidt,* in: Scholz, GmbHG, § 45 Rn 51; *Wertenbruch,* in: MünchKomm-GmbHG, § 47 Anh. Rn 4.

Soll indessen die Anerkennung weiterer Kategorien von Beschlussmängeln nicht die mit der analogen Anwendung der §§ 241 ff AktG angestrebte Rechtssicherheit konterkarieren, ist zweierlei zu beachten: Zum einen muss die Kategorie der Nichtbeschlüsse auf extreme Ausnahmefälle beschränkt bleiben und kann daher nur beim Fehlen elementarer Voraussetzungen der Beschlussfassung einschlägig sein.[29] Zum anderen bedarf es eines klaren und ohne gravierende Schwierigkeiten anwendbaren Kriteriums zur Abgrenzung der Kategorien. 10

Abzulehnen ist vor diesem Hintergrund die Entscheidung des Bundesgerichtshofs vom 9. Dezember 1968, nach der ein Gesellschafterbeschluss schon dann nicht vorliegen soll, wenn eine gesetzlich vorgeschriebene Mehrheit tatsächlich nicht erreicht worden ist, und zwar ohne Rücksicht auf eine förmliche Beschlussfeststellung durch den Versammlungsleiter.[30] Mag auch für die Wirksamkeit einfacher Mehrheitsbeschlüsse bei der GmbH keine besondere Form vorgesehen sein und mag es demnach auch auf eine förmliche Beschlussfeststellung grundsätzlich nicht ankommen, ist es doch mit der gebotenen Rechtssicherheit nicht zu vereinbaren, trotz ausdrücklicher Feststellung bei einfachen Mehrheitsbeschlüssen ohne Weiteres von einem Nichtbeschluss auszugehen, bei satzungsändernden Beschlüssen aber eine Klage zu verlangen. Vielmehr spricht alles dafür, die GmbH hier wie die AG zu behandeln und hinsichtlich förmlich festgestellter Beschlüsse stets eine Nichtigkeits- und Anfechtungsklage zu verlangen.[31] 11

BGH, Urt. v. 12. Dezember 2005 – II ZR 253/03 –, NJW-RR 2006, S. 472 (473):

„… Der Erstbeschluss war – wie auch die Vorinstanzen im Ansatz nicht verkennen – wegen der in den Tatsacheninstanzen des Vorprozesses angenommenen fehlerhaften Feststellung des Abstimmungsergebnisses nicht etwa nichtig, sondern lediglich anfechtbar iS von § 243 Abs. 1 AktG und damit grundsätzlich bestätigungsfähig. … Wurden im Zusammenhang mit der Abstimmung über den Erstbeschluss die vom Vorstandsmitglied G auf Grund von Stimmrechtsvollmachten abgegebenen Stimmen als Nein-Stimmen mitgezählt, obwohl dieser – wovon die Vorinstanzen … ohne weiteres ausgegangen sind und was auch in der Revisionsinstanz zu Gunsten der Kläger als zutreffend unterstellt werden mag – nach § 142 AktG einem Abstimmungsverbot unterlag, so war die Feststellung des Versammlungsleiters, der die Sonderprüfung betreffende Antrag sei abgelehnt, zwar unrichtig. Gleichwohl handelt es sich nicht um einen (nichtigen) Scheinbeschluss; vielmehr bewirkten die Feststellung des Beschlussergebnisses durch den Leiter der Hauptversammlung und deren Aufnahme in die notarielle Niederschrift gem. § 130 Abs. 2 AktG, dass ein Beschluss mit dem verkündeten und in der Niederschrift fixierten Inhalt existiert, solange und soweit er nicht wirksam angefochten ist …“

Wie bereits ausgeführt, kommt die Heilung analog § 242 Abs. 2 AktG nur bei einem nichtigen Beschluss, nicht hingegen bei einem Nichtbeschluss in Betracht,[32] denn hier fehlt es schon an dem gedanklich vorausgesetzten Vorliegen eines Beschlusstatbestandes. Ließe man eine Heilung zu, bedürfte es keiner besonderen Kategorie, sondern genügte die Kategorie der Nichtigkeitsgründe. Außerdem käme die analoge Anwendung des § 242 AktG auch in diesen Fällen einer doppelten Analogie gleich, die mit 12

29 BGH, NJW 1954, S. 385 (386); OLG Frankfurt a.M., NJW-RR 1997, S. 612.
30 BGH, NJW 1969, S. 841 (842).
31 BGH, NJW 1986, S. 2051 (2052) zur Aufgabe der früheren Rechtsprechung; *Bayer,* in: Lutter/Hommelhoff, GmbHG, § 47 Anh. Rn 38; *Wertenbruch,* in: MünchKomm-GmbHG, § 47 Anh. Rn 5; *Zöllner,* in: Baumbach/Hueck, § 47 Anh. Rn 118 f. Vgl zur Rechtslage bei der AG: BGH, NJW-RR 2006, S. 472 (473).
32 *Roth,* in: Roth/Altmeppen, GmbHG, § 47 Rn 93; anders *Zöllner,* in: Baumbach/Hueck, § 47 Anh. Rn 25.

einer allzu weiträumigen Lösung von den Wertungen des Gesetzgebers einherginge.[33] Die selbst im Hinblick auf elementare Mängel nicht vollständig zu vermeidenden Auseinandersetzungen unter den Gesellschaftern lassen sich im Rahmen einer Feststellungsklage ohne Weiteres lösen.[34]

13 Mit Rücksicht auf die begrenzte Bedeutung einer Eintragung in die Gesellschafterliste für den Erwerb eines Geschäftsanteils (lediglich die Legitimation, nicht den materiellrechtlichen Erwerbstatbestand als solchen betreffend) liegt ein Nichtbeschluss nicht vor, wenn an einem Gesellschafterbeschluss ein Gesellschafter beteiligt worden ist, der bei der Beschlussfassung noch nicht gemäß § 16 Abs. 1 S. 1 GmbHG in die Gesellschafterliste eingetragen gewesen ist.[35]

14 Da die förmliche Feststellung des Beschlussergebnisses nach dem GmbHG nicht Voraussetzung der Wirksamkeit eines Beschlusses ist, kommen Streitigkeiten nicht über Mängel des gefassten Beschlusses („Wie"), sondern über die Beschlussfassung selbst („Ob") recht oft vor. Nach den vorstehenden Ausführungen kommen hier jedoch weder eine Nichtigkeits-, noch eine Anfechtungsklage in Betracht, sondern hier ist ausschließlich die allgemeine Feststellungsklage eröffnet. Insofern ist die Unklarheit über das „Ob" der Beschlussfassung kein Mangel eines gefassten Beschlusses.[36] Die allgemeine Feststellungsklage unterliegt zwar nicht der Anfechtungsfrist,[37] kann jedoch verwirkt sein.[38]

BGH, Urt. v. 1. März 1999 – II ZR 205/98 –, NZG 1999, S. 498 f:

„... Im Gegensatz zur gesellschaftsrechtlichen Anfechtungsklage, die der Anfechtungskläger nach der Rechtsprechung des Senats mit aller ihm zumutbaren Beschleunigung innerhalb einer angemessenen, grundsätzlich am Leitbild des § 246 Abs. 1 AktG orientierten Frist erheben muss ..., unterliegt die Feststellungsklage nach § 256 Abs. 1 ZPO, deren Erhebung an keine gesetzliche Frist gebunden ist, auch im Gesellschaftsrecht keiner Präklusionswirkung. Von einer Präklusionswirkung würde man aber ausgehen, wenn man – wie das Berufungsgericht meint – den Erfolg dieser Klage nicht nur von der materiellen Rechtslage, sondern auch davon abhängig machen würde, dass sie in zeitlicher Nähe zu dem umstrittenen Gesellschafterbeschluss erhoben wird. Eine solche Ansicht kann auch nicht dem Senatsurteil vom 13.11.1995 ... entnommen werden, wie die Revision zu Recht geltend macht. Der Senat führt dort ... aus, auch die Feststellungsklage werde der interessierte Gesellschafter zeitnah erheben müssen, um sich nicht dem Verwirkungseinwand (oder dem Vorwurf widersprüchlichen Verhaltens) auszusetzen. Es wird also nachdrücklich auf die Verwirkung abgestellt. Die Geltendmachung eines Rechtes kann jedoch nur dann als verwirkt angesehen werden, wenn der Rechtsinhaber über einen längeren Zeitraum sein Recht nicht geltend macht und dadurch bei der Gegenseite den Eindruck erweckt, dieser brauche mit der Inanspruchnahme des Rechts in Zukunft nicht mehr zu rechnen... Im vorliegenden Falle kann der Klage unter dem Gesichtspunkt der Verwirkung nur dann keine Erfolgsaussicht beigemessen werden, wenn der Beklagte aufgrund

33 *Wertenbruch,* in: MünchKomm-GmbHG, § 47 Anh. Rn 6.
34 *Wertenbruch,* in: MünchKomm-GmbHG, § 47 Anh. Rn 6.
35 *Wertenbruch,* in: MünchKomm-GmbHG, § 47 Anh. Rn 7; anders allerdings BayObLG, BB 1990, S. 85 (86) für den Fall einer nicht erfolgten Anmeldung nach § 16 GmbHG aF sowie krit. *K. Schmidt,* in: Scholz, GmbHG, § 45 Rn 50.
36 *Wertenbruch,* in: MünchKomm-GmbHG, § 47 Anh. Rn 8; *Zöllner,* in: Baumbach/Hueck, § 47 Anh. Rn 19.
37 BGH NJW 1996, S. 259 f; NZG 1999, S. 498 f; OLG Köln NZG 2003, S. 40 (41); *Zöllner,* in: Baumbach/Hueck, § 47 Anh. Rn 181.
38 BGH NJW 1996, S. 259 f; NZG 1999, S. 498 f; OLG Köln NZG 2003, S. 40 (41); *Roth*/Altmeppen, GmbHG, § 47 Rn 132, 156; *Zöllner,* in: Baumbach/Hueck, § 47 Anh. Rn 181.

der Tatsache, dass die Klage erst über 10 Monate nach der Beschlussfassung erhoben worden ist, darauf vertrauen durfte, die Klägerin habe wegen der Ergebnisunklarheiten davon abgesehen, den Beschluss entsprechend ihrem Verständnis umzusetzen ..."

Betrifft der Streit nicht nur die Beschlussfassung, sondern liegt darüber hinaus ein Nichtigkeitsgrund vor, darf der Feststellungsklage nicht stattgegeben werden. Liegt lediglich ein Anfechtungsgrund vor, ist die Feststellung einer Beschlussfassung jedenfalls nicht möglich, wenn der Mangel von einem zur Anfechtung befugten Beteiligten geltend gemacht wird.[39] Die Rechtsprechung des Bundesgerichtshofs zur mit der Nichtigkeits- und Anfechtungsklage verbundenen positiven Beschlussfeststellungsklage ist allerdings nicht immer hinreichend klar und deutlich. Denn der Bundesgerichtshof hat die aus dogmatischen Gründen sehr naheliegende, zuletzt genannte Einschränkung mit Rücksicht zB auf die Anfechtungsbefugnis nicht immer ausdrücklich erwähnt.[40] Wird auf die allgemeine Feststellungsklage hin die Beschlussfassung durch Urteil festgestellt, findet schließlich § 248 AktG analoge Anwendung und wirkt das Urteil demnach für und gegen jedermann. Der allgemeinen Feststellungklage kommt in diesen Fällen die Wirkung einer Gestaltungsklage zu. Jedes andere Vorgehen wäre mit Blick auf die erforderliche einheitliche Feststellung nicht praktikabel.[41] 15

3. Wirkungslose Beschlüsse

Erscheint die zusätzliche Kategorie der Nichtbeschlüsse neben den nichtigen und den anfechtbaren Beschlüssen auch sowohl von Gesetzes wegen als auch nach der Interessenlage im Hinblick etwa auf die (Un-)Möglichkeit einer Heilung geboten und lassen sich die damit einhergehenden Probleme für die Rechtssicherheit auch befriedigend lösen, so gilt das für die teilweise befürwortete weitere Kategorie der wirkungslosen Beschlüsse nicht. Vielmehr kommen nichtigen Beschlüssen und Nichtbeschlüssen ebenso wenig Rechtswirkungen zu wie den als wirkungslos bezeichneten Beschlüssen. Auch bedarf es für die unter dem Stichwort der „Wirkungslosigkeit" erörterten Fälle gravierender Verstöße gegen die Kompetenzordnung keiner besonderen Kategorie, sondern insofern greift in der Regel § 241 Nr. 3 AktG analog ein. Danach ist eine besondere Kategorie wirkungsloser Beschlüsse weitgehend überflüssig.[42] Sinn kann eine neben die Nichtigkeit und die Anfechtbarkeit tretende Kategorie der Wirkungslosigkeit oder Unwirksamkeit nur machen, soweit es um mangelfreie, dh weder mit Nichtigkeits- noch mit Anfechtungsgründen behaftete, Beschlüsse geht, denen nach ihrem Inhalt (noch) keine Wirkung zukommen kann. 16

4. Schwebend unwirksame Beschlüsse

Denkbar sind nicht nur Beschlüsse, die mit ihrer Fassung entweder wirksam oder nichtig sind, sondern auch solche, deren Wirksamkeit vom Eintritt bestimmter Umstände abhängt. In Betracht kommt das insbesondere dann, wenn es einer bestimmten Zustimmung bedarf. Hier spricht man von schwebend unwirksamen Beschlüssen. 17

---

39 OLG Celle OLG Report 1998, S. 326; *Wertenbruch*, in: MünchKomm-GmbHG, § 47 Anh. Rn 8; *Zöllner*, in: Baumbach/Hueck, § 47 Anh. Rn 182.

40 Vgl. einerseits BGH, NJW 1980, S. 1465 (1468); NJW 1986, S. 2051 (2052) und andererseits BGH, Urt. v. 31. Mai 2011 – II ZR 116/10, juris Rn 9 sowie einerseits *Drescher*, in: Henssler/Strohn, Gesellschaftsrecht, § 246 AktG Rn 51 und andererseits *Puszkajler*, in: Hk-GmbHG, Anh. § 47 Rn 116.

41 OLG München, NJW-RR 1997, S. 988 f; *Zöllner*, in: Baumbach/Hueck, § 47 Anh. Rn 182; anders *Raiser*, in: Ulmer, GmbHG, § 47 Anh. Rn 284 (Rechtskraft nur inter partes).

42 *Wertenbruch*, in: MünchKomm-GmbHG, § 47 Anh. Rn 10; allgemein zu solchen Fällen: *Zöllner*, in: Baumbach/Hueck, § 47 Anh. Rn 24; überflüssig auch *Nagelmann*, VSWF 2011, S. 9995.

Erst mit dem Eintritt des betreffenden Umstandes, also zB mit der Zustimmungserklärung, tritt die Wirksamkeit ein. Wird die Zustimmung dagegen verweigert, führt das zur Unwirksamkeit des betreffenden Beschlusses.[43] Die gleiche Folge hat es, wenn derjenige Gesellschafter, dessen Zustimmung es bedarf, klageweise gegen den betreffenden Beschluss vorgeht.[44] Zwar kann die Unwirksamkeit eines Gesellschafterbeschlusses auch einredeweise und formlos geltend gemacht werden. Im Falle eines Rechtsschutzinteresses kann aber auch eine auf Feststellung der mangelnden Wirksamkeit gerichtete Klage erhoben werden.[45] Leidet ein schwebend unwirksamer Beschluss unter einem Anfechtungsgrund und soll der Eintritt der Wirksamkeit ungeachtet eines drohenden Bedingungseintritts verhindert werden, bedarf es einer rechtzeitigen Anfechtung.[46] Umgekehrt kann eine Anfechtungsklage nicht auf das Fehlen der Bedingung gestützt werden, solange diese noch eintreten kann.[47]

18 **Übersicht über Beschlussmängel – Nr. 1**

1. **Nichtigkeitsgründe**
   - § 57 j S. 2 GmbHG – Proportionalitätsprinzip
   - § 241 Abs. 1 AktG analog:
     - Nr. 1: schwerwiegende Einberufungsmängel,
     - Nr. 2: Beurkundungsmängel,
     - Nr. 3: Unvereinbarkeit mit dem Wesen der GmbH sowie Verletzung von Vorschriften zum Schutz von Gläubigern oder sonstiger öffentlicher Interessen,
     - Nr. 4: Sittenverstoß,
     - Nr. 5: Nichtigerklärung durch einer Anfechtungsklage stattgebendes Urteil,
     - Nr. 6: Löschung nach § 398 FamFG.
2. **Anfechtungsgründe**
   - andere Einberufungsmängel (Frist, Form, Ladung insolventer Gesellschafter),
   - Mängel bei der Stimmabgabe (sittenwidrige Beeinflussung, Anfechtung der Stimmabgabe),
   - Mängel bei der Feststellung eines Beschlusses (falsches Ergebnis, unzulässige Berücksichtigung einer Stimme, Verletzung des Informationsrechts),
   - Gesetzesverstoß,
   - unzulässige Sondervorteile,
   - unzulässige Ungleichbehandlung,
   - Treuepflichtverletzungen,
   - Besonderheiten bei Aufsichtsratswahlen,
   - Besonderheiten bei der Feststellung von Jahresabschlüssen,
   - Besonderheiten bei der Verwendung des Ergebnisses,
   - Satzungsverstoß,
   - Verstoß gegen Nebenabreden der Gesellschafter.

---

43 *Wertenbruch*, in: MünchKomm-GmbHG, § 47 Anh. Rn 10; *Zöllner*, in: Baumbach/Hueck, § 47 Anh. Rn 20.
44 *Zöllner*, in: Baumbach/Hueck, § 47 Anh. Rn 22.
45 *Zöllner*, in: Baumbach/Hueck, § 47 Anh. Rn 22.
46 *Zöllner*, in: Baumbach/Hueck, § 47 Anh. Rn 22.
47 *Zöllner*, in: Baumbach/Hueck, § 47 Anh. Rn 22.

3. **Nicht- oder Scheinbeschlüsse**
   - zB Beschluss von Nichtgesellschaftern (BGH, NJW 1954, S. 385, 386: „... ein Mann von der Straße ...")
4. **Wirkungslose Beschlüsse**
   - keine notwendige Kategorie (str.)
5. **Schwebend unwirksame Beschlüsse**
   - zB bei Erforderlichkeit einer Zustimmung oder in den Fällen des § 57 n Abs. 2 S. 3 GmbHG (Beschluss über Ergebnisverwendung für das vor dem Kapitalerhöhungsbeschluss abgelaufene Geschäftsjahr)

B. Nichtigkeit von Beschlüssen

I. Allgemeines

19 Wie schon erläutert, enthält das GmbHG selbst keine umfassende Regelung über die Rechtsfolgen von Beschlussmängeln und deren Geltendmachung. Das gilt auch für die Nichtigkeitsgründe. Nur § 57 j S. 2 und § 57 n Abs. 2 S. 4 GmbHG sehen bestimmte Nichtigkeitsgründe vor.[48]

1. Verstoß gegen das Proportionalitätsprinzip, § 57 j S. 2 GmbHG

20 Nach § 57 j S. 2 GmbHG sind Beschlüsse nichtig, nach denen die im Falle einer Kapitalerhöhung entstehenden, neuen Geschäftsanteile nicht gemäß § 57 j S. 1 GmbHG den bisherigen Gesellschaftern zustehen, und zwar im Verhältnis ihrer bisherigen Geschäftsanteile.

Zwar dürfen Beschlüsse, die gegen § 57 j S. 1 GmbHG verstoßen, gemäß § 57 j S. 2 GmbHG nicht in das Handelsregister eingetragen werden.[49] Geschieht dies aber dennoch und läuft nach der Eintragung die dreijährige Frist des § 242 Abs. 2 S. 1 AktG in analoger Anwendung ab, so tritt die Heilung des Nichtigkeitsgrundes ein, und die Nichtigkeit kann nicht mehr mit Erfolg geltend gemacht werden.[50]

2. Überschreitung der Eintragungsfrist bei Kapitalerhöhung, § 57 n Abs. 2 S. 4 GmbHG

21 Einen weiteren Nichtigkeitsgrund sieht § 57 n Abs. 2 S. 4 GmbHG insofern vor, als Beschlüsse über eine Kapitalerhöhung und die Ergebnisverwendung für das vor dem Beschluss über die Kapitalerhöhung abgelaufene Geschäftsjahr nichtig sind, wenn der Kapitalerhöhungsbeschluss nicht binnen drei Monaten nach seiner Fassung in das Handelsregister eingetragen worden ist. Nach § 57 n Abs. 2 S. 4 aE GmbHG ist der Fristlauf allerdings während der Rechtshängigkeit einer Anfechtungs- oder Nichtigkeitsklage gehemmt. Die Wirkung der Hemmung richtet sich nach § 209 BGB als allgemeine Regel.[51]

Nicht zur Nichtigkeit der Beschlüsse, sondern bloß zur Anfechtbarkeit führt eine von § 57 n Abs. 2 S. 2 GmbHG (zunächst Beschluss über die Kapitalerhöhung, dann Beschluss über die Ergebnisverwendung) abweichende Reihenfolge.[52]

3. Wirksamwerden des Beschlusses über die Ergebnisverwendung, § 57 n Abs. 2 S. 3 GmbHG

22 Gemäß § 57 n Abs. 2 S. 1 GmbHG können die Gesellschafter im Falle einer Kapitalerhöhung vorsehen, dass die neuen Geschäftsanteile abweichend von § 57 n Abs. 1 GmbHG bereits am Gewinn des letzten vor dem Kapitalerhöhungsbeschluss abgelaufenen Geschäftsjahres teilnehmen. Soweit § 57 n Abs. 2 S. 3 GmbHG diesbezüglich vorsieht, dass ein solcher Beschluss erst mit der Erhöhung des Stammkapitals wirk-

---

48 *Wertenbruch,* in: MünchKomm-GmbHG, § 47 Anh. Rn 11.
49 *Roth,* in: Roth/Altmeppen, GmbHG, § 57 j Rn 4; *Wertenbruch,* in: MünchKomm-GmbHG, § 47 Anh. Rn 12.
50 *Roth,* in: Roth/Altmeppen, GmbHG, § 57 j Rn 4; *Wertenbruch,* in: MünchKomm-GmbHG, § 47 Anh. Rn 12.
51 *Wertenbruch,* in: MünchKomm-GmbHG, § 47 Anh. Rn 14; *Zöllner/Fastrich,* in: Baumbach/Hueck, § 57 n Rn 9 (Rechtsgedanke).
52 *Roth,* in: Roth/Altmeppen, GmbHG, § 57 n Rn 5; *Zöllner/Fastrich,* in: Baumbach/Hueck, § 57 n Rn 7.

sam wird, wird nicht ein Nichtigkeitsgrund geregelt, sondern handelt es sich um eine von Gesetzes wegen bestehende, aufschiebende Bedingung der Wirksamkeit. Dementsprechend liegt bis zum Eintritt oder Ausfall der Bedingung ein Beschluss vor, der weder nichtig noch anfechtbar, sondern dessen (Un-)Wirksamkeit noch aufgeschoben ist (s. Rn 17, schwebende Unwirksamkeit).[53]

4. Analoge Anwendung der § 241, § 242, § 249 AktG

Im Übrigen, dh hinsichtlich der Nichtigkeit von Beschlüssen als Rechtsfolge anderer Mängel, finden nach zutreffender Auffassung sowohl § 241 AktG (Katalog der Nichtigkeitsgründe)[54] als auch § 242 AktG (Heilung)[55] sowie schließlich § 249 AktG (Nichtigkeitsklage)[56] analoge Anwendung, soweit nicht besondere Umstände und insbesondere die Besonderheiten der GmbH im Vergleich zur AG anderes gebieten. 23

Der in § 241 AktG geregelte Katalog sieht Nichtigkeitsgründe sowohl formeller als auch materieller Art vor: Nr. 1 betrifft Einberufungsmängel, Nr. 2 gilt Beurkundungsmängeln, Nr. 3 regelt die Folgen der Unvereinbarkeit mit dem Wesen der Gesellschaft sowie mit Vorschriften des Gläubigerschutzes oder des Schutzes sonstiger öffentlicher Interessen, Nr. 4 betrifft Sittenverstöße, Nr. 5 regelt die Folgen der Nichtigerklärung durch rechtskräftiges Urteil über eine Anfechtungsklage und Nr. 6 gilt der Löschung gemäß § 398 FamFG.

a) Keine Einschränkung

Auch bei analoger Anwendung des § 241 AktG kann der Katalog von Nichtigkeitsgründen nicht eingeschränkt werden und können die Gesellschafter nicht über die Rechtsfolge disponieren.[57] Das folgt schon aus der absoluten Wirkung der Beschlussnichtigkeit für und gegen jedermann,[58] ergibt sich aber auch aus dem öffentlichen Interesse daran, dass gewisse Beschlüsse nicht auflösend bedingt wirksam, sondern von vornherein nichtig sind und keinerlei Wirkung entfalten können.[59] 24

Auch die Einberufungsmängel betreffende Bestimmung des § 241 Nr. 1 AktG ist der Parteidisposition entzogen.[60] Zwar dient dieser Nichtigkeitsgrund ausschließlich dem Schutz der Mitwirkungsrechte der teilnahmeberechtigten Gesellschafter. Jedoch können die betroffenen Mitwirkungsrechte gerade bei den in Rede stehenden Einberufungsmängeln durch eine fristgebundene Anfechtungsmöglichkeit nicht wirksam geschützt werden. Eine Möglichkeit, über die in § 241 Nr. 1 AktG vorgesehene Nichtigkeit von Beschlüssen bei Einberufungsmängeln in weiterem Umfang als durch Herbeiführung einer Heilung zu disponieren, wäre daher mit dem bezweckten Schutz der 25

53 *Roth*, in: Roth/Altmeppen, GmbHG, § 57 n Rn 3; *Zöllner*, in: Baumbach/Hueck, § 57 n Rn 5 und 8.

54 BGHZ 11, S. 231 (235); 51, S. 209 (210 f); 134, S. 364 (365 f); *Roth*, in: Roth/Altmeppen, GmbHG, § 47 Rn 91; *Zöllner*, in: Baumbach/Hueck, § 47 Anh. Rn 44.

55 BGH, NJW 1981, S. 2125 (2126 f); 1996, S. 257 (258); 2000, S. 2819 (2820); *Roth*, in: Roth/Altmeppen, GmbHG, § 47 Rn 114 ff; *Zöllner*, in: Baumbach/Hueck, § 47 Anh. Rn 73 ff.

56 BGH, NJW 2009, S. 230 f; OLG Koblenz, NZG 2006, S. 270 (271); *Roth*, in: Roth/Altmeppen, GmbHG, § 47 Rn 114; *Zöllner*, in: Baumbach/Hueck, § 47 Anh. Rn 69.

57 *Wertenbruch*, in: MünchKomm-GmbHG, § 47 Anh. Rn 16; *Zöllner*, in: Baumbach/Hueck, § 47 Anh. Rn 29.

58 *Wertenbruch*, in: MünchKomm-GmbHG, § 47 Anh. Rn 16; *Zöllner*, in: Baumbach/Hueck, § 47 Anh. Rn 68.

59 *Wertenbruch*, in: MünchKomm-GmbHG, § 47 Anh. Rn 16; *Zöllner*, in: Baumbach/Hueck, § 47 Anh. Rn 29; anders für Einberufungsmängel Römermann, in: Michalski, GmbHG, § 47 Anh. Rn 67.

60 *Wertenbruch*, in: MünchKomm-GmbHG, § 47 Anh. Rn 16; anders *Römermann*, in: Michalski, GmbHG, § 47 Anh. Rn 67.

Rechte der teilnahmeberechtigten Gesellschafter nicht zu vereinbaren.[61] Zur Begründung dieser Rechtsauffassung bedarf es demnach weder der Heranziehung einer sehr zweifelhaften Ausstrahlungswirkung des Art. 103 Abs. 1 GG, noch kann ein Abstellen auf die Interessen von Arbeitnehmern und Geschäftspartnern in jedem denkbaren Fall überzeugen.[62]

b) Keine Erweiterung

26 Dispositionen über den Katalog der Nichtigkeitsgründe analog § 241 AktG sind indessen nicht nur in die eine Richtung und im Sinne einer Einschränkung unzulässig, sondern ebenso wenig kommt eine Erweiterung des Kataloges in Betracht, etwa durch entsprechende „Aufwertung" von Anfechtungs- zu Nichtigkeitsgründen.[63] Zwar trifft es durchaus zu, dass bei der AG strukturbedingt ein weitaus größeres Interesse an der vorläufigen Wirksamkeit von Beschlüssen und dem Fortgang der hierauf gestützten Geschäftsführung besteht als üblicherweise bei der GmbH.[64] Auch ist es richtig, dass eine Erweiterung der Nichtigkeitsgründe lediglich zu einer Verschärfung der gesetzlichen Sanktion für den betreffenden Beschlussmangel führte.[65] Indessen entsprechen das gesetzlich vorgesehene abgestufte System von Nichtigkeits- und Anfechtungsgründen sowie die Beschränkung der Nichtigkeit als Rechtsfolge auf die Ausnahmefälle besonders schwerwiegender Verstöße den Interessen aller Beteiligten. Hinzu kommt der bereits angesprochene Gesichtspunkt, dass die Gesellschafter nicht durch Satzung über die von der Beschlusswirksamkeit oder – nichtigkeit betroffenen Rechte und Interessen Dritter disponieren können sollen. Schließlich besteht ein gewisses öffentliches Interesse an einer möglichst weitgehenden Funktionsfähigkeit der GmbH.[66] Funktionsstörungen sollen hier nur eintreten, soweit das – in den Fällen der aufgezählten Nichtigkeitsgründe – unvermeidbar ist oder die betroffenen Gesellschafter ihre verletzten Rechte geltend machen.

Nach allem ist § 241 AktG auch in dem Bereich seiner analogen Anwendung als nicht disponible und enumerative Aufzählung zu verstehen.

II. Nichtigkeitsgründe

1. Einberufungsmängel, § 241 Nr. 1 AktG analog

a) Allgemeines

27 In analoger Anwendung des § 241 Nr. 1 AktG führt die Verletzung wesentlicher Regeln für die Einberufung der Gesellschafterversammlung einer GmbH grundsätzlich zur Nichtigkeit der anlässlich der betreffenden Versammlung gefassten Beschlüsse.[67] Die Unterschiede zwischen GmbH und AG sowie hier insbesondere die gewöhnlich weit personalistischere Struktur der GmbH stehen dem nicht entgegen. Es kommt

61 *Wertenbruch,* in: MünchKomm-GmbHG, § 47 Anh. Rn 16 aE.
62 So aber *Wertenbruch,* in: MünchKomm-GmbHG, § 47 Anh. Rn 16, der von „mittelbarer Drittwirkung" spricht.
63 OLG München, WM 1984, S. 260 (263); *Wertenbruch,* in: MünchKomm-GmbHG, § 47 Anh. Rn 17; anders *Römermann,* in: Michalski, GmbHG, § 47 Anh. Rn 69; *Zöllner,* in: Baumbach/Hueck, § 47 Anh. Rn 31.
64 So *Zöllner,* in: Baumbach/Hueck, § 47 Anh. Rn 31.
65 So *Römermann,* in: Michalski, GmbHG, § 47 Anh. Rn 69.
66 *Wertenbruch,* in: MünchKomm-GmbHG, § 47 Anh. Rn 17; anders *Zöllner,* in: Baumbach/Hueck, § 47 Anh. Rn 31.
67 BGHZ 11, S. 231 (236); 87, S. 1 f; *Müther,* GmbHR 2000, S. 966; *Zeilinger,* GmbHR 2001, S. 541.

nur darauf an, dass ein schwerwiegender Einberufungsmangel vorliegt.[68] Unerheblich ist demgegenüber, ob es unter Berücksichtigung der hypothetischen Stimme des nicht ordnungsgemäß geladenen Gesellschafters zu einem anderen Abstimmungsergebnis gekommen wäre.[69] Auf diese Form der Kausalität kommt es auch deshalb nicht an, weil der nicht ordnungsgemäß geladene Gesellschafter die Möglichkeit gehabt hätte, von seinem Rederecht Gebrauch zu machen und so auf die Stimmabgabe der übrigen Gesellschafter Einfluss zu nehmen.[70]

b) Mangelnde Einberufungsbefugnis

Wenngleich in dem Fehlen der Einberufungsbefugnis ein schwerwiegender Einberufungsmangel liegt, handelt es sich bei der daraufhin stattfindenden Gesellschafterversammlung nicht um eine „Scheinversammlung" und die hier gefassten Beschlüsse sind nicht als Schein- bzw Nichtbeschlüsse zu qualifizieren.[71] Vielmehr führt eine mangelnde Einberufungsbefugnis zur Nichtigkeit der anlässlich der betreffenden Gesellschafterversammlung gefassten Beschlüsse, wenn nicht sämtliche Gesellschafter entweder selbst erschienen oder ordnungsgemäß vertreten sind und sich ungeachtet des Einberufungsmangels nicht wenigstens konkludent sowohl mit der Durchführung der Gesellschafterversammlung als auch mit der Beschlussfassung einverstanden erklärt haben; die Zustimmung allein des klagenden Gesellschafters ist bedeutungslos.[72] An dem Einverständnis aller Gesellschafter fehlt es zB dann, wenn der nicht ordnungsgemäß geladene Gesellschafter zwar zu der Gesellschafterversammlung erscheint, aber gestützt auf die mangelnde Einberufungsbefugnis und den entsprechenden Einberufungsmangel eine Vertagung verlangt. Dementsprechend bleibt es hier bei der Nichtigkeit analog § 241 Nr. 1 AktG.[73] 28

BGH, Urt. v. 16. Dezember 1953 – II ZR 167/52 –, NJW 1954, S. 385 (386):

„... Sie meint, hierin liege ein so flagranter Verfahrensverstoß, dass nur noch von einer Scheinversammlung gesprochen werden könne und dass demgemäß auch die in ihr gefaßten Beschlüsse nur als rechtlich von vornherein unbeachtliche Scheinbeschlüsse zu werten seien. Diesen Standpunkt hat in der Tat auch das RG in seiner älteren Rechtsprechung vor Erlass des AktG sowohl für die AG als auch für die GmbH vertreten... Er ist aber durch das AktG im Wesentlichen überholt. Dieses erkennt nämlich das Vorliegen eines Hauptversammlungsbeschlusses – wenn auch eines nichtigen – in § 195 Ziff. 1 auch dann an, wenn die Versammlung von einem Unbefugten einberufen worden ist... Es steht hier vielmehr der typische Fall des § 195 Ziff. 1 AktG in Rede, dass die Einberufer keine Befugnis zur Einberufung hatten. Das AktG sieht in der Befugnis der Einberufer zur Einberufung ein Mindesterfordernis der Hauptversammlung und lässt deshalb bei seinem Fehlen schlechthin die Nichtigkeit der in einer solchen Versammlung gefaßten Beschlüsse eintreten, es sei denn, dass alle Aktionäre erschienen oder vertreten sind. Es unterscheidet damit einen solchen Mangel deutlich gegenüber anderen Einberufungsfehlern, die nach

68 *Wertenbruch*, in: MünchKomm-GmbHG, § 47 Anh. Rn 18; vgl auch *Zöllner*, in: Baumbach/Hueck, GmbHG, § 47 Anh. Rn 47, der allerdings insbesondere hinsichtlich des § 241 Nr. 1 AktG ein flexibleres System für die Geltendmachung von Beschlussmängeln befürwortet.

69 BGHZ 11, S. 231 (239); *Bayer*, in: Lutter/Hommelhoff, GmbHG, § 47 Anh. Rn 10.

70 OLG Schleswig, NZG 2000, S. 318 (319); *Wertenbruch*, in: MünchKomm-GmbHG, § 47 Anh. Rn 18.

71 BGHZ 11, S. 231 (235 f); 87, S. 1 (3); BayObLG, GmbHR 1999, S. 984 (985); *Raiser*, in: Ulmer, GmbHG, § 47 Rn 36.

72 BGHZ 11, S. 231 (235 f); 87, S. 1 (3); OLG Saarbrücken, GmbHR 2006, S. 987 (989); *Abramenko*, GmbHR 2004, S. 723; *Drescher*, in: Henssler/Strohn, Gesellschaftsrecht, § 241 AktG Rn 25.

73 BGH, NJW 1987, S. 2580 (2582); OLG München, GmbHR 2000, S. 486 (489); *K. Schmidt/Seibt*, in: Scholz, GmbHG, § 51 Rn 33; *Wertenbruch*, in: MünchKomm-GmbHG, § 47 Anh. Rn 19.

den §§ 197, 198 AktG nur die Anfechtbarkeit der Beschlüsse zur Folge haben. Ein Nichtigkeitsgrund nach § 195 Ziff. 1 AktG ist insbes. auch dann gegeben, wenn die Hauptversammlung von einem anderen als dem Vorstand auf Grund eines von ihm angemaßten, ihm in Wahrheit aber nicht zustehenden Einberufungsrechts einberufen worden ist ... Die sinngemäße Anwendung dieser Rechtsgrundsätze auf die GmbH hat notwendig zur Folge, dass auch die Beschlüsse einer Gesellschafterversammlung, die von einem Unbefugten einberufen worden ist, nichtig sind. Dies ist bisher im Schrifttum auch allgemein anerkannt worden... Neuerdings hat allerdings *Scholz* ... unter Bezugnahme auf den hier zur Entscheidung stehenden Fall die Auffassung vertreten, bei der Einberufung einer Gesellschafterversammlung einer GmbH durch eine Minderheit könne keine Nichtigkeit daraus hergeleitet werden, dass die Einberufer nicht den zehnten Teil des Stammkapitals vertreten; denn da die Satzung auch einer kleineren Minderheit das Einberufungsrecht aus § 50 GmbHG verleihen könne, sei kein zwingendes Recht verletzt. Dem kann nicht gefolgt werden. Wenn der in jahrzehntelanger Rechtsprechung entwickelte Grundsatz, dass die Rechtsregeln des Aktienrechts über die Nichtigkeit und Anfechtbarkeit von Versammlungsbeschlüssen und über die genaue Abgrenzung zwischen beiden auch auf die GmbH trotz der bei ihr vorhandenen größeren Freiheit autonomer Gestaltung sinngemäß anwendbar sind, überhaupt einen Sinn haben soll, dann muss auch bei der GmbH die Grundregel des § 195 Ziff. 1 AktG gelten, dass Beschlüsse einer Versammlung, die von Unbefugten einberufen worden ist, nichtig sind. Dabei kann auch hier kein Zweifel darüber aufkommen, unter welchen Voraussetzungen die Einberufer als Unbefugte anzusehen sind. Sie sind es immer dann, wenn ihnen, wie im vorl. Fall, weder das Gesetz (§ 50 GmbHG) noch die Satzung die Befugnis zur Einberufung der Gesellschafterversammlung gab. Beriefen sie diese trotzdem ein, so verletzten sie damit den auch für das GmbH-Recht zwingenden Rechtssatz, dass eine Gesellschafterversammlung nur von den hierzu Befugten einberufen werden kann. Das RG hat ... eine Gesellschafterversammlung schon dann als von Unbefugten einberufen angesehen, wenn die Einberufer zwar den zehnten Teil des Stammkapitals vertraten, vor der selbständigen Einberufung aber nicht erfolglos versucht hatten, die nach § 49 GmbHG für die Einberufung in erster Linie zuständigen Geschäftsführer zur Einberufung zu veranlassen. Umso mehr muss dies gelten, wenn die Einberufer, wie hier, überhaupt nicht die erforderlichen Anteile hatten... Es liegt im Wesen der Nichtigkeit eines Rechtsgeschäfts, dass sie das Rechtsgeschäft ohne weiteres und ohne Rücksicht darauf zerstört, ob die Beteiligten seinen Inhalt und seine Wirkung billigten oder nicht... Es kann also bei der Nichtigkeit eines Gesellschafter- oder Hauptversammlungsbeschlusses im Gegensatz zur Anfechtbarkeit auch nicht darauf ankommen, ob die Verletzung des Gesetzes auf den Inhalt des Beschlusses von Einfluss gewesen ist ... Deshalb kann sich die Beklagte nicht darauf berufen, dass die Beschlüsse v. 6.8.1945 auch von einer ordnungsmäßig einberufenen Gesellschafterversammlung gefasst worden wären. Die Wirkung der Nichtigkeit äußert sich ferner dahin, dass sie ohne weiteres von jedermann geltend gemacht werden kann und dass ein nichtiger Beschluss auch nicht durch nachträgliche Zustimmung Gültigkeit zu erlangen vermag. Deshalb kann sich auf die Nichtigkeit eines Beschlusses ein Gesellschafter auch dann berufen, wenn er ihm selbst zugestimmt hat und wenn der Beschluss von der Mehrheit der anwesenden Gesellschafter gebilligt worden ist... Hiernach ist auch der Einwand der Beklagten, die Klägerin sei in der Versammlung v. 6.8.1945 ordnungsmäßig vertreten gewesen und habe die streitigen Beschlüsse schon damals, jedenfalls aber nachträglich genehmigt, ohne rechtliche Bedeutung. ...“

Die für den hier behandelten Nichtigkeitsgrund maßgebende Befugnis zur Einberufung der Gesellschafterversammlung kann entweder auf dem Gesetz, nämlich auf den §§ 49, 50 GmbHG, oder auf einer Bestimmung in der Satzung der betreffenden GmbH beruhen.[74] Aus diesen maßgebenden Regelungen folgen dementsprechend auch die zur Nichtigkeit führenden Einberufungsmängel im Zusammenhang mit der Einberufungsbefugnis. Unbefugt sind nach § 50 Abs. 1 GmbHG etwa Minderheitsgesellschafter, deren Geschäftsanteile nicht gemeinsam mindestens 10 % des Stammkapitals der Gesellschaft erreichen.[75] 29

Zwar kann ein Gesellschafter, der mit 10 % oder mehr am Stammkapital beteiligt ist, gemäß § 50 Abs. 1 GmbHG unter Angabe des Zwecks sowie der Gründe die Einberufung einer Gesellschafterversammlung verlangen. Zur Selbsthilfe darf er jedoch nur dann schreiten, wenn seinem Verlangen nicht entsprochen wird. Liegen die Voraussetzungen des § 50 Abs. 3 GmbHG nicht vor, fehlt die Befugnis zur Selbstvornahme.[76] Danach kann ein die Nichtigkeit begründender Einberufungsmangel auch dann vorliegen, wenn ein Gesellschafter, der mit 10 % oder mehr am Stammkapital beteiligt ist, zur Gesellschafterversammlung einberufen hat.[77] Das entspricht der Behandlung eines Gesellschafters, der bereits die Voraussetzungen des § 50 Abs. 1 GmbHG nicht erfüllt.[78] Nicht schon nichtig, sondern nur anfechtbar sind die anlässlich einer entsprechenden Gesellschafterversammlung gefassten Beschlüsse dann, wenn der tätig gewordene Gesellschafter zwar gemäß § 50 Abs. 1 und 3 GmbHG ausnahmsweise zur Einberufung befugt war, die Einberufung aber unter einem anderen, mehr oder weniger schwer wiegenden Mangel leidet.[79] 30

BGH, Urt. v. 7. Februar 1983 – II ZR 14/82 –, NJW 1983, S. 1677 f:

„... Nach dem für die GmbH entsprechend geltenden § 241 Nr. 1 AktG i. V. mit § 121 Abs. 2 AktG ist der Beschluss einer Gesellschafterversammlung nichtig, wenn diese von Personen einberufen worden ist, die dazu nicht befugt gewesen sind. Befugt ist nach § 49 GmbHG der Geschäftsführer, der in diesem Falle die Versammlung nicht einberufen hat. Die Ehefrau V war weder Geschäftsführerin noch Gesellschafterin. Die Gesellschafter haben die Befugnis nur, wenn sie mindestens zu insgesamt 10 % an der Gesellschaft beteiligt sind und den Geschäftsführer unter Angabe des Zwecks und der Gründe zuvor vergeblich ersucht haben, die Versammlung zu berufen (§ 50 Abs. 1 und § 50 Abs. 3 GmbHG). Ein solches Ersuchen haben am 29.1.1980 die beiden zu je einem Drittel beteiligten Mitgesellschafter des Klägers an diesen als den Geschäftsführer gerichtet. Der Gesellschafter M hat dann aber die weitere Voraussetzung, dass nämlich der Kläger dem Ersuchen nicht entsprach, nicht abgewartet, vielmehr schon am 11.2.1980 die Gesellschafter zum 26.2.1980 geladen. Dazu war er zu diesem Zeitpunkt nicht berechtigt. ... Die Gesellschafterversammlung ist danach von einer Person einberufen worden, die dazu nach § 50 Abs. 1 und § 50 Abs. 3 GmbHG nicht befugt war. Die Folge ist die Nichtigkeit und nicht, wie die Revision in Anlehnung an Stimmen in Rechtsprechung und Literatur

74 BGHZ 11, S. 231 (237); *Zöllner,* in: Baumbach/Hueck, GmbHG, § 49 Rn 3 ff und insb. Rn 9.
75 BGHZ 11, S. 231 (237); *Römermann,* in: Michalski, GmbHG, § 47 Rn 79; *Wertenbruch,* in: MünchKomm-GmbHG, § 47 Anh. Rn 20.
76 BGHZ 87, S. 1 (3); *Zöllner,* in: Baumbach/Hueck, GmbHG, § 50 Rn 20.
77 BGHZ 87, S. 1 (3); *Wertenbruch,* in: MünchKomm-GmbHG, § 47 Anh. Rn 21; *Zöllner,* in: Baumbach/Hueck, GmbHG, § 50 Rn 20.
78 BGHZ 87, S. 1 (3); BGH, GmbHR 1985, S. 256 (257); OLG München, GmbHR 2000, S. 486 (489); *Zöllner,* in: Baumbach/Hueck, GmbHG, § 50 Rn 20; anders BayObLG, BayObLGZ 1955, S. 303 (314).
79 BGHZ 87, S. 1 (4); *K. Schmidt/Seibt,* in: Scholz, GmbHG, § 51 Rn 32; *Wertenbruch,* in: MünchKomm-GmbHG, § 47 Anh. Rn 21.

> ... meint, die Anfechtbarkeit des Beschlusses. Diese Stimmen halten den Beschluss für anfechtbar, wenn dem Berufungsrecht des Gesellschafters zwar nicht die Voraussetzungen des § 50 Abs. 1 GmbHG, wohl aber die übrigen des Abs. 3 fehlten. Der Senat teilt diese Ansicht nicht. Neben der Mindestbeteiligung von 10 % und dem Ersuchen an den Geschäftsführer (Abs. 1) ist dessen Untätigkeit (Abs. 3) eine gleichwertige Voraussetzung des Selbsthilferechts. Mag auch im Einzelfall die Frage, ab wann Untätigkeit anzunehmen ist, nicht so eindeutig zu beantworten sein wie die nach den anderen Voraussetzungen, so ändert das nichts an der Tatsache, dass der Gesellschafter erst dann berechtigt ist, selbst die Versammlung einzuberufen, wenn der Geschäftsführer seinem Ersuchen nicht entspricht. Da der Gesellschafter M kein Recht zur Selbsthilfe hatte, ist also der Beschluss der von ihm trotzdem einberufenen Versammlung nichtig... Anfechtbar hätte er sein können, wenn M ein bestehendes Einberufungsrecht fehlerhaft ausgeübt hätte. Der Mangel hätte durch eine Vollversammlung (§ 51 Abs. 3 GmbHG) oder durch einen Rügeverzicht des Klägers geheilt werden können. Eine Vollversammlung hat nicht stattgefunden, weil der Kläger nicht teilgenommen hat. Dieser hat auch nicht zeitlich vor der Versammlung darauf verzichtet, den formalen Mangel zu rügen ..."

31 Die anlässlich einer unter Verletzung der § 49 Abs. 1, § 50 Abs. 3 GmbHG einberufenen Gesellschafterversammlung gefassten Beschlüsse sind, wenn nicht alle Gesellschafter anwesend und einverstanden sind, zwar nichtig, aber keine Scheinbeschlüsse.[80] Eine Beschlussfassung anlässlich einer derart fehlerbehafteten Gesellschafterversammlung ist zwar von Gesetzes wegen ausgeschlossen. Gleichwohl gefassten Beschlüssen kann aus Rechtsgründen keine Wirkung zukommen.[81] Allerdings handelt es sich weder um eine Scheinversammlung noch um Scheinbeschlüsse,[82] sondern die Kategorie der Nichtigkeit genügt zur gebotenen Behandlung solcher schwerwiegenden Mängel vollauf. Auf eine Kausalität im Sinne eines Beruhens des Beschlusses auf dem Einberufungsmangel kommt es hier nicht an.[83]

32 Mangels Einberufungsbefugnis tritt die Nichtigkeit allgemein dann ein, wenn nicht der nach § 49 Abs. 1 GmbHG zur Einberufung von Gesellschafterversammlungen berufene Geschäftsführer die Einberufung vornimmt, sondern sich eine andere Person diese Befugnis zu Unrecht angemaßt und die Versammlung einberufen hat.[84] Hier kommt es ebenso wenig auf die Kausalität an und Erwägungen zur hypothetischen Beschlussfassung bei ordnungsgemäßer Einberufung erübrigen sich.[85] Erscheinen zu der fehlerhaft einberufenen Gesellschafterversammlung nicht sämtliche Gesellschafter und stimmen zu, so tritt auch dann keine Heilung ein, wenn die abwesenden Gesellschafter den Beschluss genehmigen. Denn der auf die GmbH grundsätzlich analog anzuwendende § 242 Abs. 2 S. 4 AktG greift bei den hier erörterten Einberufungsmängeln im Zusammenhang mit einer fehlenden Einberufungsbefugnis nicht ein.[86] Schwierig ist die Lage auch dann, wenn der in die Gesellschafterliste eingetragene Allein-Gesellschafter und -Geschäftsführer verstorben ist. Hier bedarf es entweder eines Notgeschäftsführers zur Einberufung der Gesellschafterversammlung oder aber der Anwendung des § 16 Abs. 1 S. 2 GmbHG, um nämlich die Bestellung eines neuen Ge-

80 *Raiser*, in: Ulmer, GmbHG, § 47 Anh. Rn 36; *K. Schmidt/Seibt*, in: Scholz, GmbHG, § 51 Rn 24.
81 *Wertenbruch*, in: MünchKomm-GmbHG, § 47 Anh. Rn 22.
82 *Wertenbruch*, in: MünchKomm-GmbHG, § 47 Anh. Rn 22.
83 *Wertenbruch*, in: MünchKomm-GmbHG, § 47 Anh. Rn 22.
84 *Wertenbruch*, in: MünchKomm-GmbHG, § 47 Anh. Rn 23.
85 BGHZ 11, S. 231 (239); *Römermann*, in: Michalski, GmbHG, § 47 Anh. Rn 104.
86 *Wertenbruch*, in: MünchKomm-GmbHG, § 47 Anh. Rn 23 aE.

schäftsführers mit Einberufungsbefugnis zu ermöglichen und so eine Änderung der Gesellschafterliste zu erwirken.

Nichtig sind auch Beschlüsse, die anlässlich einer Gesellschafterversammlung gefasst worden sind, zu der ein Prokurist ohne konkreten Auftrag des einberufungsbefugten Geschäftsführers geladen hat, denn die Einberufung von Gesellschafterversammlungen gehört nicht zu den Rechtshandlungen, auf die sich die Vollmacht des Prokuristen nach § 49 Abs. 1 HGB bezieht. Sie betrifft vielmehr das Innenverhältnis der Gesellschaft.[87] 33

Hinsichtlich eines Streits über die wirksame Bestellung des Geschäftsführers, die nach § 49 Abs. 1 GmbHG an sich Voraussetzung der Einberufungsbefugnis ist, ist zu berücksichtigen, dass ein derartiger Streit anlässlich einer Gesellschafterversammlung zu klären ist. Dementsprechend muss die Frage der Einberufungsbefugnis so beantwortet werden, dass es zu einer Lösung des Problems mit der Geschäftsführerbestellung anlässlich der Gesellschafterversammlung kommen kann. Deshalb muss für die Einberufungsbefugnis gemäß § 49 Abs. 1 GmbHG schon eine faktische Geschäftsführung ausreichen.[88] 34

> **LG Mannheim, Urt. v. 8. März 2007 – 23 O 10/06 –, NZG 2008, S. 111** (112):
> „... Das Begehren der Kläger hat Erfolg, soweit es die Beschlüsse der Gesellschafterversammlung vom 28.12.2005 betrifft. Dieser Beschluss ist nichtig, da die Einladung nicht durch die Geschäftsführerin nach § 49 Abs. 1 GmbHG erfolgt ist. Eingeladen wurde von der Prokuristin S. Dies wäre nur dann zulässig, wenn diese im Rahmen eines konkreten Auftrags der Geschäftsführerin G gehandelt hätte ... Da dies nicht der Fall war und der Mangel auch nicht durch Verzicht oder Heilung geheilt wurde, führt bereits dies zur Nichtigkeit des auf der Gesellschafterversammlung gefassten Abberufungsbeschlusses ... Keinen Erfolg hat dagegen die Klageerweiterung hinsichtlich der Beschlüsse vom 17.2.2006. Zwar ist auch hier die Einladung zu der Gesellschafterversammlung durch S erfolgt, die – wie sich aus dem oben Ausgeführten ergibt – nicht wirksam zur Geschäftsführerin bestellt war. Durch die Eintragung ins Handelsregister wäre allenfalls nach Ablauf von drei Jahren eine Heilung des formnichtigen Beschlusses analog § 242 AktG eingetreten ... Überwiegend anerkannt ist, dass gerade in Streitfällen wie dem hier vorliegenden, der faktisch die Geschäftsführertätigkeit Ausführende nach § 49 GmbHG befugt ist, eine Gesellschafterversammlung einzuberufen ... Gerade in streitigen Fällen wie hier erscheint es erforderlich, dass der faktisch die Geschäfte Führende auch zu einer Klärung durch die Möglichkeit der Einberufung einer Gesellschafterversammlung beitragen kann ...“

c) Formfehler und Fristmängel bei der Einladung

Wenn die Nichteinhaltung von gesetzlichen oder statutarischen Bestimmungen über die Form einer Ladung und die bei der Ladung einzuhaltenden Fristen auch grundsätzlich lediglich die Anfechtbarkeit der anlässlich der betreffenden Gesellschafterversammlung gefassten Beschlüsse zur Folge hat,[89] können schwerwiegende Form- und 35

87 LG Mannheim, NZG 2008, S. 111 (112); *Hüffer*, in: Ulmer, GmbHG, § 49 Rn 12.

88 LG Mannheim, NZG 2008, S. 111 (112); *Hüffer*, in: Ulmer, GmbHG, § 49 Rn 6; krit. dazu *Zöllner*, in: Baumbach/Hueck, GmbHG, § 49 Rn 3.

89 BGH, NJW-RR 2006, S. 831 f; *Roth*, in: Roth/Altmeppen, GmbHG, § 47 Rn 103; *Zöllner*, in: Baumbach/Hueck, GmbHG, § 47 Anh. Rn 45.

Fristfehler doch einer Nichtladung gleichkommen und führen dann zur Nichtigkeit.[90] Das ist zB der Fall, wenn die Ladung so kurzfristig erfolgt, dass sie eine rechtzeitige Kenntnisnahme nicht hinreichend gewährleistet und sie eine Teilnahme unter zumutbaren Anstrengungen nicht sicher ermöglicht. So reicht eine erst am Vorabend gegen 20.30 Uhr übersandte E-Mail als Ladung zu einer am folgenden Tag um 10.00 Uhr beginnenden Gesellschafterversammlung nicht aus und führt zur Nichtigkeit der gefassten Beschlüsse, weil sie einer Nichtladung gleichkommt und die Teilnahme angesichts der Kurzfristigkeit faktisch unmöglich ist.[91]

BGH, Urt. v. 13. Februar 2006 – II ZR 200/04 –, NJW-RR 2006, S. 831 (832):

„... Der in der Gesellschafterversammlung vom 27.11.2001 von D gefasste Abberufungsbeschluss ist analog § 241 Nr. 1 AktG, der im GmbH-Gesetz entsprechend anwendbar ist ..., nicht nur anfechtbar, sondern mit Rücksicht auf die Vielzahl und das Gewicht der Einberufungsmängel, die einer Nichtladung des Klägers gleichkommen, nichtig. Die Nichtladung eines Gesellschafters ist ein Einberufungsmangel, der nach der vom Schrifttum geteilten gefestigten Rechtsprechung des Senats zur Nichtigkeit der in der Versammlung gefassten Gesellschafterbeschlüsse führt ... Die Ladung des Klägers am Vorabend des 27.11.2001 um 20.37 Uhr per E-Mail ohne Unterschrift erfüllt nicht die gesetzlichen Mindestanforderungen, die an die ordnungsgemäße Einberufung einer Gesellschafterversammlung zu stellen sind ... Mangels abweichender Regelungen im Gesellschaftsvertrag der Gemeinschuldnerin, der in § 7 Nr. 2 nur die „ordnungsgemäße" Ladung voraussetzt und damit auf die gesetzlichen Vorschriften (§ 51 GmbHG) verweist, hatte die Ladung des Klägers durch eingeschriebenen, unterschriebenen Brief ... zu erfolgen ..., war mit einer Frist von einer Woche zu bewirken ... und die Tagesordnung musste dem Kläger gem. § 51 Abs. 3 GmbHG – ebenfalls durch eingeschriebenen Brief – mindestens drei Tage vor der Gesellschafterversammlung mitgeteilt werden. ... Das Berufungsgericht verkennt die Bedeutung des Partizipationsinteresses des Klägers, wenn es diesen Einberufungsmangel als einen nur zur Anfechtung berechtigenden Ladungsmangel wertet, dem es zudem fehlerhaft die Kausalität für die Beschlussfassung vom 27.11.2001 abspricht ... Die Ladung des Gesellschafters zur Gesellschafterversammlung dient der Sicherung eines für jeden Gesellschafter unverzichtbaren Gesellschafterrechts, seines Teilnahmerechts an der Gesellschafterversammlung und der damit verbundenen Einflussmöglichkeit auf die Willensbildung der Gesellschaft. ... Das Teilnahmerecht geht über das Recht, an der Abstimmung der Gesellschaft mitzuwirken, hinaus und ist auch dann unentziehbar und deshalb zu gewährleisten, wenn – wie hier – der Gesellschafter in der Versammlung nicht stimmberechtigt ist ... Erschwert eine Ladung dem Gesellschafter seine Teilnahme in einer Weise, die der Verhinderung seiner Teilnahme gleichkommt, wird ihm die Ausübung dieses unverzichtbaren Gesellschafterrechts ebenso entzogen wie im Fall der Nichtladung. ... So liegt der Fall hier. Selbst wenn der Kläger, was er bestreitet, die E-Mail noch am Abend des 26.11.2001 zur Kenntnis genommen hätte, war ihm eine sachgerechte Ausübung seines Teilnahmerechts in einer seiner Nichtladung gleichkommenden Weise unmöglich. ... Gleichgültig ist, ob der Beschluss auch ohne den nichtigkeitsbegründenden Einberufungsmangel zu Stande gekommen wäre ..., so dass es selbst vom Standpunkt des Berufungsgerichts, der Beschluss sei lediglich anfechtbar, auf die der Sache nach verfehlten Kausalitätserwägungen ... nicht ankommt. ..."

90 BGH, NJW-RR 2006, S. 831 (832); *Roth*, in: Roth/Altmeppen, GmbHG, § 47 Rn 103; *Zöllner*, in: Baumbach/Hueck, GmbHG, § 47 Anh. Rn 45.

91 BGH, NJW-RR 2006, S. 831 (832); *Wertenbruch*, in: MünchKomm-GmbHG, § 47 Anh. Rn 26.

36 Nach einer Entscheidung des Bundesgerichtshofs aus dem Jahre 1988 kommen auch das völlige Fehlen einer schriftlichen Fixierung und der für die Schriftform im Sinne des § 126 BGB erforderlichen Unterschrift einer Nichtladung gleich und hat die Nichtigkeit zur Folge.[92] Richtig ist daran zwar unverändert, dass hier ein Verstoß gegen § 51 Abs. 1 S. 1 GmbHG vorliegt. Ist die Ladung aber anstelle des von Gesetzes wegen gebotenen eingeschriebenen Briefs mittels elektronischer Nachricht geschehen, kann man dies mit Rücksicht auf die gewährleistete rechtzeitige Kenntnisnahme nicht mehr den Fällen der Nichtladung gleichstellen. Vielmehr führt der Fehler unter Berücksichtigung der heutigen Verbreitung elektronischer Nachrichten nur zur Anfechtbarkeit der anlässlich der betreffenden Gesellschafterversammlung gefassten Beschlüsse. Anderes gilt nur dann, wenn weitere Verstöße hinzukommen, etwa ein schwerwiegender Fehler in Zusammenhang mit der Ladungsfrist.[93]

37 Zwar liegt keine faktische Unmöglichkeit der Teilnahme an einer Gesellschafterversammlung vor, wenn ein Gesellschafter unter Verletzung des § 51 Abs. 1 S. 1 GmbHG nur mündlich oder fernmündlich, aber rechtzeitig geladen worden ist oder in anderer Art und Weise rechtzeitig von der Gesellschafterversammlung Kenntnis erlangt hat. Dennoch sind die anlässlich der betreffenden Versammlung gefassten Beschlüsse nicht nur anfechtbar, sondern nichtig. Eine differenzierte Behandlung hätte hier Beweisprobleme zur Folge, deren Vermeidung § 51 Abs. 1 S. 1 GmbHG u.a. dient. Anders als im oben (Rn 36) erörterten Fall einer Ladung per E-Mail stünde hier kein Ausdruck als Beweismittel bereit, sondern käme nur eine Zeugenvernehmung in Betracht, die der Gesetzgeber mit dem Formerfordernis vermeiden wollte.[94]

38 Unverzichtbar für die Teilnahmemöglichkeit ist die Kenntnis des Ortes und der Zeit der Gesellschafterversammlung. Beim Fehlen der entsprechenden Angaben kommt die betreffende Ladung einer Nichtladung gleich, und die anlässlich der Gesellschafterversammlung gefassten Beschlüsse sind nichtig.[95] Anderes gilt allerdings uU, wenn die Ladung zwar Angaben zum Ort der Versammlung und zu dem Tagesdatum enthält, aber die Mitteilung der Tageszeit fehlt. Hier sind die anlässlich der betreffenden Versammlung gefassten Beschlüsse dann nicht nichtig, wenn der fehlerhaft geladene Gesellschafter auf andere Art und Weise von der Tageszeit der Gesellschafterversammlung noch ohne unzumutbaren Aufwand rechtzeitig Kenntnis erlangen konnte.[96]

> **KG, Beschl. v. 13. Mai 1965 – 1 W 848/65 –, NJW 1965, S. 2157** (2159):
> „… Die Mitteilung der Tageszeit, zu der die Versammlung beginnen sollte und die in der Einladung unterblieben sein soll, kann unter den gegebenen Verhältnissen nicht als wesentlicher Inhalt der Einladung angesehen werden. Ort und Tag der Versammlung waren mitgeteilt. Der Gesellschafter F. musste in jedem Fall von Hamburg nach Berlin reisen. In Berlin hätte er die in Aussicht genommene Tageszeit sofort erfahren können. Tatsächlich hat er von der Uhrzeit anlässlich eines Ferngesprächs Kenntnis erhalten, das er mit dem

92 BGH, GmbHR 1989, S. 129 (122); *Zöllner,* in: Baumbach/Hueck, GmbHG, § 47 Anh. Rn 45 und § 51 Rn 28; anders *Bayer,* in: Lutter/Hommelhoff, GmbHG, 18. Aufl., § 47 Anh. Rn 13.

93 *Wertenbruch,* in: MünchKomm-GmbHG, § 47 Anh. Rn 26.

94 *Wertenbruch,* in: MünchKomm-GmbHG, § 47 Anh. Rn 27; anders *Roth,* in: Roth/Altmeppen, GmbHG,, § 47 Rn 103.

95 KG, NJW 1965, S. 2157 (2159); OLG Hamm, GmbHR 1993, S. 743 (746); LG Köln, GmbHR 1997, S. 809 (810); *Bayer,* in: Lutter/Hommelhoff, GmbHG, 18. Aufl., § 47 Anh. Rn 12; *Zöllner,* in: Baumbach/Hueck, GmbHG, § 47 Anh. Rn 45.

96 KG, NJW 1965, S. 2157 (2159) – telefonische Kenntniserlangung; *Wertenbruch,* in: MünchKomm-GmbHG, § 47 Anh. Rn 28.

anderen Geschäftsführer am 18.1.1965 geführt hat, um eine Verlegung des Termins zu erreichen. Es ist richtig, dass die Einladung grundsätzlich Zeit und Ort der Versammlung angeben muss und dass bei einem Unterbleiben dieser Angaben entsprechend der für Aktiengesellschaften geltenden Bestimmung des § 195 Nr. 1 AktG die gefassten Beschlüsse als nichtig zu erachten sind. ... Diese Vorschrift beruht auf dem Gedanken, dass ein Gesellschafter nicht an einer Versammlung teilnehmen kann, deren Zeit und Ort er nicht weiss, und dass ihm die Teilnahme nicht durch noch nötige Rückfragen erschwert worden soll. Der Zweck des Gesetzes wird aber nicht in Frage gestellt, wenn bei einem Kreis von drei miteinander bekannten Gesellschaftern die Einladung eines von ihnen neben Ort und Tag der Versammlung nicht die Stunde angibt. Nur die Verletzung der für die Einberufung einer Gesellschafterversammlung schlechthin unabdingbaren Vorschriften kann die einschneidende Rechtsfolge einer Nichtigkeit der Versammlungsbeschlüsse rechtfertigen. ..."

39 Da die Verweigerung des Zutritts zu einer Gesellschafterversammlung zur Folge hat, dass dem betroffenen Gesellschafter die Teilnahme nicht möglich ist, führt sie nach dem hier befürworteten Unterscheidungskriterium der zumutbaren Teilnahmemöglichkeit zur Nichtigkeit der anlässlich der betreffenden Versammlung gefassten Beschlüsse.[97] Hier – wie sonst auch – kann es nicht darauf ankommen, ob dem betroffenen Gesellschafter eine Anfechtungsklage innerhalb der entsprechenden Frist zumutbar ist.[98] Vielmehr müssen die Fälle der Zutrittsverweigerung nach der Wirkung des Fehlers denjenigen der Nichtladung gleichgestellt werden, weil kein hinreichender Grund für eine differenzierte Behandlung mit all ihren prozessualen und materiellen Folgen ersichtlich ist. Allein die Kenntnis von der Gesellschafterversammlung und die damit in der Regel verbundene Möglichkeit der rechtzeitigen Anfechtung können schon deshalb nicht genügen, weil es darauf auch bei einer Nichtladung zu einer Gesellschafterversammlung, von der der Gesellschafter auf andere Art und Weise rechtzeitig Kenntnis erlangt, nicht ankommt. Mag das dort auch auf der hinter § 51 Abs. 1 S. 1 GmbHG stehenden ratio, die hier nicht maßgebend ist, beruhen, so dürfen die beiden vergleichbaren Fälle doch ohne weiteren rechtfertigenden Grund nicht unterschiedlich behandelt werden.

OLG Brandenburg, Urt. v. 29. Juli 1998 – 7 U 29/98 –, NJW-RR 1999, S. 543 (545):

„... Der angefochtene Beschluss der Gesellschafterversammlung der Beklagten vom 10.12.1996 ist unwirksam... Durch die Verweigerung der Teilnahme des Rechtsanwalts N als Vertreter der Klägerin an der Gesellschafterversammlung ist die Klägerin in ihrem Anwesenheitsrecht verletzt worden. Jedem Gesellschafter einer GmbH steht – unabhängig davon, ob er ein Stimmrecht hat oder nicht – das Recht zur Teilnahme an den Gesellschafterversammlungen zu ... Im Falle des Konkurses eines Gesellschafters besteht das Teilnahmerecht in der Person des Konkursverwalters ... Auch ein Gesellschafter, gegen den ein Ausschließungs- oder Einziehungsverfahren läuft, hat ein Teilnahmerecht ..."

40 In der Ladung solcher Personen, die weder als Gesellschafter noch als kraft Satzung befugte Dritte zur Teilnahme an der Gesellschafterversammlung berechtigt sind, liegt zwar eine Rechtsverletzung. Sie führt aber nicht zur Nichtigkeit der anlässlich der be-

97 OLG Brandenburg, NJW-RR 1999, S. 543 (545); *Wertenbruch,* in: MünchKomm-GmbHG, § 47 Anh. Rn 29; anders allerdings OLG Dresden, GmbHR 1997, S. 946 (949) sowie BGH, DStR 1997, S. 1257 (Bericht); *Drescher,* in: Henssler/Strohn, Gesellschaftsrecht, § 243 AktG Rn 11; *Roth,* in Roth/Altmeppen, GmbHG, § 47 Rn 102.

98 So aber *Roth,* in Roth/Altmeppen, GmbHG, § 47 Rn 102.

treffenden Versammlung gefassten Beschlüsse, sondern allenfalls zu deren Anfechtbarkeit. Zu beachten ist allerdings, dass eine erfolgreiche Anfechtung die Kausalität der Rechtsverletzung voraussetzt, und daran wird es hier oft mangeln. Anders ist das zB dann, wenn wegen der Anwesenheit unbefugter Personen bestimmte vertrauliche Hintergründe eines gefassten Beschlusses anlässlich der Gesellschafterversammlung nicht haben erörtert werden können. Da die Möglichkeit der Entfernung des störenden Dritten hier nicht vom betroffenen Gesellschafter allein durchgesetzt werden kann, liegt darin auch keine Lösung, sondern es bleibt nur die Bejahung eines Anfechtungsgrundes.[99]

Führt auch die unterbliebene Ladung eines teilnahmeberechtigten Gesellschafters zur Nichtigkeit der anlässlich der betreffenden Versammlung gefassten Beschlüsse und sind nach der Satzung der betreffenden GmbH auch bestimmte Nicht-Gesellschafter teilnahmeberechtigt, so hat deren Nichtladung doch nicht die Nichtigkeit der anlässlich der betreffenden Gesellschafterversammlung gefassten Beschlüsse zur Folge.[100] Wegen Verstoßes gegen eine die Einberufung der Gesellschafterversammlung betreffende Bestimmung der Satzung sind die anlässlich der Versammlung gefassten Beschlüsse allerdings anfechtbar. Bei der Kausalität ist dabei zu berücksichtigen, dass auch die teilnahmeberechtigten Dritten die Abstimmung durch Ausübung eines ihnen zukommenden Rederechts beeinflussen können.[101] 41

OLG Stuttgart, Urt. v. 17. Mai 1973 – 10 U 136/72 –, NJW 1973, S. 2027 (2028):

„... Ist ein Gesellschafter nicht zur Gesellschafterversammlung eingeladen worden und sind auch nicht sämtliche Gesellschafter anwesend, so ist ein Beschluss, der in dieser Versammlung gefasst worden ist, nichtig. Gleiches gilt nicht für die Mitglieder des Aufsichtsrats. Sie sind nach der ausdrücklichen Verweisung in § 77 BetrVerfG entsprechend §§ 118 Abs. 2, 125 Abs. 3 AktG zu unterrichten. §§ 250, 241 AktG enthalten diese Vorschriften nicht. Wird hiergegen verstoßen, so ist ein dennoch gefasster Beschluss sonach auch nicht nichtig, sondern allenfalls wegen Verletzung des Gesetzes oder der Satzung anfechtbar (§ 251 AktG). ...“

d) Schriftliches Verfahren ohne Einverständnis aller Gesellschafter, § 48 Abs. 2 GmbHG

Einer Gesellschafterversammlung bedarf es gemäß § 48 Abs. 2 GmbHG nicht, wenn sich sämtliche Gesellschafter in Textform mit der zu treffenden Bestimmung oder mit der schriftlichen Abgabe der Stimmen einverstanden erklären. Wird ein Gesellschafter übergangen, dh wird auf die Abhaltung einer Gesellschafterversammlung ohne allseitige Zustimmung im Sinne des § 48 Abs. 2 GmbHG verzichtet, steht dies der Nichtladung des betroffenen Gesellschafters gleich und ist der im schriftlichen Verfahren gefasste Beschluss nichtig.[102] 42

Erklärt sich der Gesellschafter allerdings ungeachtet der fehlenden ordnungsgemäßen Benachrichtigung mit dem schriftlichen Verfahren einverstanden, bewirkt dies die Heilung des zur Nichtigkeit führenden Fehlers.[103] Zwar ist zwischen der Zustim- 43

99 *Wertenbruch,* in: MünchKomm-GmbHG, § 47 Anh. Rn 30; anders *Römermann,* in: Michalski, GmbHG, § 47 Anh. Rn 97.

100 OLG Stuttgart, NJW 1973, S. 2027 (2028); *Koppensteiner,* in: Rowedder/Schmidt-Leithoff, GmbHG, § 47 Rn 96.

101 *Roth,* in Roth/Altmeppen, GmbHG, 7. Aufl., § 47 Rn 104; *Wertenbruch,* in: MünchKomm-GmbHG, § 47 Anh. Rn 30.

102 *Wertenbruch,* in: MünchKomm-GmbHG, § 47 Anh. Rn 31; *Zöllner,* in: Baumbach/Hueck, GmbHG, § 47 Anh. Rn 46.

103 *K. Schmidt,* in: Scholz, GmbHG, § 45 Rn 65; *Wertenbruch,* in: MünchKomm-GmbHG, § 47 Anh. Rn 31.

mung zum schriftlichen Verfahren und der Abstimmung über den Beschlussvorschlag zu unterscheiden, jedoch liegt in einer rügelosen schriftlichen Stimmabgabe eine konkludente Einverständniserklärung.[104]

44 Werden die Benachrichtigung über den Beschlussgegenstand und die Einladung zur Stimmabgabe im schriftlichen Verfahren nach § 48 Abs. 2 GmbHG miteinander verbunden, hat das nicht die Nichtigkeit des anschließend im schriftlichen Verfahren gefassten Beschlusses zur Folge, weil man diesen Fall im Hinblick auf die Teilnahmemöglichkeit des Gesellschafters nicht mit demjenigen der Nichtladung vergleichen kann.[105]

OLG Jena, Beschl. v. 9. Januar 2006 – 6 U 569/05 –, GmbHR 2006, S. 985 (986):
„... Auch wenn das Einverständnis mit einer Beschlussfassung im schriftlichen Verfahren in schlüssiger Weise erklärt werden kann, muss die Zustimmung zur schriftlichen Abstimmung doch eindeutig erfolgen. Stimmt ein Gesellschafter einem Beschlussantrag inhaltlich nicht zu, kann nicht davon ausgegangen werden, dass er jedenfalls mit der Abstimmung im schriftlichen Verfahren einverstanden gewesen sei, denn dem Gesellschafter kam es darauf an, dass eine Beschlussfassung mit dem angestrebten Inhalt gänzlich unterbleibt. Allein der Verstoß gegen § 48 Abs. 1 GmbHG führt nicht zur Nichtigkeit des im schriftlichen Verfahren zu Stande gekommenen Beschlusses, wenn sämtliche Gesellschafter an der Abstimmung beteiligt waren. Nichtigkeit ist nur gegeben, wenn einzelne Gesellschafter bei der Abstimmung unberücksichtigt bleiben. War dies nicht der Fall, ist der Beschluss lediglich anfechtbar. ...“

45 Hingegen führt eine von § 48 GmbHG abweichende kombinierte Beschlussfassung, bei der nur ein Teil der Gesellschafter anlässlich einer Gesellschafterversammlung abstimmt, während der andere Teil seine Stimme schriftlich abgibt, zur Nichtigkeit der auf diese Art und Weise gefassten Beschlüsse, wenn nicht die Satzung ein solches Verfahren zulässt. Daran ändert auch das Einverständnis aller Gesellschafter mit dieser Vorgehensweise nichts, weil ein gleicher Kenntnisstand der nicht an der Gesellschafterversammlung teilnehmenden Gesellschafter nicht gewährleistet ist.[106]

BGH, Urt. v. 16. Januar 2006 – II ZR135/04 –, NZG 2006, S. 428 (429):
„... Dieses Verfahren stellt eine kombinierte Beschlussfassung dar ... Dieses hier von der Beklagten eingeschlagene Verfahren ist – wie das Berufungsgericht mit Recht angenommen hat – unzulässig und führt, ohne dass es auf die weiteren von der Klägerin angeführten formellen und materiellen Mängel ankommt, zur Nichtigkeit der gefassten Beschlüsse. Da die Beklagte sich auf die Wirksamkeit des Beschlossenen beruft, kann die Klägerin diese Nichtigkeit auf dem von ihr eingeschlagenen Weg ungeachtet des Umstandes feststellen lassen, dass das von den Gesellschaftern eingeschlagene Abstimmungsverfahren mangels der vorgesehenen Mitwirkung des Ergänzungspflegers nicht abgeschlossen ist und die nicht nur bei der schriftlichen Abstimmung, sondern ebenso bei dem kombinierten Verfahren grundsätzlich erforderliche Beschlussfeststellung fehlt. ... Beschlüsse der Gesellschafter werden gem. § 48 Abs. 1 GmbHG grundsätzlich in Versammlungen, also bei gleichzeitiger Anwesenheit der Gesellschafter gefasst. Abweichend vom Regelfall einer Versammlung ermöglicht § 48 Abs. 2 GmbHG die Beschlussfassung im schriftli-

104 *Wertenbruch,* in: MünchKomm-GmbHG, § 47 Anh. Rn 31.
105 OLG Jena, GmbHR 2006, S. 985 (986); *Wertenbruch,* in: MünchKomm-GmbHG, § 47 Anh. Rn 31; anders *Zöllner,* in: Baumbach/Hueck, GmbHG, § 47 Anh. Rn 46.
106 BGH, NZG 2006, S. 428 (429); *Wertenbruch,* in: MünchKomm-GmbHG, § 47 Anh. Rn 31; krit. dazu *K. Schmidt,* NJW 2006, S. 2599 sowie *Mayer,* NZG 2007, S. 448.

chen Verfahren, wenn entweder die Gesellschafter den Beschlussvorschlag einstimmig billigen oder sie ihr Einverständnis mit der schriftlichen Abstimmung in gleicher Weise erklären. § 48 GmbHG enthält freilich keine abschließende Regelung über die Form, in der Gesellschafterbeschlüsse gefasst werden können, sondern gestattet den Gesellschaftern, durch die Satzung abweichende Regelungen zu treffen. Auf diesem Wege können die Gesellschafter nicht nur die formellen Anforderungen der Beschlussfassung erleichtern, sondern vor allem auch ein kombiniertes Verfahren vorsehen ... Eine derartige Regelung enthält – wie auch die Revision einräumt – die Satzung der Beklagten nicht. ... Ob ausnahmsweise eine Abstimmung in einem kombinierten Verfahren auch ohne entsprechende Satzungsgrundlage durchgeführt werden kann, wenn alle Gesellschafter hiermit einverstanden sind, hat der Senat in einer beiläufigen Bemerkung in einer früheren Entscheidung ... offen gelassen. Abgesehen davon, dass mangels des Einverständnisses der Klägerin mit dieser Verfahrensweise – es war trotz ihres fehlenden Stimmrechts bei den zur Abstimmung gestellten Beschlussgegenständen zu TOP 2 und 3 bei der Entscheidung über die Anwendung des kombinierten Verfahrens unerlässlich ... – diese besonderen Ausnahmevoraussetzungen hier nicht vorliegen, entscheidet der Senat die früher offen gelassene Frage dahin, dass eine Abstimmung im Wege des in der Satzung nicht vorgesehenen kombinierten Verfahrens stets – also auch bei Einvernehmen sämtlicher Gesellschafter – zur Nichtigkeit des Beschlossenen führt ..."

e) Mangelnde Bezeichnung des Beschlussgegenstandes

Obgleich der Bundesgerichtshof für die Beschlussfassung anlässlich einer Mitglieder- 46
versammlung eines Vereins entschieden hat, dass ein zur Nichtigkeit führender Einberufungsmangel vorliegt, wenn der Gegenstand der beabsichtigten Beschlussfassung entweder überhaupt nicht oder jedenfalls derart ungenau bezeichnet worden ist, dass den geladenen Mitgliedern weder eine Vorbereitung noch eine sachgerechte Prüfung der Teilnahme möglich gewesen ist,[107] wird in vergleichbaren Fällen bei der GmbH zu Recht die Nichtigkeit als Rechtsfolge eines solchen Einberufungsmangels abgelehnt.[108] Maßgebend ist insofern, dass das Vereinsrecht keine Differenzierung zwischen Beschlussmängeln, die zur Nichtigkeit führen, und solchen, die lediglich die Anfechtbarkeit zur Folge haben, kennt. Dementsprechend gelten zwar die hinter der Erforderlichkeit einer gewissen Bestimmtheit des bezeichneten Beschlussinhalts stehenden Gründe nicht nur für den Verein und seine Mitglieder, sondern auch für die Gesellschafter einer GmbH. Ob ein entsprechender Mangel die Nichtigkeit oder bloß die Anfechtbarkeit des nachfolgend gefassten Beschlusses zur Konsequenz hat, muss aber für die GmbH in Anlehnung an das Aktienrecht danach bestimmt werden, ob der hier vorliegende Einberufungsmangel einer Nichtladung gleichkommt. Da dies nicht der Fall ist, führt die mangelnde Bezeichnung des Beschlussgegenstandes bei der Einberufung lediglich zur Anfechtbarkeit.

OLG Düsseldorf, Urt. v. 25. Februar 2000 – 16 U 59/99 –, NZG 2000, S. 1180 (1181):
„... Es mag dahinstehen, ob die Beschlussfassung zu den TOP 7 a) bis e) – wie die Kläger in der Berufungsinstanz geltend machen – wegen Verletzung der Ankündigungspflicht des § 51 Abs. 4 GmbHG gesetzwidrig war, so dass die Beschlüsse der Anfechtung unter-

107 BGH, NJW 1987, S. 1811 f und 2008, S. 69 (72 f).
108 OLG Düsseldorf, NZG 2000, S. 1180 (1181); *Bayer,* in: Lutter/Hommelhoff, GmbHG, § 47 Anh. Rn 13, § 51 Rn 30; *Drescher,* in: Henssler/Strohn, Gesellschaftsrecht, § 243 AktG Rn 28; *Roth,* in Roth/Altmeppen, GmbHG, § 47 Rn 103.

liegen. Die Mangelhaftigkeit der Ankündigung führt nicht zur Nichtig-, sondern lediglich zur Anfechtbarkeit der gleichwohl gefassten Beschlüsse ..."

f) Geschäftsunfähigkeit

47 Nach allgemeinen Regeln kann die Ladung eines nicht geschäftsfähigen Gesellschafters nur durch den Zugang beim gesetzlichen Vertreter des nicht geschäftsfähigen Gesellschafters herbeigeführt werden.[109] Geschieht das nicht, kommt dies einer Nichtladung gleich und führt der betreffende Einberufungsmangel zur Beschlussnichtigkeit.

g) Mitberechtigung, § 18 GmbHG

48 Nach § 18 Abs. 3 S. 1 GmbHG genügt die Ladung eines Mitberechtigten, wenn hinsichtlich eines Geschäftsanteils eine ungeteilte Mitberechtigung im Sinne des § 18 Abs. 1 GmbHG besteht.[110] Das ist allerdings nicht der Fall, wenn Inhaber des Geschäftsanteils eine Gesellschaft bürgerlichen Rechts oder eine andere Personengesellschaft ist. Vielmehr ist hier die betreffende Gesellschaft Inhaber des Geschäftsanteils.[111] Für § 18 Abs. 3 S. 1 GmbH kommt es allerdings ferner darauf an, ob ein Mitberechtigter außerdem einen anderen Geschäftsanteil alleine hält. Hier tritt die mit § 18 Abs. 3 S. 1 GmbHG verbundene Vereinfachung zugunsten des Einberufenden und zulasten der übrigen Mitberechtigten bei der Ladung eben jenes mehrfach berechtigten Gesellschafters nämlich nur dann ein, wenn derselbe auch hinsichtlich der Mitberechtigung und insofern ausdrücklich in seiner Eigenschaft als Mitberechtigter geladen wird.[112] Fehlt es daran, liegt eine Nichtladung vor, die zur Nichtigkeit führt.

BGH, Urt. v. 14. Dezember 1967 – II ZR 30/67 –, NJW 1968, S. 743 (744):

„... Ist ein Gesellschafter zugleich Mitberechtigter an einem weiteren Geschäftsanteil, so genügt seine Ladung zur Ladung der Mitberechtigten nur dann, wenn er sowohl als Gesellschafter als auch als Mitberechtigter geladen wird. Da dies unterblieben ist, sind die am 16.3.1963 gefassten Gesellschafterbeschlüsse nichtig, ohne dass es darauf ankommt, ob Frau A., wie das Berufungsgericht angenommen hat, gerade deshalb von der Vorschrift des § 18 Abs. 3 Satz 1 GmbHG Gebrauch gemacht hat, weil sie die übrigen Miterben nicht laden und deren Teilnahme verhindern wollte, und ob, wie die Revision im Unterschied zum Berufungsurteil meint, ein solcher Ladungsmangel bloß einen Anfechtungs- und keinen Nichtigkeitsgrund abgibt. ..."

h) Einberufungsmängel bei der Publikums-GmbH

49 Der die Einberufung von Gesellschafterversammlungen bei der GmbH betreffende § 51 GmbH enthält keine Sonderregeln für die Publikums-GmbH. Dementsprechend finden hier die §§ 241 ff AktG in gleicher Weise analoge Anwendung wie das bei einer gewöhnlichen GmbH der Fall ist. Daraus folgt u.a., dass der Nichtladung gleichstehende schwerwiegende Einberufungsmängel, wie sie zuvor erörtert worden sind, analog § 241 Nr. 1 AktG ebenso zur Nichtigkeit der anlässlich der betreffenden Gesellschafterversammlung gefassten Beschlüsse führen.[113] Zum einen gibt es für die teilweise befürwortete abweichende Behandlung der Publikums-GmbH im Sinne

---

109 BGH, WM 1984, S. 473; BayObLG, DB 1993, S. 577; *Bayer,* in: Lutter/Hommelhoff, GmbHG, § 51 Rn 7.

110 BGH, NJW 1968, S. 743 (744); *Bayer,* in: Lutter/Hommelhoff, GmbHG, § 51 Rn 5 und § 18 Rn 6; *Wertenbruch,* in: MünchKomm-GmbHG, § 47 Anh. Rn 33.

111 *Wertenbruch,* in: MünchKomm-GmbHG, § 18 Rn 20 f, 24 ff sowie § 47 Anh. Rn 33.

112 BGH, NJW 1968, S. 743 (744); *Raiser,* in: Ulmer, GmbHG, § 47 Anh. Rn 39.

113 *Römermann,* in: Michalski, GmbHG, § 47 Anh. Rn 85; *Wertenbruch,* in: MünchKomm-GmbHG, § 47 Anh. Rn 35.

einer „Pannenhilfe“ bei für das Abstimmungsergebnis irrelevanten Ladungsfehlern[114] gerade mit Blick auf die dem Aktienrecht zugrundeliegenden Vorstellungen des Gesetzgebers keinen rechtfertigenden Grund. Zum anderen ist zu berücksichtigen, dass auch einzelne (Minderheits-)Gesellschafter durch Gebrauch von ihrem Rederecht anlässlich der Gesellschafterversammlung Einfluss auf die Abstimmung nehmen können.

i) Heilung von Einberufungsmängeln

§ 242 Abs. 2 S. 4 AktG findet insofern umfassend analoge Anwendung auf nichtige 50
Beschlüsse der GmbH-Gesellschafter anlässlich einer unter einem schwerwiegenden Einberufungsmangel leidenden Gesellschafterversammlung, als eine Heilung eintritt sowohl aufgrund einer widerspruchslosen Teilnahme des nicht ordnungsgemäß geladenen Gesellschafters an der Vollversammlung (§ 51 Abs. 3 GmbHG) als solcher und an der Beschlussfassung (doppelte Einwilligung) als auch grundsätzlich aufgrund einer seitens des betroffenen Gesellschafters nachträglich erklärten Zustimmung (Genehmigung) zu dem wegen eines Einberufungsmangels nichtigen Beschluss.[115] Für die sog. kombinierte Beschlussfassung gilt allerdings anderes.[116]

> **BGH, Urt. v. 16. Januar 2006 – II ZR 135/04 –, NJW 2006, S. 2044 (2045):**
> „... Ob ausnahmsweise eine Abstimmung in einem kombinierten Verfahren auch ohne entsprechende Satzungsgrundlage durchgeführt werden kann, wenn alle Gesellschafter hiermit einverstanden sind, hat der Senat in einer beiläufigen Bemerkung in einer früheren Entscheidung ... offen gelassen. Abgesehen davon, dass mangels des Einverständnisses der Klägerin mit dieser Verfahrensweise – es war trotz ihres fehlenden Stimmrechts bei den zur Abstimmung gestellten Beschlussgegenständen zu TOP 2 und 3 bei der Entscheidung über die Anwendung des kombinierten Verfahrens unerlässlich ... – diese besonderen Ausnahmevoraussetzungen hier nicht vorliegen, entscheidet der Senat die früher offen gelassene Frage dahin, dass eine Abstimmung im Wege des in der Satzung nicht vorgesehenen kombinierten Verfahrens stets – also auch bei Einvernehmen sämtlicher Gesellschafter – zur Nichtigkeit des Beschlossenen führt. ... Wenn bereits Einberufungsmängel die Nichtigkeit des in einer derart zusammengetretenen Gesellschafterversammlung Beschlossenen zur Folge haben, wäre es wertungswidersprüchlich und vom Gesetz nicht gedeckt ..., den Fall, dass überhaupt kein zugelassenes Abstimmungsverfahren stattgefunden hat, nicht der Nichtigkeitsfolge nach dem im GmbH-Recht entsprechend heranzuziehenden § 241 Nr. 1 AktG zu unterwerfen. ...“

114 So *Fichtelmann*, in: Heidelberger Kommentar zum GmbH-Recht, § 47 Rn 71; dazu *Wertenbruch*, in: MünchKomm-GmbHG, § 47 Anh. Rn 35.

115 BGH, NJW 1983, S. 1677 (1678); ähnlich *Drescher*, in: Henssler/Strohn, Gesellschaftsrecht, § 241 AktG Rn 29; *Zöllner*, in: Baumbach/Hueck, GmbHG, § 47 Anh. Rn 77.

116 BGH, NJW 2006, S. 2044 (2045).

51 Übersicht über die zur Nichtigkeit führenden Einberufungsmängel, § 241 Nr. 1 AktG analog – Nr. 2

1. **Grundsätze**
   - Verletzung wesentlicher Bestimmungen über die Einberufung hat analog § 241 Nr. 1 AktG Nichtigkeit zur Folge;
   - es kommt darauf an, ob ein schwerwiegender Einberufungsmangel vorliegt;
   - auf Kausalität kommt es beim Vorliegen eines Nichtigkeitsgrundes nicht an.
2. **Einberufungsbefugnis**
   - Mangelnde Einberufungsbefugnis führt grds. zur Nichtigkeit, § 241 Nr. 1 AktG analog iVm § 49 Abs. 1 GmbHG (BGH, NJW 1954, S. 385 f; 1983, S. 1677;
   - Einberufungsbefugnis nach §§ 49, 50 GmbHG oder aus Satzung;
   - auch bei Minderheitsgesellschaftern mit mind. 10 % Geschäftsanteile (§ 50 Abs. 1 GmbHG) Befugnis zur Selbstvornahme nur nach Maßgabe des § 50 Abs. 3 GmbHG, dh bei Verweigerung, dem berechtigten Einberufungsverlangen nachzukommen; grds. auch hier Nichtigkeit, Anfechtbarkeit nur bei bestehender Einberufungsbefugnis (nach Verweigerung, dem berechtigten Verlangen nach § 50 Abs. 3 GmbHG nachzukommen), aber fehlerhafter Einberufung (BGH, NJW 1983, S. 1677);
   - keine Einberufung durch Prokuristen ohne konkreten Auftrag des Geschäftsführers (LG Mannheim, NZG 2008, S. 111, 112);
   - faktische Geschäftsführung reicht bei Streit über wirksame Bestellung im Rahmen des § 49 Abs. 1 GmbHG für Einberufungsbefugnis aus (LG Mannheim, NZG 2008, S. 111, 112);
   - Heilung, wenn alle Gesellschafter erscheinen oder zulässig vertreten sind (Vollversammlung, § 51 Abs. 3 GmbHG) und trotz des Einberufungsmangels zumindest konkludent mit der Durchführung einverstanden sind (BGH, NJW 1983, S. 1677; OLG Saarbrücken GmbHR 2006, S. 987, 989);
   - keine Heilung, wenn nicht ordnungsgemäß geladener Gesellschafter unter Hinweis auf Einberufungsmangel Vertagung verlangt (BGH, NJW 1987, S. 2580, 2581);
   - keine Heilung in den Fällen mangelnder Einberufungsbefugnis durch Genehmigung seitens der nicht erschienenen Gesellschafter – § 242 Abs. 2 S. 4 AktG greift bei Einberufungsmängeln grds. ein, nicht aber in den Fällen mangelnder Einberufungsbefugnis.
3. **Formfehler und Fristmängel**
   - Formfehler und Fristmängel nur dann, wenn in ihnen schwerwiegende Verstöße liegen, dh Verstöße gegen gesetzliche Form- und/oder Fristvorschriften oder entsprechende Bestimmungen der Satzung, sofern sie faktisch einer Nichtladung gleichkommen (BGH, NJW-RR 2006, S. 831);
   - allzu kurze Frist (BGH, NJW-RR 2006, S. 831 f: um 20:30 Uhr des Vorabends für 10:00 Uhr);

- Verstoß gegen Form des § 51 Abs. 1 GmbHG durch Einberufung per E-Mail zweifelhaft (für Nichtigkeit noch BGH, GmbHR 1989, S. 120, 122; str.);
- Verstoß gegen Form des § 51 Abs. 1 GmbHG durch mündliche Einberufung – zweifelhaft für den Fall anderweitiger Kenntniserlangung seitens eines Gesellschafters (str.);
- während gänzlich fehlende Angaben zu Zeit und/oder Ort der Gesellschafterversammlung zur Nichtigkeit führen (KG, NJW 1965, S. 2157, 2159), hat das Fehlen nur der Uhrzeit nicht die Nichtigkeit zur Folge, wenn der betroffene Gesellschafter anderweitig zuverlässig Kenntnis von der Uhrzeit erhalten hat (KG, NJW 1965, S. 2157, 2159);
- Zutrittsverweigerung (so OLG Brandenburg, GmbHR 1998, S. 1037, 1038 f; OLG Dresden, GmbHR 1997, S. 946, 949);
- Ladung nicht zur Teilnahme berechtigter Personen führt nicht zur Nichtigkeit, sondern allenfalls zur Anfechtbarkeit;
- Nichtladung teilnahmeberechtigter Nichtgesellschafter führt auch nicht zur Nichtigkeit, ermöglicht aber unter der weiteren Voraussetzung des Beruhens eine Anfechtung wegen Verstoßes gegen die Satzung (OLG Stuttgart, NJW 1973, S. 2027, 2028).

4. **Schriftliche Beschlussfassung**
   - Verletzung des die Zustimmung zur schriftlichen Abstimmung betreffenden § 48 Abs. 2 GmbHG hat Nichtigkeit zur Folge, wenn sich der betroffene Gesellschafter nicht mit dem schriftlichen Verfahren zumindest im Wege einer rügelosen schriftlichen Stimmabgabe einverstanden erklärt hat – keine Nichtigkeit, wenn Mitteilung des Beschlussgegenstandes und Einladung zur Beteiligung am schriftlichen Verfahren verbunden werden (OLG Jena, GmbHR 2006, S. 985, 986);
   - nicht in der Satzung vorgesehene kombinierte Beschlussfassung, selbst wenn alle Gesellschafter mit dieser Vorgehensweise einverstanden sind (BGH, NZG 2006, S. 428).

5. **Bezeichnung des Beschlussgegenstands**
   - Zweifelhaft bei unzureichender Bezeichnung des Beschlussgegenstandes (nur für Anfechtbarkeit: OLG Düsseldorf, NZG 2000, S. 1180, 1181; für Nichtigkeit unter gewissen Umständen beim Verein: BGH, NJW 2008, S. 69, 72 f).

6. **Ladung eines Geschäftsunfähigen**
   - Ladung eines Geschäftsunfähigen erfordert Zugang bei seinem gesetzlichen Vertreter; geschieht dies nicht, kommt das Nichtladung gleich mit der Folge der Nichtigkeit (BGH, WM 1984, S. 473; BayObLG, DB 1993, S. 577).

7. **Mitberechtigung, § 18 GmbHG**
   - Zwar genügt es, dass von mehreren Mitberechtigten ein Mitberechtigter geladen wird (§ 18 Abs. 3 S. 1 GmbHG – BGH, NJW 1968, S. 743, 744); hält der betreffende Mitberechtigte aber auch allein einen Geschäftsanteil, so erfordert § 18 Abs. 3 S. 1 GmbHG eine Ladung des betreffenden Mitberechtigten auch ausdrücklich in seiner Eigenschaft als Mitberechtigter

(BGH, NJW 1968, S. 743, 744); sonst liegt eine Nichtladung vor, die grds. die Nichtigkeit zur Folge hat.

8. **Publikums-GmbH**
   - Keine Besonderheiten bei Publikums-GmbH.

9. **Heilung**
   - Heilung grds. (Ausnahmen s. Rn 50) durch widerspruchslose Teilnahme an der Versammlung und Teilnahme an der Beschlussfassung;
   - Heilung grds. (Ausnahmen s. Rn 50) auch durch Genehmigung, § 242 Abs. 2 S. 4 AktG analog.

2. Beurkundungsmängel, § 241 Nr. 2 AktG analog

a) Beurkundungspflicht für Satzungsänderungen, § 53 GmbHG

52 Wenn auch § 241 Nr. 2 AktG insofern analoge Anwendung auf die GmbH findet, als Gesellschafterbeschlüsse nichtig sind, wenn eine nach der Satzung oder nach dem Gesetz bestehende Beurkundungspflicht nicht eingehalten wird,[117] unterscheidet sich die Rechtslage bei der GmbH von derjenigen bei der AG doch insofern in bedeutsamer Weise, als § 130 Abs. 1 AktG, der eine Beurkundung aller Hauptversammlungsbeschlüsse vorsieht, bei der GmbH nicht entsprechend anzuwenden ist. Vielmehr sind nach den Regeln des GmbHG nur ganz bestimmte Beschlüsse der Gesellschafterversammlung beurkundungsbedürftig.[118]

OLG Brandenburg, Urt. v. 20. September 2000 – 7 U 71/00 –, NZG 2001, S. 129 (130):
„... Ist aber der Beschluss vom 17.11.1998 entgegen § 53 Abs. 2 S. 1 GmbHG nicht notariell beurkundet worden, so folgt hieraus die Nichtigkeit des Beschlusses, so dass er das Begehren der Kläger nicht zu tragen vermag. Die fehlende Beurkundung gem. § 53 Abs. 2 S. 1 GmbHG führt regelmäßig und zwangsläufig analog § 241 Nr. 2 AktG zur Nichtigkeit der betroffenen Beschlussfassung ...“

OLG Düsseldorf, Urt. v. 7. Februar 2007 – 15 U 130/06 –, juris Rn 25:
„... Unabhängig davon ist ein Nichtigkeitsgrund analog § 241 Ziff. 1 AktG, der allein sog. Einberufungsmängel betrifft, nicht ersichtlich. Eine Nichtbeurkundung (§ 241 Ziff. 2 AktG analog) macht in der Gesellschaft mit beschränkter Haftung lediglich satzungsändernde, satzungsdurchbrechende Beschlüsse, Umwandlungsbeschlüsse sowie Beschlüsse über den Abschluss von Unternehmensverträgen nichtig, weil das GmbH-Gesetz – anders als § 130 Abs. 1 AktG – alleine für diese Beschlüsse der Gesellschafter die Beurkundung vorschreibt, § 53 Abs. 2 GmbHG. ...“

53 Nach § 53 Abs. 2 GmbHG müssen solche Beschlüsse notariell beurkundet werden, die eine Abänderung des Gesellschaftsvertrages im Sinne des § 53 Abs. 1 GmbHG zum Gegenstand haben, also satzungsändernde Beschlüsse. Hiervon sind die satzungsdurchbrechenden Beschlüsse zu unterscheiden, die nicht als Satzungsänderung deklariert sind, sondern lediglich inhaltlich gegen die Satzung verstoßen und dementsprechend eine faktische Abänderung der Satzung zur Folge haben bzw hätten.[119] Betrifft die Satzungsdurchbrechung nur einen Einzelfall und liegt demnach eine bloß

---

117 OLG Brandenburg, NZG 2001, S. 129 (130); *Zöllner,* in: Baumbach/Hueck, GmbHG, § 47 Anh. Rn 49.
118 OLG Brandenburg, NZG 2001, S. 129 (130); OLG Düsseldorf, Urt. v. 7. Februar 2007 – 15 U 130/06, juris Rn 25; *Bayer,* in: Lutter/Hommelhoff, GmbHG, § 47 Anh. Rn 15.
119 *Bayer,* in: Lutter/Hommelhoff, GmbHG, § 53 Rn 27; *Wertenbruch,* in: MünchKomm-GmbHG, § 47 Anh. Rn 36, § 53 Rn 45; *Zöllner,* in: Baumbach/Hueck, GmbHG, § 53 Rn 40 ff.

punktuelle Durchbrechung vor, hat der Verstoß allein unter Berücksichtigung der Beurkundungspflicht von Satzungsänderungen nicht die Nichtigkeit zur Folge.[120] Anderes gilt, wenn die Satzungsdurchbrechung über eine konkret-individuelle Regelung und den Einzelfall hinausgeht sowie durch ihren abstrakt-generellen Inhalt einen von der Satzung abweichenden Rechtszustand begründet. In diesem Fall greift die Beurkundungspflicht mit der Folge der Beschlussnichtigkeit bei ihrer Verletzung und entspricht die Lage damit derjenigen bei offenen Satzungsänderungen.[121]

BGH, Urt. v. 7. Juni 1993 – II ZR 81/92 –, NJW 1993, S. 2246 (2247):

„... Der Gesellschafterbeschluss vom 13.10.1984 bestimmt allerdings abweichend von der Satzung, dass sich die – dort ebenfalls grundsätzlich auf drei Jahre begrenzte – Amtszeit der Aufsichtsratsmitglieder um jeweils ein Jahr verlängere, wenn die Gesellschafterversammlung nicht die Abberufung beschließe. Diese Regelung ist indessen unwirksam. Jener Beschluss hätte als Satzungsänderung nach §§ 53 Abs. 2, 54 GmbHG der notariellen Beurkundung und der Eintragung in das Handelsregister bedurft. Die Beteiligten haben freilich nach den Feststellungen des Berufungsgerichts eine Änderung der Satzung nicht beabsichtigt. Sie waren sich, wie der vom Berufungsgericht vernommene Zeuge Dr. S ausgesagt hat, der Abweichung von der Satzung bewusst; sie wollten lediglich eine „auf Zeit gedachte Lösung" schaffen, „die auf eine Person" (nämlich diejenige des Klägers) „und auf eine ganz bestimmte Situation zugeschnitten war". Das alles ändert aber nichts an der Unwirksamkeit der „Aufsichtsratssatzung vom 13.10.1984". Eine einen Einzelfall regelnde „Satzungsdurchbrechung" ist nach der Rechtsprechung des Senats im Grundsatz auch ohne Einhaltung der formellen Voraussetzungen einer Satzungsänderung jedenfalls nicht nichtig; ob sie anfechtbar ist, hat der Senat offengelassen. ... Im Schrifttum ist streitig, ob derartige satzungsdurchbrechende Beschlüsse nicht wenigstens der notariellen Beurkundung bedürfen. ... Auf diese Frage kommt es hier nicht an. Denn die Zulässigkeit von nicht formgültigen Satzungsdurchbrechungen beschränkt sich jedenfalls auf Fälle einer „punktuellen" Regelung, bei denen sich die Wirkung des Beschlusses in der betreffenden Maßnahme erschöpft. Satzungsdurchbrechungen, die einen von der Satzung abweichenden rechtlichen Zustand begründen, sind dagegen ohne Einhaltung der für eine Satzungsänderung geltenden Formvorschriften auch dann unwirksam, wenn dieser Zustand auf einen bestimmten Zeitraum begrenzt ist. ... Der Grund dafür liegt vor allem darin, dass solche eine Dauerwirkung entfaltenden Abweichungen von der Satzung nicht nur gesellschaftsinterne Bedeutung haben, sondern auch den Rechtsverkehr einschließlich etwaiger später eintretender Gesellschafter berühren. Seiner Orientierung und seinem Schutz dient die Registerpublizität auch in Fragen, in denen es nicht etwa nur um die Vertretungsverhältnisse der Gesellschaft geht. Denn zum Handelsregister ist die gesamte Satzungsurkunde einzureichen; gibt sie den materiellen Satzungsinhalt nicht richtig und vollständig wieder, dann wird der Rechtsverkehr über die Verhältnisse der Gesellschaft entgegen dem mit der Registerpublizität verfolgten Zweck unzutreffend informiert. ..."

b) Formerfordernisse des Umwandlungsrechts

Eine für bestimmte Gesellschafterbeschlüsse geltende Beurkundungspflicht kann sich 54
etwa aus § 13 Abs. 3 S. 1 UmwG ergeben. Danach bedürfen sowohl der Verschmelzungsbeschluss (§ 50 UmwG) als auch umwandlungsrechtlich gebotene Zustim-

120 BGH, NJW 1993, S. 2246 (2247); *Bayer,* in: Lutter/Hommelhoff, GmbHG, § 53 Rn 31; *Zöllner,* in: Baumbach/Hueck, GmbHG, § 53 Rn 46; anders *Priester,* ZHR 151 (1987), S. 40 (50 f).

121 BGH, NJW 1993, S. 2246 (2247); OLG Nürnberg, GmbHR 2000, S. 563; *Bayer,* in: Lutter/Hommelhoff, GmbHG, § 53 Rn 30; *Zöllner,* in: Baumbach/Hueck, GmbHG, § 53 Rn 45.

mungserklärungen von Gesellschaftern (§ 51 UmwG) der notariellen Beurkundung. § 13 Abs. 3 UmwG gilt nach § 125 S. 1 UmwG auch für eine Spaltung, nach § 176 Abs. 1 UmwG, ebenfalls für eine Vollübertragung des Vermögens (§ 175 UmwG) und gemäß § 193 Abs. 3 S. 1 UmwG für den Umwandlungsbeschluss sowie die erforderlichen Zustimmungserklärungen von Gesellschaftern beim Formwechsel. Auch in all diesen Fällen führt die Außerachtlassung der vorgesehenen Form zur Nichtigkeit eines entsprechenden Gesellschafterbeschlusses.[122]

c) Beschlüsse über Unternehmensverträge

55 Da das GmbHG keine Bestimmungen über die Form von Unternehmensverträgen enthält, finden insofern die § 293 Abs. 3, § 294 AktG analoge Anwendung. Danach reicht für den Unternehmensvertrag als solchen regelmäßig die Schriftform des § 126 BGB.[123] Anderes kann gelten, wenn ein besonderer Inhalt dies gebietet. Dann bedarf es etwa nach § 15 Abs. 4 GmbHG der notariellen Beurkundung.[124]

56 Dies lässt sich allerdings nicht ohne Weiteres auf die den Unternehmensvertrag betreffenden Gesellschafterbeschlüsse als Ausdruck der internen Willensbildung der Gesellschaft übertragen. Vielmehr kommt es hier darauf an, inwiefern der Unternehmensvertrag als Gegenstand des Gesellschafterbeschlusses eine Änderung der Grundstruktur der Gesellschaft zur Folge hat. Dementsprechend ist zwischen der beherrschten und der beherrschenden Gesellschaft zu differenzieren:[125]

57 Bei der beherrschten GmbH führt der Unternehmensvertrag zu einem Eingriff in den rechtlichen Status und zu einer Änderung der Grundstruktur der Gesellschaft.[126] Da dem Zustimmungsbeschluss der GmbH-Gesellschafter als Ausdruck der internen Willensbildung der Gesellschaft maßgebende Bedeutung hierfür zukommt, bedarf es hier analog § 53 Abs. 2 S. 1 GmbHG der notariellen Beurkundung.[127]

58 Bei der beherrschenden Gesellschaft bedarf zwar der Gesellschafterbeschluss einer qualifizierten Mehrheit (3/4 der abgegebenen Stimmen), § 293 Abs. 1 S. 2 und Abs. 2 S. 2 AktG analog. Eine notarielle Beurkundung ist für den Beschluss aber nicht vorgesehen.[128]

> **BGH, Beschl. v. 24. Oktober 1988 – II ZB 7/88 –, NJW 1989, S. 295 (296, 298):**
> „... ein gesellschaftsrechtlicher Organisationsvertrag, der satzungsgleich den rechtlichen Status der beherrschten Gesellschaft ändert. Diese Änderung besteht insbesondere darin, dass die Weisungskompetenz der Gesellschafterversammlung auf die herrschende Gesellschaft übertragen, der Gesellschaftszweck unter Aufhebung der unabhängigen erwerbswirtschaftlichen Teilnahme am Wirtschaftsverkehr bei einem in der Regel gleichbleibenden Unternehmensgegenstand am Konzerninteresse ausgerichtet und in das Gewinnbezugsrecht der Gesellschafter eingegriffen wird... Gesetzliche Regelungen und Bestimmungen des Gesellschaftsvertrages, die den für Unternehmensverträge maßgebenden Vorschriften sowie dem Inhalt des Unternehmensvertrages entgegenstehen, werden für die

122 *Raiser,* in: Ulmer, GmbHG, § 47 Anh. Rn 46; *Wertenbruch,* in: MünchKomm-GmbHG, § 47 Anh. Rn 37.
123 BGH, NJW 1989, S. 295 (296 ff); *Zöllner,* in: Baumbach/Hueck, GmbHG, SchlAnhKonzR Rn 53; *Wertenbruch,* in: MünchKomm-GmbHG, § 47 Anh. Rn 38; anders *Pache,* in: GmbHR 1995, S. 93.
124 *Zöllner,* in: Baumbach/Hueck, GmbHG, SchlAnhKonzR Rn 53.
125 BGH, NJW 1989, S. 295 (296 ff); *Wertenbruch,* in: MünchKomm-GmbHG, § 47 Anh. Rn 38.
126 BGH, NJW 1989, S. 295 (296 ff); *Wertenbruch,* in: MünchKomm-GmbHG, § 47 Anh. Rn 38.
127 BGH, NJW 1989, S. 295 (296 ff); *Zöllner,* in: Baumbach/Hueck, GmbHG, SchlAnhKonzR Rn 52.
128 BGH, NJW 1989, S. 295 (296 ff); *Altmeppen,* in: Roth/Altmeppen, GmbHG, § 13 Anh. Rn 46; *ders.,* in: DB 1994, S. 1273.

Dauer seiner Gültigkeit außer Kraft gesetzt... Aufgrund dieser Wirkungen des Unternehmensvertrages ist sein Abschluss von der Vertretungsmacht der Geschäftsführer der GmbH, die sich der Beherrschung und Ergebnisabführung unterwirft, nicht gedeckt. Er bedarf zu seiner Wirksamkeit der Zustimmung durch Beschluss der Gesellschafterversammlung ... Demnach bedarf auch im GmbH-Konzernrecht ein Unternehmensvertrag zu seiner Wirksamkeit der Zustimmung der Gesellschafterversammlung der herrschenden Gesellschaft. Entsprechend § 293 Abs. 2 S. 2, § 293 Abs. 1 S. 2 AktG muss dieser Beschluss mit einer qualifizierten Mehrheit gefaßt werden, die mindestens 3/4 der bei der Beschlussfassung abgegebenen Stimmen umfassen muß (zum Stimmrecht bei der GmbH vgl u.a. §§ 47 Abs. 1, 53 Abs. 2, 60 Abs. 1 Nr. 2 GmbHG). Der Beschluss bedarf keiner notariellen Beurkundung. ...“

d) In der Satzung vorgesehene Beurkundungspflichten

Auch die Satzung einer GmbH kann Formvorschriften enthalten. Jedoch ist § 241 Nr. 2 AktG nicht doppelt analog auf solche Satzungsverstöße anzuwenden,[129] und führt eine Verletzung einer in der Satzung verankerten Formvorschrift nicht zur Nichtigkeit des betreffenden Gesellschafterbeschlusses,[130] sondern allenfalls zu dessen Anfechtbarkeit, wenn nämlich die verletzte Satzungsbestimmung nicht nur als Ordnungsvorschrift zu verstehen ist.[131] Verstöße gegen reine Ordnungsvorschriften begründen nicht einmal die Anfechtung. Keine reine Ordnungsvorschrift liegt gewöhnlich vor, wenn die Nachgiebigkeit der Regelung nicht in entsprechend weichen Formulierungen, wie zB „soll“, ihren Ausdruck gefunden hat.[132] 59

e) Fehlerhafte Beurkundung

Nicht nur in der Nichtbeachtung einer gesetzlichen Formvorschrift („Ob“) liegt ein Formfehler, sondern auch in der fehlerhaften Anwendung einer solchen Bestimmung („Wie“). So kann ein Gesellschafterbeschluss zwar wie ausnahmsweise geboten beurkundet worden sein, jedoch führt das Fehlen der nach den Bestimmungen des BeurkG erforderlichen Unterschrift des Notars zur Nichtigkeit des betreffenden Gesellschafterbeschlusses analog § 241 Nr. 2, § 130 Abs. 4 S. 1 AktG.[133] Im Falle einer Beurkundungspflicht muss die Urkunde außerdem Angaben über das Abstimmungsergebnis, den Namen des Notars sowie den Tag und den Ort der Beschlussfassung enthalten.[134] Demgegenüber führt das Fehlen von Angaben zur Beschlussfeststellung durch den Versammlungsleiter nicht zur Beschlussnichtigkeit, weil bei der GmbH eine gesetzliche Verpflichtung zur Beschlussfeststellung nicht besteht und § 130 Abs. 2 AktG nicht analog anzuwenden ist.[135] 60

---

129 *Wertenbruch,* in: MünchKomm-GmbHG, § 47 Anh. Rn 40; *Zöllner,* in: Baumbach/Hueck, GmbHG, § 47 Anh. Rn 49.

130 *Wertenbruch,* in: MünchKomm-GmbHG, § 47 Anh. Rn 40; *Zöllner,* in: Baumbach/Hueck, GmbHG, § 47 Anh. Rn 49; anders allerdings OLG Stuttgart, BB 1983, S. 1050.

131 *Roth,* in: Roth/Altmeppen, GmbHG, § 47 Rn 101, 122; *Wertenbruch,* in: MünchKomm-GmbHG, § 47 Anh. Rn 40.

132 *Roth,* in: Roth/Altmeppen, GmbHG, § 47 Rn 122 f; *Zöllner,* in: Baumbach/Hueck, GmbHG, § 47 Anh. Rn 110.

133 *Römermann,* in: Michalski, GmbHG, § 47 Anh. Rn 114; *Wertenbruch,* in: MünchKomm-GmbHG, § 47 Anh. Rn 41.

134 BayObLG, NJW 1973, S. 250; *Wertenbruch,* in: MünchKomm-GmbHG, § 47 Anh. Rn 41.

135 BGH, NJW 1969, S. 841 (842) sowie 1980, S. 1527; *Römermann,* in: Michalski, GmbHG, § 47 Anh. Rn 115.

BGH, Urt. v. 9. Dezember 1968 – II ZR 57/67 –, NJW 1969, S. 841 (842):
„... Soweit die Satzung nichts anderes vorschreibt, bedarf ein solcher Beschluss, um wirksam zu sein, weder einer Form, noch muss sein Zustandekommen ausdrücklich festgestellt werden. Die verkündete Ansicht des Vorsitzenden, die Abstimmung habe zu einem bestimmten Ergebnis geführt, ist hier, anders als bei der AG (§ 130 Abs. 2 AktG), rechtlich ohne Belang oder höchstens als Beweismittel verwertbar. Angesichts dieser Unterschiede lässt sich jener aktienrechtliche Grundsatz nicht ohne weiteres auf die GmbH übertragen, soweit es dort nur um einfache Mehrheitsbeschlüsse geht. ...“

61 Eine wirksame Beurkundung kann nicht nur ein inländischer Notar vornehmen, sondern es genügt eine gleichwertige Beurkundung durch einen ausländischen Notar.[136]

f) Einmann-GmbH, § 48 Abs. 3 GmbHG

62 Zwar sieht § 48 Abs. 3 GmbHG vor, dass der Gesellschafter einer Einmann-GmbH unverzüglich ein Protokoll anzufertigen hat. Jedoch hat der Gesetzgeber von der Einführung einer noch in einem Gesetzentwurf vom Dezember 1977 vorgesehenen Bestimmung über die Beschlussnichtigkeit als Folge mangelnder Protokollierung bewusst abgesehen, um dem Allein-Gesellschafter nicht die Möglichkeit zu geben, sich der Bindung durch einen Formverstoß zu entziehen. Deshalb führt ein Verstoß gegen § 48 Abs. 3 GmbHG nicht zur Nichtigkeit.[137] Allerdings kann die Verletzung dieser Formvorschrift einen Schadenersatzanspruch der Gesellschaft gegen den Gesellschafter begründen.[138]

63 **Übersicht über die zur Nichtigkeit führenden Formfehler, § 241 Nr. 2 AktG analog – Nr. 3**

1. **Grundsatz**
   - Zwar führt die Nichtbeachtung einer für die GmbH bestehenden Beurkundungspflicht analog § 241 Nr. 2 AktG zur Beschlussnichtigkeit. Jedoch ist § 130 Abs. 1 AktG, der die not. Beurk. jedes Hauptversammlungsbeschlusses vorsieht, auf die GmbH nicht analog anzuwenden, so dass es nur ausnahmsweise der Beurkundung bedarf.
2. **Satzungsändernde Beschlüsse, § 53 Abs. 2 GmbHG**
3. **Satzungsdurchbrechende Beschlüsse**
   - Punktuelle, dh nur konkret-individuelle, Durchbrechung führt nicht zur Nichtigkeit wegen mangelnder Beurkundung (BGH, NJW 1993, S. 2246, 2247).
   - Allgemeine, dh abstrakt-generelle, Durchbrechung hat Nichtigkeit zur Folge wie bei formfehlerhafter Satzungsänderung (BGH, NJW 1993, S. 2246, 2247; OLG Nürnberg, GmbHR 2000, S. 563).
4. **Umwandlung: Verschmelzung, Spaltung, Vollübertragung des Vermögens und Formwechsel, § 13 Abs. 3, § 125 S. 1, § 176 Abs. 1, § 193 Abs. 3 S. 1 UmwG**
   - Beschlüsse und erforderliche Zustimmungserklärungen

---

136 BGH, NJW 1981, S. 1160; *Roth,* in: Roth/Altmeppen, GmbHG, § 47 Rn 101; *Zöllner,* in: Baumbach/Hueck, GmbHG, § 47 Anh. Rn 49, § 53 Rn 75.

137 BT-Drucks. 8/3908, S. 75; *Roth,* in: Roth/Altmeppen, GmbHG, § 48 Rn 44; *Zöllner,* in: Baumbach/Hueck, GmbHG, 20. Aufl., § 48 Rn 48 f.

138 *Roth,* in: Roth/Altmeppen, GmbHG, § 48 Rn 44; *Wertenbruch,* in: MünchKomm-GmbHG, § 47 Anh. Rn 42, § 48 Rn 195; *Zöllner,* in: Baumbach/Hueck, GmbHG, § 48 Rn 48.

5. **Unternehmensverträge**
   - Bei beherrschter GmbH wegen Änderung des rechtlichen Status Beurkundungspflicht analog § 53 Abs. 2 S. 1 GmbHG mit Nichtigkeitsfolge (BGH, NJW 1989, S. 295, 296 ff).
   - Bei beherrschender GmbH nur analog § 293 Abs. 1 S. 2 und Abs. 2 S. 2 AktG Erfordernis qualifizierter Mehrheit, aber keine Beurkundung notwendig (BGH, NJW 1989, S. 295, 296 ff).
6. **Fehler bei der ausnahmsweise notwendigen Beurkundung**
   - Unbedingt erforderlich sind Unterschrift des Notars, Angaben zum beurkundenden Notar, zum Abstimmungsergebnis sowie zum Tag und Ort der Abstimmung. Fehler insofern führen zur Nichtigkeit.
   - Keine Angabe zur Beschlussfeststellung erforderlich (BGH, NJW 1969, S. 841, 842 sowie 1980, S. 1527).
   - Gleichwertige Beurkundung auch durch ausländischen Notar zulässig (BGH, NJW 1981, S. 1160).
7. **Einmann-GmbH**
   - Verstoß gegen § 48 Abs. 3 GmbHG (unverzügliche Anfertigung eines Prot.) führt nicht zur Nichtigkeit, sondern allenfalls zur Schadenersatzpflicht.

3. Unvereinbarkeit mit dem Wesen der GmbH, § 241 Nr. 3 Alt. 1 AktG analog

§ 241 Nr. 3 AktG sieht drei Nichtigkeitsgründe vor: Nichtig sind danach zunächst Beschlüsse, die mit dem Wesen der GmbH nicht zu vereinbaren sind (Alt. 1). Ferner sind solche Beschlüsse nichtig, die ihrem Inhalt nach Vorschriften verletzen, welche mindestens überwiegend dem Schutz der Gesellschaftsgläubiger zu dienen bestimmt sind (Alt. 2) oder sonst öffentlichen Interessen dienen (Alt. 3). 64

a) Allgemeines

Der nach dem Tatbestand des § 241 Nr. 3 Alt. 1 AktG maßgebende Rechtsbegriff des „Wesens der Gesellschaft“ ist evident unbestimmt und bedarf zu seiner Anwendung in besonderer Weise der Konkretisierung.[139] 65

Schon nach dem Wortlaut des § 241 Nr. 3 Alt. 1 AktG handelt es sich im Verhältnis zu der anderen Alternative nicht um einen Auffangtatbestand oder um eine Generalklausel, sondern § 241 Nr. 3 AktG regelt mehrere gleichstehende Fallgruppen der Nichtigkeit.[140] Da in einer Unvereinbarkeit mit dem Wesen der GmbH nicht stets, sondern lediglich in der Regel eine Verletzung von Bestimmungen liegt, die öffentlichen Interessen dienen,[141] kann von einer Spezialität der Regelung in § 241 Nr. 3 Alt. 1 AktG ebenso wenig die Rede sein.[142] Vielmehr handelt es sich bei § 241 Nr. 3 Alt. 1 AktG um einen in jeder Hinsicht eigenständigen Nichtigkeitsgrund,[143] und die Alternativen stehen rechtlich selbstständig nebeneinander, wenn ein Sachverhalt auch

139 *Wertenbruch,* in: MünchKomm-GmbHG, § 47 Anh. Rn 43; *Zöllner,* in: Baumbach/Hueck, GmbHG, § 47 Anh. Rn 50.
140 *Wertenbruch,* in: MünchKomm-GmbHG, § 47 Anh. Rn 43; anders *Roth,* in: Roth/Altmeppen, GmbHG, § 47 Rn 96.
141 Das räumt *Wertenbruch,* in: MünchKomm-GmbHG, § 47 Anh. Rn 43 ein.
142 Anders *Wertenbruch,* in: MünchKomm-GmbHG, § 47 Anh. Rn 43.
143 Das sieht auch *Wertenbruch,* in: MünchKomm-GmbHG, § 47 Anh. Rn 43 so.

oftmals die Voraussetzungen mehrerer Tatbestände erfüllen mag. Hingegen liegt in der Bestimmung des § 241 Nr. 3 AktG insgesamt im Verhältnis zu § 243 Abs. 1 AktG, der für den Regelfall einer Gesetzesverletzung oder eines Verstoßes gegen die Satzung nur die Anfechtbarkeit als Rechtsfolge vorsieht, ein eng begrenzter Ausnahmetatbestand.[144] Insofern besteht sehr wohl ein Spezialitätsverhältnis, denn die Unvereinbarkeit mit dem Wesen der GmbH kann sich nur aus dem Gesetz und der Satzung ergeben.[145] Selbst bei einem Gesetzes- oder Satzungsverstoß ist aber die Nichtigkeit nur ausnahmsweise zu bejahen, soll nicht das von Gesetzes wegen vorgesehene Regel-Ausnahmeverhältnis umgekehrt werden.[146] Dementsprechend können Gesetzes- und/oder Satzungsbestimmungen nur unter engen Voraussetzungen als wesensnotwendig qualifiziert werden.

66 Bei der Frage, ob in einer bestimmten Verletzung einer gesetzlichen Vorschrift oder einer Satzungsbestimmung ein Nichtigkeitsgrund im Sinne einer Unvereinbarkeit mit dem Wesen der GmbH nach § 241 Nr. 3 Alt. 1 AktG liegt, ist zunächst die Disponibilität der Bestimmung zu prüfen: Verstöße gegen dispositives Recht führen grundsätzlich lediglich zur Anfechtbarkeit; im Rahmen des § 241 Nr. 3 Alt. 1 AktG und für die Beschlussnichtigkeit kommt es nur auf Verletzungen zwingenden Rechts an.[147] Mit Rücksicht auf den Ausnahmecharakter können nur Verstöße gegen tragende Strukturprinzipien zur Beschlussnichtigkeit führen.[148] In diesem Sinne tragendes Strukturprinzip der GmbH ist ihre Rechtsnatur als juristische Person des Privatrechts, nicht hingegen gehören die Ausprägungen der gesellschaftsrechtlichen Treupflicht zu den tragenden Strukturprinzipien.[149]

BGH, Urt. v. 26. Februar 1992 – II ZR 77/95 –, NJW 1996, S. 1756 (1758):

„... Ein unter Verletzung des rechtlichen Gehörs zustande gekommener Beschluss der Generalversammlung über die Ausschließung eines Mitgliedes fällt nicht unter die Nichtigkeitsgründe nach § 241 AktG. Insbesondere liegt kein Beschluss vor, der in entsprechender Anwendung des § 241 Nr. 3 AktG mit dem Wesen der auf gemeinschaftliche Selbsthilfe und -verwaltung angelegten Genossenschaft unvereinbar wäre. ... Der Anspruch auf rechtliches Gehör leitet sich im Wesentlichen aus der genossenschaftlichen Treuepflicht ... her. Die Einhaltung der Treuepflicht gehört nicht zu den tragenden Strukturprinzipien des Aktien- und GmbH-Rechts und damit auch nicht des Genossenschaftsrechts. Die Verletzung der Treuepflicht führt im Aktien- und GmbH-Recht nur zur Anfechtbarkeit des Gesellschafterbeschlusses. ...“

b) Verstöße gegen zwingende Regeln über die Kompetenzordnung

67 Zum Wesen der GmbH im Sinne des § 241 Nr. 3 Alt. 1 AktG gehören als tragende Strukturprinzipien im o.g. Sinne die wesentlichen Merkmale ihrer gesetzlichen Organisation. Maßgebend sind insofern die von Gesetzes wegen zwingend vorgesehenen Organe und ihre Befugnisse. Dementsprechend sind auf die Übertragung zwingender Organbefugnisse gerichtete Gesellschafterbeschlüsse analog § 241 Nr. 3 Alt. 1 AktG nichtig. Das kann etwa dann der Fall sein, wenn untrennbar mit der Mitgliedschaft

144 *Wertenbruch*, in: MünchKomm-GmbHG, § 47 Anh. Rn 43.
145 *Wertenbruch*, in: MünchKomm-GmbHG, § 47 Anh. Rn 43.
146 *Römermann*, in: Michalski, GmbHG, § 47 Anh. Rn 134.
147 *Wertenbruch*, in: MünchKomm-GmbHG, § 47 Anh. Rn 43; *Zöllner*, in: Baumbach/Hueck, GmbHG, § 47 Anh. Rn 52.
148 *Wertenbruch*, in: MünchKomm-GmbHG, § 47 Anh. Rn 43; *Zöllner*, in: Baumbach/Hueck, GmbHG, § 47 Anh. Rn 52.
149 BGH, NJW 1996, S. 1756 (1758); *Zöllner*, in: Baumbach/Hueck, GmbHG, § 47 Anh. Rn 50.

verbundene Befugnisse der Gesellschafter auf die Geschäftsführung übertragen werden sollen[150] oder wenn Nicht-Gesellschafter ermächtigt werden sollen, die Satzung der GmbH zu ändern.[151] Hier stößt die Privatautonomie der GmbH-Gesellschafter an die Grenze des gesetzlichen Typenzwangs, dessen Ausdruck § 241 Nr. 3 Alt. 1 AktG ist.

Die Nichtigkeit als Rechtsfolge der analogen Anwendung des § 241 Nr. 3 Alt. 1 AktG setzt nach den vorstehenden Ausführungen voraus, dass eine Delegation der betreffenden Befugnis unzulässig ist – nur insofern kann von einer zwingenden gesetzlichen Kompetenzordnung bei der GmbH die Rede sein. Hinsichtlich der hier behandelten Gesellschafterbeschlüsse ist allerdings zu berücksichtigen, dass den Gesellschaftern gegenüber der Geschäftsführung aufgrund ihrer übergeordneten Geschäftsführungsbefugnis[152] ein weitgehendes Weisungsrecht zusteht,[153] so dass Eingriffe in die üblicherweise der Geschäftsführung zukommenden Befugnisse durch Gesellschafterbeschluss in gewissem Umfang durchaus zulässig sind. Insofern ist die Kompetenzordnung bei der GmbH disponibel. Zwingend ist die Organisation demgegenüber hinsichtlich der Geschäftsführungsbefugnis insofern, als die Gesellschafter als solche nicht die organschaftliche Vertretung der GmbH im Außenverhältnis übernehmen können,[154] sondern diese Befugnis der Geschäftsführung als Exekutivorgan vorbehalten bleibt.[155] Mag auch kraft übergeordneter Geschäftsführungsbefugnis der Gesellschafter die Geschäftsführung im Innenverhältnis auf die reine Ausführung von detaillierten Direktiven beschränkt werden können, bleibt es doch bei der Vertretung der Gesellschaft im Außenverhältnis durch die Geschäftsführung.[156] 68

c) Entziehung von Mitgliedschaftsrechten

Zum unabdingbaren Wesen der GmbH gehören auch bestimmte Mitgliedschaftsrechte. Darunter fällt etwa die Befugnis des einzelnen Gesellschafters, Gesellschafterbeschlüsse wegen bestimmter Mängel anzufechten.[157] Die Anfechtungsbefugnis ist die Kehrseite des in der GmbH geltenden Mehrheitsprinzips, steht mit diesem in untrennbarem Zusammenhang und sichert die gefährdeten Minderheitsrechte.[158] Gesellschafterbeschlüsse über die Einschränkung der Anfechtungsbefugnis sind dementsprechend nichtig. 69

Hingegen gehört das Stimmrecht, obgleich der Einfluss des Gesellschafters mit diesem Recht steht und fällt, nicht in jeder Hinsicht zu denjenigen Befugnissen, die das Wesen der GmbH ausmachen und als tragendes Strukturprinzip zu bewerten sind.[159] Vielmehr bedarf es hier einer differenzierten Betrachtung. So kann etwa wirksam be- 70

150 LG Stuttgart, WM 1992, S. 58 (61); *Römermann,* in: Michalski, GmbHG, § 47 Anh. Rn 131.
151 *Römermann,* in: Michalski, GmbHG, § 47 Anh. Rn 131; *Wertenbruch,* in: MünchKomm-GmbHG, § 47 Anh. Rn 44.
152 BVerfG, NJW 1979, S. 699 (704); OLG Brandenburg, GmbHR 1997, S. 168; *Roth,* in: Roth/Altmeppen, GmbHG, § 37 Rn 3 ff; anders *Zöllner/Noack,* in: Baumbach/Hueck, GmbHG, § 37 Rn 18.
153 BGH, NJW 1984, S. 733 (735 f); *Roth,* in: Roth/Altmeppen, GmbHG, § 37 Rn 3.
154 *Roth,* in: Roth/Altmeppen, GmbHG, § 47 Rn 96; *Zöllner,* in: Baumbach/Hueck, GmbHG, § 47 Anh. Rn 53.
155 *Roth,* in: Roth/Altmeppen, GmbHG, 7. Aufl., § 37 Rn 3 ff; *Wertenbruch,* in: MünchKomm-GmbHG, § 47 Anh. Rn 44.
156 *Wertenbruch,* in: MünchKomm-GmbHG, § 47 Anh. Rn 44.
157 *Bayer,* in: Lutter/Hommelhoff, GmbHG, § 47 Anh. Rn 17; *Wertenbruch,* in: MünchKomm-GmbHG, § 47 Anh. Rn 45.
158 *Wertenbruch,* in: MünchKomm-GmbHG, § 47 Anh. Rn 45.
159 *Bayer,* in: Lutter/Hommelhoff, GmbHG, § 47 Anh. Rn 17; *Zöllner,* in: Baumbach/Hueck, GmbHG, § 47 Anh. Rn 52.

schlossen werden, dass neue Geschäftsanteile in der Hand von „Altgesellschaftern" für diese kein Stimmrecht begründen.[160] In der Regel unzulässig ist dagegen ein vollständiger Stimmrechtsausschluss. So ist ein Beschluss über einen satzungsmäßigen Entzug des Stimmrechts nichtig, wenn der betroffene Gesellschafter seine Zustimmung verweigert. Bis dahin ist der Beschluss schwebend unwirksam.[161] Man kann also schon insofern von einem unantastbaren Kernbereich des Stimmrechts sprechen.[162]

71 Analog § 241 Nr. 3 Alt. 1 AktG sind auch solche Gesellschafterbeschlüsse nichtig, die den Entzug anderer, zum Kernbereich gehörender Mitgliedschaftsrechte zum Gegenstand haben.[163] Dazu gehören das Recht auf Teilnahme an Gesellschafterversammlungen, die Minderheitsrechte des § 50 GmbHG die Einberufung einer Gesellschaftsversammlung und die Tagesordnung betreffend, das Auskunfts- und Einsichtsrecht gemäß § 51 a GmbHG, das Recht der Aufhebungsklage nach § 61 Abs. 2 S. 2 GmbHG und das Recht, eine gesetzliche Bestellung oder Abberufung von Liquidatoren zu beantragen.[164] Besonders charakteristisch für die Struktur der GmbH und demgemäß untrennbar mit ihrem Wesen verbunden ist auch die Beschränkung der Haftung der Gesellschafter auf die Einlage. Ein Beschluss, der die Aufgabe dieser Haftungsbeschränkung vorsieht, ist daher mit dem Wesen der GmbH nicht vereinbar und analog § 241 Nr. 3 Alt. 1 AktG nichtig.[165]

72 Da es nach § 241 Nr. 3 Alt. 1 AktG darauf ankommt, ob ein bestimmtes Recht, das Gegenstand des angegriffenen Gesellschafterbeschlusses ist, zum Wesen der GmbH gehört und da auch das Mitgliedschaftsverhältnis einschließlich seiner konstituierenden Rechte und Pflichten untrennbar mit der GmbH verbunden ist, kann es nicht darauf ankommen, ob in den genannten oder vergleichbaren Fällen eine Anfechtungsklage anstelle einer Nichtigkeitsklage zumutbar ist.[166] Hinzu kommt, dass ein Verweis auf die Anfechtungsklage jedenfalls vorläufig die Wirksamkeit des betreffenden Beschlusses und den damit einhergehenden Verlust konstitutiver Mitgliedschaftsrechte zur Folge hätte. Damit würden jedenfalls vorläufig, uU aber mangels Anfechtung auch endgültig eine Gesellschaft und eine Form der Mitgliedschaft toleriert, die der Gesetzgeber ausweislich der von ihm erlassenen zwingenden Bestimmungen nicht hat zulassen wollen. Es könnte so zu Dispositionen kommen, die der Gesetzgeber nicht gewollt und denen er zwingendes Recht entgegengesetzt hat (Typenzwang).[167]

160 BGH, NJW 1954, S. 1563 f; *Wertenbruch,* in: MünchKomm-GmbHG, § 47 Anh. Rn 45.

161 *K. Schmidt,* in: Scholz, GmbHG, § 45 Rn 53 f, 73; *Wertenbruch,* in: MünchKomm-GmbHG, § 47 Anh. Rn 45.

162 In anderem Zusammenhang *Wertenbruch,* in: MünchKomm-GmbHG, § 47 Anh. Rn 46.

163 *Bayer,* in: Lutter/Hommelhoff, GmbHG, § 47 Anh. Rn 17; *Wertenbruch,* in: MünchKomm-GmbHG, § 47 Anh. Rn 46; anders *Zöllner,* in: Baumbach/Hueck, GmbHG, § 47 Anh. Rn 50.

164 *Bayer,* in: Lutter/Hommelhoff, GmbHG, § 47 Anh. Rn 17; *Roth,* in: Roth/Altmeppen, GmbHG, § 47 Rn 96.

165 *Roth,* in: Roth/Altmeppen, GmbHG, § 47 Rn 96; *Wertenbruch,* in: MünchKomm-GmbHG, § 47 Anh. Rn 47.

166 *Wertenbruch,* in: MünchKomm-GmbHG, § 47 Anh. Rn 46; insofern unklar *Zöllner,* in: Baumbach/Hueck, GmbHG, § 47 Anh. Rn 50.

167 I.E. ähnlich *Koppensteiner/Gruber,* in: Rowedder/Schmidt-Leithoff, GmbHG, § 47 Rn 104; *Wertenbruch,* in: MünchKomm-GmbHG, § 47 Anh. Rn 46.

4. Verletzung von Bestimmungen über den Schutz von Gläubigern, § 241 Nr. 3 Alt. 2 AktG analog

§ 241 Nr. 3 Alt. 2 AktG setzt zwar die Verletzung einer Bestimmung voraus, die dem Schutz der Gesellschaftsgläubiger dient. Die betreffende Regelung muss aber keineswegs ausschließlich diesem Zweck dienen. Umgekehrt genügt es ebenso wenig, wenn der Gläubigerschutz nur nachrangig bezweckt worden ist oder gar bloß reflexartig eintritt. Dem Gesetzeswortlaut folgend kommt es vielmehr darauf an, dass die verletzte Bestimmung entweder ausschließlich oder wenigstens überwiegend dem Gläubigerschutz dient. So erklärt sich, dass auch Verstöße gegen solche Bestimmungen die Nichtigkeit eines Gesellschafterbeschlusses zur Folge haben können, die nicht nur aktuelle und potenzielle Gläubiger der GmbH, sondern auch die Gesellschaft selbst und ihre Gesellschafter schützen, wenn nämlich dem Gläubigerschutz die wesentliche Bedeutung zukommt, der Gläubigerschutz die wesentliche Komponente, der wesentliche Zweck der Bestimmung ist.[168] 73

Nichtig sind danach zB Beschlüsse, die ihrem Inhalt nach gegen die der Kapitalaufbringung und -erhaltung dienenden Bestimmungen der 74

- § 5 Abs. 1 und § 5 a Abs. 1 GmbHG (Mindestkapital für GmbH und UG), § 5 Abs. 2 GmbHG (Stammkapital),
- § 5 Abs. 4 GmbHG (Sacheinlage),
- § 9 GmbHG (Überbewertung von Sacheinlagen),
- § 9 b GmbHG (Verzicht auf Ersatzansprüche gemäß § 9 a GmbHG),
- § 16 Abs. 2 GmbHG (Haftung des Erwerbers für rückständige Einlagebeträge),
- § 19 Abs. 2 Nr. 3 GmbHG (Befreiung von der Einlagepflicht),
- § 25 iVm §§ 21 ff GmbHG (zwingende Regelungen über die Kaduzierung) und
- §§ 30 f GmbHG (Kapitalerhaltung)

verstoßen. Von erheblicher Bedeutung im Rahmen der Prüfung eines Verstoßes gegen das in § 30 GmbHG geregelte Auszahlungsverbot ist allerdings der für die Frage der Beschlussnichtigkeit maßgebende Zeitpunkt: Es kommt auf den vorgesehenen Zeitpunkt der Auszahlung an, denn ein Gesellschafterbeschluss kann nur dann gegen § 30 GmbHG verstoßen, wenn er auf eine verbotene Auszahlung gerichtet ist.[169]

Zur Nichtigkeit führen ferner Verstöße gegen 75

- § 32 GmbHG (gutgläubiger Gewinnbezug),
- § 33 GmbHG (Voraussetzungen des Erwerbs eigener Geschäftsanteile),[170]
- § 34 GmbHG (Einziehung),[171]

---

168 *Roth*, in: Roth/Altmeppen, GmbHG, § 47 Rn 97; *Zöllner*, in: Baumbach/Hueck, GmbHG, § 47 Anh. Rn 51.

169 BFH, BStBl. 2003, II, S. 779(781); GmbHR 2002, S. 337; 2007, S. 1058; *K. Schmidt*, in: Scholz, GmbHG, § 45 Rn 74; *Wertenbruch*, in: MünchKomm-GmbHG, § 47 Anh. Rn 50.

170 BGH, NJW 1955, S. 222; *K. Schmidt*, in: Scholz, GmbHG, § 45 Rn 74; *Wertenbruch*, in: MünchKomm-GmbHG, § 47 Anh. Rn 48.

171 BGH, NJW 2000, S. 2819 (2820); NZG 2012, S. 259 (zum Zusammenhang von Einziehung und Abfindung); *Wertenbruch*, in: MünchKomm-GmbHG, § 47 Anh. Rn 48. Vgl etwa zur Bedeutung der Einzahlung und Erhaltung für die Einziehung eines Geschäftsanteils, *Zöllner*, in: Baumbach/Hueck, GmbHG, § 34 Anh. Rn 11 f.

- § 55 Abs. 4 iVm § 5 Abs. 2 und 3 GmbHG (Nennbeträge bei der Kapitalerhöhung) und
- § 58 GmbHG (Voraussetzungen einer Kapitalherabsetzung).[172]

76 Auch ein Verstoß gegen die die gesamtschuldnerische Haftung gemeinschaftlicher Halter eines Geschäftsanteils für solche Verpflichtungen, die aus der Mitgliedschaft folgen, vorstehende Bestimmung des § 18 Abs. 2 GmbHG hat wegen des überwiegend gläubigerschützenden Charakters der Bestimmung die Nichtigkeit des betreffenden Gesellschafterbeschlusses zur Folge.[173]

Das Gleiche gilt für die den Rechtsformzusatz betreffenden Bestimmungen der §§ 4 GmbHG (GmbH) und 5 a Abs. 1 GmbHG (UG), auch wenn diese nachrangig ebenfalls das öffentliche Interesse an Rechtsklarheit und -sicherheit sowie Markttransparenz durch Führung eines korrekten Rechtsformzusatzes schützen.[174]

Da auch das in § 253 HGB geregelte Verbot von Überbewertungen überwiegend dem Schutz der Gesellschaftsgläubiger dient, hat eine Verletzung ebenfalls die Beschlussnichtigkeit zur Folge.[175]

5. Verletzung von Bestimmungen über den Schutz öffentlicher Interessen, § 241 Nr. 3 Alt. 3 AktG analog

77 Schon mit Rücksicht auf den Ausnahme-Charakter auch der Beschlussnichtigkeit gemäß § 241 Nr. 3 Alt. 3 AktG im Verhältnis zur Anfechtbarkeit analog § 243 Abs. 1 AktG kommt eine allzu großzügige Auslegung des unbestimmten Rechtsbegriffs des „öffentlichen Interesses" nicht in Betracht.[176] Die mit § 195 Nr. 3 AktG aF verbundene Vorstellung des historischen Gesetzgebers[177] steht einer analogen Anwendung der Norm in Fällen, in denen neben dem Schutz öffentlicher Interessen auch der Schutz anderer Interessen bezweckt wird, allerdings nicht in jedem Fall entgegen.[178] Maßgebend ist dementsprechend auch im Rahmen des § 241 Nr. 3 Alt. 3 AktG, dass die verletzte Regelung entweder ausschließlich oder jedenfalls überwiegend dem Schutz des öffentlichen Interesses zu dienen bestimmt ist.[179]

78 Allerdings tritt die Nichtigkeit nicht stets ein, wenn mit einem Gesellschafterbeschluss gegen eine Norm verstoßen worden ist, die jedenfalls überwiegend dem Schutz öffentlicher Interessen dient. Vielmehr setzt die Beschlussnichtigkeit analog § 241 Nr. 3 Alt. 3 AktG im Hinblick auf das Regel-Ausnahme-Verhältnis von § 241 Nr. 3 Alt. 3 AktG und § 243 Abs. 1 AktG außerdem voraus, dass dem geschützten öffentlichen Interesse nur durch die Rechtsfolge der Nichtigkeit hinreichend Rech-

---

172 Zum Ganzen *Drescher,* in: Henssler/Strohn, Gesellschaftsrecht, § 241 AktG Rn 32 f; *Römermann,* in: Michalski, GmbHG, § 47 Anh. Rn 138; *Roth,* in: Roth/Altmeppen, GmbHG, § 47 Rn 97; *K. Schmidt,* in: Scholz, GmbHG, § 45 Rn 52.

173 *Raiser,* in: Ulmer, GmbHG, § 47 Anh. Rn 52; *Wertenbruch,* in: MünchKomm-GmbHG, § 47 Anh. Rn 50.

174 *Raiser,* in: Ulmer, GmbHG, § 47 Anh. Rn 52; *Römermann,* in: Michalski, GmbHG, § 47 Anh. Rn 139; anders *Bayer,* in: Lutter/Hommelhoff, GmbHG, § 47 Anh. Rn 19, der das „öffentliche Interesse" für maßgebend hält.

175 BGH, NJW 1983, S. 42 (44); *Bayer,* in: Lutter/Hommelhoff, GmbHG, § 47 Anh. Rn 18; *Römermann,* in: Michalski, GmbHG, § 47 Anh. Rn 139.

176 *Koppensteiner/Gruber,* in: Rowedder/Schmidt-Leithoff, GmbHG, § 47 Rn 102; *Römermann,* in: Michalski, GmbHG, § 47 Anh. Rn 141; anders allerdings *Roth,* in: Roth/Altmeppen, GmbHG, § 47 Rn 97; *Zöllner,* in: Baumbach/Hueck, GmbHG, § 47 Anh. Rn 52.

177 Reichsanzeiger 1937, Nr. 28, 2. Beilage S. 1; dazu *Raiser,* in: Ulmer, GmbHG, § 47 Anh. Rn 53; *Wertenbruch,* in: MünchKomm-GmbHG, § 47 Anh. Rn 51.

178 *K. Schmidt,* in: Scholz, GmbHG, § 45 Rn 74; *Wertenbruch,* in: MünchKomm-GmbHG, § 47 Anh. Rn 51.

179 *Römermann,* in: Michalski, GmbHG, § 47 Anh. Rn 137; *K. Schmidt,* in: Scholz, GmbHG, § 45 Rn 75.

nung getragen werden kann. Maßgebend ist also, ob eine mit vorläufiger Wirksamkeit einhergehende bloße Anfechtbarkeit vor dem Hintergrund des geschützten öffentlichen Interesses genügt.[180]

Zur Nichtigkeit können danach Verstöße gegen 79

- Bestimmungen des Strafgesetzbuchs,[181]
- Vorschriften des Nebenstrafrechts, wie zB die §§ 82 ff GmbHG,[182]
- Bestimmungen des Ordnungswidrigkeitenrechts,[183]
- Mitbestimmungsgesetze,[184]
- wegen des besonderen Interesses an der Entrichtung öffentlicher Abgaben auch gegen Vorschriften des Steuerrechts und des Sozialabgabenrechts,[185]
- Bestimmungen des besonderen Verwaltungsrechts,[186] zB bei Beschlüssen über die Errichtung baurechtswidriger Gebäude oder über die rechtswidrige Erzeugung von Lebens- und Futtermitteln[187] und gegen
- den die persönlichen Voraussetzungen eines Geschäftsführers betreffenden § 6 Abs. 2 GmbHG bei der Bestellung nach § 46 Nr. 5 GmbHG[188]

führen.

In dem zuletzt genannten Fall eines Verstoßes gegen § 6 Abs. 2 GmbHG ist auch die nachfolgende rechtsgeschäftliche Bestellung durch Beschlussmitteilung nichtig.[189]

Schwieriger ist die Lage bei Verletzungen des nationalen (§ 1 GWB) oder des unions- 80
rechtlichen Kartellverbots (Art. 101 AEUV). Hier ist zu berücksichtigen, dass die Einzelfreistellung kraft Verwaltungsakt durch Legalausnahmen ersetzt worden ist. Deshalb gibt es einen Schwebezustand bis zur Entscheidung über die Freistellung nicht mehr. Dementsprechend führen Verstöße gegen das nationale oder das unionsrechtliche Kartellverbot zur Beschlussnichtigkeit analog § 241 Nr. 3 Alt. 3 AktG, wenn nicht die gesetzlichen Voraussetzungen einer Ausnahme nach den §§ 2 ff GWB bzw gemäß Art. 101 Abs. 3 AEUV vorliegen.[190]

Verstoßen nicht nur Beschlüsse der GmbH-Gesellschafter, sondern bereits die Grün- 81
dung der betreffenden GmbH gegen ein Kartellverbot, zB wegen eines bezweckten Verkaufs- oder Einkaufssyndikats, besteht zwar nach § 75 GmbHG bis zur Entscheidung über eine entsprechende Nichtigkeitsklage hinsichtlich der Gesellschaft als solcher ein Bestandsschutz. Dieser kann jedoch nicht gegen die Nichtigkeit eines Gesellschafterbeschlusses eingewendet werden, sondern betrifft ausschließlich den Bestand

---

180 *Römermann,* in: Michalski, GmbHG, § 47 Anh. Rn 141; *K. Schmidt,* in: Scholz, GmbHG, § 45 Rn 75.

181 *Bayer,* in: Lutter/Hommelhoff, GmbHG, § 47 Anh. Rn 19; *Roth,* in: Roth/Altmeppen, GmbHG, § 47 Rn 97; *Wertenbruch,* in: MünchKomm-GmbHG, § 47 Anh. Rn 51.

182 *Raiser,* in: Ulmer, GmbHG, § 47 Anh. Rn 54; *Römermann,* in: Michalski, GmbHG, § 47 Anh. Rn 143; *Wertenbruch,* in: MünchKomm-GmbHG, § 47 Anh. Rn 51.

183 *Raiser,* in: Ulmer, GmbHG, § 47 Anh. Rn 54; *Römermann,* in: Michalski, GmbHG, § 47 Anh. Rn 142; *Wertenbruch,* in: MünchKomm-GmbHG, § 47 Anh. Rn 51.

184 BGH, NJW 1982, S. 1525 f sowie S. 1530 f; NJW 1984, S. 733 (734); *Roth,* in: Roth/Altmeppen, GmbHG, § 47 Rn 97; *Zöllner,* in: Baumbach/Hueck, GmbHG, § 47 Anh. Rn 53.

185 *Koppensteiner/Gruber,* in: Rowedder/Schmidt-Leithoff, GmbHG, § 47 Rn 103; *Römermann,* in: Michalski, GmbHG, § 47 Anh. Rn 142.

186 *Raiser,* in: Ulmer, GmbHG, § 47 Anh. Rn 54; *Wertenbruch,* in: MünchKomm-GmbHG, § 47 Anh. Rn 53.

187 *Wertenbruch,* in: MünchKomm-GmbHG, § 47 Anh. Rn 53.

188 *Römermann,* in: Michalski, GmbHG, § 47 Anh. Rn 143; *Roth,* in: Roth/Altmeppen, GmbHG, § 47 Rn 97.

189 OLG Frankfurt a.M., DB 1994, S. 2282; OLG Naumburg, ZIP 2000, S. 622 (624); *Altmeppen,* in: Roth/Altmeppen, GmbHG, § 6 Rn 23; *Fastrich,* in: Baumbach/Hueck, GmbHG, § 6 Rn 17, 33.

190 *Koppensteiner/Gruber,* in: Rowedder/Schmidt-Leithoff, GmbHG, § 47 Rn 103; *K. Schmidt,* in: Scholz, GmbHG, § 45 Rn 56.

der Gesellschaft als solcher.[191] Umgekehrt gilt, dass nicht jeder Beschluss einer kartellrechtswidrigen GmbH nichtig ist, sondern dass es hierfür analog § 241 Nr. 3 Alt. 3 AktG auf den Inhalt des konkreten Beschlusses und dessen Kartellverbotswidrigkeit ankommt. Das leuchtet für einen auf die Liquidation der kartellrechtswidrigen GmbH gerichteten Beschluss ohne Weiteres ein, gilt aber auch für solche Maßnahmen des gewöhnlichen Betriebes, die nicht selbst gegen ein Kartellverbot verstoßen, wie zB die Abberufung eines Geschäftsführers.[192]

82 **Übersicht über Nichtigkeitsgründe analog § 241 Nr. 3 AktG – Nr. 4**

I. § 241 Nr. 3 Alt. 1 AktG analog	**Unvereinbarkeit mit dem Wesen der GmbH = Verstoß gegen zwingende gesetzliche Regeln über tragende Strukturprinzipien der GmbH (BGH, NJW 1996, S. 1756, 1758) – Aushöhlung des Typenzwangs** 1. Übertragung von Kompetenzen – Übertragung der Befugnisse der Gesellschafter auf Geschäftsführer – Ermächtigungen von Nicht-Gesellschaftern zu Satzungsänderungen – Entziehung der organschaftlichen Vertretung der Geschäftsführer durch Gesellschafter – im Übrigen aber zB weitgehendes Weisungsrecht der Gesellschafter gegenüber Geschäftsführern (BVerfG, NJW 1979, S. 699, 704; BGH, NJW 1984, S. 733, 735 f) 2. Entziehung von Rechten aus der Mitgliedschaft – Anfechtungsbefugnis – Stimmrechtsentzug durch Satzung ohne Zustimmung des betroffenen Gesellschafters – Teilnahmerecht bzgl Gesellschafterversammlung – Minderheitenrechte des § 50 GmbHG – Auskunfts- und Einsichtsrecht, § 51 a GmbHG – Recht zur Auflösungsklage, § 61 Abs. 2 S. 2 GmbHG – Recht auf Beantragung einer gesetzlichen Bestellung oder Abberufung eines Liquidators – Haftungsbeschränkung auf übernommene Einlage
II. § 241 Nr. 3 Alt. 2 AktG analog	**Verstoß gegen Bestimmungen, die mindestens überwiegend dem Schutz der Gesellschaftsgläubiger dienen** ■ § 4 GmbHG (Rechtsformzusatz GmbH) und § 5 a Abs. 1 GmbHG (Rechtsformzusatz UG) ■ § 5 Abs. 1 und § 5 a Abs. 1 GmbHG (Mindestkapital für GmbH und UG), § 5 Abs. 2 GmbHG (Stammkapital) ■ § 5 Abs. 4 GmbHG (Sacheinlage)

191 *Wertenbruch*, in: MünchKomm-GmbHG, § 47 Anh. Rn 52.
192 *Wertenbruch*, in: MünchKomm-GmbHG, § 47 Anh. Rn 52.

	■ § 9 GmbHG (Überbewertung von Sacheinlagen) ■ § 9 b GmbHG (Verzicht auf Ersatzansprüche gemäß § 9 a GmbHG) ■ § 16 Abs. 2 GmbHG (Haftung des Erwerbers für rückständige Einlagebeträge) ■ § 18 Abs. 2 GmbHG (gesamtschuldnerische Haftung gemeinschaftlicher Halter eines Geschäftsanteils für solche Verpflichtungen, die aus der Mitgliedschaft folgen) ■ § 19 Abs. 2 Nr. 3 GmbHG (Befreiung von der Einlagepflicht) ■ § 25 iVm §§ 21 ff GmbHG (zwingende Regelungen über die Kaduzierung) ■ §§ 30 f GmbHG (Kapitalerhaltung) ■ § 32 GmbHG (gutgläubiger Gewinnbezug) ■ § 33 GmbHG (Voraussetzungen des Erwerbs eigener Geschäftsanteile) ■ § 34 GmbHG (Einziehung) ■ § 55 Abs. 4 iVm § 5 Abs. 2 und 3 GmbHG (Nennbeträge bei der Kapitalerhöhung) ■ § 58 GmbHG (Voraussetzungen einer Kapitalherabsetzung) ■ § 253 HGB (Verbot von Überbewertungen)
III. § 241 Nr. 3 Alt. 3 AktG	**Verstoß gegen Vorschriften, die überwiegend (s. Rn 77) dem Schutz öffentlicher Interessen dienen, wenn das öffentliche Interesse nur durch Nichtigkeit und nicht schon durch Anfechtbarkeit hinreichend geschützt werden kann (Rn 78)** ■ Bestimmungen des Strafgesetzbuchs ■ Vorschriften des Nebenstrafrechts, wie zB der §§ 82 ff GmbHG ■ Bestimmungen des Ordnungswidrigkeitenrechts ■ Mitbestimmungsgesetze (BGH, NJW 1982, S. 1525 f u. 1530 f, NJW 1984, S. 733, 734) ■ Vorschriften des Steuerrechts und des Sozialabgabenrechts ■ Bestimmungen des besonderen Verwaltungsrechts, zB bei Beschlüssen über die Errichtung baurechtswidriger Gebäude oder über die rechtswidrige Erzeugung von Lebens- und Futtermitteln ■ § 6 Abs. 2 GmbHG (persönliche Voraussetzungen eines Geschäftsführers) betrifft Bestellungsbeschluss und rechtsgeschäftliche Beschlussmitteilung (OLG Frankfurt a.M., DB 1994, S. 2282; OLG Naumburg, ZIP 2000, S. 622, 624)

- Kartellverbote nach § 1 GWB und Art. 101 AEUV, wenn die Voraussetzungen einer Legalausnahme nicht vorliegen

6. Sittenwidrige Beschlüsse, § 241 Nr. 4 AktG analog

83 Für die Nichtigkeit wegen Sittenwidrigkeit (§ 138 Abs. 1 BGB) im Sinne der analogen Anwendung des § 241 Nr. 4 AktG kommt es grundsätzlich[193] nur auf den Inhalt des betreffenden Beschlusses an.[194] Unter § 241 Nr. 4 AktG sind weder bloß sittenwidrige Motive der Gesellschafter noch ein sittenwidriges bzw mangelhaftes Beschlussverfahren zu subsumieren.[195]

> **OLG Hamm, Urt. v. 17. Oktober 2007 – 8 U 28/07 –, juris Rn 25:**
>
> „... Die Beschlussfassung verstößt auch nicht gegen die guten Sitten, § 241 Nr. 4 AktG. Zur Annahme eines Sittenverstoßes kommt es allein auf den Inhalt des Beschlusses an, nicht auf etwaige sittenwidrige Motive oder ein sittenwidriges Verfahren... Die Abberufung als Geschäftsführer ist dem Inhalt nach nicht sittenwidrig, da eine solche Maßnahme im Gesetz vorgesehen ist. Es ist auch nicht ersichtlich, dass der Beschluss seinem inneren Gehalt nach auf die sittenwidrige Schädigung des Klägers abzielt. ...“

84 Bei der Prüfung der inhaltlichen Sittenwidrigkeit nach dem Maßstab des § 138 Abs. 1 BGB ist der Entscheidungsspielraum der Gesellschafter von ausschlaggebender Bedeutung. So steht etwa die in § 38 Abs. 1 GmbHG vorgesehene Befugnis der Gesellschafter, den Geschäftsführer jederzeit und unabhängig von einem (fort-)bestehenden Anstellungsverhältnis abzuberufen, der Sittenwidrigkeit eines Beschluss über die Abberufung eines Geschäftsführers grundsätzlich entgegen.[196] Es ist zwar auch unter Berücksichtigung dieser Erwägungen denkbar, dass ein den Widerruf der Geschäftsführerbestellung betreffender Beschluss wegen einer sittenwidrigen Zielrichtung analog § 241 Nr. 4 AktG nichtig ist. Jedoch muss hinzukommen, dass sich diese sittenwidrige Zielrichtung aus dem Beschlussinhalt ergibt.[197] Das dürfte wohl nur selten der Fall sein. Der abberufene Geschäftsführer ist nicht zur Anfechtung befugt, sondern auf die Geltendmachung eines Nichtigkeitsgrundes entweder im Wege einer Feststellungsklage oder inzident verwiesen. Erfolg kann seine Rechtsverfolgung bzw -verteidigung dementsprechend nur dann haben, wenn der Nichtigkeitsgrund auch tatsächlich vorliegt.[198]

85 Zwar hat der Bundesgerichtshof die Rechtsprechung des Reichsgerichts, nach der eine inhaltliche Sittenwidrigkeit im Sinne des § 241 Nr. 4 AktG nur dann vorlag, wenn der Beschlussinhalt selbst gegen die guten Sitten verstieß,[199] während unsittliche Motive und sittenwidrige Beschlussverfahren nur zur Anfechtbarkeit führen soll-

---

193 Zu Ausnahmen BGH, NJW 1955, S. 221 (222); OLG Dresden, NZG 1999, S. 1101; *Wertenbruch,* in: MünchKomm-GmbHG, § 47 Anh. Rn 57.

194 OLG Hamm, Urt. v. 17. Oktober 2007 – 8 U 28/07, juris Rn 25; *Bayer,* in: Lutter/Hommelhoff, GmbHG, § 47 Anh. Rn 20; *Zöllner,* in: Baumbach/Hueck, GmbHG, § 47 Anh. Rn 55.

195 OLG Hamm, Urt. v. 17. Oktober 2007 – 8 U 28/07, juris Rn 25; OLG München, Urt. v. 8. Juni 1994 – 7 U 4606/93, juris Rn 2 f; *Bayer,* in: Lutter/Hommelhoff, GmbHG, § 47 Anh. Rn 20; *Roth,* in: Roth/Altmeppen, GmbHG, § 47 Rn 99.

196 OLG Hamm, Urt. v. 17. Oktober 2007 – 8 U 28/07, juris Rn 25; *Wertenbruch,* in: MünchKomm-GmbHG, § 47 Anh. Rn 56.

197 OLG Hamm, Urt. v. 17. Oktober 2007 – 8 U 28/07, juris Rn 25; *Wertenbruch,* in: MünchKomm-GmbHG, § 47 Anh. Rn 56.

198 OLG Hamm, Urt. v. 17. Oktober 2007 – 8 U 28/07, juris Rn 29 ff; *Wertenbruch,* in: MünchKomm-GmbHG, § 47 Anh. Rn 56.

199 RGZ 131, S. 141 (145).

ten,[200] im Grundsatz fortgeschrieben.[201] Jedoch sind weder das Reichsgericht noch der Bundesgerichtshof dabei stehen geblieben, sondern haben § 241 Nr. 4 AktG in bestimmten weiteren Fällen angewendet. Danach liegt eine inhaltliche Sittenwidrigkeit nicht nur dann vor, wenn der Beschlussinhalt bei isolierter Betrachtung seines Wortlauts gegen die guten Sitten verstößt,[202] sondern auch dann, wenn der Beschluss seinem inneren Gehalt nach der sittenwidrigen Schädigung nicht zur Anfechtung befugter Dritter dient. Diese Dritten können auf andere Art und Weise nicht hinreichend geschützt werden.[203] So kann eine sittenwidrige Schädigung durch Gesellschafterbeschluss auch darin bestehen, dass sich der Mehrheitsgesellschafter nach durch Kaufpreiszahlung aufschiebend bedingter Übertragung seines Geschäftsanteils auf den Käufer durch Gesellschafterbeschluss vor Eintritt der Bedingung noch zum Geschäftsführer bestellen und die Satzung im Sinne umfangreicher Minderheitsrechte ändern lässt. Auch hierin liegt die Schädigung eines Dritten, der mangels Anfechtungsbefugnis nur durch analoge Anwendung des § 241 Nr. 4 AktG geschützt werden kann.[204]

OLG Dresden, Urt. v. 14. Juli 1999 – 12 U 679/99 –, NZG 1999, S. 1109:

„... Die Nichtigkeit folgt daraus, dass die Beschlüsse durch ihren Inhalt gegen die guten Sitten verstoßen (§ 241 Ziff. 4 AktG entsprechend). Inhaltlich sittenwidrig ist der Beschluss einer Gesellschafterversammlung einer GmbH nicht nur dann, wenn sein Inhalt für sich betrachtet gegen die guten Sitten verstößt, sondern auch dann, wenn der Beschluss seinem Wortlaut nach keine Sittenwidrigkeit beinhaltet, aber nach seinem inneren Gehalt in einer sittenwidrigen Schädigung nicht anfechtungsberechtigter Personen besteht. ...“

Ein die Einziehung eines Geschäftsanteils aufgrund einer Ermächtigung in der Sat- **86**
zung für den Fall einer Pfändung betreffender Beschluss ist zB dann sittenwidrig und analog § 241 Nr. 4 AktG nichtig, wenn bei einer zweigliedrigen Gesellschaft ein Gesellschafter sich dem anderen Gesellschafter im beiderseitigen Einverständnis nur zum Schein in einem notariell beurkundeten Schuldanerkenntnis der Vollstreckung unterworfen hat[205] – ein gewöhnlich sehr schwer darzulegender und nachzuweisender Vorgang. Die Sittenwidrigkeit kann der betroffene Gesellschafter der Gesellschaft und dem anderen Gesellschafter gegenüber einwenden, wenn, wie das bei zweigliedrigen Gesellschaften der Fall ist, schützenswerte Interessen Dritter nicht betroffen sind.[206]

BGH, Urt. v. 1. Juni 1987 – II ZR 128/86 –, NJW 1987, S. 2514:

„... Nach allgemeiner Meinung sind sittenwidrige Beschlüsse der Gesellschafterversammlung einer GmbH allerdings nicht nach § 138 BGB, sondern analog § 241 Nr. 4 AktG nur dann nichtig, wenn sie durch ihren Inhalt gegen die guten Sitten verstoßen. Der Beschluss muss also „für sich allein betrachtet“ gegen die guten Sitten verstoßen. Beschlüsse, bei denen nicht der eigentliche Beschlussinhalt, sondern nur Beweggrund oder Zweck

---

200 RGZ 166, S. 129 (132).
201 BGH, NJW 1955, S. 221 (222).
202 BGH, NJW 1955, S. 221 (222); OLG Dresden, NZG 1999, S. 1109; *Raiser,* in: Ulmer, GmbHG, § 47 Anh. Rn 58 f.
203 RGZ 166, S. 129 (132); BGH, NJW 1955, S. 221 f; *Wertenbruch,* in: MünchKomm-GmbHG, § 47 Anh. Rn 57.
204 OLG Dresden, NZG 1999, S. 1109; *Wertenbruch,* in: MünchKomm-GmbHG, § 47 Anh. Rn 58.
205 BGH, NJW 1987, S. 2514.
206 BGH, NJW 1987, S. 2514 (2515); *Wertenbruch,* in: MünchKomm-GmbHG, § 47 Anh. Rn 59.

unsittlich sind, oder bei denen die Sittenwidrigkeit in der Art des Zustandekommens liegt, sind lediglich anfechtbar. Insbesondere ist allgemein anerkannt, dass ein sittenwidriger Machtmissbrauch im Abstimmungsverfahren keine Nichtigkeit begründet. Eine Ausnahme wird nur dann gemacht, wenn der Beschluss in unverzichtbare Rechte des Gesellschafters eingreift oder Gläubiger schädigt, weil diese im Gegensatz zum Gesellschafter kein Anfechtungsrecht haben ... Im vorliegenden Fall ist der Beschlussinhalt als solcher, die Einziehung des Anteils entsprechend Nr. 7 des Gesellschaftsvertrages, nicht sittenwidrig. Die Sittenwidrigkeit ergibt sich erst aus der Motivation des früheren Mitgesellschafters M, die Beklagten mit Hilfe der Zwangsvollstreckung aus einem nur zum Schein zu anderen Zwecken abgegebenen vollstreckbaren Schuldanerkenntnis aus der Gesellschaft zu drängen. Gläubigerinteressen werden dadurch nicht berührt. Die Stellung als Gesellschafter ist zudem kein unverzichtbares Recht. ..."

87 Unter dem Gesichtspunkt der Schädigung Dritter ist ein Beschluss wegen Sittenwidrigkeit analog § 241 Nr. 4 AktG nichtig, der satzungsgemäß eine entschädigungslose Einziehung für den Fall einer drohenden Pfändung vorsieht. Ein derartiger Beschluss entzieht dem Vollstreckungsgläubiger nämlich Schuldnervermögen und läuft dem Grundsatz der unbeschränkten Vermögenshaftung zuwider. Dementsprechend kann auch eine unzulässige Beschränkung der Abfindung die Nichtigkeit zur Folge haben.[207]

88 Da der Stellung eines Gesellschafters keine unverzichtbare Rechtsposition etwa aus der Mitgliedschaft zugrunde liegt,[208] führt das Motiv, den Gesellschafter-Geschäftsführer „aus dem Weg zu räumen“, um der Gesellschaft ungehindert vertragswidrig Wettbewerb machen zu können, nicht zur Sittenwidrigkeit eines Abberufungsbeschlusses.[209] Insofern kommen jedenfalls iE die o.g. Gesichtspunkte der Weite des Gesellschafter-Ermessens nach § 38 Abs. 1 GmbHG und der grundsätzlichen Unbeachtlichkeit von Motiven zu Tragen.

89 Auch im Übrigen bleibt es außerhalb der genannten Ausnahmen dabei, dass sittenwidrige Zwecke, die nicht im Beschlussinhalt selbst ihren Ausdruck gefunden haben, und sittenwidrige Beschlussverfahren nicht zur Nichtigkeit analog § 241 Nr. 4 AktG führen, sondern lediglich die Anfechtung ermöglichen.[210]

90 **Übersicht über die zur Nichtigkeit analog § 241 Nr. 4 AktG wegen Sittenwidrigkeit führenden Mängel – Nr. 5**

1. Sittenwidrigkeit – Grundsatz	▪ maßgebend ist allein Beschlussinhalt ▪ grds. weder bloße Mängel des Beschlussverfahrens noch sittenwidrige Motive (OLG Hamm, Urt. v. 17. Oktober 2007 – 8 U 28/07 –, juris Rn 25; OLG München, Urt. v. 8. Juni 1994 – 7 U 4606/93 –,

207 *Koppensteiner/Gruber*, in: Rowedder/Schmidt-Leithoff, GmbHG, § 47 Rn 106; *Römermann*, in: Michalski, GmbHG, § 47 Anh. Rn 152.
208 BGH, NJW 1987, S. 2514; OLG München, Urt. v. 8. Juni 1994 – 7 U 4606/93 –, juris Rn 3.
209 OLG München, Urt. v. 8. Juni 1994 – 7 U 4606/93 –, juris Rn 2; *Wertenbruch*, in: MünchKomm-GmbHG, § 47 Anh. Rn 60.
210 BGH, NJW 1987, S. 2514; OLG München, Urt. v. 8. Juni 1994 – 7 U 4606/93 –, juris Rn 3; *Bayer*, in: Lutter/Hommelhoff, GmbHG, § 47 Anh. Rn 20; *Zöllner*, in: Baumbach/Hueck, GmbHG, § 47 Anh. Rn 55.

	juris Rn 2 f) – hier allenfalls Anfechtung
2. Sittenwidrigkeit – Ausnahmen	■ aber nicht nur isolierte Betrachtung des Beschlusswortlauts, sondern Sittenwidrigkeit auch dann, wenn der Beschluss dem inneren Gehalt seines Inhalts nach nur der sittenwidrigen Schädigung nicht anfechtungsbefugter Dritter dient (BGH, NJW 1987, S. 2514; OLG Dresden, NZG 1999, S. 1109)
3. Fallgruppen – Beispiele	a) Sicherung der eigenen Stellung als Geschäftsführer und Gesellschafter durch Bestellung zum Geschäftsführer und Satzungsänderung nach aufschiebend bedingter Übertragung vor Bedingungseintritt (OLG Dresden, NZG 1999, S. 1109) b) Vereitelung einer Pfändung c) allzu geringe Abfindung bei drohender Pfändung durch Dritten d) Einziehungsbeschluss bei zweigliedriger Gesellschaft aufgrund von Pfändung nach Unterwerfung unter die sofortige Zwangsvollstreckung des anderen Gesellschafters nur zum Schein (BGH, NJW 1987, S. 2514)
4. Gegenbeispiel	■ Abberufung eines Gesellschafter-Geschäftsführers zu gesellschaftsvertragswidrigem Zweck (hier evtl Anfechtung – OLG München, Urt. v. 8. Juni 1994 – 7 U 4606/93 –, juris Rn 2 f)

7. Rechtskräftige Nichtigerklärung, § 241 Nr. 5 AktG analog

Auch § 241 Nr. 5 AktG findet analoge Anwendung auf die GmbH, so dass Gesellschafterbeschlüsse nichtig sind, wenn sie von einem Gericht auf eine Anfechtungsklage hin rechtskräftig für nichtig erklärt worden sind.[211] 91

Mag es auf den ersten Blick auch scheinen, als ergebe sich die Nichtigkeitsfolge ohne Weiteres aus dem Urteilstenor und bedürfe es keiner gesonderten Regelung in § 241 Nr. 5 AktG, so könnte man ohne die aus § 241 Nr. 5 AktG folgende Gleichstellung der rechtskräftigen Nichtigerklärung mit anderen Nichtigkeitsgründen doch füglich über die Wirkung einer Nichtigerklärung durch rechtkräftiges Urteil ex tunc oder nur ex nunc streiten. § 241 Nr. 5 AktG stellt in diesem Zusammenhang klar, dass auch 92

211 *Koppensteiner/Gruber,* in: Rowedder/Schmidt-Leithoff, GmbHG, § 47 Rn 107; *Römermann,* in: Michalski, GmbHG, § 47 Anh. Rn 155 f; *Zöllner,* in: Baumbach/Hueck, GmbHG, § 47 Anh. Rn 56.

eine rechtskräftige Nichtigerklärung durch Urteil auf den Zeitpunkt der Beschlussfassung zurückwirkt, also die Nichtigkeit ex tunc zur Folge hat.[212]

8. Löschung im Handelsregister als nichtig, § 241 Nr. 6 AktG analog

93 Analog § 241 Nr. 6 AktG ist ein Gesellschafterbeschluss in der GmbH dann nichtig, wenn er aufgrund einer rechtskräftigen Entscheidung im Handelsregister als nichtig gelöscht wird.[213] Das der Löschung von Amts wegen zugrunde liegende Verfahren ist in § 398 FamFG geregelt und setzt zum einen voraus, dass der betreffende Beschluss gegen zwingende gesetzliche Vorschriften verstößt. Zum anderen geschieht die Löschung nur dann, wenn sie im öffentlichen Interesse erforderlich ist. Der Wortlaut des § 398 FamFG – „kann" – ist dabei nicht im Sinne eines gerichtlichen Ermessens zu verstehen, sondern besagt nur, dass das Registergericht zur Löschung unter den in der Norm genannten Voraussetzungen ermächtigt ist. Ein Ermessen besteht in diesem Zusammenhang nicht.[214] Auch besteht hinsichtlich der Frage der Erforderlichkeit der Löschung im öffentlichen Interesse kein Beurteilungsspielraum.[215] Zwar handelt es sich insofern um einen unbestimmten Rechtsbegriff. Jedoch ist dessen Auslegung in vollem Umfang durch das Rechtsmittelgericht überprüfbar.[216] Gerade die Erforderlichkeit schließt einen Anwendungsspielraum der Registergerichte sowohl auf der Tatbestands- als auch auf der Rechtsfolgenseite aus.[217]

94 Auch wenn der für die Amtslöschung maßgebende § 398 FamFG einerseits bloß anfechtbare Beschlüsse ebenso wenig wie schwebend (un-)wirksame Beschlüsse erfasst,[218] ergibt sich daraus im Umkehrschluss keineswegs, dass andererseits für die Amtslöschung die Voraussetzungen von § 241 Nr. 3 oder/und 4 AktG analog vorliegen müssen. Allerdings wird ein nach § 398 FamFG zu prüfender Verstoß gegen zwingende Bestimmungen in der Regel auch den Tatbestand von § 241 Nr. 3 und/oder 4 AktG erfüllen. Denn Beschlüsse, die gegen zwingende Vorschriften verstoßen, sind gewöhnlich entweder mit dem Wesen der GmbH nicht vereinbar oder verletzen Bestimmungen, die überwiegend dem Schutz öffentlicher Interessen dienen.[219]

95 Mit § 398 FamFG geht insofern eine Erleichterung für das Registergericht einher, als es in einem ersten Schritt nicht § 241 Nr. 3 und 4 AktG prüfen, sondern lediglich eine Verletzung zwingenden Rechts feststellen muss. In einem zweiten Schritt ist dann maßgebend, ob die Löschung im öffentlichen Interesse steht. Diese Voraussetzungen

212 *Koppensteiner/Gruber,* in: Rowedder/Schmidt-Leithoff, GmbHG, § 47 Rn 107; *Raiser,* in: Ulmer, GmbHG, § 47 Anh. Rn 60; *Römermann,* in: Michalski, GmbHG, § 47 Anh. Rn 156; *Zöllner,* in: Baumbach/Hueck, GmbHG, § 47 Anh. Rn 56, 178.

213 *Wertenbruch,* in: MünchKomm-GmbHG, § 47 Anh. Rn 64.

214 *Drescher,* in: Henssler/Strohn, Gesellschaftsrecht, § 241 AktG Rn 43; *Wertenbruch,* in: MünchKomm-GmbHG, § 47 Anh. Rn 64; anders *Maass,* in: Prütting/Helms, FamFG, § 398 Rn 8.

215 *Wertenbruch,* in: MünchKomm-GmbHG, § 47 Anh. Rn 64; anders *K. Schmidt,* in: Scholz, GmbHG, § 45 Rn 83 (Einschätzungsspielraum).

216 *Drescher,* in: Henssler/Strohn, Gesellschaftsrecht, § 241 AktG Rn 43; *K. Schmidt,* in: Scholz, GmbHG, § 45 Rn 83; *Wertenbruch,* in: MünchKomm-GmbHG, § 47 Anh. Rn 64 und 68; anders *Maass,* in: Prütting/Helms, FamFG, § 398 Rn 8.

217 *Drescher,* in: Henssler/Strohn, Gesellschaftsrecht, § 241 AktG Rn 43; *K. Schmidt,* in: Scholz, GmbHG, § 45 Rn 83; *Wertenbruch,* in: MünchKomm-GmbHG, § 47 Anh. Rn 64 und 68; anders *Maass,* in: Prütting/Helms, FamFG, § 398 Rn 8.

218 *Raiser,* in: Ulmer, GmbHG, § 47 Anh. Rn 62; *Römermann,* in: Michalski, GmbHG, § 47 Anh. Rn 164; *Zöllner,* in: Baumbach/Hueck, GmbHG, § 47 Anh. Rn 58.

219 *Drescher,* in: Henssler/Strohn, Gesellschaftsrecht, § 241 AktG Rn 42; *Wertenbruch,* in: MünchKomm-GmbHG, § 47 Anh. Rn 65.

mögen zwar oft zum selben Ergebnis führen wie diejenigen von § 241 Nr. 3 und 4 AktG. Darauf kommt es aber nicht an.[220]

Der Amtslöschung kommt nach § 241 Nr. 6 AktG konstitutive, rechtsgestaltende Wirkung jedenfalls dann zu, wenn der gelöschte Beschluss nicht schon nach § 241 Nr. 3 und/oder 4 AktG nichtig ist.[221] Greift § 241 Nr. 3 und 4 AktG hingegen ein, kommt der Amtslöschung nur deklaratorische Wirkung zu. Diese ist deshalb von erheblicher Bedeutung, weil die Voraussetzungen des § 241 Nr. 3 und 4 AktG nicht selten umstritten sind und die Nichtigkeit daher nicht ohne Weiteres sicher feststeht. Insofern schafft die Amtslöschung in Verbindung mit § 241 Nr. 6 AktG die dringend gebotene Rechtssicherheit.[222] 96

Schon weil das Registerverfahren keine materielle Rechtskraft kennt,[223] ist „rechtskräftig" nach § 241 Nr. 6 AktG nicht im Sinne materieller Rechtskraft zu verstehen.[224] Erforderlich ist vielmehr formelle Rechtskraft des die Amtslöschung betreffenden Beschlusses gemäß § 398 FamFG.[225] Diese tritt ein, wenn die Entscheidung mit Rechtsmitteln nicht mehr angefochten werden kann, § 45 S. 1 FamFG.[226] 97

Das öffentliche Interesse kann nicht ausschließlich mit Interessen der Gesellschafter[227] oder anderer Privater begründet werden. 98

OLG Karlsruhe, Beschl. v. 18. Dezember 1985 – 11 W 86/85 –, OLGZ 1986, S. 155 (158):

> „... Auch die kumulativ weitere Voraussetzung des öffentlichen Interesses an der Löschung liegt nicht vor. Das öffentliche Interesse wird nicht durch Belange der Aktionäre bestimmt, wohl aber durch solche der Gesellschaftsgläubiger. ..."

Wenn die Amtslöschung nach § 398 FamFG auch mit Rücksicht auf § 242 Abs. 2 S. 3 AktG nicht der Frist analog § 242 Abs. 2 S. 1 AktG unterliegt und grundsätzlich ohne zeitliche Beschränkung zulässig ist,[228] so sind das in § 242 AktG zum Ausdruck kommende Bestandsschutzinteresse und der Gesichtspunkt des Vertrauensschutzes doch bei der Prüfung des öffentlichen Interesses mit der Folge zu berücksichtigen, dass auch eine Amtslöschung nach Ablauf der Dreijahresfrist unzulässig werden kann.[229] 99

Die konkurrierende Bestimmung des § 395 FamFG, nach der das Registergericht Eintragungen löscht, die wegen des Fehlens wesentlicher Voraussetzungen entweder von Beginn an unzulässig waren oder unzulässig geworden sind,[230] wird als allgemeine Bestimmung von dem speziell für Gesellschafterbeschlüsse geltenden § 398 FamFG 100

220 *Drescher*, in: Henssler/Strohn, Gesellschaftsrecht, § 241 AktG Rn 43; *Wertenbruch*, in: MünchKomm-GmbHG, § 47 Anh. Rn 65.

221 *K. Schmidt*, in: Scholz, GmbHG, § 45 Rn 91 f (nach der Lehre der Doppelwirkungen im Recht für alle Löschungen); *Wertenbruch*, in: MünchKomm-GmbHG, § 47 Anh. Rn 66.

222 *Wertenbruch*, in: MünchKomm-GmbHG, § 47 Anh. Rn 66.

223 BayObLG, NJW 1996, S. 3217 (3218); *Abramenko*, in: Prütting/Helms, FamFG, § 45 Rn 11; *Raiser*, in: Ulmer, GmbHG, § 47 Anh. Rn 64; *Römermann*, in: Michalski, GmbHG, § 47 Anh. Rn 171.

224 *Raiser*, in: Ulmer, GmbHG, § 47 Anh. Rn 64; *Römermann*, in: Michalski, GmbHG, § 47 Anh. Rn 171.

225 *Raiser*, in: Ulmer, GmbHG, § 47 Anh. Rn 64 (irreführender Gesetzeswortlaut); *Römermann*, in: Michalski, GmbHG, § 47 Anh. Rn 171 (ungenauer Gesetzeswortlaut); *Wertenbruch*, in: MünchKomm-GmbHG, § 47 Anh. Rn 67 (zutreffend auf Zusammenhang mit §§ 45, 398 FamFG abstellend).

226 Dazu *Abramenko*, in: Prütting/Helms, FamFG, § 45 Rn 11; *Engelhardt*, in: Keidel, FamFG, § 45 Rn 3.

227 OLG Karlsruhe, Beschl. v. 18. Dezember 1985 – 11 W 86/85 –, OLGZ 1986, S. 155 (158); *Raiser*, in: Ulmer, GmbHG, § 47 Anh. Rn 62; K. *Schmidt*, in: Scholz, GmbHG, § 45 Rn 83.

228 *Drescher*, in: Henssler/Strohn, Gesellschaftsrecht, § 241 AktG Rn 41; *Römermann*, in: Michalski, GmbHG, § 47 Anh. Rn 168; *Wertenbruch*, in: MünchKomm-GmbHG, § 47 Anh. Rn 69.

229 *Wertenbruch*, in: MünchKomm-GmbHG, § 47 Anh. Rn 69.

230 *Maass*, in: Prütting/Helms, FamFG, § 395 Rn 3, § 398 Rn 3; *Wertenbruch*, in: MünchKomm-GmbHG, § 47 Anh. Rn 70.

verdrängt.[231] Von praktischer Bedeutung wird dieses Konkurrenzverhältnis zB dann,[232] wenn ein ordnungsgemäßer Eintragungsantrag nicht vorgelegen hat.[233] Auch hier greift ausschließlich § 398 FamFG ein, weil ungeachtet des Mangels ein eingetragener Beschluss im Sinne des § 398 FamFG gelöscht werden muss.[234]

101 **Übersicht über Nichtigkeitsgründe analog § 241 Nr. 5 und 6 AktG – Nr. 6**

1. Nichtigerklärung auf Anfechtungsklage durch rechtskräftiges Urteil, § 241 Nr. 5 AktG analog	■ Wirkung ex nunc, dh rückwirkende Nichtigkeit
2. Löschung des Beschlusses im Handelsregister, § 241 Nr. 6 AktG analog	■ Nichtigkeit setzt Löschung nach § 398 FamFG aufgrund formell rechtskräftiger Entscheidung voraus. Im Einzelnen: ■ § 398 FamFG setzt 1. einen Verstoß gegen zwingende gesetzliche Vorschriften voraus. Außerdem muss 2. die Löschung im öffentlichen Interesse erforderlich sein. Das ist bei Mängeln, die bloß die Anfechtbarkeit begründen, nicht der Fall, und auch die schwebende (Un-)Wirksamkeit genügt nicht. Zwar werden idR die Voraussetzungen von § 241 Nr. 3 und 4 AktG analog ebenfalls vorliegen. Jedoch haben die Bestimmungen unterschiedliche Voraussetzungen, und der mit Erleichterungen für das Registerverfahren verbundene § 398 FamFG entspricht dem nicht stets. ■ Öffentliches Interesse, dh Interesse der Allgemeinheit und nicht nur Interesse von Gesellschaftern (OLG Karlsruhe, Beschl. v. 18. Dezember 1985 – 11 W 86/85 –, OLGZ 1986, S. 155, 158). ■ Zwar keine Frist für die Amtslöschung nach § 398 FamFG, aber Berücksichtigung der Drei-Jahres-Frist des § 242 Abs. 2 S. 1 AktG bei der Prüfung der Erforderlichkeit einer Löschung unter dem Gesichtspunkt des Vertrauens- und Bestandsschutzes. ■ Es kommt nicht auf dem Registerrecht fremde materielle Rechtskraft der Entscheidung an, sondern nur auf formelle Rechtskraft nach § 45 S. 1 FamFG (zur Vorgängernorm: OLG Hamm, Beschl.

231 Zu § 142 Abs. 2 FGG: OLG Hamm, Beschl. v. 22. Mai 1979 – 15 W 314/78 –, OLGZ 1979, S. 313 (314 ff); OLG Karlsruhe, Beschl. v. 18. Dezember 1985 – 11 W 86/85 –, OLGZ 1986, S. 155 (158) sowie *Heinemann,* in: Keidel, FamFG, § 395 Rn 7, § 398 Rn 4; *Lutter/Friedewald,* ZIP 1986, S. 691 (692); *Maass,* in: Prütting/Helms, FamFG, § 395 Rn 3; vgl auch *Zöllner,* in: Baumbach/Hueck, GmbHG, § 47 Anh. Rn 58.

232 *Raiser,* in: Ulmer, GmbHG, § 47 Anh. Rn 66 verneint schon dieses.

233 *Raiser,* in: Ulmer, GmbHG, § 47 Anh. Rn 66; *Römermann,* in: Michalski, GmbHG, § 47 Anh. Rn 174; *Zöllner,* in: Baumbach/Hueck, GmbHG, § 47 Anh. Rn 58.

234 *Baums,* Eintragung und Löschung von Gesellschafterbeschlüssen, S. 133 ff; *Wertenbruch,* in: MünchKomm-GmbHG, § 47 Anh. Rn 70; anders *Raiser,* in: Ulmer, GmbHG, § 47 Anh. Rn 66.

v. 22. Mai 1979 – 15 W 314/78 –, OLGZ 1979, S. 313, 314 ff; OLG Karlsruhe, Beschl. v. 18. Dezember 1985 – 11 W 86/85 –, OLGZ 1986, S. 155, 158; str.).

- Weder Beurteilungsspielraum noch Ermessen (str.).
- Die allgemeine Bestimmung des § 395 FamFG wird hinsichtlich eingetragener GmbH-Gesellschafterbeschlüsse durch § 398 FamFG verdrängt (str.).

9. Nichtigkeit von Aufsichtsratswahlen, § 250 AktG analog

a) Analoge Anwendung des § 250 AktG

Zwar findet der unmittelbar für die Aufsichtsratswahl in der Aktiengesellschaft geltende § 250 AktG hinsichtlich der GmbH analoge Anwendung. In dieser Allgemeinheit gilt das jedoch nur für die Wahl der Mitglieder eines obligatorischen Aufsichtsrats.[235] Demgegenüber sollen für die Wahl der Mitglieder eines fakultativen Aufsichtsrats nach einer teilweise vertretenen Auffassung lediglich die § 250 Abs. 1 Nr. 4, § 100 Abs. 1 AktG entsprechend anzuwenden sein.[236] Andere bezweifeln dies und befürworten eine am Einzelfall orientierte analoge Anwendung auch der übrigen Nichtigkeitsgründe des § 250 AktG.[237] 102

b) Verhältnis zu § 241 AktG

Nach dem Gesetzeswortlaut ist § 250 Abs. 1 AktG nur dann maßgebend, wenn nicht die Nichtigkeitsgründe des § 241 Nr. 1, 2 und 5 AktG eingreifen. Allerdings ist dies hinsichtlich der GmbH und die analoge Anwendung des § 250 AktG betreffend insofern einzuschränken, als § 241 Nr. 2 AktG hier schon deshalb nicht vorrangig sein kann, weil die Beschlüsse über die Aufsichtsratswahlen in der GmbH nicht beurkundet werden müssen.[238] 103

Wie bei der AG werden die gewählten Mitglieder des Aufsichtsrats bei der GmbH nicht in das Handelsregister eingetragen. Dementsprechend findet § 241 Nr. 6 AktG hinsichtlich der Aufsichtsratswahlen keine Anwendung und bedarf in § 250 AktG nicht der Erwähnung.[239] 104

Schließlich sind die in § 250 Abs. 1 Nr. 1 bis 4 AktG geregelten Nichtigkeitsgründe gegenüber den in § 241 Nr. 3 und 4 AktG vorgesehenen Gründen speziell und verdrängen diese auch im Rahmen des analogen Anwendungsbereichs bei der GmbH.[240] 105

---

235 *Bayer,* in: Lutter/Hommelhoff, GmbHG, § 47 Anh. Rn 22 ff; *Raiser,* in: Ulmer, GmbHG, § 47 Anh. Rn 69 ff; *Römermann,* in: Michalski, GmbHG, § 47 Anh. Rn 180 ff; *Roth,* in: Roth/Altmeppen, GmbHG, § 47 Rn 108; *K. Schmidt,* in: Scholz, GmbHG, § 45 Rn 78; *Zöllner,* in: Baumbach/Hueck, GmbHG, § 47 Anh. Rn 61.

236 *Bayer,* in: Lutter/Hommelhoff, GmbHG, § 47 Anh. Rn 22; *Raiser,* in: Ulmer, GmbHG, § 47 Anh. Rn 71; iE ebenfalls *K. Schmidt,* in: Scholz, GmbHG, § 45 Rn 78; *Zöllner,* in: Baumbach/Hueck, GmbHG, § 47 Anh. Rn 61.

237 *Wertenbruch,* in: MünchKomm-GmbHG, § 47 Anh. Rn 71.

238 *Raiser,* in: Ulmer, GmbHG, § 47 Anh. Rn 69; *Zöllner,* in: Baumbach/Hueck, GmbHG, § 47 Anh. Rn 61.

239 *Raiser,* in: Ulmer, GmbHG, § 47 Anh. Rn 69; *Zöllner,* in: Baumbach/Hueck, GmbHG, § 47 Anh. Rn 61.

240 *Raiser,* in: Ulmer, GmbHG, § 47 Anh. Rn 70; *Römermann,* in: Michalski, GmbHG, § 47 Anh. Rn 178; *Wertenbruch,* in: MünchKomm-GmbHG, § 47 Anh. Rn 72 aE; *Zöllner,* in: Baumbach/Hueck, GmbHG, § 47 Anh. Rn 61.

c) Status-quo- bzw Kontinuitätsprinzip, § 250 Abs. 1 Nr. 1 AktG analog

106 § 250 Abs. 1 Nr. 1 AktG findet bei der GmbH ausschließlich auf die Wahlen zu einem obligatorischen Aufsichtsrat analoge Anwendung[241] und sieht vor, dass ein Verstoß gegen das in den § 96 Abs. 2, § 97 Abs. 2 S. 1, § 98 Abs. 4 AktG geregelte Status-quo- bzw Kontinuitätsprinzip zur Nichtigkeit des betreffenden Gesellschafterbeschlusses führt. Gegenstand des § 96 Abs. 1 AktG sind das für die Gesellschaft geltende Mitbestimmungsmodell und die entsprechende Zusammensetzung des Aufsichtsrats.[242] Dabei bleibt die personelle Zusammensetzung eines bereits amtierenden Aufsichtsrats unverändert, wenn sich nach seiner Wahl der Mitbestimmungsstatus des Unternehmens ändert – insofern herrscht Kontinuität.[243]

OLG Düsseldorf, Beschl. v. 10. Oktober 1995 – 19 W 5/95 AktE –, NJW-RR 1996, S. 677 (678):

„... Aus § 96 Abs. 2 AktG folgt aber zugleich, dass bis dahin der Aufsichtsrat in seiner bisherigen Zusammensetzung bestehen bleibt ... Im Gegensatz zum Wortlaut des § 96 Abs. 2 AktG erstreckt sich dieser Kontinuitätsgrundsatz nicht ausschließlich auf die gesetzlichen Vorschriften, aufgrund derer der Aufsichtsrat zusammenzusetzen ist, sondern auch auf die personelle Zusammensetzung, so dass der Beteiligte zu 1 in diesem Verfahren nicht damit gehört werden kann, dass durch die Umstrukturierung des Unternehmens auch bei Anwendung der zuletzt maßgeblichen Vorschriften des Betriebsverfassungsgesetzes 1952 mindestens zwei der drei Arbeitnehmervertreter im Aufsichtsrat der AG ihr Mandat verlören. Denn § 96 Abs. 2 AktG will gerade davor schützen, dass durch Eintreten veränderter Umstände der Aufsichtsrat fehlerhaft zusammengesetzt ist. Da es nicht möglich ist, dass der Aufsichtsrat jeweils zum Zeitpunkt des Eintretens oder Wegfalls tatsächlicher für die Zusammensetzung des Aufsichtsrats maßgeblicher Umstände so zusammengesetzt ist, wie es den dann jeweils anwendbaren Vorschriften entspricht, kann dessen Zusammensetzung der tatsächlichen Entwicklung nur nachfolgen... Bis zu dem Zeitpunkt, zu dem nach § 97 oder nach § 98 AktG die in der Bekanntmachung des Vorstands oder – wie hier – in der gerichtlichen Entscheidung angegebenen gesetzlichen Vorschriften anzuwenden sind, bleibt daher die Zusammensetzung des Aufsichtsrats unverändert bestehen... Nur auf diese Weise kann sichergestellt werden, dass der Aufsichtsrat bis zur endgültigen Klärung seiner Zusammensetzung beschlußfähig ist. ...“

107 Dieser Status quo endet allerdings, wenn der Geschäftsführer eine andere Zusammensetzung nach § 97 Abs. 1 AktG bekannt macht und das dafür zuständige Gericht nicht innerhalb eines Monats nach der Bekanntmachung angerufen wird (§ 96 Abs. 2 in Verbindung mit § 97 Abs. 2 S. 1 AktG analog). § 98 Abs. 4 AktG regelt, dass der neue Aufsichtsrat gegebenenfalls nach Maßgabe der gerichtlichen Entscheidung zusammenzusetzen ist. Jeder Verstoß gegen diese Regeln hat analog § 250 Abs. 1 Nr. 1 AktG die Beschlussnichtigkeit zur Folge.[244]

---

241 *Raiser,* in: Ulmer, GmbHG, § 47 Anh. Rn 71, 73; *Römermann,* in: Michalski, GmbHG, § 47 Anh. Rn 180 ff; *B. Schmidt,* in: Ensthaler/Füller/Schmidt, GmbHG, § 47 Rn 62; *Zöllner,* in: Baumbach/Hueck, GmbHG, § 47 Anh. Rn 61.

242 *Habersack,* in: MünchKomm-AktG, § 96 Rn 4 ff; *Hüffer,* in: ders., AktG, § 96 Rn 4 ff; *Wertenbruch,* in: MünchKomm-GmbHG, § 47 Anh. Rn 73.

243 OLG Düsseldorf, NJW-RR 1996, S. 677 (678); *Habersack,* in: MünchKomm-AktG, § 96 Rn 32; *Hüffer,* in: ders., AktG, § 96 Rn 13; *Spindler,* in: Spindler/Stilz, AktG, § 96 Rn 29; *Wertenbruch,* in: MünchKomm-GmbHG, § 47 Anh. Rn 73.

244 *Wertenbruch,* in: MünchKomm-GmbHG, § 47 Anh. Rn 73.

d) Abweichung von Wahlvorschlägen, § 250 Abs. 1 Nr. 2 AktG analog

Schon weil § 3 Abs. 1 MontanMitbestG für Gesellschaften mit beschränkter Haftung, die ein Unternehmen im Sinne des § 1 MontanMitbestG betreiben, einen obligatorischen Aufsichtsrat vorsieht, findet § 250 Abs. 1 Nr. 2 AktG analoge Anwendung, soweit ein die Wahl von Aufsichtsratsmitgliedern der Arbeitnehmer betreffender Gesellschafterbeschluss von einem nach § 6 Abs. 6 oder § 8 Abs. 3 S. 6 MontanMitbestG verbindlichen Vorschlag der Betriebsräte des Unternehmens abweicht. Ein solcher Beschluss ist dementsprechend nichtig. Auf den Streit über die analoge Anwendung des § 250 AktG auch auf fakultative Aufsichtsräte von Gesellschaften mit beschränkter Haftung kommt es nicht an.[245] 108

e) Überschreitung der Höchstzahl von Aufsichtsratsmitgliedern, § 250 Abs. 1 Nr. 3 AktG analog

§ 95 AktG sieht für den Aufsichtsrat eine Höchstzahl von Mitgliedern vor, und nach § 250 Abs. 1 Nr. 3 AktG hat eine Überschreitung dieser gesetzlichen Höchstzahl die Nichtigkeit des betreffenden Beschlusses zur Folge. Unterliegt die Gesellschaft der Mitbestimmung, ergeben sich aus § 7 Abs. 1 MitbestG, § 4 MontanMitbestG, § 1 Abs. 1 Nr. 3 S. 2 DrittelbG in Verbindung mit § 95 S. 3 und 4 AktG analog Höchstzahlen. Auch hier greift § 250 Abs. 1 Nr. 3 AktG ein. Allerdings findet § 250 Abs. 1 Nr. 3 AktG nur auf obligatorische Aufsichtsräte der GmbH analoge Anwendung, denn die Höchstzahl der Mitglieder fakultativer Aufsichtsräte ist durch das Mitbestimmungsrecht nicht vorgegeben. Dieses sieht vielmehr zwingende Aufsichtsräte vor. Außerdem verweist § 52 Abs. 1 GmbHG nicht auf den die Höchstzahl betreffenden § 95 S. 4 AktG, sondern lediglich auf § 95 S. 1 AktG.[246] 109

Analog § 250 Abs. 1 Nr. 3 AktG ist ein Beschluss über Aufsichtsratswahlen allerdings nur dann nichtig, wenn er unmittelbar zu einer Überschreitung der Höchstzahl führt. Deshalb ist hinsichtlich der analog § 250 Abs. 1 Nr. 3 AktG eintretenden Nichtigkeit zwischen sukzessive Einzelwahlen und Listen- bzw Gesamtwahlen zu unterscheiden.[247] Ein Beschluss der GmbH-Gesellschafter über eine Listen- bzw Gesamtwahl, der eine höhere Zahl von Aufsichtsratsmitgliedern vorsieht als gesetzlich zulässig, ist analog § 250 Abs. 1 Nr. 3 AktG insgesamt nichtig. Eine Teilnichtigkeit hinsichtlich einer Zahl von Aufsichtsratsmitgliedern bis zur Höchstzahl kommt hier nicht in Betracht.[248] Bei Beschlüssen über die Wahl einzelner Mitglieder – das gilt auch für die Wahl einer Mehrzahl einzelner Mitglieder -, tritt die Nichtigkeit analog § 250 Abs. 1 Nr. 3 AktG allerdings ein, sobald die gesetzliche Höchstzahl von Aufsichtsratsmitgliedern überschritten wird.[249] 110

> **LG Flensburg, Urt. v. 7. April 2004 – 6 O 17/03 –, NZG 2004, S. 677 (678):**
> „... Die Wahl des B in der Hauptversammlung am 27.1.2003 zum Aufsichtsratsmitglied der Beklagten ist nichtig gemäß § 250 Abs. 1 Nr. 3 AktG. Nach dieser Vorschrift ist die

245 *Wertenbruch*, in: MünchKomm-GmbHG, § 47 Anh. Rn 74.
246 *Wertenbruch*, in: MünchKomm-GmbHG, § 47 Anh. Rn 75 f.
247 *Hüffer*, in: Hüffer, AktG, § 95 Rn 7, § 250 Rn 7 f; *Schwab*, in: K. Schmidt/Lutter, AktG, § 250 Rn 4; *Stilz*, in: Spindler/Stilz, AktG, § 250 Rn 14; *Wertenbruch*, in: MünchKomm-GmbHG, § 47 Anh. Rn 75.
248 *Hüffer*, in: Hüffer, AktG, § 95 Rn 7, § 250 Rn 8; *Schwab*, in: K. Schmidt/Lutter, AktG, § 250 Rn 4; *Drescher*, in: Henssler/Strohn, Gesellschaftsrecht, § 250 AktG Rn 5; *Wertenbruch*, in: MünchKomm-GmbHG, § 47 Anh. Rn 75.
249 LG Flensburg, NZG 2004, S. 677 (678) die AG betreffend; *Drescher*, in: Henssler/Strohn, Gesellschaftsrecht, § 250 AktG Rn 5; *Hüffer*, in: Hüffer, AktG, § 95 Rn 7, § 250 Rn 8; anders *Schwab*, in: K. Schmidt/Lutter, AktG, § 250 Rn 4 (für Gesamtnichtigkeit).

Wahl eines Aufsichtsratsmitglieds durch die Hauptversammlung dann nichtig, wenn durch die Wahl die gesetzliche Höchstzahl der Aufsichtsratsmitglieder überschritten wird (§ 95 AktG). Dabei ist Nichtigkeitsgrund nur die Überschreitung der gesetzlichen Höchstzahl iS der höchstzulässigen Zahl, nicht der Regelzahl des § 95 AktG, nicht einer Satzungszahl, die hinter dem gesetzlichen Rahmen zurückbleibt. ..."

111 Hingegen führt es nicht zur Nichtigkeit des betreffenden Beschlusses, wenn die Gesellschafter zwar nicht die gesetzliche Höchstzahl der Aufsichtsratsmitglieder überschreiten, aber bei einer Wahl – uU aufgrund eines Irrtums – die Zahl der Arbeitnehmern zustehenden Aufsichtsratssitze überschreiten. Den Gesellschaftern steht es nämlich frei, ein ihnen zustehendes Aufsichtsratsmandat mit einem Arbeitnehmer zu besetzen.[250]

f) Hindernis in der Person des gewählten Aufsichtsratsmitglieds, § 250 Abs. 1 Nr. 4 AktG analog

aa) § 100 Abs. 1 und 2 AktG analog

112 Kann die gewählte Person entsprechend § 100 Abs. 1 und 2 AktG zu dem nach Sinn und Zweck der Bestimmung maßgebenden Zeitpunkt des vorgesehenen Beginns ihrer Amtszeit[251] nicht Mitglied des Aufsichtsrats sein, ist der ihre Wahl betreffende Beschluss analog § 250 Abs. 1 Nr. 4 AktG nichtig. Dabei gilt § 100 Abs. 1 AktG, der nur geschäftsfähige natürliche Personen zulässt, die nicht einem Einwilligungsvorbehalt nach § 1903 BGB unterliegen, analog nicht nur für die Fälle eines obligatorischen Aufsichtsrates, sondern ebenfalls für fakultative Aufsichtsräte.[252] Jedenfalls bei solchen GmbH, die den Bestimmungen des Mitbestimmungsrechts unterliegen, gelten auch die Regeln des § 100 Abs. 2 AktG analog.[253]

113 Da – wie oben (Rn 112) erwähnt – nicht der Zeitpunkt der Aufsichtsratswahl maßgebend ist, sondern derjenige des Beginns der Amtszeit,[254] ist ein die Wahl betreffender Beschluss nicht nichtig, wenn ein bei Beschlussfassung noch bestehendes Hindernis bei Beginn der Amtszeit beseitigt worden ist.[255] Tritt umgekehrt in der Zeit zwischen der Wahl und dem Beginn der Amtszeit ein Hindernis ein, wird der betreffende Beschluss analog § 250 Abs. 1 Nr. 4 AktG nichtig.[256] Geschehnisse nach Beginn der Amtszeit sind in der Regel nicht erheblich. So kann eine Heilung entsprechend § 242 AktG selbst dann nicht eintreten, wenn ein bei Beginn der Amtszeit, zB wegen eines

---

250 *Wertenbruch*, in: MünchKomm-GmbHG, § 47 Anh. Rn 75; anders *K. Schmidt*, in: Großkommentar zum AktG, § 250 Rn 18.

251 *Giedinghagen*, in: Michalski, GmbHG, § 52 Rn 118; *Hüffer*, in: ders., AktG, § 250 Rn 9; anders *Schneider*, in: Scholz, GmbHG, § 52 Rn 268.

252 *Bayer*, in: Lutter/Hommelhoff, GmbHG, § 47 Anh. Rn 22; *Raiser*, in: Ulmer, GmbHG, § 47 Anh. Rn 71; *Römermann*, in: Michalski, GmbHG, § 47 Anh. Rn 183; *K. Schmidt*, in: Scholz, GmbHG, § 45 Rn 78; *Zöllner*, in: Baumbach/Hueck, GmbHG, § 47 Anh. Rn 61.

253 *Bayer*, in: Lutter/Hommelhoff, GmbHG, § 47 Anh. Rn 22; *B. Schmidt*, in: Ensthaler/Füller/Schmidt, GmbHG, § 47 Rn 63; *Wertenbruch*, in: MünchKomm-GmbHG, § 47 Anh. Rn 77; *Zöllner*, in: Baumbach/Hueck, GmbHG, § 47 Anh. Rn 61.

254 *Giedinghagen*, in: Michalski, GmbHG, § 52 Rn 118; *Hüffer*, in: ders., AktG, § 250 Rn 9; *Wertenbruch*, in: MünchKomm-GmbHG, § 47 Anh. Rn 77; anders *Schneider*, in: Scholz, GmbHG, § 52 Rn 268.

255 *Hüffer*, in: ders., AktG, § 250 Rn 9; *K. Schmidt*, in: Großkommentar zum AktG, § 250 Rn 26; *Wertenbruch*, in: MünchKomm-GmbHG, § 47 Anh. Rn 77.

256 *Hüffer*, in: ders., AktG, § 250 Rn 9; *K. Schmidt*, in: Großkommentar zum AktG, § 250 Rn 26; *Wertenbruch*, in: MünchKomm-GmbHG, § 47 Anh. Rn 77.

anderen, inkompatiblen Mandats, bestehendes Hindernis nachträglich beseitigt wird. Solche Fälle haben in § 242 AktG nämlich keine Erwähnung gefunden.[257]

Schon im Hinblick auf die in § 52 S. 1 GmbHG vorgesehene Verweisung erstreckt sich die analoge Anwendung § 100 Abs. 2 S. 1 Nr. 2 AktG auch auf die Wahlen der Mitglieder fakultativer Aufsichtsräte in der GmbH. Zwar kann die Satzung anderes vorsehen. Ist dies nicht der Fall, sind die Vorschriften der § 52 S. 1 GmbHG, § 100 Abs. 2 S. 1 Nr. 2 AktG aber zwingend, so dass § 250 Abs. 1 Nr. 4 AktG eingreift.[258] 114

bb) § 105 AktG analog

Für die Aktiengesellschaft gilt zwingend,[259] dass nach § 105 Abs. 1 AktG weder ein Mitglied des Aufsichtsrats zum Vorstand bestimmt, noch ein Vorstandsmitglied zum Aufsichtsrat gewählt werden darf.[260] 115

> **LG München I, Urt. v. 15. April 2004 – 5 HK O 10813/03 –, NZG 2004, S. 626 (627):**
> „... Zwar muss davon ausgegangen werden, dass § 250 Abs. 1 AktG auf diesen Fall analog anzuwenden ist, auch wenn ein Verstoß gegen § 105 Abs. 1 AktG vom Wortlaut nicht erfasst ist. § 250 Abs. 1 AktG nimmt als Nichtigkeitsgrund Fallkonstellationen, in denen eine bestimmte Person nicht Aufsichtsratsmitglied sein kann. In ähnlicher Weise enthält § 105 Abs. 1 AktG einen Tatbestand der Inkompatibilität und verbietet die gleichzeitige Tätigkeit als Vorstands- und Aufsichtsratsmitglied. Dies ist den Tatbeständen, die in § 250 Abs. 1 AktG, insbesondere in dessen Nr. 3 und 4 geregelt sind, vergleichbar. Daher ist insoweit die planwidrige Regelungslücke des Gesetzes durch eine Analogie zu schließen. ... Allerdings sind die Voraussetzungen des § 105 Abs. 1 AktG nicht erfüllt. Der klare Wortlaut des Gesetzes schließt eine zeitgleiche Tätigkeit im Aufsichtsrat und Vorstand aus. Dies ergibt sich aus der Formulierung im Gesetzestext „zugleich". ..."

Dass das in § 105 Abs. 1 AktG geregelte Verbot in § 250 Abs. 1 Nr. 4 AktG nicht erwähnt wird, beruht auf einem Irrtum und hat eine planwidrige Regelungslücke schon des Aktiengesetzes zur Folge. Schon bei der Aktiengesellschaft bedarf es dementsprechend der analogen Anwendung des § 250 Abs. 1 Nr. 4 AktG für die Fälle eines Verstoßes gegen das Inkompatibilitätsgebot des § 105 Abs. 1 AktG. Nur dies entspricht dem Sinn und Zweck des § 105 Abs. 1 AktG und gewährleistet eine möglichst effektive Trennung der verschiedenen Gesellschaftsorgane.[261] 116

Nach § 52 Abs. 1 GmbHG findet § 105 Abs. 1 AktG auf die GmbH immer dann Anwendung, wenn der Gesellschaftsvertrag einen Aufsichtsrat vorsieht. Das wirft zunächst die Frage auf, ob in der Satzung zwar ein Aufsichtsrat vorgesehen, aber die Verweisung des § 52 Abs. 1 GmbHG auf § 105 Abs. 1 AktG abbedungen werden kann. Ausgangspunkte der Antwort sind die Kontrollfunktion des Aufsichtsrats ei- 117

---

257 *Hüffer*, in: ders., AktG, § 250 Rn 9; *Wertenbruch*, in: MünchKomm-GmbHG, § 47 Anh. Rn 77; anders *Schröder*, Mängel und Heilung der Wählbarkeit bei Aufsichtsrats- und Betriebsratswahlen, 1979, S. 31.

258 *Bayer*, in: Lutter/Hommelhoff, GmbHG, § 47 Anh. Rn 22; *Raiser*, in: Ulmer, GmbHG, § 47 Anh. Rn 71; *Römermann*, in: Michalski, GmbHG, § 47 Anh. Rn 184; *Zöllner*, in: Baumbach/Hueck, GmbHG, § 47 Anh. Rn 61.

259 RGZ 48, S. 40 (47 f); *Hüffer*, in: ders., AktG, § 105 Rn 1; *Habersack*, in: MünchKomm-AktG, § 105 Rn 3; *Wertenbruch*, in: MünchKomm-GmbHG, § 47 Anh. Rn 79.

260 Zu dem nicht ausdrücklich geregelten Fall der Wahl eines Vorstands- zum Aufsichtsratsmitglied: LG München I, Urt. v. 15. April 2004 – 5 HK O 10813/03 –, NZG 2004, S. 626 (627); *Hüffer*, in: ders., AktG, § 250 Rn 11; dagegen *Stilz*, in: Spindler/Stilz, AktG, § 250 Rn 18.

261 LG München I, Urt. v. 15. April 2004 – 5 HK O 10813/03 –, NZG 2004, S. 626; *Hüffer*, in: MünchKomm-AktG, § 250 Rn 18; *Drescher*, in: Henssler/Strohn, Gesellschaftsrecht, § 250 AktG Rn 6.

nerseits sowie der Sinn und Zweck des § 52 Abs. 1 GmbHG andererseits: Führte die Abbedingung der Verweisung des § 52 Abs. 1 GmbHG auf § 105 Abs. 1 AktG zu einem Verlust der dem Aufsichtsrat zukommenden Kontrollfunktion, muss sie nach dem Sinn und Zweck der Verweisung des § 52 Abs. 1 GmbHG unzulässig sein. Das wiederum ist tatsächlich dann der Fall, wenn die betreffende Person im Aufsichtsrat eine dominierende Stellung erlangte, zB wegen einer geringen Zahl an Mitgliedern und einer Befugnis zum Stichentscheid.[262] Hier erfordert auch das mit der Einrichtung und Arbeit eines Aufsichtsrats verbundene höhere Vertrauen der Teilnehmer des Rechtsverkehrs eine Anwendung des § 105 Abs. 1 AktG.[263] Anders sieht es allerdings aus, wenn die betreffende Person im Aufsichtsrat keinen dominierenden Einfluss gewinnt: Hier spricht nichts gegen eine Abbedingung der in § 52 Abs. 1 GmbHG vorgesehenen Verweisung auf § 105 Abs. 1 AktG durch die Satzung.[264] Die danach gebotene Differenzierung nach Personen mit dominierendem Einfluss und solchen ohne dominierenden Einfluss begegnet auch keinen Bedenken im Hinblick auf ihre praktischen Handhabbarkeit und das Gebot der Rechtssicherheit, denn maßgebend sind nicht kaum prüfbare Eigenschaften der konkreten Person, sondern sind allein die Strukturen der konkreten GmbH (Größe des Aufsichtsrats, Stichentscheid usw.). Die entsprechenden Umstände sind ohne Weiteres prüf- und feststellbar.

OLG Frankfurt a.M., Beschl. v. 21. November 1986 – 20 W 247/86 –, NJW-RR 1987, S. 482 f:

„... Der beschließende Senat hat bereits in seiner Entscheidung 20 W 267/81 in Übereinstimmung mit der herrschenden Meinung ausgeführt, dass ein alleiniger Geschäftsführer nicht Mitglied des Aufsichtsrats einer GmbH – und der vorgesehene Beirat stellt sich, von der weiteren Beschwerde auch nicht angegriffen, als Aufsichtsrat dar – sein kann. Die Satzung einer GmbH vermag zwar die Anwendbarkeit von § 105 AktG abzubedingen, hierbei aber nicht das auch für die GmbH zwingend geltende Organisationsprinzip, wonach die Tätigkeit als Geschäftsführer und die als Aufsichtsrat unvereinbar sind, wenn diesem Aufsichtsfunktionen zukommen; denn niemand kann im Rechtssinne sich selber kontrollieren. Die Rechtsprechung hat Ausnahmen von diesem Grundsatz zugelassen für den stellvertretenden Geschäftsführer ... Beiläufig hat das KG ... ausgeführt, dass dann, wenn mehrere Geschäftsführer bestellt sind, einer von ihnen Mitglied des Aufsichtsrats sein könne und als Kontrollorgan bzgl seiner eigenen Geschäftsführung ausscheide. Ob dem generell gefolgt werden kann und ob einer – wie die Vorinstanzen annehmen – der beiden hier bestellten Geschäftsführer nur eine Scheinfunktion ausübt, braucht nicht entschieden zu werden. Eine gleichzeitige Funktion als Geschäftsführer und Aufsichtsratsmitglied ist jedenfalls dann ausgeschlossen, wenn – wie im vorliegenden Fall – der Aufsichtsrat nur aus ein bis zwei Mitgliedern besteht und in diesem einer der allenfalls zwei Geschäftsführer eine dominierende Stellung einnimmt, weil er auf Lebenszeit gewählter Vorsitzender des Aufsichtsrats ist, seine Stimme bei Meinungsverschiedenheiten im Aufsichtsrat den Ausschlag gibt und die Wahl und Abberufung von weiteren Aufsichtsratsmitgliedern durch die Gesellschafterversammlung nur mit seinem Einverständnis und mit mindestens 75 % aller vorhandenen Stimmen erfolgen darf. Der Aufsichtsrat wäre in einem solchen Fall kein Kontrollorgan des Geschäftsführers. Der Rechtsverkehr, der annimmt, daß die Tätigkeit der Geschäftsführer bei Vorhandensein eines Aufsichts-

262 OLG Frankfurt a.M., NJW-RR 1987, S. 482 f.
263 OLG Frankfurt a.M., NJW-RR 1987, S. 482 f.
264 Offen gelassen von OLG Frankfurt a.M., NJW-RR 1987, S. 482 f; so aber *Wertenbruch,* in: Münch-Komm-GmbHG, § 47 Anh. Rn 80 aE.

rats besser kontrolliert wird als bei Nichtbestehen eines Aufsichtsrats, würde getäuscht ... Wenn der Gesellschaftsvertrag deshalb einen Aufsichtsrat vorsieht, muss er seine Kontrolltätigkeit auch wahrnehmen können. Das Argument, irgendein Aufsichtsrat sei stets mehr als es das Gesetz an sich vorschreibe, greift nicht durch. Der Senat vermag deshalb auch nicht der Ansicht von Scholz-Schneider ... zu folgen, die allein auf den Schutz der Gesellschafter abstellen, nicht aber auch auf den des Rechtsverkehrs. ... ein solcher Verstoß gegen die gesetzlichen Anforderungen an die Mitgliedschaft im Aufsichtsrat macht den Bestellungsbeschluss nichtig. ..."

Fraglich ist ferner, ob ein Verstoß gegen § 105 AktG (analog) zur Nichtigkeit des be- 118
treffenden Beschlusses analog § 250 Abs. 1 Nr. 4 AktG führt. Während das hinsichtlich eines obligatorischen Aufsichtsrats kaum in Abrede gestellt wird,[265] lehnt die Literatur die Nichtigkeit eines die Bestellung eines Mitglieds der Geschäftsführung zum Aufsichtsratsmitglied bzw die Bestellung eines Aufsichtsratsmitglieds zum Geschäftsführer betreffenden Beschlusses in den Fällen eines lediglich fakultativen Aufsichtsrats überwiegend ab.[266] Auch hier ist jedoch der Grundsatz zu beachten, dass niemand zugleich die Geschäfte der GmbH führen und die Geschäftsführung kontrollieren kann. Ein Aufsichtsrat kann nur dann zweckentsprechend arbeiten, wenn Kontrollierte und Kontrollierende nicht identisch sind. Darin liegt ein zwingendes Organisationsprinzip nicht nur der AG, sondern auch der GmbH, wenn diese nämlich einen Aufsichtsrat einrichtet und damit gewisse Erwartungen des Rechtsverkehrs veranlasst. Dementsprechend führt ein Verstoß gegen § 105 AktG auch im Falle eines nur fakultativen Aufsichtsrats zur Nichtigkeit des entsprechenden Beschlusses analog § 250 Abs. 1 Nr. 4 AktG, wenn die in § 52 Abs. 1 GmbHG vorgesehene Verweisung auf § 105 AktG nicht den obigen Ausführungen entsprechend durch die Satzung wirksam abbedungen worden ist.[267]

g) Folgen einer fehlerhaften Bestellung

Umstritten ist, welche Folgen die Nichtigkeit der Wahl eines Aufsichtsratsmitgliedes 119
bzw die rechtskräftige Nichtigerklärung der Wahl für die Tätigkeit des betreffenden Aufsichtsratsmitgliedes und hier insbesondere für seine Mitwirkung an Aufsichtsratsbeschlüssen hat. Während teilweise das nicht wirksam gewählte Aufsichtsratsmitglied nach der Lehre vom faktischen Organ wie ein wirksam bestelltes Organmitglied und seine Stimme dementsprechend als wirksam behandelt werden,[268] gehen andere und hier vor allem der Bundesgerichtshof davon aus, dass Aufsichtsratsbeschlüsse nicht nur dann nichtig sind, wenn alle Mitglieder des Aufsichtsrats nichtig gewählt wurden,[269] sondern dass jedes einzelne Aufsichtsratsmitglied, dessen Wahl entweder nichtig oder rechtskräftig für nichtig erklärt worden ist, bei der Stimmabgabe im Aufsichtsrat wie ein Nichtmitglied zu behandeln und deshalb seine Stimme nicht als wirksam abgegeben mitzuzählen ist. Ist die nicht wirksam abgegebene Stimme für das Beschlussergebnis ursächlich geworden, ist der betreffende Aufsichtsratsbeschluss

265 *Raiser*, in: Ulmer, GmbHG, § 47 Anh. Rn 73; *Römermann*, in: Michalski, GmbHG, § 47 Anh. Rn 181; zweifelnd hingegen *Zöllner*, in: Baumbach/Hueck, GmbHG, § 47 Anh. Rn 61.

266 *Bayer*, in: Lutter/Hommelhoff, GmbHG, § 47 Anh. Rn 22; *Raiser*, in: Ulmer, GmbHG, § 47 Anh. Rn 72; *Zöllner*, in: Baumbach/Hueck, GmbHG, § 47 Anh. Rn 61; anders *Wertenbruch*, in: MünchKomm-GmbHG, § 47 Anh. Rn 80; krit. auch *Römermann*, in: Michalski, GmbHG, § 47 Anh. Rn 185.

267 Im Grundsatz OLG Frankfurt a.M., NJW-RR 1987, S. 482 f; dazu *Wertenbruch*, in: MünchKomm-GmbHG, § 47 Anh. Rn 81.

268 *Hüffer*, in: AktG, § 101 Rn 18; *Bayer/Lieder*, NZG 2012, S. 1 (6); *Schürnbrand*, NZG 2008, S. 609 (610).

269 BGH, NJW 1967, S. 1711 (1713).

demgemäß nicht gefasst oder kommt sogar eine Umkehr des Ergebnisses in Frage. Der unter Mitwirkung des nicht wirksam gewählten Aufsichtsratsmitgliedes gefasste Aufsichtsratsbeschluss muss nicht so behandelt werden, als sei er ordnungsgemäß gefasst worden. Der gebotene Schutz außenstehender Dritter kann vielmehr so bewirkt werden, dass sie im Falle eines Vollzuges des nicht ordnungsgemäß gefassten Beschlusses auf die Handlungsbefugnis der vollziehenden Person vertrauen dürfen.[270] Die auch vom Bundesgerichtshof vertretene Auffassung überzeugt schon deshalb, weil sie zum einen ohne Weiteres mit der in § 250 Abs. 1 AktG vorgesehenen und hier analog anwendbaren Rechtsfolge vereinbar ist sowie andererseits die Lehre vom faktischen Organ nicht über ihren Schutzzweck hinaus zur Anwendung bringt und damit überdehnt, sondern den gebotenen Vertrauensschutz auf andere Art und Weise gewährleistet.

BGH, Urt. v. 19. Februar 2013 – II ZR 56/12 –, NJW 2013, S. 1535 (1537):

„... Die Auswirkung der Nichtigkeit oder der Nichtigerklärung der Wahl eines Aufsichtsratsmitglieds auf die Beschlussfähigkeit des Aufsichtsrats und die rechtliche Wirksamkeit der Stimmabgabe ist streitig. Teilweise wird auf Grund der Lehre vom faktischen Organ das nichtig oder anfechtbar bestellte Aufsichtsratsmitglied auch für die Stimmabgabe wie ein wirksam bestelltes Organmitglied behandelt. ... Andere behandeln dagegen das nichtig oder anfechtbar gewählte Aufsichtsratsmitglied wie einen Dritten ... oder unterscheiden zwischen Nichtigkeit und Anfechtbarkeit der Wahl. ... Der Senat hat die Beschlüsse eines Aufsichtsrats, dessen Mitglieder alle nichtig gewählt worden waren, für nichtig erachtet. ... Andere Entscheidungen betreffen die Mitwirkung von Aufsichtsratsmitgliedern, deren Amtszeit abgelaufen war. ... Für Pflichten, Haftung und Vergütung ist anerkannt, dass die Grundsätze der fehlerhaften Bestellung auf den Aufsichtsrat anwendbar sind. ... Das Aufsichtsratsmitglied, dessen Wahl nichtig ist oder für nichtig erklärt wird, ist für die Stimmabgabe und Beschlussfassung wie ein Nichtmitglied zu behandeln. Würde der nichtig oder anfechtbar gewählte Aufsichtsrat in allen Fällen wie ein wirksam bestelltes Organ behandelt, wirkte eine erfolgreiche Wahlanfechtung insgesamt nur ex nunc; auch die Nichtigkeit eines Wahlbeschlusses würde erst ab gerichtlicher Feststellung Wirkungen entfalten. Das lässt sich mit § 250 Abs. 1 AktG, wonach Wahlbeschlüsse von Anfang an nichtig sein können, und mit der Verweisung in § 250 Abs. 1 AktG auf § 241 Nr. 5 AktG, wonach der Wahlbeschluss ex tunc nichtig ist, wenn er für nichtig erklärt wird, nicht in Einklang bringen. ... Sofern die Stimmen der als Nichtmitglieder zu behandelnden Aufsichtsräte für die Beschlussfassung oder die Ablehnung eines Beschlussantrags ursächlich geworden sind, ist ein entsprechender Beschluss nicht gefasst oder kommt sogar eine Umkehrung des Beschlussergebnisses in Frage. Der Beschluss muss nicht so behandelt werden, als sei er ordnungsgemäß gefasst worden. Der Zweck der Gleichbehandlung der fehlerhaften mit der ordnungsgemäßen Bestellung eines Organs, das Vertrauen unbeteiligter Dritter zu schützen und den Schwierigkeiten bei einer Rückabwicklung von Dauerschuldverhältnissen zu begegnen, betrifft Aufsichtsratsbeschlüsse nicht in jedem Fall. Soweit eine Rückabwicklung den berechtigten Interessen der Beteiligten widersprechen würde, ist dem im Einzelfall zu begegnen. ... Soweit Aufsichtsratsbeschlüsse gegenüber außenstehenden Dritten vollzogen werden, sind Dritte, die die Nichtigkeit eines Beschlusses nicht kennen oder kennen müssen, bereits dadurch geschützt,

270 BGH, NJW 2013, S. 1535 (1537); OLG Köln, NZG 2008, S. 635; *Vetter*, ZIP 2012, S. 701 (707 f); *Stilz*, in: Spindler/Stilz, AktG, § 252 Rn 6.

dass sie auf die Handlungsbefugnis desjenigen, der die Aufsichtsratsbeschlüsse vollzieht, vertrauen dürfen. ..."

Ein Rücktritt des nicht ordnungsgemäß gewählten Aufsichtsratsmitgliedes kann zwar den Wegfall des Rechtsschutzbedürfnisses für eine diesbezügliche Nichtigkeits- und Anfechtungsklage zur Folge haben. Das ist aber nicht der Fall, wenn die Nichtigkeitsfeststellung oder Nichtigerklärung Auswirkungen auf die Rechtsbeziehungen der Gesellschaft, der Gesellschafter, der Geschäftsführung sowie des Aufsichtsrates und ihrer Mitglieder haben kann. Solche Auswirkungen liegen wiederum grundsätzlich dann vor, wenn die Beschlussfähigkeit des Aufsichtsrates oder das wirksame Zustandekommen eines Aufsichtsratsbeschlusses von der Wirksamkeit der Wahl abhängt.[271] Im Zusammenhang mit dem Wegfall bzw dem Fortbestand des Rechtsschutzbedürfnisses trotz unstreitigen Rücktritts des betreffenden Aufsichtsratsmitgliedes trifft zwar grundsätzlich den klagenden Gesellschafter die Darlegungs- und Beweislast.[272] Jedoch sind die Grundsätze der sekundären Beweislast hinsichtlich eines ursächlichen Mangels solcher Aufsichtsrats- oder Ausschussbeschlüsse zu bejahen, an denen der klagende Gesellschafter nicht beteiligt war und zu deren Ursachen er deshalb nichts vortragen kann. Dementsprechend trifft uU die Gesellschaft eine sekundäre Darlegungslast.[273] 120

BGH, Urt. v. 19. Februar 2013 – II ZR 56/12 –, NJW 2013, S. 1535 (1536 f):

„... Zutreffend hat das Berufungsgericht allerdings angenommen, dass die Beendigung des Amtes eines Aufsichtsratsmitglieds etwa durch Rücktritt zum Wegfall des Rechtsschutzinteresses für eine Wahlanfechtungsklage führen kann. ... Voraussetzung dafür ist aber, dass eine Nichtigerklärung keinen Einfluss auf die Rechtsbeziehungen der Gesellschaft, der Aktionäre sowie der Mitglieder des Vorstands und des Aufsichtsrats mehr haben kann. ... Bisher ist in der Rechtsprechung ein Entfallen eines Rechtsschutzbedürfnisses bei der Klage gegen einen aufgehobenen Beschluss ..., gegen den Ausgangsbeschluss nach einer Neuvornahme ... sowie beim Ausscheiden des Anfechtungsklägers aus dem Kreis der Aktionäre ... angenommen worden. Der Bestätigungsbeschluss (§ 244 S. 2 AktG) führt dagegen nicht zum Wegfall des Rechtsschutzbedürfnisses, sondern hat materielle Wirkung auf den Ausgangsbeschluss. ... Der Rücktritt von Aufsichtsratsmitgliedern vom Aufsichtsratsamt führt nicht in jedem Fall zum Wegfall des Rechtsschutzinteresses an der gegen einen Wahlbeschluss gerichteten Anfechtungsklage. ... Das Rechtsschutzinteresse folgt bei statthaften Gestaltungsklagen aus der Gestaltungswirkung, weil die Gestaltung nur durch Urteil erfolgen kann. ... Dementsprechend verlangt der Senat für die Anfechtungsklage kein besonderes eigenes Rechtsschutzinteresse des Aktionärs. ... Wenn die Gestaltungswirkung wie nach der Aufhebung eines Beschlusses nicht mehr eintreten kann, ist das Rechtsschutzinteresse an der Vernichtung des Beschlusses entfallen. Trotz der Beendigung des Amtes als Aufsichtsrat kann bei der Wahlanfechtungsklage die Gestaltungswirkung eines Urteils aber noch eintreten. Die Nichtigerklärung des Wahlbeschlusses wirkt, wie sich aus § 250 Abs. 1 i. V. mit § 241 Nr. 5 AktG ergibt, auf den Beschlusszeitpunkt zurück. ... Das Rechtsschutzinteresse an der Nichtigerklärung eines Beschlusses kann darüber hinaus entfallen, wenn sie keinerlei Auswirkungen auf die Rechtsbeziehungen der Gesellschaft, der Aktionäre, der Mitglieder des Vorstands und des Aufsichtsrats mehr haben kann. Wenn ein Beschluss keinerlei Wirkungen für Vergan-

271 BGH, NJW 2013, S. 1535 (1536 f).
272 BGH, NJW 2013, S. 1535 (1538).
273 BGH, NJW 2013, S. 1535 (1538).

genheit und Zukunft mehr hat, besteht auch an seiner Vernichtung oder der Klärung seiner Rechtmäßigkeit kein anerkennenswertes Rechtsschutzinteresse mehr. Das ist etwa bei der Neuvornahme der Fall. ... Danach kann auch der Rücktritt eines Aufsichtsrats das Rechtsschutzinteresse an der Wahlanfechtung entfallen lassen, wenn die Nichtigerklärung keinerlei Auswirkungen auf die Rechtsbeziehungen der Gesellschaft, der Aktionäre, der Mitglieder des Vorstands und des Aufsichtsrats mehr haben kann. ... Ein Rechtsschutzinteresse an der Anfechtungsklage besteht nur noch, wenn die Nichtigerklärung der Wahlbeschlüsse Auswirkungen auf die Rechtsbeziehungen der Gesellschaft, der Aktionäre, der Mitglieder des Vorstands oder des Aufsichtsrats haben kann. Solche Auswirkungen auf die Rechtsbeziehungen der Gesellschaft kann die Nichtigerklärung haben, wenn die Mitwirkung der ausgeschiedenen Aufsichtsratsmitglieder für das Zustandekommen eines Aufsichtsratsbeschlusses, die Ablehnung eines Beschlussantrags oder die Beschlussfähigkeit des Aufsichtsrats ursächlich war. Die Darlegungslast dafür trägt nach den Grundsätzen der sekundären Darlegungslast die Beklagte, so dass der Kläger keine weiteren Einzelheiten zu den Aufsichtsratssitzungen vortragen musste. ... Die Nichtigerklärung oder Nichtigkeitsfeststellung eines Wahlbeschlusses hat grundsätzlich Auswirkungen auf die Rechtsbeziehungen der Gesellschaft und der Mitglieder des Aufsichtsrats, wenn die Beschlussfähigkeit oder das Zustandekommen eines Aufsichtsratsbeschlusses von der Stimme eines Aufsichtsrats abhängt, dessen Wahl nichtig ist oder für nichtig erklärt wird. Ein Aufsichtsratsbeschluss ist nicht mit der erforderlichen Mehrheit gefasst, wenn Nichtmitglieder mitgestimmt haben und ihre Stimmen für die Beschlussfassung oder die Ablehnung eines Beschlussantrags ursächlich geworden sind... Nicht Mitglied des Aufsichtsrats ist nicht nur das nichtig gewählte Aufsichtsratsmitglied, sondern auch das Aufsichtsratsmitglied, dessen Wahl erfolgreich angefochten wird. ..."

121 **Übersicht über Nichtigkeitsgründe im Zusammenhang mit Aufsichtsratswahlen, § 250 AktG analog – Nr. 7**

1. Allgemeines

- § 250 AktG gilt jedenfalls für den obligatorischen Aufsichtsrat bei der GmbH analog. Für bloß fakultative Aufsichtsräte gilt zwar § 250 Abs. 1 Nr. 4 in Verbindung mit § 100 Abs. 1 AktG analog, im Übrigen ist die analoge Anwendung des § 250 AktG hier aber str.
- § 241 Nr. 2 AktG findet auf die GmbH keine analoge Anwendung und kann § 250 AktG daher nicht vorgehen. § 241 Nr. 1 und 5 AktG analog gehen § 250 AktG vor, während § 241 Nr. 3 und 4 AktG durch § 250 Abs. 1 Nr. 1 bis 4 AktG analog verdrängt werden. § 241 Nr. 6 AktG greift schon mangels Eintragung der gewählten Aufsichtsratsmitglieder nicht ein.

2. Einzelne Nichtigkeitsgründe

a) § 250 Abs. 1 Nr. 1 AktG analog: Verstoß gegen § 96 Abs. 2, § 97 Abs. 2 S. 1, § 98 Abs. 4 AktG bei obligatorischen Aufsichtsrat
   - Status-quo- bzw Kontinuitätsprinzip im Zusammenhang mit der aus dem Mitbestimmungsmodell folgenden Zusammensetzung des Aufsichtsrats

b) § 250 Abs. 1 Nr. 2 AktG analog: Abweichung von Wahlvorschlägen nach §§ 6 und 8 MontanMitbestG

- verbindliche Vorschläge für die Arbeitnehmervertreter durch die Betriebsräte nach Vorschlagsverfahren, auch für weiteres Mitglied

c) § 250 Abs. 1 Nr. 3 AktG analog: Überschreitung der Höchstzahl der Aufsichtsratsmitglieder, § 95 AktG analog
- § 7 Abs. 1 MitbestG, § 4 MontanMitbestG, § 1 Abs. 1 Nr. 3 S. 2 DrittelbG
- entweder Nichtigkeit erst desjenigen Beschlusses, der unter Missachtung der Höchstzahl ein weiteres Mitglied bestellt (Einzelwahl) oder aber Nichtigkeit des Beschlusses über eine zu hohe Gesamtzahl von Aufsichtsratsmitgliedern (Gesamt- oder Listenwahl)
- unschädlich ist Bestellung eines Arbeitnehmers, wenn die Zahl der für Arbeitnehmervertreter vorgesehenen Sitze bereits erschöpft ist, die Höchstzahl aber noch nicht überschritten wird; insofern steht den Gesellschaftern die Disposition frei (str.)
- keine Höchstzahl für fakultative Aufsichtsräte, keine Verweisung auf § 95 S. 4 AktG in § 52 Abs. 1 AktG

d) § 250 Abs. 1 Nr. 4 AktG analog: Persönliche Voraussetzungen des Gewählten als Aufsichtsratsmitglied, § 100 Abs. 1 und 2, § 105 AktG analog
- § 100 Abs. 1 AktG analog: geschäftsfähige natürliche Person ohne Einwilligungsvorbehalt; auch für fakultative Aufsichtsräte
- maßgebender Zeitpunkt: Beginn der Amtszeit, nicht Wahl (str.), dh Mangelbeseitigung (nur) bis zum Beginn der Amtszeit möglich, danach keine Heilung
- § 100 Abs. 2 S. 1 Nr. 1 AktG analog: Inkompatibilität (auch für fakultative Aufsichtsräte, § 52 Abs. 1 GmbHG, wenn nicht Satzung Anderes vorsieht)
- 105 AktG analog: Inkompatibilität zwischen Geschäftsführung und Aufsichtsrat – für fakultativen Aufsichtsrat str., nach zutreffender Auffassung ist danach zu differenzieren, ob die betreffende Person im Aufsichtsrat eine dominierende Stellung inne hat

3. Fehlerfolgen und Rücktritt

a) Folge für Aufsichtsratsbeschlüsse, BGH, NJW 2013, S. 1535 (1537): Stimme des nicht ordnungsgemäß bestellten Aufsichtsratsmitgliedes ist als nicht wirksam abgegeben zu behandeln, und im Falle der Ursächlichkeit gilt betroffener Aufsichtsratsbeschluss als nicht gefasst bzw uU sogar das Gegenteil als beschlossen.

b) Rücktritt des unwirksam gewählten Aufsichtsratsmitgliedes kann zum Wegfall des Rechtsschutzbedürfnisses führen, jedoch dann nicht, wenn es auch um die Wirksamkeit von Aufsichtsratsbeschlüssen geht, die unter Mitwirkung des nicht wirksam bestellten und zurückgetretenen Aufsichtsratsmitgliedes zustande gekommen sind (BGH, NJW 2013, S. 1535, 1538).

10. Nichtigkeit der Feststellung des Jahresabschlusses, § 256 AktG analog

a) Allgemeines

122 Ist die Feststellung des Jahresabschlusses nicht nach § 45 Abs. 2 GmbHG durch Satzung einem anderen Organ der GmbH oder mehreren Organen gemeinsam wirksam übertragen worden,[274] hat die Gesellschafterversammlung hierüber nach § 46 Nr. 1 GmbHG durch Beschluss zu entscheiden.

Als spezielle Vorschrift für diejenigen Gründe, die zur Nichtigkeit eines die Feststellung des Jahresabschlusses betreffenden Beschlusses führen, verdrängt § 256 AktG die übrigen Bestimmungen des Aktienrechts über Nichtigkeitsgründe in seinem Anwendungsbereich. Das gilt insbesondere für § 241 AktG.[275]

BGH, Urt. v. 15. November 1993 – II ZR 235/92 –, NJW 1994, S. 520 (521 f):

„... Es meint, Beschlüsse des Aufsichtsrates einer Aktiengesellschaft könnten entsprechend §§ 241 ff AktG nur mit der Nichtigkeits- oder Anfechtungsklage angegriffen werden. Für die Anfechtungsklage, die es seiner rechtlichen Beurteilung allein zugrunde legt, komme als Leitbildregelung die Vorschrift des § 246 Abs. 1 AktG in Betracht, wonach die Klage innerhalb eines Monats nach der Beschlussfassung erhoben werden muss. Das bedeute, dass die Anfechtung mit aller zumutbaren Beschleunigung betrieben werden müsse und ein Überschreiten der Monatsfrist nur dann zulässig sei, wenn der Kläger an der Klageerhebung innerhalb der Monatsfrist durch zwingende Umstände gehindert worden sei. Da die Kläger sich auf solche zwingenden Umstände nicht berufen könnten, die Klage gleichwohl erst fünf Monate nach der Aufsichtsratssitzung erhoben worden sei, sei das Klagebegehren sachlich unbegründet. Dem kann nicht gefolgt werden. Wie der Senat in Bestätigung seiner früheren Rechtsprechung ... unter Ablehnung entgegenstehender Ansichten in Rechtsprechung und Schrifttum entschieden hat, sind die für fehlerhafte Hauptversammlungsbeschlüsse geltenden Vorschriften der §§ 241 ff AktG auf mangelhafte Aufsichtsratsbeschlüsse nicht entsprechend anwendbar. ... Aufgrund des für die Revisionsinstanz als richtig zu unterstellenden Vortrages der Kläger kann nicht ausgeschlossen werden, dass der Beschluss des Aufsichtsrates vom 21.6.1990, mit dem der Jahresabschluss 1989 der Bekl. gebilligt und damit gem. § 172 AktG festgestellt worden ist (Klageantrag zu 1), nach § 256 Abs. 1 Nr. 1, § 256 Abs. 5 S. 1 Nr. 2 i. V. mit Abs. 2 AktG nichtig ist. ... Die Klage ist innerhalb der Dreijahresfrist des § 256 Abs. 6 S. 1 AktG erhoben worden. ... Der Wortlaut des § 256 Abs. 1 AktG erstreckt die Nichtigkeit zwar nur auf den „festgestellten Jahresabschluss“. Nach dem Sinn des Gesetzes umfasst jedoch die Nichtigkeitsfolge das gesamte, zur Feststellung des Jahresabschlusses durch Vorstand und Aufsichtsrat nach § 172 AktG führende korporationsrechtliche Rechtsgeschäft, das als Rechtsgeschäft eigener Art anzusehen ist: Dazu gehören die Vorlage des Jahresabschlusses durch den Vorstand, durch die das rechtlich bedeutsame Begehren nach Billigung zum Ausdruck gebracht wird, und der darauf bezogene Billigungsbeschluss des Aufsichtsrates nebst entsprechender Erklärung nach § 171 Abs. 2 S. 4, § 171 Abs. 3 AktG... Wird somit der den Jahresabschluss billigende Aufsichtsratsbeschluss von der Nichtigkeitsfolge des § 256 AktG erfasst, scheidet die Prüfung der Frage aus, ob eine Nichtigkeit entsprechend § 241 Nr. 3 Alt. 2 AktG in Betracht kommt. Denn die in § 256 AktG getroffene Regelung hat abschließenden Charakter, so dass eine Nichtigkeit nach

274 *Haas,* in: Baumbach/Hueck, GmbHG, § 42 a Rn 16; *K. Schmidt,* in: Scholz, GmbHG, § 46 Rn 46; krit. allerdings *Hüffer,* in: Ulmer, AktG, § 46 Rn 22.

275 BGH, NJW 1994, S. 520 (521 f); *Hüffer,* in: ders., AktG, § 256 Rn 1; *Wertenbruch,* in: MünchKomm-GmbHG, § 47 Anh. Rn 83.

anderen Vorschriften – sei es in unmittelbarer Anwendung, soweit Hauptversammlungsbeschlüsse betroffen sind, sei es in entsprechender Anwendung, soweit es um Aufsichtsratsbeschlüsse geht – entfällt. ..."

Auf die Jahresabschlüsse betreffenden Beschlüsse der GmbH-Gesellschafter ist § 256 AktG im Grundsatz analog anzuwenden und trifft auch insofern eine spezielle Regelung.[276] Allerdings enthält § 256 AktG selbst keine vollständige Regelung. So verweist § 256 Abs. 7 S. 1 AktG für die Nichtigkeitsklage auf die allgemeine Bestimmung des § 249 AktG. Auch dies gilt für die GmbH entsprechend.[277] Keine analoge Anwendung findet demgegenüber § 257 Abs. 1 S. 2 AktG, denn hinter dem darin vorgesehenen Ausschluss der Anfechtung wegen inhaltlicher Abschlussmängel steht das zwar in der Aktiengesellschaft, nicht jedoch in der GmbH bestehende Sonderprüfungsrecht der Gesellschafter.[278] 123

BGH, Versäumnisurt. v. 21. Juli 2008 – II ZR 39/07 –, NZG 2008, S. 783 (784):

„... Zutreffend geht das Berufungsgericht davon aus, dass die Feststellung des Jahresabschlusses einer GmbH anfechtbar ist, wenn unter Verstoß gegen Bewertungsvorschriften des HGB einzelne Bilanzposten überbewertet sind und der Jahresabschluss nicht schon entsprechend § 256 Abs. 5 S. 1 AktG nichtig ist. § 257 Abs. 1 S. 2 AktG, nach dem die Anfechtung der Feststellung des Jahresabschlusses bei der Aktiengesellschaft wegen Inhaltsmängeln ausgeschlossen ist, ist im GmbH-Recht nicht entsprechend anwendbar, da den Gesellschaftern kein Anspruch auf Sonderprüfung zusteht. ..."

Auch wenn sich Fehler eines Jahresabschlusses gewöhnlich auf die nachfolgenden Jahresabschlüsse auswirken, hat die Nichtigkeit eines Jahresabschlusses nicht ipso iure die des nachfolgenden Jahresabschlusses zur Folge, sondern der folgende Jahresabschluss ist nur dann ebenfalls nichtig, wenn auch ihm Nichtigkeitsgründe im Sinne des analog anwendbaren § 256 AktG anhaften.[279] 124

BGH, Urt. v. 30. September 1996 – II ZR 51/95 –, NJW 1997, S. 196 f:

„... Zugunsten des Beklagten kann in diesem Zusammenhang unterstellt werden, dass eine Pflicht zur Aktivierung der erworbenen Softwarelizenzen bestand und die Jahresabschlüsse der D-GmbH wegen eines vorsätzlichen Verstoßes ... nichtig gewesen sind. Diese unterstellte Nichtigkeit der Jahresabschlüsse der D-GmbH hätte nämlich keine Auswirkungen auf die hier zu beurteilenden Bilanzen der D-GmbH. Sie beträfe allein die Jahre, in denen die D-GmbH nach dem als richtig unterstellten Sachvortrag des Beklagten von der G & R-GbR Softwarelizenzen erworben hat, erstreckte sich aber mit Rücksicht auf den abschließenden Charakter der Nichtigkeitsvorschrift nicht auf die nachfolgenden Abschlüsse. ..."

b) Bestimmungen des Gläubigerschutzes, § 256 Abs. 1 Nr. 1 AktG analog

Analog § 256 Abs. 1 Nr. 1 AktG sind die Feststellung eines Jahresabschlusses betreffende Beschlüsse dann nichtig, wenn sie in inhaltlicher Hinsicht gegen eine Bestim- 125

276 BGH, NZG 2008, S. 783 (784); *Bayer,* in: Lutter/Hommelhoff, GmbHG, § 47 Anh. Rn 24; *Haas,* in: Baumbach/Hueck, GmbHG, § 42 a Rn 24; *Raiser,* in: Ulmer, GmbHG, § 47 Anh. Rn 75; *Römermann,* in: Michalski, GmbHG, § 47 Anh. Rn 187; *K. Schmidt,* in: Scholz, GmbHG, § 46 Rn 36; einschränkend allerdings *Koppensteiner/Gruber,* in: Rowedder/Schmidt-Leithoff, GmbHG, § 47 Rn 109.

277 *Wertenbruch,* in: MünchKomm-GmbHG, § 47 Anh. Rn 84.

278 BGH, NZG 2008, S. 783 (784).

279 BGH, NJW 1997, S. 196 f; *K. Schmidt,* in: Scholz, GmbHG, § 46 Rn 37; *Wertenbruch,* in: MünchKomm-GmbHG, § 47 Anh. Rn 84.

mung verstoßen, die mindestens überwiegend dem Schutz von Gesellschaftsgläubigern zu dienen bestimmt ist.

126 Streitig ist schon für das Aktienrecht, ob nur gesetzliche Vorschriften als Bestimmungen in diesem Sinne in Betracht kommen oder auch Regelungen der Satzung.[280] Indessen sind für die hier maßgebende analoge Anwendung des § 256 Abs. 1 Nr. 1 AktG auf Beschlüsse der GmbH-Gesellschafter die Unterschiede zwischen der AG und der GmbH zu berücksichtigen: Während nämlich bei der GmbH ein inhaltlicher Verstoß gegen die Satzung auch mittels Anfechtungsklage geltend gemacht werden kann, steht dem bei der AG § 257 Abs. 1 S. 2 AktG entgegen. Dementsprechend bedarf es hinsichtlich der GmbH nicht der Ausdehnung des analog anwendbaren § 256 Abs. 1 Nr. 1 AktG auf bloße Verstöße gegen dem Gläubigerschutz dienende Satzungsbestimmungen. Die analoge Anwendung des § 256 Abs. 1 Nr. 1 AktG setzt daher einen Verstoß nicht gegen eine Satzungsbestimmung, sondern gegen eine gesetzliche Vorschrift voraus, die wenigstens überwiegend dem Schutz der Gesellschaftsgläubiger dient.[281]

127 Allerdings hat nicht jede Verletzung einer gesetzlichen Vorschrift, die dem Gläubigerschutz dient, die Nichtigkeit des betreffenden Beschlusses zur Folge. Vielmehr ist zwischen Verstößen von einigem Gewicht und unwesentlichen Verstößen zu unterscheiden. Eine zur Nichtigkeit des betreffenden Beschlusses führende, gewichtige Verletzung einer dem Gläubigerschutz dienenden gesetzlichen Bestimmung liegt immer dann vor, wenn ohne die Nichtigkeitsfolge der Normzweck des Gläubigerschutzes erheblich beeinträchtigt oder gar vereitelt würde. Andere Verstöße sind unwesentlich und haben allenfalls die Anfechtbarkeit des betreffenden Beschlusses zur Folge.[282]

128 Dem Gläubigerschutz im Sinne des § 256 Abs. 1 Nr. 1 AktG dienen vor allem die Vorschriften der §§ 242 ff HGB über die Aufstellung von Abschlüssen, die Ansätze und die Bewertung sowie die Vorschriften über die Grundsätze ordnungsgemäßer Bilanzierung. Die Verletzung dieser zwingenden Bestimmungen führt grundsätzlich zur Nichtigkeit des Beschlusses.[283]

BGH, Urt. v. 1. März 1982 – II ZR 23/81 –, NJW 1983, S. 42 (44):

„... Der Jahresabschluss einer GmbH, um den es hier geht, ist in entsprechender Anwendung des § 256 Abs. 5 AktG mit Rücksicht auf den gebotenen Gläubigerschutz jedenfalls dann nichtig, wenn eine Überbewertung dahin vorliegt, dass sie den Grundsätzen ordnungsgemäßer Bilanzierung widerspricht und ihrem Umfange nach nicht bedeutungslos ist. ...“

280 Nur gesetzliche Bestimmungen: *Hüffer,* in: ders., AktG, § 256 Rn 7; *Schwab,* in: K. Schmidt/Lutter, AktG, § 256 Rn 9; *Vetter,* in: Henssler/Strohn, Gesellschaftsrecht, § 256 Rn 6; anders und auch für Satzungsbestimmungen: *Zöllner,* in: KölnerKomm-AktG, § 256 Rn 24.

281 *Brete/Thomsen,* GmbHR 2008, S. 176 (177); *Haas,* in: Baumbach/Hueck, GmbHG, § 42 a Rn 25; *Römermann,* in: Michalski, GmbHG, § 47 Anh. Rn 190, 198; *Wertenbruch,* in: MünchKomm-GmbHG, § 47 Anh. Rn 85, 135 ff.

282 *Hüffer,* in: ders., AktG, § 256 Rn 7; *Raiser,* in: Ulmer, GmbHG, § 47 Anh. Rn 76; *Römermann,* in: Michalski, GmbHG, § 47 Anh. Rn 198; *Wertenbruch,* in: MünchKomm-GmbHG, § 47 Anh. Rn 86.

283 BGH, NJW 1983, S. 42 (44) zu einem Verstoß gegen die Grundsätze ordnungsgemäßer Bilanzierung; BGH, NJW 1994, S. 520 zur Anwendung des § 139 BGB in diesem Zusammenhang; *Raiser,* in: Ulmer, GmbHG, § 47 Anh. Rn 76; *Brete/Thomsen,* GmbHR 2008, S. 176 (177); *Wertenbruch,* in: MünchKomm-GmbHG, § 47 Anh. Rn 86.

Das gilt etwa für die Aufnahme eines Postens entgegen dem Ansatzverbot oder für das Weglassen eines Postens unter Verstoß gegen das Ansatzgebot.[284] Ein Beschluss über den Jahresabschluss ist ferner dann nichtig, wenn er nicht nur mit irgendeinem mehr oder weniger gut erkennbaren Fehler behaftet ist, sondern wenn ein notwendiger Bestandteil ganz und gar fehlt, wie zB die Bilanz, die Gewinn- und Verlustrechnung oder der Anhang.[285] Demgegenüber ist der Lagebericht nicht Bestandteil des Jahresabschlusses und führt dessen Fehlen dementsprechend nicht zur Nichtigkeit des Beschlusses über den Jahresabschluss.[286] 129

BGH, Urt. v. 15. November 1993 – II ZR 235/92 –, NJW 1994, S. 520 (522):
„... Die Geltendmachung von Aufbau- und Gliederungsfehlern führt jedoch lediglich bei wesentlicher Beeinträchtigung der Klarheit und Übersichtlichkeit des Jahresabschlusses zur Nichtigkeit, der Verstoß gegen Bewertungsvorschriften hat nur bei der Überbewertung oder – unter bestimmten Voraussetzungen – bei der Unterbewertung von Posten die Nichtigkeit des Jahresabschlusses zur Folge. Die Vorschriften des § 256 Abs. 4, § 256 Abs. 5 AktG, in denen die Gliederungs- und Bewertungsfehler geregelt sind, schränken insoweit als Interpretationsnormen den Anwendungsbereich des § 256 Abs. 1 Nr. 1 AktG ein. ...“

OLG Stuttgart, Urt. v. 11. Februar 2004 – 14 U 23/03 –, NZG 2004, S. 675 f:
„... weil der Gewinnausschüttungsbeschluss nichtig ist. Er ist nichtig, weil der zu Grunde liegende Beschluss über die Feststellung des Jahresabschlusses nichtig ist (analog § 253 AktG). Dieser Beschluss ist nichtig, weil dem Jahresabschluss ein Anhang fehlt (analog § 256 Abs. 1 Nr. 1 AktG). Diese Vorschriften aus dem AktG sind bei der GmbH entsprechend anwendbar. ... Für den Jahresabschluss einer Kapitalgesellschaft ist ein Anhang zwingend vorgeschrieben, §§ 264 Abs. 1, 284 HGB. Er bildet als Teil des Jahresabschlusses mit Bilanz und Gewinn- und Verlustrechnung nicht nur eine formale, sondern auch eine inhaltliche Einheit. Fehlt der Anhang ganz, so ist der Jahresabschluss nach einhelliger Ansicht gemäß § 256 Abs. 1 Nr. 1 AktG nichtig... Nach § 256 Abs. 1 Nr. 1 AktG ist ein festgestellter Jahresabschluss nichtig, wenn er durch seinen Inhalt Vorschriften verletzt, die ausschließlich oder überwiegend zum Schutz der Gläubiger gegeben sind. Der Anhang hat die Funktion, zusammen mit den anderen Teilen des Jahresabschlusses ein den tatsächlichen Verhältnissen der Gesellschaft entsprechendes Bild zu vermitteln. ... Dass die Pflicht- und Wahlangaben im Anhang nach §§ 284 ff HGB und anderen Vorschriften ... in den Anhang verwiesen werden, dient der Entlastung der Zahlenwerke und damit der Übersichtlichkeit. Ob die im Anhang vorgeschriebenen Angaben tatsächlich gemacht wurden, lässt sich auf verlässlicher Grundlage beurteilen, wenn der Anhang auch anhängt. Überlegungen dazu, welche Anforderungen an Form und Inhalt eines Anhangs zu stellen sind, sind obsolet, wenn es keinen Anhang gibt. ...“

284 So *Haas,* in: Baumbach/Hueck, GmbHG, § 42 a Rn 31; *Römermann,* in: Michalski, GmbHG, § 47 Anh. Rn 197; iE auch *Hüffer,* in: ders., AktG, § 256 Rn 25 f; *Raiser,* in: Ulmer, GmbHG, § 47 Anh. Rn 77; *K. Schmidt,* in: Scholz, GmbHG, § 46 Rn 37; *Weilep/Weilep,* BB 2006, S. 147 (148), die eine (analoge) Anwendung des § 256 Abs. 5 AktG befürworten.

285 BGH, NJW 1994, S. 520 (522); OLG Stuttgart, NZG 2004, S. 675 f; *Brete/Thomsen,* GmbHR 2008, S. 176 (177); *Haas,* in: Baumbach/Hueck, GmbHG, § 42 a Rn 25; *Römermann,* in: Michalski, GmbHG, § 47 Anh. Rn 196.

286 BGH, NJW 1994, S. 520 (522); *Brete/Thomsen,* GmbHR 2008, S. 176 (178); *Römermann,* in: Michalski, GmbHG, § 47 Anh. Rn 196; *K. Schmidt,* in: Scholz, GmbHG, § 46 Rn 37; anders *Timm,* ZIP 1993, S. 114 (116).

c) Keine ordnungsgemäße Abschlussprüfung, § 256 Abs. 1 Nr. 2 und 3 AktG analog

130 Besteht eine gesetzliche Prüfungspflicht und ist der Jahresabschluss unter Verletzung der betreffenden Vorschrift entweder überhaupt nicht geprüft oder aber nicht ordnungsgemäß bzw von einer nicht dazu berechtigten Person geprüft worden, führt dies zur Nichtigkeit des den Jahresabschluss betreffenden Gesellschafterbeschlusses analog § 256 Abs. 1 Nr. 2 und 3 AktG.[287]

131 Nichts anderes kann nach dem Sinn und Zweck der die Prüfungspflicht betreffenden Vorschriften für den Fall gelten, dass der Abschluss zwar zunächst ordnungsgemäß von einer dazu berechtigten Person geprüft worden ist, die Gesellschafter aber einen danach geänderten Abschluss beschlossen haben, der nicht seinerseits binnen zwei Wochen geprüft worden ist. Hier sind § 256 Abs. 1 Nr. 2 und 3 in Verbindung mit § 173 Abs. 3 S. 2 AktG analog anzuwenden.[288]

BFH, Urt. v. 22. August 2006 – I R 40/05 –, DStR 2007, S. 193 (194 f):

"... Die Rechtsfolge für die Situation, dass der Jahresabschluss bei einer GmbH durch die Gesellschafterversammlung geändert und zugleich selbst festgestellt wird, ist streitig. So wird aus dem Wortlaut des § 316 Abs. 3 S. 2, 2. Hs HGB („der Bestätigungsvermerk ist entsprechend zu ergänzen") gefolgert, dass das Gesetz keine Wirkungen aufschiebender oder auflösender Natur mit Blick auf die ausstehende Nachtragsprüfung angeordnet habe. Die Nachtragsprüfung sei keine Wirksamkeitsvoraussetzung des Feststellungsbeschlusses, die Prüfung könne (ohne besondere Frist) nachgeholt, evtl vom Registergericht durch Zwangsgelder erwirkt werden... Überwiegend wird jedoch die Ansicht vertreten, dass der Feststellungsbeschluss erst mit erfolgter Nachtragsprüfung wirksam werde bzw nichtig werde, wenn nicht binnen zwei Wochen seit der Beschlussfassung ein hinsichtlich der Änderungen uneingeschränkter Bestätigungsvermerk erteilt werde. Dies folge aus einer entsprechenden Anwendung des § 173 Abs. 3 AktG. ... Der Senat folgt der überwiegend vertretenen Auffassung. Es besteht auch bei einer GmbH das durch § 173 Abs. 3 AktG geregelte Bedürfnis ..., eine weitere Gesellschafterversammlung (zum Beschluss über die Feststellung des Jahresabschlusses nach erfolgter Nachtragsprüfung) zu vermeiden. ... Darüber hinaus wird § 173 Abs. 3 AktG durch die Motivation getragen, den Eingriff der Hauptversammlung in die Geschäftsführung (Aufstellung des Jahresabschlusses unter Inanspruchnahme bilanzpolitischer Überlegungen und Anwendung des Bilanzrechts) mit dem zeitlich nahestehenden „Gegengewicht" der Nachtragsprüfung zu versehen. ... Insoweit besteht auch bei der GmbH ein Bedürfnis nach „rascher Klärung der Rechtslage". Auf dieser Grundlage kommt es entgegen der Ansicht der Klägerin nicht darauf an, dass die in § 173 Abs. 1 AktG angesprochene Zuständigkeit der Hauptversammlung bei der AG subsidiär ist und eher selten praktisch wird; es kann dann auch nicht entscheidend sein, dass – gerade bei einem kleinen Gesellschafterkreis – keine mit der Situation bei einer AG vergleichbare Lage bestehe. ... Schließlich kann der Klägerin nicht helfen, dass ein im Zuge des sog. Bilanzrichtlinie-Gesetzes nicht umgesetztes Gesetzesvorhaben ein Wirksamwerden entsprechender Beschlüsse nach Abschluss der Nachtragsprüfung (ohne Fristenregelung) vorsah (§ 42 e Abs. 4 GmbHG-Entwurf; ...) ... Da damit § 173 Abs. 3 AktG entsprechend anzuwenden ist, ist auch die in Satz 2 angeführte Frist –

287 *Haas,* in: Baumbach/Hueck, GmbHG, § 42 a Rn 26 f; *Wertenbruch,* in: MünchKomm-GmbHG, § 47 Anh. Rn 88.

288 BFH, DStR 2007, S. 193 (194); *Brete/Thomsen,* GmbHR 2008, S. 176 (177); *Haas,* in: Baumbach/Hueck, GmbHG, § 42 a Rn 26; *Raiser,* in: Ulmer, GmbHG, § 47 Anh. Rn 79; *Bayer,* in: Hk-GmbHG, § 42 a Rn 36.

zumindest aus Gründen der Rechtssicherheit ... – heranzuziehen. Entgegen der Ansicht der Vorinstanz kommt es nicht in Betracht, den Wortlaut der Regelung in der Weise zu deuten, dass der Bestätigungsvermerk in einer angemessenen Frist vorgelegt werden müsste. Die im Gesetz angeführte Frist ist gerade mit Blick auf das Bedürfnis, möglichst umgehend zu einer Klärung der Rechtslage zu gelangen, sehr knapp ausgestaltet worden. Die Klägerin hat diese Frist nicht eingehalten. Eine Heilung der demzufolge entstandenen Nichtigkeit durch Zeitablauf oder die spätere Erteilung des Bestätigungsvermerks ist ausgeschlossen (entsprechend § 256 Abs. 6 AktG). ...“

d) Bestimmungen über Kapital- und Gewinnrücklagen, § 256 Abs. 1 Nr. 4 AktG analog

Obgleich nach § 256 Abs. 1 Nr. 4 AktG in seinem unmittelbaren Anwendungsbereich 132 auch ein Verstoß gegen eine Bestimmung der Satzung über die Einstellung von Beträgen als Kapital- oder Gewinnrücklage sowie über Entnahmen aus einer solchen Rücklage zur Nichtigkeit eines entsprechenden Beschlusses führt, gilt im Rahmen des analogen Anwendungsbereichs mit Rücksicht auf die Besonderheiten der GmbH anderes: Lediglich ein Verstoß gegen eine gesetzliche Regelung über die Einstellung eines Betrages in eine Kapital- oder Gewinnrücklage sowie über Entnahmen hieraus, wie zB die § 272 Abs. 2 bis 4 HGB, § 5 a Abs. 3, § 42 Abs. 2 S. 3, § 58 b Abs. 2 und 3, § 58 c GmbHG, führt analog § 256 Abs. 1 Nr. 4 AktG zur Nichtigkeit eines entsprechenden Beschlusses der GmbH-Gesellschafter. Ein Verstoß nur gegen eine diesbezügliche Satzungsbestimmung hat dagegen lediglich die Anfechtbarkeit des betreffenden Gesellschafterbeschlusses zur Folge.[289] Die Gründe hierfür sind oben bereits erläutert worden (Rn 126).

e) Mangelnde Mitwirkung der Geschäftsführung bzw des Aufsichtsrats, § 256 Abs. 2 AktG analog

Im Hinblick darauf, dass der Jahresabschluss bei der AG nach den §§ 170 ff AktG 133 vom Vorstand und dem Aufsichtsrat gemeinsam festgestellt wird, sieht § 256 Abs. 2 AktG die Nichtigkeit des betreffenden Beschlusses vor, wenn eines der genannten Organe nicht ordnungsgemäß mitgewirkt hat. Nach überwiegender Auffassung ist § 256 Abs. 2 AktG wegen seines Hintergrundes in den Besonderheiten der AG auf die GmbH nicht analog anzuwenden.[290] Soweit dem entgegen gehalten wird, dass durch Regelung im Gesellschaftsvertrag auch für die GmbH eine Feststellung des Jahresabschlusses durch Geschäftsführung und Aufsichtsrat vorgesehen werden könne,[291] trifft dies zwar als solches zu, überzeugt aber in dem Zusammenhang mit § 256 AktG schon deshalb nicht, weil hinsichtlich der Nichtigkeitsgründe zwischen Bestimmungen der Satzung und gesetzlichen Regelungen zu unterscheiden ist und es die GmbH betreffend keinen Grund gibt, anstelle der bei Satzungsverstößen in Betracht kommenden Anfechtung eine Beschlussnichtigkeit anzunehmen. Dementsprechend ist auch nicht danach zu differenzieren, ob die Gesellschafterversammlung als nach dem Gesetz an sich zuständiges Organ den Jahresabschluss ohne die satzungsgemäß vor-

289 *Brete/Thomsen,* GmbHR 2008, S. 176 (178); *Haas,* in: Baumbach/Hueck, GmbHG, § 42 a Rn 28; *Raiser,* in: Ulmer, GmbHG, § 47 Anh. Rn 78; *Römermann,* in: Michalski, GmbHG, § 47 Anh. Rn 190; *K. Schmidt,* in: Scholz, GmbHG, § 46 Rn 37.

290 *Haas,* in: Baumbach/Hueck, GmbHG, § 42 a Rn 24; *Koppensteiner/Gruber,* in: Rowedder/Schmidt-Leithoff, § 47 Rn 109; *Römermann,* in: Michalski, GmbHG, § 47 Anh. Rn 188; *K. Schmidt,* in: Scholz, GmbHG, § 46 Rn 37; iE ebenfalls *Geßler,* in: FS für Goerdeler, 1987, S. 127 (139); dagegen jedoch *Wertenbruch,* in: MünchKomm-GmbHG, § 47 Anh. Rn 90.

291 So *Wertenbruch,* in: MünchKomm-GmbHG, § 47 Anh. Rn 90.

gesehene Mitwirkung anderer Organe beschlossen hat oder eines der satzungsgemäß zur Feststellung befugten Organe ohne Mitwirkung des anderen satzungsgemäß befugten Organs tätig geworden ist.[292] Vielmehr liegt in den Fällen einer von der Satzung abweichenden Befassung stets lediglich ein zur Anfechtung berechtigender Satzungsverstoß vor.

f) Nichtigkeit wegen mangelhafter Einberufung, Beurkundung oder Nichtigerklärung auf Anfechtungsklage, § 256 Abs. 3 AktG analog

134 § 256 Abs. 3 AktG entspricht § 241 Nr. 1, 2 und 5 AktG und sieht in seinem unmittelbaren Anwendungsbereich die Nichtigkeit von Beschlüssen über den Jahresabschluss bei Verletzung der § 121 Abs. 2, Abs. 3 S. 1 und Abs. 4 AktG (mangelhafte Einberufung, Nr. 1), § 130 Abs. 1, Abs. 2 S. 1 und Abs. 4 AktG (mangelhafte Beurkundung, Nr. 2) sowie bei rechtskräftiger Nichtigerklärung auf Anfechtungsklage hin (Nr. 3) vor. Insofern gelten die zur analogen Anwendung der Bestimmungen in § 241 Nr. 1, 2 und 5 AktG unter Berücksichtigung der Unterschiede zwischen GmbH und AG oben (Rn 27 ff, 52 ff, 91 f) angestellten Erwägungen auch für § 256 Abs. 3 AktG.[293]

135 Da § 130 AktG für die GmbH nicht analog anzuwenden ist, sondern eine Beurkundungspflicht nur ausnahmsweise kraft gesetzlicher oder statutarischer Anordnung besteht[294] und ein Verstoß gegen eine Beurkundungspflicht aus der Satzung nicht zur Nichtigkeit führt,[295] ist § 256 Abs. 3 Nr. 2 AktG für die GmbH grundsätzlich nicht von Relevanz.[296] Hier wie bei § 241 Nr. 2 AktG gilt allerdings, dass eine gesetzliche Beurkundungspflicht dann besteht, wenn der Beschluss über den Jahresabschluss mit einer über den Einzelfall hinausreichenden Satzungsdurchbrechung verbunden ist, weil dann § 53 Abs. 2 GmbHG eingreift, und ein entsprechender Mangel zur Nichtigkeit führt.[297] Allerdings ist eine untrennbare Verbindung von Jahresabschluss und abstrakt-genereller Satzungsdurchbrechung nur schwer vorstellbar und wird kaum einmal vorliegen.

BGH, Urt. v. 7. Juni 1993 – II ZR 81/92 –, NJW 1993, S. 2246 (2247):

„... Der Gesellschafterbeschluss vom 13.10.1984 bestimmt allerdings abweichend von der Satzung, dass sich die – dort ebenfalls grundsätzlich auf drei Jahre begrenzte – Amtszeit der Aufsichtsratsmitglieder um jeweils ein Jahr verlängere, wenn die Gesellschafterversammlung nicht die Abberufung beschließe. Diese Regelung ist indessen unwirksam. Jener Beschluss hätte als Satzungsänderung nach §§ 53 Abs. 2, 54 GmbHG der notariellen Beurkundung und der Eintragung in das Handelsregister bedurft. Die Beteiligten haben freilich nach den Feststellungen des Berufungsgerichts eine Änderung der Satzung nicht beabsichtigt. Sie waren sich, wie der vom Berufungsgericht vernommene Zeuge Dr. S ausgesagt hat, der Abweichung von der Satzung bewusst; sie wollten lediglich eine „auf Zeit gedachte Lösung" schaffen, „die auf eine Person" (nämlich diejenige des Klägers)

---

292 So aber *Wertenbruch,* in: MünchKomm-GmbHG, § 47 Anh. Rn 91.

293 So auch *Wertenbruch,* in: MünchKomm-GmbHG, § 47 Anh. Rn 92; *Zöllner,* in: Baumbach/Hueck, GmbHG, § 47 Anh. Rn 63 a für § 256 Abs. 3 Nr. 1 und 3 AktG.

294 OLG Brandenburg, NZG 2001, S. 129 (130); OLG Düsseldorf, Urt. v. 7. Februar 2007 – 15 U 130/06, juris Rn 25; *Römermann,* in: Michalski, GmbHG, § 47 Anh. Rn 106.

295 *Zöllner,* in: Baumbach/Hueck, GmbHG, § 47 Anh. Rn 49; *Römermann,* in: Michalski, GmbHG, § 47 Anh. Rn 111.

296 Gegen jede Bedeutung *Zöllner,* in: Baumbach/Hueck, GmbHG, § 47 Anh. Rn 63 a.

297 BGH, NJW 1993, S. 2246 (2247); OLG Nürnberg, GmbHR 2000, S. 563; *Wertenbruch,* in: MünchKomm-GmbHG, § 47 Anh. Rn 36 zu § 241 Nr. 2 AktG mwN; *Zöllner,* in: Baumbach/Hueck, GmbHG, § 53 Anh. Rn 45.

„und auf eine ganz bestimmte Situation zugeschnitten war". Das alles ändert aber nichts an der Unwirksamkeit der „Aufsichtsratssatzung vom 13.10.1984". Eine einen Einzelfall regelnde „Satzungsdurchbrechung" ist nach der Rechtsprechung des Senats im Grundsatz auch ohne Einhaltung der formellen Voraussetzungen einer Satzungsänderung jedenfalls nicht nichtig; ob sie anfechtbar ist, hat der Senat offengelassen... Im Schrifttum ist streitig, ob derartige satzungsdurchbrechende Beschlüsse nicht wenigstens der notariellen Beurkundung bedürfen ... Auf diese Frage kommt es hier nicht an. Denn die Zulässigkeit von nicht formgültigen Satzungsdurchbrechungen beschränkt sich jedenfalls auf Fälle einer „punktuellen" Regelung, bei denen sich die Wirkung des Beschlusses in der betreffenden Maßnahme erschöpft. Satzungsdurchbrechungen, die einen von der Satzung abweichenden rechtlichen Zustand begründen, sind dagegen ohne Einhaltung der für eine Satzungsänderung geltenden Formvorschriften auch dann unwirksam, wenn dieser Zustand auf einen bestimmten Zeitraum begrenzt ist. ..."

g) Mangelhafte Gliederung und Nichtgebrauch von Formblättern, § 256 Abs. 4 AktG analog

Analog § 256 Abs. 4 AktG kann zwar ein Verstoß gegen Vorschriften über die Gliederung des Jahresabschlusses ebenso zur Nichtigkeit des entsprechenden Beschlusses führen wie die Nichtbeachtung von Formblättern. Das setzt indessen ferner voraus, dass infolgedessen die Klarheit und Übersichtlichkeit des Abschlusses wesentlich beeinträchtigt ist.[298] 136

Ein wesentlich beeinträchtigender Verstoß gegen Gliederungs- und Aufbauvorschriften im Sinne des § 256 Abs. 4 AktG kann etwa dann vorliegen, wenn einzelne Posten an falscher Stelle ausgewiesen worden sind oder gar gegen das Saldierungsverbot des § 246 Abs. 2 HGB verstoßen worden ist.[299]

h) Mangelhafte Bewertung, § 256 Abs. 5 S. 1 AktG analog

Ist ein Posten entweder im Sinne des § 256 Abs. 5 S. 2 AktG überbewertet oder analog § 256 Abs. 5 S. 3 AktG vorsätzlich im Sinne einer unrichtigen Wiedergabe bzw Verschleierung der Vermögens- und Ertragslage der GmbH unterbewertet worden, hat dies analog § 256 Abs. 5 S. 1 AktG die Nichtigkeit des entsprechenden Beschlusses zur Folge.[300] 137

Daraus folgt, dass eine Überbewertung grundsätzlich die Nichtigkeit zur Folge hat. Anderes gilt ausnahmsweise dann, wenn die Überbewertung im Einzelfall ohne Bedeutung ist.[301]

BGH, Urt. v. 12. Januar 1998 – II ZR 82/93 –, NJW 1998, S. 1559 (1560):
„... Zu Recht hat das Berufungsgericht eine Nichtigkeit des festgestellten Jahresabschlusses entsprechend § 256 Abs. 5 S. 1 Nr. 2 AktG aufgrund dieses Verhaltens der Beklagten verneint. Wie der Senat für den Fall der Überbewertung i. S. des § 256 Abs. 5 S. 1 Nr. 1

298 Dazu *Raiser,* in: Ulmer, GmbHG, § 47 Anh. Rn 77; *Römermann,* in: Michalski, GmbHG, § 47 Anh. Rn 206; *Vetter,* in: Henssler/Strohn, Gesellschaftsrecht, § 256 AktG Rn 18 f; *Wertenbruch,* in: MünchKomm-GmbHG, § 47 Anh. Rn 93.

299 *Brete/Thomsen,* GmbHR 2008, S. 176 (179); *Haas,* in: Baumbach/Hueck, GmbHG, § 42 a Rn 30; *Römermann,* in: Michalski, GmbHG, § 47 Anh. Rn 207.

300 *Wertenbruch,* in: MünchKomm-GmbHG, § 47 Anh. Rn 94.

301 BGH, NJW 1983, S. 42 (44); NJW 1998, S. 1559 (1560); *Geßler,* in: FS für Goerdeler, S. 127 (141); *Raiser,* in: Ulmer, GmbHG, § 47 Anh. Rn 77; *Wimmer,* DStR 1997, S. 1931; *Wertenbruch,* in: MünchKomm-GmbHG, § 47 Anh. Rn 94 sowie zur Wesentlichkeitsgrenze: *Weilep/Weilep,* BB 2006, S. 147 (148 f).

AktG ausgesprochen hat, kommt eine Nichtigkeit in einem derartigen Falle nur dann in Betracht, wenn eine den Grundsätzen ordnungsgemäßer Bilanzierung widersprechende Bilanzierung ihrem Umfange nach nicht bedeutungslos ist... Das gilt in gleicher Weise, wenn ein Posten unterbewertet oder, was der Unterbewertung, wie bereits dargelegt, gleichzusetzen ist, gegen das Gebot vollständiger Bilanzierung verstoßen worden ist. Das Berufungsgericht hat – von der Revision nicht angegriffen – ausgeführt, der Fehlbetrag mache 4,4 % des Bilanzgewinns aus, an dem die Klägerin mit 9 % beteiligt sei. Es ist aus Rechtsgründen nicht zu beanstanden, wenn das Berufungsgericht angenommen hat, dass die Position unter diesen Umständen ihrem Umfange nach auf den Inhalt des Jahresabschlusses keine nennenswerten Auswirkungen hat und bereits aus diesem Grunde von einer Nichtigkeit des Jahresabschlusses der Beklagten nicht ausgegangen werden könne. ..."

138 Eine Unterbewertung eines Postens führt demgegenüber nur unter zwei zusätzlichen Voraussetzungen zur Beschlussnichtigkeit analog § 256 Abs. 5 S. 1 AktG, wenn nämlich 1. eine unrichtige Wiedergabe oder Verschleierung der Vermögens- und Ertragslage der GmbH vorliegt und 2. diesbezüglich Vorsatz vorhanden war. Mag auch bedingter Vorsatz entweder der an der Aufstellung des Jahresabschlusses beteiligten Geschäftsführer oder der Mehrheit der abstimmenden Gesellschafter ausreichen,[302] kann dies doch zu erheblichen Darlegungs- und Beweisproblemen führen.

BGH, Urt. v. 15. November 1993 – II ZR 235/92 –, NJW 520 (522):

„... der Verstoß gegen Bewertungsvorschriften hat nur bei der Überbewertung oder – unter bestimmten Voraussetzungen – bei der Unterbewertung von Posten die Nichtigkeit des Jahresabschlusses zur Folge. Die Vorschriften des § 256 Abs. 4, § 256 Abs. 5 AktG, in denen die Gliederungs- und Bewertungsfehler geregelt sind, schränken insoweit als Interpretationsnormen den Anwendungsbereich des § 256 Abs. 1 Nr. 1 AktG ein. ... Da eine unterbliebene, aber gebotene Aktivierung der Unterbewertung eines Aktivpostens gleichsteht, ist eine solche nach § 256 Abs. 5 S. 1 Nr. 2, S. 3 AktG in Betracht zu ziehen. ... Nach dem für die Revisionsinstanz als wahr zu unterstellenden weiteren Vortrag des Klägers ist der Ansatz deswegen unterlassen worden, weil die Gewinne zur Rückführung der in der Krankenversicherung vorgeschriebenen Beitragsrückerstattungsbeträge in den von dieser Pflicht nicht betroffenen Gesellschaften konzentriert werden sollten. Das entspricht der weitergehenden Voraussetzung des § 256 Abs. 5 S. 1 Nr. 2 AktG, durch die Unterbewertung von Bilanzposten müsse die Vermögens- und Ertragslage der Gesellschaft vorsätzlich – es genügt bedingter Vorsatz – unrichtig wiedergegeben oder verschleiert werden. ..."

139 Wie bestimmte Posten zu bewerten sind, richtet sich nach den jeweils einschlägigen gesetzlichen Bestimmungen. Dementsprechend liegt in einer nach den für Kreditinstitute, Finanzdienstleister, Kapitalanlagegesellschaften und Versicherungsunternehmen maßgebenden Vorschriften zulässigen abweichenden Bewertung bestimmter Posten analog § 256 Abs. 5 S. 4 AktG kein Verstoß gegen Bewertungsvorschriften. Mit Rücksicht auf spezielle Regelungen fehlt es hier trotz der von der üblichen Vorgehensweise abweichenden Bewertung an einer Unrichtigkeit im Sinne des § 256 Abs. 5 S. 2 und 3 AktG.[303]

302 BGH, NJW 1994, S. 520 (522); NJW 1998, S. 1559; *Haas*, in: Baumbach/Hueck, GmbHG, § 42 a Rn 31.
303 *Wertenbruch*, in: MünchKomm-GmbHG, § 47 Anh. Rn 95 aE.

Die bloß unrichtige Bewertung einzelner Vermögensgegenstände ist von der unrichtigen Bewertung von Bilanzposten zu unterscheiden, denn lediglich der zuletzt genannte Bewertungsmangel hat ohne Weiteres analog § 256 Abs. 5 S. 1 AktG die Beschlussnichtigkeit zur Folge,[304] während es bei Bewertungsfehlern hinsichtlich einzelner Vermögensgegenstände darauf ankommt, ob sich der Mangel in der unrichtigen Bewertung des betreffenden Bilanzpostens niederschlägt. Das mag oft so sein, kann gelegentlich aber wegen einer Kompensation durch eine unrichtige Bewertung eines anderen Gegenstandes anders sein.[305] 140

Unter die analoge Anwendung des § 256 Abs. 5 AktG fallen weder der Verstoß gegen ein Ansatzgebot durch Weglassen eines Postens noch die Verletzung eines Ansatzverbots durch Ansatz eines Postens. Hier geht es nicht um einen der in § 256 Abs. 5 AktG geregelten Fehler bei der Bewertung eines Postens, sondern um die Verletzung von Vorschriften, die dem Gläubigerschutz dienen. Dementsprechend findet hier § 256 Abs. 1 Nr. 1 AktG analoge Anwendung und führt zur Nichtigkeit des Beschlusses über den Jahresabschluss.[306] 141

i) Heilung von Nichtigkeitsgründen bei Beschlüssen über den Jahresabschluss, § 256 Abs. 6 AktG analog

Für Beschlüsse der GmbH-Gesellschafter findet auch die Jahresabschlüsse der Aktiengesellschaft betreffende spezielle Bestimmung des § 256 Abs. 6 AktG entsprechende Anwendung,[307] so dass nach Ablauf von sechs Monaten seit der Bekanntmachung des Jahresabschlusses im elektronischen Bundesanzeiger Nichtigkeitsgründe im Sinne von § 256 Abs. 1 Nr. 3 und 4, Abs. 2, Abs. 3 Nr. 1 und 2 AktG sowie Nichtigkeitsgründe im Sinne des § 256 Abs. 1 Nr. 1, Abs. 4 und Abs. 5 AktG nach Ablauf von drei Jahren seit der Bekanntmachung im elektronischen Bundesanzeiger nicht mehr geltend gemacht werden können. Eine bei Fristablauf rechtshängige, auf Feststellung der Nichtigkeit gerichtete Klage hat zur Folge, dass sich die vorgenannten Fristen bis zur rechtskräftigen Entscheidung über die Klage oder einer anderweitigen Erledigung verlängern. Ist ein Jahresabschluss überhaupt nicht wie gesetzlich vorgesehen geprüft worden (§ 256 Abs. 1 Nr. 2 AktG) oder ist er durch Urteil auf eine Anfechtungsklage hin für nichtig erklärt worden (§ 256 Abs. 3 Nr. 3 AktG), kommt eine Heilung nach der Aufzählung in § 256 Abs. 6 S. 1 AktG nicht in Betracht.[308] 142

> **BFH, Urt. v. 22. August 2006 – I R 40/05 –, DStR 2007, S. 193 (195):**
> „... Da damit § 173 Abs. 3 AktG entsprechend anzuwenden ist, ist auch die in Satz 2 angeführte Frist – zumindest aus Gründen der Rechtssicherheit ... – heranzuziehen. Entgegen der Ansicht der Vorinstanz kommt es nicht in Betracht, den Wortlaut der Regelung in der Weise zu deuten, dass der Bestätigungsvermerk in einer angemessenen Frist vorgelegt werden müsste. Die im Gesetz angeführte Frist ist gerade mit Blick auf das Bedürf-

---

304 *Haas,* in: Baumbach/Hueck, GmbHG, 20. Aufl., § 42 a Rn 31; *Weilep/Weilep,* BB 2006, S. 147 (148).

305 *Haas,* in: Baumbach/Hueck, GmbHG, § 42 a Rn 31; *Vetter,* in: Henssler/Strohn, Gesellschaftsrecht, § 256 AktG Rn 23; *Weilep/Weilep,* BB 2006, S. 147 (148).

306 *Haas,* in: Baumbach/Hueck, GmbHG, § 42 a Rn 31; *Römermann,* in: Michalski, GmbHG, § 47 Anh. Rn 197; *Wertenbruch,* in: MünchKomm-GmbHG, § 47 Anh. Rn 96; anders *Hüffer,* in: ders., AktG, § 256 Rn 25 f; *Raiser,* in: Ulmer, GmbHG, § 47 Anh. Rn 77; *K. Schmidt,* in: Scholz, GmbHG, § 46 Rn 37; *Weilep/Weilep,* BB 2006, S. 147 (148).

307 BFH, DStR 2007, S. 193 (195); *Brete/Thomsen,* GmbHR 2008, S. 176 (181); *Geßler,* in: FS für Goerdeler, S. 127 (143); *Haas,* in: Baumbach/Hueck, GmbHG, § 42 a Rn 32; *Koppensteiner/Gruber,* in: Rowedder/Schmidt-Leithoff, § 47 Rn 109; *Raiser,* in: Ulmer, GmbHG, § 47 Anh. Rn 81; *K. Schmidt,* in: Scholz, GmbHG, § 46 Rn 37 *Wimmer,* DStR 1997, S. 1931.

308 *Wertenbruch,* in: MünchKomm-GmbHG, § 47 Anh. Rn 97.

nis, möglichst umgehend zu einer Klärung der Rechtslage zu gelangen, sehr knapp ausgestaltet worden. Die Klägerin hat diese Frist nicht eingehalten. Eine Heilung der demzufolge entstandenen Nichtigkeit durch Zeitablauf oder die spätere Erteilung des Bestätigungsvermerks ist ausgeschlossen (entsprechend § 256 Abs. 6 AktG). ..."

11. Beschlüsse über die Ergebnisverwendung, § 253 AktG

143 Zwar kann im Gesellschaftsvertrag gemäß § 45 Abs. 2 GmbHG eine andere Zuständigkeit etwa für den Aufsichtsrat, die Geschäftsführung oder beide Organe gemeinsam vorgesehen sein.[309] Grundsätzlich beschließen jedoch die Gesellschafter nach § 46 Nr. 1 GmbHG anlässlich einer Gesellschafterversammlung über die Verwendung des Ergebnisses der Gesellschaft. Hinsichtlich solcher Beschlüsse ergänzt § 253 AktG die allgemeine Regelung des § 241 AktG und findet – wie die allgemeine Vorschrift auch – auf die Beschlüsse von GmbH-Gesellschaftern analoge Anwendung.[310] Allerdings regelt § 253 Abs. 1 S. 1 AktG die Nichtigkeit in denjenigen Fällen, die nicht bereits § 173 Abs. 3, § 217 Abs. 2 und § 241 AktG unterliegen, und setzt demnach gedanklich voraus, dass sich auch die Nichtigkeit von Beschlüssen über die Ergebnisverwendung in erster Linie nach der allgemeinen Bestimmung des § 241 AktG richtet. Das gilt ebenso für die GmbH.[311]

144 § 253 Abs. 1 S. 1 AktG selbst regelt, dass auch die Nichtigkeit des den Jahresabschluss betreffenden Beschlusses zur Nichtigkeit eines Beschlusses über die Ergebnisverwendung führt, wenn nämlich der Ergebnisverwendungsbeschluss auf dem nichtigen Beschluss über den Jahresabschluss beruht.[312]

BFH, Urt. v. 22. August 2006 – I R 40/05 –, DStR 2007, S. 193 (194):

„... Ein den Anspruch der Gesellschafter aus § 29 GmbHG konkretisierender Beschluss über die Verwendung des Ergebnisses (Gewinnverteilungsbeschluss) ist nichtig, wenn er auf einem Jahresabschluss (bzw einem Beschluss zur Feststellung des Jahresabschlusses) beruht, der seinerseits nichtig ist. ..."

145 Im Hinblick auf die ratio des § 253 Abs. 1 S. 1 AktG muss sowohl für die unmittelbare als auch für die analoge Anwendung das Gleiche gelten, wenn ein festgestellter Jahresabschluss nicht existiert.[313] Wie dies lässt sich auch § 253 Abs. 1 S. 2 AktG (analog) auf den zwingenden Zusammenhang von Jahresabschluss einschließlich Bilanz und Ergebnisverwendung zurückführen: Die Nichtigkeit des die Ergebnisverwendung betreffenden Beschlusses analog § 253 Abs. 1 S. 1 AktG (wegen Nichtigkeit des zugrunde liegenden Jahresabschlusses) kann nicht mehr geltend gemacht werden, wenn die Nichtigkeit des Beschlusses über den entsprechenden Jahresabschluss ihrerseits nicht mehr geltend gemacht werden kann.[314]

---

309 *Fastrich,* in: Baumbach/Hueck, GmbHG, § 29 Rn 46; *Wertenbruch,* in: MünchKomm-GmbHG, § 47 Anh. Rn 98; anders allerdings *Hüffer,* in: Ulmer, GmbHG, § 46 Rn 23.

310 *Fastrich,* in: Baumbach/Hueck, GmbHG, § 29 Rn 43; *Hüffer,* in: Ulmer, GmbHG, § 46 Rn 24; *Raiser,* in: Ulmer, GmbHG, § 47 Anh. Rn 82; *Römermann,* in: Michalski, GmbHG, § 47 Anh. Rn 215; *K. Schmidt,* in: Scholz, GmbHG, § 46 Rn 42.

311 *Raiser,* in: Ulmer, GmbHG, § 47 Anh. Rn 82; *Wertenbruch,* in: MünchKomm-GmbHG, § 47 Anh. Rn 99.

312 Dazu BFH, DStR 2007, S. 193 (194); *Altmeppen,* in: Roth/Altmeppen, GmbHG, § 42 a Rn 37; *Bayer,* in: Lutter/Hommelhoff, GmbHG, § 47 Anh. Rn 24; *Koppensteiner/Gruber,* in: Rowedder/Schmidt-Leithoff, § 47 Rn 109; *Raiser,* in: Ulmer, GmbHG, § 47 Anh. Rn 82; *Wimmer,* DStR 1997, S. 1931.

313 *Fastrich,* in: Baumbach/Hueck, GmbHG, § 29 Rn 43; *Emmerich,* in: Scholz, GmbHG, § 29 Rn 80; *K. Schmidt,* in: Scholz, GmbHG, § 46 Rn 42.

314 Dazu *Bayer,* in: Lutter/Hommelhoff, GmbHG, § 47 Anh. Rn 24; *Koppensteiner/Gruber,* in: Rowedder/Schmidt-Leithoff, § 47 Rn 109; *Raiser,* in: Ulmer, GmbHG, § 47 Anh. Rn 82.

Die gegen einen Beschluss über die Ergebnisverwendung gerichtete Nichtigkeitsklage betreffend findet analog § 253 Abs. 2 AktG die allgemeine Vorschrift des § 249 AktG analoge Anwendung.

Übersicht über die Nichtigkeitsgründe im Zusammenhang mit Jahresabschlüssen und der Ergebnisverwendung, §§ 253, 256 AktG analog – Nr. 8 146

1.1	**Allgemeines zu § 256** ■ Die auf die GmbH analog anwendbare Spezialregelung des § 256 AktG verdrängt § 241 AktG. ■ Nichtigkeitsklage richtet sich analog § 256 Abs. 7 S. 1 AktG nach der allgemeinen Regelung des analog anzuwendenden § 249 AktG. ■ Die Nichtigkeit des Jahresabschlusses hat nicht ipso iure auch die Nichtigkeit nachfolgender Jahresabschlüsse zur Folge. Vielmehr sind diese nur dann nichtig, wenn sie selbst mit Nichtigkeitsgründen behaftet sind.
1.2	**Verletzung gläubigerschützender Vorschriften, § 256 Abs. 1 Nr. 1 AktG analog** ■ Bei analoger Anwendung auf GmbH nur gesetzliche Gläubigerschutzbestimmungen. Bei Satzungsverstößen nur Anfechtung. ■ Nicht jeder Verstoß, sondern nur gewichtige Verstöße, keine unwesentlichen Verstöße (Kriterium: Vereitelung des Schutzzwecks ohne Nichtigkeit). ■ Z.B. Vorschriften über Aufstellung, Ansätze und Bewertung (§§ 242 ff HGB) sowie Grundsätze ordnungsgemäßer Bilanzierung (BGH, NJW 1983, S. 42, 45 sowie NJW 1994, S. 520); Fehlen notwendiger Teile evtl. iVm § 139 BGB (BGH, NJW 1994, S. 520; OLG Stuttgart, NZG 2004, S. 675 f), nicht hingegen des Lageberichts (BGH, NJW 1994, S. 520 ohne Weiteres); Verstöße gegen Ansatzverbote und Ansatzgebote (str.).
1.3	**Keine ordnungsgemäße Abschlussprüfung, § 256 Abs. 1 Nr. 2 und 3 AktG analog** ■ Bei gesetzlicher Prüfpflicht. ■ Fehlen der Prüfung oder Tätigkeit einer nicht zur Prüfung befähigten Person. ■ Auch bei Prüfung, aber Änderung der Gesellschafter ohne erneute Prüfung binnen zwei Wochen.
1.4	**Verletzung von Vorschriften des Gesetzes über die Einstellung von Kapital- oder Gewinnrücklagen bzw über Entnahmen aus solchen Rücklagen, § 256 Abs. 1 Nr. 4 AktG analog** ■ Bei analoger Anwendung auf die GmbH reicht Verletzung nur der Satzung nicht.
1.5	**Vorschriften über die Mitwirkung der Geschäftsführung oder des Aufsichtsrats, § 256 Abs. 2 AktG analog** ■ Keine entsprechende Anwendung auf GmbH (str.).

1.6 Mangelhafte Einberufung, mangelnde Beurkundung und Nichtigerklärung durch Urteil, § 256 Abs. 3 AktG analog

- Da § 130 AktG für die GmbH keine analoge Anwendung findet, sondern nur satzungsändernde und satzungsdurchbrechende Beschlüsse abstrakt-genereller Natur beurkundet werden müssen, ist § 256 Abs. 3 Nr. 2 AktG kaum von Bedeutung.
- Im Übrigen, also für Einberufungsmängel und Nichtigerklärungen auf Anfechtungsklage hin, gelten die Ausführungen zu § 241 AktG hier sinngemäß.

1.7 Verstoß gegen Vorschriften über die Gliederung des Jahresabschlusses, § 256 Abs. 4 AktG analog

- Führt nur dann zur Nichtigkeit, wenn Klarheit und Übersichtlichkeit wesentlich beeinträchtigt werden.

1.8 Verletzung von Bewertungsvorschriften, § 256 Abs. 5 S. 1 AktG analog

- Nicht Bewertung von Vermögensgegenständen ist maßgebend, sondern Bewertung des Postens.
- Bei Überbewertung ist Nichtigkeit stets die Folge, bei Unterbewertung nur dann, wenn Ertrags- und Vermögenslage 1. unrichtig wiedergegeben oder verschleiert wird und 2. diesbezüglich mind. bedingter Vorsatz entweder der Geschäftsführer oder der Mehrheit der beschließenden Gesellschafter vorliegt (BGH, NJW 1994, S. 520 sowie NJW 1998, S. 1559).
- Gewisse Abweichungen für Kreditinstitute, Finanzdienstleister, Kapitalanlagegesellschaften und Versicherungsunternehmen nach Spezialvorschriften erlauben Abweichungen bei der Bewertung einzelner Posten.
- Weglassen von Posten oder Aufnahme solcher entgegen Ansatzvorschriften ist kein Fall der fehlerhaften Bewertung, sondern nach § 256 Abs. 1 Nr. 1 AktG zu prüfen (str.).

1.9 Heilung: Spezialvorschrift des § 256 Abs. 6 AktG analog

2. Nichtigkeit von Beschlüssen über die Ergebnisverwendung, § 253 AktG analog

- Nicht anstelle des § 241 AktG analog, sondern daneben.
- Nichtigkeit also außerdem, wenn der Jahresabschluss, auf dem der die Ergebnisverwendung betreffende Beschluss beruht, nichtig ist, § 253 Abs. 1 S. 1 AktG analog.
- Auch erfüllt, wenn zwar nicht der zugrundeliegende Jahresabschluss nichtig ist, aber überhaupt kein Jahresabschluss existiert.
- Auf den in § 253 Abs. 1 S. 1 AktG geregelten weiteren Nichtigkeitsgrund kann man sich nicht mehr berufen, wenn man sich auf die Nichtigkeit des Jahresabschlusses nicht mehr berufen kann, § 253 Abs. 1 S. 2 AktG analog.
- Für Nichtigkeitsklage verweist § 253 Abs. 2 AktG analog auf § 249 AktG analog.

12. Weitere Beschlussmängel

Über die in §§ 241, 250, 253 und 256 AktG geregelten Beschlussmängel hinaus werden weitere Mängel als Nichtigkeitsgründe diskutiert. Allgemein gilt allerdings, dass die vorstehenden Bestimmungen hinsichtlich der zur Nichtigkeit führenden Beschlussmängel abschließend sind. Allerdings steht dieser Grundsatz weder einer zweckentsprechend erweiternden Auslegung einzelner Bestimmungen über Nichtigkeitsgründe entgegen noch der hinsichtlich der analogen Anwendung der §§ 241, 250, 253, 256 AktG ohnehin unverzichtbaren richterlichen Rechtsfortbildung. Vielmehr hat der Grundsatz im Ergebnis lediglich zur Folge, dass die Zahl der zur Nichtigkeit führenden Beschlussmängel über die in den §§ 241, 250, 253, 256 AktG genannten Fälle hinaus nur ausgedehnt werden darf, soweit hierfür ein unabweisbares Bedürfnis besteht, weil die Rechtsfolge einer auch nur vorläufigen Wirksamkeit nicht hingenommen werden kann.[315] 147

BGH, Urt. v. 17. Februar1997 – II ZR 41/96 –, NJW 1997, S. 1510 (1511):

„... Nach ständiger Rechtsprechung des Senats sind Beschlüsse der Gesellschafterversammlung einer GmbH nur unter den einschränkenden Voraussetzungen der für Hauptversammlungsbeschlüsse einer AG maßgebenden §§ 241 f, § 249 AktG nichtig. ... Der bloße Verstoß gegen eine Satzungsbestimmung macht einen Gesellschafterbeschluss nach diesen Vorschriften nicht nichtig. ...“

a) Willensmängel

Teilweise werden unter dem Gesichtspunkt der Sittenwidrigkeit im Sinne einer analogen Anwendung des § 241 Nr. 4 AktG nicht nur Beschlüsse erörtert, die in inhaltlicher Hinsicht gegen das Anstandsgefühl aller billig und gerecht Denkenden (§ 138 Abs. 1 BGB) verstoßen, sondern auch solche, deren Fassung unter Willensmängeln leidet.[316] Allerdings handelt es sich dabei weder um Verstöße gegen das Sittengesetz im engeren Sinne noch findet § 241 Nr. 4 AktG in diesem Zusammenhang analoge Anwendung. Vielmehr sind Beschlüsse, die unter Mängeln leiden, die die Willensfreiheit beeinträchtigen, nicht nichtig, sondern lediglich anfechtbar.[317] Das gilt zB bei Stimmabgaben, die auf Drohungen zurückgehen.[318] Dabei kommt es nicht darauf an, ob es zur Stimmabgabe unter gesellschaftsinternem oder -externem, dh gesellschaftsfremdem, Einfluss gekommen ist.[319] Wie im allgemeinen Privatrecht durch § 123 BGB[320] ist auch im Gesellschaftsrecht die Freiheit des Willens als Ausdruck der in Art. 2 Abs. 1 GG verfassungsrechtlich verankerten Privatautonomie durch die bloße Möglichkeit, die Nichtigkeit des mangelbehafteten Geschäfts herbeizuführen, also durch die Statthaftigkeit einer Anfechtungsklage, hinreichend gewährleistet.[321] Umgekehrt ist gerade im Umgang mit die Bestellung und Abberufung von Geschäftsführern betreffenden Beschlüssen Rechtssicherheit geboten, und diese lässt sich hier mit- 148

315 BGH, NJW 1997, S. 1510 (1511); *Zöllner,* in: Baumbach/Hueck, GmbHG, § 47 Anh. Rn 66 (unter Kritik an OLG München, NZG 1999, S. 1173).
316 Vgl etwa die Einordnung bei *Wertenbruch,* in: MünchKomm-GmbHG, § 47 Anh. Rn 54.
317 *Zöllner,* in: Baumbach/Hueck, GmbHG, § 47 Anh. Rn 67.
318 BGH, NJW 1953, S. 740 (741); *Wertenbruch,* in: MünchKomm-GmbHG, § 47 Anh. Rn 54.
319 RGZ 119, S. 243; RG, JW 1936, S. 181 (182); BGH, NJW 1953, S. 740 (741).
320 *Wertenbruch,* in: MünchKomm-GmbHG, § 47 Anh. Rn 54.
321 BGH, NJW 1953, S. 740 (741); *Koppensteiner/Gruber,* in: Rowedder/Schmidt-Leithoff, GmbHG, § 47 Rn 105; *Zöllner,* in: Baumbach/Hueck, GmbHG, § 47 Anh. Rn 55.

tels Anfechtungsklage und der damit einhergehenden vorläufigen Wirksamkeit des Beschlusses besser bewirken.[322]

BGH, Urt. v. 28. Januar 1953 – II ZR 265/51 –, NJW 1953, S. 740 (741):

„... Ein durch Machtmissbrauch zustande gekommener Gesellschafterbeschluss ist nicht nichtig, sondern lediglich anfechtbar. Das ist für den Fall angenommen worden, dass die Abstimmung durch interne Maßnahmen unzulässig beeinflusst wurde ..., muss aber auch für Einschüchterungen gelten, die von außen her kommen und für die ausschließlich gesellschaftsfremde Gesichtspunkte maßgebend sind. Denn ein Unterschied besteht nur in der Anwendung der Mittel und der Art der vorgenommenen Einwirkung. Mag die Freiheit der Entschließung beeinträchtigt oder weitgehend genommen sein, so verlangt dieser Umstand doch nicht, den unfrei gefaßten Beschluss als wirkungslos anzusehen. Das Mittel der Anfechtung genügt im Regelfalle zur Durchsetzung des Prinzips der freien Stimmrechtsausübung. Für die Fälle nationalsozialistischen Zwanges ist allerdings zu bedenken, dass die einmal geschaffene Unfreiheit meist fortwirkte und dass die Möglichkeit der Anfechtung von unter politischem Druck zustande gekommenen Entschließungen wenn nicht ausgeschlossen, so doch stark behindert war. Die Frage, ob ein Beschluss, bei dem die Gesellschafterversammlung politischen Druck nachgegeben hat, wirkungslos oder trotz seiner Mangelhaftigkeit wirksam, aber vernichtbar ist, lässt sich jedoch nicht allein nach dem Interesse der Stimmberechtigten an freier Stimmrechtsausübung und nach der Bedeutung beurteilen, die dem Grundsatz freier Stimmrechtsausübung zukommt. Das Interesse der Allgemeinheit an Rechtssicherheit kann nicht außer Acht gelassen werden. Würden die unter natsozialistischem Druck zustande gekommenen Gesellschafterbeschlüsse für nichtig erachtet werden, so würde das unabsehbare Rückwirkungen haben. Das gilt vor allem von Beschlüssen, die Organbestellungen zum Gegenstande hatten. Durch die Wahrung des Prinzips der freien Stimmrechtsausübung darf nicht allgemein die Gefahr heraufbeschworen werden, dass die von unfrei bestellten Verwaltungen vorgenommenen Geschäfte wieder aufgegriffen werden können. Das Gegenteil annehmen, hieße nicht nur, gegen vielleicht geringe Vorteile im Einzelfall allgemein Unordnung und Unsicherheit eintauschen, sondern auch, die trotz der unzulässigen Einwirkung tragbaren Beschlüsse mit untragbaren oder unliebsamen Beschlüssen unterschiedslos in einen Topf werfen. Die Frage, ob die Bestellung des Klägers zum Vorstandsmitglied wegen ihrer Qualität als Gleichschaltungsmaßnahme nichtig war oder nicht, kann nicht in der engen Sicht auf die Unerwünschtheit des Klägers und die Auswirkungen, die die Nichtigkeit ihm gegenüber haben würde, sondern nur in ihrer ganzen Tragweite beurteilt werden. Das Gesetz hat seine guten Gründe dafür, warum es zwischen nichtigen und anfechtbaren Generalversammlungsbeschlüssen unterscheidet. Wägt man das alles ab, so kann die Wahl des Klägers, auch obwohl sie eine Gleichschaltungsmaßnahme war und die Gesellschafterversammlung dabei unfrei handelte, nicht als unwirksam angesehen werden. ...“

b) Widersprüchlichkeit (Perplexität) und Unklarheit

149 Auch wenn der Grundsatz, dass Willenserklärungen und andere rechtsgeschäftliche Handlungen nichtig sind, wenn sie widersprüchlich bzw perplex oder aus anderen Gründen unklar sind, weder in den maßgebenden Bestimmungen des Aktiengesetzes noch im Bürgerlichen Gesetzbuch ausdrücklich geregelt ist, gilt er doch naturgemäß nicht nur für die im allgemeinen Privatrecht geregelten Rechtsgeschäfte, sondern auch für Gesellschafterbeschlüsse in der GmbH. Denn bei perplexen oder aus ande-

322 BGH, NJW 1953, S. 740 (741); *Wertenbruch*, in: MünchKomm-GmbHG, § 47 Anh. Rn 54.

ren Gründen unklaren Beschlüssen ist nicht klar, was als Beschlussinhalt gelten soll, hat also die Wirksamkeit keinen hinreichend bestimmten Beschlussinhalt als Bezugspunkt. Deshalb kommt nicht einmal eine vorläufige Wirksamkeit des betreffenden Beschlusses in Betracht und scheidet eine Anfechtungslösung aus.[323]

Allerdings dürfen weder Perplexität noch eine Unklarheit aus anderen Gründen vorschnell bejaht werden, sondern ist zunächst zu fragen, welcher Grad an Klarheit überhaupt unabdingbar geboten ist. Nur wenn der betreffende Beschlussinhalt diesen Mindestgrad an Klarheit nicht erreicht, kommt eine zur Nichtigkeit führende Unklarheit etwa wegen Widersprüchlichkeit in Betracht. Diese steht allerdings nach dem ersten Prüfungsschritt keineswegs fest. Vielmehr handelt es sich bei der Feststellung, dass der Beschlussinhalt nicht hinreichend klar ist, lediglich um eine notwendige, nicht aber um eine hinreichende Bedingung. Unklar im Sinne eines Nichtigkeitsgrundes ist ein Beschluss erst und nur dann, wenn sein Inhalt auch unter Zuhilfenahme aller zulässigen Auslegungsinstrumente nicht geklärt werden kann. Im Ergebnis wird eine nach dem Wortlaut des Beschlusses bestehende Unklarheit nämlich oftmals mittels Auslegung im Sinne hinreichender Klarheit beseitigt werden können.[324]

Nichtig ist ein Beschluss nach den vorstehenden Erwägungen also nur dann, wenn er perplex oder aus anderen Gründen nicht hinreichend klar ist und sein Inhalt nicht durch Auslegung hinreichend geklärt werden kann.

c) Andere in § 241 Hs 1 AktG erwähnte Nichtigkeitsgründe

Neben den in § 241 AktG selbst geregelten Nichtigkeitsgründen haben in der Vorschrift verschiedene Bestimmungen Erwähnung gefunden, die die Rechtsfolge der Beschlussnichtigkeit unmittelbar vorsehen, nämlich die § 192 Abs. 4, § 212, § 217 Abs. 2, § 228 Abs. 2, § 234 Abs. 3 und § 235 Abs. 2 AktG. Mit seinem Wortlaut – „außer in den Fällen des ...“ – trägt § 241 Hs 1 AktG seiner insofern nur deklaratorischen Bedeutung Rechnung. 150

Für die GmbH finden die in § 241 Hs 1 AktG genannten Bestimmungen über weitere Nichtigkeitsgründe allerdings keine entsprechende Anwendung.[325] Das scheitert hinsichtlich des § 192 Abs. 4 AktG schon daran, dass das GmbH-Recht eine bedingte Kapitalerhöhung nicht vorsieht.[326] Einer analogen Anwendung der § 212, § 217 Abs. 2 AktG bedarf es wegen § 57 j, § 57 n Abs. 2 GmbHG nicht,[327] anstelle des § 228 Abs. 2 AktG gilt für die GmbH § 58 a Abs. 4 GmbHG[328] und hinsichtlich der die vereinfachte Kapitalherabsetzung betreffenden § 234 Abs. 3, § 235 Abs. 2 AktG stehen die §§ 58 a ff GmbHG einer Regelungslücke entgegen.[329]

323 *Zöllner,* in: Baumbach/Hueck, GmbHG, § 47 Anh. Rn 54; für Anwendung des § 241 Nr. 3 AktG: *Drescher,* in: Henssler/Strohn, Gesellschaftsrecht, § 241 AktG Rn 20; dagegen und für bloße Anfechtbarkeit: *Emde,* ZIP 2000, S. 59 (63).

324 *Wertenbruch,* in: MünchKomm-GmbHG, § 47 Anh. Rn 62.

325 *Koppensteiner/Gruber,* in: Rowedder/Schmidt-Leithoff, GmbHG, § 47 Rn 108; *Raiser,* in: Ulmer, GmbHG, § 47 Anh. Rn 68; *Römermann,* in: Michalski, GmbHG, § 47 Anh. Rn 175.

326 *Raiser,* in: Ulmer, GmbHG, § 47 Anh. Rn 68; *Römermann,* in: Michalski, GmbHG, § 47 Anh. Rn 175; *Wertenbruch,* in: MünchKomm-GmbHG, § 47 Anh. Rn 82.

327 *Raiser,* in: Ulmer, GmbHG, § 47 Anh. Rn 68; *Römermann,* in: Michalski, GmbHG, § 47 Anh. Rn 175; *Wertenbruch,* in: MünchKomm-GmbHG, § 47 Anh. Rn 82.

328 *Römermann,* in: Michalski, GmbHG, § 47 Anh. Rn 175; *Wertenbruch,* in: MünchKomm-GmbHG, § 47 Anh. Rn 82; *Zöllner,* in: Baumbach/Hueck, GmbHG, § 58 Rn 4.

329 *Raiser,* in: Ulmer, GmbHG, § 47 Anh. Rn 68; *Römermann,* in: Michalski, GmbHG, § 47 Anh. Rn 175; *Wertenbruch,* in: MünchKomm-GmbHG, § 47 Anh. Rn 82.

d) Rechtliches Gehör

151 Selbst unter Berücksichtigung nicht nur der Treuepflicht, sondern auch der Ausstrahlungswirkung des in Art. 103 Abs. 1 GG verfassungsrechtlich verankerten Anspruchs auf Gewährung rechtlichen Gehörs einerseits und gewisser daraus folgender Anhörungspflichten andererseits führt eine Nichtanhörung eines Betroffenen außerhalb der oben (Rn 27 ff) erläuterten Nichtigkeitstatbestände analog § 241, § 250, § 253 und § 256 AktG nicht zur Nichtigkeit von Beschlüssen.[330]

> **BGH, Urt. v. 26. Februar 1996 – II ZR 77/95 –, NJW 1996, S. 1756** (1758):
> „... Ein unter Verletzung des rechtlichen Gehörs zustande gekommener Beschluss der Generalversammlung über die Ausschließung eines Mitgliedes fällt nicht unter die Nichtigkeitsgründe nach § 241 AktG. Insbesondere liegt kein Beschluss vor, der in entsprechender Anwendung des § 241 Nr. 3 AktG mit dem Wesen der auf gemeinschaftliche Selbsthilfe und -verwaltung angelegten Genossenschaft unvereinbar wäre. ... Der Anspruch auf rechtliches Gehör leitet sich im Wesentlichen aus der genossenschaftlichen Treuepflicht ... her. Die Einhaltung der Treuepflicht gehört nicht zu den tragenden Strukturprinzipien des Aktien- und GmbH-Rechts und damit auch nicht des Genossenschaftsrechts. Die Verletzung der Treuepflicht führt im Aktien- und GmbH-Recht nur zur Anfechtbarkeit des Gesellschafterbeschlusses. ...“

152 **Übersicht über weitere Beschlussmängel – Nr. 9**

1.	Grds. sind die §§ 241, 250, 253, 256 AktG analog abschließend (BGH, NJW 1997, S. 1510).
2.	Bei Willensmängeln (Irrtümern, Drohungen usw.) tritt grundsätzlich keine Nichtigkeit ein, sondern lediglich die Anfechtbarkeit. Dies genügt als Schutz der Privatautonomie.
3.	Perplexität (Widersprüchlichkeit) oder Unklarheit führen zwar zur Nichtigkeit, dürfen aber erst bejaht werden, wenn der Mangel auch unter Zuhilfenahme aller Auslegungsmöglichkeiten nicht behoben werden kann.
4.	Die in § 241 AktG erwähnten Bestimmungen § 192 Abs. 4, § 212, § 217 Abs. 2, § 228 Abs. 2, § 234 Abs. 3 und § 235 Abs. 2 AktG finden auf die GmbH keine analoge Anwendung. Für die GmbH gelten die § 57 j, § 57 n Abs. 2 GmbHG sowie die §§ 58 a ff GmbHG.
5.	Keine Nichtigkeit über die §§ 241, 250, 253, 256 AktG analog hinaus bei Gehörsverletzung (BGH, NJW 1996, S. 1756, 1758).

III. Heilung von Nichtigkeitsgründen, § 242 AktG analog

153 Allein das Vorliegen eines Nichtigkeitsgrundes im Sinne der vorstehenden Ausführungen vermag einer Nichtigkeitsklage oder einen auf die Beschlussnichtigkeit gestützten Einwand allerdings keineswegs schon zum Erfolg zu verhelfen, sondern begründet können eine entsprechende Klage oder ein entsprechender Einwand nur dann sein, wenn außerdem keine Heilung des festgestellten Beschlussmangels eingetreten ist. Wie die §§ 241, 250, 253 und 256 AktG hinsichtlich der Nichtigkeitsgründe analoge Anwendung finden, kommt hier § 242 AktG zur entsprechenden Anwendung.

330 *Zöllner*, in: Baumbach/Hueck, GmbHG, § 47 Anh. Rn 65; vgl auch BGH, NJW 1996, S. 1756 (1758) zur Genossenschaft.

Danach kann die Nichtigkeit eines eintragungsbedürftigen Beschlusses durch Eintragung in das Handelsregister geheilt werden.[331]

BGH, Urt. v. 23. März 1981 – II ZR 27/80 –, NJW 1981, S. 2125 (2126):
„... Ob außerdem Nichtigkeitsgründe – etwa wegen fehlender Ladung des Klägers – vorlagen, kann dahingestellt bleiben. Nach Ablauf von drei Jahren seit Eintragung des Beschlusses ins Handelsregister kann der Kläger in entsprechender Anwendung des § 242 Abs. 2 S. 1 AktG die Nichtigkeit nicht mehr geltend machen. ...“

Allerdings ist nach den zu heilenden Beschlussmängeln und der zur Heilung führenden Maßnahme zu unterscheiden. Ferner ist zu beachten, dass § 256 Abs. 6 AktG eine für Jahresabschlüsse betreffende Gesellschafterbeschlüsse geltende Spezialvorschrift enthält, die gegebenenfalls der analogen Anwendung des § 242 AktG entgegensteht (vgl dazu Rn 142).

1. Heilung von Beurkundungsmängeln durch Eintragung, § 242 Abs. 1 AktG analog

Da § 130 AktG auf die GmbH nicht analog anzuwenden ist[332] und die Fälle der Beschlussnichtigkeit wegen mangelnder Beurkundung – wie oben ausgeführt (s. Rn 52 ff) – bei der GmbH deshalb selten sind, kommt auch der Frage nach der Heilung solcher Fehler nur eine begrenzte Bedeutung zu. 154

OLG Düsseldorf, Urt. v. 7. Februar 2007 – 15 U 130/06 –, juris Rn 25:
„... Eine Nichtbeurkundung (§ 241 Ziff. 2 AktG analog) macht in der Gesellschaft mit beschränkter Haftung lediglich satzungsändernde, satzungsdurchbrechende, Umwandlungsbeschlüsse sowie Beschlüsse über den Abschluss von Unternehmensverträgen nichtig, weil das GmbH-Gesetz – anders als § 130 Abs. 1 AktG – alleine für diese Beschlüsse der Gesellschafter die Beurkundung vorschreibt, § 53 Abs. 2 GmbHG. ...“

Liegt allerdings doch einmal ein wegen Beurkundungsmangels nichtiger Beschluss vor, kann die Heilung nicht ohne Weiteres durch Beschlussfassung anlässlich einer Versammlung aller Gesellschafter (Universalversammlung) geheilt werden, denn eine solche Beschlussfassung berührt jedenfalls grundsätzlich weder die Beurkundungspflicht noch begründet sie einen Heilungstatbestand.[333] Vielmehr ist insofern § 242 Abs. 1 AktG analog anzuwenden und kann deshalb die Heilung eines zur Nichtigkeit führenden Beurkundungsmangels nur durch die Eintragung des Beschlusses in das Handelsregister herbeigeführt werden.[334] Der hinter § 242 Abs. 1 AktG in seinem unmittelbaren Anwendungsbereich stehende Gedanke der Rechtssicherheit[335] gilt nicht nur für die Beschlüsse der Hauptversammlung einer AG, sondern ebenso für die Beschlüsse von GmbH-Gesellschaftern.[336] 155

331 BGH, NJW 1981, S. 2125 (2126); 1996, S. 257 (258); 2000, S. 2819 (2820); *Casper,* Die Heilung nichtiger Beschlüsse im Kapitalgesellschaftsrecht, 1998, S. 83 ff und S. 325 ff; *Goette,* in: FS Röhricht, 2005, S. 115; *Zöllner,* in: Baumbach/Hueck, GmbHG, § 47 Anh. Rn 73.

332 OLG Düsseldorf, Urt. v. 7. Februar 2007 – 15 U 130/06, juris Rn 25; *Bayer,* in: Lutter/Hommelhoff, GmbHG, § 47 Anh. Rn 15; *Wertenbruch,* in: MünchKomm-GmbHG, § 47 Anh. Rn 36.

333 RGZ 119, S. 229; *Raiser,* in: Ulmer, GmbHG, § 47 Anh. Rn 48; *Wertenbruch,* in: MünchKomm-GmbHG, § 47 Anh. Rn 101.

334 BGH, NJW 1996, S. 257 (258); *Koppensteiner/Gruber,* in: Rowedder/Schmidt-Leithoff, GmbHG, § 47 Rn 113; *Zöllner,* in: Baumbach/Hueck, GmbHG, § 47 Anh. Rn 74.

335 *Casper,* in: Spindler/Stilz, AktG, § 242 Rn 4; *Hüffer,* in: ders., AktG, § 242 Rn 1.

336 BGH, NJW 1996, S. 257 f; *Wertenbruch,* in: MünchKomm-GmbHG, § 47 Anh. Rn 101.

BGH, Urt. v. 6. November 1995 – II ZR 181/94 –, NJW 1996, S. 257 f:

„... Diese Satzungsregelung ist jedoch in der Gesellschafterversammlung vom 4.9.1990 dahin geändert worden, dass der Beklagte die P als sog. „Hauptgeschäftsführer" allein vertreten kann. Dass dieser satzungsändernde Beschluss nicht, wie nach § 53 Abs. 2 GmbHG erforderlich, notariell beurkundet worden ist, ist unschädlich, weil seine Eintragung in das Handelsregister entgegen der Ansicht des OLG die Formnichtigkeit geheilt hat. Es entspricht allgemeiner Ansicht im Schrifttum ..., dass die Vorschriften über die Heilung nichtiger Hauptversammlungsbeschlüsse (§ 242 AktG) für das GmbH-Recht entsprechend gelten. Für die in § 242 Abs. 2 S. 1 AktG geregelten Fälle der Nichtigkeit wegen Ladungsmangels und wegen inhaltlichen Verstoßes gegen ein Gesetz oder gegen die guten Sitten hat dies der Senat bereits ausgesprochen. ... Der dem § 242 Abs. 1 AktG zugrundeliegende Gedanke, dass im Interesse der Rechtssicherheit die nach registergerichtlicher Prüfung vorgenommene Eintragung in das Handelsregister dem Verstoß gegen das Beurkundungsgebot die Unwirksamkeitsfolge nehmen soll, trifft in gleicher Weise auf formnichtige Beschlüsse der Gesellschafterversammlung der GmbH zu. ..."

156 Die Frage nach der Registereintragung als Voraussetzung der Heilung ist dabei von der Frage zu trennen, ob das Registergericht zu der zur Heilung führenden Eintragung berechtigt gewesen ist. An dem Letzteren wird es gewöhnlich fehlen, weil eine Eintragung nicht geschehen darf, wenn eine Beurkundungspflicht nicht beachtet worden ist. Für die Heilung kommt es hierauf indessen nicht an, sondern es genügt auch eine insofern fehlerhafte bzw irrtümliche Eintragung.[337]

Die Heilung analog § 242 Abs. 1 AktG tritt unmittelbar mit der Eintragung und mit Wirkung ex tunc, also rückwirkend, ein.[338] Das hat zur Folge, dass die Nichtigkeit des Beschlusses auch nicht für den Zeitraum zwischen der (mangelbehafteten) Beschlussfassung und der Eintragung mit Erfolg geltend gemacht werden kann.[339] Insofern führt die Eintragung der ratio des § 242 Abs. 1 AktG entsprechend zu Rechtssicherheit.[340]

2. Heilung von Einberufungsmängeln durch Genehmigung, § 242 Abs. 2 S. 4 AktG analog

157 Analoge Anwendung auf die GmbH findet auch § 242 Abs. 2 S. 4 AktG,[341] so dass Einberufungsmängel als Nichtigkeitsgründe nicht mehr geltend gemacht werden können, wenn der nicht ordnungsgemäß geladene Gesellschafter den fehlerbehafteten Beschluss der Gesellschafter genehmigt hat. Das entspricht dem Sinn und Zweck der die Einberufung betreffenden Bestimmungen ebenso wie der ratio der analogen Anwendung des § 241 Nr. 1 AktG. Dabei reicht es aus, dass der aktivlegitimierte Gesell-

337 *Bayer*, in: Lutter/Hommelhoff, GmbHG, § 47 Anh. Rn 26; *Koppensteiner/Gruber*, in: Rowedder/Schmidt-Leithoff, GmbHG, § 47 Rn 113; *Raiser*, in: Ulmer, GmbHG, § 47 Anh. Rn 86.

338 *Wertenbruch*, in: MünchKomm-GmbHG, § 47 Anh. Rn 101; *Zöllner*, in: Baumbach/Hueck, GmbHG, § 47 Anh. Rn 74.

339 *Römermann*, in: Michalski, GmbHG, § 47 Anh. Rn 242; *Drescher*, in: Henssler/Strohn, Gesellschaftsrecht, § 242 AktG Rn 8.

340 BGH, NJW 1996, S. 257 f; *Wertenbruch*, in: MünchKomm-GmbHG, § 47 Anh. Rn 101.

341 OLG Naumburg, NZG 1998, S. 992 (LS) = BeckRS 1998, 31356196; *Bayer*, in: Lutter/Hommelhoff, GmbHG, § 47 Anh. Rn 28; *Drescher*, in: Henssler/Strohn, Gesellschaftsrecht, § 242 AktG Rn 2 und 4; *Koppensteiner/Gruber*, in: Rowedder/Schmidt-Leithoff, GmbHG, § 47 Rn 98; *Raiser*, in: Ulmer, GmbHG, § 47 Anh. Rn 85; *Zöllner*, in: Baumbach/Hueck, GmbHG, § 47 Anh. Rn 77.

schafter vor oder nach der Beschlussfassung darauf verzichtet, den Einberufungsmangel zu rügen.[342]

OLG Naumburg, Urt. v. 30. Juli 1998 – 2 U (Hs) 205/97 –, BeckRS 1998, 31356196:
„... Die vom Kläger gerügten formellen Mängel bei der Einberufung der Gesellschafterversammlung rechtfertigen nicht die im GmbH-Recht nur in besonders krassen Ausnahmefällen in Betracht kommende Annahme eines Nichtigkeitsgrundes analog § 241 Abs. 1 Nr. 1 AktG, zumal die unstreitig erteilte Genehmigung der beanstandeten Beschlüsse durch die zum Teil nicht ordnungsgemäß geladenen Gesellschafter unschwer als nachträglicher Rügeverzicht verstanden werden kann und deshalb etwaige formell der Beschlussfassung anhaftende Mängel als geheilt anzusehen sind... Dies gilt in entsprechender Anwendung des § 242 Abs. 2 Satz 4 AktG auch für den Fall der Nichtigkeit gemäß § 241 Abs. 1 Nr. 1 AktG. ...“

Die gleiche Wirkung hat im Falle einer Universalversammlung das allseitige Einver- 158
ständnis mit einer Beschlussfassung.[343] In diesem Fall kommt es nicht darauf an, ob alle Gesellschafter auch in inhaltlicher Hinsicht mit dem mangelbehafteten Beschluss einverstanden sind.[344]

BGH, Urt. v. 19. Januar 2009 – II ZR 98/08 –, NZG 2009, S. 385 (386):
„... Noch zutreffend geht das Berufungsgericht davon aus, dass die hier unstreitig vorliegenden, an sich zur Nichtigkeit der auf der Gesellschafterversammlung gefassten Beschlüsse führenden Einberufungsmängel gem. § 51 Abs. 3 GmbHG durch eine Vollversammlung (Universalversammlung) geheilt werden können, wobei Voraussetzung einer solchen Vollversammlung ist, dass nicht nur sämtliche Gesellschafter anwesend sind, sondern auch das Einvernehmen aller Anwesenden mit der Abhaltung der Gesellschafterversammlung zum Zwecke der Beschlussfassung besteht. ...“

Wollen die Gesellschafter Rechtsstreitigkeiten vermeiden, sollte deshalb eingangs der 159
Gesellschafterversammlung ein einstimmiger Beschluss über die Zulässigkeit der Beschlussfassung trotz des angeblichen Mangels gefasst werden.[345]

3. Heilung von Mängeln analog § 241 Nr. 1, 3 und 4 AktG durch Eintragung, § 242 Abs. 2 S. 1 AktG analog

Da das Gebot der Rechtssicherheit im Hinblick auf Registereintragungen nach Ab- 160
lauf einer dreijährigen Frist auch in den Fällen der § 241 Nr. 1, 3 und 4 AktG Vorrang vor den Interessen einzelner Gesellschafter oder Dritter haben muss,[346] ist § 242 Abs. 2 S. 1 AktG ebenfalls analog auf in das Handelsregister eingetragene Gesellschafterbeschlüsse einer GmbH anzuwenden.[347] Nach Ablauf einer gewissen Frist verlangt der Rechtsverkehr Gewissheit darüber, ob ein eingetragener Beschluss noch

342 BGH, NJW 1983, S. 1677 (1678); *Bayer*, in: Lutter/Hommelhoff, GmbHG, § 47 Anh. Rn 28 sowie § 51 Rn 34; *Zöllner*, in: Baumbach/Hueck, GmbHG, § 47 Anh. Rn 77 sowie § 51 Rn 30.

343 BGH, NZG 2009, S. 385 (386); NJW-RR 2008, S. 706 (707 f); NJW 1987, S. 2580 (2581); OLG München, GmbHR 2000, S. 486; OLG Naumburg, GmbHR 1998, S. 90 (92); *Bayer*, in: Lutter/Hommelhoff, GmbHG, § 47 Anh. Rn 14 sowie § 51 Rn 33; *Drescher*, in: Henssler/Strohn, Gesellschaftsrecht, § 241 AktG Rn 29; *Hüffer*, in: Ulmer, GmbHG, § 51 Rn 29 ff; *Wertenbruch*, in: MünchKomm-GmbHG, § 47 Anh. Rn 100; *Zöllner*, in: Baumbach/Hueck, GmbHG, § 51 Rn 31.

344 *Wertenbruch*, in: MünchKomm-GmbHG, § 47 Anh. Rn 100.

345 *Wertenbruch*, in: MünchKomm-GmbHG, § 47 Anh. Rn 100.

346 BGH, NJW 1981, S. 2125 (2127); *Römermann*, in: Michalski, GmbHG, § 47 Anh. Rn 244; *Wertenbruch*, in: MünchKomm-GmbHG, § 47 Anh. Rn 103.

347 BGH, NJW 1981, S. 2125 (2126 f); WM 1984, S. 473; NJW 2000, S. 2819 (2820); *Bayer*, in: Lutter/Hommelhoff, GmbHG, § 47 Anh. Rn 26; *Raiser*, in: Ulmer, GmbHG, § 47 Anh. Rn 87; anders noch BGH, NJW 1954, S. 385.

mit einer Nichtigkeitsklage angegriffen werden kann oder endgültig seine Wirksamkeit behält.[348] Räumte man den Interessen der Gesellschafter und anderer Personen demgegenüber den Vorrang ein und verzichtete deshalb auf die Analogie, hätte das ganz unterschiedliche und kaum vorhersehbare Fristläufe zur Folge.[349]

BGH, Urt. v. 23. März 1981 – II ZR 27/80 –, NJW 1981, S. 2125 (2126 f):

„... Ob außerdem Nichtigkeitsgründe – etwa wegen fehlender Ladung des Klägers – vorlagen, kann dahingestellt bleiben. Nach Ablauf von drei Jahren seit Eintragung des Beschlusses ins Handelsregister kann der Kläger in entsprechender Anwendung des § 242 Abs. 2 S. 1 AktG die Nichtigkeit nicht mehr geltend machen. Der Senat hat zwar bisher die starre aktienrechtliche Dreijahresfrist nicht ohne weiteres ins GmbH-Recht übernommen, vielmehr eine Klageerhebung in angemessener Frist genügen lassen ... und eine kürzere Frist als drei Jahre von vornherein ausgeschlossen. ... Er hält nunmehr aber auch bei der GmbH die Wahrung einer festen Frist aus Gründen der Rechtssicherheit für geboten. Gerade bei den eintragungspflichtigen Beschlüssen, um die es in diesem Zusammenhang allein geht, muss von einem bestimmten Zeitpunkt ab feststehen, ob sie mit der Nichtigkeitsklage noch angegriffen werden können oder nunmehr – wenn auch nicht im Verhältnis zum Registergericht, so doch im Übrigen – als geheilt anzusehen sind. Eine dahingehende Feststellung lässt sich nur nach objektiven Kriterien, dem Zeitpunkt der Eintragung ins Handelsregister und dem Ausbleiben einer Nichtigkeitsklage vor Ablauf der Dreijahresfrist, treffen. Liefe für jeden Gesellschafter eine durch dessen persönliche und damit nur ihm bekannten Verhältnisse bestimmte angemessene Frist, wäre immer offen, ob nicht in der Person eines Gesellschafters besondere Umstände vorliegen, die diesem die Erhebung der Nichtigkeitsklage noch erlauben. Damit bliebe aber die Heilung des Beschlusses in der Schwebe, was aus Gründen der Rechtssicherheit um so weniger zu vertreten ist, als sich auf einen Nichtigkeitsgrund bis zur Heilung jedermann berufen kann. Die feste Begrenzung auf eine Frist, die mit drei Jahren allgemein zumutbar ist, liegt nicht nur im Interesse der bisherigen und künftigen Gesellschafter; je nach den Umständen, beispielsweise bei einer Kapitalerhöhung, sind auch die Gläubiger daran interessiert, ab einem bestimmten Zeitpunkt von der Gültigkeit eines Beschlusses ausgehen zu können. ... Demgegenüber tritt, worauf der Senat bisher abgestellt hat, die Erwägung in ihrer Bedeutung zurück, dass bei einer GmbH mit einem kleinen, leicht überschaubaren Kreis von Gesellschaftern die Breitenwirkung von Gesellschafterbeschlüssen regelmäßig geringer und das Gewicht individueller Interessen entsprechend größer ist als bei einer AG und die vielfach engeren persönlichen Beziehungen der Gesellschafter zueinander auch die Neigung verstärkt, die Nichtigkeitsklage erst zu erheben, wenn alle Möglichkeiten einer gütlichen Einigung ausgeschöpft sind. Solche Umstände mögen – worüber hier nicht zu entscheiden ist – für die Anfechtung von Beschlüssen eine Rolle spielen, bei deren zeitlicher Begrenzung, anders als bei der Heilung nichtiger Beschlüsse, der Rechtsverlust für den einzelnen Anfechtungsberechtigten im Vordergrund steht und eine strikte Anwendung der mit einem Monat sehr kurz bemessenen aktienrechtlichen Anfechtungsfrist den besonderen Gegebenheiten in einer GmbH vielleicht nicht immer gerecht würde. Für die Frage einer Übernahme der weit längeren Frist des § 242 Abs. 2 AktG haben sie keine entscheidende Bedeutung. Denn auch in der persönlich geprägten GmbH wird ein Gesellschafter in aller Regel innerhalb von drei Jahren in der Lage sein, etwaige Verstän-

---

348 BGH, NJW 1981, S. 2125 (2126); *Koppensteiner/Gruber,* in: Rowedder/Schmidt-Leithoff, GmbHG, § 47 Rn 114; *Wertenbruch,* in: MünchKomm-GmbHG, § 47 Anh. Rn 103.

349 BGH, NJW 1981, S. 2125 (2126); *Wertenbruch,* in: MünchKomm-GmbHG, § 47 Anh. Rn 103.

digungsmöglichkeiten zu nutzen und, wenn sie nicht mehr gegeben sind, seine Rechte noch beizeiten im Wege einer Nichtigkeitsklage zu wahren. Hier muss das im Einzelfall vielleicht einmal vorhandene Interesse eines Gesellschafters, die Nichtigkeit noch nach Ablauf von drei Jahren geltend machen zu können, gegenüber dem Gebot der Rechtssicherheit zurücktreten. ...“

Analog § 242 Abs. 2 S. 1 AktG kann somit ein Nichtigkeitsgrund im Sinne des § 241 Nr. 1, 3 oder 4 AktG nicht mehr geltend gemacht werden, wenn der betreffende Beschluss in das Handelsregister eingetragen worden ist und seither drei Jahre verstrichen sind.[350] Nach Ablauf der Frist kann ein Gesellschafter von den übrigen Gesellschaftern auch nicht gestützt auf die Treuepflicht nach § 242 BGB verlangen, dass für das Innenverhältnis von der Beschlussnichtigkeit auszugehen ist. Vielmehr scheidet nach Eintragung und Ablauf der Drei-Jahres-Frist jedes Berufen auf eine Beschlussnichtigkeit aus.[351] 161

Der Lauf der Drei-Jahres-Frist des § 242 Abs. 2 S. 1 AktG wird analog § 242 Abs. 2 S. 2 AktG durch eine rechtshängige Nichtigkeitsklage im Sinne des § 249 AktG gehemmt.[352] Mit Rücksicht auf den einheitlichen Streitgegenstand hat eine Anfechtungsklage dieselbe Wirkung.[353] Demgegenüber kommt einer allgemeinen Feststellungsklage keine hemmende Wirkung zu, wenn man ihr nämlich nicht ausnahmsweise eine materielle Rechtskraftwirkung inter bzw erga omnes zuerkennt. Insofern reicht der Wortlaut des § 242 Abs. 2 S. 2 AktG zu weit und bedarf teleologischer Reduktion.[354] 162

Auch hier ist die Frage, ob ein Nichtigkeitsgrund durch eine Eintragung und das Verstreichen der Drei-Jahres-Frist geheilt worden ist, von der Frage nach der (Un-)Zulässigkeit der Eintragung eines mit einem Nichtigkeitsgrund behafteten Beschlusses in das Handelsregister zu unterscheiden.[355]

OLG Köln, Beschl. v. 17. Juli 1992 – 2 Wx 32/92 –, NJW-RR 1992, S. 223 (224):

„... Wird eine Satzungsänderung zur Eintragung angemeldet, so hat das Registergericht neben der formellen Ordnungsmäßigkeit der Anmeldung die bei der Anmeldung einzureichende Satzung daraufhin zu überprüfen, ob Nichtigkeits- oder Unwirksamkeitsgründe vorliegen, die der Eintragung entgegenstehen... Nichtige Gesellschafterbeschlüsse darf das RegisterG nicht eintragen, selbst wenn die Nichtigkeit durch die Eintragung geheilt würde. ...“

Hinzu kommt hinsichtlich des Registergerichts, dass die Heilung nicht im Verhältnis zum Registergericht und im Hinblick auf die in § 398 FamFG vorgesehene Amtslöschung eintritt. Deshalb schließt die im Verhältnis der beteiligten Privatrechtssubjekte geltende Heilung eine Amtslöschung nicht aus. Insofern findet § 242 Abs. 2 S. 3 163

350 *Wertenbruch,* in: MünchKomm-GmbHG, § 47 Anh. Rn 102.

351 BGH, WM 1984, S. 473 (474); *Koppensteiner/Gruber,* in: Rowedder/Schmidt-Leithoff, GmbHG, § 47 Rn 114; *Wertenbruch,* in: MünchKomm-GmbHG, § 47 Anh. Rn 103.

352 BGH, WM 1984, S. 473; *Bayer,* in: Lutter/Hommelhoff, GmbHG, § 47 Anh. Rn 26; *Raiser,* in: Ulmer, § 47 Anh. Rn 88; *K. Schmidt,* in: Scholz, GmbHG, § 45 Rn 89; *Zöllner,* in: Baumbach/Hueck, GmbHG, § 47 Anh. Rn 75.

353 *Wertenbruch,* in: MünchKomm-GmbHG, § 47 Anh. Rn 104.

354 *Bayer,* in: Lutter/Hommelhoff, GmbHG, § 47 Anh. Rn 26; *Koppensteiner/Gruber,* in: Rowedder/Schmidt-Leithoff, GmbHG, § 47 Rn 114; *Raiser,* in: Ulmer, § 47 Anh. Rn 88; *K. Schmidt,* in: Scholz, GmbHG, § 45 Rn 89; anders allerdings *Zöllner,* in: Baumbach/Hueck, GmbHG, § 47 Anh. Rn 75.

355 OLG Köln, NJW-RR 1993, S. 223 (224); *Bayer,* in: Lutter/Hommelhoff, GmbHG, § 47 Anh. Rn 26; *Roth,* in: Roth/Altmeppen, GmbHG, § 47 Rn 114; *K. Schmidt,* in: Scholz, GmbHG, § 45 Rn 83; *Wertenbruch,* in: MünchKomm-GmbHG, § 47 Anh. Rn 103; *Zöllner,* in: Baumbach/Hueck, GmbHG, § 47 Anh. Rn 68.

AktG analoge Anwendung auf die GmbH.[356] Diese Differenzierung zwischen privatrechtlicher Heilung und öffentlich-rechtlicher Löschung hat zur Folge, dass einer Amtslöschung nach Eintritt der Heilung durch Ablauf der Drei-Jahres-Frist gegebenenfalls rechtsgestaltender Charakter zukommt.[357] Aus diesen Erwägungen ergibt sich allerdings keineswegs, dass die Frage der Heilung für die Amtslöschung gänzlich ohne Bedeutung ist: Mag nach § 398 FamFG grundsätzlich auch ohne Rücksicht auf eine Heilung von Amts wegen gelöscht werden können, so ist doch stets zu prüfen, ob das öffentliche Interesse an der Beseitigung des Beschlusses auch unter Berücksichtigung der Eintragung und des seither verstrichenen Zeitraums schwerer wiegt als das Interesse an Rechtssicherheit und Vertrauensschutz.[358]

164 **Übersicht zu Fragen der Heilung analog § 242 AktG – Nr. 10**

1.	■ bei **Einberufungsmängeln** analog § 242 Abs. 2 S. 4 AktG: a) entweder durch Genehmigung des nicht geladenen Gesellschafters (OLG Naumburg, BeckRS 1998, 31356196) oder b) durch Rügeverzicht des zur Nichtigkeitsklage Legitimierten vor (BGH, NJW 1983, S. 1677, 1678) oder nach Beschlussfassung oder c) durch einstimmiges Einverständnis mit der Beschlussfassung (nicht auch mit dem gefassten Beschluss) anlässlich einer Universalversammlung (BGH, NZG 2009, S. 385, 386) – § 51 Abs. 3 GmbHG (Rn 215)
2.	■ bei (seltenen) **Beurkundungsmängeln** Heilung mit Wirkung ex tunc unmittelbar durch Eintragung in das Handelsregister, § 242 Abs. 1 AktG analog (BGH, NJW 1996, S. 257)
3.	■ bei **Einberufungsmängeln, Unvereinbarkeit mit dem Wesen der Gesellschaft, Verstößen gegen Vorschriften über Gläubigerschutz oder Schutz öffentlicher Interessen und Sittenverstößen** (§ 241 Nr. 1, 3 und 4 AktG analog) Heilung durch Eintragung und Ablauf der Drei-Jahresfrist analog § 242 Abs. 2 S. 1 AktG (BGH, NJW 1981, S. 2125, 2126 f; WM 1984, S. 473; NJW 2000, S. 2819, 2820) – Gesellschafter sind auch nach § 242 BGB nicht gehindert, sich auf Heilung zu berufen – Hemmung sowohl durch rechtshängige Anfechtungs-, als auch durch rechtshängige Nichtigkeitsklage, grds aber nicht durch allgemeine Feststellungsklage (str.; Ausnahme: soweit Rechtskraft inter omnes auch bei allgemeiner Feststellungsklage eingreifen kann), § 242 Abs. 2 S. 2 AktG analog

356 BGH, NJW 1981, S. 2125 (2126); BayObLG, GmbHR 1996, S. 441 (442); *Bayer,* in: Lutter/Hommelhoff, GmbHG, § 47 Anh. Rn 26; *Roth,* in: Roth/Altmeppen, GmbHG, § 47 Rn 114; *K. Schmidt,* in: Scholz, GmbHG, § 45 Rn 89.

357 *Hüffer,* in: MünchKomm-AktG, § 242 Rn 23; *Wertenbruch,* in: MünchKomm-GmbHG, § 47 Anh. Rn 105; ähnlich *K. Schmidt,* in: Scholz, GmbHG, § 45 Rn 89.

358 BGH, NJW 1981, S. 2125 (2126); *Hüffer,* in: MünchKomm-AktG, § 242 Rn 24; *Koppensteiner/Gruber,* in: Rowedder/Schmidt-Leithoff, GmbHG, § 47 Rn 114; *K. Schmidt,* in: Scholz, GmbHG, § 45 Rn 89; *Wertenbruch,* in: MünchKomm-GmbHG, § 47 Anh. Rn 103 aE sowie 105.

	–	Amtslöschung nach § 398 FamFG ist trotz Heilung (dann mit rechtsgestaltender Wirkung) möglich; bei der Abwägung des öffentlichen Interesses ist aber Ablauf der Drei-Jahres-Frist zu beachten
4.	■	keine analoge Anwendung des § 242 AktG, soweit die **Spezialvorschrift** des § 256 Abs. 6 AktG analog einschlägig ist (dazu Rn 142)

IV. Teilnichtigkeit, § 139 BGB analog

Besteht ein Beschluss der GmbH-Gesellschafter aus mehreren unterscheidbaren Teilen, ist nur einer dieser Teile mit einem Nichtigkeitsgrund behaftet und ist eine Heilung nicht eingetreten, kommt es für die Frage der Wirksamkeit des Beschlusses im Übrigen auf § 139 BGB an. Insofern finden die allgemeinen Regeln über Rechtsgeschäfte auch für Gesellschafterbeschlüsse Anwendung. Danach bleibt der selbst nicht mit dem Nichtigkeitsgrund behaftete Teil des Beschlusses in seiner Wirksamkeit nur dann unberührt, wenn er von den Gesellschaftern auch ohne den nichtigen Teil gefasst worden wäre.[359] Ist dies nicht sicher feststellbar und verbleiben Zweifel, so ist von Gesamtnichtigkeit auszugehen.[360] 165

BGH, Urt. v. 15. November 1993 – II ZR 235/92 –, NJW 1994, S. 520 (523):

„... Die Nichtigkeit des Gesamtbeschlusses folgt jedoch aus § 139 BGB. Dabei kann es dahinstehen, ob diese Vorschrift auf Organ- oder Versammlungsbeschlüsse uneingeschränkt angewandt werden kann. Diese Entscheidung hängt letztlich davon ab, ob den Beschlüssen generell rechtsgeschäftlicher Charakter zuzuerkennen ist oder ob sie zumindest insoweit, als sie lediglich interne Wirkung haben, nur als „Sozialakte" verstanden werden können. ... Auf jeden Fall ist § 139 BGB auf Beschlüsse dann anwendbar, wenn sie auf die Begründung, Änderung oder Aufhebung sozial- oder individualrechtlicher Befugnisse oder Pflichten gerichtet sind und ihnen bereits deswegen ein rechtsgeschäftlicher Inhalt zuerkannt werden kann. ..."

§ 139 BGB setzt allerdings zunächst voraus, dass es sich bei dem zu prüfenden, mangelbehafteten Gesellschafterbeschluss um ein einheitliches Rechtsgeschäft handelt.[361] Maßgebend ist insofern nicht, welchen Inhalt und Umfang für den Beschluss zB das Gesetz oder die Satzung vorgibt, welcher Beschluss also „gesollt" ist. Vielmehr kommt es lediglich auf das tatsächliche Geschehen an.[362] Insofern wiederum ist eine formale Betrachtung geboten: Ein einheitliches Rechtsgeschäft liegt in der Regel vor, wenn ein einheitlicher Abstimmungsvorgang mit einer Ergebnisbekanntgabe vorliegt. Daran ändert sich nichts, wenn mehrere Fragen in einem zur (einheitlichen) Abstim- 166

359 BGH, NJW 1954, S. 385 (387); NJW 1988, S. 1214; NJW 1994, S. 520; *Drescher,* in: Henssler/Strohn, Gesellschaftsrecht, § 241 AktG Rn 45; *Raiser,* in: Ulmer, § 47 Anh. Rn 83; *K. Schmidt,* in: Scholz, GmbHG, § 45 Rn 41; *Wertenbruch,* in: MünchKomm-GmbHG, § 47 Anh. Rn 106.

360 *Drescher,* in: Henssler/Strohn, Gesellschaftsrecht, § 241 AktG Rn 45; *Raiser,* in: Ulmer, § 47 Anh. Rn 83; *K. Schmidt,* in: Scholz, GmbHG, § 45 Rn 41; *Wertenbruch,* in: MünchKomm-GmbHG, § 47 Anh. Rn 106.

361 Zu den allgemeinen Voraussetzungen des § 139 BGB: BGH, NJW 1968, S. 936 (937); *Ellenberger,* in: Palandt, BGB, § 139 Rn 2. Zur Anwendung des § 139 BGB auf GmbH-Gesellschafterbeschlüsse: *Römermann,* in: Michalski, GmbHG, § 47 Anh. Rn 219; *Wertenbruch,* in: MünchKomm-GmbHG, § 47 Anh. Rn 107; *Zöllner,* in: Baumbach/Hueck, GmbHG, § 47 Anh. Rn 78.

362 *Römermann,* in: Michalski, GmbHG, § 47 Anh. Rn 219; *Wertenbruch,* in: MünchKomm-GmbHG, § 47 Anh. Rn 107; *Zöllner,* in: Baumbach/Hueck, GmbHG, § 47 Anh. Rn 78.

mung gestellten Beschlussantrag zusammengefasst worden sind.[363] An einer entsprechenden Disposition müssen sich die Gesellschafter festhalten lassen.

Hinsichtlich der Beschlussnichtigkeit als Rechtsfolge und eines entsprechenden gerichtlichen Ausspruchs macht es keinen Unterschied, ob die Nichtigkeit auf einem originären Beschlussmangel beruht, der sich auf den gesamten Beschluss bezieht, oder ob diese teils auf einem originären Beschlussmangel und im Übrigen auf § 139 BGB beruht:[364] Nichtig ist nichtig.

167 Nach den vorstehenden Grundsätzen richtet sich die Prüfung einer Gesamtnichtigkeit auch dann, wenn zuvor ein Gericht einen Beschluss auf eine Anfechtungsklage hin formell rechtskräftig teilweise für nichtig erklärt oder auf eine Nichtigkeitsklage hin formell rechtskräftig die teilweise Nichtigkeit eines Beschlusses festgestellt hat.[365] Im Hinblick auf den einheitlichen Streitgegenstand beider Klagen kommt es dabei nicht darauf an, ob der Beschluss auf eine Anfechtungsklage hin teilweise für nichtig erklärt worden ist oder ob auf eine Nichtigkeitsklage hin seine Teilnichtigkeit festgestellt worden ist.[366] Diese Grundsätze des § 139 BGB gelten allerdings nur dann, wenn lediglich der nichtige Teil des Beschlusses Streitgegenstand des betreffenden Zivilprozesses gewesen ist. Hier ist das Gericht im Übrigen durch § 308 Abs. 1 ZPO – iudex ne eat ultra petita partium – an einer Entscheidung über die Gesamtnichtigkeit gehindert gewesen.[367]

168 Ist hingegen der gesamte Beschluss Streitgegenstand gewesen, hat das Gericht den angegriffenen Gesellschafterbeschluss jedoch formell rechtskräftig nur teilweise für nichtig erklärt bzw nur hinsichtlich eines Teils des Beschlusses die Nichtigkeit festgestellt, die Klage aber im Übrigen abgewiesen, steht die materielle Rechtskraft der betreffenden Entscheidung einer Gesamtnichtigkeit entgegen und es muss bei der verbindlich festgestellten Teilnichtigkeit auch dann verbleiben, wenn das Gericht materiellrechtlich fehlerhaft die Prüfung des § 139 BGB unterlassen hat oder ihm bei der Auslegung und Anwendung der Norm Fehler unterlaufen sind.[368]

169 Schon mangels einheitlichen Rechtsgeschäfts kommt die Anwendung des § 139 BGB nicht in Betracht, wenn einer von mehreren Gesellschafterbeschlüssen nichtig ist.[369]

> **OLG Frankfurt a.M., Urt. v. 21. April 2009 – 5 U 68/08 –, NZG 2009, S. 1226:**
> „... Der Beschluss zu TOP 8 ist allerdings nicht wegen seines Zusammenhangs mit den nichtigen Beschlüssen zu TOP 2 und TOP 6 nach § 241 Nr. 3 AktG i.V. mit § 139 BGB nichtig. Denn § 139 BGB ist hier nicht anzuwenden. Dass für Versammlungsbeschlüsse

363 *Raiser,* in: Ulmer, § 47 Anh. Rn 83; *Römermann,* in: Michalski, GmbHG, § 47 Anh. Rn 219; *Wertenbruch,* in: MünchKomm-GmbHG, § 47 Anh. Rn 107; *Zöllner,* in: Baumbach/Hueck, GmbHG, § 47 Anh. Rn 78.

364 *K. Schmidt,* in: Scholz, GmbHG, § 45 Rn 168; *Wertenbruch,* in: MünchKomm-GmbHG, § 47 Anh. Rn 109 aE.

365 *Römermann,* in: Michalski, GmbHG, § 47 Anh. Rn 223; *K. Schmidt,* in: Scholz, GmbHG, § 45 Rn 168; *Zöllner,* in: Baumbach/Hueck, GmbHG, § 47 Anh. Rn 80.

366 *K. Schmidt,* in: Scholz, GmbHG, § 45 Rn 168; *Wertenbruch,* in: MünchKomm-GmbHG, § 47 Anh. Rn 108.

367 *Römermann,* in: Michalski, GmbHG, § 47 Anh. Rn 223; *K. Schmidt,* in: Scholz, GmbHG, § 45 Rn 168; *Zöllner,* in: Baumbach/Hueck, GmbHG, § 47 Anh. Rn 80.

368 *Römermann,* in: Michalski, GmbHG, § 47 Anh. Rn 223; *K. Schmidt,* in: Scholz, GmbHG, § 45 Rn 168; *Wertenbruch,* in: MünchKomm-GmbHG, § 47 Anh. Rn 109.

369 OLG Frankfurt a.M., NZG 2009, S. 1226; *Drescher,* in: Henssler/Strohn, Gesellschaftsrecht, § 241 AktG Rn 45; *Koppensteiner/Gruber,* in: Rowedder/Schmidt-Leithoff, GmbHG, § 47 Rn 110; *Raiser,* in: Ulmer, § 47 Anh. Rn 84; *Römermann,* in: Michalski, GmbHG, § 47 Anh. Rn 224; *K. Schmidt,* in: Scholz, GmbHG, § 45 Rn 42.

§ 139 BGB anwendbar ist, wenn sie über interne Organisationsakte hinausgehen ..., gilt nämlich für Hauptversammlungsbeschlüsse der Aktiengesellschaft nicht. Aus der Entscheidung des RG vom 7. Juni 1910 ... folgt das aber nicht, denn diese verneint wegen des Vorrangs von § 75 GmbHG eine Anwendung des § 139 BGB auf andere Bestimmungen einer teilunwirksamen Satzung einer GmbH ..., während es hier nicht um einen Satzungsmangel geht. Auch die Entscheidung des BGH vom 15. November 1993 ... kann nicht herangezogen werden, wiewohl sie die Anwendung von § 139 BGB für möglich hält, denn sie betrifft nur einen Aufsichtsratsbeschluss, für den die Regelungen des § 241 AktG gerade nicht gelten sollen. Dass § 139 BGB herangezogen werden kann, wenn ein Nichtigkeitsgrund bei einem zusammengesetzten Beschluss nur einzelne Beschlusspunkte erfasst ... ist ebenfalls ohne Belang. Es geht hier nicht um die Erhaltung von Teilen eines Beschlusses, sondern es steht eine Ausdehnung der Nichtigkeitsgründe des § 241 AktG auf einen weiteren Beschluss zur Entscheidung. Der Senat folgt der im Schrifttum, soweit ersichtlich ohne Gegenstimme, vertretenen Auffassung, dass mögliche Nichtigkeitsgründe in § 241 AktG abschließend geregelt sind, so dass §§ 134, 138 BGB daneben nicht gelten, aber auch nicht § 139 BGB. ...“

Dementsprechend kommt der Nichtigkeit eines Beschlusses grundsätzlich keine Be- 170
deutung für die Wirksamkeit eines anderen Beschlusses, etwa im Sinne einer Ausstrahlungswirkung, zu. Das ist nur ausnahmsweise und aufgrund bestimmter Besonderheiten denkbar.[370] Allgemein setzt das einen zwingenden Sachzusammenhang voraus,[371] der zB bei Gewinnverwendungsbeschlüssen und Beschlüssen über den jeweils zugrundeliegenden Jahresabschluss analog § 253 Abs. 1 S. 1 AktG vorliegt.[372] Über diesen geregelten Sonderfall hinaus ist denkbar, dass ein Beschluss unter der auflösenden Bedingung der Nichtigkeit eines anderen Beschlusses steht.[373] Z.B. ist die Wirksamkeit des den Anstellungsvertrag des Geschäftsführers betreffenden Gesellschafterbeschlusses durch die Nichtigkeit des Bestellungsbeschlusses in diesem Sinne auflösend bedingt. Dementsprechend hängt die Wirksamkeit des zuerst genannten Beschlusses von derjenigen des zuletzt genannten Beschlusses ab und entfällt mit dessen Nichtigkeit als auflösende Bedingung.[374] Eine derartige auflösende Bedingung liegt auch dann vor, wenn ein bestimmter Beschluss ohne einen anderen, vorangegangenen Beschluss keinen Sinn macht. Ein Fall der Nichtigkeit analog § 241 Nr. 3 AktG ist dies nicht.[375]

**Übersicht über Fragen der Teilnichtigkeit bei einzelnen Beschlüssen (§ 139 BGB) so- 171
wie der Ausstrahlungswirkung bei einer Mehrzahl von Beschlüssen – Nr. 11**

1.	■	§ 139 BGB findet analoge Anwendung (BGH, NJW 1994, S. 520, 523) → im Zweifel Gesamtnichtigkeit
2.	■	Voraussetzung: einheitliches Rechtsgeschäft, dh einheitlicher Abstimmungsvorgang mit einheitlichem Abstimmungsergebnis (auch bei Zu-

370 *Drescher,* in: Henssler/Strohn, Gesellschaftsrecht, § 241 AktG Rn 45; *Raiser,* in: Ulmer, § 47 Anh. Rn 84; *Römermann,* in: Michalski, GmbHG, § 47 Anh. Rn 225; *K. Schmidt,* in: Scholz, GmbHG, § 45 Rn 42.
371 *Wertenbruch,* in: MünchKomm-GmbHG, § 47 Anh. Rn 110.
372 *Wertenbruch,* in: MünchKomm-GmbHG, § 47 Anh. Rn 110.
373 *Drescher,* in: Henssler/Strohn, Gesellschaftsrecht, § 241 AktG Rn 45; *Raiser,* in: Ulmer, § 47 Anh. Rn 84.
374 *Römermann,* in: Michalski, GmbHG, § 47 Anh. Rn 225; *K. Schmidt,* in: Scholz, GmbHG, § 45 Rn 42.
375 *Wertenbruch,* in: MünchKomm-GmbHG, § 47 Anh. Rn 110 aE; anders *Raiser,* in: Ulmer, § 47 Anh. Rn 84.

		sammenfassung mehrerer Sachfragen in einem zur einheitlichen Abstimmung gestellten Antrag)
3.	■	bei rechtskräftiger Teilnichtigerklärung durch Urteil abhängig vom Streitgegenstand a) Streitgegenstand war bei Nichtigkeits- oder Anfechtungsklage nur Teil des Beschlusses → materielle Rechtskraft nur den für nichtig erklärten Beschlussteil betreffend und im Übrigen § 139 BGB b) Streitgegenstand war gesamter Beschluss, der aber nur teilweise für nichtig erklärt wurde → wegen materieller Rechtskraft bzgl des gesamten Beschlusses bleibt es bei Teilnichtigkeit, § 139 BGB findet im zweiten Verfahren keine Anwendung mehr
4.	■	Mehrheit von Beschlüssen unterliegt anderen Regeln als § 139 BGB – grds. keine Ausstrahlungswirkung der Nichtigkeit eines Beschlusses auf andere Beschlüsse – ausnahmsweise aber analog § 253 Abs. 1 S. 1 AktG bei nichtigem Jahresabschluss hinsichtlich Ergebnisverwendung – ferner bei zwingendem Sachzusammenhang im Sinne einer auflösenden Bedingung (zB Beschlüsse über Geschäftsführerbestellung und Anstellungsvertrag, str.)

V. Geltendmachung der Nichtigkeit

172 Die Nichtigkeit eines Gesellschafterbeschlusses gilt inter omnes. Dementsprechend kann sich grundsätzlich jedermann darauf berufen.[376] Das bedeutet indessen keineswegs, dass auch jedermann Anfechtungs- oder Nichtigkeitsklage erheben kann. Vielmehr setzt das eine entsprechende Klagebefugnis voraus.[377] Insofern täuscht die Formulierung, dass sich jedermann auf die Nichtigkeit eines Gesellschafterbeschlusses berufen könne, über die im Einzelfall bestehenden rechtlichen Hindernisse hinweg.[378]

173 In Zusammenhang mit § 242 BGB ist bereits erwähnt worden, dass sich Gesellschafter nach dem Sinn und Zweck der Nichtigkeitsgründe in jedem Fall auf die Beschlussnichtigkeit berufen können. Dementsprechend kann selbst derjenige Gesellschafter, der für den betreffenden Beschluss gestimmt hat, dessen Nichtigkeit geltend machen.[379]

BGH, Urt. v. 16. Dezember 1953 – II ZR 167/52 –, NJW 1954, S. 385 (386):

„... Die Wirkung der Nichtigkeit äußert sich ferner dahin, dass sie ohne weiteres von jedermann geltend gemacht werden kann und dass ein nichtiger Beschluss auch nicht durch nachträgliche Zustimmung Gültigkeit zu erlangen vermag. Deshalb kann sich auf die Nichtigkeit eines Beschlusses ein Gesellschafter auch dann berufen, wenn er ihm

---

376 BGH, NJW 1954, S. 385 (386); *Römermann,* in: Michalski, GmbHG, § 47 Anh. Rn 234; *K. Schmidt,* in: Scholz, GmbHG, § 45 Rn 81.

377 *Wertenbruch,* in: MünchKomm-GmbHG, § 47 Anh. Rn 111.

378 *Wertenbruch,* in: MünchKomm-GmbHG, § 47 Anh. Rn 111.

379 BGH, NJW 1954, S. 385 (386); OLG München, GmbHR 2000, S. 486; *Koppensteiner/Gruber,* in: Rowedder/Schmidt-Leithoff, GmbHG, 5. Aufl., § 47 Rn 115; *Römermann,* in: Michalski, GmbHG, § 47 Anh. Rn 234; *K. Schmidt,* in: Scholz, GmbHG, § 45 Rn 81.

selbst zugestimmt hat und wenn der Beschluss von der Mehrheit der anwesenden Gesellschafter gebilligt worden ist. ..."

VI. Bestätigung

Ist ein Gesellschafterbeschluss nichtig, können die Gesellschafter ihm nicht durch bloße Bestätigung nach Beseitigung des Fehlers zur Wirksamkeit verhelfen, sondern dazu bedarf es eines vollständigen und nunmehr ordnungsgemäßen neuen Beschlussverfahrens.[380] 174

BGH, Urt. v. 16. Dezember 1953 – II ZR 167/52 –, NJW 1954, S. 385 (386):
„... Die Wirkung der Nichtigkeit äußert sich ferner dahin, ... dass ein nichtiger Beschluss auch nicht durch nachträgliche Zustimmung Gültigkeit zu erlangen vermag. ..."

Übersicht über die Geltendmachung der Nichtigkeit und Bestätigung – Nr. 12 175

1.	■	Zwar kann jedermann die Nichtigkeit eines Gesellschafterbeschlusses einwendungsweise geltend machen, nicht aber im Wege einer Nichtigkeitsklage. Das setzt vielmehr eine Klagebefugnis voraus.
	■	Wer als Gesellschafter für den Beschluss gestimmt hat, kann sich gleichwohl auf dessen Nichtigkeit berufen (BGH, NJW 1954, S. 385; OLG München, GmbHR 2000, S. 486)
2.	■	Bei Nichtigkeit reicht bloße Bestätigung nicht aus (BGH, NJW 1954, S. 385), sondern es bedarf eines vollständigen und ordnungsgemäßen neuen Beschlussverfahrens.

380 BGH, NJW 1954, S. 385 (386); *Koppensteiner/Gruber,* in: Rowedder/Schmidt-Leithoff, GmbHG, § 47 Rn 115; *Römermann,* in: Michalski, GmbHG, § 47 Anh. Rn 239; *Zöllner,* in: Baumbach/Hueck, GmbHG, § 47 Anh. Rn 77.

C. Anfechtbarkeit von Beschlüssen

176 Soweit analog § 243 Abs. 1 AktG Gesellschafterbeschlüsse wegen einer Verletzung des Gesetzes oder der Satzung der GmbH klageweise angefochten werden können, gilt das nur für solche Beschlüsse, die nicht bereits nichtig sind. Wegen des identischen Streitgegenstands von Nichtigkeits- und Anfechtungsklage sind im Falle der Nichtigkeit Nichtigkeitsgründe auch dann zu prüfen und ist die Nichtigkeit auch dann festzustellen, wenn nur Anfechtungsklage erhoben und lediglich Nichtigerklärung beantragt worden ist. Während einem nichtigen Beschluss von vornherein keine Wirkungen zukommen, ist ein bloß anfechtbarer Beschluss bis zur Rechtskraft des der Anfechtungsklage im Wege einer Nichtigerklärung stattgebenden Urteils wirksam. Schon im Hinblick auf diesen Unterschied bedarf es trotz der Identität des Streitgegenstands von Anfechtungs- und Nichtigkeitsklage der Unterscheidung zwischen Nichtigkeits- und Anfechtungsgründen. Hinzu kommen Unterschiede die Sachurteilsvoraussetzungen betreffend. Anders als die Geltendmachung der Nichtigkeit eines Gesellschafterbeschlusses kann eine Anfechtung nur im Klagewege erfolgen und können Anfechtungsgründe nur in einem entsprechenden Prozess geltend gemacht werden. Wie im Zusammenhang mit der Nichtigkeit von Beschlüssen ist hinsichtlich der Anfechtungsgründe zwischen Verfahrensfehlern und inhaltlichen Fehlern zu unterscheiden.[381]

I. Verfahrensfehler

177 Verfahrensfehler sind denkbar in Form von Einberufungsmängeln, Mängeln bei der Abstimmung und Fehlern bei der Beschlussfeststellung. Nach der Relevanztheorie können sie die Anfechtung allerdings nur dann begründen, wenn sie potenziell erheblich sind.[382] Dabei ist in der Regel die ratio der verletzten Bestimmung von ausschlaggebender Bedeutung.

BGH, Urt. v. 12. November 2001 – II ZR 225/99 –, NZG 2002, S. 130 (132):

„... Es lässt sich kaum beurteilen, ob ein vernünftig urteilender Aktionär seine Entscheidung, die er auf der Grundlage des von dem nicht ordnungsgemäß besetzten Vorstand unterbreiteten Beschlussvorschlages getroffen hat, auch dann getroffen hätte, wenn der Beschlussvorschlag von einem nach Gesetz und Satzung ordnungsgemäß besetzten Vorstand gemacht worden wäre. Entscheidend kann in einem solchen Falle nur sein, ob es – bei wertender Betrachtungsweise – möglich oder ausgeschlossen ist, dass sich der Verfahrensfehler auf das Beschlussergebnis ausgewirkt hat... Diese Frage der Relevanz des Verfahrensfehlers für das Beschlussergebnis lässt sich im vorliegenden Falle aus dem Gesetz beantworten. Nach § 124 Abs. 4 S. 1 AktG dürfen über Gegenstände der Tagesordnung, die nicht ordnungsgemäß bekannt gemacht worden sind, keine Beschlüsse gefasst werden. Dieser Regelung liegt die gesetzliche Wertung zugrunde, dass Bekanntmachungsmängel für das Teilhaberecht des Aktionärs grundsätzlich von Bedeutung sind. Davon wird auch ein Verstoß gegen die Regelung des § 124 Abs. 3 S. 1 AktG erfasst. ...“

381 So allgemein auch *Wertenbruch,* in: MünchKomm-GmbHG, § 47 Anh. Rn 112.

382 BGH, NZG 2002, S. 130; NJW 2005, S. 828 (830); *Bayer,* in: Lutter/Hommelhoff, GmbHG, § 47 Anh. Rn 51; *Drescher,* in: Henssler/Strohn, Gesellschaftsrecht, § 243 AktG Rn 7; *Römermann,* in: Michalski, GmbHG, § 47 Anh. Rn 267; *Zöllner,* in: Baumbach/Hueck, GmbHG, § 47 Anh. Rn 126.

1. Einberufungsmängel

Die in § 49 GmbHG gesetzlich und uU auch in der Satzung geregelte Einberufung zur Gesellschafterversammlung kann insbesondere wegen der Nichteinhaltung einer Ladungsfrist (§ 51 Abs. 1 S. 2 GmbHG), wegen der Ladung einer nicht teilnahmeberechtigten Person bzw der Nichtladung einer teilnahmeberechtigten Person oder wegen eines Formmangels (§ 51 Abs. 1 S. 1, Abs. 2 und 4 GmbHG) fehlerhaft und anfechtbar sein. § 51 Abs. 3 GmbHG sieht insofern eine Möglichkeit der Heilung vor. 178

a) Ladungsfrist, § 51 Abs. 1 S. 2 GmbHG

Eine Verkürzung der in § 51 Abs. 1 S. 2 GmbHG vorgesehenen Wochenfrist oder einer in der Satzung geregelten Ladungsfrist führt in der Regel nicht zur Nichtigkeit der anlässlich der betreffenden Gesellschafterversammlung gefassten Beschlüsse, sondern hat analog § 243 Abs. 1 AktG lediglich deren Anfechtbarkeit zur Folge.[383] Der Grund hierfür ist, dass abgesehen von § 51 Abs. 1 S. 2 GmbHG eine den gesetzlichen Mindestanforderungen entsprechende Gesellschafterversammlung stattgefunden hat, die betroffenen Gesellschafter ihre Rechte deshalb gewöhnlich in hinreichender Weise haben wahrnehmen können und dementsprechend der Schutz durch eine Anfechtungsmöglichkeit genügt.[384] 179

BGH, Urt. v. 30. März 1987 – II ZR 180/86 –, NJW 1987, S. 2580:

„... Der Kläger ist, wie noch näher auszuführen sein wird, zu der Versammlung unter Nichtwahrung der Frist des § 51 Abs. 1 S. 2 GmbHG eingeladen worden. Darin ist allerdings nicht, wie die Revision meint, ein Nichtigkeitsgrund analog § 241 Nr. 1 i. V. mit § 121 Abs. 2, § 121 Abs. 3 AktG zu sehen, sondern ein Anfechtungsgrund entsprechend § 243 Abs. 1 AktG. Denn es fehlt nicht an einer den gesetzlichen Mindestanforderungen genügenden Einberufung der Gesellschafterversammlung, sondern daran, dass die Einladungsfrist unter Verstoß gegen § 51 Abs. 1 S. 2 GmbHG nicht eingehalten worden ist. ...“

Hieraus ergeben sich auch schon die Grenzen der bloßen Anfechtbarkeit sowie die Abgrenzung zwischen Nichtigkeits- und Anfechtungsgründen: Erschwert der Fristmangel die Teilnahme derart, dass dies einer Nichtladung gleichkommt, liegt ein zur Nichtigkeit führender gravierender Einberufungsmangel vor. Maßgebend ist, ob die Teilnahme an der einberufenen Gesellschafterversammlung durch die rechtswidrige Verkürzung der Ladungsfrist faktisch unmöglich geworden ist. Das kann etwa dann der Fall sein, wenn die Ladung zum einen mit einer Frist von weniger als 24 Stunden geschieht, zum anderen die vorgesehene Form nicht eingehalten wird und deshalb der Gesellschafter mit einer Ladung auf dem gewählten Weg nicht rechnen musste. Sowohl in der extremen Verkürzung der Ladungsfrist als auch in der Kumulation von rechtswidriger Fristverkürzung mit Formfehlern liegt jeweils ein derart gravierender Einberufungsmangel, dass es selbst dann bei der Beschlussnichtigkeit bleibt, wenn der 180

---

383 BGH, NJW 1987, S. 2580; OLG Düsseldorf, NJW-RR 1996, S. 607 (610); *Koppensteiner/Gruber*, in: Rowedder/Schmidt-Leithoff, GmbHG, § 47 Rn 121; *Römermann*, in: Michalski, GmbHG, § 47 Anh. Rn 269; *Roth*, in: Roth/Altmeppen, GmbHG, § 47 Rn 103; *Zöllner*, in: Baumbach/Hueck, GmbHG, § 47 Anh. Rn 45.

384 BGH, NJW 1972, S. 1320; NJW 1987, S. 2580; *Wertenbruch*, in: MünchKomm-GmbHG, § 47 Anh. Rn 113.

fehlerhaft geladene Gesellschafter die Ladung unmittelbar nach ihrem Eingang zur Kenntnis nimmt.[385]

BGH, Urt. v. 13. Februar 2006 – II ZR 200/04 –, NJW-RR 2006, S. 831 (832):

„... Der in der Gesellschafterversammlung vom 27.11.2001 von D gefasste Abberufungsbeschluss ist analog § 241 Nr. 1 AktG, der im GmbH-Gesetz entsprechend anwendbar ist ..., nicht nur anfechtbar, sondern mit Rücksicht auf die Vielzahl und das Gewicht der Einberufungsmängel, die einer Nichtladung des Klägers gleichkommen, nichtig. Die Nichtladung eines Gesellschafters ist ein Einberufungsmangel, der nach der vom Schrifttum geteilten gefestigten Rechtsprechung des Senats zur Nichtigkeit der in der Versammlung gefassten Gesellschafterbeschlüsse führt ... Die Ladung des Gesellschafters zur Gesellschafterversammlung dient der Sicherung eines für jeden Gesellschafter unverzichtbaren Gesellschafterrechts, seines Teilnahmerechts an der Gesellschafterversammlung und der damit verbundenen Einflussmöglichkeit auf die Willensbildung der Gesellschaft... Das Teilnahmerecht geht über das Recht, an der Abstimmung der Gesellschaft mitzuwirken, hinaus und ist auch dann unentziehbar und deshalb zu gewährleisten, wenn – wie hier – der Gesellschafter in der Versammlung nicht stimmberechtigt ist... Erschwert eine Ladung dem Gesellschafter seine Teilnahme in einer Weise, die der Verhinderung seiner Teilnahme gleichkommt, wird ihm die Ausübung dieses unverzichtbaren Gesellschafterrechts ebenso entzogen wie im Fall der Nichtladung. ... So liegt der Fall hier. Selbst wenn der Kläger, was er bestreitet, die E-Mail noch am Abend des 26.11.2001 zur Kenntnis genommen hätte, war ihm eine sachgerechte Ausübung seines Teilnahmerechts in einer seiner Nichtladung gleichkommenden Weise unmöglich. ... Gleichgültig ist, ob der Beschluss auch ohne den nichtigkeitsbegründenden Einberufungsmangel zu Stande gekommen wäre ..., so dass es selbst vom Standpunkt des Berufungsgerichts, der Beschluss sei lediglich anfechtbar, auf die der Sache nach verfehlten Kausalitätserwägungen ... nicht ankommt. ...“

b) Adressat der Ladung

181 Das Einberufungsschreiben ist nach dem Sinn und Zweck der Ladung an sämtliche Gesellschafter und darunter auch an die nicht stimmberechtigten Gesellschafter zu richten.[386] Wer als Gesellschafter zu behandeln ist, richtet sich insbesondere nach § 16 GmbHG.[387]

OLG Düsseldorf, Urt. v. 24. August 1995 – 6 U 124/94 –, NJW-RR 1996, S. 607 (609):

„... Zu richten ist die Einladung zu einer Gesellschafterversammlung – wie bereits erwähnt – an die Gesellschafter der GmbH, wobei die Frage, wer als Gesellschafter anzusehen ist, unter Berücksichtigung der gesetzlichen Fiktion des § 16 Abs. 1 GmbHG zu beantworten ist. ...“

182 Liegt auch in der Übergehung eines danach teilnahmeberechtigten Gesellschafters ein (unabhängig von den Mehrheitsverhältnissen zur Nichtigkeit führender)[388] Mangel, so kommt es doch für die Ordnungsmäßigkeit der Ladung und für den Lauf der Frist nicht auf den Zugang des Ladungsschreibens an, sondern auf die Aufgabe des ent-

---

385 BGH, NJW-RR 2006, S. 831; *Bayer,* in: Lutter/Hommelhoff, GmbHG, § 47 Anh. Rn 13; *Raiser,* in: Ulmer, § 47 Anh. Rn 44; *Roth,* in: Roth/Altmeppen, GmbHG, § 47 Rn 103.

386 BGH, NJW 1971, S. 2225; *Zöllner,* in: Baumbach/Hueck, GmbHG, § 51 Rn 3.

387 OLG Düsseldorf, NJW-RR 1996, S. 607 (609); *Zöllner,* in: Baumbach/Hueck, GmbHG, 20. Aufl., § 51 Rn 3.

388 BGH, NJW 1954, S. 385 (386); *Bayer,* in: Lutter/Hommelhoff, GmbHG, § 47 Anh. Rn 10; *Raiser,* in: Ulmer, § 47 Anh. Rn 34; *Wertenbruch,* in: MünchKomm-GmbHG, § 47 Anh. Rn 18.

sprechenden Schreibens zur Post.[389] Allerdings kann die Satzung insofern anderes vorsehen.

KG, Beschl. v. 13. Mai 1965 – 1 W 848/65 –, NJW 1965, S. 2157 (2158):

„... Mit der Rüge, dass die Einladung dem Gesellschafter F. erst am 14.1.1965 zugegangen, also nicht, wie in § 51 Abs. 1 GmbHG vorgeschrieben, mit einer Frist von mindestens einer Woche bewirkt worden sei, verkennt die weitere Beschwerde den Inhalt dieser Vorschrift. Die Frist ist nicht von dem Eingang der Einladung, sondern von ihrer Aufgabe zur Post an zu berechnen. ...“

Maßgebend für die Notwendigkeit der Ladung einer Person ist nach den vorstehenden Erwägungen nur das Teilnahmerecht des Gesellschafters. Auf das Stimmrecht kommt es dagegen auch wegen des ebenfalls zu beachtenden Rederechts nicht an.[390] 183

BGH, Urt. v. 13. Februar 2006 – II ZR 200/04 –, NJW-RR 2006, S. 831 (832):

„... Die Ladung des Gesellschafters zur Gesellschafterversammlung dient der Sicherung eines für jeden Gesellschafter unverzichtbaren Gesellschafterrechts, seines Teilnahmerechts an der Gesellschafterversammlung und der damit verbundenen Einflussmöglichkeit auf die Willensbildung der Gesellschaft... Das Teilnahmerecht geht über das Recht, an der Abstimmung der Gesellschaft mitzuwirken, hinaus und ist auch dann unentziehbar und deshalb zu gewährleisten, wenn – wie hier – der Gesellschafter in der Versammlung nicht stimmberechtigt ist. ...“

Ist ein Gesellschafter aufgrund bestimmter Umstände nicht zur Teilnahme an einer Gesellschafterversammlung berechtigt und tritt auch keine andere Person an seine Stelle, wie zB der Insolvenzverwalter oder ein gesetzlicher Vertreter, erübrigt sich die betreffende Ladung.[391] 184

Die Ladung ist an die seitens des betreffenden Gesellschafters der Gesellschaft mitgeteilte Adresse zu richten. Da die Gesellschafterliste nicht alle zur ladungsfähigen Anschrift erforderlichen Angaben enthalten muss, sondern insofern die Angabe der politischen Gemeinde des Wohnsitzes ausreicht, kann es auf den Inhalt der Gesellschafterliste für die bei der Ladung zu verwendende Adresse nicht in jeder Hinsicht und alle Einzelheiten betreffend ankommen. Hinzu kommt, dass die Änderung der Gesellschafterliste uU zu spät käme. Stellt man hingegen auf eine seitens des Gesellschafters mitgeteilte Anschrift ab, so bleibt den Gesellschaftern die Möglichkeit, ohne großen Aufwand durch Benennung einer anderen Anschrift etwa für längere Urlaube oder Studienaufenthalte im Ausland Vorsorge zu treffen. Die alternativ möglichen Nachsendeaufträge gingen nicht nur mit unnötigen Verzögerungen, sondern auch mit einem höheren Risiko des Nichterreichens einher.[392] 185

Verwendet die Gesellschaft für die Ladung eine andere als die ihr seitens des Gesellschafters mitgeteilte Adresse, kommt das der Nichtladung gleich und hat die Nichtigkeit der anlässlich der betreffenden Gesellschafterversammlung gefassten Beschlüsse zur Folge.[393] Aus Gründen der Rechtsklarheit und -sicherheit kann es auch hier nicht darauf ankommen, ob der nicht ordnungsgemäß geladene Gesellschafter von der La- 186

389 KG, NJW 1965, S. 2157 (2158); *Meyer-Landrut,* GmbHG, § 51 Rn 4; *Roth,* in: Roth/Altmeppen, GmbHG, § 51 Rn 5; *Zöllner,* in: Baumbach/Hueck, GmbHG, § 51 Rn 3.

390 BGH, NJW-RR 2006, S. 831 (832).

391 *Zöllner,* in: Baumbach/Hueck, GmbHG, § 51 Rn 3.

392 *Zöllner,* in: Baumbach/Hueck, GmbHG, § 51 Rn 4; anders allerdings *Bayer,* in: Lutter/Hommelhoff, GmbHG, § 51 Rn 6.

393 *Zöllner,* in: Baumbach/Hueck, GmbHG, § 51 Rn 4 a (str.).

dung erfahren hat. Vielmehr sind lediglich die Voraussetzungen einer Heilung zu prüfen.

187 Ist die mitgeteilte Anschrift unrichtig geworden, braucht sich die Gesellschaft ohne Weiteres nicht um eine richtige Adresse zu bemühen.[394] Vielmehr gehört die Mitteilung einer ladungsfähigen Anschrift zu der dem Gesellschafter in eigener Verantwortung obliegenden Wahrnehmung seiner Mitgliedschaftsrechte. Erst recht muss die Gesellschaft nicht zwecks ordnungsgemäßer Ladung die Bestellung eines Abwesenheitspflegers nach § 1911 BGB betreiben.[395] Auch bedarf es nicht einer öffentlichen Zustellung der Ladung.[396] Für die Frage, wie lange die mitgeteilte Anschrift maßgebend ist, kommt es aus Gründen der Rechtssicherheit auf eine neue Mitteilung des Gesellschafters an: Ladungen sind so lange an die mitgeteilte Adresse zu richten, wie zum einen die Mitgliedschaft des betreffenden Gesellschafters fortdauert und zum anderen der Gesellschafter der Gesellschaft keine neue Anschrift zwecks Ladung mitgeteilt hat.[397]

188 Da es für die Wirksamkeit der Ladung und den Fristlauf von Gesetzes wegen – wie oben (Rn 182) ausgeführt – nicht auf den Zugang des entsprechenden Schreibens ankommt, sondern auf die Aufgabe zur Post, ist die Ladung – vorbehaltlich einer anderen Regelung in der Satzung – auch dann ordnungsgemäß erfolgt, wenn der ordnungsgemäß adressierte und aufgegebene Einschreibebrief als unzustellbar zurückkommt. Die Sorge für die Zustellungsfähigkeit der angegebenen Anschrift gehört zu der dem Gesellschafter in eigener Verantwortung obliegenden Wahrnehmung seiner Mitgliedschaftsrechte.[398] Es gibt keine Rechtsgrundlage für die Bestellung eines mit der Wahrnehmung der Mitgliedschaftsrechte in der Gesellschafterversammlung betrauten Vertreters seitens des Registergerichts auf Antrag eines Beteiligten. In Betracht kommt allenfall die Bestellung eines Pflegers.[399]

189 Weder die Ladung einer nicht teilnahmeberechtigten Person[400] noch diejenige eines Scheingesellschafters[401] führt zur Unwirksamkeit der Ladung mit der Folge der Nichtigkeit der in der Folge gefassten Beschlüsse. In Betracht kommt hier aber eine Anfechtung wegen eines Gesetzes- oder Satzungsverstoßes (§ 243 Abs. 1 AktG analog). Das ist insbesondere dann zu erwägen, wenn bestimmte vertrauliche Gesichtspunkte aufgrund der Anwesenheit nicht teilnahmeberechtigter Personen nicht erörtert werden konnten, zumal hier die Kausalität naheliegt, jedenfalls aber nicht ausgeschlossen werden kann.

190 Im Falle des Todes eines Gesellschafters richtet sich die Ladung nach den der Gesellschaft bekannt gewordenen Umständen: Ist der Gesellschaft der Tod des Gesellschafters unbekannt geblieben, reicht die Ladung des Verstorbenen unter der mitgeteilten

394 *Zöllner,* in: Baumbach/Hueck, GmbHG, § 51 Rn 4 a.

395 *Hüffer,* in: Ulmer, GmbHG, § 51 Rn 7; *Zöllner,* in: Baumbach/Hueck, GmbHG, § 51 Rn 4 a; anders *Bayer,* in: Lutter/Hommelhoff, GmbHG, § 51 Rn 10; *Beckmann,* DNotZ 71, S. 132; *Meyer-Landrut,* GmbHG, § 51 Rn 6; *Roth,* in: Roth/Altmeppen, GmbHG, § 51 Rn 5.

396 *Hüffer,* in: Ulmer, GmbHG, § 51 Rn 7; *Zöllner,* in: Baumbach/Hueck, GmbHG, § 51 Rn 4 a.

397 *Hüffer,* in: Ulmer, GmbHG, § 51 Rn 8; *K. Schmidt/Seibt,* in: Scholz, GmbHG, § 51 Rn 8; *Roth,* in: Roth/Altmeppen, GmbHG, § 51 Rn 5; *Zöllner,* in: Baumbach/Hueck, GmbHG, § 51 Rn 4 a.

398 KG, JW 1936, S. 335; OLG Düsseldorf, GmbHR 1990, S. 266; OLG München, DB 1994, S. 320; *Zöllner,* in: Baumbach/Hueck, GmbHG, § 51 Rn 4 b.

399 *Zöllner,* in: Baumbach/Hueck, GmbHG, § 51 Rn 4 b; anders *Beckmann,* DNotZ 71, S. 132 (133); *Schmitz,* GmbHR 1971, S. 226 (228).

400 *Römermann,* in: Michalski, GmbHG, § 47 Anh. Rn 97; *Wertenbruch,* in: MünchKomm-GmbHG, § 47 Anh. Rn 30.

401 *Zöllner,* in: Baumbach/Hueck, GmbHG, § 51 Rn 5.

Anschrift aus.[402] Hat die Gesellschaft zwar von dem Tod des Gesellschafters erfahren, kennt aber die Erben nicht, bedarf es einer Nachlasspflegschaft im Sinne des § 1960 BGB, und zwar uU beschränkt auf die Wahrnehmung der Mitgliedschaftsrechte.[403] Stets wirksam ist allerdings die Ladung solcher Personen, die durch einen Erbschein als Erben ausgewiesen sind. Insofern findet § 2367 BGB analoge Anwendung.[404]

Grundsätzlich sind Gesellschafter persönlich zur Gesellschafterversammlung zu laden.[405] In den Fällen der ungeteilten Mitberechtigung im Sinne des § 18 Abs. 1 GmbHG genügt allerdings nach § 18 Abs. 3 GmbHG die Ladung gegenüber einem der Mitberechtigten in seiner Funktion als Mitberechtigter.[406] 191

Zu beachten sind gesetzliche Vertretungen: Bei Minderjährigen ist dementsprechend der gesetzliche Vertreter zu laden.[407] Hingegen sind mit Rücksicht auf die grundsätzlich fortbestehende Geschäftsfähigkeit Betreuter sowohl der Betreute selbst als auch dessen Betreuer als gesetzlicher Vertreter zu laden. Anderes gilt nur im Falle einer Geschäftsunfähigkeit, zB wegen Einwilligungsvorbehalts. Hier ist die Ladung nur des Betreuers erforderlich.[408] Im Falle einer Abwesenheits- oder Nachlasspflegschaft ist der bestellte Pfleger[409] und bei einer Testamentsvollstreckung ist der Testamentsvollstrecker[410] zu laden. 192

Im Falle der Insolvenz eines Gesellschafters ist mit Rücksicht auf den Insolvenzverwalter fraglich, wie die Ladung des Gesellschafters zu bewirken ist, wenn der Gesellschafter nicht schon mit der Eröffnung des Insolvenzverfahrens über sein Vermögen wirksam ausgeschieden und deshalb nicht mehr als Gesellschafter zur Teilnahme an der Versammlung berechtigt ist. Dabei muss die Ladung keineswegs in jedem Fall an den Insolvenzverwalter adressiert werden, sondern es ist danach zu unterscheiden, ob eine Geschäftsadresse vorhanden ist. So genügt ein an die Geschäftsadresse gerichtetes Ladungsschreiben, wenn es sich bei dem insolventen Gesellschafter seinerseits um eine Gesellschaft mit einer Geschäftsadresse handelt, weil man davon ausgehen kann, dass der Insolvenzverwalter hier aufgrund seiner Verwaltungs- und Verfügungsbefugnis über die Geschäftsräume von dem Ladungsschreiben rechtzeitig Kenntnis erhält.[411] 193

OLG Düsseldorf, Urt. v. 24. August 1995 – 6 U 124/94 –, NJW-RR 1996, S. 607 (609 f):

„... Die Nichtigkeitsklage des Klägers zu 1 ist nicht begründet, da der von ihm diesbezüglich allein erhobene Einwand, die Gesellschafterversammlung der Beklagten vom 18.8.1993, auf der der angegriffene Einziehungsbeschluss gefasst worden ist, sei mangels

402 *Zöllner,* in: Baumbach/Hueck, GmbHG, § 51 Rn 5 (str.).
403 KG, NJW 1965, S. 1719 zur Beschränkung auf einzelne Gegenstände; *Roth,* in: Roth/Altmeppen, GmbHG, § 51 Rn 5; *Liebscher,* in: MünchKomm-GmbHG, § 51 Rn 15; Marotzke, in: Staudinger, BGB, § 1960 Rn 28; *K. Schmidt/Seibt,* in: Scholz, GmbHG, § 51 Rn 8; *Zöllner,* in: Baumbach/Hueck, GmbHG, § 51 Rn 6.
404 *K. Schmidt/Seibt,* in: Scholz, GmbHG, § 51 Rn 8; *Zöllner,* in: Baumbach/Hueck, GmbHG, § 51 Rn 6.
405 *Zöllner,* in: Baumbach/Hueck, GmbHG, § 51 Rn 7.
406 *Zöllner,* in: Baumbach/Hueck, GmbHG, § 18 Rn 9 und § 51 Rn 7.
407 *Zöllner,* in: Baumbach/Hueck, GmbHG, § 51 Rn 7.
408 *Zöllner,* in: Baumbach/Hueck, GmbHG, § 51 Rn 7.
409 *Zöllner,* in: Baumbach/Hueck, GmbHG, § 51 Rn 7.
410 *Zöllner,* in: Baumbach/Hueck, GmbHG, § 51 Rn 7.
411 OLG Düsseldorf, NJW-RR 1996, S. 607 (609 f); *Wertenbruch,* in: MünchKomm-GmbHG, § 47 Anh. Rn 114; weitergehend unter Hinweis auf das nicht von der Gesellschaft zu tragende Risiko des Empfangs der Ladung *Zöllner,* in: Baumbach/Hueck, GmbHG, § 51 Rn 7.

einer an ihn – den Kläger zu 1 – gerichteten Einladung nicht ordnungsgemäß einberufen worden, im Ergebnis nicht gerechtfertigt ist. Allerdings führt in der Tat eine Verletzung der wesentlichen Regeln über die Einberufung der Gesellschafterversammlung einer GmbH in entsprechender Anwendung des § 241 Nr. 1 AktG zur Nichtigkeit der auf einer solchen Versammlung gefaßten Beschlüsse. ... Dies gilt namentlich auch dann, wenn die Einberufung der Gesellschafterversammlung nicht an alle Gesellschafter gerichtet war, wenn also ein oder mehrere Gesellschafter zu der Versammlung nicht eingeladen worden sind. ... Ein derartiger Einberufungsmangel liegt im vorliegenden Fall jedoch nicht vor. Die hierzu berufene Geschäftsführung der Beklagten hat mittels eingeschriebener Briefe vom 10.8.1993 zu der Gesellschafterversammlung vom 18.8.1993 eingeladen, wobei die Einladungsschreiben an die Vorstände der T-AG und der S-AG gerichtet waren. Diese so adressierten Einladungen waren an die richtigen Empfänger gerichtet. Dies gilt insbesondere auch für das an den Vorstand der S-AG adressierte Einladungsschreiben. Zu richten ist die Einladung zu einer Gesellschafterversammlung – wie bereits erwähnt – an die Gesellschafter der GmbH, wobei die Frage, wer als Gesellschafter anzusehen ist, unter Berücksichtigung der gesetzlichen Fiktion des § 16 Abs. 1 GmbHG zu beantworten ist... Handelt es sich dabei bei dem Gesellschafter um eine juristische Person, so muß die Einladung an ihr vertretungsberechtigtes Organ gehen. ... Wie bereits im einzelnen ausgeführt worden ist ..., galt zu dem hier maßgeblichen Zeitpunkt im Mai 1993 im Verhältnis zur Beklagten – neben der T-AG – weiterhin die S-AG als Gesellschafterin der Beklagten Dies folgt aus § 16 Abs. 1 GmbHG, der im Falle einer Abtretung der Geschäftsanteile im Verhältnis zur Gesellschaft die Gesellschafterstellung des Veräußerers der Anteile solange fingiert, bis die Veräußerung ordnungsgemäß bei der Gesellschaft unter Nachweis der Übertragung angemeldet worden ist. Zu richten war die Einladung zur Gesellschafterversammlung daher an das vertretungsberechtigte Organ der zu diesem Zeitpunkt bereits in Konkurs befindlichen S-AG. Zur Erfüllung dieses Erfordernisses reichte es im vorliegenden Fall trotz des Konkurses der S-AG aus, die Einladung an den Vorstand der Gemeinschuldnerin zu adressieren. Der Senat verkennt nicht, dass nach der Eröffnung des Konkursverfahrens über das Vermögen der S-AG das Verwaltungs- und Verfügungsrecht über das gesamte zur Konkursmasse gehörende Vermögen der Gemeinschuldnerin gem. §§ 6, 117 KO auf die Konkursverwalter übergegangen ist. Dies galt und gilt – entgegen der Auffassung des LG – auch in bezug auf die hier in Rede stehenden Beteiligungsrechte der Gemeinschuldnerin an der Beklagten, bezüglich deren die Verwaltungs- und Verfügungsmacht dem Kläger zu 1 übertragen worden ist. Mögen nämlich die ursprünglich von der S-AG gehaltenen Geschäftsanteile an der Beklagten selbst nicht in die Konkursmasse gefallen sein, weil die S-AG sie zuvor wirksam an die Klägerin zu 2 abgetreten hat, so gilt gleiches nicht auch für die an die Geschäftsanteile geknüpften Mitgliedschaftsrechte, als deren Inhaberin kraft der gesetzlichen Fiktion des § 16 Abs. 1 GmbHG weiterhin die S-AG anzusehen ist. Diese Rechte stellen – wie ebenfalls bereits ausgeführt worden ist (vgl A I 1 a) – einen realen Vermögenswert dar, der mit der Konkurseröffnung in die Konkursmasse gefallen ist mit der Folge, dass die Verwaltung und Wahrnehmung der fiktiven Gesellschafterstellung seit dem Zeitpunkt der Konkurseröffnung allein dem Kläger zu 1 zusteht. Gleichwohl ist hier die nicht an den Kläger zu 1, sondern den Vorstand der S-AG adressierte Einladung im Ergebnis nicht zu beanstanden. Zu beachten ist nämlich, dass die vorbeschriebenen formalen Anforderungen, die an die Adressierung der Einladung zur Gesellschafterversammlung zu stellen sind, nicht irgendeinem Selbstzweck dienen; vielmehr soll mit ihnen – wie sich aus dem Wesen und der Funktion der Einladung ergibt – sichergestellt werden, dass die Einladung auch tatsächlich der zur

Vertretung berechtigten Person bzw dem zur Vertretung berechtigten Organ des nicht selbst geschäftsfähigen Gesellschafters zugeht. Ein Zugang der Einladung im vorgenannten Sinn ist dabei nach den allgemeinen Regeln dann anzunehmen, wenn die Einladung so in den Machtbereich des Empfängers gelangt ist, dass dieser unter normalen Umständen die Möglichkeit hat, von ihrem Inhalt Kenntnis zu nehmen. ... Im Ergebnis kommt es also entscheidend darauf an, ob die Einladung zur Gesellschafterversammlung in den Machtbereich des Klägers zu 1 gelangt ist, so dass unter gewöhnlichen Umständen erwartet werden konnte, dass dieser von ihr Kenntnis nahm. Gerade dies war jedoch trotz der Adressierung der Einladung an den nach Konkurseröffnung auch zur Wahrnehmung der Gesellschafterrechte nicht mehr vertretungsberechtigten Vorstand der S-AG der Fall. Unstreitig nahm der Kläger zu 1 die ihm in bezug auf den Konkurs der S-AG zugewachsenen Aufgaben in den Geschäftsräumen der Gemeinschuldnerin, also genau unter der Anschrift wahr, an die die Einladung auch gesandt worden ist. Damit war unter den hier gegebenen Umständen nach dem gewöhnlichen Lauf der Dinge zu erwarten, dass der Kläger zu 1 von dem Einladungsschreiben auch tatsächlich Kenntnis erhielt, wenngleich in ihm der Vorstand der Gemeinschuldnerin als Empfangsvertreter der S-AG genannt war. Diese Adressierung kommt nämlich – auch aus Sicht des Empfängers – bei verständiger Würdigung die Bedeutung zu, dass die Einladung an das vertretungsberechtigte Organ der S-AG gerichtet werden sollte. Geht aber – wie hier – im Falle eines Konkurses der Aktiengesellschaft der Vorstand gerade dieser gesetzlichen Vertreterstellung in bezug auf das zur Konkursmasse gehörende Vermögen verlustig und tritt praktisch an seine Stelle der kraft seines Amtes das Verwaltungs- und Verfügungsrecht ausübende Konkursverwalter, so kann in aller Regel davon ausgegangen werden, dass dieser aufgrund seines Verwaltungsrechts von der eingehenden Post, insbesondere den an den Vorstand der Gemeinschuldnerin gerichteten Schreiben Kenntnis erhält. ...“

Anderes gilt nach zutreffender Auffassung für Privatadressen: Handelt es sich bei dem insolventen Gesellschafter um eine natürliche Person, genügt eine Ladung des Gesellschafters unter dessen Privatanschrift schon deshalb nicht, weil hier auch unter Berücksichtigung der Verwaltungs- und Verfügungsbefugnis des Insolvenzverwalters nicht mit einem (rechtzeitigen) Zugang bei ihm gerechnet werden kann. Dann kommt es darauf an, ob dem Insolvenzverwalter die Ladung dennoch rechtzeitig zugegangen ist. Nur im Falle einer Geschäftsadresse ist das auch für den Fall einer natürlichen Person als insolventer Gesellschafter anders, weil hier nämlich die Überlegungen zur Verwaltungs- und Verfügungsbefugnis des Insolvenzverwalters sowie zu Geschäftsräumen einer Gesellschaft als zu ladender Person wieder gelten.[412] 194

Enthält die Satzung keine anderslautende Bestimmung, kann der Gesellschafter der Gesellschaft die Bevollmächtigung eines Dritten zur Ausübung des Stimmrechts nach § 47 Abs. 3 GmbHG mitteilen. Liegt eine solche Mitteilung vor, kann dessen Ladung genügen. Allerdings ist das nur dann der Fall, wenn der Gesellschafter zu erkennen gibt, dass er nur die Ladung des Bevollmächtigten wünscht. Davon ist etwa dann auszugehen, wenn er mitteilt, er habe den Dritten mit der Wahrnehmung aller Angelegenheiten in Zusammenhang mit Gesellschafterversammlungen betraut oder er habe ihn auch zum Empfang der Ladung bevollmächtigt. Anderes gilt hingegen bei 195

412 So überzeugend *Wertenbruch*, in: MünchKomm-GmbHG, § 47 Anh. Rn 114; anders *Zöllner*, in: Baumbach/Hueck, GmbHG, § 51 Rn 7 mit Rücksicht auf das der GmbH angeblich nicht zumutbare Empfangsrisiko.

einer bloßen Mitteilung der Stimmrechtsvollmacht. Hier bedarf es der Ladung des Gesellschafters selbst.[413]

196 Für die Ladung ohne Bedeutung ist eine bloße (Ver-)Pfändung des Geschäftsanteils, weil dem Pfandrechtsgläubiger kein Recht zur Ausübung der Mitgliedschaftsrechte zusteht.[414] Ebenso wenig bedarf es mangels Stimmrechts der Ladung des Nießbrauchers.[415]

197 Von der Einberufung der Gesellschafterversammlung und der hierzu gehörenden Ladung der teilnahmeberechtigten Gesellschafter ist die Ladung teilnahmeberechtigter Nicht-Gesellschafter zu unterscheiden.[416] Die Erforderlichkeit solcher Ladungen kann sich sowohl aus der Satzung als auch aus dem Gesetz ergeben. So ist etwa bei einem obligatorischen Aufsichtsrat § 118 Abs. 2 AktG zu beachten. Hier genügt grundsätzlich die formlose Mitteilung des Termins und der Tagesordnung sowie die Wahrung einer mit Rücksicht auf die Sache angemessenen Frist. Verstöße gegen die entsprechenden Bestimmungen haben lediglich die Anfechtbarkeit zur Folge nicht die Nichtigkeit nachfolgender Beschlüsse,[417] während die übrigen Fehler in Zusammenhang mit der Adressierung der Ladung oftmals einer Nichtladung gleichkommen werden und damit zur Nichtigkeit führen.

c) Eingeschriebener Brief, § 51 Abs. 1 S. 1 GmbHG

198 § 51 Abs. 1 S. 1 GmbHG sieht vor, dass die Einberufung der Gesellschafterversammlung mittels eingeschriebenen Briefs zu erfolgen hat. Das setzt einerseits die Form eines Briefs, andererseits ein Einschreiben voraus.

Die gesetzliche Form eines Briefs bedeutet zunächst einmal eine schriftliche, in Papier verkörperte Einladung. Eine Einladung per E-Mail oder in sonstiger Textform reicht gemäß § 51 Abs. 1 S. 1 GmbHG nicht aus.[418] Im Hinblick auf die Möglichkeit, die Berechtigung des Einladenden zu prüfen, muss das Einladungsschreiben seinen Urheber erkennen lassen, wobei die Nennung der bloßen Funktion grundsätzlich nicht ausreicht, sondern es der namentlichen Bezeichnung bedarf.[419] Anderes kann nur dann gelten, wenn die Funktionsbezeichnung ausnahmsweise die Identifizierung des Urhebers unzweifelhaft ermöglicht. Ferner bedarf es der Unterzeichnung des Ladungsschreibens, denn erst dieser Akt lässt die Übernahme der Verantwortung durch die einberufende Person eindeutig erkennen. Ein bloßer Firmenstempel reicht dafür nicht aus.[420] Während hinsichtlich der Namensnennung eine Ausnahme gerechtfertigt ist, wenn an der Identität des Urhebers keine Zweifel bestehen, kann es für das Erfordernis der Unterzeichnung mit Rücksicht auf den dahinter stehenden Gedanken der Verantwortungsübernahme nicht darauf ankommen, ob an der Verantwortungs-

413 *K. Schmidt/Seibt*, in: Scholz, GmbHG, § 51 Rn 7; *Zöllner*, in: Baumbach/Hueck, GmbHG, § 51 Rn 8; anders *Meyer-Landrut*, GmbHG, § 51 Rn 2.

414 *Zöllner*, in: Baumbach/Hueck, GmbHG, § 47 Rn 35 (zum Stimmrecht) und § 51 Rn 9 (zur Ladung).

415 *K. Schmidt/Seibt*, in: Scholz, GmbHG, § 47 Rn 18; *Zöllner*, in: Baumbach/Hueck, GmbHG, § 47 Rn 35 (zum Stimmrecht unter Hinweis auf Abspaltungsverbot, str.) § 51 Rn 9 (zur Ladung); anders *Schön*, ZHR 158 (1994), S. 229.

416 *Zöllner*, in: Baumbach/Hueck, GmbHG, § 51 Rn 10.

417 *Zöllner*, in: Baumbach/Hueck, GmbHG, § 51 Rn 10.

418 Allgemeine Auffassung, vgl nur *Zöllner*, in: Baumbach/Hueck, GmbHG, § 51 Rn 11.

419 *Zöllner*, in: Baumbach/Hueck, GmbHG, § 51 Rn 11; anders allerdings *Bergjan*, in: HK-GmbHG, § 51 Rn 7.

420 BGH, NZG 2006, S. 349 (350); *Roth*, in: Roth/Altmeppen, GmbHG, § 51 Rn 2; *Zöllner*, in: Baumbach/Hueck, GmbHG, § 51 Rn 11; anders *Bayer*, in: Lutter/Hommelhoff, GmbHG, § 51 Rn 11; *Römermann*, in: Michalski, GmbHG, § 51 Rn 38.

übernahme aufgrund anderer Umstände keine Zweifel bestehen: Nur die Unterzeichnung lässt den Empfänger der Ladung nämlich die Übernahme der Verantwortung zweifelsfrei erkennen.[421]

> **BGH, Urt. v. 13. Februar 2006 – II ZR 200/04 –, NZG 2006, S. 349** (350):
> „... Das hält revisionsrechtlicher Überprüfung nicht stand. Der in der Gesellschafterversammlung vom 27.11.2001 von Herrn D gefasste Abberufungsbeschluss ist analog § 241 Nr. 1 AktG, der im GmbH-Gesetz entsprechend anwendbar ist ..., nicht nur anfechtbar, sondern mit Rücksicht auf die Vielzahl und das Gewicht der Einberufungsmängel, die einer Nichtladung des Klägers gleichkommen, nichtig. Die Nichtladung eines Gesellschafters ist ein Einberufungsmangel, der nach der vom Schrifttum geteilten gefestigten Rechtsprechung des Senats zur Nichtigkeit der in der Versammlung gefassten Gesellschafterbeschlüsse führt... Die Ladung des Klägers am Vorabend des 27.11.2001 um 20.37 Uhr per E-Mail ohne Unterschrift erfüllt nicht die gesetzlichen Mindestanforderungen, die an die ordnungsgemäße Einberufung einer Gesellschafterversammlung zu stellen sind. ... Mangels abweichender Regelungen im Gesellschaftsvertrag der Gemeinschuldnerin, der in § 7 Nr. 2 nur die „ordnungsgemäße" Ladung voraussetzt und damit auf die gesetzlichen Vorschriften (§ 51 GmbHG) verweist, hatte die Ladung des Klägers durch eingeschriebenen, unterschriebenen Brief ... zu erfolgen (§ 51 Abs. 1 S. 1 GmbHG), war mit einer Frist von einer Woche zu bewirken (§ 51 Abs. 1 S. 2 GmbHG; ...) und die Tagesordnung musste dem Klägergem. § 51 Abs. 3 GmbHG – ebenfalls durch eingeschriebenen Brief – mindestens drei Tage vor der Gesellschafterversammlung mitgeteilt werden. ..."

Was unter dem in § 51 Abs. 1 S. 1 GmbHG vorgesehenen Einschreiben über die **199** Briefform hinaus zu verstehen ist, richtet sich mangels gesetzlicher Vorschriften nach den Regelungen in den AGB Brief National der Deutschen Post AG[422] sowie den entsprechenden Bestimmungen der konkurrierenden Zustelldienste mit Erlaubnis gemäß § 5 Abs. 1 PostG.[423] In gewisser Weise kommt die von Einzelheiten absehende Regelung des § 51 Abs. 1 S. 1 GmbHG damit einer verfassungsrechtlich nicht unbedenklichen dynamischen Verweisung des Gesetzgebers gleich. Maßgebend im Sinne einer gesetzlichen Mindestanforderung ist, dass die Auslieferung des (eingeschriebenen) Briefs an den Empfänger dokumentiert und hierüber ein Nachweis erteilt wird.[424] Zweifelhaft ist mit Rücksicht auf die vorstehenden Erwägungen, ob das am 1. September 1997 eingeführte Einwurfeinschreiben den Anforderungen des § 51 Abs. 1 S. 1 GmbHG genügt, denn hier wirft der Zusteller den Einschreibebrief beim Empfänger ein und vermerkt dies auf einem nicht für den Absender bestimmten Beleg. Der Absender wiederum kann sich nach einiger Zeit bei einem Call-Center über den Einwurf erkundigen. Es mag zwar sein, dass diese Praxis der Zustelldienste nicht nur zu einer Vereinfachung geführt hat, sondern auch mit größeren Unsicherheiten einhergeht. Jedoch ist demgegenüber zu berücksichtigen, dass der Gesetzgeber § 51 Abs. 1 S. 1 GmbHG ungeachtet der allseits bekannten Änderung der Praxis der Zustelldienste im Zusammenhang mit Einschreiben nicht geändert und präzisiert hat. Dementsprechend muss der weite Gesetzeswortlaut maßgebend bleiben und kann ein dahinter zurückbleibender Wille des Gesetzgebers, der zu einer teleologischen Reduk-

---

421 *Zöllner,* in: Baumbach/Hueck, GmbHG, § 51 Rn 11; anders *K. Schmidt/Seibt,* in: Scholz, GmbHG, § 51 Rn 13.
422 *Zöllner,* in: Baumbach/Hueck, GmbHG, § 51 Rn 12.
423 *Zöllner,* in: Baumbach/Hueck, GmbHG, § 51 Rn 12.
424 *Kunz/Rubel,* GmbHR 2011, S. 849; *Zöllner,* in: Baumbach/Hueck, GmbHG, § 51 Rn 12.

tion zwänge, nicht festgestellt werden. Auch das Einwurfeinschreiben reicht also im Rahmen des § 51 Abs. 1 S. 1 GmbHG aus.[425]

LG Mannheim, Urt. v. 8. März 2007 – 23 O 10/06 –, NZG 2008, S. 111 (112):

„... § 51 Abs. 1 GmbHG verlangt eine Einladung durch Einschreiben. Insoweit wird zwar überwiegend die Auffassung vertreten, dass hier ein Einwurfeinschreiben nicht genügt, sondern ein Übergabeeinschreiben erforderlich ist... Zwar mag insoweit das Argument zutreffen, dass die Seriosität des Einwurfeinschreibens als Ladungsmittel, auf die es ankommt, da die Wirksamkeit gerade nicht vom Zugang der Ladung abhängt, am ehesten dem alten Einschreibebrief gleich kommt, den es alleine bei Inkrafttreten des § 51GmbHG gab... Dieser Auffassung steht aber zunächst der Wortlaut des § 51 Abs. 1 GmbHG gegenüber, der nicht zwischen den verschiedenen Einschreibearten unterscheidet. Insoweit ist zu berücksichtigen, dass die Vorschriften auch von nicht rechtskundigen Geschäftsführern angewendet werden müssen, die anhand des Gesetzeswortlauts nicht in der Lage sind, die Notwendigkeit einer besonderen Einschreibeart zu erkennen. Da es seit 1.9.1997 zwei verschiedene Einschreibearten gibt, wäre es für den Gesetzgeber ohne Weiteres naheliegend gewesen, bei einer der seither erfolgten zahlreichen Änderungen des GmbH-Gesetzes deutlich zu machen, dass entgegen dem Wortlaut nur eine bestimmte Art des Einschreibens zulässig sein soll. Da dies nicht geschehen ist, ist nach Auffassung der Kammer auch die Verwendung eines Einwurfeinschreibens ausreichend. ...“

200 Werden bei der Ladung die Briefform und/oder die Einschreibeform nicht eingehalten, berechtigt dieser Einberufungsmangel zur Anfechtung. Allerdings muss die Einberufung nicht in der Form des § 51 Abs. 1 S. 1 GmbHG erfolgen, wenn die Satzung anderes vorsieht. Umgekehrt kann die Satzung auch strengere Anforderungen enthalten. So kann zB die Notwendigkeit eines Übergabeeinschreibens vorgesehen sein.[426]

201 Bei der Wahl der im Rahmen des § 51 Abs. 1 S. 1 GmbHG bzw einer abweichenden Regelung in der Satzung zulässigen Ladungsform ist eine mögliche Anfechtung im Blick zu behalten: Später kann es des Nachweises der ordnungsgemäßen Einberufung bedürfen, und der Einlieferungsschein erbringt zwar den Nachweis der gewählten Versendungsform, nicht aber für die Wahl der zutreffenden Anschrift oder gar für den Zugang.[427] Zu weniger Schwierigkeiten wird hier eine Zustellung durch den Gerichtsvollzieher führen, die nach dem Sinn und Zweck des § 51 Abs. 1 S. 1 GmbHG und mit Rücksicht auf das Vorgehen des zustellenden Gerichtsvollziehers der Ladung durch eingeschriebenen Brief gleichsteht.[428]

OLG Düsseldorf, Urt. v. 25. Februar 2000 – 16 U 59/99 –, NZG 2000, S. 1180 (1182):

„... Aus der bloßen Tatsache, dass die Einladung zu der Gesellschafterversammlung nicht – wie in § 7 IV GesV vorgesehen – mittels eingeschriebenen Briefs, sondern nur durch Gerichtsvollzieher erfolgt ist, folgt noch kein Einberufungsmangel. Die Gerichtsvollzieherzustellung ist im Hinblick auf die maßgeblich Frage der Sicherheit des Zugangs einer Versendung per Einschreiben gleichwertig. ...“

---

425 So iE zutreffend LG Mannheim, NZG 2008, S. 111 f (auf die mangelnde Erkennbarkeit einer differenzierenden Bedeutung des § 51 Abs. 1 S. 1 GmbHG aus der Sicht eines nicht rechtskundigen Geschäftsführers abstellend); *Emde,* GmbHR 2002, S. 8 (10); *K. Schmidt/Seibt,* in: Scholz, GmbHG, § 51 Rn 10; *Wertenbruch,* in: MünchKomm-GmbHG, § 47 Anh. Rn 115; anders *Bergjan,* in: HK-GmbHG, § 51 Rn 8; *Hüffer,* in: Ulmer, GmbHG, § 51 Rn 5; *Zöllner,* in: Baumbach/Hueck, GmbHG, § 51 Rn 12. Für Einschreiben mit Rückschein: *Römermann,* in: Michalski, GmbHG, § 51 Rn 89.

426 *Wertenbruch,* in: MünchKomm-GmbHG, § 47 Anh. Rn 115.

427 *Zöllner,* in: Baumbach/Hueck, GmbHG, § 51 Rn 12.

428 OLG Düsseldorf, NZG 2000, S. 1180 (1182); *Zöllner,* in: Baumbach/Hueck, GmbHG, § 51 Rn 12 aE.

d) Notwendiger Inhalt der Ladung, § 51 Abs. 2 GmbHG

Der notwendige Inhalt des Einberufungsschreibens ergibt sich zum einen aus § 51 Abs. 2 GmbHG, zum anderen aus dem Sinn und Zweck eines Ladungsschreibens. Weitere bzw andere Anforderungen können sich aus diesbezüglichen Bestimmungen der Satzung ergeben. 202

Das Einberufungsschreiben muss zunächst zutreffende Angaben zur Zeit und zum Ort der beabsichtigten Gesellschafterversammlung enthalten.[429] Dabei muss die gewählte Versammlungszeit verkehrs- und ortsüblich und deshalb zumutbar sein. Allerdings bedeutet das keineswegs, dass eine Ladung zur Gesellschafterversammlung an einem Sonn- oder Feiertag stets unzulässig ist. Vielmehr kommt es auch hier darauf an, ob die Satzung eine entgegenstehende Bestimmung enthält oder Veranstaltungen an den konkret gewählten Feiertagen nicht verkehrs- und ortsüblich und deshalb unzumutbar sind.[430] Mangels Verkehrs- und Ortsüblichkeit unzumutbar kann eine Ladung für Ostern, Weihnachten oder für die Zeit eines rechtzeitig mitgeteilten Auslandsaufenthalts eines Gesellschafters sein. Dabei ist auch zu berücksichtigen, dass der Gesellschafter uU ein Recht auf Hinzuziehung eines Beraters haben und der anberaumte Termin auch im Hinblick auf eine rechtzeitig mitgeteilte Verhinderung des Beraters unzumutbar sein kann.[431] 203

BGH, Urt. v. 27. April 2009 – II ZR 167/07 –, NJW 2009, S. 2300 (2301 f):

„... Das Teilnahmerecht des Gesellschafters wird nicht nur bei der Anberaumung des Termins einer Gesellschaftsversammlung auf einen für einen Gesellschafter – wie das Einberufungsorgan weiß – unzumutbaren Zeitpunkt ..., sondern ebenso dann verletzt, wenn er einen Anspruch darauf hat, sich während der Gesellschafterversammlung beraten zu lassen, und ihm diese Beratung durch die Wahl des Versammlungstermins unzumutbar verwehrt wird. Ein Anspruch auf die Teilnahme eines Beraters kann auf Grund einer Regelung in der Satzung oder auf Grund der gesellschafterlichen Treuepflicht bestehen, insbesondere wenn schwerwiegende Entscheidungen zu fällen sind und dem Gesellschafter die erforderliche Sachkunde fehlt. ... Der Kläger hatte nach § 6 Abs. 5 der Satzung der Beklagten zu 1 einen Anspruch auf die Teilnahme eines Beraters. Dort ist vorgesehen, dass ein Gesellschafter durch einen Angehörigen der rechts- und/oder wirtschafts- und steuerberatenden Berufe, der zur Berufsverschwiegenheit verpflichtet ist, vertreten werden kann und das Anwesenheitsrecht des Gesellschafters auch im Fall der Vertretung erhalten bleibt. ... Die Teilnahme seines anwaltlichen Beraters wurde dem Kläger mit der Anberaumung auf den 28.10.2003 unzumutbar verwehrt. Mit allen Beteiligten war vereinbart, dass am 4.11.2003 eine Gesellschafterversammlung stattfinden sollte. Der Geschäftsführer der Beklagten musste damit rechnen, dass der anwaltliche Berater des Klägers nicht auch noch zu einer weiteren Gesellschafterversammlung wenige Tage vor dem vereinbarten Termin anreisen konnte. Ein nachvollziehbarer Grund, für die Beschlussanträge von C K eine zusätzliche Gesellschafterversammlung vor dem abgesprochenen Termin abzuhalten, ist nicht erkennbar. Jedenfalls nachdem der anwaltliche Berater rechtzeitig seine urlaubsbedingte Verhinderung für den 28.10.2003 mitgeteilt hatte, gebot es die

429 *Zöllner,* in: Baumbach/Hueck, GmbHG, § 51 Rn 14.

430 *Römermann,* in: Michalski, GmbHG, § 48 Rn 16; *Zöllner,* in: Baumbach/Hueck, GmbHG, § 51 Rn 14; anders allerdings LG Darmstadt, BB 1981, S. 72.

431 BGH, NJW 2009, S. 2300 (2301 f); OLG Düsseldorf, NZG 2003, S. 976; *Drescher,* in: Henssler/Strohn, Gesellschaftsrecht, § 241 AktG Rn 28; *Wertenbruch,* in: MünchKomm-GmbHG, § 47 Anh. Rn 28 (Fn 85).

Rücksichtnahme auf das Teilnahmerecht des Klägers, die Beschlussfassung über die Informationsverweigerung auf den bereits abgesprochenen Zeitpunkt zu legen. ..."

204 Eine Verhinderung eines Gesellschafters hat die Unzumutbarkeit allerdings nur dann zur Folge, wenn sie nicht nur rechtzeitig mitgeteilt worden ist und keine entgegenstehenden zwingenden Gründe vorliegen, sondern wenn sie darüber hinaus kurzfristig ist. Denn allzu große Einschränkungen des notwendigen Geschäftsbetriebes müssen die übrigen Gesellschafter und muss die Gesellschaft im Hinblick auf die Treuepflicht gegenüber dem verhinderten Gesellschafter nicht hinnehmen. Eine unabsehbare U-Haft steht deshalb einer Terminsbestimmung und der entsprechenden Ladung nicht entgegen. Bei längeren oder zeitlich nicht absehbaren Verhinderungen überwiegen die Interessen der Gesellschaft und die korrespondierenden Pflichten des Gesellschafters.[432]

OLG Brandenburg, Urt. v. 24. März 1999 – 7 U 249/98 –, NZG 1999, S. 828 (832):
„... Die Beklagte war im Verhältnis zur Klägerin auch nicht gehalten, fristverlängernd zu berücksichtigen, dass sich der ehemalige GF der Klägerin zum Zeitpunkt der Zustellung in Untersuchungshaft befand. Ob und in welchem Maße solche in der Person eines einzelnen Gesellschafters liegenden Postlaufhindernisse den Fristlauf beeinflussen, wird zwar in der Literatur zum GmbHG nicht ganz eindeutig beantwortet. Bejaht wird eine Verlängerung der Ladungsfrist jedoch nur etwa bei einem regelmäßigen Aufenthaltsort eines Gesellschafters im Ausland ... Von solchen von vornherein mit der Person des Gesellschafters verbundenen Besonderheiten abgesehen, hindern spezielle Postlaufhindernisse bei einzelnen Gesellschaftern den Fristlauf jedoch nicht... Insbes. ist der Gesellschafter selbst gehalten, eine – von der gegenüber der Gesellschaft angegebenen abweichende – geänderte Anschrift bekanntzugeben. ..."

205 Das Ladungsschreiben darf unter dem Gesichtspunkt der Versammlungszeit zwar grundsätzlich nicht nur eine Mitteilung über das Tagesdatum enthalten, sondern dem Schreiben muss regelmäßig auch die Uhrzeit des Versammlungsbeginns zu entnehmen sein. Allerdings kann insofern eine Nachfrage zumutbar sein, so dass ein in der fehlenden Mitteilung der Uhrzeit des Versammlungsbeginns liegender Einberufungsmangel nicht stets zur Nichtigkeit führt.[433]

KG, Beschl. v. 13. Mai 1965 – 1 W 848/65 –, NJW 1965, S. 2157 (2159):
„... Es ist richtig, dass die Einladung grundsätzlich Zeit und Ort der Versammlung angeben muss und dass bei einem Unterbleiben dieser Angaben entsprechend der für Aktiengesellschaften geltenden Bestimmung des § 195 Nr. 1 AktG die gefassten Beschlüsse als nichtig zu erachten sind. ... Diese Vorschrift beruht auf dem Gedanken, dass ein Gesellschafter nicht an einer Versammlung teilnehmen kann, deren Zeit und Ort er nicht weiß, und dass ihm die Teilnahme nicht durch noch nötige Rückfragen erschwert worden soll. Der Zweck des Gesetzes wird aber nicht in Frage gestellt, wenn bei einem Kreis von drei miteinander bekannten Gesellschaftern die Einladung eines von ihnen neben Ort und Tag der Versammlung nicht die Stunde angibt. Nur die Verletzung der für die Einberufung einer Gesellschafterversammlung schlechthin unabdingbaren Vorschriften kann die einschneidende Rechtsfolge einer Nichtigkeit der Versammlungsbeschlüsse rechtfertigen. ..."

432 OLG Brandenburg, NZG 1999, S. 828 (832); *Zöllner*, in: Baumbach/Hueck, GmbHG, § 51 Rn 14.
433 KG, NJW 1965, S. 2157 (2159).

Für die gebotene Angabe zum Versammlungsort im Ladungsschreiben gilt analog § 121 Abs. 4 S. 1 AktG, dass dieser grundsätzlich der Sitz der Gesellschaft sein soll.[434] Allerdings kann die Satzung eine andere Regelung treffen. Selbst ein im Ausland liegender Ort ist in diesem Rahmen möglich.[435] Im (ausdrücklichen oder konkludenten) Einverständnis aller Gesellschafter kann eine Gesellschafterversammlung ferner an jedem beliebigen anderen Ort stattfinden.[436] 206

OLG Düsseldorf, Beschl. v. 25. Januar 1989 – 3 Wx 21/89 –, NJW 1989, S. 2200 f:

„... Dagegen, dass die Gesellschafterversammlung der deutschen GmbH im Ausland abgehalten worden ist, bestehen ebenfalls keine durchgreifenden Bedenken. Allerdings findet die Gesellschafterversammlung nach § 7 Abs. 2 des Gesellschaftsvertrages grundsätzlich am Sitz der Gesellschaft, dh in V. statt. Dieser Grundsatz gilt jedoch nicht ausnahmslos. Eine ausdrückliche Bestimmung im GmbH-Gesetz fehlt. Die entsprechende Anwendung der Sollvorschrift des § 121 Abs. 4 AktG besagt nicht, dass die Gesellschafterversammlung immer am Sitz der Gesellschaft stattfinden muss. Mit Einverständnis aller Gesellschafter kann jedenfalls – wie hier – ein anderer Versammlungsort, auch ein solcher im grenznahen Ausland, gewählt werden. ...“

In den Fällen des § 53 Abs. 1 und 2 GmbHG muss allerdings ein Ort gewählt werden, an dem auch eine geeignete Urkundsperson bereitsteht.[437] 207

Ungeachtet entsprechender Bestimmungen der Satzung und unabhängig von einer Entscheidung im Einverständnis aller Gesellschafter kann eine Gesellschafterversammlung schon dann an einen vom Sitz der Gesellschaft abweichenden Ort verlegt werden, wenn feststeht, dass der betreffende neu ausgewählte Ort nicht nur für sich betrachtet jedem Gesellschafter zumutbar ist, sondern dem überschaubaren Kreis der Gesellschafter die Teilnahme wegen besserer Erreichbarkeit erleichtert.[438] Dies folgt schon aus der ratio des analog anzuwendenden § 121 Abs. 4 S. 1 AktG. 208

BGH, Urt. v. 28. Januar 1985 – II ZR 79/84 –, WM 1985, S. 567 (568):

„... Dem Berufungsgericht ist auch darin zuzustimmen, dass die Beschlüsse nicht deshalb anfechtbar sind, weil der Gesellschafter de P. die Versammlung nicht nach S. dem Sitz der Gesellschaft, sondern nach dem nahegelegenen G. P. eingeladen hat. Allerdings soll, wenn die Satzung nichts anderes bestimmt, nach dem für die GmbH entsprechend geltenden § 121 Abs. 4 AktG die Gesellschafterversammlung am Sitz der Gesellschaft stattfinden. Die Regelung hat den Zweck, die Gesellschafter vor einer willkürlichen Wahl des Versammlungsortes und einer daraus folgenden Beeinträchtigung ihres Teilnahmerechts zu schützen. ... Dieser Gesetzeszweck ist bestimmend für die Frage, wann und in welchem Maße das Einberufungsorgan von der Soll-Vorschrift des § 121 Abs. 4 AktG abweichen darf. Das wird immer dann der Fall sein, wenn am Sitz der Gesellschaft kein geeignetes Versammlungslokal vorhanden ist oder die Verkehrsverbindung dorthin gestört ist ...; zumindest in einer GmbH mit einem überschaubaren Gesellschafterkreis darf aber auch ein Ort gewählt werden, von dem von vornherein feststeht, dass er die Teilnahme nicht erschwert, weil ihn die Gesellschafter leichter als den Sitz der Gesellschaft erreichen können. ... Das war hier der Fall; nach den nicht angegriffenen Feststellungen des Beru-

434 BGH, WM 1985, S. 567 (568); *Zöllner*, in: Baumbach/Hueck, GmbHG, § 51 Rn 15.
435 *Zöllner*, in: Baumbach/Hueck, GmbHG, § 51 Rn 15.
436 OLG Düsseldorf, NJW 1989, S. 2200 f; *Zöllner*, in: Baumbach/Hueck, GmbHG, § 51 Rn 15.
437 *Zöllner*, in: Baumbach/Hueck, GmbHG, § 51 Rn 15.
438 BGH, WM 1985, S. 567 (568); OLG Düsseldorf, NZG 2003, S. 975 (976); OLG Naumburg, NZG 2000, S. 44 (45); *Römermann*, in: Michalski, GmbHG, § 48 Rn 20 f; *Zöllner*, in: Baumbach/Hueck, GmbHG, § 51 Rn 15.

fungsgerichts konnten beide Gesellschafter von P. aus, wo sie schon damals wohnten, G. P. leichter als S. erreichen. ..."

209 Zur Angabe des Versammlungsortes gehört auch die Information über das Versammlungslokal, das seinerseits wiederum den bereits erläuterten Anforderungen an die Zumutbarkeit genügen muss. Das kann zB einer Ladung in eine bestimmte Privatwohnung oder Anwaltskanzlei entgegenstehen.[439]

OLG Celle, Urt. v. 21. Mai 1997 – 9 U 294/96 –, NJW-RR 1998, S. 970:

„... Analog § 121 Abs. 4 AktG bestimmt zwar der Gesellschaftssitz der GmbH den Versammlungsort und schützt vor einer willkürlichen Ortswahl. Maßgebend ist aber, ob die abweichende Festlegung des Ortes das Teilnahmerecht der Gesellschafter beeinträchtigt... Denkbar ist, dass mit einer Abweichung sogar Erleichterungen verbunden sein können. Es bedarf keiner Entscheidung, ob hier schon die Auswahl der Gemeinde zu beanstanden ist, weil der Weg des Klägers nach S. weiter ist als nach B. Jedenfalls ist die Einladung nicht in ein neutrales Tagungslokal erfolgt. Eingeladen wurde nämlich in die Privatwohnung einer Mitgesellschafterin, obwohl das Zerwürfnis des Klägers mit dieser Gesellschafterin nach der Zwangsvollstreckung gegen den Kläger durch deren Ehemann offenkundig ist. Dem Kläger war daher die Teilnahme an einer Gesellschafterversammlung in dieser Privatwohnung nicht zumutbar. ... Die Einberufung an einen falschen Ort führt nur zur Anfechtbarkeit. ..."

210 Schon damit die Ladung den einberufenen Gesellschaftern die Wahrnehmung ihrer Mitgliedschaftsrechte nicht nur theoretisch, sondern auch faktisch und effektiv ermöglicht, muss das betreffende Schreiben in unmissverständlicher und eindeutiger Weise erkennen lassen, für welche Gesellschaft die Einberufung erfolgt und die Gesellschafterversammlung stattfinden soll sowie dass der Adressat als Gesellschafter (oder in anderer Funktion) zu ihr eingeladen wird.[440] Allerdings dürfen diese Anforderungen nicht über ihren Zweck hinaus strapaziert werden: Ist nach den Umständen des Einzelfalles ein Irrtum ausgeschlossen, bedarf es etwa nicht der Angabe der Firma der Gesellschaft.[441]

211 Mag es auch sinnvoll sein, bereits mit der Einberufung die Tagesordnung mitzuteilen, ist dies nach § 51 Abs. 2 und 4 GmbHG doch nicht unbedingt erforderlich. Vielmehr sieht § 51 Abs. 4 GmbHG hinsichtlich der Mitteilung der Tagesordnung eine deutlich kürzere Mindestfrist vor, und erfordert § 51 Abs. 2 GmbHG nur eine Ankündigung des Zwecks der Gesellschafterversammlung. Ungeachtet der Zulässigkeit eines abgeschichteten Vorgehens müssen aber insgesamt die Beschlussgegenstände so konkret bezeichnet werden, dass den geladenen Gesellschaftern eine hinreichende Vorbereitung der Versammlung möglich ist und sie insbesondere über die Erforderlichkeit ihrer Teilnahme sachgerecht entscheiden können.[442]

---

439 OLG Celle, NJW-RR 1998, S. 970; OLG Düsseldorf, GmbHR 2004, S. 579 und 772; *Bayer,* in: Lutter/Hommelhoff, GmbHG, § 48 Rn 12; *Zöllner,* in: Baumbach/Hueck, GmbHG, § 51 Rn 15.

440 OLG Zweibrücken, GmbHR 1980, S. 85 f; *Zöllner,* in: Baumbach/Hueck, GmbHG, § 51 Rn 16.

441 *Zöllner,* in: Baumbach/Hueck, GmbHG, § 51 Rn 16.

442 Zum Verein: BGH, NJW 1987, S. 1811 f; NZG 2007, S. 826 ff; zur GmbH: OLG Düsseldorf, NZG 2000, S. 1180 (1181); *Bayer,* in: Lutter/Hommelhoff, GmbHG, § 51 Rn 30; *Drescher,* in: Henssler/Strohn, Gesellschaftsrecht, § 241 AktG Rn 28; *Raiser,* in: Ulmer, GmbHG, § 47 Anh. Rn 44; *Römermann,* in: Michalski, GmbHG, § 47 Anh. Rn 99; *Roth,* in: Roth/Altmeppen, GmbHG, § 47 Rn 103; *Wertenbruch,* in: MünchKomm-GmbHG, § 47 Anh. Rn 32.

OLG Düsseldorf, Urt. v. 25. Februar 2000 – 16 U 59/99 –, NZG 2000, S. 1180 (1182):
„... Die Ankündigung der Tagesordnung gehört zu den bedeutsamsten Schutzeinrichtungen der Gesellschafter und dient einem effektiven Minderheitenschutz. Die anzukündigenden TOP müssen den Gesellschaftern eine genaue Kenntnis von den zu behandelnden Themen vermitteln, damit es ihnen möglich ist, sich sachgerecht auf die in der Gesellschafterversammlung zu treffenden Beschlüsse vorzubereiten. ... Die in der Gesellschafterversammlung zu behandelnden Gegenstände müssen deshalb so genau bezeichnet werden, dass sich der Empfänger ein hinreichendes Bild machen kann, worum es geht; alles, was nach einer „Strategie der Überraschung" aussieht, begründet daher die Gefahr eines Ankündigungsmangels. ... Anders als bei der Einberufung der HV einer AG braucht die Einberufung allerdings keine ausformulierten Beschlussvorschläge oder -anträge zu enthalten, doch sollten Beschluss- und Beratungsgegenstände so genau wie möglich angegeben und Satzungsänderungen ihrem wesentlichen Inhalt nach angekündigt werden. ..."

Bleibt das Einberufungsschreiben hinter diesen Anforderungen zurück, so kann darin **212**
entweder ein Nichtigkeits- oder ein Anfechtungsgrund liegen. Oben (Rn 180) wurde bereits erläutert, unter welchen Voraussetzungen von einem Nichtigkeitsgrund auszugehen ist. Kurz: Maßgebend ist, ob der Einberufungsmangel gravierend ist und die fehlerhafte Ladung einer Nichtladung gleichkommt.[443]

BGH, Urt. v. 13. Februar 2006 – II ZR 200/04 –, NJW-RR 2006, S. 831 (832):
„... Der in der Gesellschafterversammlung vom 27.11.2001 von D gefasste Abberufungsbeschluss ist analog § 241 Nr. 1 AktG, der im GmbH-Gesetz entsprechend anwendbar ist..., nicht nur anfechtbar, sondern mit Rücksicht auf die Vielzahl und das Gewicht der Einberufungsmängel, die einer Nichtladung des Klägers gleichkommen, nichtig. Die Nichtladung eines Gesellschafters ist ein Einberufungsmangel, der nach der vom Schrifttum geteilten gefestigten Rechtsprechung des Senats zur Nichtigkeit der in der Versammlung gefassten Gesellschafterbeschlüsse führt... Die Ladung des Klägers am Vorabend des 27.11.2001 um 20.37 Uhr per E-Mail ohne Unterschrift erfüllt nicht die gesetzlichen Mindestanforderungen, die an die ordnungsgemäße Einberufung einer Gesellschafterversammlung zu stellen sind. ... Mangels abweichender Regelungen im Gesellschaftsvertrag der Gemeinschuldnerin, der in § 7 Nr. 2 nur die „ordnungsgemäße" Ladung voraussetzt und damit auf die gesetzlichen Vorschriften (§ 51 GmbHG) verweist, hatte die Ladung des Klägers durch eingeschriebenen, unterschriebenen Brief ... zu erfolgen (§ 51 Abs. 1 S. 1 GmbHG), war mit einer Frist von einer Woche zu bewirken (§ 51 Abs. 1 S. 2 GmbHG; ...) und die Tagesordnung musste dem Kläger gem. § 51 Abs. 3 GmbHG – ebenfalls durch eingeschriebenen Brief – mindestens drei Tage vor der Gesellschafterversammlung mitgeteilt werden. ... Das Berufungsgericht verkennt die Bedeutung des Partizipationsinteresses des Klägers, wenn es diesen Einberufungsmangel als einen nur zur Anfechtung berechtigenden Ladungsmangel wertet, dem es zudem fehlerhaft die Kausalität für die Beschlussfassung vom 27.11.2001 abspricht. ... Die Ladung des Gesellschafters zur Gesellschafterversammlung dient der Sicherung eines für jeden Gesellschafter unverzichtbaren Gesellschafterrechts, seines Teilnahmerechts an der Gesellschafterversammlung und der damit verbundenen Einflussmöglichkeit auf die Willensbildung der Gesellschaft. ... Das Teilnahmerecht geht über das Recht, an der Abstimmung der Gesell-

443 BGH, NJW-RR 2006, S. 831 (832) zu einer allzu kurzfristigen Ladung per E-Mail; *Bayer,* in: Lutter/Hommelhoff, GmbHG, § 47 Anh. Rn 13; *Raiser,* in: Ulmer, GmbHG, § 47 Anh. Rn 44; *Roth,* in: Roth/Altmeppen, GmbHG, § 47 Rn 103; *Wertenbruch,* in: MünchKomm-GmbHG, § 47 Anh. Rn 26; *Zöllner,* in: Baumbach/Hueck, GmbHG, § 47 Anh. Rn 45.

schaft mitzuwirken, hinaus und ist auch dann unentziehbar und deshalb zu gewährleisten, wenn – wie hier – der Gesellschafter in der Versammlung nicht stimmberechtigt ist. ... Erschwert eine Ladung dem Gesellschafter seine Teilnahme in einer Weise, die der Verhinderung seiner Teilnahme gleichkommt, wird ihm die Ausübung dieses unverzichtbaren Gesellschafterrechts ebenso entzogen wie im Fall der Nichtladung. ..."

213 Bezogen auf den erläuterten notwendigen Inhalt der Ladung gilt danach Folgendes: Während fehlende Angaben zu Ort und/oder Zeit der Gesellschaftsversammlung jedenfalls grundsätzlich die Nichtigkeit der anlässlich der betreffenden Gesellschafterversammlung gefassten Beschlüsse zur Folge haben, weil die solchermaßen fehlerhafte Ladung einer Nichtladung gleichkommt,[444] und während die Nennung eines unzumutbaren Versammlungsortes, zB wegen Unerreichbarkeit eines nicht barrierefreien Lokals durch eine gehbehinderten Gesellschafter, oder einer unzumutbaren Versammlungszeit, etwa an Weihnachten, Ostern oder bei bekanntem Auslandsaufenthalts, aus diesem Grund ebenfalls zur Beschlussnichtigkeit führt,[445] ist dies, wenn nur die erforderliche Angabe zur Uhrzeit fehlt, nicht stets der Fall. Vielmehr kommt es hier darauf an, ob der Gesellschafter die Uhrzeit auf andere zumutbare Weise zuverlässig in Erfahrung bringen kann.[446]

214 Von vornherein anders ist die Lage, wenn das Ladungsschreiben entgegen § 51 Abs. 1 GmbHG keine hinreichende Bezeichnung des Zwecks der Versammlung bzw der Beschlussgegenstände enthält. Zwar hat der Bundesgerichtshof für den eingetragenen Verein entschieden, dass ein anlässlich der betreffenden Versammlung gefasster Beschluss nichtig ist, wenn der Gegenstand in der Ladung nicht so genau bezeichnet worden ist, dass die Einberufenen eine sachgerechte Entscheidung über die Notwendigkeit ihrer Teilnahme treffen können.[447] Zum einen beruht diese Rechtsprechung aber auf den Besonderheiten des Vereinsrechts, das eine Anfechtung und die damit verbundene vorläufige Wirksamkeit nicht kennt. Zum anderen kommt eine mangelnde Bezeichnung des Beschlussgegenstandes in ihrer die Gesellschafter beeinträchtigenden Wirkung der Nichtladung nicht gleich. Dementsprechend liegt in einem solchen Mangel lediglich ein Anfechtungsgrund.[448]

e) Heilung eines Einberufungsmangels, § 51 Abs. 3 GmbHG

215 § 51 Abs. 3 GmbHG betrifft zwar die Heilung eines Einberufungsmangels, regelt insofern aber lediglich eine notwendige, für sich betrachtet jedoch nicht hinreichende Bedingung: Die Heilung des Einberufungsmangels setzt nicht nur voraus, dass anlässlich der betreffenden Gesellschafterversammlung sämtliche teilnahmeberechtigten Gesellschafter anwesend sind (Vollversammlung), sondern ferner das ausdrücklich oder konkludent erklärte Einverständnis des nicht ordnungsgemäß geladenen Gesell-

---

444 KG, NJW 1965, S. 2157 (2159) zu einer Ausnahme wegen zumutbarer Nachfrage; OLG Hamm, GmbHR 1993, S. 743 (746); LG Köln, GmbHR 1997, S. 809 (810); *Bayer,* in: Lutter/Hommelhoff, GmbHG, § 47 Anh. Rn 12; *Drescher,* in: Henssler/Strohn, Gesellschaftsrecht, § 241 AktG Rn 28; *Raiser,* in: Ulmer, GmbHG, § 47 Anh. Rn 42; *Wertenbruch,* in: MünchKomm-GmbHG, § 47 Anh. Rn 28; *Zöllner,* in: Baumbach/Hueck, GmbHG, § 47 Anh. Rn 45.

445 BGH, NJW 2009, S. 2300; OLG Düsseldorf, NZG 2003, S. 976; *Drescher,* in: Henssler/Strohn, Gesellschaftsrecht, § 241 AktG Rn 28; *Wertenbruch,* in: MünchKomm-GmbHG, § 47 Anh. Rn 28 (Fn 85).

446 KG, NJW 1965, S. 2157 (2159); *Wertenbruch,* in: MünchKomm-GmbHG, § 47 Anh. Rn 28.

447 BGH, NJW 1987, S. 1811 f; NZG 2007, S. 2007, S. 826 ff.

448 OLG Düsseldorf, NZG 2000, S. 1180 (1181); *Bayer,* in: Lutter/Hommelhoff, GmbHG, § 51 Rn 30; *Drescher,* in: Henssler/Strohn, Gesellschaftsrecht, § 241 AktG Rn 28; *Raiser,* in: Ulmer, GmbHG, § 47 Anh. Rn 44; *Römermann,* in: Michalski, GmbHG, § 47 Anh. Rn 99; *Roth,* in: Roth/Altmeppen, GmbHG, § 47 Rn 103.

schafters mit der Durchführung der Gesellschafterversammlung und der Beschlussfassung.[449] Dementsprechend steht ein ausdrücklich oder konkludent erklärter Widerspruch der Heilung nach § 51 Abs. 3 GmbHG entgegen und gilt der widersprechende Gesellschafter als nicht anwesend.[450]

BGH, Urt. v. 30. März 1987 – II ZR 180/86 –, NJW 1987, S. 2580 (2581):

> „... Nach höchstrichterlicher Rechtsprechung setzt die Bestimmung des § 51 Abs. 3 GmbHG außer der Anwesenheit sämtlicher Gesellschafter deren Einvernehmen mit der Abhaltung der Versammlung zum Zwecke der Beschlussfassung voraus. Nicht „anwesend" iSd § 51 Abs. 3 GmbHG ist sonach derjenige Gesellschafter, der zwar erschienen ist, aber der Durchführung der Versammlung oder der Beschlussfassung, sei es ausdrücklich oder konkludent, widerspricht. ... Trotz der Kritik von *Zöllner* ... ist an dieser Rechtsprechung festzuhalten, die auch der im Schrifttum herrschenden Meinung entspricht. ..."

Übersicht über die zur Anfechtung berechtigenden Einberufungsmängel – Nr. 13 216

1. **Ladungsfrist (§ 51 Abs. 1 S. 2 GmbHG: eine Woche oder nach Regelung in der Satzung) eingehalten?**
   a) Fehler hat grds. keine Nichtigkeit, sondern nur die Anfechtbarkeit zur Folge (BGH, NJW 1972, S. 1320 und NJW 1987, S. 2580).
   b) Anders nur dann, wenn die Ladung so unzumutbar kurzfristig erfolgt, dass dies Nichtladung gleichkommt. Dann Nichtigkeit selbst bei Kenntnisnahme unmittelbar nach Zugang (BGH, NJW-RR 2006, S. 831).
2. **Richtige Adressaten?**
   a) Sämtliche Gesellschafter iSd § 16 Abs. 1 GmbHG, einschließlich zwar nicht stimm-, aber teilnahmeberechtigter Gesellschafter (BGH, NJW 1971, S. 2225; OLG Düsseldorf, GmbHR 1996, S. 444 ff).
   b) Maßgebend ist – vorbehaltlich anderslautender Regelung in der Satzung – nicht Zugang der Ladung, sondern Aufgabe zur Post (KG, NJW 1965, S. 2159). Die Ladung ist auch dann ordnungsgemäß erfolgt, wenn das betreffende Schreiben an die richtige Adresse versandt wurde, aber dennoch als unzustellbar zurückgelangt. Die Sorge um die Richtigkeit der mitgeteilten Anschrift obliegt dem Gesellschafter (KG, NJW 1965, S. 2159; OLG Düsseldorf, GmbHR 1990, S. 266; OLG München, DB 1994, S. 320).
   c) Als Empfängeradresse ist die seitens des Gesellschafters der Gesellschaft mitgeteilte Adresse zu verwenden. Auf die Gesellschafterliste kommt es hier nicht an (str.). Verwendung anderer Adresse als Einberufungsmangel kommt Nichtladung gleich und führt zur Nichtigkeit, und zwar unabhängig von der Kenntnisnahme der Ladung (str.). Die mitgeteilte Adresse bleibt bis zur Mitteilung einer anderen Adresse seitens des Gesellschafters maßgebend.

449 BGH, NJW 1987, S. 2580 (2581); NZG 2009, S. 1307; *Wertenbruch,* in: MünchKomm-GmbHG, § 47 Anh. Rn 116.

450 RGZ 92, S. 409 (410 f); BGH, NJW 1987, S. 2580 (2581); NZG 2003, S. 127 (129); NZG 2009, S. 385 (386); *Bayer,* in: Lutter/Hommelhoff, GmbHG, § 51 Rn 33; *Hüffer,* in: Ulmer, GmbHG, § 51 Rn 30 f; *Römermann,* in: Michalski, GmbHG, § 51 Rn 95 ff; *Zöllner,* in: Baumbach/Hueck, GmbHG, § 51 Rn 31.

d) Wird die mitgeteilte Adresse unrichtig, muss sich Gesellschaft nicht um Ermittlung der neuen richtigen Anschrift bemühen, auch nicht um Bestellung eines Abwesenheitspflegers (KG, NJW 1965, S. 2159).

e) Ladung eines nicht zur Teilnahme berechtigten (Schein-)Gesellschafters oder Dritten führt zwar nicht zur Nichtigkeit, kann aber Anfechtung wegen Gesetzes- oder Satzungsverstoßes begründen.

f) Beim Tod eines Gesellschafters kann dieser ordnungsgemäß unter der mitgeteilten Adresse geladen werden, solange sein Tod der Gesellschaft nicht bekannt geworden ist. Hat die Gesellschaft von dem Tod erfahren, kennt aber den Erben nicht, bedarf es einer Nachlasspflegschaft (§ 1960 BGB – KG, NJW 1965, S. 1719).

   Die Ladung solcher Personen, die durch Erbschein ausgewiesen sind, ist stets ordnungsgemäß (§ 2367 BGB analog).

g) Zwar grds. persönliche Ladung der Gesellschafter, bei ungeteilter Mitberechtigung nach § 18 Abs. 1, 3 GmbHG aber Ladung ggü einem Mitberechtigten in seiner Funktion als Mitberechtigter.

h) Bei Minderjährigen: Ladung des gesetzlichen Vertreters. Bei Betreuung: Ladung des Betreuten und des Betreuers, wenn nicht Einwilligungsvorbehalt oder bekannte Geschäftsunfähigkeit. Dann Ladung nur des Betreuers. Bei Abwesenheits- oder Nachlasspflegschaft Ladung des Pflegers, bei Testamentsvollstreckung Ladung des Testamentsvollstreckers.

   Bei Insolvenz Ladung des Insolvenzverwalters, aber an vorhandene Geschäftsadresse des Gesellschafters (OLG Düsseldorf, NJW-RR 2006, S. 607, 609; str.). Ist bei natürlicher Person nur Privatanschrift vorhanden oder unterhält der Gesellschafter kein Geschäftslokal mehr, so ist die Ladung hingegen an den Insolvenzverwalter unter seiner eigenen Anschrift zu richten.

i) Zustellung an Bevollmächtigten nach § 47 Abs. 3 GmbHG nur dann, wenn der Gesellschafter mindestens konkludent mitgeteilt hat, dass er Ladung nur des Bevollmächtigten wünscht. Bei bloßer Mitteilung der Stimmrechtsvollmacht muss der Gesellschafter selbst geladen werden.

j) (Ver-)Pfändung ist ohne Einfluss, weil damit kein Recht auf Ausübung der Mitgliedschaftsrechte einhergeht. Dasselbe gilt für Nießbrauch (str.).

k) Zur Ladung teilnahmeberechtigter Dritte (nach Gesetz, zB § 118 Abs. 2 AktG analog, oder gemäß Satzung) genügt formlose Mitteilung. Verstöße führen nicht zur Nichtigkeit, sondern lediglich zur Anfechtbarkeit.

3. Form: Eingeschriebener Brief, § 51 Abs. 1 S. 1 GmbHG

a) Briefform, dh
   - von Gesetzes wegen und vorbehaltlich anderslautender Satzung keine E-Mail o.ä.,
   - erkennbarer Urheber, und zwar jedenfalls grds. unter Nennung des Namens, nicht nur der Funktion (str.) – Ausnahme: Funktion lässt eindeutigen Rückschluss auf Urheber zu,
   - Firmenstempel reicht nicht aus, es bedarf der Unterzeichnung (BGH, GmbHR 2006, S. 538, str.).

b) Einschreibeform, dh
   - nicht nur Übergabe-, sondern auch Einwurfeinschreiben (LG Mannheim, NZG 2008, S. 111, str.).

c) Zustellung durch Gerichtsvollzieher steht Einschreibebrief gleich (OLG Düsseldorf, NZG 2000, S. 1182).

4. **Notwendiger Inhalt der Ladung, § 51 Abs. 2 GmbHG**

a) Zeit und Ort der Gesellschafterversammlung:
   - beides muss jeweils zumutbar sein (BGH, NJW 2009, S. 2300; OLG Brandenburg, NZG 1999, S. 832; OLG Düsseldorf, NZG 2003, S. 976),
   - analog § 121 Abs. 4 S. 1 AktG ist grds. Sitz der Gesellschaft maßgebend (BGH, WM 1985, S. 568) – andere Regelung in der Satzung zulässig, inkl. Ort im Ausland – im Einverständnis aller Gesellschafter an beliebigem Ort (OLG Düsseldorf, GmbHR 1990, S. 169), wobei uU Urkundsperson bereitstehen muss,
   - Verlegung immer dann zulässig, wenn der neue Ort nicht nur zumutbar ist, sondern Teilnahme für alle Berechtigten erleichtert (BGH, WM 1985, S. 568; OLG Düsseldorf, NZG 2003, S. 976; OLG Naumburg, NZG 2004, S. 44, 45),
   - Vorsicht bei bestimmten Privatwohnungen oder Anwaltskanzleien (OLG Celle, GmbHR 1997, S. 748; OLG Düsseldorf, GmbHR 2004, S. 579 u. 772).

b) Eindeutige Angabe zur einladenden Gesellschaft (idR mit Fa.) sowie Mitteilung, dass zur Gesellschafterversammlung geladen wird (OLG Zweibrücken, GmbHR 1980, S. 85 f)

c) Inhalt, § 51 Abs. 2 und Abs. 4 GmbHG:
   - in der Wochenfrist nur Ankündigung des Zwecks der Gesellschafterversammlung, dh allgemeine Angaben reichen;
   - Tagesordnung in der Drei-Tages-Frist des § 51 Abs. 4 GmbHG;
   - gleich ob die Beschlussgegenstände abgeschichtet (Zweckmitteilung mit der Ladung nach § 51 Abs. 2 GmbHG und Tagesordnung unter Berücksichtigung der Drei-Tages-Frist des § 51 Abs. 4 GmbHG) oder unter Berücksichtigung der Wochenfrist schon mit der Ladung mitgeteilt werden, muss die Mitteilung inhaltlich doch eine sachgerechte Vorbereitung der Gesellschafterversammlung sowie die Entscheidung über die Teilnahme erlauben (OLG Düsseldorf, NZG 2000, S. 1180, 1181).

5. **Unterschiedliche Rechtsfolgen eines Einberufungsmangels:**

■ Allgemein: Nichtigkeit nur dann, wenn Fehler bei der Ladung Nichtladung gleichkommt (BGH, NJW-RR 2006, S. 831), sonst allenfalls Anfechtbarkeit wegen relevanten Gesetzes- oder Satzungsverstoßes;

  daher:
  - haben Fehler bei Angaben zu Datum und Ort nicht Anfechtbarkeit, sondern Nichtigkeit zur Folge (KG, NJW 1965, S. 2157, 2159; OLG Hamm, GmbHR 1993, S. 743, 746),

- führt auch die Unzumutbarkeit von Zeit und/oder Ort zur Nichtigkeit (BGH, NJW 2009, S. 2300; OLG Düsseldorf, NZG 2003, S. 976),
- begründet ein Fehlen der Angaben zur Uhrzeit dann nicht die Nichtigkeit, wenn der Gesellschafter die genaue Zeit noch auf andere zumutbare Weise in Erfahrung bringen kann (KG, NJW 1965, S. 2157, 2159);
- führt auch mangelnde Information des Geladenen über den Inhalt der Gesellschaftversammlung (§ 51 Abs. 2 und 4 GmbHG) nur zur Anfechtbarkeit und – anders als beim Verein – nicht zur Nichtigkeit (OLG Düsseldorf, NZG 2000, S. 1180, 1181).

6. **Heilung, § 51 Abs. 3 GmbHG**
   - nicht nur Universalversammlung, sondern zudem Einverständnis des nicht ordnungsgemäß geladenen Gesellschafters mit der Durchführung der Gesellschafterversammlung einschließlich der Beschlussfassung als solcher (BGH, NJW 1987, S. 2580, 2581; NZG 2003, S. 127, 129; NZG 2009, S. 385, 386 und S. 1307)

2. Abstimmungsmängel

217 Die Abstimmung bzw Stimmabgabe kann auf einer sittenwidrigen Beeinflussung sowie auf Umständen beruhen, die nach den §§ 119 ff BGB zur Anfechtung berechtigten, wenn es sich um ein Rechtsgeschäft des allgemeinen Privatrechts handelte.

a) Sittenwidrige Beeinflussung

218 Im Zusammenhang mit sittenwidrigen Umständen bei der Abstimmung ist zwischen der zur Nichtigkeit des betreffenden Beschlusses führenden inhaltlichen Sittenwidrigkeit[451] und der sittenwidrigen Beeinflussung einer Abstimmung, die lediglich zur Anfechtbarkeit des darauf beruhenden Beschlusses führt,[452] zu unterscheiden. Die Möglichkeit, den Beschluss anzufechten, gewährleistet den Schutz des betroffenen Gesellschafters hinreichend.

BGH, Urt. v. 28. Januar 1953 – II ZR 265/51 –, NJW 1953, S. 740 (741):
„... Ein durch Machtmissbrauch zustande gekommener Gesellschafterbeschluss ist nicht nichtig, sondern lediglich anfechtbar. Das ist für den Fall angenommen worden, dass die Abstimmung durch interne Maßnahmen unzulässig beeinflusst wurde ..., muss aber auch für Einschüchterungen gelten, die von außen her kommen und für die ausschließlich gesellschaftsfremde Gesichtspunkte maßgebend sind. ...“

b) Anfechtung der Stimmabgabe

219 Nicht nur Gesellschafterbeschlüsse können analog §§ 243 ff AktG angefochten werden, sondern nach den §§ 119 ff BGB auch die unter einem entsprechenden Willensmangel leidende Stimmabgabe als Willenserklärung.[453] Allerdings handelt es sich bei

451 RGZ 131, S. 141 (145); BGH, NJW 1953, S. 740; *Römermann,* in: Michalski, GmbHG, § 47 Anh. Rn 145; *Zöllner,* in: Baumbach/Hueck, GmbHG, § 47 Anh. Rn 86.

452 BGH, NJW 1953, S. 740; *Raiser,* in: Ulmer, GmbHG, § 47 Anh. Rn 125; *Römermann,* in: Michalski, GmbHG, § 47 Anh. Rn 145; *Wertenbruch,* in: MünchKomm-GmbHG, § 47 Anh. Rn 117; *Zöllner,* in: Baumbach/Hueck, GmbHG, § 47 Anh. Rn 86.

453 RGZ 118, S. 67 (69); BGHZ 14, S. 264 (267); *Römermann,* in: Michalski, GmbHG, § 47 Anh. Rn 293; *Wertenbruch,* in: MünchKomm-GmbHG, § 47 Anh. Rn 118.

dem Gesellschafterbeschluss nicht um ein nach den §§ 119 ff BGB anfechtbares Rechtsgeschäft.[454]

Die Rechtsfolge einer erfolgreichen Anfechtung nach § 142 Abs. 1 BGB erstreckt sich nur auf das angefochtene Rechtsgeschäft.[455] Also ist allein die abgegebene Stimme nach § 142 Abs. 1 BGB mit Wirkung ex tunc nichtig[456] und nicht der darauf beruhende Beschluss. Eine Anfechtung nach den §§ 119 ff BGB begründet deshalb eine Anfechtung des betreffenden Gesellschafterbeschlusses nicht ohne Weiteres. Vielmehr hat eine Anfechtung des Gesellschafterbeschlusses aufgrund der Anfechtung einer zugrunde liegenden Stimme nur dann Erfolg, wenn der betreffende Beschluss auf der nach den §§ 119 ff BGB zu Recht angefochtenen Stimmabgabe beruht und nicht auch ohne die nach § 142 Abs. 1 BGB ex tunc nichtig Stimme zustande gekommen wäre.[457] 220

Auch im Falle einer Anfechtung der Stimmabgabe nach den §§ 119 ff BGB bedarf es zur Vernichtung des auf der gemäß § 142 Abs. 1 BGB ex tunc nichtigen Stimmabgabe beruhenden Gesellschafterbeschlusses der Anfechtung des Gesellschafterbeschlusses analog § 243 Abs. 1 AktG. Deshalb ist für die Vernichtung des Gesellschafterbeschlusses im Ergebnis die Anfechtungsfrist analog § 246 Abs. 1 AktG maßgebend.[458] Diese verlängert sich nicht im Hinblick auf die materielle Anfechtungsfrist des § 121 BGB. 221

BGH, Urt. v. 14. Juli 1954 – II ZR 342/53 –, BGHZ 14, S. 264 (267 f):

„... Die Stimmabgabe ist eine Willenserklärung. ... Die bürgerlichrechtlichen Vorschriften über die Anfechtbarkeit und Nichtigkeit von Willenserklärungen sind darum grundsätzlich anzuwenden. ... Dem hat sich der Senat bereits in seinem Urteil vom 27. Oktober 1951 – II ZR 44/50 – angeschlossen und davon lediglich die hier nicht gegebene Ausnahme gemacht, dass die Stimmabgabe dann der Anfechtung entzogen ist, wenn sie als Beitrittserklärung Bestandteil eines Gründungsvorgangs ist. Die begründete Anfechtung einer Abstimmungserklärung bewirkt aber nur, dass die abgegebene Stimme ungültig wird. Das ist ohne praktische Bedeutung, wenn der Gesellschafterbeschluss gar nicht auf dieser Stimme beruht, er also auch ohne sie wirksam ist, oder wenn trotz der Unwirksamkeit der Stimmabgabe noch ein Gesellschafterbeschluss vorhanden ist, seine Unwirksamkeit aber nicht mehr geltend gemacht werden kann. ...“

Übersicht über die zur Anfechtung berechtigenden Abstimmungsmängel – Nr. 14 222

1. **Sittenwidrige Beeinflussung bei der Stimmabgabe berechtigt zur Anfechtung des Gesellschafterbeschlusses analog §§ 243 ff AktG (BGH, NJW 1953, S. 740);**
2. **Willensmängel bei der Stimmabgabe berechtigen nach den §§ 119 ff BGB zur Anfechtung der Stimmabgabe (BGHZ 14, S. 264, 267 f);**
3. **Unterschiedliche Voraussetzungen und Folgen:**
   - Nichtigkeit ex tunc nach § 142 Abs. 1 BGB betrifft nur Stimmabgabe als Willenserklärung, nicht hingegen Gesellschafterbeschluss;

454 *Wertenbruch,* in: MünchKomm-GmbHG, § 47 Anh. Rn 118.
455 BGHZ 14, S. 264 (267 f); *Wertenbruch,* in: MünchKomm-GmbHG, § 47 Anh. Rn 118.
456 BGHZ 14, S. 264 (267 f); *Wertenbruch,* in: MünchKomm-GmbHG, § 47 Anh. Rn 118.
457 BGHZ 14, S. 264 (267 f); *Römermann,* in: Michalski, GmbHG, § 47 Anh. Rn 292; *Wertenbruch,* in: MünchKomm-GmbHG, § 47 Anh. Rn 118.
458 BGHZ 14, S. 264 (268); *Wertenbruch,* in: MünchKomm-GmbHG, § 47 Anh. Rn 118.

- Nichtigkeit einer Stimme nach §§ 119 ff BGB (BGHZ 14, S. 264, 267 f) als Abstimmungsmangel kann zur Anfechtung des Gesellschafterbeschlusses analog §§ 243 ff AktG berechtigen, wenn der Beschluss auf der nichtigen Stimme beruht und nicht auch ohne diese zustande gekommen wäre (BGHZ 14, S. 264, 267 f);
- für die Anfechtung der Stimmabgabe sind die Voraussetzungen der §§ 119 ff BGB zu prüfen, während für die (evtl danach mögliche) Anfechtung des Gesellschafterbeschlusses die §§ 243 ff AktG maßgebend sind, zB gilt für Frist zur Anfechtung des Beschlusses § 246 Abs. 1 AktG analog (BGHZ 14, S. 264, 268).

3. Feststellungsmängel

a) Mehrheitserfordernisse, Stimmrechtsausschlüsse und Auszählung

223 Welcher Beschluss gefasst ist, ergibt sich zunächst aus der entsprechenden Feststellung des Versammlungsleiters. Diesem können aber verschiedene zur Anfechtung berechtigende Fehler bei der Feststellung des Abstimmungsergebnisses bzw des gefassten Beschlusses unterlaufen sein.

224 Problematisch sind insbesondere bestimmte Mehrheitserfordernisse und Stimmrechtsausschlüsse. So ist die Ablehnung eines Beschlussantrages dann anfechtbar, wenn der Versammlungsleiter die Feststellung über die Ablehnung mit Rücksicht auf ein tatsächlich nicht maßgebendes Erfordernis einer qualifizierten Mehrheit getroffen hat. Hier kann die Anfechtungsklage uU mit einer positiven Beschlussfeststellungsklage verbunden werden.[459] Angefochten werden kann ein Beschluss ferner, wenn der Versammlungsleiter umgekehrt ein bestimmtes, tatsächlich einschlägiges Mehrheitserfordernis fehlerhaft nicht berücksichtigt und deshalb die Annahme des Beschlussantrages festgestellt hat.[460] Oft leiden Beschlüsse auch daran, dass der mit der Feststellung des Ergebnisses befasste Versammlungsleiter fehlerhaft von einem Stimmrechtsausschluss ausgegangen ist und eine Stimme deshalb nicht berücksichtigt hat. Hierin liegt ebenfalls ein Anfechtungsgrund.[461] Eine mit der Anfechtungsklage verbundene positive Beschlussfeststellungsklage hat hier allerdings nur dann Erfolg, wenn die Berücksichtigung der zu Unrecht ausgeschlossenen Stimme zur Annahme geführt hätte.[462] Hat der Versammlungsleiter umgekehrt einen tatsächlich maßgebenden Stimmrechtsausschluss (§ 47 Abs. 4 GmbHG) übersehen, gelten die vorstehenden Erwägungen sinngemäß.[463]

BGH, Urt. v. 26. Oktober 1983 – II ZR 87/83 –, NJW 1984, S. 489 (491):

„... Hätte die Klägerin den die Gewinnausschüttung ablehnenden Beschluss mit Recht angefochten, so könnte insoweit auch ihr weiterer Antrag, das wirksame Zustandekom-

459 *Bayer,* in: Lutter/Hommelhoff, GmbHG, § 47 Anh. Rn 49; *Drescher,* in: Henssler/Strohn, Gesellschaftsrecht, § 241 AktG Rn 9 und § 243 Rn 17; *Raiser,* in: Ulmer, GmbHG, § 47 Anh. Rn 122; *Römermann,* in: Michalski, GmbHG, § 47 Anh. Rn 296; *Roth,* in: Roth/Altmeppen, GmbHG, § 47 Rn 118 und 131; *Zöllner,* in: Baumbach/Hueck, GmbHG, § 47 Anh. Rn 117.

460 *Wertenbruch,* in: MünchKomm-GmbHG, § 47 Anh. Rn 119.

461 *Bayer,* in: Lutter/Hommelhoff, GmbHG, § 47 Anh. Rn 49; *Drescher,* in: Henssler/Strohn, Gesellschaftsrecht, § 243 AktG Rn 17; *Raiser,* in: Ulmer, GmbHG, § 47 Anh. Rn 122; *Römermann,* in: Michalski, GmbHG, § 47 Anh. Rn 294 f; *Roth,* in: Roth/Altmeppen, GmbHG, § 47 Rn 131; *Zöllner,* in: Baumbach/Hueck, GmbHG, § 47 Anh. Rn 117.

462 *Wertenbruch,* in: MünchKomm-GmbHG, § 47 Anh. Rn 119.

463 BGH, NJW 1984, S. 489 (491); NJW 1988, S. 1844; *Bayer,* in: Lutter/Hommelhoff, GmbHG, § 47 Anh. Rn 49; *Raiser,* in: Ulmer, GmbHG, § 47 Anh. Rn 122.

men des von ihr beantragten Beschlusses festzustellen, Erfolg haben. Voraussetzung hierfür wäre die Zulässigkeit eines mit der Anfechtungsklage verbundenen positiven Feststellungsantrags. Diese ist bei dem vorliegenden Sachverhalt gegeben. Wie der Senat bereits entschieden hat, kann ein Gesellschafter auf Feststellung klagen, dass die Gesellschafterversammlung einen von ihm gestellten Antrag angenommen habe, wenn der Antrag am Widerspruch nicht stimmberechtigter Personen nur scheinbar gescheitert ist und der Versammlungsleiter wegen der Zweifelhaftigkeit der Rechtslage von der Verkündung eines bestimmten Beschlussergebnisses abgesehen hat. ... Ferner hat er in einer Aktiengesellschaft die Verbindung einer Anfechtungs- mit einer positiven Feststellungsklage für zulässig erachtet, wenn in der Hauptversammlung der Vorsitzende zu Unrecht verkündet hat, ein Antrag sei wegen Fehlens der notwendigen Stimmenmehrheit abgelehnt. ... Von den dort behandelten Fällen unterscheidet sich der vorliegende Sachverhalt dadurch, dass die Anträge der Klägerin wegen der formal einwandfreien Gegenstimme der stimmberechtigten Streithelferin abgelehnt wurden, diese Gegenstimme aber, wie zu unterstellen ist, zum Tagesordnungspunkt 3 mißbräuchlich abgegeben und deshalb der ablehnende Beschluss mit Erfolg angefochten worden ist. Auch für einen solchen Fall halten *Zöllner* ... und *Schilling/Zutt* ... die Koppelung der Anfechtungsklage mit einer Klage auf Feststellung des „richtigen" Beschlussergebnisses für grundsätzlich zulässig. Dagegen hat *Karsten Schmidt* ... Bedenken, allein durch eine Anfechtungs- und Feststellungsklage gegen die Gesellschaft, also ohne Prozess gegen den widerstrebenden Gesellschafter, dessen positive Stimmpflicht klären und verwirklichen zu lassen. Er sieht deshalb die angemessene Lösung darin, ähnlich wie bei einer Ausschließungsklage in einer Personengesellschaft ... die Klage auf Feststellung des positiven Beschlussergebnisses mit einer gegen den Gesellschafter gerichteten Klage auf positive Stimmabgabe zu verbinden. Von einer solchen Leistungsklage könne nur ganz ausnahmsweise in zweifelsfreien Fällen abgesehen und dann über die Zustimmungspflicht im Prozess gegen die Gesellschaft als Vorfrage entschieden werden. In der Tat erscheint es schon unter dem Gesichtspunkt des rechtlichen Gehörs bedenklich, in einem Anfechtungs- und Feststellungsprozess gegen die Gesellschaft nicht nur die ablehnende Stimme eines Gesellschafters für wirkungslos zu erklären, sondern darüber hinaus auch ein gegenteiliges Beschlussergebnis festzustellen, ohne dass diesem Gesellschafter Gelegenheit gegeben wird, Einwendungen hiergegen in dem anhängigen Verfahren zu erheben. Solche Bedenken scheiden aber im vorliegenden Fall deshalb aus, weil die Gesellschafterin, die ablehnend gestimmt hat, als Nebenintervenientin am Verfahren beteiligt ist und so ihre Auffassung hinreichend zur Geltung bringen konnte. Damit hatte sie auch die Möglichkeit, etwa bestehende sonstige Gründe, die gegen die Wirksamkeit eines positiven Beschlusses sprechen könnten, schon in diesem Verfahren vorzubringen. ... Jedenfalls bei dieser Verfahrenslage ist die von der Klägerin gewählte Klageverbindung das geeignete und angemessene Mittel, ohne umständliche Umwege zu einem sachgerechten Abstimmungsergebnis zu gelangen. ..."

Denkbar sind auch Zählfehler,[464] und zwar insbesondere bei einer größeren Anzahl 225
von Gesellschaftern,[465] zB bei Publikums-GmbH. Trotz der gewöhnlich bestehenden Möglichkeit, den Mangel durch Neuauszählung zu beheben, berechtigen Zählfehler

464 *Bayer,* in: Lutter/Hommelhoff, GmbHG, § 47 Anh. Rn 49; *Drescher,* in: Henssler/Strohn, Gesellschaftsrecht, § 243 AktG Rn 17; *Raiser,* in: Ulmer, GmbHG, § 47 Anh. Rn 122; *Römermann,* in: Michalski, GmbHG, § 47 Anh. Rn 291; *Roth,* in: Roth/Altmeppen, GmbHG, § 47 Rn 118; *Zöllner,* in: Baumbach/Hueck, GmbHG, § 47 Anh. Rn 116.

465 *Wertenbruch,* in: MünchKomm-GmbHG, § 47 Anh. Rn 120; *Zöllner,* in: Baumbach/Hueck, GmbHG, § 47 Anh. Rn 116.

zur Anfechtung.[466] Auch hier kann die Anfechtungsklage aber mit einer positiven Beschlussfeststellungsklage verbunden werden, wenn der Fehler zur Feststellung einer Ablehnung geführt hat.[467]

b) Schwebend unwirksame Stimmen

226 Schwierig ist die Lage hinsichtlich schwebend unwirksamer Stimmen, etwa im Zusammenhang mit der Stimmabgabe eines Vertreters ohne Vertretungsmacht (falsus procurator) oder einer fehlenden kommunalrechtlichen Genehmigung.[468] Wird die schwebend unwirksame Stimme berücksichtigt, kann das eine Anfechtung begründen.[469] Zwar wird es hier schon deshalb nur selten zu einer Anfechtung kommen, weil der Schwebezustand gewöhnlich nicht lange andauert und zudem mittels Fristsetzung eine Klärung herbeigeführt werden kann.[470] Ist die schwebend unwirksame Stimme jedoch mitgezählt worden und tritt mangels Genehmigung endgültig Unwirksamkeit ein, so ist die fristgerecht[471] – die Frist wegen des Ausfalls der Genehmigung als Mangel kann erst ab dem Ausfall laufen – erhobene Anfechtungsklage begründet, wenn die fehlerhaft berücksichtigte unwirksame Stimme für das Beschlussergebnis erheblich war.[472]

227 Weder liegt in der Berücksichtigung einer schwebend unwirksamen Stimme ein Nichtigkeitsgrund, noch hat das Eintreten der endgültigen Unwirksamkeit der Stimmabgabe unmittelbar die Nichtigkeit des gefassten Beschlusses zur Folge. Vielmehr bedarf es einer Anfechtungsklage und einer gerichtlichen Nichtigerklärung, und zwar auch im Falle einer mangelnden Genehmigung der Kommunalaufsicht.[473] Allerdings können die Gesellschafter den Beschluss stattdessen inhaltlich im Sinne einer aufschiebenden oder auflösenden Bedingung von der Genehmigung abhängig machen. Das kann die vorstehenden Probleme vermeiden helfen.

4. Verletzung von Informationsrechten, § 51 a GmbHG

228 Die in § 51 a GmbHG geregelten Auskunfts- und Einsichtsrechte sollen den Gesellschaftern eine sachgerechte Einflussnahme auf die Gesellschaft insbesondere im Rahmen der Gesellschafterversammlung erlauben. Mit Rücksicht auf diesen Sinn und Zweck der Informationsrechte des § 51 a Abs. 1 GmbHG kann auch die Verletzung

---

466 *Bayer,* in: Lutter/Hommelhoff, GmbHG, § 47 Anh. Rn 49; *Raiser,* in: Ulmer, GmbHG, § 47 Anh. Rn 122; *Zöllner,* in: Baumbach/Hueck, GmbHG, § 47 Anh. Rn 116.

467 *Wertenbruch,* in: MünchKomm-GmbHG, § 47 Anh. Rn 120.

468 *Bayer,* in: Lutter/Hommelhoff, GmbHG, § 47 Anh. Rn 49 (unter Bezugnahme auf OLG Jena, Beschl. v. 28. April 2009 – 6 W 42/09); *Raiser,* in: Ulmer, GmbHG, § 47 Anh. Rn 122; *Wertenbruch,* in: MünchKomm-GmbHG, § 47 Anh. Rn 121 (unter Bezugnahme auf OLG Jena, Beschl. v. 28. April 2009 – 6 W 42/09); *Zöllner,* in: Baumbach/Hueck, GmbHG, § 47 Anh. Rn 116.

469 *Bayer,* in: Lutter/Hommelhoff, GmbHG, § 47 Anh. Rn 49 (unter Bezugnahme auf OLG Jena, Beschl. v. 28. April 2009 – 6 W 42/09); *Raiser,* in: Ulmer, GmbHG, § 47 Anh. Rn 122; *Wertenbruch,* in: MünchKomm-GmbHG, § 47 Anh. Rn 121 (unter Bezugnahme auf OLG Jena, Beschl. v. 28. April 2009 – 6 W 42/09); *Zöllner,* in: Baumbach/Hueck, GmbHG, § 47 Anh. Rn 116.

470 *Wertenbruch,* in: MünchKomm-GmbHG, § 47 Anh. Rn 121.

471 *Wertenbruch,* in: MünchKomm-GmbHG, § 47 Anh. Rn 121 (unter Bezugnahme auf OLG Jena, Beschl. v. 28. April 2009 – 6 W 42/09).

472 *Bayer,* in: Lutter/Hommelhoff, GmbHG, § 47 Anh. Rn 49 (unter Bezugnahme auf OLG Jena, Beschl. v. 28. April 2009 – 6 W 42/09); *Wertenbruch,* in: MünchKomm-GmbHG, § 47 Anh. Rn 121 (unter Bezugnahme auf OLG Jena, Beschl. v. 28. April 2009 – 6 W 42/09).

473 *Bayer,* in: Lutter/Hommelhoff, GmbHG, § 47 Anh. Rn 49 (unter Bezugnahme auf OLG Jena, Beschl. v. 28. April 2009 – 6 W 42/09); *Raiser,* in: Ulmer, GmbHG, § 47 Anh. Rn 122; *Wertenbruch,* in: MünchKomm-GmbHG, § 47 Anh. Rn 121 (unter Bezugnahme auf OLG Jena, Beschl. v. 28. April 2009 – 6 W 42/09); *Zöllner,* in: Baumbach/Hueck, GmbHG, § 47 Anh. Rn 116.

des § 51 a GmbHG einer Anfechtungsklage zum Erfolg verhelfen. Das setzt allerdings ferner voraus, dass der betreffende Verstoß für das Abstimmungsergebnis relevant war.[474] Relevanz in diesem Sinne bedeutet nicht Kausalität im Sinne einer condicio sine qua non nach den Umständen des konkreten Einzelfalles. Es kommt also nicht darauf an, ob der Beschluss ohne die Verletzung des Informationsrechtes tatsächlich gefasst worden wäre oder nicht. Maßgebend ist vielmehr die Bedeutung der verletzten Pflicht aus der Perspektive eines objektiven Beurteilers.[475]

BGH, Urt. v. 22. Mai 1989 – II ZR 206/88 –, NJW 1989, S. 2689 (2691):

„... Die Frage, ob ein Hauptversammlungsbeschluss auf einer Auskunftsverweigerung beruht, kann nur nach einem objektiven Maßstab, nämlich danach beurteilt werden, wie ein objektiv urteilender Aktionär abgestimmt haben würde, wenn die Auskunft ordnungsgemäß erteilt worden wäre... Diese Grundsätze hat der Senat auch auf einen Fall angewandt, in dem gerügt worden war, der Geschäftsbericht des Vorstandes enthalte keine Ausführungen über einen bestimmten, nach Schluss des Geschäftsjahres eingetretenen Vorgang, den der Kläger als Vorgang von besonderer Bedeutung einstufte (§ 160 Abs. 1 S. 2 AktG aF; ...). Der Senat hat, wie die Revision zutreffend bemerkt, in beiden Entscheidungen weiter ausgeführt, die Kenntnis des Mehrheitsaktionärs von den tatsächlichen Verhältnissen könne nicht außer Betracht bleiben. ... Das heißt aber nicht, dass diese Kenntnis für die zu beurteilende Frage als alleinentscheidend angesehen worden ist. Wie aus beiden Senatsentscheidungen hervorgeht, bleibt maßgebendes Entscheidungskriterium, ob ein objektiver Beurteiler, der wie der Mehrheitsaktionär Kenntnis von allen für die Beurteilung maßgebenden Umständen gehabt hätte, auch wie dieser abgestimmt haben würde. Nach diesen Grundsätzen ist hier die Ursächlichkeit zwischen dem Verstoß gegen § 340 a AktG und dem gefassten Verschmelzungsbeschluss zu bejahen. Der Vorstand der Beklagten hat einen Verschmelzungsbericht vorgelegt, der offensichtlich den gesetzlichen Anforderungen nicht entspricht. In einem solchen Falle wird ein objektiv urteilender Aktionär zu dem Ergebnis gelangen, die Bedeutung, welche die in dem Verschmelzungsbericht vorzunehmende rechtliche und wirtschaftliche Erläuterung des Verschmelzungsvertrages und des Umtauschverhältnisses der Gesellschaftsanteile für die Minderheitsaktionäre hat, rechtfertige es grundsätzlich nicht, ihnen diese Informationen vorzuenthalten und – bei Beibehaltung der Informationsverweigerung – der Verschmelzung zuzustimmen. Unter diesen Umständen beruht die Zustimmung auf der Verletzung des Gesetzes (§ 340 a AktG). ... Zudem hätte die Beklagte darlegen und beweisen müssen, dass die Verletzung der Berichtspflicht ohne Einfluss auf den angefochtenen Hauptversammlungsbeschluss geblieben ist. ...“

Auch kommt es nicht darauf an, ob ein objektiver Beurteiler anstelle des konkreten Gesellschafters zugestimmt hätte, sondern § 243 Abs. 4 S. 1 AktG in der Fassung des Gesetzes zur Unternehmensintegrität und Modernisierung des Anfechtungsrechts vom 22. September 2005 (UMAG)[476] macht die Anfechtung wegen der Verletzung eines Informationsrechts davon abhängig, dass ein objektiver Gesellschafter die Information als wesentliche Voraussetzung für die sachgerechte Wahrnehmung seiner **229**

474 *Bayer,* in: Lutter/Hommelhoff, GmbHG, § 47 Anh. Rn 48; *Raiser,* in: Ulmer, GmbHG, § 47 Anh. Rn 117 ff; *Römermann,* in: Michalski, GmbHG, § 47 Anh. Rn 275; *Wertenbruch,* in: MünchKomm-GmbHG, § 47 Anh. Rn 122; *Zöllner,* in: Baumbach/Hueck, GmbHG, § 51 a Rn 48.

475 BGH, NJW 1989, S. 2689 (2691) zu § 243 Abs. 4 AktG; *Bayer,* in: Lutter/Hommelhoff, GmbHG, § 47 Anh. Rn 48; *Wertenbruch,* in: MünchKomm-GmbHG, § 47 Anh. Rn 122; *Zöllner,* in: Baumbach/Hueck, GmbHG, § 47 Anh. Rn 127.

476 BGBl. I, S. 2802 ff.

Teilnahme- und Mitgliedschaftsrechte angesehen hätte. Auch diese Regelung des Aktienrechts findet analoge Anwendung auf die GmbH.[477] Dementsprechend setzt die Begründetheit einer auf die Verletzung eines Informationsrechts gestützten Anfechtungsklage einen gewissen Zusammenhang zwischen einem Auskunftsersuchen oder einer unzureichenden Einsicht einerseits und der konkreten Beschlussfassung andererseits voraus,[478] den der Bundesgerichtshof dahin gehend konkretisiert hat, dass die vorenthaltene Information aus der Sicht eines objektiven Beurteilers zur sachgerechten Beurteilung des Beschlussgegenstandes erforderlich gewesen sein muss. Nicht maßgebend ist demgegenüber, ob die gebotene Information einen objektiv urteilenden Gesellschafter tatsächlich beeinflusst hätte. Insofern kommt es auch auf eine potenzielle Kausalität nicht an.[479] Soweit in der amtlichen Begründung des UMAG zwar hinsichtlich des § 243 Abs. 4 S. 1 AktG einerseits auf vorangegangene maßgebende Entscheidung des Bundesgerichtshofs[480] zur Relevanz Bezug genommen worden ist,[481] die Ausführungen aber andererseits auf eine potenzielle Kausalität hindeuten,[482] bleibt dieser Widerspruch folgenlos, weil mit der insofern eindeutigen Gesetzesfassung das vom Bundesgerichtshof befürwortete Kriterium der Relevanz übernommen worden ist und die in die andere Richtung weisenden Erwägungen des Gesetzgebers im Gesetzeswortlaut keinen Niederschlag gefunden haben.[483]

BGH, Urt. v. 18. Oktober 2004 – II ZR 250/02 –, NJW 2005, S. 828:

„... Maßgebend ist danach die „Relevanz“ des Verfahrensverstoßes für das Mitgliedschafts- bzw Mitwirkungsrecht des Aktionärs im Sinne eines dem Beschluss anhaftenden Legitimationsdefizits, das bei einer wertenden, am Schutzzweck der verletzten Norm orientierten Betrachtung die Rechtsfolge der Anfechtbarkeit gemäß § 243 Abs. 1 AktG rechtfertigt... Werden einem Aktionär Auskünfte vorenthalten, die aus der Sicht eines objektiv urteilenden Aktionärs in der Fragesituation zur sachgerechten Beurteilung des Beschlussgegenstandes in dem oben ... dargelegten Sinne „erforderlich“ sind, so liegt darin zugleich ein „relevanter“ Verstoß gegen das Teilnahme- und Mitwirkungsrecht des betreffenden Aktionärs ..., ohne dass es darauf ankommt, ob der tatsächliche Inhalt der in der Hauptversammlung verweigerten und später – evtl erst im Anfechtungsprozess – erteilten Auskunft einen objektiv urteilenden Aktionär von der Zustimmung zu der Beschlussvorlage abgehalten hätte (mißverständlich § 243 Abs. 4 S. 1 AktG-RefE UMAG; ...). Soweit in BGHZ 149, S. 158, 164 f noch Kausalitätserwägungen als notwendiges Relevanzkriterium anklingen, wird daran nicht festgehalten. ...“

5. Relevanz des Verfahrensmangels

230 Nicht nur hinsichtlich der Verletzung von Informationsrechten im Sinne des § 51 a Abs. 1 GmbHG kommt es auf die Relevanz des betreffenden Verfahrensmangels an, sondern dem Kriterium der Relevanz kommt im Zusammenhang mit Verfahrensfeh-

477 *Raiser,* in: Ulmer, GmbHG, § 47 Anh. Rn 119; *Zöllner,* in: Baumbach/Hueck, GmbHG, § 47 Anh. Rn 127; anders *Roth,* in: Roth/Altmeppen, GmbHG, § 47 Rn 126.
478 *Wertenbruch,* in: MünchKomm-GmbHG, § 47 Anh. Rn 122; *Zöllner,* in: Baumbach/Hueck, GmbHG, § 51 a Rn 48.
479 *Wertenbruch,* in: MünchKomm-GmbHG, § 47 Anh. Rn 122; *Zöllner,* in: Baumbach/Hueck, GmbHG, § 47 Anh. Rn 125 ff.
480 BGH, NJW 2002, S. 1128 und NJW 2005, S. 828.
481 BR-Drucks. 3/05, S. 53.
482 BR-Drucks. 3/05, S. 53.
483 *Fleischer,* NJW 2005, S. 3525 (3528 f); *Hüffer,* in: ders., AktG, § 243 Rn 46 b; *Koch,* ZGR 2006, S. 769 (795); *Raiser,* in: Ulmer, GmbHG, § 47 Anh. Rn 119.

lern als Anfechtungsgrund allgemeine Bedeutung zu. Insofern gilt, dass es grundsätzlich auf eine über die Relevanz hinausgehende Kausalität oder potenzielle Kausalität nicht ankommt.[484]

BGH, Urt. v. 18. Oktober 2004 – II ZR 250/02 –, NJW 2005, S. 828:

„... Maßgebend ist danach die „Relevanz" des Verfahrensverstoßes für das Mitgliedschafts- bzw Mitwirkungsrecht des Aktionärs im Sinne eines dem Beschluss anhaftenden Legitimationsdefizits, das bei einer wertenden, am Schutzzweck der verletzten Norm orientierten Betrachtung die Rechtsfolge der Anfechtbarkeit gemäß § 243 Abs. 1 AktG rechtfertigt... Werden einem Aktionär Auskünfte vorenthalten, die aus der Sicht eines objektiv urteilenden Aktionärs in der Fragesituation zur sachgerechten Beurteilung des Beschlussgegenstandes in dem oben ... dargelegten Sinne „erforderlich" sind, so liegt darin zugleich ein „relevanter" Verstoß gegen das Teilnahme- und Mitwirkungsrecht des betreffenden Aktionärs ..., ohne dass es darauf ankommt, ob der tatsächliche Inhalt der in der Hauptversammlung verweigerten und später – evtl erst im Anfechtungsprozess – erteilten Auskunft einen objektiv urteilenden Aktionär von der Zustimmung zu der Beschlussvorlage abgehalten hätte (mißverständlich § 243 Abs. 4 S. 1 AktG-RefE UMAG; ...). Soweit in BGHZ 149, S. 158, 164 f noch Kausalitätserwägungen als notwendiges Relevanzkriterium anklingen, wird daran nicht festgehalten. ..."

Lediglich ausnahmsweise gilt anderes, zB Feststellungsmängel betreffend.[485] Hintergrund ist, dass hier eine ordnungsgemäße Abstimmung stattgefunden hat und dementsprechend das Abstimmungsverhalten der Gesellschafter ohne Spekulation festgestellt werden kann. 231

Was Relevanz für die Fälle der Verletzung von Informationsrechten bedeutet, ist 232
oben (Rn 228 f) erläutert worden. Allgemein ist ein Verfahrensmangel immer dann relevant, wenn die mangelnde Information für die Entscheidung objektiv bedeutsam war und die verletzte Bestimmung die Teilnahme des betroffenen Gesellschafters an der Versammlung oder die sachgerechte Willensbildung im Hinblick auf die angefochtene Entscheidung gewährleisten sollte. Maßgebend sind also der (Schutz-)Zweck der verletzten Verfahrensnorm einerseits und die konkreten Umstände, wie zB der Gegenstand des konkreten Beschlusses und die konkrete Information, andererseits.[486]

Die Relevanztheorie hat u.a. den Vorteil, dass sie dem Rederecht der Gesellschafter und der auf diese Weise möglichen Beeinflussung anderer Gesellschafter anlässlich einer Versammlung besser Rechnung trägt, indem sie nämlich von vornherein auf die stets problematischen Spekulationen über ein mögliches Abstimmungsverhalten der Gesellschafter verzichtet, ohne das Rederecht und andere Einflüsse umgekehrt ganz auszublenden.[487]

484 BGH, NJW 2002, S. 1128 zunächst noch missverständlich, dann aber klarstellend BGH, NJW 2005, S. 828; *Bayer,* in: Lutter/Hommelhoff, GmbHG, § 47 Anh. Rn 51; *Römermann,* in: Michalski, GmbHG, § 47 Anh. Rn 266; *K. Schmidt,* in: Scholz, GmbHG, § 45 Rn 102; *Zöllner,* in: Baumbach/Hueck, GmbHG, § 47 Anh. Rn 126.

485 *Wertenbruch,* in: MünchKomm-GmbHG, § 47 Anh. Rn 119.

486 BGH, NJW 2002, S. 1128 und NJW 2005, S. 828; *Bayer,* in: Lutter/Hommelhoff, GmbHG, § 47 Anh. Rn 51; *Römermann,* in: Michalski, GmbHG, § 47 Anh. Rn 266; *K. Schmidt,* in: Scholz, GmbHG, § 45 Rn 102; *Wertenbruch,* in: MünchKomm-GmbHG, § 47 Anh. Rn 124 (abstellend allerdings nur auf den Zweck); *Zöllner,* in: Baumbach/Hueck, GmbHG, § 47 Anh. Rn 126.

487 BGH, NJW 2002, S. 1128 und NJW 2005, S. 828; *Wertenbruch,* in: MünchKomm-GmbHG, § 47 Anh. Rn 124.

233 **Übersicht zu Feststellungsmängeln, Informationsdefiziten und Relevanz – Nr. 15**

1. **Feststellungsmängel**
   a) Versammlungsleiter geht von einem unzutreffenden Quorum aus
   - entweder: unzutreffende Feststellung eines Beschlusses, weil Erfordernis einer qualifizierten Mehrheit nach Gesetz oder Satzung nicht beachtet wurde

     → Anfechtungsklage, wenn Quorum tatsächlich nicht erreicht wurde,
   - oder: unzutreffende Feststellung, dass ein bestimmter Beschluss nicht gefasst wurde, weil ein tatsächlich nicht maßgebliches Erfordernis einer qualifizierten Mehrheit bejaht wurde

     → Anfechtungsklage (bzgl des ablehnenden Beschlusses) verbunden mit positiver Beschlussfeststellungsklage (gerichtet auf Feststellung, dass beantragter Beschluss entgegen Feststellung des Versammlungsleiters sehr wohl gefasst wurde).

   b) Versammlungsleiter wendet zB Bestimmung über Stimmrechtsausschluss nicht richtig an
   - entweder: Nichtberücksichtigung einer tatsächlich zu berücksichtigenden Stimme, weil Vorschrift über Stimmrechtsausschluss unzutreffend angewendet wurde

     → Anfechtung des seitens des Versammlungsleiters festgestellten positiven oder negativen Ergebnisses und im Falle eines tatsächlich positiven Ergebnisses positive Beschlussfeststellungsklage (Voraussetzung ist stets, dass die Berücksichtigung der zu Unrecht ausgeschlossenen Stimme zu einem anderen Ergebnis geführt hätte),
   - oder: Berücksichtigung einer tatsächlich auszuschließenden Stimme, weil Vorschrift über Stimmrechtsausschluss unzutreffend nicht angewendet wurde

     → Anfechtung des seitens des Versammlungsleiters festgestellten positiven oder negativen Ergebnisses und im Falle eines tatsächlich positiven Ergebnisses positive Beschlussfeststellungsklage (Voraussetzung ist stets, dass die Berücksichtigung der zu Unrecht ausgeschlossenen Stimme zu einem anderen Ergebnis geführt hätte).

   c) Bsp.: Trotz Stimmverbots nach § 47 Abs. 4 GmbHG werden Stimmen mitgezählt.

   d) Das gleiche gilt bei Zählfehlern.

   e) Berücksichtigung einer schwebend unwirksamen Stimme, zB wegen fehlender Genehmigung des Vertretenen oder wegen mangelnder kommunalrechtlich erforderlicher Genehmigung, begründet Anfechtung ebenfalls nur bei Erheblichkeit (bei Nichtberücksichtigung anderes Abstimmungsergebnis). Die Versagung der erforderlichen Genehmigung führt nur im Falle der ordnungsgemäßen Anfechtung zur Unwirksamkeit, nicht unmittelbar (Ausnahme: inhaltlich aufschiebend bedingter Beschluss, indem Gesellschafter die Wirksamkeit des Beschlusses erkennbar von der Genehmigung abhängig gemacht haben).

2. **Verletzung der Informationsrechte des § 51 a GmbHG kann zwar Anfechtung begründen. Das setzt aber Relevanz voraus.**
3. **Relevanztheorie (BGH, NJW 2005, S. 828)**
   a) Allgemein: Analog § 243 Abs. 4 S. 1 AktG begründen Verfahrensmängel eine Anfechtung grundsätzlich (Ausnahme: Feststellungsmängel) nur dann, wenn die verletzte Verfahrensnorm die konkret beeinträchtigte Teilnahme und Mitwirkung des betroffenen Gesellschafters an der Willensbildung schützt. Maßgebend sind also der Schutzzweck der verletzten Norm einerseits und die konkret eingetretene Beeinträchtigung hinsichtlich des angefochtenen Beschlusses andererseits.
   b) Verletzung von Informationsrechten: Nach der o.g. Rspr des Bundesgerichtshofs kommt es für die Relevanz der Verletzung eines Informationsrechts darauf an, ob die vorenthaltene Information zur sachgerechten Beurteilung des Gegenstandes des angefochtenen Beschlusses erforderlich war.
   c) Kausalität iS einer condicio sine qua non oder auch nur potenzielle Kausalität des Verfahrensmangels sind hingegen nicht erforderlich.

II. Inhaltliche Fehler

Da die Anfechtung von Gesellschafterbeschlüssen analog § 243 Abs. 1 AktG nicht 234
nur auf die Verletzung solcher Bestimmungen des Gesetzes oder der Satzung beschränkt ist, die das zu beachtende Verfahren zum Gegenstand haben, und da ferner sowohl dem GmbH-Gesetz als auch regelmäßig der Satzung Bestimmungen über den Inhalt von Gesellschafterbeschlüssen zu entnehmen sind, kommen als Anfechtungsgründe außerdem Beschlussmängel inhaltlicher Art in Betracht.

1. Allgemeines zu § 243 Abs. 1 AktG

Fraglich ist zunächst, welchen Bestimmungen inhaltliche Anforderungen an Gesell- 235
schafterbeschlüsse zu entnehmen sind, deren Nichterfüllung eine Anfechtung begründen kann. Insofern ist der Wortlaut des analog anzuwendenden § 243 Abs. 1 AktG maßgebend. Die zu beachtenden materiellen Vorschriften können sich also aus dem Gesetz und der Satzung ergeben. Unter Gesetz im Sinne des § 243 Abs. 1 AktG versteht man dabei wiederum jedes materielle Gesetz, also jede hoheitliche Rechtsnorm mit Außenwirkung.[488] Auf die Qualität kommt es dabei nicht an. So handelt es sich nicht nur bei Parlamentsgesetzen auf Bundes- oder Landesebene um Gesetze im Sinne des § 243 Abs. 1 AktG, sondern ebenso bei Rechtsverordnungen auf Bundes- oder Landesebene. Selbst in der öffentlich-rechtlichen Satzung kann ein Gesetz in diesem Sinne liegen.[489] Wie es auf die genaue Rechtsnatur der verletzten hoheitlichen Regelung abstrakt-generellen Inhalts nicht ankommt, ist auch nicht erheblich, ob es sich

488 *Bayer,* in: Lutter/Hommelhoff, GmbHG, § 47 Anh. Rn 43; *Raiser,* in: Ulmer, GmbHG, § 47 Anh. Rn 124; *Römermann,* in: Michalski, GmbHG, § 47 Anh. Rn 298 f; *Zöllner,* in: Baumbach/Hueck, GmbHG, § 47 Anh. Rn 84.

489 *Bayer,* in: Lutter/Hommelhoff, GmbHG, § 47 Anh. Rn 43; *Raiser,* in: Ulmer, GmbHG, § 47 Anh. Rn 124; *Römermann,* in: Michalski, GmbHG, § 47 Anh. Rn 299; *Zöllner,* in: Baumbach/Hueck, GmbHG, § 47 Anh. Rn 84.

um zwingendes oder dispositives Recht handelt.[490] Wie Verstöße gegen spezielle Bestimmungen eine Anfechtung nach § 243 Abs. 1 AktG zu rechtfertigen vermögen, sind auch Verletzungen von Generalklauseln analog § 243 Abs. 1 AktG geeignet, eine Anfechtungsklage zu begründen.[491] Wie sonst ist bei der Auslegung und Anwendung von Generalklauseln die Ausstrahlungswirkung der Grundrechte zu berücksichtigen. So können auch Grundrechte mittelbar für eine Anfechtung von ausschlaggebender Bedeutung sein.[492] Daran kann man zB bei sachlich ungerechtfertigten (Un-)Gleichbehandlungen und Diskriminierungen im Hinblick auf die Ausstrahlungswirkung des Art. 3 GG in all seinen Ausprägungen denken.

2. Sondervorteile, § 243 Abs. 2 AktG analog

236 Anders als der analog anwendbare § 243 Abs. 1 AktG, der für den Anfechtungsgrund in materieller Hinsicht auf andere Bestimmungen des GmbH-Gesetzes oder der GmbH-Satzung verweist, enthält § 243 Abs. 2 S. 1 AktG selbst einen Maßstab für die Anfechtbarkeit eines Gesellschafterbeschlusses. Danach ist ein Beschluss immer dann anfechtbar, wenn 1. ein Gesellschafter mit der Ausübung des Stimmrechts entweder sich selbst oder einem Dritten einen Sondervorteil zum Schaden der Gesellschaft oder anderer Gesellschafter zu verschaffen sucht und 2. der betreffende Beschluss zu diesem Zweck geeignet ist.

Ein Sondervorteil liegt nach der ratio des Verbots immer dann vor, wenn einem Gesellschafter ein Vermögenswert verschafft werden soll, der nicht allen Gesellschaftern in einer vergleichbaren Situation gewährt wird.[493] Im Falle eines Vertrages, der den Austausch von Leistungen vorsieht, kommt es darauf an, ob die vom Gesellschafter zu erbringende Leistung dem Wert nach hinter der von der Gesellschaft zu erbringenden Leistung zurückbleibt.[494]

> **BGH, Urt. v. 4. Oktober 1976 – II ZR 204/74 –, WM 1976, S. 1226 f:**
> „... Vielmehr kommt es nach Lage des Falles darauf an, in umfassender Würdigung aller Umstände, wie insbesondere Art, Größe und Leistungsfähigkeit des Betriebes, Alter, Berufserfahrung und Fähigkeiten der Geschäftsführerin sowie Umfang und Bedeutung ihrer Tätigkeit, zu prüfen, ob die ihr zugebilligten Bezüge einschließlich aller geldwerten Vorteile ... in einem deutlichen Missverhältnis zu der vergüteten Dienstleistung standen. ...“

237 Dabei sind alle Umstände zu berücksichtigen, so dass ein Sondervorteil auch in einer bloßen Vorleistungspflicht der Gesellschaft oder in einer mangelnden Sicherheit für die Gesellschaft liegen kann, wenn nämlich die betreffende Leistung der Gesellschaft unter Berücksichtigung dieser Umstände am Markt nicht für die vom Gesellschafter zu erbringende Gegenleistung zu erhalten gewesen wäre. Im Falle eines wertmäßigen Missverhältnisses zwischen den beiden Leistungen handelt es sich der Sache nach um eine „gemischte Schenkung“, und solche Geschäfte laufen grundsätzlich dem vertrag-

---

490 *Raiser,* in: Ulmer, GmbHG, § 47 Anh. Rn 124; *Römermann,* in: Michalski, GmbHG, § 47 Anh. Rn 299; *B. Schmidt,* in: Ensthaler/Füller, GmbHG, § 47 Rn 88; *Wertenbruch,* in: MünchKomm-GmbHG, § 47 Anh. Rn 125; *Zöllner,* in: Baumbach/Hueck, GmbHG, § 47 Anh. Rn 84.

491 *Raiser,* in: Ulmer, GmbHG, § 47 Anh. Rn 124; *Römermann,* in: Michalski, GmbHG, § 47 Anh. Rn 299; *Zöllner,* in: Baumbach/Hueck, GmbHG, § 47 Anh. Rn 85.

492 *Wertenbruch,* in: MünchKomm-GmbHG, § 47 Anh. Rn 125 aE.

493 *Römermann,* in: Michalski, GmbHG, § 47 Anh. Rn 312 ff; *K. Schmidt,* in: Scholz, GmbHG, § 45 Rn 109 f; *Zöllner,* in: Baumbach/Hueck, GmbHG, § 47 Anh. Rn 87.

494 BGH, WM 1976, S. 1226 f; OLG Frankfurt a.M., BB 1973, S. 863; *Wertenbruch,* in: MünchKomm-GmbHG, § 47 Anh. Rn 126; *Zöllner,* in: Baumbach/Hueck, GmbHG, § 47 Anh. Rn 87.

lich vereinbarten Zweck der Gesellschaft zuwider.[495] Ausnahmsweise gilt anderes, wenn entweder der Gesellschaftszweck rechtfertigende Bestimmungen für die Gewährung des betreffenden Sondervorteils enthält oder es sich um verkehrsübliche Geschenke und Spenden handelt.[496]

Analog § 243 Abs. 2 S. 1 AktG kommt es allerdings zunächst auf den hinter dem Beschluss stehenden Willen an: Die Norm setzt einen Versuch eines Gesellschafters, sich oder Dritten einen Sondervorteil zu verschaffen, also einen entsprechenden Vorsatz voraus. In diesem Zusammenhang genügt indessen dolus eventualis bzw bedingter Vorsatz.[497] Außerdem muss sich der Vorsatz nicht auch auf die Schädigung der GmbH erstrecken, sondern es reicht, dass der Gesellschafter sich oder einem Dritten einen Vorteil mit bedingtem Vorsatz verschaffen wollte.[498] Keineswegs müssen sämtliche für den Beschluss stimmenden Gesellschafter mit dem entsprechenden bedingten Vorsatz gehandelt haben, sondern § 243 Abs. 2 S. 1 AktG greift schon dann ein, wenn nur eine für die Beschlussfassung ausreichende Anzahl von Gesellschaftern bedingt vorsätzlich gehandelt hat, also bei der Zustimmung die Verschaffung eines Sondervorteils für möglich gehalten und billigend in Kauf genommen hat.[499] 238

Nach zutreffender Auffassung findet § 243 Abs. 2 S. 2 AktG, der eine Anfechtung bei einem angemessenen Ausgleich zugunsten der übrigen Gesellschafter ausschließt, auf die GmbH keine analoge Anwendung, sondern trägt den Besonderheiten der rein kapitalistischen Struktur der Aktiengesellschaft sowie den entsprechend beschränkten Rechten und Interessen der Aktionäre Rechnung.[500] 239

3. Gleichbehandlungsgrundsatz

Das in § 243 Abs. 2 S. 1 GmbH zum Ausdruck kommende Verbot der Gewährung von Sondervorteilen ist ein Spezialfall des in § 53 a AktG geregelten Grundsatzes der Gleichbehandlung aller Aktionäre. Darin liegt wiederum keine Besonderheit nur der Aktiengesellschaft, sondern das Gesetz bringt hier einen allgemeinen Grundsatz des Verbandsrechts zu Ausdruck, nämlich das Prinzip der Gleichbehandlung aller Gesellschafter. Auch in einem Verstoß hiergegen kann ein Anfechtungsgrund im Sinne des § 243 Abs. 1 AktG analog liegen.[501] 240

Schon im Hinblick auf andere spezielle Regelungen setzt eine Verletzung des Gleichbehandlungsgrundsatzes allerdings voraus, dass die nach dem angefochtenen Beschluss zu gewährende Leistung als solche zulässig ist.[502] Außerdem verstößt eine Ungleichbehandlung – wie bei Art. 3 Abs. 1 GG eine vom Staat ausgehende Differenzie- 241

495 *Wertenbruch,* in: MünchKomm-GmbHG, § 47 Anh. Rn 126.

496 *Wertenbruch,* in: MünchKomm-GmbHG, § 47 Anh. Rn 126; *Zöllner,* in: Baumbach/Hueck, GmbHG, § 47 Anh. Rn 87.

497 *Römermann,* in: Michalski, GmbHG, § 47 Anh. Rn 318; *Zöllner,* in: Baumbach/Hueck, GmbHG, § 47 Anh. Rn 86.

498 *Römermann,* in: Michalski, GmbHG, § 47 Anh. Rn 318; *K. Schmidt,* in: Scholz, GmbHG, § 45 Rn 11 oder 111; *Zöllner,* in: Baumbach/Hueck, GmbHG, § 47 Anh. Rn 88.

499 *Römermann,* in: Michalski, GmbHG, § 47 Anh. Rn 319; *Zöllner,* in: Baumbach/Hueck, GmbHG, § 47 Anh. Rn 88.

500 *Wertenbruch,* in: MünchKomm-GmbHG, § 47 Anh. Rn 126; *Zöllner,* in: Baumbach/Hueck, GmbHG, § 47 Anh. Rn 89; anders wohl *K. Schmidt,* in: Scholz, GmbHG, § 45 Rn 110.

501 *Wertenbruch,* in: MünchKomm-GmbHG, § 47 Anh. Rn 127.

502 *Wertenbruch,* in: MünchKomm-GmbHG, § 47 Anh. Rn 127.

rung – nur dann gegen den Grundsatz der Gleichbehandlung der Gesellschafter, wenn sie sachlich nicht gerechtfertigt werden kann.[503]

242 Gegen den Gleichbehandlungsgrundsatz verstößt zB eine über den aus der Mitgliedschaft folgenden Anspruch hinausgehende offene oder verdeckte Gewinnausschüttung zugunsten nur einzelner Gesellschafter,[504] eine Kapitalerhöhung unter nicht zu rechtfertigendem Bezugsrechtsausschluss[505] und eine nicht gleichermaßen an sämtliche Gesellschafter gerichtete Aufforderung zur Erbringung der Stammeinlage in gleicher Höhe zu gleicher Zeit.[506] Das Verbot sachlich nicht zu rechtfertigender Ungleichbehandlungen gilt auch hinsichtlich einer Änderung des Gesellschaftsvertrages,[507] und zwar hier insbesondere für die Einführung von Höchststimmrechten[508] und für die Einführung von Mehrfachstimmrechten, die sich nicht nur in einer Umschichtung bereits bestehender Stimmrechte erschöpfen.[509]

BGH, Urt. v. 14. Mai 1990 – II ZR 126/89 –, NJW 1990, S. 2625:

„... Das Berufungsgericht hat die Rechtmäßigkeit des Beschlusses, durch den das Gehalt des Geschäftsführers von 10.000 DM auf 15.000 DM monatlich erhöht worden ist, zutreffend unter den Gesichtspunkten des Gleichbehandlungsgrundsatzes und der unter den Gesellschaftern bestehenden Treuepflicht geprüft. Hiernach ist es unzulässig, einem Gesellschafter einen durch keine entsprechende Gegenleistung gedeckten Vermögensvorteil zuzuwenden, wenn den anderen Gesellschaftern nicht ein ebensolcher Vorteil eingeräumt wird. ...“

4. Treuepflicht

243 Auch wenn jeder Gesellschafter in gewissem Umfang berechtigt ist, bei der Ausübung der aus der Mitgliedschaft folgenden Rechte den eigenen Interessen zu folgen, ergibt sich aus dem vereinbarten Gesellschaftszweck doch eine Bindung der Gesellschafter an die Interessen der Gesellschaft, die im Falle eines Interessenkonflikts die vorgenannte Freiheit jedes Gesellschafters nach den Umständen des Einzelfalles mehr oder weniger eng begrenzen kann.[510]

244 Als Adressaten der entsprechenden Treuepflichten kommen dabei zwar nicht nur Mehrheitsgesellschafter in Betracht. Diese unterliegen aber schon wegen ihrer größe-

503 *Römermann,* in: Michalski, GmbHG, § 47 Anh. Rn 321; *K. Schmidt,* in: Scholz, GmbHG, § 45 Rn 106; *Zöllner,* in: Baumbach/Hueck, GmbHG, § 47 Anh. Rn 91.

504 BGH, NJW 1976, S. 191 f (Treuepflichtverletzung durch einseitige Begünstigung); NJW 1990, S. 2625; *Bayer,* in: Lutter/Hommelhoff, GmbHG, § 47 Anh. Rn 55; *Drescher,* in: Henssler/Strohn, Gesellschaftsrecht, § 243 AktG Rn 25; *Römermann,* in: Michalski, GmbHG, § 47 Anh. Rn 325; *Zöllner,* in: Baumbach/Hueck, GmbHG, § 47 Anh. Rn 97.

505 *Raiser,* in: Ulmer, GmbHG, § 47 Anh. Rn 131; *Römermann,* in: Michalski, GmbHG, § 47 Anh. Rn 325; *K. Schmidt,* in: Scholz, GmbHG, § 45 Rn 106; *Wertenbruch,* in: MünchKomm-GmbHG, § 47 Anh. Rn 127.

506 *Römermann,* in: Michalski, GmbHG, § 47 Anh. Rn 397; *K. Schmidt,* in: Scholz, GmbHG, § 45 Rn 106; *Wertenbruch,* in: MünchKomm-GmbHG, § 47 Anh. Rn 127.

507 *Römermann,* in: Michalski, GmbHG, § 47 Anh. Rn 325; *K. Schmidt,* in: Scholz, GmbHG, § 45 Rn 106; *Wertenbruch,* in: MünchKomm-GmbHG, § 47 Anh. Rn 127.

508 Zu einem Sonderfall bei der AG: BGH, NJW 1978, S. 540; allgemein dagegen *Wertenbruch,* in: MünchKomm-GmbHG, § 47 Anh. Rn 127 sowie *Zöllner,* in: Baumbach/Hueck, GmbHG, § 47 Anh. Rn 92; offen gelassen hingegen von *Römermann,* in: Michalski, GmbHG, § 47 Anh. Rn 327.

509 OLG Frankfurt a.M., GmbHR 1990, S. 79 f; *Römermann,* in: Michalski, GmbHG, § 47 Anh. Rn 327; *Zöllner,* in: Baumbach/Hueck, GmbHG, § 47 Anh. Rn 92.

510 *Römermann,* in: Michalski, GmbHG, § 47 Anh. Rn 331; *Wertenbruch,* in: MünchKomm-GmbHG, § 47 Anh. Rn 128; *Zöllner,* in: Baumbach/Hueck, GmbHG, § 47 Anh. Rn 99.

ren Einflussmöglichkeiten auf die Gesellschaft und den damit verbundenen größeren Gefahren stärkeren Bindungen aus der Treuepflicht.[511]

BGH, Urt. v. 5. Juni 1975 – II ZR 23/74 –, NJW 1976, S. 191 f:

„... Zudem verlangt auch hier insbesondere die für eine Gesellschaftermehrheit bestehende Möglichkeit, durch Einflussnahme auf die Geschäftsführung die gesellschaftsbezogenen Interessen der Mitgesellschafter zu beeinträchtigen, als Gegengewicht die gesellschaftsrechtliche Pflicht, auf diese Interessen Rücksicht zu nehmen. ...“

Besonders zu beachten ist die Bindung an die gesellschaftsrechtliche Treuepflicht zB 245 unmittelbar vor dem Ausscheiden eines Gesellschafters durch Einziehung seines Anteils oder durch Kündigung. Hier obliegt dem ausscheidenden Gesellschafter in besonderer Weise Rücksichtnahme, soweit nämlich seine eigenen Interessen von dem Beschlussgegenstand nicht mehr berührt sind.[512]

BGH, Urt. v. 26. Oktober 1983 – II ZR 87/83 –, NJW 1984, S. 489 (490 f):

„... es ist nicht zu verkennen, dass sich mit der Kündigung eines Gesellschafters sein berechtigtes Interesse an einer Mitsprache in Angelegenheiten der Gesellschaft in der Tat erheblich vermindert und auf Entscheidungen begrenzt ist, die für ihn noch irgendwie von wirtschaftlicher Bedeutung sein können. Dies verpflichtet den Gesellschafter in besonderem Maße zur Zurückhaltung und verbietet es ihm mit Rücksicht auf seine bis zum Ausscheiden fortbestehende gesellschaftliche Treuepflicht, ohne triftigen Grund gegen eine von den anderen Gesellschaftern vorgeschlagene und sachlich vertretbare Maßnahme zu stimmen, die seine Vermögensinteressen weder unmittelbar noch mittelbar in irgendeiner Weise beeinträchtigen kann. ...“

Diese gesellschaftsrechtliche Treuepflicht ist auch bei Abstimmungen in der Gesell- 246 schafterversammlung zu beachten und kann das Ermessen der Gesellschafter jeweils dahin gehend begrenzen, dass das aus dem vereinbarten Gesellschaftszweck folgende Interesse der Gesellschaft gegen Privatinteressen der Gesellschafter durchgesetzt werden muss, zB durch Verweigerung der Entlastung bei Verdacht auf Pflichtverletzungen[513] oder bei Ablehnung der Bestellung bzw Abberufung eines Geschäftsführers, in dessen Person Hinderungsgründe bekannt geworden sind, die seine Tätigkeit mit Rücksicht auf die Interessen der Gesellschaft als unzumutbar erscheinen lassen.[514] Liegen aus den Interessen der Gesellschaft folgende Rechtfertigungsgründe nicht vor, verletzt auch eine Befreiung von einem ansonsten geltenden Wettbewerbsverbot die Treuepflicht.[515] Oft kommt es allerdings auf eine recht schwierige Gesamtwürdigung an.

---

511 *Koppensteiner,* in: Rowedder/Schmidt-Leithoff, GmbHG, § 47 Rn 108; *Römermann,* in: Michalski, GmbHG, § 47 Anh. Rn 334; *Wertenbruch,* in: MünchKomm-GmbHG, § 47 Anh. Rn 128.

512 BGH, NJW 1984, S. 489 (490 f); *Koppensteiner,* in: Rowedder/Schmidt-Leithoff, GmbHG, § 47 Rn 108; *Römermann,* in: Michalski, GmbHG, § 47 Anh. Rn 338.

513 OLG Hamm, GmbHR 1992, S. 802 (803 f); OLG Köln, NZG 1999, S. 1228 (1229); OLG Saarbrücken, DStR 2007, S. 916; *Wertenbruch,* in: MünchKomm-GmbHG, § 47 Anh. Rn 128; *Zöllner,* in: Baumbach/Hueck, GmbHG, § 47 Anh. Rn 99.

514 BGH, NJW 1991, S. 846 (846 f); *Römermann,* in: Michalski, GmbHG, § 47 Anh. Rn 336; *Zöllner,* in: Baumbach/Hueck, GmbHG, 20. Aufl., § 47 Anh. Rn 99.

515 BGH, NJW 1981, S. 1512 (1513); *Bayer,* in: Lutter/Hommelhoff, GmbHG, § 47 Anh. Rn 56; *Drescher,* in: Henssler/Strohn, Gesellschaftsrecht, § 243 AktG Rn 23; *Raiser,* in: Ulmer, GmbHG, § 47 Anh. Rn 133; *Römermann,* in: Michalski, GmbHG, § 47 Anh. Rn 336; *Wertenbruch,* in: MünchKomm-GmbHG, § 47 Anh. Rn 128; *Zöllner,* in: Baumbach/Hueck, GmbHG, § 47 Anh. Rn 99.

OLG Köln, Urt. v. 2. Juni 1999 – 5 U 196/98 –, NZG 1999, S. 1228 (1229):

„... Nicht jede Pflichtverletzung der Geschäftsführung muss von der Gesellschafterversammlung mit der Verweigerung der Entlastung beantwortet werden. Die Erteilung der Entlastung trotz Kenntnis der Gesellschafterversammlung von Pflichtverletzungen der Geschäftsführung, die diese möglicherweise zur Schadensersatzleistung an die Gesellschaft verpflichtet, ist daher nicht in jedem Falle rechtswidrig. Vielmehr ist anhand einer vorzunehmenden Gesamtwürdigung aller Umstände festzustellen, ob das der Gesellschafterversammlung grundsätzlich eingeräumte Ermessen im Einzelfall soweit reduziert war, dass nur noch die Verweigerung der Entlastung in Betracht kommen konnte. In diese Gesamtwürdigung sind in besonderem Maße die schutzwürdigen Interessen der Gesellschaft mit einzubeziehen. Von erheblicher Bedeutung ist in diesem Zusammenhang zunächst die Höhe des Schadens, der der Gesellschaft durch die mögliche Pflichtverletzung des Geschäftsführers entstanden ist. Je höher der Schaden, desto mehr verengt sich das Ermessen der Gesellschafter. Hierbei kann allerdings nicht außer Betracht bleiben, wie bedeutend ein solcher Schaden für die betroffene Gesellschaft ist. Je größer das betroffene Unternehmen, dh die erzielten Umsätze und Gewinne, desto weniger bedeutend kann ein von der Geschäftsführung verursachter Schaden unter Umständen sein. Entscheidungsrelevant ist ferner die wirtschaftliche Situation der Gesellschaft. Ein Unternehmen, das finanziell am Rande des Untergangs steht, wird sich in keinem Falle eines möglichen Ersatzanspruchs gegen seine Geschäftsführer begeben dürfen. Ist ein Unternehmen aber völlig gesund, so kann unter Umständen auch eine nicht unerhebliche Schädigung durch ein Verhalten der Geschäftsführung hingenommen werden, wenn hierfür andere Umstände sprechen. Derartige Umstände, die ebenfalls in die vorzunehmende Abwägung einzubeziehen sind, sind zum einen die Dauer und der Erfolg der bisherigen Tätigkeit der Geschäftsführung. Einem Geschäftsführer, der – wie im Streitfall – seit mehr als 30 Jahren für die Gesellschaft tätig ist und diese stets interessengerecht mit großem wirtschaftlichen Erfolg vertreten hat, kann gegebenenfalls auch unter dem Gesichtspunkt sozialer Rücksichtnahme eine Entlastung auch dann erteilt werden, wenn nicht unerhebliche Schadensersatzansprüche im Raum stehen. Ebenfalls im Rahmen der vorzunehmenden Abwägung zu berücksichtigen ist der Grad der Wahrscheinlichkeit, die für das Bestehen von Schadensersatzansprüchen gegen den Geschäftsführer spricht. Liegt ein solcher Schadensersatzanspruch deutlich auf der Hand, so ist das Ermessen der Gesellschafter bei der Entlastungsentscheidung wesentlich stärker eingeschränkt, als wenn ein zum Schadensersatz verpflichtendes Fehlverhalten des Geschäftsführers eher fern liegt. Nicht zuletzt ist die Rechtmäßigkeit eines Entlastungsbeschlusses gegebenenfalls auch davon abhängig, ob eine Maßnahme der Geschäftsführung, die zu einer Schädigung der Gesellschaft geführt hat, eher eine Zweckmäßigkeitsentscheidung war. Eine derartige geschäftspolitische Entscheidung der Geschäftsführung, die sich im Nachhinein als unvorteilhaft herausgestellt hat, verpflichtet den Geschäftsführer nur in Ausnahmefällen, nämlich dann, wenn sich die unternehmerische Entscheidung als die Inkaufnahme eines unvertretbaren Risikos darstellt, zum Schadensersatz. In die vorzunehmende Gesamtabwägung ist daher auch der Gesichtspunkt einzubeziehen, wie hoch das Risiko eines Schadenseintritts aus der Sicht des Geschäftsführers zum Zeitpunkt der umstrittenen Entscheidung unter Anlegung objektiver Maßstäbe war. ...“

247 Auch wenn die Gesellschafter einer GmbH einander nicht durch ein vertragliches Schuldverhältnis verbunden sind,[516] ist ihr Verhältnis in gewissem Umfang von

516 *Wertenbruch*, in: MünchKomm-GmbHG, § 47 Anh. Rn 128.

Treuepflichten geprägt,[517] die zB einer Zustimmung zur Auflösung entgegenstehen, wenn ein (Mehrheits-)Gesellschafter auf diese Art und Weise den Geschäftsbetrieb der GmbH allzu günstig zu übernehmen beabsichtigt.[518]

BGH, Urt. v. 28. Januar 1980 – II ZR 124/78 –, NJW 1980, S. 1278:

„... Es fragt sich aber, ob besondere Umstände vorliegen, die den angefochtenen Beschluss als das Ergebnis einer missbräuchlichen Stimmrechtsausübung erscheinen lassen und deshalb entsprechend seine Anfechtbarkeit begründen. Dies hat das Berufungsgericht. verneint. Hiergegen wendet sich die Revision im Ergebnis mit Recht. ... Das Bild ändert sich ... entscheidend, wenn man hier das unstreitige, dem Auflösungsbeschluss vorausgegangene Verhalten der Mehrheitsgesellschafterin, mit dem sie diesen Beschluss vorbereitet hat, in eine Gesamtwertung einbezieht, wie die Revision es mit Recht für nötig hält. Bereits am 20.12.1974, also noch vor der Beendigung ihres Geschäftsführeramts, gründete Frau F eine Auffanggesellschaft, die „H-GmbH". Sie pachtete für diese Gesellschaft Büro- und Geschäftsräume, kündigte mit Schreiben vom 20.12.1974 das Mietverhältnis der Parteien über einen Teil der Betriebsräume und erleichterte durch Einholung von Schätzungen eine alsbaldige Übernahme des Anlage- und Umlaufvermögens. Die Anstellungsverträge der Beklagten mit deren leitenden Angestellten löste sie einvernehmlich zum 31.1. oder 28.2.1975 auf, worauf sich auch die übrigen Fachkräfte der Beklagten solidarisch erklärten und kündigten, um sich für die H-GmbH zu verpflichten. Mit einem Rundschreiben vom 30.12.1974 warb Frau F unter Hinweis auf die bevorstehende Auflösung der Beklagten für ihre „Nachfolgefirma"; sie kündigte an, diese werde voraussichtlich schon in wenigen Wochen wieder „mit Stolz den guten, alten und in Fachkreisen bestens eingeführten Namen Z tragen"; die Neugründung sei angesichts ihres Beteiligungsverhältnisses an der Beklagten „kaum etwas anderes als ein Umzug der Firma Z". Mit diesen Maßnahmen hat Frau F ihre gesellschaftliche Treuepflicht und, soweit sie vor dem 30.12.1974 liegen, zugleich ihre Pflicht zu ordnungsmäßiger Geschäftsführung verletzt. Denn solange die Auflösung der Beklagten nicht beschlossen war, musste sie diese als werbendes Unternehmen betrachten und darauf bedacht sein, es als solches wirtschaftlich zu erhalten und zu fördern. Stattdessen hat sie namentlich durch die Abwerbung des gesamten Fachpersonals das Gesellschaftsunternehmen ausgehöhlt und so einer Liquidation unerlaubt vorgegriffen. Infolgedessen richtet sich der Auflösungsbeschluss in Wirklichkeit gegen eine Gesellschaft, der die Existenzgrundlage zu einem wesentlichen Teil bereits genommen war, ..."

Ein Verstoß gegen die gesellschaftsrechtliche Treuepflicht liegt unter diesem Gesichts- **248**
punkt schließlich auch dann vor, wenn zwar die beschlossene Kapitalerhöhung als solche keinen rechtlichen Bedenken begegnet, aber für einen Zeitpunkt vorgesehen wird, an dem einzelne Gesellschafter ihr Bezugsrecht etwa wegen vorübergehenden Kapitalmangels bekanntermaßen nicht wahrnehmen können.[519]

Die Verletzung der gesellschaftsrechtlichen Treupflicht führt allerdings nicht zur Nichtigkeit des betreffenden Gesellschafterbeschlusses. Nichtig ist vielmehr nur die unter Verstoß gegen die Treuepflicht abgegebene Stimme. Hingegen ist der betreffen-

517 BGH, NJW 1976, S. 191 f; *Römermann*, in: Michalski, GmbHG, § 47 Anh. Rn 332; *Zöllner*, in: Baumbach/Hueck, GmbHG, § 47 Anh. Rn 101.

518 BGH, NJW 1980, S. 1278 und DNotZ 1989, S. 14 (17 f); *Römermann*, in: Michalski, GmbHG, § 47 Anh. Rn 337; *Wertenbruch*, in: MünchKomm-GmbHG, § 47 Anh. Rn 128; *Zöllner*, in: Baumbach/Hueck, GmbHG, § 47 Anh. Rn 99.

519 *Bayer*, in: Lutter/Hommelhoff, GmbHG, 18. Aufl., § 47 Anh. Rn 56; *Römermann*, in: Michalski, GmbHG, § 47 Anh. Rn 425; *Wertenbruch*, in: MünchKomm-GmbHG, § 47 Anh. Rn 128 aE.

de Gesellschafterbeschluss lediglich anfechtbar,[520] und das – unter Anwendung der allgemeinen Regeln für die Anfechtung von Gesellschafterbeschlüssen – auch nur dann, wenn er auf der wegen Treupflichtwidrigkeit nichtigen Stimme beruht, also durch Mitzählung der betreffenden Stimme zustande gekommen ist.[521] Entsprechend gelten diese Erwägungen, wenn der Versammlungsleiter fehlerhaft einen Treuepflichtverstoß bejaht und eine Stimme deshalb nicht berücksichtigt hat.[522] Die Treuepflicht kann in verschiedene Richtungen wirken (Rn 257).

5. Aufsichtsratswahlen, § 251 AktG analog

249 Während hinsichtlich der Nichtigkeit von Aufsichtsratswahlen – wie oben (Rn 102 ff) ausgeführt – § 250 AktG analoge Anwendung findet, ist für die Frage der Anfechtbarkeit von Aufsichtsratswahlen bei der GmbH eine Analogie zu § 251 AktG maßgebend.[523] Unerheblich ist hierbei, ob es sich um einen obligatorischen oder um einen bloß fakultativen Aufsichtsrat handelt.[524]

Dabei kommt § 251 Abs. 1 S. 1 AktG insofern eine rein klarstellende Funktion zu, als danach feststeht, dass für Aufsichtsratswahlen nichts anderes gilt als nach § 243 Abs. 1 AktG allgemein.[525]

250 Zwar richtet sich die Wahl derjenigen Aufsichtsratsmitglieder, welche die Arbeitnehmer vertreten, nach dem jeweils einschlägigen Mitbestimmungsrecht. Jedoch ist die Wahl analog § 251 Abs. 1 S. 2 AktG schon immer dann anfechtbar, wenn der verbindliche Wahlvorschlag nicht unter Beachtung der Regeln des Mitbestimmungsrechts zustande gekommenen ist.[526] Die Anfechtung setzt hier ferner zwar nicht die Kausalität des Vorschlages für die Wahl, wohl aber dessen Relevanz für den Gesellschafterbeschluss über die Wahl voraus.[527] Während also gesetzwidrig zustande gekommene, verbindliche Wahlvorschläge analog § 251 Abs. 1 S. 2 AktG nur die Anfechtbarkeit der Wahl zur Folge haben, ist der betreffende Gesellschafterbeschluss analog § 250 Abs. 1 Nr. 2 AktG nichtig, wenn die vorgeschlagene Person unter Missachtung des verbindlichen Wahlvorschlags nicht gewählt worden ist.[528] Fehlerhafte Wahlvorschläge und fehlerhafte Abweichungen von ordnungsgemäßen Wahlvorschlägen haben also unterschiedliche Konsequenzen.

251 Sowohl die Bestimmung des § 251 Abs. 2 S. 2 AktG, nach der die Wahl eines Aufsichtsratsmitgliedes, das nach dem Montan-MitbestG auf Vorschlag der Betriebsräte gewählt worden ist, von jedem Betriebsrat eines Betriebes der Gesellschaft, von jeder

520 BGH, WM 1988, S. 23 (25); GmbHR 1991, S. 62; NJW-RR 1993, S. 1253 (1254).

521 *Drescher,* in: Henssler/Strohn, Gesellschaftsrecht, § 243 AktG Rn 17, 18, 23; *Römermann,* in: Michalski, GmbHG, § 47 Anh. Rn 335; *K. Schmidt,* in: Scholz, GmbHG, § 45 Rn 107; *Zöllner,* in: Baumbach/Hueck, GmbHG, § 47 Anh. Rn 105.

522 *Drescher,* in: Henssler/Strohn, Gesellschaftsrecht, § 243 AktG Rn 17; *Wertenbruch,* in: MünchKomm-GmbHG, § 47 Anh. Rn 129.

523 *Bayer,* in: Lutter/Hommelhoff, GmbHG, § 47 Anh. Rn 59; *Raiser,* in: Ulmer, GmbHG, § 47 Anh. Rn 141; *Zöllner,* in: Baumbach/Hueck, GmbHG, § 47 Anh. Rn 109 a; anders allerdings *Römermann,* in: Michalski, GmbHG, § 47 Anh. Rn 341.

524 *Bayer,* in: Lutter/Hommelhoff, GmbHG, § 47 Anh. Rn 59; *Raiser,* in: Ulmer, GmbHG, § 47 Anh. Rn 141; *Wertenbruch,* in: MünchKomm-GmbHG, § 47 Anh. Rn 130; anders insofern *Zöllner,* in: Baumbach/Hueck, GmbHG, § 47 Anh. Rn 109 a.

525 *Raiser,* in: Ulmer, GmbHG, § 47 Anh. Rn 141; *Zöllner,* in: Baumbach/Hueck, GmbHG, § 47 Anh. Rn 109 a.

526 *Raiser,* in: Ulmer, GmbHG, § 47 Anh. Rn 141; *Wertenbruch,* in: MünchKomm-GmbHG, § 47 Anh. Rn 130.

527 *Hüffer,* in: AktG, § 251 Rn 3.

528 *Wertenbruch,* in: MünchKomm-GmbHG, § 47 Anh. Rn 130.

in den Betrieben der Gesellschaft vertretenen Gewerkschaft und von deren Spitzenorganisationen angefochten werden kann, als auch die Vorschrift des § 251 Abs. 2 S. 3 AktG, nach der jedes Aufsichtsratsmitglied Anfechtungsklage erheben kann, soweit ein weiteres Mitglied des Aufsichtsrats nach dem Montan-MitbestG oder dem Mitbestimmungsergänzungsgesetz auf Vorschlag der übrigen Aufsichtsratsmitglieder gewählt worden ist, sind auf die Aufsichtsratswahlen bei mitbestimmten GmbH analog anzuwenden.[529]

Das gilt auch für die Wahlen zu einem bloß fakultativen Aufsichtsrat bei der GmbH, 252
wenn den Betriebs- oder Aufsichtsräten nach der Satzung vergleichbare Vorschlagsrechte zustehen, denn hier wie sonst in Zusammenhang mit der Anfechtung macht es keinen Unterschied, ob gesetzliche Bestimmungen oder Regelungen der Satzung verletzt worden sind.[530]

Wie die überobligationsmäßige Wahl von Arbeitnehmern, dh eine über die mitbestimmungsrechtlich zwingend vorgesehene Zahl von Arbeitnehmervertretern hinausgehende Bestimmung von Arbeitnehmern zu Aufsichtsratsmitgliedern, bei der Aktiengesellschaft keinen Anfechtungsgrund begründet,[531] weil die Hauptversammlung die von ihr zu bestimmenden Aufsichtsratsmitglieder frei wählen und dabei durchaus auch Arbeitnehmer als Vertreter der Aktionäre[532] bestimmen kann,[533] führt eine über die vorgeschriebene Zahl von Arbeitnehmervertretern hinausgehende Wahl eines Arbeitnehmers als Aufsichtsratsmitglied auch bei der GmbH nicht zur Anfechtbarkeit des betreffenden Gesellschafterbeschlusses, weil die Gesellschafter ihre Vertreter frei bestimmen können. Allerdings gilt auch hier, dass das betreffende Aufsichtsratsmitglied als Vertreter der Gesellschafter und nicht als Arbeitnehmervertreter tätig wird.[534]

BGH, Urt. v. 3. Juli 1975 – II ZR 35/73 –, NJW 1975, S. 1657 (1658):

„... Der Kläger beanstandet, dass dem 18köpfigen Aufsichtsrat der Beklagten 9 Mitglieder aus dem Kreise der Arbeitnehmer angehören. Er meint, eine solche „paritätische" Besetzung verstoße gegen zwingende aktienrechtliche Grundsätze. Diese Ansicht, die im Schrifttum ... vertreten, findet in der insoweit eindeutigen gesetzlichen Regelung keine Grundlage. Nach § 76 BetrVG 1952 (aufrechterhalten durch § 129 BetrVG 1972) muss der Aufsichtsrat zu einem Drittel aus gewählten Vertretern der Arbeitnehmer bestehen. Diese Vorschrift sagt nichts über die Zusammensetzung der übrigen, nach § 101 AktG zu wählenden Mitglieder, sondern stellt es in das Belieben der Hauptversammlung, hierfür außenstehende Personen, Aktionäre oder auch Arbeitnehmer aus einem Betrieb der Gesellschaft auszusuchen... Beruft sie über das nach § 76 BetrVG 1952 zu wählende Drittel hinaus weitere Arbeitnehmer in den Aufsichtsrat, so sind diese keine „Vertreter der Arbeitnehmer" im Sinne des BetrVG, sondern Aufsichtsratsmitglieder der Aktionäre (§ 96

529 *Raiser,* in: Ulmer, GmbHG, § 47 Anh. Rn 182; *Zöllner,* in: Baumbach/Hueck, GmbHG, § 47 Anh. Rn 141.

530 *Raiser,* in: Ulmer, GmbHG, § 47 Anh. Rn 141; *Raiser/Heermann,* in: Ulmer, GmbHG, § 52 Rn 39; *Wertenbruch,* in: MünchKomm-GmbHG, § 47 Anh. Rn 132.

531 BGH, NJW 1975, S. 1657 (1658); OLG Bremen, NJW 1977, S. 1153; OLG Hamburg, AG 1972, S. 183 ff; *Drescher,* in: Henssler/Strohn, Gesellschaftsrecht, § 251 AktG Rn 2.

532 BGH, NJW 1975, S. 1657 (1658); *Wertenbruch,* in: MünchKomm-GmbHG, § 47 Anh. Rn 133.

533 BGH, NJW 1975, S. 1657 (1658); OLG Bremen, NJW 1977, S. 1153; OLG Hamburg, AG 1972, S. 183 ff; *Drescher,* in: Henssler/Strohn, Gesellschaftsrecht, § 251 AktG Rn 2.

534 *Raiser,* in: Ulmer, GmbHG, § 47 Anh. Rn 142; *Raiser/Heermann,* in: Ulmer, GmbHG, § 52 Rn 159; *Wertenbruch,* in: MünchKomm-GmbHG, § 47 Anh. Rn 133.

AktG), die von der Hauptversammlung jederzeit mit der nach § 103 Abs. 1 AktG bestimmten Mehrheit abberufen werden können. ..."

253 Schon weil der Gesetzgeber bei der Aktienrechtsreform 1965 von der Einräumung von Minderheitenrechten im Zusammenhang mit der Besetzung des Aufsichtsrats bewusst abgesehen hat, kann die Anfechtung einer Aufsichtsratswahl bei Aktiengesellschaften grundsätzlich nicht darauf gestützt werden, dass der Mehrheitsgesellschafter den Minderheitsgesellschaftern nicht eine hinreichende Zahl von Aufsichtsratssitzen, mindestens aber einen Sitz im Aufsichtsrat eingeräumt hat. Das gilt auch für die GmbH. Allerdings sind Ausnahmen denkbar, etwa mit Rücksicht darauf, dass bestimmte, von Gesetzes wegen geschützte Belange einer konzernierten Gesellschaft in ihrem ausschließlich von der herrschenden Gesellschaft besetzten Aufsichtsrat wegen kollidierender Interessen überhaupt keine Berücksichtigung finden.[535]

OLG Hamm, Beschl. v. 3. November 1986 – 8 U 59/86 –, NJW 1987, S. 1030 (1031):

„... Die Beklagte hat nicht substantiiert dargelegt, dass sich die jeweiligen Aktivitäten so, wie sie zusammengeführt und abgeglichen werden sollen, innerhalb einer dezentralen Konzernverbindung, also in einem einfachen faktischen Konzern koordinieren lassen. Vor diesem Hintergrund hat der Senat deshalb auch gewürdigt, wie nach der Aktienübernahme durch X-AG der Vorstand der Beklagten und ihr Aufsichtsrat besetzt worden sind. Bedeutungsvoll erschien ihm dabei auch, dass nach dem Ausscheiden von Herrn S kein neuer „Vertreter des Streubesitzes" in den Aufsichtsrat der Beklagten gewählt wurde. ... Der Vorstand einer faktisch konzernierten AG hat über seine Leitungsaufgabe (§ 76 Abs. 1 AktG) hinaus Zusatzaufgaben, die in ihrer Schwierigkeit über die eines konzernfreien Vorstands hinausgehen können. Als Tochtervorstand muss er das Unternehmen nicht nur unter den Bedingungen zulässiger Konzernvorgaben führen, sondern ebenfalls darauf bedacht sein, dass die Konzernverbindung nicht unzulässig intensiviert wird; außerdem hat er die Erfassungs-, Bewertungs- und gegebenenfalls Remonstrationsaufgaben, die ihm das Gesetz in §§ 311, 312 AktG auferlegt. ... In der faktisch konzernierten Gesellschaft ist deren Vorstand deshalb in besonderem Maße auf einen Ansprechpartner im Aufsichtsrat angewiesen, mit dem er schwierige oder drückende Fragen aus den Konzernbeziehungen erörtern und bei dem er einigermaßen sicher sein kann, dass dies Aufsichtsratsmitglied nicht stets und überall von vornherein die Sicht des herrschenden Unternehmens teilt. Diese Rolle kann zumindest in Tochtergesellschaften mit außenstehenden Aktionären nicht allein den Aufsichtsratsmitgliedern der Arbeitnehmer zugewiesen sein. In der Beklagten hat deren Vorstand im Aufsichtsrat auf dessen Anteilseignerseite nicht einen Ansprechpartner, von dem er auch nur im Ansatz erwarten dürfte, er werde dem Vorstand bei möglichen Konflikten mit dem herrschenden Unternehmen zumindest zuhören, geschweige denn auf die anderen Aufsichtsratsmitglieder im Sinne der Tochtergesellschaft mit dem Ziel einzuwirken versuchen, dem Tochtervorstand „Rückendeckung" zu geben. Denn neben den beiden aktiven Vorstandsmitgliedern der X-AG, den Herren F und Sch, wurden mit den Herren H und R zwei ehemalige Vorstandsmitglieder dieser Gesellschaft, die ihr als Pensionäre und aktive Aufsichtsratsmitglieder noch immer eng verbunden sind, in den Aufsichtsrat der Beklagten vor allem mit den Stimmen der Mehrheitsaktionärin X-AG gewählt. Sämtliche Herren sind dieser Gesellschaft nach ihrer augenblicklichen und teilweise zusätzlich nach ihrer früheren Funktion so stark verbun-

535 Zur Aktiengesellschaft: OLG Hamm, NJW 1987, S. 1030 f (im Grds.); LG Mannheim, WM 1990, S. 760 (764). Zur GmbH: *Raiser*, in: Ulmer, GmbHG, § 47 Anh. Rn 142; *Wertenbruch*, in: MünchKomm-GmbHG, § 47 Anh. Rn 134.

den, dass die Vorstandsmitglieder der Beklagten kaum erwarten können, mit den eigenständigen Belangen ihrer Gesellschaft bei diesen Aufsichtsratsmitgliedern Gehör zu finden. Diesem Umstand kommt gerade für den zweiköpfigen Vorstand der Beklagten besondere Bedeutung zu, weil eines ihrer Vorstandsmitglieder ebenfalls aus dem Bereich der X-AG stammt. ..."

In dem betreffenden Abstimmungsverhalten des Mehrheitsgesellschafters kann eine Treuepflichtverletzung liegen, die zur Anfechtung berechtigt. Der Grund dafür liegt aber nicht in der unzureichenden Berücksichtigung der Interessen der Minderheit, sondern maßgebend sind die Interessen der Gesellschaft.[536] 254

6. Feststellung des Jahresabschlusses, § 257 Abs. 1 S. 1 und Abs. 2 AktG analog

Da die Bestimmungen in § 257 Abs. 1 S. 1 und § 257 Abs. 2 AktG auf die GmbH entsprechende Anwendung finden, gelten für die Anfechtung eines Jahresabschlusses einer GmbH wie für die Anfechtung eines Jahresabschlusses einer Aktiengesellschaft die allgemeinen Regeln analog § 243 AktG.[537] Hingegen findet § 257 Abs. 1 S. 2 AktG, nach dem die Anfechtung eines Jahresbeschlusses nicht auf inhaltliche Verstöße gegen das Gesetz oder die Satzung gestützt werden kann, auf die GmbH nicht analoge Anwendung, weil die Bestimmung insbesondere dem Umstand Rechnung trägt, dass die Feststellung des Jahresabschlusses bei der Aktiengesellschaft in der Regel durch den Vorstand und den Aufsichtsrat geschieht. Bei der GmbH handelt es sich demgegenüber um eine Aufgabe der Gesellschafterversammlung. Im Übrigen haben Aktionäre anders als die Gesellschafter einer GmbH das Recht, eine Sonderprüfung nach § 258 AktG zu beantragen. Dementsprechend kann die Anfechtung des Gesellschafterbeschlusses über die Feststellung des Jahresabschlusses bei der GmbH anders als bei der Aktiengesellschaft auch auf inhaltliche Verletzungen des Gesetzes und/oder der Satzung und nicht nur auf Verfahrensfehler gestützt werden.[538] 255

BGH, Vers.-Urt. v. 21. Juli 2008 – II ZR 39/07 –, NZG 2008, S. 783 (784):

„... Zutreffend geht das Berufungsgericht davon aus, dass die Feststellung des Jahresabschlusses einer GmbH anfechtbar ist, wenn unter Verstoß gegen Bewertungsvorschriften des HGB einzelne Bilanzposten überbewertet sind und der Jahresabschluss nicht schon entsprechend § 256 Abs. 5 S. 1 AktG nichtig ist. § 257 Abs. 1 S. 2 AktG, nach dem die Anfechtung der Feststellung des Jahresabschlusses bei der Aktiengesellschaft wegen Inhaltsmängeln ausgeschlossen ist, ist im GmbH-Recht nicht entsprechend anwendbar, da den Gesellschaftern kein Anspruch auf Sonderprüfung zusteht. ... Rechtsfehlerhaft ist das Berufungsgericht aber von der Anfechtbarkeit des Feststellungsbeschlusses ausgegangen. Im Ansatz zutreffend hat es noch erkannt, dass nicht jede Überbewertung eines Bilanzpostens im Jahresabschluss zur Anfechtbarkeit führt. Die Treuepflicht schließt die Anfechtung der Feststellung des Jahresabschlusses aus, wenn die Änderung des Jahresabschlusses zu Kosten und Belastungen der Gesellschaft und damit mittelbar auch der Gesellschafter führt, die außer Verhältnis zu dem den Gesellschaftern daraus erwachsenden wirtschaftlichen Vorteil stehen. ... Bei seiner Entscheidung hat das Berufungsgericht diese

536 *Wertenbruch,* in: MünchKomm-GmbHG, § 47 Anh. Rn 134.
537 *Geßler,* in: FS für Goerdeler, 1987, S. 127 (145); *Haas,* in: Baumbach/Hueck, GmbHG, § 42 a Rn 33; *Hüffer,* in: Ulmer, GmbHG, § 46 Rn 24.
538 BGH, NJW 1998, S. 1559; NZG 2008, S. 783 (784); KG, NZG 2001, S. 845 (846); *Bayer,* in: Lutter/Hommelhoff, GmbHG, § 47 Anh. Rn 57; *Haas,* in: Baumbach/Hueck, GmbHG, § 42 a Rn 24; *Raiser,* in: Ulmer, GmbHG, § 47 Anh. Rn 143; differenzierend hingegen *Geßler,* in: FS für Goerdeler, 1987, S. 127 (146 f).

Einschränkung nicht berücksichtigt. Zum Ausmaß der Überbewertung auf den Jahresabschluss und die dem Kläger aus der Korrektur einer Überbewertung etwa erwachsenden Vorteile hat es keine Feststellungen getroffen, vielmehr ausdrücklich festgehalten, dass sich seiner Beurteilung entziehe, welches Ausmaß die von ihm mangels Vorlage der Bilanz und konkreten Parteivortrags nicht bemessene Überbewertung hatte. ..."

256 Bedeutung kommt dem vor dem Hintergrund des analog anzuwendenden § 256 AktG allerdings nur zu, soweit der vorliegende Gesetzes- oder Satzungsverstoß nicht bereits die Nichtigkeit des Beschlusses über den Jahresabschluss begründet hat.[539] Das ist etwa dann der Fall, wenn ein unwesentlicher Verstoß gegen gesetzliche Vorschriften über den Gläubigerschutz vorliegt,[540] wenn Bestimmungen über die Gliederung außer Acht gelassen werden, ohne dass die Klarheit und Übersichtlichkeit des Jahresabschlusses wesentlich beeinträchtigt worden ist,[541] sowie bei unwesentlichen Überbewertungen[542] und unvorsätzlichen Unterbewertungen (§ 256 Abs. 5 S. 1 Nr. 2 AktG analog).[543]

KG, Urt. v. 17. April 2001 – 14 U 380/99 –, NZG 2001, S. 845 (846):
„... Wie das LG zu Recht festgestellt hat, können die gem. § 71 Abs. 2 S. 1 GmbHG gefassten Beschlüsse der Gesellschafterversammlung über die Feststellung der Bilanzen analog § 243 AktG auch wegen inhaltlicher Mängel angefochten werden, da § 257 Abs. 1 S. 2 AktG, der eine Anfechtung wegen Inhaltsmängeln ausschließt, nach allgemeiner Ansicht auf die GmbH nicht anwendbar ist. Ein solcher inhaltlicher, zur Anfechtung berechtigender Mangel der Bilanz liegt bei einem Verstoß gegen die bilanzrechtlichen Vorschriften vor, insbes. im Falle der Unterbewertung, soweit der Verstoß erheblich ist. ..."

257 Sieht der Gesellschaftsvertrag ein Verbot bestimmter Rücklagen vor, kann auch ein Verstoß hiergegen zur Anfechtbarkeit analog § 243 Abs. 1 AktG führen, weil – wie oben (Rn 255) ausgeführt – § 257 Abs. 1 S. 2 AktG bei der GmbH nicht analoge Anwendung findet.[544]

Zur Anfechtbarkeit des Jahresabschlusses kann auch eine Verletzung der gesellschaftsrechtlichen Treuepflicht führen, so zB bei mutwilliger Verkürzung des auszuschüttenden Gewinns durch Bildung unangemessen hoher Rücklagen.[545] Die Treuepflicht kann hier aber auch in umgekehrter Richtung zu beachten sein: Mit Rücksicht auf die den Gesellschafter treffende Treuepflicht ist eine Anfechtungsklage unbegründet, wenn die angestrebten Änderungen mit Kosten und Belastungen für die Gesellschaft einhergingen, die außer Verhältnis zu dem Vorteil für den anfechtenden Gesellschafter stünden.[546] Das kann zB dann der Fall sein, wenn wegen einer Überbewertung eines einzelnen Bilanzpostens nur geringen Umfangs angefochten wird.[547]

539 *Wertenbruch,* in: MünchKomm-GmbHG, § 47 Anh. Rn 136.
540 *Haas,* in: Baumbach/Hueck, GmbHG, § 42 a Rn 33; *Wertenbruch,* in: MünchKomm-GmbHG, § 47 Anh. Rn 86, 137.
541 *Haas,* in: Baumbach/Hueck, GmbHG, § 42 a Rn 33; *Wertenbruch,* in: MünchKomm-GmbHG, § 47 Anh. Rn 93, 137.
542 BGH, NZG 2008, S. 783 (784); *Wimmer,* DStR 1997, S. 1931.
543 KG, NZG 2001, S. 845 (846).
544 *Haas,* in: Baumbach/Hueck, GmbHG, § 42 a Rn 33; *Wertenbruch,* in: MünchKomm-GmbHG, § 47 Anh. Rn 138.
545 RGZ 94, S. 213 (215); *Emmerich,* in: Scholz, GmbHG, § 29 Rn 36 b; *Haas,* in: Baumbach/Hueck, GmbHG, § 42 a Rn 33; *Wertenbruch,* in: MünchKomm-GmbHG, § 47 Anh. Rn 138.
546 BGH, NJW 1998, S. 1559 (1561); NZG 2008, S. 783 (784).
547 BGH, NZG 2008, S. 783 (784); *Wertenbruch,* in: MünchKomm-GmbHG, § 47 Anh. Rn 139.

Insbesondere im Hinblick auf die vorstehenden Ausführungen zur Verhältnismäßigkeit ist von Bedeutung, dass eine erfolgreiche Anfechtungsklage nach Eintritt der Rechtskraft nur die Nichtigkeit des Jahresabschlusses analog § 256 Abs. 3 Nr. 3 AktG zur Folge hat (kassierende Wirkung).[548] Mit der rechtskräftigen Nichtigerklärung ist jedoch ohne Weiteres nicht zugleich die Feststellung eines anderen, vom Kläger für richtig gehaltenen Jahresabschlusses verbunden (keine reformierende Wirkung). Dazu bedarf es vielmehr eines weiteren Gesellschafterbeschlusses, den der Gesellschafter gegebenenfalls durch eine positive Beschlussfeststellungsklage gerichtlich feststellen lassen kann. Das kommt in Betracht, wenn die Gesellschafter einen entsprechenden Beschluss gefasst haben, der vom Versammlungsleiter fehlerhaft nicht festgestellt worden ist. In diesem Fall können Anfechtungs- und positive Beschlussfeststellungsklage miteinander verbunden werden.[549] 258

7. Beschlüsse über die Ergebnisverwendung

Verstößt ein die Ergebnisverwendung betreffender Gesellschafterbeschluss gegen das Gesetz und/oder gegen die Satzung und hat dies nicht analog § 253 Abs. 1 AktG in Verbindung mit § 241 AktG die Nichtigkeit zur Folge, kommt eine Anfechtung in Betracht. Insofern findet § 243 AktG analoge Anwendung.[550] Das ist etwa dann der Fall, wenn der Gewinn auf eine Art und Weise verwendet werden soll, die entweder gesetzlichen Vorgaben widerspricht oder einschlägigen Bestimmungen der Satzung zuwiderläuft. Das Gleiche gilt, wenn der Gewinn auf verschiedene Verwendungsarten aufgeteilt werden soll, die Satzung dem aber entgegensteht.[551] 259

Während § 60 Abs. 2 S. 1 AktG für die Aktiengesellschaft eine Rendite von grundsätzlich 4 % der geleisteten Einlage vorsieht und § 254 AktG im Zusammenhang hiermit die Anfechtung von Gewinnverwendungsbeschlüssen erlaubt, die der Umgehung des § 60 Abs. 2 S. 1 AktG durch nicht notwendige Gewinnrücklagen oder Gewinnvorträge dienen,[552] kennt das GmbH-Gesetz keine § 60 Abs. 2 S. 1 AktG vergleichbare Regelung über eine Mindestrendite und kann § 254 AktG deshalb nach zutreffender Auffassung auf die GmbH auch nicht analoge Anwendung finden.[553] Das bedeutet indessen keineswegs, dass Minderheitsgesellschafter Gewinnverwendungsbeschlüssen, die nur der Minderung des an sie auszuschüttenden Gewinns dienen, schutzlos ausgeliefert sind: In einem mit den Stimmen der Mehrheitsgesellschafter gefassten Gewinnverwendungsbeschluss, der bei einer Gesamtbetrachtung der gegenwärtigen und künftigen wirtschaftlichen Verhältnisse der Gesellschaft sowie aller übrigen Umstände des Einzelfalls[554] nur der unangemessenen Verkürzung des auszu- 260

548 *Emmerich,* in: Scholz, GmbHG, § 29 Rn 38; *K. Schmidt,* in: Scholz, GmbHG, § 46 Rn 41; *Wertenbruch,* in: MünchKomm-GmbHG, § 47 Anh. Rn 140.

549 *Haas,* in: Baumbach/Hueck, GmbHG, § 42 a Rn 34; *K. Schmidt,* in: Scholz, GmbHG, § 46 Rn 41.

550 *Emmerich,* in: Scholz, GmbHG, § 29 Rn 80; *Hueck/Fastrich,* in: Baumbach/Hueck, GmbHG, § 29 Rn 43; *Wertenbruch,* in: MünchKomm-GmbHG, § 47 Anh. Rn 141.

551 *Emmerich,* in: Scholz, GmbHG, § 29 Rn 80; *Hueck/Fastrich,* in: Baumbach/Hueck, GmbHG, § 29 Rn 43.

552 Dazu *Wertenbruch,* in: MünchKomm-GmbHG, § 47 Anh. Rn 142.

553 So zutreffend *Altmeppen,* in: Altmeppen/Roth, GmbHG, § 42 a Rn 35; *Bayer,* in: Lutter/Hommelhoff, GmbHG, § 29 Rn 22; *Koppensteiner,* in: Rowedder/Schmidt-Leithoff, GmbHG, § 47 Rn 132; *Raiser,* in: Ulmer, GmbHG, § 47 Anh. Rn 144; *Römermann,* in: Michalski, GmbHG, § 47 Anh. Rn 349; *K. Schmidt,* in: Scholz, GmbHG, § 46 Rn 44; anders allerdings *Hueck/Fastrich,* in: Baumbach/Hueck, GmbHG, § 29 Rn 43; *Hueck,* in: FS für Steindorff, 1990, S. 45 (56).

554 *Wertenbruch,* in: MünchKomm-GmbHG, § 47 Anh. Rn 144 aE: Der 4 %-Grenze des Aktienrechts kommt für die GmbH keine Bedeutung zu.

schüttenden Gewinns dient, kann eine Verletzung der gesellschaftsrechtlichen Treuepflicht liegen, die analog § 243 Abs. 1 AktG die Anfechtung begründet.[555]

8. Satzungsverstöße

261 Trotz des undifferenzierten Gesetzeswortlauts in § 243 Abs. 1 AktG vermag nicht jeder Verstoß gegen die Satzung die Anfechtbarkeit des betreffenden Gesellschafterbeschlusses zu begründen. Vielmehr kommt es auf die Bedeutung der verletzten Satzungsbestimmung an: Verstößt ein Gesellschafterbeschluss nur gegen eine Ordnungsvorschrift der Satzung kann er nicht hierauf gestützt angefochten werden.[556] Allerdings sind Satzungsvorschriften nur ausnahmsweise als bloße Ordnungsvorschrift zu qualifizieren.[557]

262 Für das Vorliegen einer bloßen Ordnungsvorschrift spricht etwa eine Formulierung als „Soll-Vorschrift".[558] Das bedeutet indessen nicht, dass Verstöße gegen „Soll-Vorschriften" der Satzung die Anfechtung analog § 243 Abs. 1 AktG in keinem Fall zu begründen vermögen. Vielmehr kommt eine Anfechtung gestützt auf die Verletzung einer „Soll-Vorschrift" der Satzung nur dann nicht in Betracht, wenn die Abweichung sowohl hinsichtlich des „Ob" als auch das „Wie" betreffend sachlich gerechtfertigt ist.[559]

263 Formulierungen in der Satzung wie „ist" oder „hat" sprechen gegen eine Ordnungsvorschrift im vorgenannten Sinne und gegen den damit verbundenen Spielraum der Gesellschafter hinsichtlich sachlich gerechtfertigter Abweichungen. Hier bleibt es für den Fall eines Verstoßes bei der Anfechtbarkeit analog § 243 Abs. 1 AktG.[560]

264 Leidet ein Gesellschafterbeschluss unter der Verletzung einer das Verfahren betreffenden Satzungsbestimmung, zB einer Regelung über die ordnungsgemäße Ladung, so kommt es – wie bei gesetzlichen Verfahrensvorschriften auch – auf die Relevanz des betreffenden Verstoßes an.[561]

9. Nebenabreden der Gesellschafter

265 Wenn auch die Verletzung von Nebenabreden der Gesellschafter, die nicht Teil der Satzung sind, analog § 243 Abs. 1 AktG grundsätzlich nicht die Anfechtung des betreffenden Gesellschafterbeschlusses zur Folge haben kann,[562] gilt doch anderes, wenn an der betreffenden Nebenabrede sämtliche Gesellschafter beteiligt gewesen

555 *Bayer,* in: Lutter/Hommelhoff, GmbHG, § 29 Rn 22 ff; *Raiser,* in: Ulmer, GmbHG, § 47 Anh. Rn 144; *Hueck/Fastrich,* in: Baumbach/Hueck, GmbHG, § 29 Rn 34 u. 43.

556 *Raiser,* in: Ulmer, GmbHG, § 47 Anh. Rn 146; *Römermann,* in: Michalski, GmbHG, § 47 Anh. Rn 356; *Roth,* in: Altmeppen/Roth, GmbHG, § 47 Rn 122 f; *Zöllner,* in: Baumbach/Hueck, GmbHG, § 47 Anh. Rn 110.

557 *Wertenbruch,* in: MünchKomm-GmbHG, § 47 Anh. Rn 145.

558 *Wertenbruch,* in: MünchKomm-GmbHG, § 47 Anh. Rn 145; *Zöllner,* in: Baumbach/Hueck, GmbHG, § 47 Anh. Rn 85, 110.

559 *Wertenbruch,* in: MünchKomm-GmbHG, § 47 Anh. Rn 145; vgl auch OLG Hamm, ZIP 1985, S. 741 zu e.G.; *Zöllner,* in: Baumbach/Hueck, GmbHG, § 47 Anh. Rn 85 (zu gesetzlichen „Soll-Vorschriften").

560 *Wertenbruch,* in: MünchKomm-GmbHG, § 47 Anh. Rn 145.

561 *Wertenbruch,* in: MünchKomm-GmbHG, § 47 Anh. Rn 145.

562 BGH, NJW 1983, S. 1910; NJW 1987, S. 1890; *Drescher,* in: Henssler/Strohn, Gesellschaftsrecht, § 243 AktG Rn 6; *Raiser,* in: Ulmer, GmbHG, § 47 Anh. Rn 152 ff; *Zöllner,* in: Baumbach/Hueck, GmbHG, § 47 Anh. Rn 111.

sind.[563] Diese vom Bundesgerichtshof befürwortete Ausnahme hat zwar die Konsequenz, dass Vereinbarungen aller Gesellschafter hinsichtlich der Anfechtbarkeit der Rang von Änderungen des Gesellschaftsvertrages unabhängig von der Beachtung dafür vorgesehener Förmlichkeiten zuerkannt wird.[564] Ferner führt diese Lösung dazu, dass der Unterschied zwischen Abreden rein schuldrechtlicher Natur und dem auch organisationsrechtlichen Statut der Gesellschaft in gewissem Umfang ohne Rücksicht auf die Registerpublizität nur des Statuts verwischt wird.[565] Schließlich mag es darüber hinaus so sein, dass die Gesellschafter bestimmte Vereinbarungen bewusst nicht zum Inhalt des Statuts der Gesellschaft gemacht haben.[566] Bejaht man jedoch gleichwohl die Anfechtbarkeit eines Gesellschafterbeschlusses, der gegen eine Nebenabrede sämtlicher Gesellschafter verstößt, hat dies den Vorteil, dass es zur Beseitigung des betreffenden Beschlusses nicht der sonst erforderlichen, auf den aus der Nebenabrede folgenden schuldrechtlichen Anspruch gestützten Klage der Gesellschafter untereinander bedarf.[567] Davon auszugehen, dass die Gesellschafter mit bloß schuldrechtlichen Nebenabreden stets die Registerpublizität haben vermeiden und darüber hinaus entstehende Streitigkeiten untereinander im Wege schuldrechtlich begründeter Klagen haben klären wollen,[568] ist ohne Weiteres ausschließlich spekulativ und reicht dementsprechend jedenfalls in der vertretenen Allgemeinheit zu weit. Maßgebend muss vielmehr auch hier die Auslegung sein: Grundsätzlich berechtigt dem Bundesgerichtshof folgend ein Verstoß gegen eine Nebenabrede sämtlicher Gesellschafter als besondere Ausprägung der Treuepflichtverletzung analog § 243 Abs. 1 AktG zur Anfechtung des betreffenden Gesellschafterbeschlusses. Ausnahmsweise ist das nicht der Fall, wenn konkrete Umstände des Einzelfalls die Feststellung erlauben, dass die Gesellschafter Streitigkeiten im Zusammenhang mit der Nebenabrede untereinander und nicht im Wege eines Rechtsstreits mit der Gesellschaft haben austragen wollen. Letzteres wird in der Praxis allerdings kaum einmal der Fall sein. Dieser Lösung kann man nicht entgegenhalten, hiermit würden eine neben die Satzung tretende „Schattenordnung“ aus Nebenabreden legalisiert und die Erfordernisse der Registerpublizität ausgehöhlt,[569] denn, dass sich weitere, in der Satzung nicht ausdrücklich geregelte Anforderungen an Gesellschafterbeschlüsse aus der gesellschaftsrechtlichen Treuepflicht ergeben können, ist selbstverständlich, und dass Abreden der Gesellschafter untereinander über die gesellschaftsrechtliche Treuepflicht organisationsrechtliche Folgen haben können, bedarf ebenso wenig weiterer Erläuterung.

BGH, Urt. v. 20. Januar 1983 – II ZR 243/81 –, NJW 1983, S. 1910 (1911):

„... Allerdings könnte eine solche Bindung aus anderen Gründen die Anfechtbarkeit des Beschlusses begründen. Die Gesellschafter können sich jederzeit außerhalb der Satzung

---

563 BGH, NJW 1983, S. 1910; NJW 1987, S. 1890; offen gelassen hingegen in BGH, NJW 1993, S. 2246 (2247); dafür auch *Zöllner,* in: Baumbach/Hueck, GmbHG, § 47 Anh. Rn 79, 118; anders OLG Stuttgart, BB 2001, S. 794 (797); *Raiser,* in: Ulmer, GmbHG, § 47 Anh. Rn 154 ff; *Wertenbruch,* in: MünchKomm-GmbHG, § 47 Anh. Rn 146 ff.

564 BGHZ 71, S. 162 (164); *Wertenbruch,* in: MünchKomm-GmbHG, § 47 Anh. Rn 146.

565 *Raiser,* in: Ulmer, GmbHG, § 47 Anh. Rn 154; *Wertenbruch,* in: MünchKomm-GmbHG, § 47 Anh. Rn 147.

566 OLG Stuttgart, BB 2001, S. 794 (797); *Raiser,* in: Ulmer, GmbHG, § 47 Anh. Rn 154; *Wertenbruch,* in: MünchKomm-GmbHG, § 47 Anh. Rn 148.

567 BGH, NJW 1983, S. 1910 (1911); *Wertenbruch,* in: MünchKomm-GmbHG, § 47 Anh. Rn 146 f; krit. dazu *Raiser,* in: Ulmer, GmbHG, § 47 Anh. Rn 154 ff.

568 OLG Stuttgart, BB 2001, S. 794 (797); *Raiser,* in: Ulmer, GmbHG, § 47 Anh. Rn 154; *Wertenbruch,* in: MünchKomm-GmbHG, § 47 Anh. Rn 148.

569 So aber *Noack,* Gesellschaftervereinbarungen bei Kapitalgesellschaften, S. 163 ff; OLG Stuttgart, BB 2001, S. 794 (797); *Wertenbruch,* in: MünchKomm-GmbHG, § 47 Anh. Rn 148.

ihren Mitgesellschaftern schuldrechtlich verpflichten, in der Gesellschafterversammlung in bestimmter Weise abzustimmen. Deshalb bestehen rechtlich auch keine Bedenken gegen ein Übereinkommen aller Gesellschafter, mit der GmbH in einem bestimmten, von deren satzungsmäßigem Zweck gedeckten Geschäftszweig nicht tätig zu werden. Verletzt ein Gesellschafter ein solches mit einem Mitgesellschafter getroffenes Abkommen, indem er abredewidrig abstimmt, so ist zwar der auf diese Weise zustandegekommene Beschluss grundsätzlich nicht anfechtbar, vielmehr der Streit um die Rechtsfolgen des Verstoßes unter den an der Bindung Beteiligten und nicht mit der Gesellschaft auszutragen. Etwas anderes gilt aber dann, wenn der Beschluss gegen eine von allen Gesellschaftern eingegangene Bindung verstößt. Haben alle Gesellschafter eine die Gesellschaft betreffende Angelegenheit unter sich einverständlich geregelt, so ist diese Regelung – auch ohne Bestandteil der Satzung zu sein – zumindest solange zugleich als eine solche der Gesellschaft zu behandeln, als dieser nur die aus der Abrede Verpflichteten angehören. In diesem Falle besteht kein Grund, die vertragswidrig überstimmten Gesellschafter auf den umständlichen Weg einer Klage gegen die Mitgesellschafter zu verweisen, um durch deren Verurteilung zu einer gegenteiligen Stimmabgabe den Beschluss aus der Welt zu schaffen. Die überstimmten Gesellschafter können den Beschluss vielmehr durch Klage gegen die Gesellschaft anfechten. …“

266 **Übersicht zu Anfechtungsgründen inhaltlicher Art – Nr. 16**

1. **Allgemeines**
   - § 243 Abs. 1 AktG ist analog anzuwenden, so dass Verstöße sowohl gegen das Gesetz als auch gegen die Satzung eine Anfechtung begründen können.
   - Unter Gesetz iSd. § 243 Abs. 1 AktG ist nicht nur das formelle Parlamentsgesetz zu verstehen, sondern jedes materielle Gesetz, also auch Rechtsverordnungen und sogar öffentlich-rechtliche Satzungen mit Außenwirkung.
   - Nicht nur zwingendes, sondern auch dispositives Recht.
   - Ebenfalls Generalklauseln, wobei die Ausstrahlungswirkung der Grundrechte (zB Art. 3 Abs. 1 GG) zu beachten ist.
2. **Verbot von Sondervorteilen, § 243 Abs. 2 S. 1 AktG analog**
   a) Versuch eines Gesellschafters, sich oder einem Dritten einen Sondervorteil zu verschaffen
      aa) Sondervorteil = Vermögenswert, der nicht allen Gesellschaftern in einer vergleichbaren Situation verschafft würde
         – bei Austauschverträgen: wertmäßiges Zurückbleiben der Leistung der Gesellschafter hinter der Gegenleistung, zB auch durch marktunübliche Vorleistung der Gesellschaft oder mangelnde Sicherheit
         – „gemischte Schenkungen“ und erst recht Schenkungen sind nur dann nicht als Sondervorteil zu bewerten, wenn ihnen nach dem Gesellschaftszweck eine Rechtfertigung zugrunde liegt oder es sich um verkehrsübliche Geschenke und Spenden handelt

bb) bedingter Vorsatz
- bei ausreichender Anzahl an der Beschlussfassung beteiligter Gesellschafter
- zwar nicht bzgl Schädigung der Gesellschaft, aber den Sondervorteil des Begünstigen betreffend

b) Eignung des mit o.g. Vorsatz gefassten Beschlusses zur Verschaffung des Sondervorteils

c) § 243 Abs. 2 S. 2 AktG ist nicht analog anzuwenden, dh Anfechtung auch bei angemessenem Ausgleich des Schadens, wenn gleichwohl Sondervorteil vorliegt (str.)

3. **Verstoß gegen Gleichbehandlungsgebot**

- Rechtsgrundlage: § 243 Abs. 1 AktG analog iVm allgemeinem Grundsatz des Verbandsrechts
- Verbot der Ungleichbehandlung = Verbot sachlich nicht gerechtfertigter Differenzierung
- zB ungleiche Gewinnausschüttung (BGH, NJW 1976, S. 191 f; NJW 1990, S. 2625), Kapitalerhöhung mit ungleichem Bezugsrechtsausschluss, selektive Aufforderung zur Erbringung der Einlage, grundlos differenzierende Änderung des Gesellschaftsvertrages (einseitiges Höchststimmrecht oder Mehrfachstimmrecht – BGH, NJW 1976, S. 540; OLG Frankfurt a.M., GmbHR 1990, S. 79 f)

4. **Treuepflichtverletzung, § 243 Abs. 1 AktG analog**

a) Voraussetzungen, Inhalt und Beispiele:
- Verfolgung eigener Interessen ist zwar grds. zulässig, es besteht aber eine Bindung an die Interessen der Gesellschaft aus dem Gesellschaftsvertrag, so dass die eigenen Interessen uU zurücktreten müssen, zB auch bei der Abstimmung in der Gesellschafterversammlung.
- Treuepflicht auch der Gesellschafter untereinander, und zwar sowohl der Mehrheits- als auch der Minderheitsgesellschafter; wegen des größeren Einflusses sind die Bindungen der Mehrheitsgesellschafter allerdings stärker.
- besondere Beachtung zB bei Einziehung oder Kündigung (BGH, NJW 1984, S. 489, 490 f).
- zB kann Verweigerung der Entlastung bei Verdacht auf Pflichtverletzungen (OLG Hamm, GmbHR 1992, S. 802, 803 f; OLG Köln, NZG 1999, S. 1228, 1229; OLG Saarbrücken, DStR 2007, S. 916) oder Abstimmung iSd Abberufung bzw Bestellung geboten sein; auch kann Befreiung vom Wettbewerbsverbot ohne sachlich rechtfertigenden Grund nicht nur gegen Verbot von Sondervorteilen, sondern auch gegen Treuepflicht verstoßen (BGH, NJW 1981, S. 1512, 1513); pflichtwidrig ist ferner Zustimmung zur Auflösung, wenn das allzu günstige Übernahme erlauben soll (BGH, NJW 1980, S. 1278; DNotZ 1989, S. 14, 17 f).

b) Rechtsfolge: Pflichtwidrig abgegebene Stimme ist nichtig, Beschluss aber nur dann anfechtbar, wenn er auf der pflichtwidrig abgegebenen Stimme beruht (BGH, WM 1988, S. 23, 25; GmbHR 1991, S. 62; NJW-RR 1993, S. 1253, 1254).

5. **Aufsichtsratswahlen, § 251 AktG analog**
   - sowohl bei obligatorischem als auch bei bloß fakultativem Aufsichtsrat
   - § 251 Abs. 1 S. 1 AktG analog (= Anfechtung bei Verstoß gegen Gesetz oder Satzung) wiederholt § 243 Abs. 1 AktG analog und ist deklaratorisch
   - Anfechtung, wenn verbindlicher Wahlvorschlag unter Verletzung der Regeln des maßgebenden Mitbestimmungsrechts zustande gekommen ist, § 251 Abs. 1 S. 2 AktG analog, und Verletzung relevant ist
   - dagegen Nichtigkeit analog § 250 Abs. 1 Nr. 2 AktG bei Abweichung von verbindlichem Wahlvorschlag
   - analog § 251 Abs. 2 S. 2 und 3 AktG kann jeder Betriebsrat, jede vertretene Gewerkschaft, jede Spitzenorganisation einer vertretenen Gewerkschaft und jedes Aufsichtsratsmitglied Anfechtungsklage erheben
   - überobligationsmäßige Wahl eines Arbeitnehmers, dh Wahl einer Anzahl von Arbeitnehmern, die über die nach dem Mitbestimmungsrecht gebotene Zahl hinausgeht, ist zwar zulässig (BGH, NJW 1975, S. 1657 f; OLG Bremen, NJW 1977, S. 1153), der betreffende Arbeitnehmer wird aber als Gesellschaftervertreter tätig
   - grds. muss Mehrheit der Minderheit keine Sitze im Aufsichtsrat einräumen (OLG Hamm, NJW 1987, S. 1030 f; LG Mannheim, WM 1990, S. 760, 764), ausnahmsweise aber kann dies die Treuepflicht im Interesse der Gesellschaft gebieten
6. **Feststellung des Jahresabschlusses, § 257 Abs. 1 S. 1 und Abs. 2 AktG analog**
   - dh Geltung der allgemeinen Regeln analog § 243 Abs. 1 AktG; keine analoge Anwendung des § 257 Abs. 1 S. 2 AktG (BGH, NJW 1998, S. 1559; NZG 2008, S. 783; KG, NZG 2001, S. 845, 846)
   - Abgrenzung zu Fehlern, die schon die Nichtigkeit zur Folge haben: nur unwesentliche Verstöße gegen Gläubigerschutzbestimmungen, Verstöße gegen Gliederungsvorschriften, die nicht zu Unklarheit und Unübersichtlichkeit führen, unwesentliche Überbewertungen (BGH, NZG 2008, S. 783) und unvorsätzliche Unterbewertungen (KG, NZG 2001, S. 845, 846) können zur Anfechtbarkeit führen; im Übrigen liegt Nichtigkeit vor.
   - zwar kann Verletzung der Treuepflicht zur Anfechtung führen, sie kann bei geringfügigen Fehlern aber auch Geltendmachung des Mangels entgegenstehen (umgekehrte Wirkungsrichtung, BGH, NJW 2008, S. 1559, 1561; NZG 2008, S. 783).
   - idR ausschließlich kassierende, keine reformierende Wirkung, dh erfolgreiche Anfechtung führt ohne Weiteres nicht zur Feststellung des seitens des Klägers für richtig gehaltenen Abschlusses; das ist nur dann möglich, wenn der Versammlungsleiter außerdem Feststellung des beschlossenen richtigen Jahresabschlusses fehlerhaft unterlassen hat; dann kommt Verbindung mit positiver Beschlussfeststellungsklage in Betracht.

7. **Beschlüsse über die Ergebnisverwendung**
   - analoge Anwendung von § 243 AktG, zB bei nach der Satzung unzulässiger Aufteilung auf verschiedene Verwendungsarten oder bei verbotener Verwendung
   - § 254 AktG gilt nicht analog (str.), weil sich die Norm auf § 60 Abs. 2 S. 1 AktG bezieht und das GmbH-Recht eine Mindestrendite idS nicht kennt; denkbar ist allerdings Treuepflichtverletzung als Anfechtungsgrund

8. **Satzungsverstöße**
   - Anfechtungsgrund analog § 243 Abs. 1 AktG
   - keine Anfechtung bei Verstoß gegen bloße Ordnungsvorschrift; grds. ist Satzungsbestimmung allerdings keine bloße Ordnungsvorschrift
   - anderes gilt ausnahmsweise bei „Soll-Vorschrift", wenn außerdem für die Abweichung kein sachlich rechtfertigender Grund vorliegt
   - bei Verfahrensvorschriften kommt es darüber hinaus auf Relevanz an

9. **Nebenabrede der Gesellschafter**
   - Verstöße hiergegen können eine Anfechtung nach der BGH-Rspr nur dann begründen, wenn sämtliche Gesellschafter beteiligt sind (BGH, NJW 1983, S. 1910; NJW 1987, S. 1890; str., anders etwa OLG Stuttgart, BB 2001, S. 794, 797); begründen lässt sich das, indem man allseitig getroffene Nebenabreden als Konkretisierung der gesellschaftsrechtlichen Treuepflicht auffasst; die Gegenauffassung hat den Nachteil, dass anstelle einer einheitlichen Anfechtungsklage mehrere Einzelklagen gegen abredewidrig vorgehende Gesellschafter erforderlich sind; berücksichtigt man hier die uU erforderliche Zwangsvollstreckung, ist das kaum zur effektiven Rechtsdurchsetzung geeignet

III. Bestätigung und Neufassung anfechtbarer Beschlüsse

§ 244 S. 1 AktG, der für die Aktiengesellschaft vorsieht, dass die Bestätigung eines Beschlusses durch die Hauptversammlung die Anfechtung ausschließt, findet auf die GmbH und anfechtbare Gesellschafterbeschlüsse analoge Anwendung.[570] 267

> **OLG Nürnberg, Urt. v. 25. August 1999 – 12 U 430/99 –, NZG 2000, S. 700 (703):**
> „... Nimmt man mit dem Erstgericht an, dass der Stichentscheid v. 12.6.1998 einen bestätigenden Beschluss darstellt, wogegen spricht, dass bestätigende Beschlüsse idR der „Heilung" (potentiell) fehlerhafter Beschlüsse ... dienen, solche hier aus der Sicht des Beirates jedoch nicht vorliegen, so ergibt sich das Erfordernis der Anfechtung zur Vermeidung der Bindungswirkung aus der analogen Anwendung von § 244 S. 1 AktG. ..."

Da die Heilung durch Bestätigung allerdings nur mit Wirkung ex nunc bezogen auf den Zeitpunkt der Fassung des Bestätigungsbeschlusses eintritt,[571] fragt sich, welchen Vorteil die Bestätigung gegenüber der Neufassung eines Beschlusses mit demselben 268

570 OLG Nürnberg, NZG 2000, S. 700 (703); OLG Düsseldorf, NZG 2003, S. 975 (978); *Koppensteiner,* in: Rowedder/Schmidt-Leithoff, GmbHG, § 47 Rn 137; *Römermann,* in: Michalski, GmbHG, § 47 Anh. Rn 372; *Zöllner,* in: Baumbach/Hueck, GmbHG, § 47 Anh. Rn 131.

571 BGH, NJW 2004, S. 1165 (1166 f); *Drescher,* in: Henssler/Strohn, Gesellschaftsrecht, § 244 AktG Rn 8; *Habersack/Schürnbrand,* FS für Hadding, 2004, S. 391 (393); *Raiser,* in: Ulmer, GmbHG, § 47 Anh. Rn 165; *Römermann,* in: Michalski, GmbHG, § 47 Anh. Rn 375; *Zöllner,* in: Baumbach/Hueck, GmbHG, § 47 Anh. Rn 131.

Inhalt hat. Oft mag die Antwort auf diese Frage lauten, dass kein Vorteil besteht. Gelegentlich aber steht einem neuen Beschluss mit demselben Inhalt entgegen, dass dessen Voraussetzungen nicht mehr vorliegen. In einem solchen Fall kommt uU nur ein Bestätigungsbeschluss in Betracht, weil es für die Voraussetzungen der beschlossenen und bestätigten Maßnahmen teilweise nicht auf den Zeitpunkt der Fassung des Bestätigungsbeschlusses ankommt, sondern auf den Zeitpunkt der Fassung des bestätigten Beschlusses.[572] So hat der Bundesgerichtshof etwa für das Vorliegen der Voraussetzungen einer Kapitalherabsetzung auf den früheren Zeitpunkt abgestellt und es für unschädlich gehalten, dass die beschlossene Kapitalherabsetzung nach den Umständen bei der Fassung des Bestätigungsbeschlusses nicht mehr zulässig gewesen wäre.[573] Die Maßgeblichkeit des Zeitpunkts der Fassung des bestätigten Beschlusses gilt aber nicht nur für die Tatsachenseite: Für die inhaltliche Rechtmäßigkeit des Bestätigungsbeschlusses ist die bei der Fassung des bestätigten Beschlusses geltende Rechtslage ausschlaggebend. Das gilt sowohl für das Gesetz als auch für die Satzung.[574]

BGH, Urt. v. 15. Dezember 2003 – II ZR 194/01 –, NJW 2004, S. 1165 (1166 f):

„... Die Kläger gehen fehl, wenn sie dem 244 S. 1 AktG entnehmen wollen, im Zeitpunkt der Bestätigung müssten alle Voraussetzungen des Ausgangsbeschlusses vorhanden sein. Das hätte zur Folge, dass die Bestätigung der Sache nach allein in Form einer Neuvornahme vonstatten gehen könnte. Dem widerspricht nicht nur der Wortlaut, sondern vor allem der Sinn des Gesetzes. ... Wie schon die Rechtsfolge – „die Anfechtung kann nicht mehr geltend gemacht werden" – nahe legt, bedarf es nicht der Neuvornahme des seinerzeit gefassten Beschlusses. Indem die Hauptversammlung den seinerzeit gefassten Beschluss als gültige Regelung der betreffenden Gesellschaftsangelegenheit anerkennt ..., beseitigt sie die Anfechtbarkeit. Damit werden einerseits die möglichen Zweifel über die Gültigkeit des Beschlossenen im Interesse der Gesellschaft wie des Rechtsverkehrs ausgeräumt, andererseits bleibt für die Gesellschaft die gerade bei Strukturmaßnahmen überragend wichtige Möglichkeit erhalten, dass der gefasste Beschluss nach dem seinerzeit geltenden Gesetzes- und Satzungsrecht beurteilt wird. Unerlässliche Voraussetzung für diese in der Bestätigung liegende Anerkennung des Beschlusses als für die Gesellschaft gültig und verbindlich ist jedoch, dass die Mängel, welche den Erstbeschluss anfechtbar gemacht haben, beseitigt und nicht etwa bei der Bestätigung wiederholt werden; wird hiergegen verstoßen, ist die Anfechtung des Bestätigungsbeschlusses erfolgreich. Eine wirksame Bestätigung dagegen hat materiell-rechtliche Wirkung ..., indem sie die gegen den Erstbeschluss gerichtete Anfechtungsklage unbegründet macht und nicht – wie bei einem wiederholenden Beschluss ... – lediglich das Rechtsschutzbedürfnis des Klägers entfallen lässt. ... Dieses aus dem Wortlaut des Gesetzes gewonnene Ergebnis wird durch den Sinn der Regelung, wie er sich aus der Entstehungsgeschichte des § 244 AktG erschließt, nachdrücklich bestätigt. Vor dem In-Kraft-Treten des AktG 1965 enthielt das Gesetz keine entsprechende Regelung. Wollte man das Anfechtungsverfahren abkürzen, blieb einzig der Weg, den angefochtenen Beschluss erneut – unter Vermeidung der zur Anfechtbarkeit führenden Mängel – zu fassen. ... Eben dies sollte den Gesellschaften nach dem auf Grund einer Interessenabwägung gebildeten Willen des Gesetzgebers erspart werden ...: Dem betroffenen Aktionär sollte nicht angesonnen werden, einen mit Fehlern behafteten

572 *Raiser,* in: Ulmer, GmbHG, § 47 Anh. Rn 162 ff; *Wertenbruch,* in: MünchKomm-GmbHG, § 47 Anh. Rn 149.

573 BGH, NJW 2004, S. 1165 (1166 f).

574 BGH, NJW 2004, S. 1165 (1166 f); *Schwab,* in: K. Schmidt/Lutter, AktG, § 244 Rn 9; *Wertenbruch,* in: MünchKomm-GmbHG, § 47 Anh. Rn 150.

Beschluss der Hauptversammlung gegen sich gelten zu lassen. Weiter, als dass dieser Fehler beseitigt wird, kann sein Interesse indessen nicht gehen. Wird deswegen der Mangel im Zuge der Bestätigung behoben, bedarf es einer weitergehenden Prüfung – etwa der Zulässigkeit der Maßnahme im Zeitpunkt der Bestätigung – nicht. Auf diese Weise wird die Gesellschaft vor Zeitverlusten durch die Anfechtung und Beseitigung des Fehlers geschützt, und es müssen vollzogene – wegen des Fortschreitens der Entwicklung nicht wiederholbare – Maßnahmen nicht rückgängig gemacht werden. ... Zu einer anderen Auslegung nötigt – anders als die Kläger meinen – auch nicht die Tatsache, dass nach heute allgemeiner Meinung ... der wirksam gefasste Bestätigungsbeschluss seine Wirkung nicht ex tunc entfaltet, sondern die Anfechtungsklage gegen den Erstbeschluss erst mit der wirksam beschlossenen Bestätigung unbegründet wird. Die fehlende Rückwirkung der Bestätigung zwingt nicht zu der Annahme, es müssten auch im Zeitpunkt der Beschlussfassung (noch) sämtliche Voraussetzungen für den Erstbeschluss vorliegen. Abgesehen davon, dass – wie ausgeführt – der Wortlaut des Gesetzes dies nicht erfordert und die Auffassung der Kläger zu sinnwidrigen Ergebnissen führen würde, zeigt gerade die Sondervorschrift des § 244 S. 2 AktG, nach welcher der Aktionär unter besonderen Umständen ausnahmsweise für den Zwischenzeitraum zwischen Erst- und Bestätigungsbeschluss sein Anfechtungsrecht behält, dass für die inhaltliche Prüfung des Beschlossenen die Rechtslage im Zeitpunkt des Erstbeschlusses maßgeblich und eine Neuvornahme nicht erforderlich ist. ...“

Eine wirksame Bestätigung setzt allerdings zunächst einmal voraus, dass diejenigen 269
Mängel beseitigt worden sind, unter denen der Erstbeschluss gelitten hat. Die Fehler dürfen auf keinen Fall wiederholt werden.[575] Ferner muss entweder der Bestätigungsbeschluss seinerseits mangels rechtzeitiger Anfechtung bestandskräftig geworden oder eine gegen diesen zweiten Beschluss gerichtete Anfechtungsklage rechtskräftig abgewiesen worden sein.[576]

Nach der Rechtsprechung des Bundesgerichtshofs sind allerdings nur Verfahrens- 270
mängel der Heilung durch Bestätigung zugänglich, nicht hingegen inhaltliche Mängel.[577] Soweit demgegenüber auf den weiter reichenden Gesetzeswortlaut des analog anzuwendenden § 244 S. 1 AktG hingewiesen wird,[578] vermag das schon mit Blick auf die vorstehenden Ausführungen nicht zu überzeugen, denn bei inhaltlichen Mängeln ist es kaum denkbar, den Fehler nicht zu wiederholen.

BGH, Urt. v. 12. Dezember 2005 – II ZR 253/03 –, NZG 2006, S. 191 (193 f):

„... Der Erstbeschluss leidet auch – entgegen der Ansicht der Vorinstanzen – nicht an einem Inhaltsmangel, der diesem unabhängig von Art und Weise seines Zustandekommens anhaften und sich deshalb zwangsläufig auf den (bestätigenden) Zweitbeschluss übertragen würde. Die – hier unterstellte – fehlerhafte Feststellung des Abstimmungsergebnisses durch den Versammlungsleiter stellt lediglich einen heilbaren – und damit der Bestätigung zugänglichen – Verfahrensfehler dar. ...“

575 BGH, NJW 2004, S. 1165; *Drescher,* in: Henssler/Strohn, Gesellschaftsrecht, § 244 AktG Rn 7; *Schwab,* in: K. Schmidt/Lutter, AktG, § 244 Rn 9; *Zöllner,* in: Baumbach/Hueck, GmbHG, § 47 Anh. Rn 131.

576 OLG Düsseldorf, GmbHR 1996, S. 443 (448); *Drescher,* in: Henssler/Strohn, Gesellschaftsrecht, § 244 AktG Rn 9; *Zöllner,* in: Baumbach/Hueck, GmbHG, § 47 Anh. Rn 132.

577 BGH, NZG 2006, S. 191 (193 f); NJW 2007, S. 300 (302); offen gelassen von *Drescher,* in: Henssler/Strohn, Gesellschaftsrecht, § 244 AktG Rn 7; anders etwa *Hüffer,* in: MünchKomm-AktG, § 249 Rn 10; *Römermann,* in: Michalski, GmbHG, § 47 Anh. Rn 373; *Wertenbruch,* in: MünchKomm-GmbHG, § 47 Anh. Rn 150; *Zöllner,* in: Baumbach/Hueck, GmbHG, § 47 Anh. Rn 132.

578 *Wertenbruch,* in: MünchKomm-GmbHG, § 47 Anh. Rn 150, Fn 486.

271 Auf die Ordnungsmäßigkeit des bestätigten Beschlusses im Übrigen zum Zeitpunkt der Fassung des Bestätigungsbeschlusses kommt es für die Heilung durch Bestätigung nicht an. Aus der ex nunc eintretenden Bestätigungswirkung ergibt sich keineswegs, dass bei der Bestätigung noch alle Voraussetzung des Erstbeschlusses vorliegen müssen. Es bleibt vielmehr dabei, dass insofern der Zeitpunkt des Erstbeschlusses sowohl in tatsächlicher als auch in rechtlicher Hinsicht maßgebend ist.[579]

Da die Rechtsfolge des § 244 S. 1 AktG materiellrechtlicher Natur ist, hat eine wirksame Bestätigung nicht die Unzulässigkeit der Anfechtungsklage gegen den bestätigten Beschluss zur Folge, sondern die Unbegründetheit der betreffenden Klage.[580]

> **BGH, Urt. v. 19. Februar 2013 – II ZR 56/12 –, NJW 2013, S. 1535 (1536):**
> „... Bisher ist in der Rechtsprechung ein Entfallen eines Rechtsschutzbedürfnisses bei der Klage gegen einen aufgehobenen Beschluss ..., gegen den Ausgangsbeschluss nach einer Neuvornahme ... sowie beim Ausscheiden des Anfechtungsklägers aus dem Kreis der Aktionäre ... angenommen worden. Der Bestätigungsbeschluss (§ 244 S. 2 AktG) führt dagegen nicht zum Wegfall des Rechtsschutzbedürfnisses, sondern hat materielle Wirkung auf den Ausgangsbeschluss. ... Der Rücktritt von Aufsichtsratsmitgliedern vom Aufsichtsratsamt führt nicht in jedem Fall zum Wegfall des Rechtsschutzinteresses an der gegen einen Wahlbeschluss gerichteten Anfechtungsklage. ... Das Rechtsschutzinteresse folgt bei statthaften Gestaltungsklagen aus der Gestaltungswirkung, weil die Gestaltung nur durch Urteil erfolgen kann. ... Dementsprechend verlangt der Senat für die Anfechtungsklage kein besonderes eigenes Rechtsschutzinteresse des Aktionärs... Wenn die Gestaltungswirkung wie nach der Aufhebung eines Beschlusses nicht mehr eintreten kann, ist das Rechtsschutzinteresse an der Vernichtung des Beschlusses entfallen. Trotz der Beendigung des Amtes als Aufsichtsrat kann bei der Wahlanfechtungsklage die Gestaltungswirkung eines Urteils aber noch eintreten. Die Nichtigerklärung des Wahlbeschlusses wirkt, wie sich aus § 250 Abs. 1 i. V. mit § 241 Nr. 5 AktG ergibt, auf den Beschlusszeitpunkt zurück. ... Das Rechtsschutzinteresse an der Nichtigerklärung eines Beschlusses kann darüber hinaus entfallen, wenn sie keinerlei Auswirkungen auf die Rechtsbeziehungen der Gesellschaft, der Aktionäre, der Mitglieder des Vorstands und des Aufsichtsrats mehr haben kann. Wenn ein Beschluss keinerlei Wirkungen für Vergangenheit und Zukunft mehr hat, besteht auch an seiner Vernichtung oder der Klärung seiner Rechtmäßigkeit kein anerkennenswertes Rechtsschutzinteresse mehr. Das ist etwa bei der Neuvornahme der Fall. ... Danach kann auch der Rücktritt eines Aufsichtsrats das Rechtsschutzinteresse an der Wahlanfechtung entfallen lassen, wenn die Nichtigerklärung keinerlei Auswirkungen auf die Rechtsbeziehungen der Gesellschaft, der Aktionäre, ...“

272 Hingegen hat ein bestandskräftiger, nicht bloß bestätigender, sondern wiederholender Beschluss zur Folge, dass die Anfechtungsklage zwar begründet bleibt, aber das Rechtsschutzbedürfnis des Klägers an der Nichtigerklärung des ersten Beschlusses jedenfalls für die Zukunft entfällt.[581] Mit Rücksicht darauf, dass das Interesse des Anfechtungsklägers auf die Beseitigung des zur Anfechtung berechtigenden Fehlers ge-

---

579 BGH, NJW 2004, S. 1165 (1166); *Wertenbruch,* in: MünchKomm-GmbHG, § 47 Anh. Rn 150; krit. insofern *Zöllner,* in: Baumbach/Hueck, GmbHG, § 47 Anh. Rn 134.

580 BGH, NJW 2013, S. 1535 (1536); NJW 2004, S. 1165; *Drescher,* in: Henssler/Strohn, Gesellschaftsrecht, § 244 AktG Rn 7; *Römermann,* in: Michalski, GmbHG, § 47 Anh. Rn 374; *Schwab,* in: K. Schmidt/Lutter, AktG, § 244 Rn 9; *Zöllner,* in: Baumbach/Hueck, GmbHG, § 47 Anh. Rn 131.

581 BGH, NJW 2004, S. 1165; *Wertenbruch,* in: MünchKomm-GmbHG, § 47 Anh. Rn 150; *Zöllner,* in: Baumbach/Hueck, GmbHG, § 47 Anh. Rn 131.

richtet ist,[582] muss es allerdings bei dessen Rechtsschutzbedürfnis verbleiben, solange der Wiederholungsbeschluss entweder mangels Ablaufs der Anfechtungsfrist oder mangels rechtskräftiger Entscheidung über eine erhobene Anfechtungsklage auch gegen den Wiederholungsbeschluss noch nicht bestandskräftig geworden ist. Ob eine Bestätigung im Sinne einer Anerkennung des bereits gefassten Beschlusses und der Beseitigung seiner Mängel für die Zukunft gewollt ist oder eine Wiederholung im Sinne einer Herbeiführung der gewünschten Rechtsfolgen ohne Rücksicht auf den ersten Beschluss, ist durch Auslegung zu ermitteln.[583]

Übersicht über die Bestätigung und die Neufassung bzw Wiederholung anfechtbarer Beschlüsse – Nr. 17 273

1.	§ 244 S. 1 AktG findet analoge Anwendung (OLG Nürnberg, NZG 2000, S. 700, 703; OLG Düsseldorf, NZG 2003, S. 975, 978).
2.	Bestätigungswirkung ex nunc (BGH, NJW 2004, S. 1165, 1166).
3.	Maßgebend sind teilweise die Voraussetzungen zum Zeitpunkt des zu bestätigenden Beschlusses, zB bei beschlossener Kapitalherabsetzung (BGH, NJW 2004, S. 1165 f). Darin liegt ein Vorteil der Bestätigung im Vergleich zur Wiederholung bzw Neufassung.
4.	Heilung durch Bestätigung kann nur bzgl Verfahrensfehler eintreten, nicht hinsichtlich inhaltlicher Mängel (BGH, NZG 2006, S. 191, 192 f; NJW 2007, S. 300, 302; str.).
5.	Bestandskräftige Bestätigung → grds. Unbegründetheit der gegen den fehlerhaften Beschluss gerichteten Anfechtungsklage, soweit nicht § 244 S. 2 AktG eingreift und es um die Zeit bis zur Bestätigung geht. Bestandskräftige Wiederholung bzw Neufassung → Rechtsschutzbedürfnis für die gegen den Erstbeschluss gerichtete Klage kann entfallen, wenn es nicht auch um die Zeit bis zur Neufassung bzw Wiederholung geht. (Siehe zum Ganzen auch Rn 398 ff)

582 BGH, NJW 2004, S. 1165; *Wertenbruch*, in: MünchKomm-GmbHG, § 47 Anh. Rn 150; *Zöllner*, in: Baumbach/Hueck, GmbHG, § 47 Anh. Rn 131.

583 BGHZ 157, S. 206; BGH, NZG 2006, S. 191; *Zöllner*, in: Baumbach/Hueck, GmbHG, § 47 Anh. Rn 131.

D. Nichtigkeits- und Anfechtungsklage

I. Einheitlicher Streitgegenstand

274 Anfechtungs- (analog §§ 246, 248 AktG) und Nichtigkeitsklage (analog § 249 AktG) haben mit Rücksicht auf den prozessual-zweigliedrigen Streitgegenstandsbegriff[584] denselben einheitlichen Streitgegenstand.[585] Maßgebend hierfür sind weder die vorgenannten unterschiedlichen Rechtsgrundlagen noch die unterschiedliche Fassung sowohl der Klageanträge als auch der Hauptsachetenorierungen im Falle der Nichtigkeit bzw der Anfechtbarkeit, sondern ausschlaggebend ist neben dem einheitlichen Sachverhalt (angegriffener Beschluss und tatsächlicher Zusammenhang) das in dem Antrag verkörperte materielle Klageziel, die (Un-)Wirksamkeit des angegriffenen Beschlusses mit Wirkung für und gegen jedermann gerichtlich klären zu lassen.[586] Dementsprechend stehen Anfechtungs- und Nichtigkeitsklage nicht in einem Eventualverhältnis, sondern der Nichtigkeitsantrag umfasst grds. den Anfechtungsantrag und umgekehrt.[587] Auch handelt es sich demnach bei der Frage, ob der angegriffene Gesellschafterbeschluss nichtig oder nur anfechtbar ist, um eine Vorfrage für den Erfolg der Klage rein rechtlicher Natur,[588] die dem Grundsatz „iura novit curia" unterliegt. Das angerufene Gericht hat also auf der Grundlage des Sachverhalts und im Rahmen des vorgenannten einheitlichen Streitgegenstands die Frage, ob der angegriffene Gesellschafterbeschluss nichtig oder nur anfechtbar ist, von Amts wegen zu prüfen. So ist etwa die Nichtigkeit auch dann zu prüfen und gegebenenfalls festzustellen, wenn der Antrag im Sinne einer Anfechtungsklage und der hier begehrten Nichtigerklärung formuliert worden ist.[589] Die Frage nach der Nichtigkeit ist hier schon deshalb vorrangig zu prüfen, weil nur ein (vorläufig) wirksamer Beschluss anfechtbar sein kann.[590] Aus diesen Ausführungen ergibt sich, dass es sich bei den auf Feststellung der Nichtigkeit und den auf Nichtigerklärung gerichteten Klageanträgen trotz dieser unterschiedlichen Formulierung nicht um unterschiedliche Anträge im Sinne zweier verschiedener prozessualer Ansprüche gemäß § 253 Abs. 2 Nr. 2 ZPO handelt,[591] sondern ungeachtet der Antragsfassung und ohne Rücksicht auf die missverständliche Bestimmung des § 249 Abs. 2 S. 2 AktG eine einheitliche Nichtigkeits- und An-

---

584 Zu diesem im vorliegenden Zusammenhang auch *Wertenbruch*, in: MünchKomm-GmbHG, § 47 Anh. Rn 151 f; allgemein dazu BGH, NJW 1992, S. 1172 (1173); *Musielak*, in: ders., ZPO, Einl. Rn 69.

585 BGH, NJW 1997, S. 1510; NJW 1999, S. 1638; NJW 2002, S. 3465; OLG München, NZG 1999, S. 1173; OLG Rostock, NZG 2004, S. 191 (192); *Bayer*, in: Lutter/Hommelhoff, GmbHG, § 47 Anh. Rn 78; *Drescher*, in: Henssler/Strohn, Gesellschaftsrecht, § 246 AktG Rn 29; *Raiser*, in: Ulmer, GmbHG, § 47 Anh. Rn 217 f; *Römermann*, in: Michalski, GmbHG, § 47 Anh. Rn 482; *Roth*, in: Altmeppen/Roth, GmbHG, 7. Aufl., § 47 Rn 154; *K. Schmidt*, in: Scholz, GmbHG, § 45 Rn 152.

586 BGH, NJW 1997, S. 1510; NJW 1999, S. 1638; *Bayer*, in: Lutter/Hommelhoff, GmbHG, § 47 Anh. Rn 78; *Drescher*, in: Henssler/Strohn, Gesellschaftsrecht, § 246 AktG Rn 29; *Raiser*, in: Ulmer, GmbHG, § 47 Anh. Rn 217 f; *Römermann*, in: Michalski, GmbHG, § 47 Anh. Rn 482; *Roth*, in: Altmeppen/Roth, GmbHG, § 47 Rn 154; *K. Schmidt*, in: Scholz, GmbHG, § 45 Rn 152.

587 BGH, NJW 1997, S. 1510; NJW 1999, S. 1638; *Drescher*, in: Henssler/Strohn, Gesellschaftsrecht, § 246 AktG Rn 29; *Hillmann*, in: Henssler/Strohn, Gesellschaftsrecht, § 47 GmbHG Anh. Rn 8; *Raiser*, in: Ulmer, GmbHG, § 47 Anh. Rn 217 f.

588 BGH, NJW 1997, S. 1510.

589 BGH, NJW 1997, S. 1510; NJW 1999, S. 1638; *Bayer*, in: Lutter/Hommelhoff, GmbHG, § 47 Anh. Rn 79; *Drescher*, in: Henssler/Strohn, Gesellschaftsrecht, § 246 AktG Rn 29; *Raiser*, in: Ulmer, GmbHG, § 47 Anh. Rn 217; *K. Schmidt*, in: Scholz, GmbHG, § 45 Rn 152.

590 *Wertenbruch*, in: MünchKomm-GmbHG, § 47 Anh. Rn 151.

591 *Sosnitza*, NZG 1998, S. 335 (337 f).; *Wertenbruch*, in: MünchKomm-GmbHG, § 47 Anh. Rn 152.

fechtungsklage vorliegt.[592] Der Sachverhalt unterliegt – wie sonst im Zivilprozess gewöhnlich auch – nicht der Amtsprüfungspflicht, sondern hier gelten die Verhandlungsmaxime sowie die im materiellen Recht wurzelnden Darlegungs- und Beweislasten der Parteien.[593] Sowohl hinsichtlich mangelnden Tatsachenvorbringens als auch die nicht zulässige oder nicht sachdienliche Fassung der Anträge betreffend kommen schließlich Hinweise des Gerichts nach § 139 ZPO in Betracht.[594]

BGH, Urt. v. 17. Februar 1997 – II ZR 41/96 –, NJW 1997, S. 1510 (1511):

„... Der Entscheidung dieser Frage durch das Revisionsgericht steht nicht entgegen, dass das Berufungsgericht nur über den Antrag, die Nichtigkeit des Gesellschafterbeschlusses festzustellen, entschieden hat, nicht aber auch über den hilfsweise gestellten Antrag, den Beschluss für nichtig zu erklären. Beide Anträge stehen nicht in einem Eventualverhältnis. Vielmehr schließt der Nichtigkeitsantrag den Anfechtungsantrag ein. Zwar hat die Rechtsprechung in der Vergangenheit wiederholt angenommen, die auf Feststellung gerichtete Nichtigkeits- und die auf Rechtsgestaltung gerichtete Anfechtungsklage verfolgten verschiedene Rechtsschutzziele. ... Im Schrifttum wird diese Ansicht jedoch zu Recht einhellig abgelehnt. Beide Klagen verfolgen dasselbe materielle Ziel, nämlich die richterliche Klärung der Nichtigkeit des Gesellschafterbeschlusses mit Wirkung für und gegen jedermann. ... Soweit ihnen wie im vorliegenden Fall – beide gleichzeitig binnen eines Monats seit der Beschlussfassung erhobenen Klagen richten sich mit identischer Begründung gegen denselben Gesellschafterbeschluss – derselbe Streitgegenstand zugrundeliegt und die Anfechtungsklage nicht verspätet ist ..., ist es eine vom Gericht durch Subsumtion zu beantwortende, revisionsgerichtlicher Entscheidung zugängliche Rechtsfrage, ob die Vorschrift des § 248 AktG oder die des § 249 AktG Anwendung findet. ... Diese rechtliche Beurteilung wird auch durch die Rechtskraftwirkungen des auf eine Nichtigkeits- oder Anfechtungsklage hin ergehenden Urteils bestätigt. Wird eine dieser Klagen rechtskräftig als unbegründet abgewiesen, ist die Erhebung einer weiteren Klage mit identischem Streitgegenstand – gleichgültig in welcher Form – unzulässig. Wird einer solchen Klage stattgegeben, so ist die Erhebung einer erneuten derartigen Klage – auch bei Wechsel der Klageart – ebenfalls ausgeschlossen. ...“

Der einheitliche Streitgegenstand hat demnach Folgen für die Rechtskraftwirkung eines Urteils über eine Nichtigkeits- und Anfechtungsklage: Wird eine Klage im Sinne des vorgenannten einheitlichen Streitgegenstands „Klärung der (Un-)Wirksamkeit des angegriffenen Gesellschafterbeschlusses“ abgewiesen, steht die mit der materiellen Rechtskraft nach § 322 Abs. 1 ZPO einhergehende Bindungswirkung einer erneuten Klage mit demselben Streitgegenstand entgegen.[595] Die neuerliche Klage ist – nach entsprechendem Hinweis gemäß § 139 Abs. 1 S. 2 und Abs. 3 ZPO oder gegnerischer 275

592 *Hillmann,* in: Henssler/Strohn, Gesellschaftsrecht, § 47 GmbHG Anh. Rn 8; *Koppensteiner,* in: Rowedder/Schmidt-Leithoff, GmbHG, § 47 Rn 137; *Raiser,* in: Ulmer, GmbHG, § 47 Anh. Rn 262; *K. Schmidt,* in: Scholz, GmbHG, § 45 Rn 176 f; *Zöllner,* in: Baumbach/Hueck, GmbHG, § 47 Anh. Rn 166, 176.

593 *Raiser,* in: Ulmer, GmbHG, § 47 Anh. Rn 244; *Römermann,* in: Michalski, GmbHG, § 47 Anh. Rn 518; *Wertenbruch,* in: MünchKomm-GmbHG, § 47 Anh. Rn 151 (allerdings sehr zweifelhaft auf Dispositionsmaxime abstellend, die nur die Anträge betrifft, und im Sinne der Dispositionsmaxime anstelle des materiellen Rechts als Rechtsgrund der Darlegungslasten formulierend).

594 *Wertenbruch,* in: MünchKomm-GmbHG, § 47 Anh. Rn 151 scheint das trotz der verschiedenen Tatbestände in § 139 ZPO ausschließlich auf mangelnden Tatsachenvortrag zu beziehen.

595 BGH, NJW 1997, S. 1510 (1511); NJW 1999, S. 1638; *Bayer,* in: Lutter/Hommelhoff, GmbHG, § 47 Anh. Rn 80; *Drescher,* in: Henssler/Strohn, Gesellschaftsrecht, § 246 AktG Rn 30; *Koppensteiner,* in: Rowedder/Schmidt-Leithoff, GmbHG, § 47 Rn 137; *Raiser,* in: Ulmer, GmbHG, § 47 Anh. Rn 262; *K. Schmidt,* in: Scholz, GmbHG, § 45 Rn 176 f.

Rüge – durch Prozessurteil als unzulässig abzuweisen.[596] Als unzulässig abzuweisen ist eine zweite Klage mit demselben Streitgegenstand auch nach einem stattgebenden Urteil, zumal hier das Ziel bereits erreicht wurde.[597] Die materielle Rechtskraft eines ergangenen Urteils steht unter Berücksichtigung der geschilderten Reichweite des einheitlichen Streitgegenstands der Nichtigkeits- und Anfechtungsklage (einheitlicher Antrag und Gesellschafterbeschluss nebst Begleitumständen als Lebenssachverhalt) auch der Geltendmachung neuer Beschlussmängel hinsichtlich des bereits erfolglos angegriffenen Gesellschafterbeschlusses entgegen: Der Streitgegenstand umfasst alle eventuellen Mängel eines Beschlusses, auch wenn diese nicht gerügt und vorgetragen sind. Denn in dem Beschlussgegenstand, dem Inhalt des Beschlusses sowie in den verschiedenen Stadien von der Vorbereitung bis hin zur Fassung des angegriffenen Beschlusses liegt bei natürlicher Betrachtung ein einheitlicher Lebenssachverhalt. Nur dieses weite Verständnis lässt sich mit dem prozessual-zweigliedrigen Streitgegenstandsbegriff vereinbaren; ein engeres Verständnis wird auch bei anderen Klagen nicht vertreten. Auf die Erkennbarkeit der Mängel und auf deren Geltendmachung seitens des Klägers als Anfechtungs- oder Nichtigkeitsgründe kann es danach nicht ankommen.[598]

BGH, Urt. v. 22. Juli 2002 – II ZR 286/01 –, NJW 2002, S. 3465 (3466):

„... Allerdings wird die Frage des Streitgegenstandsbegriffs für die aktienrechtliche Nichtigkeits- und Anfechtungsklage – ebenso wie für die Klagearten des bürgerlichen Rechts ... – unterschiedlich beantwortet. Überwiegend wird die Ansicht vertreten, der Streitgegenstand umfasse das Begehren des Klägers, die richterliche Klärung der Nichtigkeit eines bestimmten, im Einzelnen bezeichneten Hauptversammlungsbeschlusses auf Grund des dazu vorgetragenen Sachverhalts klären zu lassen. ... Unter „vorgetragenem Sachverhalt" wird ein einheitlicher Lebenssachverhalt im Sinne der im Zivilprozessrecht vertretenen Auffassung vom zweigliedrigen Streitgegenstand verstanden, wobei der Komplex des Lebenssachverhalts tatbestandlich außerordentlich eng gefasst wird. ... Diese Auffassung hat zur Folge, dass der Prozessvortrag zu einem Beschlussgegenstand mehrere Sachverhalte und damit unterschiedliche Streitgegenstände umfassen kann. Wird das Klagevorbringen um eine solchen Sachverhaltskomplex ergänzt, geht diese Meinung – konsequent – von dem Vorliegen einer Klageänderung aus.

Nach anderer Ansicht liegt der Streitgegenstand der Nichtigkeits- und Anfechtungsklage in dem prozessualen Begehren, die Nichtigkeit des Hauptversammlungsbeschlusses anhand der dem Beschluss anhaftenden Mängel richterlich klären zu lassen. Der Streitgegenstand umfasst danach alle – auch nicht zum Gegenstand des Prozessvortrags gemachte – einem Hauptversammlungsbeschluss anhaftenden Mängel. Daraus folgt, dass die Geltendmachung zusätzlicher Mängel durch ergänzenden Sachvortrag nicht zu einer Klageänderung führt. ... Der Senat folgt im Grundsatz der Minderheitsmeinung. Als Klagegrund sieht er die Gesetzes- bzw Satzungswidrigkeit des Hauptversammlungsbeschlusses an. Unter diesem allgemeinen Gesichtspunkt werden alle Mängel zusammengefasst, die

596 BGH, NJW 1997, S. 1510 (1511); NJW 1999, S. 1638; *Bayer,* in: Lutter/Hommelhoff, GmbHG, § 47 Anh. Rn 80; *Drescher,* in: Henssler/Strohn, Gesellschaftsrecht, § 246 AktG Rn 30; *K. Schmidt,* in: Scholz, GmbHG, § 45 Rn 176.

597 BGH, NJW 1997, S. 1510 (1511); NJW 1999, S. 1638; *Bayer,* in: Lutter/Hommelhoff, GmbHG, § 47 Anh. Rn 80.

598 BGH, NJW 2002, S. 3465; *Wertenbruch,* in: MünchKomm-GmbHG, § 47 Anh. Rn 251; *Zöllner,* in: Baumbach/Hueck, GmbHG, § 47 Anh. Rn 167; anders *Koppensteiner,* in: Rowedder/Schmidt-Leithoff, GmbHG, § 47 Rn 159; *K. Schmidt,* in: Scholz, GmbHG, § 45 Rn 177; offen gelassen von *Raiser,* in: Ulmer, GmbHG, § 47 Anh. Rn 262.

dem Hauptversammlungsbeschluss anhaften und die zur Klärung seiner Nichtigkeit durch das Gericht führen. Ausgangspunkt für die Bestimmung des Streitgegenstands der Nichtigkeits- und Anfechtungsklage ist das mit der Klage verfolgte prozessuale Ziel, die richterliche Klärung der Nichtigkeit des Hauptversammlungsbeschlusses herbeizuführen. ... Die Nichtigkeit oder Anfechtbarkeit eines derartigen Beschlusses folgt stets aus einer Gesetzes- oder Satzungswidrigkeit einzelner Umstände. Dazu gehören der Beschlussgegenstand, der Inhalt des Beschlusses sowie die Vorgänge, die für den Ablauf des zur Beschlussfassung führenden Verfahrens maßgebend sind. Der Verfahrensablauf umfasst die verschiedenen Stadien der Vorbereitung des Beschlusses bis hin zur Beschlussfassung selbst. Diese gesamten, der Entstehung des Beschlusses zu Grunde liegenden Umstände stellen einen einheitlichen Lebenssachverhalt dar ..., der einen Teil des Klagegrundes der Nichtigkeits- und Anfechtungsklage bildet. Der andere Teil besteht aus der Fehlerhaftigkeit eines oder mehrerer dieser Umstände, die sich aus deren Gesetzes- oder Satzungswidrigkeit ergibt. Aus dem diese Elemente umfassenden Klagegrund der Mangelhaftigkeit des Beschlusses und dem prozessualen Begehren ihrer Klärung durch richterliche Entscheidung setzt sich der Streitgegenstand der Nichtigkeits- und Anfechtungsklage der §§ 241 f, 243 ff AktG zusammen. Das Verständnis, das die überwiegende Meinung dem Streitgegenstand dieser Klagen zu Grunde legt, orientiert sich offensichtlich an den Kriterien, von denen die weitaus überwiegende Meinung bei der Leistungsklage ausgeht. Das wird jedoch der Eigenart der Nichtigkeits- und Anfechtungsklage nicht gerecht. Gegenstand beider Klagearten ist die fehlende Übereinstimmung des gefassten Beschlusses mit Gesetz und Satzung hinsichtlich Beschlussgegenstand, -inhalt und -verfahren. Eine weitergehende Unterteilung ihres Streitgegenstands nach den einzelnen, dem Beschlussgegenstand sowie dem Beschlussverfahren zu Grunde liegenden Elementen und den ihnen anhaftenden Fehlern könnte die einheitliche Überprüfung des Beschlusses je nach Umfang und Einzelheiten des Klägervortrags verhindern. Dem steht der Gesichtspunkt der Rechtssicherheit entgegen. Dieser Umstand ist zwar bei der Anfechtungsklage im Hinblick auf ihre Befristung und die damit verbundene Ausschlusswirkung ohne Bedeutung. Bei der Nichtigkeitsklage verhindert er jedoch, dass derselbe Aktionär – aus welchen Gründen auch immer – die Gesellschaft mehrfach mit einer solchen gegen denselben Beschluss gerichteten Klage überzieht. Die Ansicht des Senats steht mit der überwiegenden Ansicht in Übereinstimmung, die für den Begriff des Streitgegenstands der verwaltungsgerichtlichen Anfechtungsklage vertreten wird. Dieser setzt sich aus dem Klageantrag auf Beseitigung des angefochtenen Verwaltungsakts und dem Klagegrund zusammen, der entsprechend dem Klägervortrag in der Rechtswidrigkeit des Verwaltungsakts und der dadurch bewirkten Verletzung der Rechte des Klägers gesehen wird. ...“

Da einer Nichtigkeits- und Anfechtungsklage gegen denselben Gesellschafterbeschluss derselbe unteilbare prozessuale Anspruch bzw Streitgegenstand zugrunde liegt, scheidet eine Entscheidung über die Klage durch Teilurteil nach § 301 ZPO aus.[599] 276

Schon wegen der unterschiedlichen Urteilswirkung (Gestaltungswirkung bei erfolgreicher Anfechtung bzw bloß feststellende Wirkung bei Nichtigkeit) bleibt es trotz des einheitlichen Streitgegenstands dabei, dass der angegriffene Gesellschafterbeschluss im Falle einer erfolgreichen Anfechtungsklage wie in den analog anzuwendenden 277

599 BGH, NZG 1999, S. 496 (497) *Bayer,* in: Lutter/Hommelhoff, GmbHG, § 47 Anh. Rn 78; *Drescher,* in: Henssler/Strohn, Gesellschaftsrecht, § 246 AktG Rn 29; *Raiser,* in: Ulmer, GmbHG, § 47 Anh. Rn 241; *Roth,* in: Altmeppen/Roth, GmbHG, § 47 Rn 154; *K. Schmidt,* in: Scholz, GmbHG, § 45 Rn 168.

§ 241 Nr. 5, § 248 Abs. 1 S. 1 AktG vorgesehen für nichtig zu erklären ist, während eine schon bestehende Nichtigkeit des angegriffenen Gesellschafterbeschlusses lediglich festzustellen ist.[600]

II. Klageanträge bei Nichtigkeits- und Anfechtungsklage

278 Bei der Fassung der Klageanträge und ihrer rechtlichen Beurteilung ist zweierlei zu beachten:

Zum einen liegt der Nichtigkeits- und Anfechtungsklage nach den vorstehenden Ausführungen ein einheitlicher Streitgegenstand zugrunde.[601] Das hat u.a. zur Folge, dass die Frage nach der Nichtigkeit des angegriffenen Gesellschafterbeschlusses und der entsprechenden Erforderlichkeit einer Nichtigkeitsfeststellung im Urteil oder der Anfechtbarkeit des angegriffenen Gesellschafterbeschlusses und der Notwendigkeit einer Nichtigerklärung im Urteil eine Rechtsfrage ist, die noch vom Bundesgerichtshof im Revisionsverfahren abweichend entschieden werden kann.[602] Ferner stehen auf Nichtigkeitsfeststellung gerichtete Klageanträge und Anfechtungsanträge nicht in einem Eventualverhältnis zueinander, sondern der Nichtigkeitsfeststellungsantrag umfasst den auf denselben Gesellschafterbeschluss bezogenen Anfechtungsantrag.[603] In prozessualer Hinsicht handelt es sich ungeachtet einer abweichenden Fassung im konkreten Fall nur um einen einzigen Klageantrag gemäß § 253 Abs. 2 Nr. 2 ZPO, der ohne Rücksicht auf die Frage der Nichtigkeit oder der bloßen Anfechtbarkeit stets materiell auf die Beseitigung des angegriffenen Gesellschafterbeschlusses gerichtet ist. Infolgedessen hat[604] ein Gericht, auch wenn dem Wortlaut des Klageantrags nach nur die Feststellung der Nichtigkeit begehrt worden ist, nicht nur Nichtigkeitsgründe, sondern auch Anfechtungsgründe zu prüfen und im Falle des Durchgreifens solcher Gründe den Beschluss für nichtig zu erklären im Sinne einer Anfechtungsklage,[605] wenn außerdem die übrigen Voraussetzungen einer Anfechtungsklage vorliegen, also zB die Anfechtungsfrist eingehalten worden ist.[606] Umgekehrt hat das Gericht im Fal-

600 BGH, NJW 1997, S. 1510 (1511); NJW 2002, S. 3465 (3466); *Casper,* in: Bork/Schäfer, GmbHG, § 47 Rn 68; *Hillmann,* in: Henssler/Strohn, Gesellschaftsrecht, § 47 GmbHG Rn 8; *Hüffer,* in: AktG, § 249 Rn 10; *Koppensteiner,* in: Rowedder/Schmidt-Leithoff, GmbHG, § 47 Rn 141; *Schwab,* in: K. Schmidt/Lutter, AktG, § 249 Rn 1; *Wertenbruch,* in: MünchKomm-GmbHG, § 47 Anh. Rn 152; anders und für Gestaltungswirkung auch des Nichtigkeitsurteils: *Bayer,* in: Lutter/Hommelhoff, GmbHG, § 47 Anh. Rn 81; *Kindl,* in: ZGR 2000, S. 166 (171 ff); *Römermann,* in: Michalski, GmbHG, § 47 Anh. Rn 480 ff; *K. Schmidt,* in: JZ 1988, S. 729 (733 f); *K. Schmidt,* in: Scholz, GmbHG, § 45 Rn 152, 168, 171 ff, 175; *Zöllner,* in: Baumbach/Hueck, GmbHG, § 47 Anh. Rn 69; offen gelassen von *Raiser,* in: Ulmer, GmbHG, § 47 Anh. Rn 214.

601 BGH, NJW 1997, S. 1510; NJW 1999, S. 1638; NJW 2002, S. 3465; OLG München, NZG 1999, S. 1173; OLG Rostock, NZG 2004, S. 191 (192); *Bayer,* in: Lutter/Hommelhoff, GmbHG, § 47 Anh. Rn 78; *Drescher,* in: Henssler/Strohn, Gesellschaftsrecht, § 246 AktG Rn 29; *Raiser,* in: Ulmer, GmbHG, § 47 Anh. Rn 217 f; *Römermann,* in: Michalski, GmbHG, § 47 Anh. Rn 482; *Roth,* in: Altmeppen/Roth, GmbHG, § 47 Rn 154; *K. Schmidt,* in: Scholz, GmbHG, § 45 Rn 152.

602 BGH, NJW 1997, S. 1510; NJW 1999, S. 1638; *Raiser,* in: Ulmer, GmbHG, § 47 Anh. Rn 217; *Römermann,* in: Michalski, GmbHG, § 47 Anh. Rn 480.

603 BGH, NJW 1997, S. 1510 (1511); NJW 1999, S. 1638; *Drescher,* in: Henssler/Strohn, Gesellschaftsrecht, § 246 AktG Rn 29; *Hillmann,* in: Henssler/Strohn, Gesellschaftsrecht, § 47 GmbHG Anh. Rn 8; *Raiser,* in: Ulmer, GmbHG, § 47 Anh. Rn 217.

604 Das Gericht „kann“ das nicht nur (so missverständlich *Wertenbruch,* in: MünchKomm-GmbHG, § 47 Anh. Rn 155), es muss dies tun.

605 BGH, NJW 1997, S. 1510 (1511); *Bayer,* in: Lutter/Hommelhoff, GmbHG, § 47 Anh. Rn 79; *Raiser,* in: Ulmer, GmbHG, § 47 Anh. Rn 217; *K. Schmidt,* in: Scholz, GmbHG, § 45 Rn 152.

606 BGH, NJW 1997, S. 1510 (1511); NZG 2005, S. 479 (481); *Bayer,* in: Lutter/Hommelhoff, GmbHG, § 47 Anh. Rn 79; *Raiser,* in: Ulmer, GmbHG, § 47 Anh. Rn 218; *K. Schmidt,* in: Scholz, GmbHG, § 45 Rn 152; *Zöllner,* in: Baumbach/Hueck, GmbHG, § 47 Anh. Rn 166.

le einer Formulierung des Klageantrages im Sinne einer Anfechtungsklage (Erklärung des angegriffenen Gesellschafterbeschlusses für nichtig) beim Vorliegen eines Nichtigkeitsgrundes die Nichtigkeit des angegriffenen Gesellschafterbeschlusses festzustellen.[607]

BGH, Urt. v. 17. Februar 1997 – II ZR 41/96 –, NJW 1997, S. 1510 (1511):

„... Der Entscheidung dieser Frage durch das Revisionsgericht steht nicht entgegen, dass das Berufungsgericht nur über den Antrag, die Nichtigkeit des Gesellschafterbeschlusses festzustellen, entschieden hat, nicht aber auch über den hilfsweise gestellten Antrag, den Beschluss für nichtig zu erklären. Beide Anträge stehen nicht in einem Eventualverhältnis. Vielmehr schließt der Nichtigkeitsantrag den Anfechtungsantrag ein. Zwar hat die Rechtsprechung in der Vergangenheit wiederholt angenommen, die auf Feststellung gerichtete Nichtigkeits- und die auf Rechtsgestaltung gerichtete Anfechtungsklage verfolgten verschiedene Rechtsschutzziele. ... Im Schrifttum wird diese Ansicht jedoch zu Recht einhellig abgelehnt. Beide Klagen verfolgen dasselbe materielle Ziel, nämlich die richterliche Klärung der Nichtigkeit des Gesellschafterbeschlusses mit Wirkung für und gegen jedermann. ... Soweit ihnen wie im vorliegenden Fall – beide gleichzeitig binnen eines Monats seit der Beschlussfassung erhobenen Klagen richten sich mit identischer Begründung gegen denselben Gesellschafterbeschluss – derselbe Streitgegenstand zugrundeliegt und die Anfechtungsklage nicht verspätet ist ..., ist es eine vom Gericht durch Subsumtion zu beantwortende, revisionsgerichtlicher Entscheidung zugängliche Rechtsfrage, ob die Vorschrift des § 248 AktG oder die des § 249 AktG Anwendung findet. ... Diese rechtliche Beurteilung wird auch durch die Rechtskraftwirkungen des auf eine Nichtigkeits- oder Anfechtungsklage hin ergehenden Urteils bestätigt. Wird eine dieser Klagen rechtskräftig als unbegründet abgewiesen, ist die Erhebung einer weiteren Klage mit identischem Streitgegenstand – gleichgültig in welcher Form – unzulässig. Wird einer solchen Klage stattgegeben, so ist die Erhebung einer erneuten derartigen Klage – auch bei Wechsel der Klageart – ebenfalls ausgeschlossen. ...“

Zum anderen ist zu beachten, dass das Gesetz trotz des einheitlichen Streitgegenstan- 279
des in den analog anzuwendenden § 241 Nr. 5, § 248 Abs. 1 S. 1 AktG für die Anfechtungsklage als Urteiltenor die Erklärung des angegriffenen Gesellschafterbeschlusses für nichtig vorsieht, aber in dem ebenfalls analog zur Anwendung kommenden § 249 Abs. 1 S. 1 AktG für die Nichtigkeitsklage ausdrücklich von einem Feststellungstenor ausgeht.

Dementsprechend stehen dem Kläger mehrere gleichberechtigte Fassungen für seinen 280
Klageantrag im Sinne des einheitlichen Streitgegenstands der Nichtigkeits- und Anfechtungsklage zur Verfügung, zwischen denen er wählen kann, ohne einen Nachteil durch Beschränkung der Prüfung und Entscheidung nach § 308 Abs. 1 ZPO (iudex ne eat ultra petita partium) fürchten zu müssen. Demgegenüber ist das Gericht sowohl aufgrund eines auf Nichtigerklärung gerichteten Klageantrages als auch im Hinblick auf einen Nichtigkeitsfeststellungsantrag zu einer umfassenden Prüfung und Entscheidung gehalten. Gleich für welche Alternative sich der Kläger bei der Formulierung des Klageantrages entschieden hat, muss also das Gericht von Amts wegen sowohl die Nichtigkeit als auch die Anfechtbarkeit des angegriffenen Gesellschafterbeschlusses prüfen und beim Vorliegen eines Beschlussmangels je nach Art des Fehlers entweder die Nichtigkeit feststellen oder den angegriffenen Beschluss für nichtig

607 *Wertenbruch*, in: MünchKomm-GmbHG, § 47 Anh. Rn 155 aE.

erklären. Letzteres setzt allerdings außerdem das Vorliegen der übrigen Voraussetzungen einer Anfechtungsklage voraus. In der Praxis hat sich eine Antragsfassung iS einer Kombination von Haupt- und Hilfsantrag durchgesetzt, wobei ein dafür an sich erforderliches Eventualverhältnis hier ausnahmsweise nicht vorliegt:

▶ ... beantrage ich namens und in Vollmacht meines Mandanten,

1. festzustellen, dass der am ... anlässlich der Gesellschafterversammlung der Beklagten in ... zu TOP ... gefasste Beschluss mit dem Wortlaut ... nichtig ist;

2. hilfsweise: den am ... anlässlich der Gesellschafterversammlung der Beklagten in ... zu TOP ... gefassten Beschluss mit dem Wortlaut ... für nichtig zu erklären. ◀

281 **Übersicht über Fragen des Streitgegenstandes und des Klageantrages – Nr. 18**

1. Einheitlicher Streitgegenstand	■	trotz unterschiedlicher Rechtsfolgen von Anfechtbarkeit, Anfechtungsklage und Nichtigerklärung einerseits sowie Nichtigkeit, Nichtigkeitsklage und Feststellung der Nichtigkeit andererseits handelt es sich sowohl nach dem Lebenssachverhalt als auch nach dem Prozessziel (Klärung der Wirksamkeit) um einen einheitlichen Streitgegenstand (BGH, NJW 1997, S. 1510)
2. Folgen	a)	ungeachtet der Antragsfassung sind sowohl Nichtigkeit als auch Anfechtbarkeit zu prüfen
	b)	Rechtskraftwirkung erstreckt sich auf Nichtigkeit und Anfechtbarkeit mit der Folge, dass neuerliche Klage stets unzulässig ist
	c)	auf Erkennbarkeit von Mängeln und deren Geltendmachung kommt es nicht an, sondern die materielle Rechtskraft erstreckt sich auch auf solche Mängel, die der Kläger nicht kennen konnte oder jedenfalls nicht geltend gemacht hat (BGH, NJW 2002, S. 3465)
	d)	kein Teilurteil (§ 301 ZPO) über Nichtigkeit oder Anfechtbarkeit eines Beschlusses, da es sich um einen unteilbaren, einheitlichen prozessualen Anspruch handelt
	e)	dennoch unterschiedliche Urteilswirkung – Gestaltungswirkung des Anfechtungsurteils und Feststellungswirkung des Nichtigkeitsurteils
	f)	Wechsel von Nichtigerklärung zur Feststellung der Nichtigkeit noch im Revisionsverfahren zulässig (BGH, NJW 1997, S. 1510; NJW 1999, S. 1638)
3. Antragsfassungen	a)	Nichtigkeitsklageantrag: „Es wird festgestellt, dass der Beschluss der Gesellschafterversammlung der ... GmbH vom ... zu Tagesordnungspunkt ... mit dem Wortlaut ... nichtig ist."
	b)	Anfechtungsklageantrag: „Der Beschluss der Gesellschafterversammlung der ... GmbH vom ... zu Tagesordnungspunkt ... mit dem Wortlaut ... wird für nichtig erklärt."

c) Kombinierte Beschlussfassung: „1. Es wird festgestellt, dass der Beschluss der Gesellschafterversammlung der ... GmbH vom ... zu Tagesordnungspunkt ... mit dem Wortlaut ... nichtig ist. 2. Hilfsweise: Der Beschluss der Gesellschafterversammlung der ... GmbH vom ... zu Tagesordnungspunkt ... mit dem Wortlaut ... wird für nichtig erklärt."

III. Feststellung des angegriffenen Gesellschafterbeschlusses

Wie oben (Rn 2 ff) schon erläutert, finden für die Anfechtung von Gesellschafterbeschlüssen durch Nichtigkeits- und Anfechtungsklage in der GmbH die Vorschriften der §§ 241 ff AktG analoge Anwendung.[608] Die Anlehnung an das Aktienrecht betrifft aber nicht nur die bereits erörterten Nichtigkeits- und Anfechtungsgründe, sondern sie gilt auch im Übrigen und ist insbesondere für die weiteren Voraussetzungen einer erfolgreichen Beschlussanfechtung von Bedeutung. 282

Obgleich nämlich das GmbHG keine förmliche Beschlussfeststellung etwa im Sinne des § 130 AktG vorsieht, setzt die Anfechtung eines Gesellschafterbeschlusses in der GmbH voraus, dass ein Beschlussergebnis in irgendeiner Art und Weise festgestellt worden ist.[609] Fehlt eine hinreichende Beschlussfeststellung, ist eine gleichwohl erhobene Anfechtungsklage mangels Anfechtungsbefugnis uU nach entsprechendem Hinweis (§ 139 Abs. 1 S. 2 ZPO) als unbegründet abzuweisen, weil der Bezugspunkt für die begehrte Feststellung der Unwirksamkeit bzw für die entsprechende Gestaltung fehlt.[610]

Anstelle einer Anfechtungsklage kann eine auf die Feststellung, dass der betreffende Beschluss tatsächlich gefasst worden ist, gerichtete, allgemeine Feststellungsklage gegen die Gesellschaft im Sinne des § 256 ZPO erhoben werden.[611] Nicht nur Nichtigkeits-, sondern auch Anfechtungsgründe können in diesem prozessualen Rahmen trotz Bedenken hinsichtlich der Passivlegitimation der Gesellschaft einredeweise geltend gemacht werden, wenn man nämlich die teilweise nicht differenzierende, jüngere Rechtsprechung des Bundesgerichtshofs zu dieser Frage im Hinblick auf das Gebot der Prozessökonomie großzügig versteht.[612] Zieht man hingegen auch die vorangegangenen Entscheidungen des Bundesgerichtshofs heran[613] und berücksichtigt außerdem, dass der Bundesgerichtshof die entsprechenden abstrakten Rechtssätze bisher 283

608 BGH, NJW 1988, S. 1844; NJW-RR 2008, S. 706 (708); *Bayer,* in: Lutter/Hommelhoff, GmbHG, § 47 Anh. Rn 1; *Casper,* ZHR 163 (1999), S. 54 (78 ff); *Raiser,* in: Ulmer, GmbHG, § 47 Anh. Rn 1 f; *Wertenbruch,* in: MünchKomm-GmbHG, § 47 Anh. Rn 1 und 156; krit. *Zöllner,* in: Baumbach/Hueck, GmbHG, 20. Aufl., § 47 Anh. Rn 3.

609 BGH, NJW 1986, S. 2051 (2052); NJW 1988, S. 1844; NJW-RR 2008, S. 706 (708); *Raiser,* in: Ulmer, GmbHG, § 47 Anh. Rn 96 ff; *Zöllner,* in: Baumbach/Hueck, GmbHG, § 47 Anh. Rn 118; anders *Römermann,* in: Michalski, GmbHG, § 47 Anh. Rn 57.

610 BGH, NJW-RR 2008, S. 706 (708 f); *Römermann,* in: Michalski, GmbHG, § 47 Anh. Rn 382; *Wertenbruch,* in: MünchKomm-GmbHG, § 47 Anh. Rn 158.

611 BGH, NJW 1980, S. 1527 (1528); *Drescher,* in: Henssler/Strohn, Gesellschaftsrecht, § 241 AktG Rn 3; *Zöllner,* in: Baumbach/Hueck, GmbHG, § 47 Anh. Rn 182.

612 Vgl BGH, Urt. v. 31. Mai 2011 – II ZR 116/10–, BeckRS 2011, 19184 Rn 9; dazu auch OLG Celle, OLG Report 1998, S. 326; *Drescher,* in: Henssler/Strohn, Gesellschaftsrecht, § 246 AktG Rn 51 sowie *Wertenbruch,* in: MünchKomm-GmbHG, § 47 Anh. Rn 158 und 218 ff einerseits und *Wertenbruch,* in: MünchKomm-GmbHG, § 47 Anh. Rn 263; *Zöllner,* in: Baumbach/Hueck, GmbHG, § 47 Anh. Rn 182 andererseits.

613 BGH, Urt. v. 13. März 1980 – II ZR 54/78 –, NJW 1980, S. 1465 (1468); Urt. v. 20. Januar 1986 – II ZR 73/85 –, NJW 1986, S. 2051 f.

weder ausdrücklich noch konkludent aufgegeben hat,[614] so setzt auch die einredeweise Geltendmachung von Anfechtungsgründen sowohl eine Anfechtungsbefugnis als auch die Einhaltung einer Anfechtungsfrist voraus.[615] Hat einer der Beteiligten ein entsprechendes Feststellungsinteresse, kann schließlich auch umgekehrt auf Feststellung der Nichtfassung eines Beschlusses geklagt werden, wenn auch ein solcher Beschluss negativen Inhalts nicht festgestellt worden ist.[616]

284 Schon wegen des einheitlichen Streitgegenstands gelten die vorstehenden Grundsätze auch für die Nichtigkeitsklage, so dass diese ebenfalls eine hinreichende Beschlussfeststellung voraussetzt[617] und beim Fehlen derselben nur eine Feststellungklage in Betracht kommt.[618]

BGH, Urt. v. 11. Februar 2008 – II ZR 187/06 –, NJW-RR 2008, S. 706 (708):

„... Das GmbHG enthält – anders als das AktG – keine eigenständige Regelung über die Geltendmachung von Beschlussmängeln. Es entspricht jedoch der ständigen Rechtsprechung des Senats, die von der herrschenden Meinung im Schrifttum geteilt wird, dass die aktienrechtlichen Vorschriften entsprechend heranzuziehen sind. ... Soweit danach Beschlüsse der Gesellschafterversammlung mangelhaft sind, können sie durch die kassatorisch wirkende Anfechtungsklage beseitigt werden, wie dies hier in Art. 11.6 GV auch ausdrücklich geregelt ist. Die Anfechtungsklage setzt jedoch die Feststellung eines bestimmten Beschlussergebnisses voraus, das im Klagewege „kassiert" werden soll, bis dahin aber vorläufig wirksam und für alle Beteiligten verbindlich ist. Fehlt es an einem festgestellten Gesellschafterbeschluss, bleibt den Betroffenen allein die Erhebung der nicht fristgebundenen, nur der Verwirkung unterliegenden Feststellungsklage. ... Die Feststellung eines Beschlussergebnisses erfordert ein förmliches Festhalten desselben, durch das die Unsicherheit darüber beseitigt werden soll, ob ein wirksamer Beschluss gefasst wurde. ... Erfüllt ist diese Voraussetzung stets, wenn ein Versammlungsleiter diese Feststellung trifft. ... Ein förmliches Festhalten ist aber auch auf andere Weise möglich, soweit das Ziel, Unsicherheit über die Fassung eines Beschlusses zu beseitigen, erreicht wird. ... So liegt der Fall hier. Nach Art. 11.5 GV ist über alle Gesellschafterbeschlüsse ein Protokoll anzufertigen, das von einem Geschäftsführer der Gesellschaft zu unterschreiben, sodann den Gesellschaftern zu übersenden und zudem im Protokollbuch zu verwahren ist. Enthält das derart unterzeichnete und übersandte Protokoll – wie hier – die von beiden Gesellschafterinnen durch die für sie handelnden Organe gleichlautend getroffene Feststellung, dass beide durch die anwesenden Geschäftsführer ordnungsgemäß vertretenen Gesellschafterinnen einstimmig den Beschluss gefasst haben, dass der Kläger als Geschäftsführer ausscheidet, ist ausreichend förmlich festgehalten, welcher Beschluss von wem mit welchem Inhalt und welchem Stimmenverhältnis gefasst worden ist. Dass die Gesellschafter hier dem Protokoll diese – vorläufige – Nachweisfunktion zugedacht haben, folgt auch aus Art. 11.6 GV, wonach Widerspruch zu Protokoll oder nach Zugang des Protokolls schriftlich einzulegen ist und die Anfechtungsfrist hinsichtlich der gefassten Gesellschafterbeschlüsse einen Monat ab Zugang des Protokolls beträgt. ..."

285 Ein Beschluss ist ungeachtet des fehlenden Formzwangs bei der GmbH nur dann den vorstehenden Ausführungen entsprechend festgestellt, wenn das Beschlussergebnis in

614 Auch nicht in BGH, Urt. v. 31. Mai 2011 – II ZR 116/10 –, BeckRS 2011, 19184 Rn 9.
615 *Puszkajler*, in: Hk-GmbHG, Anh. § 47 Rn 116.
616 *Wertenbruch*, in: MünchKomm-GmbHG, § 47 Anh. Rn 158 und 258.
617 *Roth*, in: Altmeppen/Roth, GmbHG, § 47 Rn 132; *K. Schmidt*, in: Scholz, GmbHG, § 45 Rn 50 f; *Wertenbruch*, in: MünchKomm-GmbHG, § 47 Anh. Rn 158.
618 *Wertenbruch*, in: MünchKomm-GmbHG, § 47 Anh. Rn 158 und 262 ff.

einem gewissen Sinne „förmlich festgehalten" worden ist.[619] Nur so können Unsicherheiten das Vorliegen eines Beschlusses betreffend, wie sie zB bei möglichen Probeabstimmungen oder bei wiederholten Abstimmungen über denselben Gegenstand denkbar sind, effektiv vermieden werden.[620] Ein „förmliches Festhalten" liegt zwar sicher vor, wenn ein ordnungsgemäß berufener Versammlungsleiter ausdrücklich ein bestimmtes Beschlussergebnis festgestellt[621] oder ein Beschlussergebnis gar als wirksam verkündet hat.[622] Mit Rücksicht auf das Fehlen entsprechender Bestimmungen im GmbHG ist – vorbehaltlich einer anderslautenden Bestimmung in der Satzung – aber weder eine ausdrückliche Feststellung noch eine Verkündung als wirksames Beschlussergebnis erforderlich.[623] In Betracht kommt auch eine Feststellung durch ein ordnungsgemäß erstelltes und den Gesellschaftern zugegangenes Protokoll der Gesellschafterversammlung.[624] Sieht die Satzung nicht eine abweichende Regelung vor, reicht hierbei die Unterzeichnung durch den Protokollführer oder durch den Versammlungsleiter aus.[625] Aber selbst wenn die Feststellung nicht wie beantragt in das Protokoll aufgenommen worden ist, schließt das eine Feststellung bzw förmliche Festhaltung des Beschlussergebnisses als Voraussetzung einer Anfechtung nicht in jedem Fall aus.[626] So reicht es ausnahmsweise, wenn die Gesellschafter übereinstimmend von einem wirksam gefassten Beschluss ausgegangen sind, weil die Gesellschafter Adressaten der Feststellung sind und die Feststellung keinen über die Klarheit für die Gesellschafter (zB auch hinsichtlich des Vorliegens eines vorläufig wirksamen Beschlusses sowie des Beginns und Ablaufs der Anfechtungsfrist) und den entsprechenden Beweis hinausreichenden Zweck hat.[627]

OLG Celle, Urt. v. 15. Mai 1996 – 9 U 185/95 –, GmbHR 1997, S. 172 (174):

„... Zwar kann auf Feststellung geklagt werden, wenn ein rechtliches Beschlussergebnis nicht festgestellt wird und deshalb eine Anfechtung nicht stattfinden kann. ... Das betrifft vor allem Fälle, in denen – wie im vom BGH entschiedenen Fall – sich die Gesellschafter über die Stimmberechtigung nicht einigen konnten und deshalb der Versammlungsleiter die Frage, ob ein Beschluss eines bestimmten Inhalts überhaupt gefasst wurde, nicht entschieden hat oder es an einer förmlichen Feststellung des Abstimmungsergebnisses fehlt. ... Im vorliegenden Fall streiten die Parteien darüber, ob das Protokoll der Gesellschafterversammlung vom 24.1.1994 zum Tagesordnungspunkt 2 eine über die Wiedergabe des reinen Abstimmungsverlaufs hinausgehende Feststellung des Beschlussergebnisses erhält. Für eine hinreichende Feststellung könnte sprechen, dass nicht nur Antragstel-

619 BGH, NJW-RR 2008, S. 706 (708); *Wertenbruch,* in: MünchKomm-GmbHG, § 47 Anh. Rn 159; *Zöllner,* in: Baumbach/Hueck, GmbHG, § 47 Anh. Rn 120.

620 BGH, NJW-RR 2008, S. 706 (708); *Zöllner,* in: Baumbach/Hueck, GmbHG, § 47 Anh. Rn 19, 181.

621 BGH, ZIP 1989, S. 1261; NJW-RR 2008, S. 706 (708); *Bayer,* in: Lutter/Hommelhoff, GmbHG, § 47 Anh. Rn 38.

622 OLG Stuttgart, NJW-RR 1994, S. 811 f; *Bayer,* in: Lutter/Hommelhoff, GmbHG, § 47 Anh. Rn 38; *Wertenbruch,* in: MünchKomm-GmbHG, § 47 Anh. Rn 160.

623 BGH, NJW-RR 2008, S. 706 (708); *Wertenbruch,* in: MünchKomm-GmbHG, § 47 Anh. Rn 160.

624 BGH, NJW-RR 2008, S. 706 (708); *Wertenbruch,* in: MünchKomm-GmbHG, § 47 Anh. Rn 160.

625 *Hoffmann/Köster,* GmbHR 2003, S. 1327 (1328 f); *Wertenbruch,* in: MünchKomm-GmbHG, § 47 Anh. Rn 160, 165; *Zöllner,* in: Baumbach/Hueck, GmbHG, § 47 Anh. Rn 120, § 48 Rn 16 ff; anders *Bayer,* in: Lutter/Hommelhoff, GmbHG, § 47 Anh. Rn 38 (Unterzeichnung durch alle Gesellschafter); *Römermann,* in: Michalski, GmbHG, § 48 Rn 193 (Unterzeichnung durch Protokollführer und Versammlungsleiter). Im Fall BGH, NJW-RR 2008, S. 706 (708) sah die Satzung Unterzeichnung durch einen Gesellschafter und Übersendung an die Gesellschafter vor.

626 OLG Celle, GmbHR 1997, S. 172 (174).

627 OLG Celle, GmbHR 1997, S. 172 (174); OLG München, NJW-RR 1990, S. 804 (805); *Bayer,* in: Lutter/Hommelhoff, GmbHG, § 47 Anh. Rn 38; *Wertenbruch,* in: MünchKomm-GmbHG, § 47 Anh. Rn 162, 164; anders *Hoffmann/Köster,* GmbHR 2003, S. 1327 (1328).

lung und Abstimmungsergebnis wiedergegeben sind, sondern in dem den Tagesordnungspunkt abschließenden Passus auch von einem „Beschluss" die Rede ist, dessen Rechtmäßigkeit auf Antrags von S. noch gesondert ins Protokoll aufgenommen werden sollte, was freilich nicht geschehen ist. Doch kann dies letztlich dahinstehen. Denn jedenfalls sind alle beteiligten Gesellschafter am Ende der Gesellschafterversammlung davon ausgegangen, dass ein Beschluss des beantragten Inhalts zustandegekommen ist, der Geschäftsführer der Klägerin ihn aber wegen des von ihm angenommenen „Verstoßes gegen das Stimmverbot bei den Herren S. und H." für unwirksam angesehen hat. ... Wenn die Gesellschafter – für die Beklagte, die die Beschlussfassung verteidigt, steht dies außer Frage – aber am Ende der Gesellschafterversammlung von einem bestimmten Beschlussergebnis übereinstimmend ausgegangen sind, so steht dies einer im Protokoll getroffenen Beschlussfeststellung gleich. ... Dieses – von der Lit. angenommene – Ergebnis rechtfertigt sich daraus, dass dann, wenn alle Gesellschafter übereinstimmend einen Beschluss als gefasst ansehen, ein Gesellschafter, der den Beschluss für anfechtbar hält, Anfechtungsklage erheben kann, weil unstreitig ein „Objekt" einer solchen Klage vorhanden ist. Es besteht dann kein Bedürfnis, einem Gesellschafter die Möglichkeit einer Feststellungsklage zu eröffnen, die von der Rechtsprechung – gerade auch nur dann – für zulässig erachtet wird, wenn ein Beschlussergebnis nicht festgestellt wurde, weil nämlich dann nichts vorhanden sei, wogegen sich die Anfechtung richten könnte. ..."

286 Im Hinblick auf die Beweisfunktion der Feststellung[628] kommt eine Anfechtung allerdings schon dann nicht mehr in Betracht, wenn es weder zu einer Feststellung gekommen ist noch sich die Gesellschafter über das Vorliegen eines Beschlusses einig sind. Insofern kann schon das erfolgreiche Bestreiten eines einzigen Gesellschafters einer Anfechtungsklage entgegenstehen. In Betracht kommt dann eine Feststellungsklage nach § 256 ZPO.[629]

287 Für die gebotene Feststellung des Beschlussergebnisses genügt es nicht, das tatsächliche Ergebnis der Abstimmung zu verkünden. Vielmehr muss das rechtliche Beschlussergebnis in der Weise bekanntgegeben werden, dass mitgeteilt wird, ob der Beschlussantrag angenommen oder abgelehnt worden ist.[630] Sieht der Versammlungsleiter von dieser ausdrücklich oder konkludent möglichen Feststellung etwa im Hinblick über Unsicherheiten einen Stimmrechtsausschluss betreffend ab, liegt demnach die erforderliche Bekanntgabe des Beschlussergebnisses nicht vor.[631] Ist auch das tatsächliche Abstimmungsergebnis zur Niederschrift festgehalten worden, so liegt hier mangels Festhaltung des rechtlichen Beschlussergebnisses doch kein Beschluss vor und kann deshalb wegen fehlender Anfechtungsbefugnis nicht begründet Anfechtungsklage erhoben werden.[632] Auch hier bleibt nur die allgemeine Feststellungsklage nach § 256 ZPO.[633]

BGH, Urt. v. 28. Januar 1980 – II ZR 84/79 –, NJW 1980, S. 1527 f:

„... hier liegt eine Beschlussfeststellung im Rechtssinne überhaupt nicht vor; der Vermerk des Vorsitzenden in der Sitzungsniederschrift, es bestehe Übereinstimmung darüber, dass die Frage, ob „die Beschlüsse, weil mit der Stimme von Frau F zustande gekommen, wirksam sind", nicht vom Versammlungsleiter zu entscheiden sei, enthält vielmehr unge-

628 *Wertenbruch,* in: MünchKomm-GmbHG, § 47 Anh. Rn 162.
629 *Wertenbruch,* in: MünchKomm-GmbHG, § 47 Anh. Rn 162, 262 ff.
630 BGH, NJW 1980, S. 1527 f.
631 BGH, NJW 1980, S. 1527 f.
632 BGH, NJW 1980, S. 1527 (1528).
633 BGH, NJW 1980, S. 1527 (1528).

achtet seiner missverständlichen Fassung keine solche Feststellung, sondern lässt gerade erkennen, dass der Vorsitzende bewusst davon abgesehen hat, über das tatsächliche Abstimmungsverhältnis hinaus auch das rechtliche Beschlussergebnis zu verkünden, dh bekanntzugeben, ob die gestellten Anträge angenommen oder abgelehnt worden seien. ... Jedenfalls für diesen Fall hält der Senat an seiner ... Auffassung fest. Denn bei einer solchen Sachlage ist nichts vorhanden, wogegen sich eine Anfechtungsklage des Klägers richten könnte, da er gerade die Ansicht vertritt, die Gesellschafterversammlung habe wirksam im Sinne der von ihm gestellten Anträge beschlossen. Die Tatsache allein, dass Frau F das ihr grundsätzlich zu 90 % zustehende Stimmrecht gegen den Widerspruch des Klägers ausgeübt und gegen seine Anträge gestimmt hat, besagt noch nicht, dass mit ihrer Stimme ein ablehnender Beschluss zustande gekommen ist. Die Frage, ob dies der Fall ist oder nicht, erfordert eine rechtliche Beurteilung, zu der nur noch das Gericht mit verbindlicher Wirkung in der Lage ist, nachdem der Versammlungsleiter sie abgelehnt hat und die Parteien sich nicht über das Beschlussergebnis einigen konnten. Insofern sind die von der Revision vermerkten Ausführungen des Berufungsgerichts über die mit der Stimme von Frau F „gefassten ablehnenden Beschlüsse" ungenau, was sich jedoch auf das Ergebnis nicht ausgewirkt hat. ... Damit erweist sich eine Klage nach § 256 ZPO als der richtige Weg, eine verbindliche Feststellung des Beschlussergebnisses herbeizuführen. Im Unterschied zu dem in BGHZ 51, S. 209, behandelten Fall geht es hier zwar nicht um die Feststellung eines negativen Beschlussergebnisses (wegen Stimmengleichheit bei Wegfall einer unwirksam abgegebenen Stimme), sondern um die eines positiven (antragsgemäßen) Beschlusses. Das ändert aber nichts daran, dass die Streitfrage, was die Gesellschafter nach der Rechtslage wirklich beschlossen haben, in Ermangelung eines sonstigen Anknüpfungspunktes (nur) durch ein Feststellungsurteil nach § 256 ZPO zu klären ist. ... Damit wird nicht die umstrittene Frage entschieden, inwieweit eine Anfechtungsklage mit einer Klage auf Feststellung des rechtlich einwandfreien Beschlussergebnisses verbunden werden kann. ... Denn es handelt sich hier nicht um eine Anfechtungsklage, sondern um eine Klage auf Feststellung, was überhaupt beschlossen worden ist. ..."

Zur Feststellung des Beschlussergebnisses ist der Versammlungsleiter dann befugt, 288
wenn er entweder durch die Satzung dazu ermächtigt worden ist oder die Gesellschafter einstimmig einen diesbezüglichen Beschluss gefasst haben. Dabei reicht auch die konkludente, allseitige Zustimmung.[634]

Übersicht zur Feststellung des Beschlusses in der Gesellschafterversammlung – Nr. 19 289

1. Voraussetzung der Nichtigkeits- und Anfechtungsklage	a) Feststellung des Beschlussergebnisses – Annahme oder Ablehnung des zur Abstimmung gestellten Antrages –, nicht nur des Abstimmungsergebnisses (BGH, NJW 1980, S. 1527) in irgendeiner Art und Weise (BGH, NJW 1986, S. 2051, 2052); NJW 1988, S. 1844) b) förmliche Festhaltung des Beschlussergebnisses (BGH, NJW-RR 2008, S. 706, 708), dh ausdrückliche oder konkludente Feststellung bzw Verkündung durch Versammlungsleiter oder Feststellung im ordnungsgemäß unterzeichneten Protokoll oder Einig-

634 *Bayer*, in: Lutter/Hommelhoff, GmbHG, § 47 Anh. Rn 38; *Hoffmann/Köster*, GmbHR 2003, S. 1327 (1328 f); *Zöllner*, in: Baumbach/Hueck, GmbHG, § 47 Anh. Rn 120, § 48 Rn 16 ff.

	keit der Gesellschafter nach der Versammlung (Indiz: Vollzug des Beschlusses im allseitigen Einverständnis)
2. Feststellender	■ grds. der durch Satzung oder einstimmigen Beschluss bestimmte Versammlungsleiter ■ konkludente Zustimmung aller Beteiligten genügt
3. Folge mangelnder Feststellung	■ Nichtigkeits- und Anfechtungsklage unzulässig, geboten ist die allgemeine Feststellungsklage (§ 256 ZPO) ■ der Kläger kann unter der Voraussetzung eines Feststellungsinteresses sowohl positive als auch negative Feststellung begehren

IV. Aktivlegitimation

290 Trotz des einheitlichen Streitgegenstands von Nichtigkeits- und Anfechtungsklage gelten für die Aktivlegitimation unterschiedliche Regeln.

1. Für die Nichtigkeitsklage, § 249 Abs. 1 S. 1 AktG analog

a) Gesellschafter

291 Dem Streitgegenstand der Nichtigkeits- und Anfechtungsklage entsprechend sind in erster Linie die GmbH-Gesellschafter zur Erhebung der Nichtigkeitsklage aktivlegitimiert.[635]

292 Für die Aktivlegitimation ist dabei nicht die Gesellschafterstellung bei der Beschlussfassung maßgebend, sondern im Ergebnis diejenige zum Zeitpunkt der Klageerhebung. Der Kläger muss also bei Klageerhebung noch oder schon Gesellschafter der beklagten GmbH sein.[636] Den allgemeinen prozessualen Regeln entsprechend müsste die Gesellschafterstellung zwar an sich am Schluss der mündlichen Verhandlung gegeben sein und könnte die Aktivlegitimation für die Nichtigkeitsklage deshalb wegen des Verlusts der Gesellschafterstellung während des Prozesses entfallen.[637] Jedoch findet hier § 265 Abs. 2 ZPO dahingehend analoge Anwendung, dass ein Wegfall der Gesellschafterstellung nach Klageerhebung irrelevant für das Verfahren ist.[638] Voraussetzung dafür ist lediglich ein rechtliches Interesse des bereits als Gesellschafter ausgeschiedenen Klägers an der Fortführung des Verfahrens.[639]

---

635 BGH, NJW 2009, S. 230 (231); OLG Düsseldorf, NJW-RR 1996, S. 607 f; OLG Koblenz, NZG 2006, S. 270 (271); *Bayer,* in: Lutter/Hommelhoff, GmbHG, § 47 Anh. Rn 30; *Drescher,* in: Henssler/Strohn, Gesellschaftsrecht, § 249 AktG Rn 6; *Raiser,* in: Ulmer, GmbHG, § 47 Anh. Rn 215.

636 OLG Düsseldorf, NJW-RR 1996, S. 607 f; *K. Schmidt,* in: Scholz, GmbHG, § 45 Rn 130; *Zöllner,* in: Baumbach/Hueck, GmbHG, § 47 Anh. Rn 138.

637 OLG Düsseldorf, NJW-RR 1996, S. 607 f; *K. Schmidt,* in: Scholz, GmbHG, § 45 Rn 130; *Wertenbruch,* in: MünchKomm-GmbHG, § 47 Anh. Rn 167.

638 BGH, NJW 1965, S. 1378 (1379); *Koppensteiner/Gruber,* in: Rowedder/Schmidt-Leithoff, GmbHG, § 47 Rn 146; *K. Schmidt,* in: Scholz, GmbHG, § 45 Rn 133; *Wertenbruch,* in: MünchKomm-GmbHG, § 47 Anh. Rn 167.

639 *Hüffer,* in: ders., AktG, § 245 Rn 8; *Raiser,* in: Ulmer, GmbHG, § 47 Anh. Rn 169; *Römermann,* in: Michalski, GmbHG, § 47 Anh. Rn 411; *K. Schmidt,* in: Scholz, GmbHG, § 45 Rn 133; *Wertenbruch,* in: MünchKomm-GmbHG, § 47 Anh. Rn 167.

BGH, Urt. v. 25. Februar 1965 – II ZR 287/63 –, NJW 1965, S. 1378 f:

„... Es fragt sich, ob die Kläger nach Aufgabe ihrer Mitgliedschaft noch ein rechtliches Interesse an der Fortsetzung des Rechtsstreits haben. Das hängt mit der Frage zusammen, ob die Kläger nach Veräußerung ihrer Geschäftsanteile noch das Prozessführungsrecht haben. Rechtsschutzbedürfnis und Prozessführungsbefugnis sind Prozessvoraussetzungen. Sie sind auch in der Revisionsinstanz zu prüfen, mag auch die Fortdauer der Anfechtungsberechtigung zugleich die Aktivlegitimation und damit die materielle Berechtigung der Klage betreffen. Auch im Aktienrecht stellt sich die Frage, ob der Nichtigkeits- und (oder) Anfechtungskläger das Prozessführungsrecht dadurch verliert, dass er seine Gesellschafterstellung während der Dauer des Rechtsstreits aufgibt oder verliert. Sie wird vom aktienrechtlichen Schrifttum einhellig bejaht. ... Von dieser Auffassung geht auch das RG ... aus. Es meint, dieser Standpunkt könne wegen der grundlegenden Verschiedenheit von Aktiengesellschaft und Genossenschaft aber nicht ins Genossenschaftsrecht übernommen werden. Grundsätzlich dauere die Anfechtungsbefugnis des ausgeschiedenen Genossen fort. Eine Ausnahme sei nur für den Fall zu machen, dass der Anfechtungskläger kein Interesse mehr an der Vernichtung des angefochtenen Generalversammlungsbeschlusses habe. ... Dasselbe muss auch gelten, wenn ein GmbH-Gesellschafter, der einen Gesellschafterbeschluss mit der Nichtigkeits- und (oder) Anfechtungsklage angreift, seinen Geschäftsanteil veräußert. Mit der Veräußerung des Geschäftsanteils geht das Anfechtungsrecht auf den Erwerber über. Es kann nicht dem Veräußerer verbleiben, da es wie alle Herrschafts-(Verwaltungs-)Rechte eines GmbH-Gesellschafters nicht von der Mitgliedschaft ablösbar ist. Der BGH hat bereits mehrfach ausgesprochen, dass bei OHG und KG das Stimmrecht des Gesellschafters nicht losgelöst vom Gesellschaftsanteil übertragen werden kann. ... Er hat dies aus der Gesamthandsbeteiligung hergeleitet. Für die Verwaltungsrechte des Gesellschafters einer GmbH kann nichts anderes gelten. Das folgt bei einer juristischen Person jedoch aus der Einheitlichkeit der Mitgliedschaft. Der Senat hat ... den Standpunkt vertreten, dass ein Kommanditist, der einen gesellschaftsvertraglichen Anspruch gegen seinen Mitgesellschafter gerichtlich geltend macht, diesen Anspruch auch nach Abtretung seines Gesellschaftsanteils an einen Dritten weiterverfolgen kann (§ 265 ZPO). Ganz entsprechend ist zu entscheiden, wenn ein GmbH-Gesellschafter, der einen Gesellschafterbeschluss mit der Nichtigkeits- und (oder) Anfechtungsklage angegriffen hat, seine Gesellschafterstellung während der Dauer des Prozesses aufgibt oder verliert. Sowohl das Anfechtungsrecht wie das Recht, ohne persönliches Interesse die Nichtigkeit eines Gesellschafterbeschlusses feststellen zu lassen, ist Ausfluss des Mitgliedschaftsrechts. Daher findet auf die Abtretung des Geschäftsanteils des Nichtigkeits- und Anfechtungsklägers die Vorschrift des § 265 ZPO Anwendung. ... Dies bedeutet, dass die Abtretung des Geschäftsanteils auf den Prozess keinen Einfluß hat (§ 265 Abs. 2 ZPO). Die zu erlassende Entscheidung muss aber der Veränderung der materiellen Rechtslage Rechnung tragen (Relevanz-Theorie), da ihr grundsätzlich der Sachstand am Schluss der mündlichen Verhandlung zugrunde zu legen ist. Die Kläger sind nicht mehr Gesellschafter. Sie können daher das Feststellungs- und Rechtsschutzinteresse nicht mehr aus der Gesellschafterstellung herleiten. Gleichwohl sind sie berechtigt, den Rechtsstreit fortzusetzen. ...“

Der Rechtsnachfolger kann im vorgenannten, analog § 265 ZPO zu behandelnden **293**
Fall entweder selbst Klage erheben[640] oder aber das Verfahren mit Zustimmung der

---

640 BGH, NJW 1965, S. 1378 f; *Raiser,* in: Ulmer, GmbHG, § 47 Anh. Rn 173; *K. Schmidt,* in: Scholz, GmbHG, § 45 Rn 133.

in Anspruch genommenen Gesellschaft im Wege eines gewillkürten Parteiwechsels auf Klägerseite übernehmen.[641]

294 Aus den vorstehenden Ausführungen ergibt sich allerdings, dass eine bei Klageerhebung mangelnde Gesellschafterstellung durch einen dinglich wirksamen Anteilserwerb bis zum Schluss der mündlichen Verhandlung noch geheilt werden kann.

Entfällt die Gesellschafterstellung infolge einer Zession schon vor der Klageerhebung, ist der unmittelbar nur die Veräußerung des Streitgegenstandes während des rechtshängigen Verfahrens betreffende § 265 ZPO nicht entsprechend anzuwenden. Dementsprechend fehlt einer Klage des Zedenten hier die Aktivlegitimation mangels Gesellschafterstellung. Allerdings entfällt dieselbe erst dann, wenn der Erwerb des Zessionars nach § 16 Abs. 1 S. 1 GmbHG zu einer Eintragung in der Gesellschafterliste geführt hat oder jedenfalls eine Anmeldung erfolgt ist.[642]

> **OLG Düsseldorf, Urt. v. 24. August 1995 – 6 U 124/94 –, NJW-RR 1996, S. 607** (608):
> „... Insbesondere ist der Kläger zu 1 zur Erhebung der Nichtigkeitsklage klagebefugt. Die Befugnis zur Erhebung der Nichtigkeitsklage hat jeder Gesellschafter der GmbH ..., wobei die Gesellschaftereigenschaft auf jeden Fall im Zeitpunkt der Klageerhebung bestehen muss. ... Diese Voraussetzung liegt hier in der Person der Gemeinschuldnerin, der S-AG, vor, deren Rechte der Kläger zu 1 als deren Konkursverwalter nunmehr wahrnimmt. Zwar hat die Gemeinschuldnerin durch den am 9.7.1993 abgeschlossenen und von dem seinerzeit eingesetzten Sequester mit Schreiben vom 21.7.1993 genehmigten Vertrag die ihr gehörenden Geschäftsanteile an der Bekl. an die Klägerin zu 2 verkauft und abgetreten. Hierdurch hat die S-AG jedoch im Verhältnis zur Beklagten ihre Gesellschafterstellung nicht verloren. Dabei braucht nicht entschieden zu werden, ob die Übertragung der Geschäftsanteile in wirksamer Weise erfolgt ist,... Denn selbst wenn diese Voraussetzungen sämtlich vorgelegen haben sollten und die Anteilsübertragung demzufolge wirksam war, ändert dies nichts daran, dass hier weiterhin die S-AG als Gesellschafterin anzusehen ist. In dem hier vorliegenden Falle der – als gültig unterstellten – Veräußerung der Geschäftsanteile gilt nämlich gem. § 16 Abs. 1 GmbHG nur derjenige als Erwerber, dessen Erwerb unter Nachweis des Übergangs bei der Gesellschaft angemeldet worden ist. Bis zu dieser Anmeldung gilt hingegen im Verhältnis zur Gesellschaft weiterhin der Veräußerer der Geschäftsanteile als Gesellschafter mit der in § 16 Abs. 2 GmbHG normierten Folge, dass der Erwerber alle in der Rechtsbeziehung zwischen dem Veräußerer und der Gesellschaft vorgenommenen Rechtshandlungen gegen sich gelten lassen muss. Kraft dieser gesetzlichen Fiktion gilt hier auf jeden Fall die S-AG weiterhin als Gesellschafterin der Beklagten, da eine wirksame Anmeldung der Abtretung der Geschäftsanteile bislang nicht erfolgt ist. ...“

295 Zwar kann ein Verzicht des Rechtsvorgängers, also des Zedenten, den Zessionar und neuen Gesellschafter an einer Nichtigkeitsklage hindern. Das ist aber nur dann der Fall, wenn der Zedent wirksam auch auf die Erhebung einer Nichtigkeitsklage, also die klageweise Geltendmachung nicht nur von Anfechtungsgründen, sondern auch

641 *K. Schmidt,* in: Scholz, GmbHG, § 45 Rn 133; *Wertenbruch,* in: MünchKomm-GmbHG, § 47 Anh. Rn 167.

642 Zu § 16 Abs. 1 S. 1 GmbHG aF: OLG Düsseldorf, NJW-RR 1996, S. 607 (608); OLG Hamm, NZG 2000, S. 938. Zu § 16 Abs. 1 S. 1 GmbHG nF: *Koppensteiner/Gruber,* in: Rowedder/Schmidt-Leithoff, GmbHG, § 47 Rn 146; *Wertenbruch,* in: MünchKomm-GmbHG, § 47 Anh. Rn 168. Zur Aktivlegitimation bei der Anfechtungsklage: BGH, NJW 1969, S. 133; *Raiser,* in: Ulmer, GmbHG, § 47 Anh. Rn 169; *Römermann,* in: Michalski, GmbHG, § 47 Anh. Rn 404; *K. Schmidt,* in: Scholz, GmbHG, § 45 Rn 130 ff.

von Nichtigkeitsgründen verzichtet hat.[643] Ein Verzicht auf die klageweise Geltendmachung von Anfechtungsgründen steht demgegenüber lediglich der Anfechtungsklage und nicht auch der Nichtigkeitsklage entgegen, wenn er im Einzelfall nicht in einem weiteren Sinne auszulegen ist.[644]

> **OLG Schleswig, Urt. v. 16. März 2000 – 5 U 244/97 –, NZG 2000, S. 895 (896):**
> „... Da die Klagebefugnis zur Nichtigkeitsklage jedem Gesellschafter zusteht, spielt auch der Verzicht des Rechtsvorgängers auf die Anfechtung der Verschmelzung keine Rolle. ..."

b) Geschäftsführer, Mitglieder des Aufsichtsrats, Mitglieder des Beirats

Aber nicht nur die Gesellschafter einer GmbH sind befugt, Nichtigkeitsklage zu erheben, sondern anders als bei der Anfechtungsklage sind auch die (Fremd-)Geschäftsführer als solche aktivlegitimiert.[645] Der Grund für diesen Unterschied bei der Aktivlegitimation liegt in der erforderlichen Rechtsklarheit und -sicherheit hinsichtlich der bei der Geschäftsführung zu beachtenden Gesellschafterbeschlüsse. Während nämlich Anfechtungsgründe bei der Geschäftsführung wegen der vorläufigen Wirksamkeit der entsprechenden Gesellschafterbeschlüsse keiner Berücksichtigung bedürfen, muss die Geschäftsführung Nichtigkeitsgründe schon deshalb beachten und klären, weil die mit solchen Mängeln behafteten Gesellschafterbeschlüsse von vornherein nichtig sind und deshalb nicht zur Grundlage der Geschäftsführung gemacht werden dürfen. 296

Der Unterschied hat in einem von der (Fremd-)Geschäftsführung als solcher angestrengten Prozess zur Folge, dass das Gericht lediglich Nichtigkeitsgründe zu prüfen hat, weil dem (Fremd-)Geschäftsführer für eine Anfechtung die Aktivlegitimation fehlt. Anders ist das allerdings dann, wenn zwar die nicht aktivlegitimierte Geschäftsführung geklagt hat, aber ein ihr als Streithelfer beigetretener Nebenintervenient auch insofern aktivlegitimiert ist.[646] Ist der klagende Geschäftsführer auch Gesellschafter, wird man seine Aktivlegitimation bzw Anfechtungsbefugnis als Gesellschafter jedenfalls idR ausreichen lassen müssen und wird das Gericht dementsprechend sowohl Nichtigkeits- als auch Anfechtungsgründe zu prüfen haben. 297

Ein Mitglied des Aufsichtsrats ist als solches jedenfalls dann für die Erhebung einer Nichtigkeitsklage aktivlegitimiert, wenn 1. die GmbH aufgrund des maßgebenden Mitbestimmungsrechts einen obligatorischen Aufsichtsrat hat und 2. mit der Nichtigkeitsklage ein Verstoß gegen das Mitbestimmungsrecht geltend gemacht wird.[647] Fraglich ist hingegen die Aktivlegitimation bei bloß fakultativen Aufsichtsräten sowie anderen Verstößen als solchen gegen das Mitbestimmungsrecht. Geht man einerseits von einer analogen Anwendung des naturgemäß weder nach der Art des Aufsichtsrats noch nach der Art des Nichtigkeitsgrundes unterscheidenden § 249 Abs. 1 AktG aus und geht man andererseits davon aus, dass der Grund der Aktivlegitimation der Aufsichtsratsmitglieder in ihrer Kontrollaufgabe liegt, so muss ihre Legitimation zur Erhebung einer Nichtigkeitsklage auch dann bejaht werden, wenn sie Mitglieder ei- 298

---

643 OLG Schleswig, NZG 2000, S. 895 (896); *Roth*, Roth/Altmeppen, GmbHG, § 47 Rn 138.

644 OLG Schleswig, NZG 2000, S. 895 (896); *Wertenbruch*, in: MünchKomm-GmbHG, § 47 Anh. Rn 168.

645 *Bayer*, in: Lutter/Hommelhoff, GmbHG, § 47 Anh. Rn 30; *Raiser*, in: Ulmer, GmbHG, § 47 Anh. Rn 215; *K. Schmidt*, in: Scholz, GmbHG, § 45 Rn 134; anders *Drescher*, in: Henssler/Strohn, Gesellschaftsrecht, § 249 AktG Rn 6.

646 *Wertenbruch*, in: MünchKomm-GmbHG, § 47 Anh. Rn 169.

647 BGH, NJW 1984, S. 733 (734); OLG Hamburg, DB 1983, S. 330; *Konzen*, GmbHR 1983, S. 92 (u. S. 93, Fn 8); *K. Schmidt*, in: Scholz, GmbHG, § 45 Rn 134.

nes nur fakultativen Aufsichtsrats sind oder zwar Mitglieder eines obligatorischen Aufsichtsrats sind, aber einen nicht in einer Verletzung des Mitbestimmungsrechts liegenden Nichtigkeitsgrund geltend machen. Hinsichtlich der Aktivlegitimation von Aufsichtsratsmitgliedern für die Nichtigkeitsklage ist daher nach zutreffender Auffassung nicht zwischen fakultativen und obligatorischen Aufsichtsräten sowie zwischen Verstößen gegen das Mitbestimmungsrecht und anderen Nichtigkeitsgründen zu differenzieren.[648] Aufsichtsratsmitglieder sind nach den vorstehenden Erwägungen unabhängig von der Natur des Aufsichtsrats umfassend aktivlegitimiert.

299 Im Hinblick auf die vorstehenden Erwägungen zur Kontrollfunktion als Hintergrund der umfassenden Aktivlegitimation muss für Mitglieder eines Beirats das Gleiche gelten: Auch Beiratsmitglieder sind umfassend aktivlegitimiert.[649]

BGH, Urt. v. 14. November 1983 – II ZR 33/83 –, NJW 1984, S. 733 (734):

„... Zutreffend haben die Vorinstanzen ... die Kläger als berechtigt angesehen, die von ihnen gerügten Beschlussmängel im Wege der Nichtigkeitsklage entsprechend § 249 AktG geltend zu machen. Nach der Rechtsprechung des Senats schließt es das besondere gesellschaftspolitische Gewicht, das der Gesetzgeber dem Mitbestimmungsgesetz im Allgemeininteresse beigelegt hat, grundsätzlich aus, einzelnen seiner Bestimmungen das öffentliche Interesse iS von § 241 Nr. 3 AktG abzusprechen. ... Zu den Vorschriften, deren Verletzung deshalb stets zur Nichtigkeit führt, gehören auch die §§ 31 und 33 MitbestG, auf die sich die Kläger berufen. Einen Verstoß gegen sie kann jedes Aufsichtsratsmitglied gem. § 249 AktG bekämpfen. Das gilt auch für Gesellschafterbeschlüsse in einer mitbestimmten GmbH, um die es hier geht. Auf sie sind die aktienrechtlichen Vorschriften über Nichtigkeit und Anfechtbarkeit von Hauptversammlungsbeschlüssen entsprechend anzuwenden, soweit dem keine Besonderheiten des GmbH-Rechts entgegenstehen. ... Zwar ist umstritten, ob dies auch für den § 249 AktG gilt, soweit dieser unter anderem Mitglieder des Aufsichtsrats dazu berechtigt, die Nichtigkeitsklage mit der erweiterten Rechtskraftwirkung des § 249 AktG zu erheben... Da sich aber Bedeutung und Funktionen des Aufsichtsrats in einer mitbestimmten GmbH und in einer AG weitgehend entsprechen (§ 25 Abs. 1 Nr. 2 MitbestG), müssen seine Mitglieder jedenfalls dann die gleiche Klagebefugnis haben, wenn sie einen nach ihrer Meinung gegen das Mitbestimmungsgesetz verstoßenden Gesellschafterbeschluss angreifen. ...“

c) Folge der Aktivlegitimation für die allgemeine Feststellungsklage, § 256 ZPO

300 Schon um Umgehungen der speziellen Regeln für die Nichtigkeitsklage analog § 249 AktG zu vermeiden sowie mit Rücksicht auf die Sachurteilsvoraussetzungen des Rechtsschutzbedürfnisses und des Feststellungsinteresses kommt eine allgemeine Feststellungsklage gemäß § 256 ZPO nicht in Betracht, soweit ein Gesellschafter, Geschäftsführer, Aufsichts- oder Beiratsmitglied sein Ziel, die Nichtigkeit eines Gesellschafterbeschlusses feststellen zu lassen, auch mit einer Nichtigkeitsklage zu erreichen vermag. Ist er insofern aktivlegitimiert, fehlt das für eine allgemeine Feststellungskla-

648 *Bayer,* in: Lutter/Hommelhoff, GmbHG, § 47 Anh. Rn 30; *Koppensteiner/Gruber,* in: Rowedder/Schmidt-Leithoff, GmbHG, § 47 Rn 148; *Raiser,* in: Ulmer, GmbHG, § 47 Anh. Rn 215; *K. Schmidt,* in: Scholz, GmbHG, § 45 Rn 134; *Zöllner,* in: Baumbach/Hueck, GmbHG, § 47 Anh. Rn 69; anders *Drescher,* in: Henssler/Strohn, Gesellschaftsrecht, § 249 AktG Rn 6 (nur obligatorischer Aufsichtsrat); ohne Differenzierung: BGH, NJW 1966, S. 1458 (1459).

649 *Bayer,* in: Lutter/Hommelhoff, GmbHG, § 47 Anh. Rn 30; *Raiser,* in: Ulmer, GmbHG, § 47 Anh. Rn 215; *K. Schmidt,* in: Scholz, GmbHG, § 45 Rn 134; *Wertenbruch,* in: MünchKomm-GmbHG, § 47 Anh. Rn 170.

ge nach § 256 ZPO erforderliche Feststellungsinteresse.[650] Das gilt wegen der Spezialität der Regeln des § 249 AktG selbst für die zweigliedrige GmbH[651] und nicht nur für Gesellschafter, sondern ebenso für Geschäftsführer, Aufsichtsrats- und Beiratsmitglieder.[652] Wegen der Verdrängung der allgemeinen Feststellungsklage durch die Nichtigkeitsklage bestimmt also die Reichweite der Aktivlegitimation der Nichtigkeitsklage den Anwendungsbereich auch der allgemeinen Feststellungsklage im Zusammenhang mit der klageweisen Geltendmachung von Nichtigkeitsgründen.

OLG Koblenz, Urt. v. 17. November 2005 – 6 U 577/05 –, NZG 2006, S. 270 (271):

„... Es besteht kein rechtliches Interesse der Kläger an einer gegen den beklagten Gesellschafter gerichteten Feststellungsklage (§ 256 Abs. 1 ZPO). Die Feststellungsklage des Klägers zu 1 ist unzulässig, weil er die Gesellschafterbeschlüsse mit einer gegen die Gesellschaft gerichteten Nichtigkeitsklage nach § 249 AktG in entsprechender Anwendung angreifen kann. Eine Feststellungsklage ist nach allgemeiner Rechtsprechung grundsätzlich nicht zulässig, wenn eine speziellere Klageart zur Verfügung steht, mit welcher das angestrebte Ziel durch eine endgültige und umfassende Erledigung des Streits erreicht werden kann. Für die hier verlangte Feststellung der Nichtigkeit von Beschlüssen einer GmbH-Gesellschafterversammlung sieht § 249 AktG, der auf die GmbH entsprechende Anwendung findet, die Nichtigkeitsklage vor, die zu einer Feststellung mit Wirkung für und gegen alle Gesellschafter und Geschäftsführer führt (§ 248 Abs. 1, § 249 Abs. 1 S. 1 AktG in entsprechender Anwendung). Zur Erreichung dieses Ziels steht deshalb einem Gesellschafter neben der Nichtigkeitsklage die gewöhnliche Feststellungsklage nicht zur Verfügung. ... Denn an einer nur zwischen den Prozessparteien wirkenden Feststellung besteht jedenfalls für solche Beschlüsse kein schutzwürdiges Interesse, die alle Gesellschafter und nicht nur die Rechtsverhältnisse einzelner Personen betreffen. ... Alle Gesellschafter sind betroffen, wenn – wie hier – die angegriffenen Beschlüsse die Abberufung und Kündigung von Geschäftsführern zum Gegenstand haben. Aber auch der Beschluss über die Kaduzierung des Anteils eines Gesellschafters (TOP 5) bezieht sich nicht lediglich auf ein Rechtsverhältnis zwischen dem Kläger zu 1 und dem Beklagten, sondern betrifft die GmbH als Ganzes, da diese gegebenenfalls Inhaberin des kaduzierten Anteils wird. Daraus, dass die GmbH vorliegend aus nur zwei Gesellschaftern besteht, die beide am Rechtsstreit beteiligt sind, ergibt sich nichts anderes. ... Denn das angestrebte Feststellungsurteil hätte auch in diesem Fall nicht die umfassende Wirkung eines nach § 249 AktG ergangenen Urteils. So würde im Verhältnis der Gesellschaft zu den Geschäftsführern keine rechtskräftige Feststellung erreicht. Die Geschäftsführerin G ist nicht am Rechtsstreit beteiligt. Rechtskraftwirkung würde ein Feststellungsurteil aber auch nicht zwischen der Gesellschaft, nämlich der Kläger zu 1, und dem Kläger zu 1 entfalten, da diese einander nicht als Parteien gegenüberstehen, sondern nur einfache Streitgenossen sind... Außerdem bietet die Nichtigkeitsklage insofern weitergehenden Rechtsschutz, als nur sie verhindert, dass durch die Eintragung eines nichtigen Gesellschafterbeschlusses in

650 BGH, NJW 1978, S. 1325 f (zur e.G.); OLG Hamburg, GmbHR 1995, S. 734 (735); OLG Rostock, NZG 2004, S. 191 (193); OLG Koblenz, NZG 2006, S. 270 (271); *Bayer,* in: Lutter/Hommelhoff, GmbHG, § 47 Anh. Rn 30; *Drescher,* in: Henssler/Strohn, Gesellschaftsrecht, § 249 AktG Rn 4; *Römermann,* in: Michalski, GmbHG, § 47 Anh. Rn 590; anders *K. Schmidt,* in: Scholz, GmbHG, § 45 Rn 81 (hinsichtlich Feststellungsklage unter Mitgesellschaftern).

651 OLG Hamburg, GmbHR 1995, S. 734 (735); OLG Rostock, NZG 2004, S. 191 (193); OLG Koblenz, NZG 2006, S. 270 (271); *Bayer,* in: Lutter/Hommelhoff, GmbHG, § 47 Anh. Rn 30; *Roth,* in: Altmeppen/Roth, GmbHG, § 47 Rn 113; *Wertenbruch,* in: MünchKomm-GmbHG, § 47 Anh. Rn 171.

652 *Bayer,* in: Lutter/Hommelhoff, GmbHG, § 47 Anh. Rn 30; *Roth,* in: Altmeppen/Roth, GmbHG, § 47 Rn 113; *Wertenbruch,* in: MünchKomm-GmbHG, § 47 Anh. Rn 171.

das Handelsregister die Nichtigkeit geheilt wird (§ 242 Abs. 2 S. 2, § 249 Abs. 1 AktG in entsprechender Anwendung; ...). ...“

301 **Übersicht über Fragen der Aktivlegitimation bei der Nichtigkeitsklage – Nr. 20**

1. Gesellschafter (BGH, NJW 2009, S. 230, 231)	a) bei Klageerhebung, analog § 265 Abs. 2 ZPO (OLG Düsseldorf, NJW-RR 1996, S. 607 f), wenn Fortführungsinteresse gegeben ist b) Rechtsnachfolger kann mit Zustimmung des Gegners übernehmen c) Heilung mangelnder Gesellschafter-stellung im lfd. Verfahren durch Anteilserwerb d) Wegfall der Gesellschafterstellung vor dem Verfahren (maßgebend ist Eintragung in die Gesellschafterliste nach § 16 Abs. 1 S. 1 GmbHG: OLG Düsseldorf, NJW-RR 1996, S. 607 f) führt zur Unbegründetheit der Klage mangels Aktivlegitimation
2. Geschäftsführer, Aufsichts- und Beiräte	a) für Nichtigkeitsklage (nicht für Anfechtungsklage) sind auch (Fremd-)Geschäftsführer als solche aktivlegitimiert → auf Klage der Geschäftsführung sind grds. nur Nichtigkeitsgründe zu prüfen, während Anfechtungsgründe nur Gesellschafter geltend machen können b) Aufsichtsräte können dann Nichtigkeitsklage erheben, wenn der Aufsichtsrat kraft Mitbestimmungsrechts obligatorisch ist und eine Verletzung der Mitbestimmungsregeln geltend gemacht wird (BGH, NJW 1984, S. 733, 734) – str. bei fakultativem Aufsichtsrat und bei Verletzung anderer Bestimmungen c) für Beiräte gelten die vorstehenden Erwägungen ebenfalls

2. Für die Anfechtungsklage, § 245 AktG analog

a) Rechtsnatur und Voraussetzung der Begründetheit

302 Die erfolgreiche Erhebung einer Anfechtungsklage setzt analog § 245 AktG das Bestehen einer Anfechtungsbefugnis voraus. Diese wiederum ist zu definieren als Recht, hinsichtlich eines Gesellschafterbeschlusses Anfechtungsgründe klageweise geltend zu machen, und entspricht damit in allgemeiner Terminologie der Aktivlegitimation.[653]

303 Hiervon zu unterscheiden ist die Frage nach der Sachurteilsvoraussetzung des Rechtsschutzbedürfnisses, die nach teilweise vertretener Auffassung fehlen kann, wenn der klagende Gesellschafter dem angegriffenen Beschluss nicht widersprochen hat. Zum einen ist dies allerdings schon im Hinblick auf die Bedeutung des Rechtsschutzbe-

653 *Raiser*, in: Ulmer, GmbHG, § 47 Anh. Rn 167; *Römermann*, in: Michalski, GmbHG, § 47 Anh. Rn 379; *Wertenbruch*, in: MünchKomm-GmbHG, § 47 Anh. Rn 172.

dürfnisses nicht unbedenklich. Zum anderen kann ein Widerspruch schon in der Gegenstimme, jedenfalls aber in der „Anfechtungserklärung" liegen. Dem Anfechtungskläger kann wohl allenfalls die Kostenlast nach § 93 ZPO oder § 91 a ZPO drohen. Ein mangelndes Rechtsschutzbedürfnis kann ihm hingegen nicht ohne weiteres entgegengehalten werden.[654] Für die Anfechtungsbefugnis im GmbH-Recht kommt es jedenfalls nicht auf eine Teilnahme oder auf einen Widerspruch an[655]. Eine Zustimmung kann der Begründetheit allerdings unter dem Gesichtspunkt des widersprüchlichen Verhaltens entgegenstehen[656].

Ihren Rechtsgrund hat die Anfechtungsbefugnis analog § 245 AktG in der Mitgliedschaft.[657] Es handelt sich also um ein aus der Mitgliedschaft abzuleitendes Kontrollrecht.[658] Das Anfechtungsrecht ist dementsprechend materiellrechtlicher Natur, und die Anfechtungsklage ist ganz im Sinne des Justizgewährungsanspruchs gemäß Art. 2 Abs. 1 in Verbindung mit Art. 20 Abs. 3 GG als prozessuales Instrument der Durchsetzung des materiellen Anfechtungsrechts anzusehen. Deshalb handelt es sich bei der Anfechtungsbefugnis bzw der Aktivlegitimation zur klageweisen Geltendmachung von Anfechtungsgründen nicht um eine prozessuale Voraussetzung der Anfechtungsklage, nicht um eine Sachurteilsvoraussetzung, sondern um eine materiellrechtliche Voraussetzung der Anfechtungsklage.[659] Die Anfechtungsklage ist daher bei mangelnder Anfechtungsbefugnis analog § 245 AktG nicht durch Prozessurteil als unzulässig abzuweisen, sondern durch Sachurteil als unbegründet.[660] 304

BGH, Urt. v. 24. April 2006 – II ZR 30/05 –, NJW-RR 2006, S. 1110 (1112):

„... Die Rechtsfolge der fehlenden Anfechtungsbefugnis als eines subjektiven, nur in den Grenzen des § 245 AktG bestehenden Rechts ist – wovon das Berufungsgericht ebenfalls noch zutreffend ausgegangen ist – die Unbegründetheit der Anfechtungsklage der Kläger in Bezug auf sämtliche geltend gemachten – grundsätzlich der Anfechtbarkeit unterliegenden – Inhalts- und Verfahrensmängel der angegriffenen Beschlüsse. ..."

b) Gemeinschaftlich gehaltene Geschäftsanteile, § 18 GmbHG

Wird ein Geschäftsanteil gemeinschaftlich gehalten, hat das für die Anfechtungsbefugnis der betreffenden Gesellschafter zur Folge, dass auch hiervon grundsätzlich nur gemäß § 18 Abs. 1 GmbHG gemeinschaftlich Gebrauch gemacht werden kann. Die gemeinschaftlichen Gesellschafter können also auch nur gemeinschaftlich durch Erhebung einer Anfechtungsklage ihr mitgliedschaftliches Kontrollrecht ausüben,[661] 305

---

654 *Wertenbruch,* in: MünchKomm-GmbHG, § 47 Anh. Rn 172, 187 ff und 228 ff.

655 *Bayer,* in: Lutter/Hommelhoff, GmbHG, § 47 Anh. Rn 71.

656 *Bayer,* in: Lutter/Hommelhoff, GmbHG, § 47 Anh. Rn 71.

657 *Drescher,* in: Henssler/Strohn, Gesellschaftsrecht, § 245 AktG Rn 19; *Raiser,* in: Ulmer, GmbHG, § 47 Anh. Rn 167; *Römermann,* in: Michalski, GmbHG, § 47 Anh. Rn 388.

658 *Hüffer,* in: ders., AktG, § 245 Rn 3; *Raiser,* in: Ulmer, GmbHG, § 47 Anh. Rn 167; *Wertenbruch,* in: MünchKomm-GmbHG, § 47 Anh. Rn 172.

659 BGH, NJW-RR 2006, S. 1110 (1112); *Drescher,* in: Henssler/Strohn, Gesellschaftsrecht, § 245 AktG Rn 2; *Raiser,* in: Ulmer, GmbHG, § 47 Anh. Rn 167; *Römermann,* in: Michalski, GmbHG, § 47 Anh. Rn 382; *Zöllner,* in: Baumbach/Hueck, GmbHG, § 47 Anh. Rn 135; anders *K. Schmidt,* in: Scholz, GmbHG, § 45 Rn 127.

660 BGH, NJW-RR 2008, S. 289 (290); *Bayer,* in: Lutter/Hommelhoff, GmbHG, § 47 Anh. Rn 75; *Drescher,* in: Henssler/Strohn, Gesellschaftsrecht, § 245 AktG Rn 2; *Raiser,* in: Ulmer, GmbHG, § 47 Anh. Rn 167; *Römermann,* in: Michalski, GmbHG, § 47 Anh. Rn 382; *Zöllner,* in: Baumbach/Hueck, GmbHG, § 47 Anh. Rn 135; anders *K. Schmidt,* in: Scholz, GmbHG, § 45 Rn 127.

661 *Römermann,* in: Michalski, GmbHG, § 47 Anh. Rn 394; *Wertenbruch,* in: MünchKomm-GmbHG, § 47 Anh. Rn 173; *K. Schmidt,* in: Scholz, GmbHG, § 45 Rn 128.

und zwar im Rahmen einer aus materiellrechtlichen Gründen notwendigen Streitgenossenschaft gemäß § 62 Abs. 1 Alt. 2 ZPO.[662]

306 Allerdings gilt § 18 GmbHG nicht für jeweils von einer rechtsfähigen Personengesellschaft gehaltene Anteile. Hier ist die Gesellschaft selbst Inhaber des Geschäftsanteils und Gesellschafter, nicht die dahinter stehenden Personen. Das gilt auch für die rechtsfähige Gesellschaft bürgerlichen Rechts.[663] Dementsprechend ist die jeweilige Gesellschaft allein als Gesellschafterin zur Anfechtung befugt.[664] § 18 GmbHG greift nur dann ein, wenn ein Geschäftsanteil von mehreren Personengesellschaften oder von einer Personengesellschaft und mehreren anderen Personen gemeinschaftlich gehalten wird.

307 Ausnahmen von § 18 Abs. 1 GmbHG gelten in gewissem Umfang für Miterben und Mitglieder von Bruchteilsgemeinschaften: Handelt es sich um eine notwendige Erhaltungsmaßnahme im Sinne des § 2038 Abs. 1 BGB oder um eine Maßnahme gemäß § 744 Abs. 2 BGB, kann jeder einzelne Mitberechtigte unabhängig von den übrigen Mitberechtigten Anfechtungsklage erheben.[665]

BGH, Urt. v. 12. Juni 1989 – II ZR 246/88 –, NJW 1989, S. 2694 (2696 f):

„... Die Klägerin zu 1 durfte die Klage jedoch trotz der Bestimmung in § 18 Abs. 1 GmbHG allein erheben. Eine solche Befugnis ergibt sich freilich nicht aus § 2039 S. 1 BGB. Danach kann ein Miterbe einen zum Nachlass gehörigen Anspruch allein geltend machen und Leistung an alle Erben verlangen. Die Ausübung von Gestaltungsmöglichkeiten gehört aber nicht zu den Ansprüchen iS dieser Vorschrift. ... Die Anfechtung eines Gesellschafterbeschlusses ist ein solches Gestaltungsrecht. Nach § 2038 Abs. 1 S. 1 Hs 2 BGB kann indessen jeder Miterbe notwendige Erhaltungsmaßnahmen ohne Mitwirkung der anderen treffen. Dazu kann auch die Erhebung einer Klage gehören, wenn nur durch sie ein zum Nachlass gehöriges Recht erhalten werden kann. ... Diese Voraussetzung ist bei einer gesellschaftsrechtlichen Anfechtungsklage erfüllt; denn nur durch deren rechtzeitige Erhebung kann die Wirksamkeit eines rechtswidrigen Beschlusses beseitigt werden. ... In einem solchen Fall steht dem allein klagenden Miterben eine gesetzliche Prozessführungsbefugnis zu; § 2038 Abs. 1 S. 2 Hs 2 BGB geht der Regelung in § 2040 BGB, wonach die Erben über einen Nachlassgegenstand nur gemeinschaftlich verfügen können, vor. ...“

c) Aktivlegitimierte Personen

308 Oben (Rn 304) ist ausgeführt worden, dass die klageweise Anfechtung von Gesellschafterbeschlüssen zu den aus der Mitgliedschaft folgenden Kontrollrechten gehört. Gleichwohl sieht § 245 Nr. 4 AktG eine Anfechtungsbefugnis des Vorstands vor und regelt § 245 Nr. 5 AktG eine Anfechtungsbefugnis von Vorstands- und Aufsichtsratsmitgliedern. Diese Bestimmungen finden jedoch auf die GmbH nicht analoge Anwendung, weil sie mit Besonderheiten der Aktiengesellschaft im Zusammenhang stehen,

662 *Römermann,* in: Michalski, GmbHG, § 47 Anh. Rn 394; *Wertenbruch,* in: MünchKomm-GmbHG, § 47 Anh. Rn 173; *K. Schmidt,* in: Scholz, GmbHG, § 45 Rn 128.

663 *Fastrich,* in: Baumbach/Hueck, § 18 Rn 2; *Altmeppen,* in: Roth/Altmeppen, GmbHG, § 18 Rn 6.

664 *Wertenbruch,* in: MünchKomm-GmbHG, § 47 Anh. Rn 173.

665 Zu Miterben: BGH, NJW 1989, S. 2694 (2696 f); sowohl zu Miterben als auch zu Mitgliedern von Bruchteilsgemeinschaften: *Römermann,* in: Michalski, GmbHG, § 47 Anh. Rn 395; *Zöllner,* in: Baumbach/Hueck, GmbHG, § 47 Anh. Rn 136.

die bei der GmbH keine Entsprechung finden.[666] Die Anfechtung von Beschlüssen ist bei der GmbH Sache nur der Gesellschafter.[667]

BGH, Urt. v. 28. Januar 1980 – II ZR 84/79 –, NJW 1980, S. 1527 (1528):

„... Nach der zutreffenden Auffassung des Berufungsgerichts ist es in einer GmbH ausschließlich Sache der Gesellschafter zu entscheiden, ob ein mangelhafter Beschluss angefochten werden soll oder nicht. Dem Geschäftsführer steht eine solche Entscheidung, anders als dem Vorstand einer AG (§ 245 Nr. 4 AktG), nicht zu. ... Ist der Beschluss unanfechtbar geworden, so muss er ihn ausführen, es sei denn, dass er damit gegen das Gesetz oder die guten Sitten verstieße – was aber regelmäßig zur Nichtigkeit führen wird. ...“

So ist die Anfechtungsbefugnis des Vorstands nach § 245 Nr. 4 AktG nur vor dem 309
Hintergrund des § 76 Abs. 1 AktG zu verstehen, der vorsieht, dass der Vorstand einer Aktiengesellschaft die Gesellschaft in eigener Verantwortung zu leiten hat. Mag auch die Geschäftsführung der GmbH gemäß § 35 GmbHG im Außenverhältnis § 78 AktG vergleichbare Befugnisse zur Vertretung haben, so ist sie doch nicht in einer § 76 Abs. 1 AktG vergleichbaren Art und Weise gegenüber den Gesellschaftern letztverantwortlich und weisungsfrei. Vielmehr ist die Leitungskompetenz der Geschäftsführung bei der GmbH anders als bei der Aktiengesellschaft vom Willen der Gesellschafter abhängig. Den Gesellschaftern kommt dementsprechend eine übergeordnete Geschäftsführungskompetenz im Sinne eines umfassenden Weisungsrechts im Innenverhältnis zu.[668] Da die Geschäftsführung ferner wegen der vorläufigen Wirksamkeit von anfechtbaren Gesellschafterbeschlüssen kein den Fällen der Beschlussnichtigkeit vergleichbares Interesse an einer Anfechtung hat, sind GmbH-Geschäftsführer nicht anfechtungsbefugt und findet § 245 Nr. 4 AktG insofern nicht analoge Anwendung.[669]

Da die Geschäftsführung als solche demnach nicht aktivlegitimiert hinsichtlich einer Anfechtung ist, kommt eine allgemeine Feststellungsklage nach § 256 ZPO nicht in Betracht, denn auf diese Art und Weise könnte die Geschäftsführung unter Umgehung der vorstehend erläuterten Grenzen der Anfechtungsbefugnis Anfechtungsgründe klageweise geltend machen.[670]

BGH, Urt. v. 11. Februar 2008 – II ZR 187/06 –, NJW-RR 2008, S. 706 (707 f):

„... Das Berufungsgericht hat die Berufung zu Unrecht als – teilweise – unzulässig verworfen. Es hat verkannt, dass den Feststellungsanträgen zu Nr. 1 und Nr. 2 im Kern ein einheitlicher Streitgegenstand zu Grunde liegt, ... Der Beschluss vom 30.6.2004 ist nicht wirksam angefochten worden. Anfechtungsbefugt sind, von hier nicht vorliegenden Sonderfällen abgesehen ..., die Gesellschafter der GmbH. Keine der anfechtungsbefugten Gesellschafterinnen hat innerhalb der Monatsfrist des Art. 11.6 GV Anfechtungsklage gegen den Beschluss über das Ausscheiden des Klägers erhoben. Die von dem Kläger selbst als Nichtgesellschafter, nicht aber in seiner Eigenschaft als organschaftlicher Vertreter

666 *Wertenbruch,* in: MünchKomm-GmbHG, § 47 Anh. Rn 175, 177.
667 BGH, NJW 1980, S. 1527 (1528); *Wertenbruch,* in: MünchKomm-GmbHG, § 47 Anh. Rn 175.
668 *Altmeppen,* in: Roth/Altmeppen, GmbHG, § 37 Rn 3; *Lenz,* in: Michalski, GmbHG, § 37 Rn 16 ff; *Paefgen,* in: Ulmer, GmbHG, § 37 Rn 18 ff; *Zöllner/Noack,* in: Baumbach/Hueck, GmbHG, § 37 Rn 6.
669 BGH, NJW 1980, S. 1527 (1528); *Bayer,* in: Lutter/Hommelhoff, GmbHG, § 47 Anh. Rn 73; *Drescher,* in: Henssler/Strohn, Gesellschaftsrecht, § 245 AktG Rn 22; *Koppensteiner/Gruber,* in: Rowedder/Schmidt-Leithoff, GmbHG, § 47 Rn 147; *Raiser,* in: Ulmer, GmbHG, § 47 Anh. Rn 177; *Römermann,* in: Michalski, GmbHG, § 47 Anh. Rn 419 ff, 427 ff; *Zöllner,* in: Baumbach/Hueck, GmbHG, § 47 Anh. Rn 140.
670 BGH, NJW-RR 2008, S. 706 (708); *Bayer,* in: Lutter/Hommelhoff, GmbHG, § 38 Rn 37 und § 47 Anh. Rn 73; *Zöllner,* in: Baumbach/Hueck, GmbHG, § 47 Anh. Rn 140; anders *Drescher,* in: Henssler/Strohn, Gesellschaftsrecht, § 245 AktG Rn 22; *Römermann,* in: Michalski, GmbHG, § 47 Anh. Rn 431.

der H-GmbH binnen Monatsfrist erhobene Klage konnte mangels Anfechtungsbefugnis die Frist nicht wahren. Mit Fristablauf ist der Beschluss endgültig wirksam geworden. …"

310 Zwar hat der Bundesgerichtshof die analoge Anwendung des § 245 Nr. 5 AktG auf die Gesellschafterbeschlüsse der GmbH nicht auch ausdrücklich verneint.[671] Soweit er jedoch den rechtlichen Hintergrund der Anfechtungsbefugnis in der Mitgliedschaft erblickt,[672] steht dies einer mit der analogen Anwendung des § 245 Nr. 5 AktG einhergehenden Ausweitung der Anfechtungsbefugnis auf einzelne Geschäftsführungs- oder Aufsichtsratsmitglieder entgegen.[673] Hinzu kommt ein funktionelles Argument: Kommt dem Aufsichtsrat nur eine auf die Geschäftsführung der Gesellschaft bezogene Kontrollfunktion zu, können auch seine Befugnisse gegenüber den Gesellschaftern grundsätzlich nicht weiter reichen als diejenigen der Geschäftsführer. Eine über den Aufgabenkreis der Geschäftsführung hinausreichende Kontrollfunktion des Aufsichtsrats besteht grundsätzlich nicht. Schließlich entsteht auch keine untragbare Rechtsschutzlücke im Hinblick auf die Ausnutzung der übergeordneten Geschäftsführungskompetenz durch die Gesellschafter: Anweisungen der Gesellschafterversammlung, deren Befolgung eine Strafbarkeit oder eine zivilrechtliche Haftung im Sinne des § 245 Nr. 5 AktG zur Folge hätte, müssen nicht befolgt werden,[674] und die nach § 245 Nr. 5 AktG Befugten können die Unverbindlichkeit einer solchen Weisung im Wege einer allgemeinen Feststellungsklage nach § 256 ZPO feststellen lassen.[675] Auf diese Art und Weise bleibt einerseits die Autonomie der Gesellschafter unangetastet, soweit das möglich ist, und können andererseits die Organmitglieder den gebotenen Rechtsschutz erlangen.[676] Nach allem kann § 245 Nr. 5 AktG auf die GmbH keine analoge Anwendung finden.[677] Anderes gilt allerdings hinsichtlich der Wahl von Aufsichtsratsmitgliedern, bei der dem einzelnen Aufsichtsratsmitglied analog § 251 Abs. 2 AktG eine Anfechtungsbefugnis zukommt, die sich mit seiner Funktion erklären lässt.[678]

d) Zeitpunkt

311 Wie für die Aktivlegitimation der Nichtigkeitsklage gilt auch für die Anfechtungsbefugnis, dass sie im Ergebnis zum Zeitpunkt der Klageerhebung vorliegen muss.[679] Ausgangspunkt der zu diesem Ergebnis führenden Überlegungen ist allerdings der all-

---

671 BGH, NJW 1980, S. 1527.

672 BGH, NJW-RR 2006, S. 1110 (1112); NJW-RR 2008, S. 289 (290).

673 *Wertenbruch,* in: MünchKomm-GmbHG, § 47 Anh. Rn 178.

674 *Altmeppen,* in: Roth/Altmeppen, GmbHG, § 37 Rn 6; *Lenz,* in: Michalski, GmbHG, § 37 Rn 19; *Römermann,* in: Michalski, GmbHG, § 47 Anh. Rn 430; *Zöllner/Noack,* in: Baumbach/Hueck, GmbHG, § 37 Rn 22.

675 *Römermann,* in: Michalski, GmbHG, § 47 Anh. Rn 430; *Wertenbruch,* in: MünchKomm-GmbHG, § 47 Anh. Rn 178.

676 *Wertenbruch,* in: MünchKomm-GmbHG, § 47 Anh. Rn 178.

677 *Drescher,* in: Henssler/Strohn, Gesellschaftsrecht, § 245 AktG Rn 22 f; *Raiser,* in: Ulmer, GmbHG, § 47 Anh. Rn 177; *Römermann,* in: Michalski, GmbHG, § 47 Anh. Rn 431 ff, 427 ff; *Wertenbruch,* in: MünchKomm-GmbHG, § 47 Anh. Rn 177; anders *Fleischer,* GmbHR 2008, S. 673 (677); *Koppensteiner/Gruber,* in: Rowedder/Schmidt-Leithoff, GmbHG, § 47 Rn 147; *Zöllner,* in: Baumbach/Hueck, GmbHG, § 47 Anh. Rn 140.

678 *Raiser,* in: Ulmer, GmbHG, § 47 Anh. Rn 141, 182; *Zöllner,* in: Baumbach/Hueck, GmbHG, § 47 Anh. Rn 141, 143.

679 OLG Düsseldorf, NJW-RR 1996, S. 607 (608); *Bayer,* in: Lutter/Hommelhoff, GmbHG, § 47 Anh. Rn 70; *Drescher,* in: Henssler/Strohn, Gesellschaftsrecht, § 245 AktG Rn 20; *Roth,* in: Roth/Altmeppen, GmbHG, § 47 Rn 138; *K. Schmidt,* in: Scholz, GmbHG, § 45 Rn 130; *Zöllner,* in: Baumbach/Hueck, GmbHG, § 47 Anh. Rn 137.

gemein geltende Grundsatz, dass der entscheidungserhebliche Zeitpunkt in dem Schluss der mündlichen Verhandlung liegt, dass also auch die Anfechtungsbefugnis jedenfalls grundsätzlich beim Schluss der mündlichen Verhandlung vorliegen muss.[680] Jedoch kommt sodann § 265 Abs. 2 S. 1 ZPO insofern zu analoger Anwendung, als ein Anfechtungskläger, der seinen Geschäftsanteil nach Rechtshängigkeit abtritt, den Prozess fortführen kann.[681] Nach § 265 Abs. 2 S. 1 ZPO führt die Abtretung zu einer gesetzlichen Prozessstandschaft und ist für das laufende Verfahren dementsprechend irrelevant.[682] § 265 ZPO findet allerdings nicht in allen Fällen des Verlusts des prozessualen Rechts Anwendung, sondern nur bei Einzelrechtsnachfolge, während in den Fällen der Gesamtrechtsnachfolge wegen Todes des klagenden Gesellschafters oder Nacherbfolge die besonderen Regeln §§ 239 ff ZPO zu beachten sind.[683] Dementsprechend trifft es zwar einerseits nicht zu, dass § 265 ZPO nur bei rechtsgeschäftlichen Übertragungen analoge Anwendung findet[684] und es nur bei Abtretungen auf den Schluss der mündlichen Verhandlung als für die Anfechtungsbefugnis entscheidungserheblichen Zeitpunkt nicht mehr ankommt. Andererseits ist aber auch nicht in jedem Fall eines Rechtsverlusts allein der Zeitpunkt der Klageerhebung maßgebend, sondern dies richtet sich danach, ob ein Fall der Einzelrechtsnachfolge im Sinne des § 265 ZPO vorliegt (zur Bedeutung des § 265 ZPO für die Aktivlegitimation der Nichtigkeitsklage Rn 292 ff).

Der Prüfung einer analogen Anwendung des § 265 ZPO bedarf es demnach nur 312
dann, wenn es vor dem Schluss der mündlichen Verhandlung beim Anfechtungskläger zu einem Verlust des Gesellschafterstellung gekommen ist. Im Falle einer Abtretung hängt dies davon ab, wann die nach § 16 Abs. 1 S. 1 GmbHG maßgebende Eintragung in die Gesellschafterliste bzw die entsprechende Anmeldung erfolgt ist. Bis dahin bleibt die Anfechtungsbefugnis ohne Rücksicht auf § 265 ZPO beim Zedenten.[685]

OLG Düsseldorf, Urt. v. 24. August 1995 – 6 U 124/94 –, NJW-RR 1996, S. 607 (610): „... Prinzipiell ist der Kläger zu 1 allerdings zur Erhebung der vorliegenden Anfechtungsklage befugt. Die Anfechtungsbefugnis, die jedenfalls zum Zeitpunkt der Klageerhebung gegeben sein muss ..., kommt jedem Gesellschafter zu ..., wobei im Konkurs des Gesellschafters das Anfechtungsrecht vom Konkursverwalter geltend zu machen ist... Im vorliegenden Fall war zwar die im Konkurs befindliche S-AG, deren Rechte nunmehr vom Kläger zu 1 wahrgenommen werden, zum Zeitpunkt der Klageerhebung infolge der vor Konkurseröffnung erfolgten – und als wirksam unterstellten – Veräußerung der Geschäftsanteile gegebenenfalls nicht mehr Gesellschafterin der Beklagten. Dies ändert jedoch nichts an ihrer Anfechtungsbefugnis. Mit Rücksicht auf die Fiktion des § 16 Abs. 1 GmbHG ist nämlich auch nach einer Veräußerung von Geschäftsanteilen der Veräußerer zur Erhebung der Anfechtungsklage gegen einen Gesellschafterbeschluss berechtigt, so-

680 *Greger,* in: Zöller, ZPO, Vor § 253 Rn 25 a.
681 BGH, NJW 1965, S. 1378 f; *Drescher,* in: Henssler/Strohn, Gesellschaftsrecht, § 246 AktG Rn 48 (jedenfalls bei entsprechendem Vorbehalt); *Raiser,* in: Ulmer, GmbHG, § 47 Anh. Rn 169; *Wertenbruch,* in: MünchKomm-GmbHG, § 47 Anh. Rn 179; *Zöllner,* in: Baumbach/Hueck, GmbHG, § 47 Anh. Rn 137.
682 *Bacher,* in: BeckOK-ZPO, § 265 Rn 14; *Foerste,* in: Musielak, § 265 Rn 9.
683 *Bacher,* in: BeckOK-ZPO, § 265 Rn 9; *Foerste,* in: Musielak, § 265 Rn 5.
684 So aber *Wertenbruch,* in: MünchKomm-GmbHG, § 47 Anh. Rn 179.
685 Noch zu § 16 Abs. 1 GmbHG aF: BGH, NJW 1969, 133; OLG Düsseldorf, NJW-RR 1996, S. 607 (610); *Römermann,* in: Michalski, GmbHG, § 47 Anh. Rn 404; *Wertenbruch,* in: MünchKomm-GmbHG, § 47 Anh. Rn 181.

lange nicht der Erwerb der Geschäftsanteile unter Nachweis des Übergangs bei der Gesellschaft angemeldet worden ist. …“

313 Ganz anderes gilt schließlich im Hinblick auf das Gebot effektiven Rechtsschutzes, soweit sich der Kläger mit seiner Nichtigkeits- und Anfechtungsklage gegen denjenigen Gesellschafterbeschluss (zB über Einziehung, Ausschluss oder Zwangsabtretung) zur Wehr setzt, der zum Verlust seiner Mitgliedschaft geführt haben soll.[686] Hier besteht selbstverständlich die Anfechtungsbefugnis unverändert fort.

e) Beschlüsse über die Einziehung des Geschäftsanteils oder den Ausschluss des anfechtenden Gesellschafters

314 Fest steht, dass ein Gesellschafter ohne Rücksicht auf die Wirksamkeit eines Gesellschafterbeschlusses über die Einziehung seines Geschäftsanteils oder über seinen Ausschluss zur Erhebung der Nichtigkeits- und Anfechtungsklage befugt ist, soweit er sich gegen diesen Beschluss wendet. Jedenfalls nachdem sich der Bundesgerichtshof zu Recht der Haftungslösung angeschlossen hat,[687] kann man dieses Ergebnis allerdings nicht mehr ohne Weiteres damit begründen, dass die Einziehung bzw der Ausschluss erst mit der Zahlung der Abfindung Wirksamkeit erlangt und deshalb die Gesellschafterstellung ohnehin noch fortbesteht.[688] Maßgebend ist vielmehr das bereits erwähnte Gebot effektiven Rechtsschutzes als Ausprägung des allgemeinen Justizgewährungsanspruchs gemäß Art. 2 Abs. 1 in Verbindung mit Art. 20 Abs. 3 GG: Gestattete man dem betroffenen Gesellschafter nicht die Erhebung der Nichtigkeits- und Anfechtungsklage, könnte er sich nicht effektiv gegen einen widerrechtlichen Eingriff in seine Rechte schützen, zumal er oftmals zwar nicht von der Teilnahme an der betreffenden Gesellschafterversammlung, aber von der Abstimmung über die ihn maximal schwer belastende Maßnahme ausgeschlossen worden sein dürfte.[689] Erst nach der Bestandskraft des die Einziehung oder den Ausschluss betreffenden Gesellschafterbeschlusses kann es demnach zum Wegfall der Anfechtungsbefugnis auch hinsichtlich des Einziehungs- oder Ausschlussbeschlusses kommen.[690]

OLG Düsseldorf, Urt. v. 24. August 1995 – 6 U 124/94 –, NJW-RR 1996, S. 607 (610):
„… Ebensowenig steht der vom Kläger zu 1 auszuübenden Anfechtungsbefugnis der Gemeinschuldnerin die möglicherweise wirksame Einziehung der Geschäftsanteile die hier mittelbar durch die Anfechtung des Einziehungsbeschlusses angegriffen wird, entgegen. Der Umstand, dass sich mit der Durchführung des hier angegriffenen Beschlusses im Falle seiner Wirksamkeit der Verlust der Mitgliedschaft in der GmbH verbindet, kann der – auf dieser Mitgliedschaft beruhenden – Anfechtungsbefugnis des Betroffenen aus Gründen eines effizienten Rechtsschutzes nicht entgegengehalten werden. …“

f) Insolvenz des Anfechtungsklägers

315 Die Anfechtungsbefugnis ist Ausfluss der Mitgliedschaft. Sieht demnach die Satzung für den Fall der Eröffnung des Insolvenzverfahrens über das Vermögen des klagenden Gesellschafters nicht wirksam den Verlust der Mitgliedschaft mit sofortiger Wirkung

686 *Wertenbruch*, in: MünchKomm-GmbHG, § 47 Anh. Rn 180, 182.
687 BGH, NZG 2012, S. 259 f; dazu Fastrich, in: Baumbach/Hueck, GmbHG, Anh. zu § 34 Rn 12 ff.
688 So aber noch *Wertenbruch*, in: MünchKomm-GmbHG, § 47 Anh. Rn 182 gestützt auf die aufgegebene Rspr des BGH.
689 So bereits OLG Düsseldorf, NJW-RR 1996, S. 607 (610) sowie auch *Wertenbruch*, in: MünchKomm-GmbHG, § 47 Anh. Rn 183.
690 *Wertenbruch*, in: MünchKomm-GmbHG, § 47 Anh. Rn 183.

vor, bleibt es im Grundsatz sowohl bei der Mitgliedschaft als auch bei der daraus folgenden Anfechtungsbefugnis. Jedoch hat die Insolvenzeröffnung zur Folge, dass die Anfechtungsbefugnis ebenso wie die übrigen, aus der Mitgliedschaft folgenden Mitgliedschaftsrechte auf den Insolvenzverwalter übergeht,[691] der als Partei kraft Amtes im eigenen Namen klagt.[692]

OLG Düsseldorf, Urt. v. 24. August 1995 – 6 U 124/94 –, NJW-RR 1996, S. 607 (610):
„... Prinzipiell ist der Kläger zu 1 allerdings zur Erhebung der vorliegenden Anfechtungsklage befugt. Die Anfechtungsbefugnis, die jedenfalls zum Zeitpunkt der Klageerhebung gegeben sein muss ..., kommt jedem Gesellschafter zu ..., wobei im Konkurs des Gesellschafters das Anfechtungsrecht vom Konkursverwalter geltend zu machen ist. ...“

Kommt es nach Erhebung der Anfechtungsklage zur Eröffnung des Insolvenzverfahrens über das Vermögen des klagenden Gesellschafters und geht die Anfechtungsbefugnis erst dann auf den Insolvenzverwalter über, kommt § 240 S. 1 ZPO zur Anwendung mit der Folge, dass das Verfahren zunächst unterbrochen ist und vom Insolvenzverwalter nach § 85 Abs. 1 InsO aufgenommen werden kann.[693] Lehnt der Insolvenzverwalter ab, können sowohl der Gesellschafter selbst als auch der Gegner das Verfahren aufnehmen, § 85 Abs. 2 InsO. 316

Ausnahmsweise führt eine Insolvenz nach ihrem Sinn und Zweck (Vollstreckung in das gesamte Vermögen zwecks gleichmäßiger Befriedigung sämtlicher Gläubiger des Schuldners) nicht zum Übergang der Mitgliedschaftsrechte und darunter der Anfechtungsbefugnis auf den Insolvenzverwalter, wenn es sich um eine GmbH handelt, die einen gemeinnützigen oder einen anderen Zweck ausschließlich ideeller Art hat. Voraussetzung ist allerdings, dass die Gewinnausschüttung gemäß § 29 Abs. 1 GmbHG nach der Satzung der Gesellschaft ausgeschlossen ist.[694] 317

g) Verpfändung oder Pfändung der Mitgliedschaft des Anfechtungsklägers

Da eine Verpfändung lediglich ein auf ranggerechte Befriedigung gerichtetes Pfandrecht begründet, hat sie – vorbehaltlich einer entsprechenden Bestimmung in der Satzung – weder den Verlust der Mitgliedschaft des Anfechtungsklägers[695] noch das Entfallen der Anfechtungsbefugnis[696] zur Folge. Dass das Anfechtungsrecht Ausfluss der Mitgliedschaft ist und daher ohne dieselbe nicht denkbar ist, kommt in der Unmöglichkeit zum Ausdruck, dem Pfandgläubiger die Anfechtungsbefugnis ohne die Mitgliedschaft im Übrigen zu übertragen.[697] 318

LG Mannheim, Urt. v. 17. Januar 1990 – 21 O 9/89 –, WM 1990, S. 760 (762):
„... Seine Anfechtungsbefugnis folgt aus § 245 Nr. 1 AktG. Der Kläger ist als Aktionär bei der Hauptversammlung erschienen. ... Der Aktionärseigenschaft des Klägers steht

---

691 OLG Düsseldorf, NJW-RR 1996, S. 607 (610); *Römermann,* in: Michalski, GmbHG, § 47 Anh. Rn 398; *Roth,* in: Roth/Altmeppen, GmbHG, § 47 Rn 138; *K. Schmidt,* in: Scholz, GmbHG, § 45 Rn 128.
692 OLG Düsseldorf, NJW-RR 1996, S. 607 (610); *Wertenbruch,* in: MünchKomm-GmbHG, § 47 Anh. Rn 184; krit. dazu *K. Schmidt,* in: Scholz, GmbHG, § 45 Rn 128.
693 *Wertenbruch,* in: MünchKomm-GmbHG, § 47 Anh. Rn 184.
694 *Wertenbruch,* in: MünchKomm-GmbHG, § 47 Anh. Rn 184.
695 LG Mannheim, WM 1990, S. 760 (762) zur AG; *Bayer,* in: Lutter/Hommelhoff, GmbHG, § 47 Anh. Rn 70; *Raiser,* in: Ulmer, GmbHG, § 47 Anh. Rn 170; *K. Schmidt,* in: Scholz, GmbHG, § 45 Rn 128.
696 LG Mannheim, WM 1990, S. 760 (762) zur AG; *Bayer,* in: Lutter/Hommelhoff, GmbHG, 18. Aufl., § 47 Anh. Rn 70; *Drescher,* in: Henssler/Strohn, Gesellschaftsrecht, § 245 AktG Rn 5; *Raiser,* in: Ulmer, GmbHG, § 47 Anh. Rn 170; *K. Schmidt,* in: Scholz, GmbHG, § 45 Rn 128.
697 LG Mannheim, WM 1990, S. 760 (762) zur AG; *Raiser,* in: Ulmer, GmbHG, § 47 Anh. Rn 170; *K. Schmidt,* in: Scholz, GmbHG, § 45 Rn 128.

nicht entgegen, dass er die Aktien ... verpfändet hat. Das Anfechtungsrecht kann als Verwaltungsrecht nicht ohne die Mitgliedschaft isoliert dem Pfandgläubiger übertragen werden; vielmehr verbleibt dieses Recht bei dem Pfandgeber. Der Pfandnehmer muss daher dem Aktionär die Anfechtung ermöglichen. ...“

319 Die vorstehenden Grundsätze gelten ebenfalls für die Pfändung eines Geschäftsanteils im Rahmen der Zwangsvollstreckung: Auch danach bleiben die Verwaltungsrechte beim Gesellschafter kraft seiner Mitgliedschaft.[698] Zu den nicht von der Mitgliedschaft zu trennenden und deshalb beim Gesellschafter ungeachtet der Pfändung verbleibenden Verwaltungsrechten gehört auch die Anfechtungsbefugnis.[699] Umgekehrt führt allerdings der Verlust der Mitgliedschaft im fortschreitenden Vollstreckungsverfahren zum Verlust auch der Verwaltungsrechte einschließlich der Anfechtungsbefugnis.[700] Das gilt etwa im Falle einer Veräußerung des Geschäftsanteils nach § 844 ZPO.[701] Auch bei pfändungsbedingter Einziehung entfällt zwar mit derselben die Anfechtungsbefugnis. Das gilt im Hinblick auf das Gebot effektiven Rechtsschutzes jedoch nicht für eine gegen den Gesellschafterbeschluss über die Einziehung gerichtete Anfechtungsklage.[702] Das ist im Zusammenhang mit den Folgen einer Einziehung bzw eines Ausschlusses für die Anfechtungsbefugnis bereits eingehend erörtert worden (s. Rn 314).

320 **Übersicht über Fragen der Anfechtungsbefugnis bzw Aktivlegitimation bei der Anfechtungsklage – Nr. 21**

1. Abgrenzung	■ die Frage der Anfechtungsbefugnis analog § 245 AktG (= Aktivlegitimation) ist streng von der Frage des Rechtsschutzbedürfnisses zu unterscheiden ■ das Rechtsschutzbedürfnis ist Sachurteilsvoraussetzung (Zulässigkeit) ■ nach einer allerdings zweifelhaften Ansicht kann das Rechtsschutzbedürfnis fehlen, wenn der klagende Gesellschafter an der Beschlussfassung beteiligt war, dem Beschluss aber nicht widersprochen hat; nach zutreffender Auffassung droht allenfalls eine Kostenlast nach § 93 ZPO bzw § 91 a ZPO, wenn vor Klageerhebung nicht einmal konkludent widersprochen wurde; eine Zustimmung kann

698 *Raiser,* in: Ulmer, GmbHG, § 47 Anh. Rn 170; *K. Schmidt,* in: Scholz, GmbHG, § 45 Rn 128; *Wertenbruch,* in: MünchKomm-GmbHG, § 47 Anh. Rn 185.
699 *Raiser,* in: Ulmer, GmbHG, § 47 Anh. Rn 170; *K. Schmidt,* in: Scholz, GmbHG, § 45 Rn 128; *Wertenbruch,* in: MünchKomm-GmbHG, § 47 Anh. Rn 185.
700 *Raiser,* in: Ulmer, GmbHG, § 47 Anh. Rn 170; *K. Schmidt,* in: Scholz, GmbHG, § 45 Rn 128; *Wertenbruch,* in: MünchKomm-GmbHG, § 47 Anh. Rn 185.
701 *Wertenbruch,* in: MünchKomm-GmbHG, § 47 Anh. Rn 185.
702 *Wertenbruch,* in: MünchKomm-GmbHG, § 47 Anh. Rn 185.

	als widersprüchliches Verhalten (§ 242 BGB) der Begründetheit entgegenstehen
2. Rechtsnatur der Anfechtungsbefugnis analog § 245 AktG und Folge	■ materiellrechtliche Voraussetzung der Anfechtung (BGH, NJW-RR 2006, S. 1110, 1112) ■ fehlt die Anfechtungsbefugnis bzw die Aktivlegitimation, ist die Klage nicht unzulässig, sondern unbegründet
3. Gemeinschaftlich gehaltene Anteile, § 18 GmbHG	■ hat gemeinschaftliche Anfechtungsbefugnis zur Folge, so dass nur gemeinschaftlich geklagt werden kann und notwendige Streitgenossenschaft vorliegt (§ 62 Abs. 1 Alt. 2 ZPO) ■ keine gemeinschaftlichen Anteile, wenn Anteile von einer einzigen (teil-)rechtsfähigen Personengesellschaft gehalten werden ■ Ausnahmen bei Miterben und Mitgliedern von Bruchteilsgemeinschaften bei notwendigen Erhaltungsmaßnahmen, § 2038 Abs. 1, § 744 Abs. 2 BGB (BGH, NJW 1989, S. 2694, 2695)
4. Anfechtungsbefugte bzw aktivlegitimierte Personen	■ nur Gesellschafter, nicht (Fremd-)Geschäftsführer oder Aufsichtsratsmitglieder usw (rechtlicher Hintergrund Mitgliedschaft: BGH, NJW 1980, S. 1527, 1528; NJW-RR 2008, S. 706, 708) – analoge Anwendung nicht auch der § 245 Nr. 4 und 5 AktG – auch keine Umgehung durch allgemeine Feststellungsklage der Geschäftsführung gestützt auf Anfechtungsgründe (BGH, NJW 1980, S. 1527, 1528) – analog § 251 Abs. 2 AktG ausnahmsweise Aufsichtsratsmitglieder hinsichtlich der Aufsichtsratswahl
5. Zeitpunkt	a) Klageerhebung (OLG Düsseldorf, NJW-RR 1996, S. 607, 608) – § 265 Abs. 2 S. 1 ZPO analog b) spätere Veräußerung irrelevant c) Heilung durch Erwerb bis zum Schluss der mündlichen Verhandlung d) für Veräußerung und Erwerb ist Eintragung in die Gesellschafterliste bzw Anmeldung maßgebend, § 16 Abs. 1 S. 1 GmbHG (BGH, NJW 1969, S. 133; OLG Düsseldorf, NJW-RR 1996, S. 607, 608)

6. Anfechtung von Einziehung oder Ausschluss	■	Anfechtungsbefugnis besteht auch für den etwa von Einziehung oder Ausschluss betroffenen Gesellschafter, solange der angegriffene Beschluss noch nicht bestandskräftig ist (Gebot effektiven Rechtsschutzes)
7. Insolvenz des Klägers	a)	wenn Satzung nicht den Verlust der Mitgliedschaft mit sofortiger Wirkung vorsieht, geht die Anfechtungsbefugnis auf den Insolvenzverwalter über (OLG Düsseldorf, NJW-RR 1996, S. 607, 610)
	b)	Insolvenzeröffnung nach Klageerhebung, dh Unterbrechung gem. § 240 S. 1 ZPO
	c)	ausnahmsweise kein Übergang bei GmbH mit rein ideellem oder gemeinnützigem Zweck, wenn außerdem Gewinnausschüttung satzungsgemäß ausgeschlossen ist
8. Pfändung der Mitgliedschaft	a)	Verpfändung der Mitgliedschaft (Anfechtungsbefugnis ist untrennbar mit ihr verbunden) bleibt folgenlos
	b)	Pfändung hat ebensowenig Folgen bis zur Veräußerung der Mitgliedschaft, wenn nicht die Satzung Verlust mit sofortiger Wirkung vorsieht

3. Rechtsmissbrauch und Treuepflichtverletzung

321 Hinsichtlich des Gesichtspunkts eines möglichen Rechtsmissbrauchs ist insbesondere wegen der unterschiedlichen Rechtsfolgen streng zwischen Nichtigkeits- und Anfechtungsklage zu differenzieren.

a) Nichtigkeitsklage

322 Da die Beschlussnichtigkeit als materiellrechtliche Rechtsfolge bestimmter Beschlussmängel ipso iure, also unabhängig von ihrer prozessualen oder außerprozessualen Geltendmachung eintritt, kann ihr als solcher zunächst nicht entgegengehalten werden, sie werde rechtsmissbräuchlich geltend gemacht. Unabhängig von einer eventuell missbräuchlichen Geltendmachung tritt vielmehr die Nichtigkeit ein und bleibt bestehen. Davon zu unterscheiden ist aber die Frage, ob die materiellrechtliche Einwendung der Beschlussnichtigkeit prozessual zulässig geltend gemacht wird. Dieser prozessualen Geltendmachung kann sehr wohl der Einwand des Rechtsmissbrauchs entgegengehalten werden. Dementsprechend handelt es sich bei dem Einwand der rechtsmissbräuchlichen Nichtigkeitsklage um den Einwand einer missbräuchlichen Geltendmachung eines prozessualen Rechts analog § 242 BGB.[703] Der Natur der Nichtigkeitsklage als prozessuales Recht[704] entsprechend hat der Rechtsmissbrauch desselben nicht ein materiellrechtliches, sondern ein prozessuales Defizit zur Folge

703 Zu § 245 AktG: OLG Frankfurt a.M., NJW-RR 1991, S. 805 (806); OLG Stuttgart, NZG 2001, S. 277 (278) sowie zur GmbH: *Wertenbruch,* in: MünchKomm-GmbHG, § 47 Anh. Rn 190.

704 Zu § 245 AktG: OLG Stuttgart, NZG 2001, S. 277 (278) sowie zur GmbH: *Wertenbruch,* in: MünchKomm-GmbHG, § 47 Anh. Rn 190.

und führt somit zur Abweisung der Nichtigkeitsklage als unzulässig.[705] Teils wird das unter dem Gesichtspunkt des Rechtsschutzbedürfnisses behandelt, teils im Hinblick auf die Klagebefugnis bzw Aktivlegitimation.[706] Die Kategorien verschwimmen hier, weil es um eine Berechtigung zur Ausübung eines prozessualen Rechts als Ausfluss der materiellen Mitgliedschaft geht.

OLG Frankfurt, Urt. v. 19. Februar 1991 – 5 U 5/86 –, NJW-RR 1991, S. 805 (806):
„... Für die Nichtigkeitsklage, der ein privates Gestaltungsrecht nicht zugrunde liegt, die aber gleichwohl rechtsmissbräuchlich sein kann ..., kann dieser Weg nicht beschritten werden. Die rechtsmissbräuchlich erhobene oder weiterbetriebene Nichtigkeitsklage muss deshalb wegen fehlenden Rechtsschutzbedürfnisses als unzulässig abgewiesen werden. ...“

Jedenfalls aber liegt Rechtsmissbrauch in diesem Sinne nicht schon dann vor, wenn der Kläger sich gegen einen Beschluss wendet, dem er selbst zugestimmt hat. Vielmehr hindert die vorherige Zustimmung die Nichtigkeitsklage nicht ohne Weiteres.[707] 323

BGH, Urt. v. 16. Dezember 1953 – II ZR 167/52 –, NJW 1954, S. 385 (386):
„... Es liegt im Wesen der Nichtigkeit eines Rechtsgeschäfts, dass sie das Rechtsgeschäft ohne weiteres und ohne Rücksicht darauf zerstört, ob die Beteiligten seinen Inhalt und seine Wirkung billigten oder nicht. ... Es kann also bei der Nichtigkeit eines Gesellschafter- oder Hauptversammlungsbeschlusses im Gegensatz zur Anfechtbarkeit auch nicht darauf ankommen, ob die Verletzung des Gesetzes auf den Inhalt des Beschlusses von Einfluss gewesen ist. ... Deshalb kann sich die Beklagte nicht darauf berufen, dass die Beschlüsse v. 6.8.1945 auch von einer ordnungsmäßig einberufenen Gesellschafterversammlung gefasst worden wären. Die Wirkung der Nichtigkeit äußert sich ferner dahin, dass sie ohne weiteres von jedermann geltend gemacht werden kann und dass ein nichtiger Beschluss auch nicht durch nachträgliche Zustimmung Gültigkeit zu erlangen vermag. Deshalb kann sich auf die Nichtigkeit eines Beschlusses ein Gesellschafter auch dann berufen, wenn er ihm selbst zugestimmt hat und wenn der Beschluss von der Mehrheit der anwesenden Gesellschafter gebilligt worden ist. ...“

b) Anfechtungsklage

Da die Anfechtung eines Gesellschafterbeschlusses kein über die der Anfechtungsbefugnis zugrunde liegenden Gesichtspunkte hinausreichendes, besonderes Rechtsschutzbedürfnis voraussetzt,[708] sondern jeder Gesellschafter grundsätzlich ohne Weiteres verlangen kann, dass die Gesellschafterversammlung nur mit dem Gesetz und der Satzung übereinstimmende Beschlüsse fasst,[709] betrifft der Einwand des Rechtsmissbrauchs bei der Anfechtungsklage nicht schon die Frage der Zulässigkeit der An- 324

705 Zu § 245 AktG: OLG Frankfurt a.M., NJW-RR 1991, S. 805 (806); OLG Stuttgart, NZG 2001, S. 277 (278) sowie zur GmbH: *Wertenbruch,* in: MünchKomm-GmbHG, § 47 Anh. Rn 190.

706 Zu § 245 AktG: OLG Frankfurt a.M., NJW-RR 1991, S. 805 (806); unter Bezugnahme auf Klagebefugnis hingegen OLG Stuttgart, NZG 2001, S. 277 (278); allgemein zur GmbH wie OLG Frankfurt a.M.: *Wertenbruch,* in: MünchKomm-GmbHG, § 47 Anh. Rn 190.

707 BGH, NJW 1954, S. 385 (386).

708 RGZ 77, S. 255 (257); RGZ 145, S. 336 (338); RGZ 146, S. 385 (395); BGH, WM 1965, S. 422 (423); *Drescher,* in: Henssler/Strohn, Gesellschaftsrecht, § 246 AktG Rn 32; *Koppensteiner/Gruber,* in: Rowedder/Schmidt-Leithoff, GmbHG, § 47 Rn 142; *Römermann,* in: Michalski, GmbHG, § 47 Anh. Rn 440 ff; *Roth,* in: Roth/Altmeppen, GmbHG, § 47 Rn 140; *Zöllner,* in: Baumbach/Hueck, GmbHG, § 47 Anh. Rn 160.

709 BGH, WM 1965, S. 422 (423); *Römermann,* in: Michalski, GmbHG, § 47 Anh. Rn 440 ff; *Roth,* in: Roth/Altmeppen, GmbHG, § 47 Rn 140; *Zöllner,* in: Baumbach/Hueck, GmbHG, § 47 Anh. Rn 160.

fechtungsklage, sondern erst diejenige der Begründetheit der Anfechtungsklage. Es geht darum, ob die aus der Mitgliedschaft folgende Anfechtungsbefugnis des Klägers im konkreten Fall besteht und im Prozess durchgesetzt werden kann.[710] Dringt die Beklagte mit dem Einwand des Rechtsmissbrauchs durch, muss die Anfechtungsklage, weil dem Kläger die Anfechtungsbefugnis als Teil der materiellen Berechtigung fehlt,[711] als unbegründet zurückgewiesen werden.[712]

BGH, Urt. v. 15. Juni 1992 – II ZR 173/91 –, NJW-RR 1992, S. 1388 (1389):

„... Zutreffend geht das Berufungsgericht davon aus, dass für die Erhebung einer Anfechtungsklage iSd § 246 AktG ein allgemeines Rechtsschutzinteresse vorhanden sein muss. ... Hingegen bedarf es der Darlegung eines besonderen, auf der Stellung des Anfechtenden als Aktionär beruhenden Rechtsschutzinteresses nicht. ... Berührt der Einwand, das Anfechtungsrecht werde rechtsmissbräuchlich ausgeübt, die Prozessführungsbefugnis des Aktionärs – wie es das Berufungsgericht annimmt –, so ist es folgerichtig, das allgemeine Rechtsschutzinteresse für die Anfechtungsklage zu verneinen und die Klage als unzulässig abzuweisen. ... Ob die Feststellung, dass eine Anfechtungsklage rechtsmissbräuchlich erhoben worden ist, die Abweisung der Klage als unzulässig oder unbegründet zur Folge hat, ist in der Lehre umstritten. ... Die Unzulässigkeit der Klage wird damit begründet, der rechtsmissbräuchlich Handelnde sei nicht berechtigt, die Klage zu erheben, weil ein Recht, das missbräuchlich ausgeübt werde, demjenigen, der es ausüben wolle, nicht zustehe... Unter diesen Umständen fehle es am Rechtsschutzbedürfnis, so dass die Klage als unzulässig abzuweisen sei. ... Dem kann jedoch für die Anfechtungsklage iSd § 246 AktG nicht gefolgt werden. Das Anfechtungsrecht des Aktionärs ist ein privates Gestaltungsrecht. Wird es rechtsmissbräuchlich ausgeübt, führt das zum Verlust der materiellen Berechtigung und damit zum Verlust der Anfechtungsbefugnis. ... Allein der Umstand, dass die Ausübung des im materiellen Recht verwurzelten Anfechtungsrechts auf prozessualem Wege erfolgen muss, kann nicht dazu führen, die Auswirkungen unzulässiger Rechtsausübung auf das Gestaltungsrecht in den prozessrechtlichen Bereich des Fehlens oder Wegfalls eines Rechtsschutzinteresses zu verlagern. Dass der Schwerpunkt dieser rechtlichen Auswirkungen im materiellen Recht liegt, zeigt sich insbesondere dann, wenn die Frage, ob das Anfechtungsrecht rechtsmissbräuchlich ausgeübt wird, zwischen den Parteien umstritten ist. Die Entscheidung wird – uU nach Erhebung umfangreicher Beweise – allein über die Frage getroffen, ob das – materielle – Anfechtungsrecht ausgeübt werden kann oder nicht. Das betrifft die Begründetheit der Klage. An dem Fehlen eines Rechtsschutzbedürfnisses kann man die aktienrechtliche Anfechtungsklage mit der Folge ihrer Abweisung als unzulässig nur dann scheitern lassen, wenn man nicht bereits die privatrechtsgeschäftliche Gestaltung beschränken würde, sondern wenn die Rechtsausübung durch die Inanspruchnahme staatlicher Gerichte im Einzelfall unnötig oder rechtsmissbräuchlich erscheint. ...“

Für den Einwand des Rechtsmissbrauchs als Sachurteilsvoraussetzung der Anfechtungsklage bleibt demnach ein kleiner Anwendungsbereich, nämlich bei unnötiger bzw missbräuchlicher Inanspruchnahme staatlicher Gerichte.

---

710 BGH, NJW-RR 1992, S. 1388 (1389); *Römermann,* in: Michalski, GmbHG, § 47 Anh. Rn 448 ff; *Wertenbruch,* in: MünchKomm-GmbHG, § 47 Anh. Rn 187.

711 BGH, NJW-RR 1992, S. 1388 (1389); *Raiser,* in: Ulmer, GmbHG, § 47 Anh. Rn 186 ff; *Wertenbruch,* in: MünchKomm-GmbHG, § 47 Anh. Rn 188.

712 BGH, NJW-RR 1992, S. 1388 (1389); *Bayer,* in: Lutter/Hommelhoff, GmbHG, § 47 Anh. Rn 82; *Raiser,* in: Ulmer, GmbHG, § 47 Anh. Rn 186; *Römermann,* in: Michalski, GmbHG, § 47 Anh. Rn 453; anders *K. Schmidt,* in: Scholz, GmbHG, § 45 Rn 137 (unzulässig).

c) Voraussetzungen

Rechtsmissbrauch im Sinne der vorstehenden Ausführungen liegt vor, wenn 1. der Kläger mit der klageweisen Geltendmachung der Nichtigkeit bzw mit der Erhebung der Anfechtungsklage egoistische Ziele verfolgt, die nicht mit den Interessen der GmbH, wie sie sich insbesondere aus dem Gesellschaftszweck ergeben, übereinstimmen, und 2. dabei einen Schaden für die Gesellschaft entweder bezweckt oder jedenfalls billigend in Kauf nimmt.[713] 325

Kommt es demnach gewöhnlich auch auf eine egoistische Zielrichtung an, kann ein Rechtsmissbrauch doch ausnahmsweise selbst ohne eigenen wirtschaftlichen Vorteil des Klägers vorliegen: Steht das Interesse an der klageweisen Geltendmachung des Beschlussmangels außer Verhältnis zu dem der GmbH dadurch drohenden Schaden, ist ebenfalls Rechtmissbrauch zu bejahen.[714]

In diesen Fällen stünde der Begründetheit der Anfechtungsklage wohl auch die oben (Rn 257) erwähnte Treupflichtverletzung des klagenden Gesellschafters im Zusammenhang mit der Geltendmachung des Beschlussmangels entgegen.

Übersicht zu Fragen des Rechtsmissbrauchs und der Treuepflichtverletzung – Nr. 22 326

1. Nichtigkeitsklage	a) Die Frage der materiellrechtlich bestehenden Beschlussnichtigkeit ist von der Frage ihrer missbräuchlichen Geltendmachung zu unterscheiden (OLG Stuttgart, NZG 2001, S. 277, 278 zur AG). b) Rechtsmissbrauch führt hier zur Unzulässigkeit der Klage (OLG Frankfurt, NJW-RR 1991, S. 805, 806 ff zur AG).
2. Anfechtungsklage	Anders als bei der Nichtigkeitsklage führt die rechtsmissbräuchliche Geltendmachung des Anfechtungsgrundes bei der Anfechtungsklage zur Abweisung der Klage als unbegründet, weil die betroffene Anfechtungsbefugnis eine Frage des materiellen Rechts ist (BGH, NJW-RR 1992, S. 1388, 1389).
3. Inhaltliche Voraussetzungen des Rechtsmissbrauchs	a) Verfolgung ausschließlich egoistischer Ziele, die nicht mit dem Interesse der Gesellschaft nach dem Gesellschaftsvertrag übereinstimmen, und b) mind. dolus eventualis hinsichtlich des für die Gesellschaft drohenden Schadens. – Gefahr eines unverhältnismäßig hohen Schadens der Gesellschaft hat zur Folge, dass es auf wirtschaftlichen Vorteil des

713 *Raiser,* in: Ulmer, GmbHG, § 47 Anh. Rn 186 ff; *Römermann,* in: Michalski, GmbHG, § 47 Anh. Rn 448; *K. Schmidt,* in: Scholz, GmbHG, § 45 Rn 137; *Zöllner,* in: Baumbach/Hueck, GmbHG, § 47 Anh. Rn 161.

714 *Bayer,* in: Lutter/Hommelhoff, GmbHG, 18. Aufl., § 47 Anh. Rn 74; *Römermann,* in: Michalski, GmbHG, § 47 Anh. Rn 452; *Wertenbruch,* in: MünchKomm-GmbHG, § 47 Anh. Rn 191.

	Gesellschafters nicht ankommt, sondern Rechtsmissbrauch auch ohne solchen Vorteil in Betracht kommt.
4. Umgekehrte Wirkung von Treuepflichtverletzungen	bei gemessen an der Bedeutung der Sache selbst unverhältnismäßigem Schaden für die Gesellschaft (vgl Rn 257)

4. Freigabeverfahren, § 246 a AktG analog

327 Dem in § 246 a AktG geregelten Freigabeverfahren liegen Besonderheiten der kapitalistisch organisierten, am Kapitalmarkt orientierten Aktiengesellschaft im Vergleich zur weitgehend personalistischen, jedenfalls aber nicht in gleicher Art und Weise wie die AG am Kapitalmarkt orientierten GmbH zugrunde, so dass § 246 a AktG auf die GmbH keine analoge Anwendung findet.[715]

KG, Beschl. v. 23. Juni 2011 – 23 AktG 1/11 –, NZG 2011, S. 1068:

„... Das geltende Recht sieht ein Freigabeverfahren für Beschlüsse der Gesellschafterversammlung einer GmbH nicht vor. § 246 a AktG ist auf Beschlüsse von Gesellschafterversammlungen einer GmbH nicht entsprechend anwendbar. ...“

V. Feststellungsinteresse und Rechtsschutzbedürfnis

328 Oben (Rn 324) ist schon ausgeführt worden, dass die Anfechtung eines Gesellschafterbeschlusses kein über die der Anfechtungsbefugnis zugrunde liegenden Gesichtspunkte einerseits und das Gestaltungsmonopol der Gerichte andererseits hinausreichendes Rechtsschutzbedürfnis voraussetzt,[716] sondern jeder Gesellschafter ohne Weiteres klageweise verlangen kann, dass die Gesellschafterversammlung nur mit dem Gesetz und der Satzung übereinstimmende Beschlüsse fasst.[717] Diese Erwägungen gelten jedoch nicht für die Nichtigkeitsklage. Insbesondere mit Blick auf die ipso iure, also ohne Rücksicht auf ihre klageweise Geltendmachung eintretende Rechtsfolge der Beschlussnichtigkeit und den dementsprechend bloß feststellenden Urteilsausspruch bei einer begründeten Nichtigkeitsklage sowie mit Rücksicht auf § 256 Abs. 1 ZPO könnte man insofern auf den Gedanken kommen, für die Nichtigkeits(-feststellungs-)klage ein besonderes Feststellungsinteresse zu verlangen. Eines solchen bedarf es jedoch nicht. Vielmehr ergibt sich ein vor dem Hintergrund des § 256 Abs. 1 ZPO ausreichendes Interesse des klagenden Gesellschafters an der Feststellung der Be-

715 KG, NZG 2011, S. 1068; *Drescher,* in: Henssler/Strohn, Gesellschaftsrecht, § 246 a AktG Rn 3; *Fleischer,* DB 2011, S. 2132 ff; *Sauerbruch,* GmbHR 2007, S. 189 ff; *K. Schmidt,* in: Scholz, GmbHG, § 45 Rn 137; *Wertenbruch,* in: MünchKomm-GmbHG, § 47 Anh. Rn 191; anders *Bayer/Lieder,* NZG 2011, S. 1170 ff; *Harbarth,* GmbHR 2005, S. 966 (969); *Raiser,* in: Ulmer, GmbHG, § 47 Anh. Rn 13, 188 f, 210; *Zöllner,* in: Baumbach/Hueck, GmbHG, § 54 Rn 29; offen gelassen von *Raiser,* in: FS für Hüffer, 2010, S. 789 (802 f).

716 RGZ 77, S. 255 (257); RGZ 145, S. 336 (338); RGZ 146, S. 385 (395); BGH, NJW 2013, S. 1535 (1536); WM 1965, S. 422 (423); *Drescher,* in: Henssler/Strohn, Gesellschaftsrecht, § 246 AktG Rn 32; *Koppensteiner/Gruber,* in: Rowedder/Schmidt-Leithoff, GmbHG, § 47 Rn 142; *Römermann,* in: Michalski, GmbHG, § 47 Anh. Rn 440 ff; *Roth,* in: Roth/Altmeppen, GmbHG, § 47 Rn 140; *Zöllner,* in: Baumbach/Hueck, GmbHG, § 47 Anh. Rn 160.

717 BGH, WM 1965, S. 422 (423); *Römermann,* in: Michalski, GmbHG, § 47 Anh. Rn 440 ff; *Roth,* in: Roth/Altmeppen, GmbHG, § 47 Rn 140; *Zöllner,* in: Baumbach/Hueck, GmbHG, § 47 Anh. Rn 160.

schlussnichtigkeit regelmäßig schon ohne Weiteres aus seiner Mitgliedschaft und den damit verbundenden Kontrollrechten.[718]

Zwar kann dieser Gedanke unmittelbar nur für Nichtigkeitsklagen von Gesellschaftern herangezogen werden. Er gilt jedoch insofern auch für Klagen anderer Personen, als sich das Feststellungsinteresse für die Nichtigkeitsklagen solcher Personen ebenfalls aus denjenigen Gesichtspunkten ergibt, die für deren Aktivlegitimation maßgebend sind.[719] 329

Ein rechtliches Interesse nach § 256 Abs. 1 ZPO ist allerdings dann besonders zu prüfen, wenn sich die Aktivlegitimation wegen einer zwischenzeitlichen Veräußerung des Geschäftsanteils allein aus § 265 ZPO ergibt, denn hier kann das Feststellungsinteresse nicht mehr ohne Weiteres aus der Mitgliedschaft abgeleitet werden und § 265 ZPO selbst vermittelt ein solches nicht, sondern betrifft lediglich die Frage fortbestehender Aktivlegitimation in Form einer gesetzlichen Prozessstandschaft.[720] 330

Das Rechtsschutzbedürfnis für eine gegen die Wahl eines Aufsichtsratsmitgliedes gerichtete Nichtigkeits- und Anfechtungsklage kann entfallen, wenn das betreffende Aufsichtsratsmitglied zurücktritt. Das ist aber nicht der Fall, wenn die unwirksame Bestellung Auswirkungen auf die Rechtsbeziehungen der Gesellschaft, der Gesellschafter, der Geschäftsführer und der Aufsichtsräte hat.[721] Trifft insofern auch grundsätzlich den klagenden Gesellschafter die Darlegungs- und Beweislast, kann die Gesellschaft doch im Rahmen einer sekundären Behauptungslast verpflichtet sein, die unter Mitwirkung des nicht ordnungsgemäß bestellten Aufsichtsratsmitgliedes gefasste Aufsichtsratsbeschlüsse im Einzelnen und hier insbesondere unter Berücksichtigung einer möglichen Ursächlichkeit der unwirksamen Mitwirkung des nicht ordnungsgemäß bestellten Aufsichtsratsmitgliedes darzutun.[722] 331

Übersicht zu Fragen des Feststellungsinteresses – Nr. 23 332

1. Grundsatz	■ Einer besonderen Prüfung des Feststellungsinteresses bzw eines besonderen Rechtsschutzbedürfnisses bedarf es nicht, solange die Aktivlegitimation aus der Mitgliedschaft oder Organstellung des Klägers fortbesteht (BGH, WM; 1965, S. 422, 423; zur AG: OLG Frankfurt, NZG 2009, S. 222; OLG Stuttgart, NZG 2001, S. 277 und NZG 2003, S. 1170).
2. Ausnahme	■ Anderes gilt in den Fällen des § 265 ZPO, weil hier der Hintergrund des regelmäßigen Feststellungsinteresses bzw Rechtsschutzbedürfnisses infolge des Verlusts der Mitgliedschaft bzw der Organstellung entfallen ist und § 265 ZPO nur die Aktivlegitimation perpetuiert in Form einer gesetzlichen Prozessstandschaft.

718 BGH, WM 1965, S. 422 (423); *Koppensteiner/Gruber*, in: Rowedder/Schmidt-Leithoff, GmbHG, § 47 Rn 142; *Wertenbruch*, in: MünchKomm-GmbHG, § 47 Anh. Rn 186.
719 Zur AG: OLG Frankfurt, NZG 2009, S. 222; OLG Stuttgart, NZG 2001, S. 277; NZG 2003, S. 1170; zur GmbH: *Bayer*, in: Lutter/Hommelhoff, GmbHG, § 47 Anh. Rn 30; *Zöllner*, in: Baumbach/Hueck, GmbHG, § 47 Anh. Rn 70.
720 *Wertenbruch*, in: MünchKomm-GmbHG, § 47 Anh. Rn 186.
721 BGH, NJW 2013, S. 1535 (1536 ff).
722 BGH, NJW 2013, S. 1535 (1538).

3. Aufsichtsräte u.a.	■ Rücktritt führt nur dann nicht zum Entfallen des Feststellungsinteresses bzw Rechtsschutzbedürfnisses, wenn Auswirkungen auf die Rechtsbeziehungen der Gesellschaft, der Gesellschafter, der Geschäftsführer und der Aufsichtsräte eintreten können (BGH, NJW 2013, S. 1535, 1536 ff).

VI. Passivlegitimation

333 Auch wenn die Wirksamkeit eines Gesellschafterbeschlusses Gegenstand der Nichtigkeits- und Anfechtungsklage ist, ist die Klage stets gegen die Gesellschaft zu richten, ist also allein die GmbH passivlegitimiert, denn es handelt sich um eine Maßnahme der Gesellschafterversammlung in ihrer Eigenschaft als Gesellschaftsorgan.[723] Eine unterschiedliche Beantwortung der Frage nach der Passivlegitimation für die Nichtigkeits- und die Anfechtungsklage kommt schon im Hinblick auf den einheitlichen Streitgegenstand nicht in Betracht.[724] Hinzu kommt, dass auch für die zweigliedrige GmbH eine Ausnahme ungeachtet ihrer den Personengesellschaften sehr nahe kommenden, personalistischen Struktur schon deshalb ausscheidet, weil eine nach der Zahl der Gesellschafter differenzierende Lösung lediglich eine durch nichts gerechtfertigte Erschwerung des effektiven Rechtsschutzes hinsichtlich der Ermittlung des richtigen Beklagten zur Folge hätte und weil es letztlich um Interessen nicht der Gesellschafter, sondern der Gesellschaft geht.[725]

334 Sind die Gesellschafter danach auch nicht selbst passivlegitimiert und können nicht mit Erfolg im Wege einer Nichtigkeits- und Anfechtungsklage in Anspruch genommen werden, so können sie der verklagten Gesellschaft doch im Wege einer streitgenössischen Nebenintervention als Streithelfer beitreten.[726]

OLG Rostock, Urt. v. 28. Mai 2003 – 6 U 173/02 –, NZG 2004, S. 191 (192):
„… Anfechtungs- und Nichtigkeitsklagen gegen Gesellschafterbeschlüsse sind gegen die Gesellschaft, nicht aber – wie hier geschehen – gegen einzelne Gesellschafter (eben den Beklagten) zu erheben. …“

VII. Vertretung der GmbH

335 Die Vertretung der GmbH richtet sich hinsichtlich der Verteidigung gegen eine Nichtigkeits- und Anfechtungsklage nach den allgemeinen Regeln. Dementsprechend wird die GmbH als Beklagte gemäß § 35 Abs. 1 S. 1 GmbHG durch ihre Geschäftsführer vertreten.[727] Anders als die Aktiengesellschaft wird die GmbH in keinem Fall durch

723 OLG Hamburg, ZIP 1991, S. 1430; OLG Rostock, NZG 2004, S. 191 f; *Bayer,* in: Lutter/Hommelhoff, GmbHG, § 47 Anh. Rn 32; Henssler/Strohn, Gesellschaftsrecht, § 249 AktG Rn 8; *K. Schmidt,* in: Scholz, GmbHG, § 45 Rn 148.
724 *Wertenbruch,* in: MünchKomm-GmbHG, § 47 Anh. Rn 192.
725 OLG Hamm, GmbHR 1985, S. 119; OLG Rostock, NZG 2004, S. 191 (192 f); *Bayer,* in: Lutter/Hommelhoff, GmbHG, § 47 Anh. Rn 32; *Raiser,* in: Ulmer, GmbHG, § 47 Anh. Rn 220; *Römermann,* in: Michalski, GmbHG, § 47 Anh. Rn 488; *K. Schmidt,* in: Scholz, GmbHG, § 45 Rn 148; anders *Joost,* ZGR 1984, S. 71 (72 ff).
726 *Wertenbruch,* in: MünchKomm-GmbHG, § 47 Anh. Rn 193.
727 BGH, NJW 1981, S. 1041; *Bayer,* in: Lutter/Hommelhoff, GmbHG, 18. Aufl., § 47 Anh. Rn 32; *Drescher,* Henssler/Strohn, Gesellschaftsrecht, § 246 AktG Rn 17; *Koppensteiner/Gruber,* in: Rowedder/Schmidt-Leithoff, GmbHG, § 47 Rn 149; *Römermann,* in: Michalski, GmbHG, § 47 Anh. Rn 490; *K. Schmidt,* in: Scholz, GmbHG, § 45 Rn 149.

den Aufsichtsrat vertreten; § 246 Abs. 2 S. 2 AktG findet insofern keine analoge Anwendung.[728]

BGH, Urt. v. 10. November 1980 – II ZR 51/80 –, NJW 1981, S. 1041:

„... Es muss gewährleistet sein, dass die Vertretung während des Rechtsstreits durch alle Instanzen einheitlich geregelt ist und nicht bei Unterschieden in der materiellrechtlichen Beurteilung der jeweils mit der Sache befassten Gerichte von Instanz zu Instanz wechselt. Auch muss vor Eintritt in die materiellrechtliche Prüfung feststehen, ob die Klage zulässig oder unzulässig ist. Anderenfalls hätte vielfach, obwohl das Ergebnis der Sachprüfung feststeht und nunmehr rechtskräftig darüber entschieden werden könnte, ein nicht der Rechtskraft fähiges Prozessurteil zu ergehen. Unabhängig vom Ausgang des Rechtsstreits konnten deshalb entweder nur die bisherigen oder die durch die beanstandeten Beschlüsse bestellten Geschäftsführer die GmbH vertreten. Der Senat hält an der in der zitierten Entscheidung schon vertretenen Ansicht fest, dass ausschließlich die zuletzt genannten Geschäftsführer die gesetzlichen Vertreter in diesem Prozess sind. Sie hätten die GmbH vertreten müssen, wenn diese als Klägerin die Gültigkeit der Beschlüsse hätte festgestellt wissen wollen. Müssen diese gegen die Nichtigkeitsklage verteidigt werden, gilt nichts anderes. In einem solchen Verfahren ist derjenige gesetzlicher Vertreter der GmbH, der bei Abweisung der Nichtigkeitsklage materiellrechtlich als solcher anzusehen wäre. Das sind, da die GmbH die Rechtmäßigkeit der beanstandeten Beschlüsse verteidigt, die durch diese bestellten Geschäftsführer. Denn durch deren wirksame Bestellung wäre das Amt der Notgeschäftsführer erloschen. Diese Regelung ist allein sachgemäß. Die zuletzt bestellten Geschäftsführer werden, weil sie selbst an der Gültigkeit der Beschlüsse interessiert sind, den Antrag auf Abweisung der Nichtigkeitsklage am ehesten sachgerecht vertreten. ...“

Im Stadium der Liquidation wird die GmbH selbst dann durch den Liquidator vertreten, wenn sich die Nichtigkeits- und Anfechtungsklage gegen den Auflösungsbeschluss richtet, also denjenigen Beschluss der zur Liquidation geführt hat.[729] 336

Die Eröffnung des Insolvenzverfahrens hat in der Regel Folgen für die Vertretung der Gesellschaft im Prozess: Hat der mit der Nichtigkeits- und Anfechtungsklage angegriffene Gesellschafterbeschluss Auswirkungen auf die Insolvenzmasse, so vertritt der Insolvenzverwalter gemäß § 80 InsO die GmbH.[730] Hingegen bleibt es trotz § 80 InsO bei der Vertretung durch den Geschäftsführer, wenn eine solche Auswirkung auf die Insolvenzmasse ausgeschlossen ist, zB weil der angegriffene Beschluss lediglich der Organisation der Gesellschaft gilt.[731] Mit Rücksicht auf die Bedeutung der Entlastung der Geschäftsführung bei der GmbH kommt einem Beschluss über die Verweigerung der Entlastung allerdings sehr wohl mehr oder weniger große Bedeutung für die Insolvenzmasse zu. Dementsprechend wird die GmbH in dem den Verweigerungsbeschluss betreffenden Prozess vom Insolvenzverwalter vertreten.[732] 337

728 *Raiser,* in: Ulmer, GmbHG, § 47 Anh. Rn 221; *Wertenbruch,* in: MünchKomm-GmbHG, § 47 Anh. Rn 194.

729 BGH, NJW 1962, S. 531 (538); *Koppensteiner/Gruber,* in: Rowedder/Schmidt-Leithoff, GmbHG, § 47 Rn 149; *Raiser,* in: Ulmer, GmbHG, § 47 Anh. Rn 221; *Römermann,* in: Michalski, GmbHG, § 47 Anh. Rn 495; *K. Schmidt,* in: Scholz, GmbHG, § 45 Rn 149 (Fn 8).

730 OLG München, GmbHR 2011, S. 89 (90); *K. Schmidt,* in: Scholz, GmbHG, § 45 Rn 149; *Wertenbruch,* in: MünchKomm-GmbHG, § 47 Anh. Rn 195.

731 *K. Schmidt,* in: Scholz, GmbHG, § 45 Rn 149; *Wertenbruch,* in: MünchKomm-GmbHG, § 47 Anh. Rn 195.

732 *K. Schmidt,* in: Scholz, GmbHG, § 45 Rn 149; *Wertenbruch,* in: MünchKomm-GmbHG, § 47 Anh. Rn 195.

338 Wird der die Bestellung des Geschäftsführers betreffende Gesellschafterbeschluss mit einer Nichtigkeits- und Anfechtungsklage angegriffen, ist der mit dem streitgegenständlichen Gesellschafterbeschluss bestellte Geschäftsführer dennoch zur Vertretung der Gesellschaft befugt.[733] Maßgebend ist hier, wer im Falle des Obsiegens der Gesellschaft vertretungsberechtigt wäre.[734] Dementsprechend ist der abberufene Geschäftsführer an der Vertretung der GmbH gehindert, wenn der Abberufungsbeschluss angegriffen wird.[735]

339 Unvereinbar sind schließlich die Rollen als Partei und als organschaftlicher Vertreter der Gesellschaft. Deshalb kann derjenige Gesellschafter, der gegen die GmbH Nichtigkeits- und Anfechtungsklage erhoben hat, nicht zugleich die Gesellschaft als Geschäftsführer in dem betreffenden Prozess vertreten.[736] Das gilt auch für eine Nichtigkeits- und Anfechtungsklage des abberufenen Geschäftsführers als Gesellschafter gegen den Abberufungsbeschluss.[737]

340 Fehlt eine Geschäftsführung und ist die GmbH deshalb führungslos, wird die GmbH zunächst gemäß § 35 Abs. 1 S. 2 GmbH durch die Gesellschafter passiv vertreten,[738] und zwar unter Ausschluss des klagenden Gesellschafters.[739] Allerdings gestattet diese Passivvertretung nur die Zustellung der Klageschrift,[740] hingegen weder die Abgabe von Prozesserklärungen seitens der verklagten Gesellschaft[741] noch den Erlass eines gegen sie gerichteten Versäumnisurteils.[742] Vielmehr bleibt die ordnungsgemäß zugestellte Klage mangels hinreichender Vertretung der Gesellschaft im Prozess unzulässig. Will der Kläger die daraus folgende Abweisung der Klage durch Prozessurteil vermeiden, muss er in dieser Situation die Bestellung eines Prozesspflegers (§ 57 ZPO) erwirken.[743]

Von dem Fall der führungslosen GmbH ist derjenige des Ausschlusses der Geschäftsführung von der Prozessvertretung zu unterscheiden:[744] Wegen des Ausschlusses des Klägers von der Vertretung der GmbH bedarf es eines besonderen Vertreters gemäß § 46 Nr. 8 GmbHG, wenn der einzige Geschäftsführer-Gesellschafter klagt.[745] Ge-

733 BGH, NJW 1981, S. 1041; KG, GmbHR 1997, S. 1001; OLG Rostock, NZG 2004, S. 191 (193); *Drescher,* Henssler/Strohn, Gesellschaftsrecht, § 246 AktG Rn 17; *K. Schmidt,* in: Scholz, GmbHG, § 45 Rn 149.

734 BGH, NJW 1981, S. 1041; OLG Rostock, NZG 2004, S. 191 (193); *Wertenbruch,* in: MünchKomm-GmbHG, § 47 Anh. Rn 196 (Fn 631).

735 OLG Rostock, NZG 2004, S. 191 (193); *Drescher,* Henssler/Strohn, Gesellschaftsrecht, § 246 AktG Rn 17.

736 *Raiser,* in: Ulmer, GmbHG, § 47 Anh. Rn 221; *Römermann,* in: Michalski, GmbHG, § 47 Anh. Rn 492; *K. Schmidt,* in: Scholz, GmbHG, § 45 Rn 149; *Wertenbruch,* in: MünchKomm-GmbHG, § 47 Anh. Rn 195.

737 *Koppensteiner/Gruber,* in: Rowedder/Schmidt-Leithoff, GmbHG, § 47 Rn 149; *Raiser,* in: Ulmer, GmbHG, § 47 Anh. Rn 221; *Römermann,* in: Michalski, GmbHG, § 47 Anh. Rn 492; *K. Schmidt,* in: Scholz, GmbHG, § 45 Rn 149.

738 *Bayer,* in: Lutter/Hommelhoff, GmbHG, § 47 Anh. Rn 32; *K. Schmidt,* in: Scholz, GmbHG, § 45 Rn 149; *Wertenbruch,* in: MünchKomm-GmbHG, § 47 Anh. Rn 197.

739 *Wertenbruch,* in: MünchKomm-GmbHG, § 47 Anh. Rn 197.

740 BGH, NZG 2011, S. 26.

741 BGH, NZG 2011, S. 26; *Altmeppen,* in: Roth/Altmeppen, GmbHG, § 35 Rn 28; *Jacoby,* in: Bork/Schäfer, GmbHG, § 35 Rn 41; *K. Schmidt,* GmbHR 2011, S. 113.

742 *Wertenbruch,* in: MünchKomm-GmbHG, § 47 Anh. Rn 197.

743 BGH, NZG 2011, S. 26.

744 Anders *Römermann,* in: Michalski, GmbHG, § 47 Anh. Rn 492, der § 46 Nr. 8 GmbH ohne Rücksicht auf § 35 Abs. 1 S. 2 GmbHG (Passivvertretung) auch für den Fall der Führungslosigkeit zur Anwendung bringen will.

745 *Wertenbruch,* in: MünchKomm-GmbHG, § 47 Anh. Rn 198; *Zöllner,* in: Baumbach/Hueck, GmbHG, § 47 Anh. Rn 165.

schieht dies nicht, kann das zuständige Gericht entweder hilfsweise analog § 57 ZPO einen Prozesspfleger oder – wegen der weiterreichenden Wirkung – äußerst hilfsweise analog § 29 BGB einen Notgeschäftsführer bestellen.[746]

Übersicht zu Fragen der Vertretung der Gesellschaft im Nichtigkeits- und Anfechtungsprozess – Nr. 24 341

1. Grundsatz	a) Die GmbH wird idR von ihrem Geschäftsführer vertreten (BGH, NJW 1981, S. 1041). b) § 246 Abs. 2 S. 2 AktG ist nicht analog anzuwenden. Die GmbH wird nicht durch ihren Aufsichtsrat vertreten.
2. Liquidation	Vertretung durch den Liquidator, und zwar selbst dann, wenn der Auflösungsbeschluss angegriffen wird (BGH, NJW 1962, S. 531, 538).
3. Insolvenzeröffnung	a) Grds. Vertretung durch den Insolvenzverwalter (OLG München, GmbHR 2011, S. 89, 90). b) Ausnahme: Vertretung weiterhin durch den Geschäftsführer, wenn es nur um Fragen geht, die die Insolvenzmasse nicht berühren. Entlastung betrifft allerdings die Masse.
4. Anfechtung von Bestellung und Abberufung	a) Grds. ist maßgebend, wer die GmbH im Falle des Obsiegens der Gesellschaft zu vertreten hätte. b) Anfechtung der Bestellung: Vertretung durch bestellten Geschäftsführer (BGH, NJW 1981, S. 1041). c) Anfechtung der Abberufung: Vertretung nicht durch abberufenen Geschäftsführer (OLG Rostock, NZG 2004, S. 191, 193).
5. Klage des Geschäftsführer -Gesellschafters	Parteirolle als Gegner der Gesellschaft und Vertretung der Gesellschaft sind unvereinbar.
6. Führungslosigkeit bzw Ausschluss des Geschäftsführers von der Vertretung	a) Führungslosigkeit: Passivvertretung durch Gesellschafter nur bzgl Klagezustellung sowie Bestellung eines Prozesspflegers (BGH, NZG 2011, S. 26). b) Ausschluss: Entweder besonderer Vertreter (§ 46 Nr. 8 GmbHG) oder Prozesspfleger (analog § 57 ZPO) bzw hilfsweise Notgeschäftsführer (analog § 29 BGB).

746 *Raiser*, in: Ulmer, GmbHG, § 47 Anh. Rn 221; *Römermann*, in: Michalski, GmbHG, § 47 Anh. Rn 492; *K. Schmidt*, in: Scholz, GmbHG, § 45 Rn 149.

VIII. Nebenintervention

1. Allgemeines

342 Auch nicht selbst am Prozess als Partei beteiligte Personen können dem Prozess über die Wirksamkeit eines mit der Nichtigkeits- und Anfechtungsklage angegriffenen Gesellschafterbeschlusses als Nebenintervenienten beitreten. Das nach § 66 Abs. 1 ZPO dafür erforderliche rechtliche Interesse liegt jedenfalls dann vor, wenn der Nebenintervenient zu dem Kreis von Personen gehört, die die betreffende Nichtigkeits- und Anfechtungsklage als Aktivlegitimierte ebenfalls hätten erheben können. Hinsichtlich der Nichtigkeitsklage besteht demnach ein rechtliches Interesse im Sinne des § 66 Abs. 1 ZPO nicht nur für die Gesellschafter, sondern auch für die Mitglieder der Geschäftsführung und des Aufsichtsrats.[747] Die Ausführungen des Bundesgerichtshofs dazu, dass (nur) Gesellschafter analog § 246 Abs. 4 S. 1 AktG zu benachrichtigen seien,[748] reichen demnach nicht weit genug und lassen den Hintergrund der Benachrichtigungspflicht teilweise unberücksichtigt.

Fraglich ist das rechtliche Interesse allerdings, wenn man auch die Aktivlegitimation für die Anfechtungsklage in den Blick nimmt und den einheitlichen Streitgegenstand bedenkt, denn die Anfechtungsklage kann von Mitgliedern der Geschäftsführung oder des Aufsichtsrats einer GmbH als solche nicht erhoben werden. Hinzu kommt, dass der angegriffene Gesellschafterbeschluss gewöhnlich nicht die eigenen Rechte der genannten Organmitglieder betrifft.[749] Anderes mag zwar für Angriffe gegen Bestellungs-, Abberufungs- und Entlastungsbeschlüsse gelten, kann ein rechtliches Interesse gemäß § 66 Abs. 1 ZPO aber nur in diesem eng begrenzten Bereich begründen.[750] Im Übrigen müsste es an sich dabei bleiben, dass die Voraussetzungen des § 66 Abs. 1 ZPO im Fall der Nebenintervention eines Organmitglieds uU zwar für die Nichtigkeitsklage, nicht aber für die Anfechtungsklage vorliegen. Wegen des einheitlichen Streitgegenstandes von Nichtigkeits- und Anfechtungsklage kann eine solche Differenzierung allerdings hinsichtlich der prozessualen Rechte im Erstprozess praktisch nicht durchgeführt werden. Deshalb muss im Rahmen des § 66 Abs. 1 ZPO die Aktivlegitimation des Organmitglieds für die Nichtigkeitsklage zunächst ausreichen. Anderes kommt nur dann in Betracht, wenn bestimmte Prozesshandlungen sich ausschließlich der Anfechtungsklage zuordnen lassen.[751]

343 Fest steht schließlich, dass die Interessen außenstehender Dritter, zu denen auch die Gesellschaftsgläubiger gehören, gewöhnlich durch Gesellschafterbeschlüsse nicht in der gemäß § 66 Abs. 1 ZPO gebotenen Weise unmittelbar berührt werden.[752] Berücksichtigt man ferner, dass ihnen im Falle der Zulassung einer Nebenintervention wegen der erga-omnes-Wirkung des Urteils die deutlich über die Rechte eines gewöhnlichen Nebenintervenienten hinausreichenden Rechte eine streitgenössischen Nebenin-

747 Unklar zwar *Römermann,* in: Michalski, GmbHG, § 47 Anh. Rn 504 sowie *K. Schmidt,* in: Scholz, GmbHG, § 45 Rn 156; eindeutig aber *Wertenbruch,* in: MünchKomm-GmbHG, § 47 Anh. Rn 199.

748 BGH, NJW 1986, S. 2051 (2052).

749 *Römermann,* in: Michalski, GmbHG, § 47 Anh. Rn 504; *K. Schmidt,* in: Scholz, GmbHG, § 45 Rn 156.

750 *K. Schmidt,* in: Scholz, GmbHG, § 45 Rn 156; *Wertenbruch,* in: MünchKomm-GmbHG, § 47 Anh. Rn 199.

751 So wohl auch *Wertenbruch,* in: MünchKomm-GmbHG, § 47 Anh. Rn 199 und 200 aE.

752 *Römermann,* in: Michalski, GmbHG, § 47 Anh. Rn 504; *K. Schmidt,* in: Scholz, GmbHG, § 45 Rn 156.

tervenienten (§ 69 ZPO)[753] zukämen,[754] scheidet ein rechtliches Interesse außenstehender Dritter aufgrund einer bloß mittelbaren und reflexartigen Betroffenheit in bestimmten Rechtspositionen allgemeiner Art jedenfalls grundsätzlich aus.[755]

2. Rechte des Nebenintervenienten

Da Urteile über Nichtigkeits- und Anfechtungsklagen analog § 248 Abs. 1 S. 1 AktG für und gegen jedermann wirken, also auch gegen nicht am Prozess beteiligte Gesellschafter und Organmitglieder,[756] greift § 69 ZPO (streitgenössische Nebenintervention) ein[757] und verleiht dem Nebenintervenienten besonders weitreichende Rechte: Der streitgenössische Nebenintervenient kann zwar nicht selbst, etwa durch eine Klageänderung oder -rücknahme, über den Streitgegenstand verfügen,[758] er kann aber bestimmten Prozesshandlungen der Hauptpartei, der er beigetreten ist, widersprechen[759] sowie Angriffs- und Verteidigungsmittel ohne Rücksicht auf § 67 Hs 2 ZPO (Widerspruchsverbot) auch gegen ihren Willen geltend machen.[760] Ferner kann der streitgenössische Nebenintervenient für seine Hauptpartei Rechtsmittel einlegen und begründen.[761] 344

Einschränkend ist mit Rücksicht auf die obigen Ausführungen zum rechtlichen Interesse nach § 66 Abs. 1 ZPO hinzuzufügen, dass Prozesshandlungen, die sich ausschließlich auf die Anfechtungs- und nicht auch auf die Nichtigkeitsklage beziehen, unbeachtlich sind, wenn dem Organmitglied als streitgenössischer Nebenintervenient die Aktivlegitimation für die Anfechtungsklage fehlt. Das kann zB hinsichtlich eines bestimmten Beweisantrages der Fall sein, der ausschließlich dem Nachweis eines Anfechtungsgrundes dienen soll. Hier ist zwar die Nebenintervention als solche nach § 66 Abs. 1 ZPO zulässig, nicht aber der betreffende Beweisantrag.[762] 345

3. Informationspflichten

Die Nebenintervention kann in tatsächlicher Hinsicht nur derjenige prüfen und erwägen, der von dem Rechtsstreit Kenntnis erlangt. Hinzu kommt, dass die wegen § 248 Abs. 1 S. 1 AktG unmittelbar in ihren Rechten Betroffenen allgemein den verfassungsrechtlich gebotenen effektiven Rechtsschutz gemäß Art. 2 Abs. 1 iVm Art. 20 Abs. 3 GG und speziell rechtliches Gehör nach Art. 103 Abs. 1 GG nur zu erlangen vermögen, wenn sie rechtzeitig informiert worden sind. Insofern findet zunächst 346

753 Zur besonderen Rechtsstellung des streitgenössen Nebeninterventienten *Weth*, in: Musielak, ZPO, § 69 Rn 6 ff.

754 Mit Rücksicht auf § 69 ZPO zutreffend *Wertenbruch*, in: MünchKomm-GmbHG, § 47 Anh. Rn 199 aE; anders allerdings *K. Schmidt*, in: Scholz, GmbHG, § 45 Rn 156.

755 *Römermann*, in: Michalski, GmbHG, § 47 Anh. Rn 504; *K. Schmidt*, in: Scholz, GmbHG, § 45 Rn 156; *Wertenbruch*, in: MünchKomm-GmbHG, § 47 Anh. Rn 199.

756 BGH, NJW 1996, S. 1753 (1755); *Bayer*, in: Lutter/Hommelhoff, GmbHG, § 47 Anh. Rn 87; *Zöllner*, in: Baumbach/Hueck, GmbHG, § 47 Anh. Rn 177.

757 S. Rn 343, zutreffend *Wertenbruch*, in: MünchKomm-GmbHG, § 47 Anh. Rn 199 aE; anders *K. Schmidt*, in: Scholz, GmbHG, § 45 Rn 156.

758 BGH, WM 2010, S. 1323 (1324); OLG Köln, NZG 2004, S. 46 (47); *Weth*, in: Musielak, ZPO, § 69 Rn 7.

759 BGH, NJW-RR 1993, S. 1254; OLG Schleswig, MDR 1994, S. 460; *Weth*, in: Musielak, ZPO, § 69 Rn 8.

760 BGH, NJW 1984, S. 353; NJW 1985, S. 386; WM 2008, S. 927; OLG Schleswig, NJW-RR 1993, S. 930; *Weth*, in: Musielak, ZPO, § 69 Rn 8 sowie speziell im vorliegenden Zusammenhang: *K. Schmidt*, in: Scholz, GmbHG, § 45 Rn 156; *Zöllner*, in: Baumbach/Hueck, GmbHG, § 47 Anh. Rn 169.

761 BGH, NJW 1985, S. 2480; NJW 1990, S. 190; *Weth*, in: Musielak, ZPO, § 69 Rn 4 sowie speziell im vorliegenden Zusammenhang: *K. Schmidt*, in: Scholz, GmbHG, § 45 Rn 156; *Zöllner*, in: Baumbach/Hueck, GmbHG, § 47 Anh. Rn 169.

762 *Wertenbruch*, in: MünchKomm-GmbHG, § 47 Anh. Rn 199 und 200 aE.

§ 246 Abs. 4 S. 1 AktG dahingehend analoge Anwendung, dass die Geschäftsführung der verklagten GmbH die erforderliche Information zu leisten hat.[763]

> **BGH, Urt. v. 20. Januar 1986 – II ZR73/85 –, NJW 1986, S. 2051 (2052):**
> „... In der GmbH ist der Geschäftsführer entsprechend § 246 Abs. 4 AktG verpflichtet, die Gesellschafter davon zu unterrichten, dass der Beschluss angefochten und zugleich eine anders lautende gerichtliche Feststellung des Beschlussergebnisses verlangt wird. ..."

347 Auch wenn es sich nicht um eine Bekanntmachungspflicht im engeren Sinne handeln mag,[764] reicht doch umgekehrt eine Bekanntmachung in den Gesellschaftsblättern mit Rücksicht auf die Unterschiede zwischen Aktiengesellschaft und GmbH und den gebotenen effektiven Rechtsschutz nicht aus. Vielmehr ist ein Weg der Benachrichtigung zu wählen, der eine rechtzeitige Kenntnisnahme durch die Betroffenen erwarten lässt.[765]

348 Mit Rücksicht auf die das Gericht treffenden Pflichten aus Art. 2 Abs. 1 in Verbindung mit Art. 20 Abs. 3 GG sowie aus Art. 103 Abs. 1 GG, muss das Gericht dafür Sorge tragen, dass die Beklagte durch ihre Geschäftsführung der Informationspflicht hinreichend nachkommt. Diese Pflicht erschöpft sich zwar gewöhnlich in einer bloßen Prüfpflicht, kann aber im Einzelfall zu einer Pflicht erstarken, die erforderliche Information selbst zu bewirken, wenn nämlich zum einen Anhaltspunkte für eine Nichterfüllung der Pflicht durch die Geschäftsführung vorliegen und zum anderen eine hinreichende und rechtzeitige Information anders nicht (mehr) bewirkt werden kann.[766]

349 Wird die Informationspflicht verletzt, hat das nicht nur verfassungs- und einfachrechtliche Folgen für den Prozess, sondern kann auch eine Schadenersatzpflicht der Geschäftsführer sowohl gegenüber der GmbH aus § 280 Abs. 1 BGB als auch gegenüber den nicht benachrichtigten Betroffenen aus § 823 Abs. 2 BGB in Verbindung mit § 246 Abs. 4 S. 1 AktG analog begründen.[767]

350 Wird die aus § 246 Abs. 4 S. 1 AktG, Art. 2 Abs. 1 in Verbindung mit Art. 20 Abs. 3 GG und Art. 103 Abs. 1 GG folgende Informationspflicht nicht erfüllt und hat der wegen § 248 Abs. 1 S. 1 AktG unmittelbar in seinen Rechten betroffene Dritte deshalb bisher nicht die Gelegenheit gehabt, seine Rechte durch Nebenintervention wahrzunehmen, muss der auch von Verfassungs wegen gebotene Rechtsschutz möglichst noch durch entsprechende Anwendung des maßgebenden Prozessrechts gewährleistet werden.[768] Dabei kommt eine analoge Anwendung des § 579 Abs. 1 Nr. 4

---

763 BGH, NJW 1986, S. 2051 (2052 f); OLG Düsseldorf, GmbHR 2000, S. 1050 (1052); *Bayer,* in: Lutter/Hommelhoff, GmbHG, § 47 Anh. Rn 33; *Raiser,* in: Ulmer, GmbHG, § 47 Anh. Rn 224 (auch Organmitglieder müssen informiert werden); *Römermann,* in: Michalski, GmbHG, § 47 Anh. Rn 498; *K. Schmidt,* in: Scholz, GmbHG, § 45 Rn 148, 156; *Wertenbruch,* in: MünchKomm-GmbHG, § 47 Anh. Rn 201; eingehend dazu *Rensen,* NZG 2011, S. 569 ff.

764 BGH, NJW 1986, S. 2051 f; *Drescher,* in: Henssler/Strohn, Gesellschaftsrecht, § 246 AktG Rn 24; *Koppensteiner/Gruber,* in: Rowedder/Schmidt-Leithoff, GmbHG, § 47 Rn 144; *Zöllner,* in: Baumbach/Hueck, GmbHG, § 47 Anh. Rn 170.

765 *Bayer,* in: Lutter/Hommelhoff, GmbHG, § 47 Anh. Rn 33; *Wertenbruch,* in: MünchKomm-GmbHG, § 47 Anh. Rn 201; ferner *Rensen,* NZG 2011, S. 569 f.

766 BGH, NJW 1986, S. 2051 (2052 f); *Raiser,* in: Ulmer, GmbHG, § 47 Anh. Rn 224; *Römermann,* in: Michalski, GmbHG, § 47 Anh. Rn 501; *K. Schmidt,* in: Scholz, GmbHG, § 45 Rn 156; eingehend dazu *Rensen,* NZG 2011, S. 569 f.

767 *Römermann,* in: Michalski, GmbHG, § 47 Anh. Rn 499; *Wertenbruch,* in: MünchKomm-GmbHG, § 47 Anh. Rn 201; *Rensen,* NZG 2011, S. 569 (572).

768 *Rensen,* NZG 2011, S. 569 (571 f); *Schwab,* in: Schmidt/Lutter, AktG, § 246 Rn 28; *Wertenbruch,* in: MünchKomm-GmbHG, § 47 Anh. Rn 202.

ZPO[769] schon deshalb nicht in Betracht, weil die Rechtsschutzversagung bei dieser Lösung zunächst hingenommen würde. Stattdessen ist anknüpfend an die höchstrichterliche Rechtsprechung zu den Folgen mangelnder Zustellung[770] davon auszugehen, dass Rechtsmittel- und Rechtsbehelfsfristen zu Gunsten des betroffenen Dritten nicht in Lauf gesetzt werden, so dass der betroffene Dritte ohne Rücksicht auf den Fristlauf Rechtsmittel einlegen und beitreten kann.[771] Vor Erlass des Urteils kommt eine Wiedereröffnung nach § 156 Abs. 2 Nr. 1 ZPO in Betracht.[772]

4. Interventionsfrist

Die verfassungsmäßige[773] Bestimmung des § 246 Abs. 4 S. 2 AktG sieht eine Monatsfrist für die Nebenintervention nur auf Klägerseite[774] vor. Diese Regelung ist mit der auch sonst geltenden Einschränkung analog auf die GmbH anzuwenden,[775] dass der starren Frist wie bei § 246 Abs. 1 AktG zwar nicht nur die Funktion eines Leitbildes zukommt,[776] sondern Ausnahmen nur in eng begrenzten Fällen und aufgrund zwingender Gesichtspunkte in Betracht kommen.[777] 351

Übersicht über Fragen der Information und der Nebenintervention – Nr. 25 352

1. Informationspflicht	a)	Wer für die Nichtigkeitsklage aktivlegitimiert ist und wer uU von dem Urteil wegen der Rechtskraft erga omnes unmittelbar in eigenen (Organ-)Rechten betroffen ist, ist zu benachrichtigen (nicht nur Gesellschafter, sondern auch Geschäftsführer, Aufsichts- und Beiräte; anders und nur für Benachrichtigung der Gesellschafter: BGH, NJW 1986, S. 2051, 2052).
	b)	Analog § 246 Abs. 4 S. 1 AktG (BGH, NJW 1986, S. 2051, 2052 f) ist zwar primär die Geschäftsführung zur Information verpflichtet und kann sich das Gericht auf die Kontrolle der Erfüllung dieser aus Art. 2 Abs. 1 iVm Art. 20 Abs. 3 bzw Art. 103 Abs. 1 GG folgenden Pflicht beschränken. U.U. kann die Kontrollpflicht aber zur eigenen Benachrichtigungspflicht erstarken.

769 Dafür allerdings *Schwab,* in: Schmidt/Lutter, AktG, § 246 Rn 28.
770 BGH, FamRZ 2007, S. 40.
771 *Wertenbruch,* in: MünchKomm-GmbHG, § 47 Anh. Rn 202; *Rensen,* NZG 2011, S. 569 (571 f).
772 *Wertenbruch,* in: MünchKomm-GmbHG, § 47 Anh. Rn 202; *Rensen,* NZG 2011, S. 569 (571).
773 *Goslar/v. der Linden,* WM 2009, S. 493; *Hüffer,* AktG, § 246 Rn 40; *Rensen,* NZG 2011, S. 569 (570 f); anders *Schwab,* in: Schmidt/Lutter, AktG, § 246 Rn 26.
774 BGH, NZG 2009, S. 948; *Hüffer,* AktG, § 246 Rn 40 aE; *Rensen,* NZG 2011, S. 569 (570); anders *Wasmann/Kallweit,* Der Konzern 2008, S. 138.
775 *Rensen,* NZG 2011, S. 569 (570 f); *Wertenbruch,* in: MünchKomm-GmbHG, § 47 Anh. Rn 203; anders *Drescher,* in: Henssler/Strohn, Gesellschaftsrecht, § 246 AktG Rn 24 (ohne Begründung für selektive Analogie); *Zöllner,* in: Baumbach/Hueck, GmbHG, 20. Aufl., § 47 Anh. Rn 169.
776 So aber zu § 246 Abs. 1 AktG noch BGH, Urt. v. 14. Mai 1990 – II ZR 126/89 –, NJW 1990, S. 2625 und darauf abstellend *Wertenbruch,* in: MünchKomm-GmbHG, § 47 Anh. Rn 203.
777 Zur analogen Anwendung des § 246 Abs. 1 AktG: BGH, NZG 2005, S. 551 (553) und NZG 2009, S. 1110; *Drescher,* in: Henssler/Strohn, Gesellschaftsrecht, § 246 AktG Rn 4.

	c) Es ist eine Form der Benachrichtigung zu wählen, die eine rechtzeitige Kenntnisnahme sicher erwarten lässt.
2. Rechte des Nebenintervenienten	a) Streitgenössische Nebenintervention, § 69 ZPO. b) Zwar keine Befugnis zur Disposition über den Streitgegenstand durch Klagerücknahme oder -änderung, aber neben Vertretung der Hauptpartei bei Säumnis sämtliche Angriffs- und Verteidigungsmittel auch gegen den Willen der Hauptpartei, Widerspruchsrecht bzgl Prozesshandlungen der Hauptpartei sowie Rechtmitteleinlegung und -begründung. c) Problematisch sind Prozesshandlungen des Nebenintervenienten dann, wenn sie sich ausschließlich auf die Anfechtungsklage und nicht auch auf die Nichtigkeitsklage beziehen sowie der Nebenintervenient als Organmitglied nur für die Nichtigkeitsklage aktivlegitimiert ist.
3. Interventionsfrist	Analog § 246 Abs. 4 S. 2 AktG Monatsfrist für Intervention, allerdings nur für Intervention auf Klägerseite (str.).
4. Verletzung der Informationspflicht	a) Die Verletzung der Benachrichtigungspflicht hat für ein bereits ergangenes Urteil zur Folge, dass Rechtsmittelfristen für die Betroffenen nicht in Lauf gesetzt werden (BGH, FamRZ 2007, S. 40 zu den Folgen mangelnder Zustellung). b) Ist ein Urteil noch nicht ergangen, muss gemäß § 156 Abs. 2 Nr. 1 ZPO wiedereröffnet werden. c) Kommt dies zu spät und ist bereits ein Schaden entstanden, kann der Betroffene uU von der Geschäftsführung Schadenersatz verlangen.

IX. Klagefristen

1. Nichtigkeitsklage – Drei-Jahres-Frist

353 Der die Klagefrist regelnde und auf die GmbH analog anzuwendende § 246 Abs. 1 AktG betrifft schon dem Wortlaut nach ausschließlich die Erhebung der Anfechtungsklage. Hinzu kommt, dass § 249 Abs. 1 S. 1 AktG für die Nichtigkeitsklage zwar ausdrücklich auf § 246 Abs. 2, Abs. 3 S. 1 bis 5 und Abs. 4 AktG verweist, nicht hingegen § 246 Abs. 1 AktG in Bezug nimmt. Dementsprechend gilt für die Nichtigkeitsklage keine Klagefrist.[778]

354 Zu beachten ist allerdings im Zusammenhang mit einer möglichen Heilung durch Eintragung die oben (Rn 160 ff) schon erörterte, die Nichtigkeit selbst betreffende Drei-Jahres-Frist analog § 242 Abs. 2 S. 1 AktG.[779] Diese Regelung ist im Hinblick

778 *Wertenbruch*, in: MünchKomm-GmbHG, § 47 Anh. Rn 204.
779 BGH, NJW 1981, S. 2125 (2126); *Raiser*, in: Ulmer, GmbHG, § 47 Anh. Rn 87.

auf den bezweckten Schutz nicht nur der Gesellschafterinteressen zwingender Natur, so dass die Drei-Jahres-Frist durch die Satzung weder abgekürzt[780] noch verlängert werden kann,[781] sondern den Gesellschaftern grundsätzlich in voller Länge zur Verfügung steht[782] und nicht allgemein durch eine angemessene, bereits vor Ablauf von drei Jahren endende Frist für die gerichtliche Geltendmachung von Nichtigkeitsgründen ersetzt werden kann.[783] Nicht einmal durch Vereinbarung zwischen dem klagenden Gesellschafter und der GmbH kann die Frist verlängert werden,[784] denn der Gesetzgeber darf hier zweifellos typisieren und die gesetzlich vorgesehenen drei Jahre werden typischerweise für eine außergerichtliche Streitbeilegung, etwa im Rahmen eines Mediationsverfahrens, ausreichen.[785]

Zwar bedarf es zur Wahrung der Drei-Jahres-Frist des § 242 Abs. 2 S. 1 AktG an sich 355
der Klageerhebung im Sinne des § 261, § 253 Abs. 1 ZPO, also der Begründung der Rechtshängigkeit der Nichtigkeitsklage durch ordnungsgemäße Zustellung der entsprechenden (Wider-)Klageschrift.[786] Jedoch genügt nach § 167 ZPO die rechtzeitige Einreichung der Klage, also die bloße Anhängigkeit, wenn nur die Zustellung demnächst geschieht,[787] also innerhalb einer angemessenen Frist. Ein Zeitraum von zwei Wochen ist dabei als geringfügig anzusehen und von vornherein unbedenklich.[788]

BGH, Urt. v. 14. November 1988 – II ZR82/88 –, NJW-RR 1989, S. 904:
„... Diese Nichtigkeit des Beschlusses ist nicht nach § 242 Abs. 2 AktG dadurch geheilt, dass seit Eintragung des Beschlusses ins Handelsregister (16.5.1983) drei Jahre verstrichen sind. Die Frist ist durch Erhebung der Nichtigkeitsklage bis zum rechtskräftigen Abschluss dieses Verfahrens verlängert worden. Zwar war die Klage bei Ablauf der Frist erst anhängig und nicht – wie von § 242 Abs. 2 S. 2 AktG gefordert – schon rechtshängig. Nach § 270 Abs. 3 ZPO gilt die durch die Zustellung der Klage zu wahrende Frist aber schon mit Einreichung der Klage beim Gericht als eingehalten, wenn die Klageschrift demnächst zugestellt wird. ...“

Weitere Verzögerungen sind nur dann unschädlich, wenn sie nicht vom (Wider-)Klä- 356
ger zu verantworten sind, er also alle ihm zumutbaren Maßnahmen zwecks zügiger Zustellung unternommen hat.[789]

Kann auch die Nichtigkeit unabhängig von einer gerichtlichen Feststellung und einer 357
entsprechenden Klage geltend gemacht werden, wird die für die Heilung analog § 242 Abs. 2 S. 1 AktG maßgebende Drei-Jahres-Frist doch nicht durch bloß einredeweise Geltendmachung der Beschlussnichtigkeit in einem Verfahren mit einem ande-

780 *K. Schmidt,* in: Scholz, GmbHG, § 45 Rn 146; *Wertenbruch,* in: MünchKomm-GmbHG, § 47 Anh. Rn 205.
781 *Raiser,* in: Ulmer, GmbHG, § 47 Anh. Rn 90; *Wertenbruch,* in: MünchKomm-GmbHG, § 47 Anh. Rn 205.
782 BGH, NJW 1981, S. 2125 (2126).
783 *Bayer,* in: Lutter/Hommelhoff, GmbHG, § 47 Anh. Rn 29; *Römermann,* in: Michalski, GmbHG, § 47 Anh. Rn 244; *K. Schmidt,* in: Scholz, GmbHG, § 45 Rn 146; *Zöllner,* in: Baumbach/Hueck, GmbHG, § 47 Anh. Rn 75.
784 *Römermann,* in: Michalski, GmbHG, § 47 Anh. Rn 246; *Wertenbruch,* in: MünchKomm-GmbHG, § 47 Anh. Rn 205.
785 *Wertenbruch,* in: MünchKomm-GmbHG, § 47 Anh. Rn 205.
786 *Hüffer,* in: MünchKomm-GmbHG, § 242 AktG Rn 9 (zur AG); *Wertenbruch,* in: MünchKomm-GmbHG, § 47 Anh. Rn 206.
787 *Hüffer,* in: MünchKomm-GmbHG, § 242 AktG Rn 4 (zur AG); *Römermann,* in: Michalski, GmbHG, § 47 Anh. Rn 245; *Wertenbruch,* in: MünchKomm-GmbHG, § 47 Anh. Rn 206.
788 BGH, NJW-RR 2006, S. 789 (790); *Dörndorfer,* in: BeckOK-ZPO, § 167 Rn 4.
789 BGH, NJW 2006, S. 3206 (3207); *Dörndorfer,* in: BeckOK-ZPO, § 167 Rn 4.

ren Streitgegenstand gewahrt.[790] Soll dementsprechend die Möglichkeit der Geltendmachung von Nichtigkeitsgründen erhalten bleiben, muss der Gesellschafter binnen der Drei-Jahres-Frist nach Eintragung des betreffenden Beschlusses eine entsprechende Klage einreichen. Nur innerhalb der Frist kann er die Nichtigkeit einredeweise geltend machen, muss aber auch dabei den Fristlauf im Auge behalten, will er nicht den Wegfall der Einrede während des laufenden Verfahrens riskieren. Im Zusammenhang mit dem Nachschieben von Nichtigkeitsgründen während eines laufenden Nichtigkeits- und Anfechtungsprozesses ist zu beachten, dass der für den betreffenden Nichtigkeitsgrund relevante Sachverhalt als Teil des Klagegrundes im Sinne des § 253 Abs. 2 Nr. 2 ZPO innerhalb der Drei-Jahres-Frist des § 242 Abs. 2 S. 1 AktG in den Prozess eingeführt wird, weil auch hinsichtlich zu spät nachgeschobener Gründe Heilung analog § 242 Abs. 2 S. 1 AktG eintritt.[791]

2. Anfechtungsklage – vom bloßen Leitbild zur analogen Anwendung des § 246 Abs. 1 AktG

a) Fristberechnung und frühere Rechtsprechung zur Leitbildfunktion der in § 246 Abs. 1 AktG vorgesehenen Monatsfrist

358 Die Frist für die Anfechtungsklage richtet sich nach § 246 Abs. 1 AktG, ist nach den §§ 187 ff BGB zu berechnen und wird durch eine Klage bzw ein PKH-Gesuch gegen die Gesellschaft vertreten durch die Geschäftsführung gewahrt. Dabei genügt die rechtzeitige Einreichung der Klage (§ 167 ZPO), und grds. schadet die Anrufung eines unzuständigen Gerichts nicht.[792]

Die Regelung des § 246 Abs. 1 AktG, die für die klageweise Geltendmachung von Anfechtungsgründen bei der Aktiengesellschaft eine strikte Monatsfrist vorsieht, sollte nach der früheren Rechtsprechung des Bundesgerichtshofs auf die GmbH nur in eingeschränktem Umfang analoge Anwendung finden.[793] Für die starre Regelung des § 246 Abs. 1 AktG sei vor allem der Gesichtspunkt der Rechtssicherheit maßgebend, dem jedoch bei der GmbH ein geringeres Gewicht zukomme als das bei der auf den Kapitalmarkt und eine Vielzahl von einander persönlich nicht bekannten Gesellschaftern ausgerichteten Aktiengesellschaft der Fall sei.[794] Hinzu komme, dass bei der stärker auf persönliche Beziehungen zwischen einer begrenzten Zahl von Gesellschaftern angelegten GmbH andere, außergerichtliche Möglichkeiten der Streitbeilegung und Klärung offener Fragen wesentlich näher lägen. Diese würden aber durch eine allzu kurze und zudem starre Fristregelung, wie sie in § 246 Abs. 1 AktG ohne Rücksicht auf die Natur der GmbH vorgesehen sei, allzu sehr eingeschränkt.[795]

790 Zur GmbH: BGH, WM 1984, S. 473; *Wertenbruch,* in: MünchKomm-GmbHG, § 47 Anh. Rn 206 sowie zur AG: BGH, WM 1960, S. 1248.

791 *Wertenbruch,* in: MünchKomm-GmbHG, § 47 Anh. Rn 206 aE.

792 *Drescher,* in: Henssler/Strohn, Gesellschaftsrecht, § 246 AktG Rn 3, 5 ff.

793 So BGH, NJW 1990, S. 2625; NJW 1999, S. 2115 (2116); anders hingegen NZG 2005, S. 551 (552 f); NZG 2009, S. 1110; *Bayer,* in: Lutter/Hommelhoff, GmbHG, § 47 Anh. Rn 62; *Drescher,* in: Henssler/Strohn, Gesellschaftsrecht, § 246 Rn 4; *Roth,* in: Roth/Altmeppen, GmbH, § 47 Rn 144; *Zöllner,* in: Baumbach/Hueck, GmbHG, § 47 Anh. Rn 145; dagegen *Römermann,* in: Michalski, GmbHG, § 47 Anh. Rn 465 ff.

794 BGH, NJW 1990, S. 2625; *K. Schmidt,* Gesellschaftsrecht, § 36 III 4 b; *Wertenbruch,* in: MünchKomm-GmbHG, § 47 Anh. Rn 207.

795 BGH, NJW 1990, S. 2625; NJW 1993, S. 129 (130); OLG Hamm, NJW-RR 2004, S. 838; *Bayer,* in: Lutter/Hommelhoff, GmbHG, § 47 Anh. Rn 62.

Ebenso wenig sollten deshalb die strikten Monatsfristen der § 14 Abs. 1, § 125 S. 1, § 195 Abs. 1 UmwG bei gegen Umwandlungsbeschlüsse gerichteten Klagen uneingeschränkt analoge Anwendung finden.[796] 359

Galt die in § 246 Abs. 1 AktG für die Aktiengesellschaft vorgesehene starre Monatsfrist auch nicht ohne Weiteres entsprechend für die GmbH, so sollte ihr doch eine Leitbildfunktion für die Anfechtungsklage bei der GmbH zukommen.[797] Anders formuliert bedeutete dies, dass die Anfechtungsklage bei der GmbH innerhalb einer angemessenen Frist erhoben werden konnte und in der Monatsfrist des § 246 Abs. 1 AktG bei der Bestimmung der jeweils angemessenen Frist ein Maßstab liegen sollte.[798] Mit Rücksicht auf die oben (Rn 358) erwähnten Besonderheiten der GmbH gegenüber der Aktiengesellschaft war dies zum einen so zu verstehen, dass einerseits die angemessene Frist für die Erhebung einer Anfechtungsklage bei der GmbH jedenfalls nicht kürzer sein durfte als die in § 246 Abs. 1 GmbH vorgesehene Monatsfrist[799] und andererseits eine Überschreitung der Monatsfrist um nur wenige Tage von vornherein unschädlich und im Rahmen der Angemessenheitsprüfung bedeutungslos war.[800] Zum anderen ergab sich aus der Leitbildfunktion, dass die Klage grundsätzlich innerhalb eines Zeitraums von ca. einem Monat erhoben werden musste, wenn nicht besondere Umstände des vorliegenden Einzelfalles die Verzögerung rechtfertigen.[801] 360

BGH, Urt. v. 14. Mai 1990 – II ZR 126/89 –, NJW 1990, S. 2625:

„... Der Senat hat bereits in früheren Entscheidungen, ohne die Frage endgültig beantworten zu müssen, deutlich zum Ausdruck gebracht, dass wegen der Verschiedenheiten zwischen Aktiengesellschaft und Gesellschaft mit beschränkter Haftung gewichtige Gründe dafür sprächen, die strikte Frist von einem Monat, innerhalb deren nach § 246 Abs. 1 AktG die Anfechtungsklage gegen einen Beschluss der Hauptversammlung erhoben werden muss, nicht auf das GmbH-Recht zu übertragen... Das Bedürfnis an Rechtssicherheit, dem die einmonatige Anfechtungsfrist im Aktienrecht dient, ist dort wesentlich größer als bei der GmbH. Diese Gesellschaftsform ist im Gegensatz zur Aktiengesellschaft wegen der typischerweise zwischen den Gesellschaftern bestehenden persönlichen Beziehungen auf eine tragfähige Vertrauensgrundlage angewiesen. Etwaige Meinungsverschiedenheiten über einen von der Gesellschafterversammlung gefassten Beschluss müssen nach Möglichkeit einvernehmlich bereinigt werden können, bevor eine Anfechtungs-

796 *Koppensteiner/Gruber*, in: Rowedder/Schmidt-Leithoff, GmbHG, § 47 Rn 139; *K. Schmidt*, Gesellschaftsrecht, § 36 III 4 b; *Zöllner*, in: Baumbach/Hueck, GmbHG, § 47 Anh. Rn 145.

797 BGH, NJW 1987, S. 2514; NJW 1988, S. 1844 (1845); NJW 1990, S. 2625; NJW 1999, S. 2115 (2116); NZG 2009, S. 1110; OLG Hamm, NJW-RR 2004, S. 838; *Bayer*, in: Lutter/Hommelhoff, GmbHG, § 47 Anh. Rn 62; *Römermann*, in: Michalski, GmbHG, § 47 Anh. Rn 460; *Roth*, in: Roth/Altmeppen, GmbH, § 47 Rn 144; *K. Schmidt*, in: Scholz, GmbHG, § 45 Rn 142; *Zöllner*, in: Baumbach/Hueck, GmbHG, § 47 Anh. Rn 145 ff.

798 BGH, NJW 1998, S. 1559 (1561); NZG 2005, S. 551 (553); NZG 2009, S. 1110; *Wertenbruch*, in: MünchKomm-GmbHG, § 47 Anh. Rn 209.

799 *Bayer*, in: Lutter/Hommelhoff, GmbHG, § 47 Anh. Rn 63; *Koppensteiner/Gruber*, in: Rowedder/Schmidt-Leithoff, GmbHG, § 47 Rn 139; *Rohleder*, in: GmbHR 1989, S. 236 (241); *Roth*, in: Roth/Altmeppen, GmbH, § 47 Rn 144; *K. Schmidt*, in: Scholz, GmbHG, § 45 Rn 142; *Zöllner*, in: Baumbach/Hueck, GmbHG, § 47 Anh. Rn 145.

800 OLG Hamburg, JZ 1953, S. 405 (406); *Rohleder*, in: GmbHR 1989, S. 236 (241); *K. Schmidt*, Gesellschaftsrecht, § 36 III 4 b; *Wertenbruch*, in: MünchKomm-GmbHG, § 47 Anh. Rn 209.

801 BGH, NJW 1990, S. 2625; *Bayer*, in: Lutter/Hommelhoff, GmbHG, § 47 Anh. Rn 63; *Drescher*, in: Henssler/Strohn, Gesellschaftsrecht, § 246 Rn 4; *Koppensteiner/Gruber*, in: Rowedder/Schmidt-Leithoff, GmbHG, § 47 Rn 139; *Römermann*, in: Michalski, GmbHG, § 47 Anh. Rn 460; *Roth*, in: Roth/Altmeppen, GmbH, § 47 Rn 145; *K. Schmidt*, in: Scholz, GmbHG, § 45 Rn 143; *Zöllner*, in: Baumbach/Hueck, GmbHG, § 47 Anh. Rn 146 f.

klage erhoben wird. Das führt dazu, § 246 Abs. 1 AktG auf Anfechtungsklagen gegen Beschlüsse der Gesellschafterversammlung einer GmbH nicht entsprechend anzuwenden. Die Klage muss gleichwohl, wie der Senat in den erwähnten Entscheidungen ebenfalls ausgesprochen hat, mit aller dem anfechtungsberechtigten Gesellschafter zumutbaren Beschleunigung erhoben werden. Dabei kann die Monatsfrist des § 246 Abs. 1 AktG, die dem Gesellschafter in jedem Fall zur Verfügung stehen muss, als Leitbild herangezogen werden. Liegen keine besonderen Umstände vor und ist eine einverständliche Regelung nicht zu erwarten, muß der Gesellschafter Mängel, die ihm bereits bei der Beschlussfassung erkennbar sind, innerhalb eines Monats durch Klageerhebung geltend machen. Das gilt entgegen der Ansicht des Berufungsgerichts grundsätzlich auch für kleinere Gesellschaften, deren Gesellschafter durch verwandtschaftliche Beziehungen miteinander verbunden sind. Nicht zumutbar ist dem Gesellschafter die Klageerhebung insbesondere, solange er nicht ausreichend Zeit hatte, schwierige tatsächliche oder rechtliche Fragen zu klären oder klären zu lassen, auf die es für die Beurteilung der Erfolgsaussicht der Klage ankommt. ..."

361 Als Umstände im Sinne dieser Rechtsprechung kamen die folgenden Gesichtspunkte in Betracht:

Fehlte eine Regelung in der Satzung, sollte die angemessene Anfechtungsfrist zwar dem Gesetzeswortlaut folgend unabhängig von der Kenntnis bereits mit der Beschlussfassung beginnen.[802] Hatte es dem klagenden Gesellschafter jedoch an der notwendigen Kenntnis gemangelt, ohne dass ihm dies wegen einer Außerachtlassung der ihm als Gesellschafter obliegenden Sorgfaltspflichten vorgeworfen werden konnte, sollte die Monatsfrist im Sinne einer insgesamt angemessenen Frist zu verlängern sein. Maßgebend für die Verlängerung sollte sein, ab wann von dem Kläger entweder routinemäßig oder aufgrund ihm bekannter Umstände Maßnahmen zur Kenntniserlangung zu erwarten waren und wann danach eine ausreichende Kenntnis vorhanden gewesen wäre.[803] Auch Verhandlungen zwischen den Gesellschaftern über eine außergerichtliche Streitbeilegung, die sich insbesondere bei Einschaltung von Rechtsanwälten und dem Austausch von Schriftsätzen schon wegen der üblichen zweiwöchigen Stellungnahmefristen leicht über mehr als einen Monat hinziehen, sollten mit Rücksicht auf die Überlegungen zur bloßen Leitbildfunktion der Monatsfrist eine angemessene Verlängerung der Monatsfrist rechtfertigen können.[804] Ebenso sollten trotz hinreichender Sorgfalt bestehende Schwierigkeiten bei der Tatsachenermittlung im Rahmen der Angemessenheitsprüfung zu berücksichtigen sein und sollten zu einer Verlängerung der Monatsfrist führen können.[805] Auch Rechtsprobleme sollten in dieser Weise bei der Bestimmung der angemessenen Anfechtungsfrist von Bedeutung sein können.[806]

362 Da es nach den vorstehenden Ausführungen zum einen besonderer Umstände zur Rechtfertigung einer Verlängerung der Monatsfrist bedurfte und zum anderen nach

802 BGH, NZG 2005, S. 551 (553); *Drescher*, in: Henssler/Strohn, Gesellschaftsrecht, § 246 Rn 4; *K. Schmidt*, in: Scholz, GmbHG, § 45 Rn 145; anders *Zöllner*, in: Baumbach/Hueck, GmbHG, § 47 Anh. Rn 153.

803 *Wertenbruch*, in: MünchKomm-GmbHG, § 47 Anh. Rn 209.

804 BGH, NJW 1993, S. 129 f; OLG Dresden, NJW-RR 1997, S. 1535 (1536); OLG Hamm, GmbHR 1995, S. 736 (738); *Roth*, in: Roth/Altmeppen, GmbH, § 47 Rn 145; *Wertenbruch*, in: MünchKomm-GmbHG, § 47 Anh. Rn 210.

805 BGH, NJW 1993, S. 129 f; *Bayer*, in: Lutter/Hommelhoff, GmbHG, § 47 Anh. Rn 63; *Roth*, in: Roth/Altmeppen, GmbH, § 47 Rn 145; *Zöllner*, in: Baumbach/Hueck, GmbHG, § 47 Anh. Rn 147.

806 BGH, NJW 1993, S. 129 f; *Bayer*, in: Lutter/Hommelhoff, GmbHG, § 47 Anh. Rn 63; *Roth*, in: Roth/Altmeppen, GmbH, § 47 Rn 145; *Zöllner*, in: Baumbach/Hueck, GmbHG, § 47 Anh. Rn 147.

allgemeinen Regeln stets derjenige die Darlegungs- und Beweislast trägt, der sich auf ihm günstige Umstände beruft, musste der klagende Gesellschafter die betreffenden Tatsachen im Prozess hinreichend substantiiert[807] darlegen und beweisen. Man konnte dies auch damit begründen, dass der Gesellschafter treuwidrig handelte, wenn er ohne rechtfertigende, besondere Umstände nach Ablauf eines Monats Anfechtungsklage erhob.[808]

Aufgrund der bloßen Leitbildfunktion des § 246 Abs. 1 AktG gab es für die Anfechtungsklage des § 246 Abs. 1 AktG und die danach erforderliche Bestimmung einer nach den Umständen des Einzelfalles angemessenen Anfechtungsfrist weder eine absolute Höchstfrist[809] noch auch nur eine regelmäßige Höchstfrist etwa von drei Monaten.[810] Eine solche Frist hätte nicht nur keinerlei Anhaltspunkt im Gesetz gehabt, sondern es gab außerdem keine hinreichend aufschlussreichen Erhebungen über den gewöhnlichen Zeitbedarf einer außergerichtlichen Streitbeilegung. Schließlich wäre mit der Annahme regelmäßiger Höchstfristen lediglich eine weitere Verlagerung der entscheidungserheblichen Fragen in den Bereich der Darlegung und des Nachweises von außergewöhnlichen, eine weitere Fristverlängerung rechtfertigenden Umständen verbunden gewesen. Doch der Kläger trug die entsprechende Darlegungs- und Beweislast ohnehin. 363

Für die Berechnung der angemessenen, aufgrund besonderer Umstände verlängerten Anfechtungsfrist galt, dass der Lauf der Gesamtfrist entsprechend § 246 Abs. 1 AktG zwar bereits mit der Beschlussfassung beginnen sollte, dass aber der Lauf der vom Gesetzgeber ausweislich des § 246 Abs. 1 AktG gewünschten Prüfungs- und Überlegungsfrist von einem Monat erst mit dem Wegfall des Hindernisses beginnen sollte. Dementsprechend endete der Lauf der angemessenen Anfechtungsfrist zB erst einen Monat nach dem Scheitern von Verhandlungen über eine außergerichtliche Streitbeilegung.[811] 364

Enthielt der Gesellschaftsvertrag eine Regelung über die Anfechtungsfrist, war fraglich, ob besondere, vom Kläger darzulegende und zu beweisende Umstände auch hier eine Verlängerung der Frist im Sinne einer angemessenen Frist rechtfertigen konnten.[812] Ausgangspunkte der Überlegungen mussten hier die Bedeutung der vertraglichen Regelung einerseits und der rechtliche Hintergrund der angemessenen Frist andererseits sein: Nach den vorstehenden Ausführungen bedurfte es der Bestimmung einer angemessenen Anfechtungsfrist, weil § 246 Abs. 1 AktG nicht uneingeschränkt 365

807 Den allgemeinen Regeln folgend hängt das Maß der gebotenen Substantiierung vom einfachen oder qualifizierten Bestreiten des Gegeners ab. Jedenfalls aber reicht die Substantierungslast nicht über diejenigen Umstände hinaus, die den Tatbestand erfüllen, vgl dazu etwa BGH, NJW 2000, 3286 (3287).

808 *Wertenbruch,* in: MünchKomm-GmbHG, § 47 Anh. Rn 210; *Zöllner,* in: Baumbach/Hueck, GmbHG, § 47 Anh. Rn 149 ff; krit. zur Treuepflicht in diesem Zusammenhang allerdings *Römermann,* in: Michalski, GmbHG, § 47 Anh. Rn 463.

809 *Wertenbruch,* in: MünchKomm-GmbHG, § 47 Anh. Rn 210; *Zöllner,* in: Baumbach/Hueck, GmbHG, § 47 Anh. Rn 151; anders allerdings *Bayer,* in: Lutter/Hommelhoff, GmbHG, § 47 Anh. Rn 63; *Nehls,* GmbHR 1995, S. 703 (708); *Schwab,* Das Prozessrecht gesellschaftsinterner Streitigkeiten, S. 399 f.

810 *Wertenbruch,* in: MünchKomm-GmbHG, § 47 Anh. Rn 210; anders *Bayer,* in: Lutter/Hommelhoff, GmbHG, § 47 Anh. Rn 63; *Casper,* in: Bork/Schäfer, GmbHG, § 47 Rn 78; *Nehls,* GmbHR 1995, S. 703 (708).

811 OLG Düsseldorf, GmbHR 1999, S. 543; OLG Stuttgart, GmbHR 2000, S. 385; *Koppensteiner/Gruber,* in: Rowedder/Schmidt-Leithoff, GmbHG, § 47 Rn 139; *Wertenbruch,* in: MünchKomm-GmbHG, § 47 Anh. Rn 210.

812 Dazu *Bayer,* in: Lutter/Hommelhoff, GmbHG, § 47 Anh. Rn 64; *Drescher,* in: Henssler/Strohn, Gesellschaftsrecht, § 246 Rn 4; *Römermann,* in: Michalski, GmbHG, § 47 Anh. Rn 474 ff; *Zöllner,* in: Baumbach/Hueck, GmbHG, § 47 Anh. Rn 152.

analog anwendbar war, also eine anders nicht zu schließende Gesetzeslücke bestehen sollte. Diese Lücke bestand unter Berücksichtigung der Vertragsfreiheit und Dispositionsbefugnis der Gesellschafter dann nicht, wenn eine Anfechtungsfrist im Gesellschaftsvertrag vereinbart worden war. Hier kam deshalb die Bestimmung einer angemessenen Anfechtungsfrist von vornherein nicht in Betracht und konnten dementsprechend auch die in diesen Rahmen bedeutsamen, besonderen Umstände jedenfalls grundsätzlich keine Rolle spielen. Es war davon auszugehen, dass die Gesellschafter bei der Vereinbarung u.a. der Anfechtungsfrist eine abschließende Regelung auch im Sinne von mehr Rechtssicherheit treffen wollten.[813]

366 Ansatzpunkt für Ausnahmen konnte danach nur die Auslegung der die Anfechtungsfrist betreffenden Bestimmung im Gesellschaftsvertrag sein.[814] Hierbei war davon auszugehen, dass die Gesellschafter sich mit der Regelung keineswegs der Möglichkeit von Verhandlungen über eine außergerichtliche Streitbeilegung begeben wollten. Deshalb sollten Bestimmungen des Gesellschaftsvertrages über starre Anfechtungsfristen gewöhnlich so auszulegen sein, dass der Lauf der Anfechtungsfrist erst nach dem Scheitern einverständlich aufgenommener Verhandlungen der Gesellschafter, zB auch in der Form einer Mediation, begann.[815] Ferner sollten geringfügige, schuldlose Überschreitungen, zu denen es zB wegen einer Krankheit gekommen war, dem klagenden Gesellschafter mit Rücksicht auf die allgemein geltende gesellschaftsrechtliche Treuepflicht selbst dann nicht entgegengehalten werden können, wenn man davon ausgehen musste, dass die Gesellschafter Rechtssicherheit ungeachtet persönlicher Umstände schaffen wollten.[816] Im Übrigen jedoch musste es bei der vertraglich vereinbarten strikten Regelung bleiben.

b) Neuere Rechtsprechung zur analogen Anwendung des § 246 Abs. 1 AktG auf die GmbH

367 Ohne seine frühere Rechtsprechung ausdrücklich aufzugeben, hat sich der für das Gesellschaftsrecht zuständige II. Zivilsenat des Bundesgerichtshofs zwischenzeitlich von der bloßen Leitbildfunktion der in § 246 Abs. 1 AktG vorgesehenen Monatsfrist abgewandt. In seinen neueren Entscheidungen führt der Bundesgerichfshof im Zusamenhang mit der Anfechtungsfrist bei der GmbH aus, dass die in § 246 Abs. 1 AktG geregelte Monatsfrist als Maßstab gelte und Abweichungen nur dann gerechtfertigt seien, wenn entweder zwingende Umstände den Gesellschafter an einer früheren Klage gehindert hätten oder die Satzung eine andere Regelung vorsehe.[817] In rechtsdogmatischer Hinsicht hat sich der Bundesgerichtshof damit der analogen Anwendung auch des § 246 Abs. 1 AktG zugewandt. Im Hinblick auf das Ergebnis dieser nicht überall bemerkten Kehrtwendung hat er sich für eine deutlich striktere Betrachtung der Anfechtungsfrist bei der GmbH und für mehr Rechtssicherheit entschieden.

368 Damit ist die oben erläuterte frühere Rechtsprechung und Literatur zu den Konsequenzen der Leitbildfunktion des § 246 Abs. 1 AktG aber keineswegs in jeder Hinsicht überholt. Vielmehr treffen insbesondere die Ausführungen zu Höchstfristen sowie zur Darlegungs- und Beweislast für besondere, eine Verlängerung der Anfech-

---

813 *Wertenbruch*, in: MünchKomm-GmbHG, § 47 Anh. Rn 211.

814 Zur Auslegungsfähigkeit auch solcher Regelungen: *K. Schmidt*, in: Scholz, GmbHG, § 45 Rn 144.

815 *Wertenbruch*, in: MünchKomm-GmbHG, § 47 Anh. Rn 212.

816 *Wertenbruch*, in: MünchKomm-GmbHG, § 47 Anh. Rn 212.

817 BGH, Urt. v. 18. April 2005 – II ZR 151/03, juris Rn 13 sowie Urt. v. 13. Juli 2009 – II ZR 272/08 –, NZG 2009, S. 1110; *Drescher*, in: Henssler/Strohn, Gesellschaftsrecht, § 246 AktG Rn 4; das OLG Karlsruhe hat in NZG 2013, S. 942 (944) vergeblich versucht, die neuere Rspr. auf die Leitbild-Rspr. zurückzuführen.

tungsfrist rechtfertigende Umstände unverändert zu. Auch die Erwägungen zur Auslegung gesellschaftsvertraglicher Fristenregelungen dürften mit der Maßgabe fortgelten, dass es auch hier zwingender Gründe für eine Verlängerung oder aber entsprechender Übereinkunft sämtlicher Gesellschafter bedarf.

Hinsichtlich der oben ebenfalls erläuterten besonderen Umstände, die nunmehr unter dem Gesichtspunkt zwingender Gründe für eine Fristverlängerung zu prüfen sind, ist hingegen der vom Bundesgerichtshof offenbar bezweckte Gewinn an Rechtssicherheit zu beachten. Danach können auch geringfügige Überschreitungen der Monatsfrist schon schaden und kommen zwingende Gründe nicht allein aufgrund von Schwierigkeiten bei der tatsächlichen und rechtlichen Prüfung in Betracht. Krankheiten dagegen dürften nach wie vor eine Fristverlängerung rechtfertigen können. 369

3. Beginn des Fristlaufs bei Beiratsbeschlüssen

Da einerseits gemäß § 45 Abs. 2 GmbH durch gesellschaftsvertragliche Regelung dem Beirat Befugnisse der Gesellschafterversammlung übertragen werden können, soweit sie nicht zwingend der Gesellschafterversammlung vorbehalten sind,[818] aber andererseits der aus der Mitgliedschaft folgende Anspruch der Gesellschafter auf Einhaltung des einschlägigen Gesetzes- und Vertragsrechts davon unberührt bleibt, müssen die entsprechenden Beschlüsse des Beirats immer dann mit der Nichtigkeits- und Anfechtungsklage analog den §§ 241 ff AktG angegriffen werden können, wenn sie der Wirkung nach an die Stelle eines Beschlusses der Gesellschafterversammlung treten.[819] 370

> **BGH, Urt. v. 25. Februar 1965 – II ZR 287/63 –, NJW 1965, S. 1378:**
> „... Es ist zulässig, dass die Gesellschafter Befugnisse der Gesellschafterversammlung einem anderen Organ zuweisen. Das folgt aus der gesellschaftlichen Selbstverwaltung, der § 45 Abs. 2 GmbHG weitesten Spielraum lässt. ... an Stelle des sonst berufenen Gesellschaftsorgans tätig wird. 4. Aus diesem Grunde ist auch nicht die Aufhebungsklage (§ 1041 ZPO), sondern entweder, nämlich wenn entsprechende Akte des sonst zuständigen Gesellschaftsorgans (zB Aufsichtsratsbeschlüsse) nicht anfechtbar sind, überhaupt nicht oder, wenn der Schiedsspruch einen Beschluss der Gesellschafterversammlung ersetzt oder vervollständigt, mit der Nichtigkeits- oder mit der Anfechtungsklage angreifbar. ...“

Für den Beginn des Fristlaufs kommt es hier allerdings nicht auf die Beschlussfassung an, weil selbige nicht anlässlich einer dem Gesellschafter in jedem Fall zugänglichen Versammlung stattfindet, sondern der Fristbeginn richtet sich danach, wie der betreffende Beiratsbeschluss satzungsgemäß bekanntzugeben war. Wurde ein Beiratsbeschluss etwa der Satzung entsprechend anlässlich der folgenden Gesellschafterversammlung bekanntgegeben, beginnt der Fristlauf mit dem betreffenden Bekanntgabetag.[820] Unerheblich ist demgegenüber, ob der klagende Gesellschafter schon früher Kenntnis von dem Beschluss erlangt hat.[821] 371

Es wird sogar ein noch späterer Beginn des Fristlaufs vertreten: Sagt der Beirat auf eine Beanstandung seines bekanntgegebenen Beschlusses hin eine Überprüfung zu, soll der Lauf der Frist erst mit dem Ende der Überprüfung, etwa durch Bestätigung 372

818 BGH, WM 1965, S. 422; *Roth*, in: Roth/Altmeppen, GmbH, § 45 Rn 3.
819 BGH, WM 1965, S. 422; OLG Düsseldorf, WM 1982, S. 649 (650); *Wertenbruch*, in: MünchKomm-GmbHG, § 47 Anh. Rn 213.
820 OLG Düsseldorf, WM 1982, S. 649 (651); *Wertenbruch*, in: MünchKomm-GmbHG, § 47 Anh. Rn 214.
821 *Wertenbruch*, in: MünchKomm-GmbHG, § 47 Anh. Rn 214.

des beanstandeten Beschlusses, beginnen.[822] Den zur Anfechtung von Gesellschafterbeschlüssen vertretenen Grundsätzen und insbesondere dem vom Bundesgerichtshof neuerdings stärker in den Vordergrund gerückten Gebot der Rechtssicherheit dürfte es allerdings besser entsprechen, hier die Anfechtungsfrist – wie sonst auch – schon mit der Bekanntgabe des beanstandeten Beschlusses beginnen zu lassen und die Frist nur aufgrund vom Kläger darzulegender und zu beweisender, zwingender Umstände zu verlängern. Allerdings kann die Zusage einer Überprüfung auch Teil von Verhandlungen sein (Rn 373).

4. Fristlauf bei außergerichtlichen Verhandlungen

373 Aus § 203 S. 1 BGB ergeben sich Überlegungen des Gesetzgebers, dass außergerichtliche Verhandlungen über die Möglichkeit einer gütlichen Einigung erwünscht sind und dass sie nicht durch Zeitdruck im Hinblick auf eine drohende Verjährung der geltend gemachten Forderung behindert werden sollen. Hinzu kommt, dass ein Berufen auf Verjährung jedenfalls dann treuwidrig erscheint, wenn der Eintritt der Verjährung auf einer verzögerlichen Verhandlungsführung derjenigen Partei beruht, die die Einrede erhebt. Auch wenn § 203 S. 1 BGB weder unmittelbar noch analog auf den Lauf der hier erörterten Anfechtungsfrist angewendet werden kann, greift der hinter § 203 BGB stehende Rechtsgedanke doch auch hier ein und spricht für eine Verlängerung des Fristlaufs um den Zeitraum der Verhandlungen.[823] Der Zeitraum der Fristverlängerung aufgrund von Verhandlungen endet dabei erst dann, wenn diese nicht mehr mit Aussicht auf Erfolg geführt werden. Dann schlägt die Verhandlung über eine gütliche Einigung in die bloße Verzögerung um.[824] Eine absolute oder auch nur relative Höchstfrist, zB von drei Monaten, kommt hier im Interesse der Förderung gütlicher Streitbeilegung einerseits und mit Rücksicht auf den geringeren Bedarf an kurzfristiger Rechtssicherheit bei der GmbH nicht in Betracht.[825] Sowohl das Reichsgericht[826] als auch der Bundesgerichtshof[827] haben dementsprechend in der Vergangenheit die Möglichkeit gütlicher Streitbeilegung ohne Bindung an eine Höchstfrist für die Anfechtungsklage bejaht. Unter Berücksichtigung der strengeren, neueren Rechtsprechung ist das allerdings fraglich und kann nur mit einem allseitigen Einverständnis aller Gesellschafter sowie im Hinblick auf die Treuepflicht begründet werden. Auf eine andere Art und Weise wird man eine Fristverlängerung hier nur schwer rechtfertigen können, insbesondere sind zwingende Umstände nicht erkennbar. Verhandlungen unter Beteiligung nur eines Teils der Gesellschafter reichen hier jedenfalls nicht aus. Beteiligen sich nicht alle Gesellschafter, muss es sicher bei der Monatsfrist analog § 246 Abs. 1 AktG bleiben, weil hier das Interesse an der Rechtssicherheit überwiegt. Nach dem Scheitern von Verhandlungen, muss die Klage schließlich unverzüglich, dh ohne schuldhaftes Zögern (§ 122 Abs. 1 S. 1 BGB) erho-

822 OLG Düsseldorf, WM 1982, S. 649 (651); *Wertenbruch,* in: MünchKomm-GmbHG, § 47 Anh. Rn 214.
823 BGH, NJW 1990, S. 2625 (iE); *Wertenbruch,* in: MünchKomm-GmbHG, § 47 Anh. Rn 215.
824 *Wertenbruch,* in: MünchKomm-GmbHG, § 47 Anh. Rn 215.
825 Zu einer absoluten Höchstfrist: *K. Schmidt,* in: Scholz, GmbHG, § 45 Rn 143; *Wertenbruch,* in: MünchKomm-GmbHG, § 47 Anh. Rn 210, 215; *Zöllner,* in: Baumbach/Hueck, GmbHG, § 47 Anh. Rn 151; anders allerdings *Bayer,* in: Lutter/Hommelhoff, GmbHG, § 47 Anh. Rn 63; *Nehls,* GmbHR 1995, S. 703 (708); *Schwab,* Das Prozessrecht gesellschaftsinterner Streitigkeiten, S. 399 f; zu einer relativen Höchstfrist: *Wertenbruch,* in: MünchKomm-GmbHG, § 47 Anh. Rn 210, 215; anders *Bayer,* in: Lutter/Hommelhoff, GmbHG, § 47 Anh. Rn 63; *Casper,* in: Bork/Schäfer, GmbHG, § 47 Rn 78; *Nehls,* GmbHR 1995, S. 703 (708).
826 RGZ, 172, S. 76 (Klageerhebung 1 ½ Jahre nach Beschlussfassung).
827 BGH, NJW 1990, S. 2625.

ben werden, wobei in Anlehnung an § 246 Abs. 1 AktG eine einmonatige Prüfungs- und Überlegungsfrist nach dem erkennbaren Scheitern als noch unverzüglich in diesem Sinne anzusehen ist. Deshalb kann die Anfechtungsfrist bei allseitigen Verhandlungen errechnet werden, indem man zu der grundsätzlich laufenden Monatsfrist den Zeitraum der Verhandlungen hinzurechnet.[828] Das gilt auch mit Rücksicht auf die strengere, neuere Rechtsprechung und für Fälle, in denen die Zusage einer Überprüfung (Rn 372) Teil von Verhandlungen ist.

5. Fristgerechte Geltendmachung von Anfechtungsgründen

Weder mit dem prozessual-zweigliedrigen Streitgegenstandsbegriff, der auch für den einheitlichen Streitgegenstand der Nichtigkeits- und Anfechtungsklage Anwendung findet,[829] noch mit § 253 Abs. 2 Nr. 2 ZPO[830] lässt sich begründen, dass nicht nur die Anfechtungsklage innerhalb der Anfechtungsfrist erhoben werden muss, sondern auch die materiellrechtlichen Anfechtungsgründe als Teil des Klagegrundes im Sinne des § 253 Abs. 2 Nr. 2 ZPO innerhalb der Anfechtungsfrist geltend gemacht werden müssen.[831] 374

> **BGH, Urt. v. 9. November 1992 – II ZR 230/91 –, NJW 1993, S. 400** (404):
> „... Wie der Senat mehrfach entschieden hat, müssen auch die Gründe, auf welche die Anfechtung gestützt wird, in ihrem wesentlichen tatsächlichen Kern innerhalb der Ausschlussfrist des § 246 Abs. 1 AktG in den Rechtsstreit eingeführt werden. Geschieht das erst – wie vorliegend – nach Ablauf der Anfechtungsfrist, kommt das einer verspäteten Klage gleich. Die verspätet vorgebrachten Gründe sind dann unbeachtlich. ...“

Denn man kann nicht einerseits eine von den in den Nichtigkeits- und Anfechtungsprozess eingeführten Umständen und den geltend gemachten Beschlussmängeln unabhängige Reichweite der materiellen Rechtskraft in objektiver Hinsicht befürworten, andererseits aber von Beschlussmängeln als eigenständige Klagegründe mit gesondertem Fristlauf ausgehen. Vielmehr lässt sich das zutreffende Ergebnis der herrschenden Meinung nur damit begründen, dass die Anfechtungsfrist nicht nur der Rechtssicherheit allgemein, sondern auch der Rechtsklarheit und -sicherheit im laufenden Verfahren dient. Nach diesem erweiterten Verständnis der Anfechtungsfrist ist es erforderlich, auch die Anfechtungsgründe jeweils fristgerecht einzuführen. 375

Damit verbundene Härten für den Kläger, der uU nicht an der betreffenden Gesellschafterversammlung hat teilnehmen können, müssen im Wege der Prüfung zwingender Gründe für eine Verlängerung der Anfechtungsfrist vermieden werden.[832] Hierbei kann es etwa darauf ankommen, wann der klagende Gesellschafter von dem Anfechtungsgrund unter Berücksichtigung der ihn treffenden Sorgfaltspflichten Kenntnis erlangen konnte. So beginnt der Lauf der Anfechtungsfrist zB dann später, wenn die

828 *K. Schmidt,* in: Scholz, GmbHG, § 45 Rn 143; *Wertenbruch,* in: MünchKomm-GmbHG, § 47 Anh. Rn 216.
829 Insofern zutreffend *Wertenbruch,* in: MünchKomm-GmbHG, § 47 Anh. Rn 217.
830 Anders *Wertenbruch,* in: MünchKomm-GmbHG, § 47 Anh. Rn 217, der den Zusammenhang zwischen Streitgegenstand und Klagegrund bzw klagebegründendem Sachverhalt verkennt, vgl dazu *Foerste,* in: Musielak, ZPO, § 253 Rn 24, 26.
831 BGHZ 15, S. 177 (180); BGH, NJW 1993, S. 400 (404); NZG 2011, S. 506 f; OLG Düsseldorf, NZG 2000, S. 1180 (1181); *Bayer,* in: Lutter/Hommelhoff, GmbHG, § 47 Anh. Rn 67; *Koppensteiner/Gruber,* in: Rowedder/Schmidt-Leithoff, GmbHG, § 47 Rn 139; *Römermann,* in: Michalski, GmbHG, § 47 Anh. Rn 472; *Raiser,* in: Ulmer, GmbHG, § 47 Anh. Rn 199; *Drescher,* in: Henssler/Strohn. Gesellschaftsrecht, § 246 AktG Rn 9; *K. Schmidt,* in: Scholz, GmbHG, § 45 Rn 145; dagegen mit zunächst zutreffender Argumentation *Zöllner,* in: Baumbach/Hueck, GmbHG, § 47 Anh. Rn 156.
832 *Zöllner,* in: Baumbach/Hueck, GmbHG, § 47 Anh. Rn 156.

Gesellschaft Gründe für den angefochtenen Beschluss nachschiebt. Beschlussmängel, die sich hierauf beziehen, können innerhalb einer Monatsfrist nach dem Nachschieben der betreffenden Beschlussgründe geltend gemacht werden; der Fristlauf beginnt hier mit dem Nachschieben.

376 Die Anfechtungsfrist ist schließlich auch bei Vorbringen nach Ablauf der Monatsfrist eingehalten worden, soweit es sich nicht um einen gänzlich neuen Anfechtungsgrund handelt, sondern bloß um die Ergänzung eines bereits durch – wenn auch unvollständigen – Tatsachenvortrag fristgerecht eingeführten Anfechtungsgrundes. Solche Vervollständigungen unterliegen nicht der Anfechtungsfrist und sind deshalb jederzeit zulässig.[833] Zu berücksichtigen sind insofern lediglich die §§ 296 f, 529 ff ZPO.

377 **Übersicht über Fragen der Frist – Nr. 26**

1. Nichtigkeitsklage	a)	Keine Anfechtungsfrist nach § 246 Abs. 1 AktG, sondern nur Drei-Jahres-Frist der Heilung nach § 242 Abs. 2 S. 1 AktG (BGH, NJW 1981, S. 2125, 2126).
	b)	Stets in voller Länge (BGH, NJW 1981, S. 2125), kann durch Satzung oder Vereinbarung weder abgekürzt noch verlängert werden.
	c)	An sich bedarf es zur Fristwahrung der rechtzeitigen Klageerhebung. Jedoch reicht die Einreichung, wenn die Zustellung demnächst iSd. § 167 ZPO erfolgt (BGH, NJW-RR 1989, S. 904).
	d)	Nicht ausreichend ist die bloß einredeweise Geltendmachung. Hier läuft die Drei-Jahres-Frist weiter, und es bedarf zur Vermeidung der Heilung der Klageerhebung (BGH, WM 1984, S. 473).
2. Monatsfrist für die Anfechtungsklage	a)	Analoge Anwendung des § 246 Abs. 1 AktG und der gemäß §§ 187 ff BGB zu berechnenden Monatsfrist, wenn nicht Satzung anderes vorsieht oder zwingende Gründe entgegenstehen (BGH, NZG 2009, S. 1110); ältere Rechtsprechung zum Leitbild ist zwar nicht ausdrücklich aufgegeben worden, aber nicht mehr in jeder Hinsicht maßgebend (BGH, NJW 1990, S. 2625). Zwingende Gründe liegen zB in unverschuldeter, verspäteter Kenntnis von dem betreffenden Beschluss.
	b)	Darlegungs- und Beweislast für zwingende Umstände beim Kläger.

833 *Römermann,* in: Michalski, GmbHG, § 47 Anh. Rn 472; *Raiser,* in: Ulmer, GmbHG, § 47 Anh. Rn 206; *Drescher,* in: Henssler/Strohn, Gesellschaftsrecht, § 246 AktG Rn 9.

c) Weder absolute noch regelmäßige Höchstfrist, die Verlängerung wegen zwingender Umstände entgegensteht.

d) Fristbeginn grds. mit Beschlussfassung, aber bei zwingenden Umständen idR erst mit Wegfall des Hindernisses (OLG Düsseldorf, GmbHR 1999, S. 543; OLG Stuttgart, GmbHR 2000, S. 385).

e) Regelung der Frist im Gesellschaftsvertrag ist gewöhnlich iS einer strikten Frist zwecks Rechtssicherheit auszulegen. Anderes kann für Verhandlungen zwischen den Gesellschaftern und für schuldlose Überschreitungen, zB wegen Krankheit, gelten.

3. Anfechtung von Beiratsbeschlüssen und Fristlauf

a) Beiratsbeschlüsse sind mit der Nichtigkeits- und Anfechtungsklage anfechtbar, wenn die Gesellschafter dem Beirat Befugnisse der Gesellschafterversammlung übertragen haben und die Beiratsbeschlüsse deshalb an die Stelle von anfechtbaren Gesellschafterbeschlüssen treten (BGH, NJW 1965, S. 1378).

b) Dann gelten auch die für die Anfechtung von Gesellschafterbeschlüssen anwendbaren Regeln und darunter etwa die Anfechtungsfrist nach § 246 Abs. 1 AktG.

c) Allerdings beginnt die Anfechtungsfrist wegen der anderen Zusammensetzung des Beirats nicht schon mit der Beschlussfassung, sondern erst mit der satzungsmäßigen Bekanntgabe des anfechtbaren Beiratsbeschlusses. Bei einer zugesagten Überprüfung kann sich die Frist nach einer Auffassung um den Prüfzeitraum verlängern (OLG Düsseldorf, WM 1982, S. 649, 651).

4. Fristlauf bei Verhandlungen

In Verhandlungen liegen besondere Umstände, die eine Verlängerung der Monatsfrist entweder unter dem Gesichtspunkt einer allseitigen Zustimmung der Gesellschafter und der Treuepflichten oder unter dem Gesichtspunkt zwingender Umstände zur Folge haben können. Es gibt keine entgegenstehende Höchstfrist (BGH, NJW 1990, S. 2625). Der Verhandlungszeitraum wird ggf zur Monatsfrist addiert, und in der Summe liegt die dann maßgebende Frist zur Anfechtung.

5. Fristgerechte Geltendmachung von Anfechtungsgründen	a) Innerhalb der Monatsfrist des § 246 Abs. 1 AktG muss nicht nur Anfechtungsklage erhoben bzw eingereicht (§ 167 ZPO) sein, sondern es müssen auch die Anfechtungsgründe innerhalb der betreffenden Frist geltend gemacht werden (BGH, NJW 1993, S. 400, 404). b) Härten, zB aufgrund verspäteter unverschuldeter Kenntnis eines Mangels, sind durch Verlängerung der Monatsfrist aufgrund zwingender Umstände aufzufangen. c) Schiebt die Gesellschaft Beschlussgründe in zulässiger Weise nach, läuft die Monatsfrist zur Geltendmachung weiterer Mängel die neu eingeführten Beschlussgründe betreffend ab der Einführung der neuen Beschlussgründe in das Verfahren. d) Bloße Ergänzungen, reine Vervollständigungen eines bereits rechtzeitig eingeführten Vorbringens zu einem Beschlussmangel unterliegen nicht den vorstehenden Beschränkungen, sondern sind in den Grenzen der §§ 296 ff, 529, 531 ZPO jederzeit zulässig.

X. Nachschieben von Beschlussgründen

378 Zwar ist das Nachschieben von Gründen auch während des schon laufenden Nichtigkeits- und Anfechtungsverfahrens grundsätzlich zulässig, weil die Gesellschafter durchaus gewichtige Gründen haben können, den Beschluss zunächst nicht auf weitere Gründe zu stützen und diese auch im öffentlichen Verfahren offen zu legen.[834]

379 Allerdings kommen Einschränkungen materiellrechtlicher Natur für das Nachschieben von Beschlussgründen in Betracht. Solche ergeben sich zunächst unter dem Gesichtspunkt der Verwirkung (§ 242 BGB), etwa weil der Betroffene mit Rücksicht auf den zwischenzeitlich verstrichenen Zeitraum und das Verhalten der Gesellschaft darauf vertrauen darf, dass die ihm mitgeteilten, aktuellen Gründe abschließend und weiter zurückliegende Umstände überholt sind. Dabei ist allerdings umgekehrt zu beachten, dass in diesem Sinne selbst als Beschlussgründe verwirkte Umstände uU im Zusammenhang mit neuen Tatsachen im Rahmen der Beschlussgründe zur Abrundung hinzugezogen werden dürfen.[835]

380 Eine weitere Einschränkung folgt aus der Kompetenzordnung der GmbH: Weil die Fassung von Beschlüssen allgemein und des angegriffenen Beschlusses im Besonderen der Gesellschafterversammlung vorbehalten ist und nicht der Geschäftsführung obliegt, ist es dem die Gesellschaft im Nichtigkeits- und Anfechtungsprozess vertretenden Geschäftsführer grundsätzlich verwehrt, von sich aus und ohne neuerliche Entscheidung der Gesellschafterversammlung Gründe nachzuschieben, auf die die Gesell-

834 BGH, NJW-RR 1992, S. 292 (293 f); *Altmeppen* in: Roth/Altmeppen, GmbHG, § 38 Rn 43.
835 BGH, NJW-RR 1992, S. 292 f.

schafter den angegriffenen Beschluss bisher nicht gestützt haben. Sollen Beschlussgründe nachgeschoben werden, so muss das Vertretungsorgan dieselben deshalb vorher der Gesellschafterversammlung unterbreiten und die Gesellschafter darüber entscheiden lassen. Es bedarf also in der Regel eines besonderen Gesellschafterbeschlusses über die nachzuschiebenden Gründe.[836] Ausnahmsweise gilt anderes, wenn es sich um eine Zwei-Personen-Gesellschaft handelt und derjenige Gesellschafter die GmbH als Geschäftsführer im Prozess vertritt, der den angegriffenen Beschluss, zB wegen eines Ausschlusses des Klägers von der Abstimmung, allein hat fassen können. Denn hier kommt eine andere Entscheidung der Gesellschafterversammlung nicht in Betracht und erschöpfte sich das Festhalten an der Notwendigkeit einer weiteren Beschlussfassung in einer reinen Förmelei.[837]

BGH, Urt. v. 14. Oktober 1991 – II ZR 239/90 –, NJW-RR 1992, S. 292 (292 ff):

„... Dem Berufungsgericht ist allerdings im Ausgangspunkt zuzustimmen, dass das Recht der Gesellschaft zur Abberufung ihres Geschäftsführers aus wichtigem Grund nach allgemeinen rechtlichen Grundsätzen verwirkt werden kann, wenn sie die Umstände, die ein solches Recht begründen, über längere Zeit hinweg nicht zum Anlass nimmt, eine Abberufung auszusprechen und der Geschäftsführer aufgrund dieses Verhaltens der Gesellschaft nach Treu und Glauben annehmen durfte, sie wolle auf diese Umstände nicht mehr zur Begründung einer Abberufung zurückkommen. ... Nach der Rechtsprechung des Senats ist die Zulässigkeit des Nachschiebens von Gründen bei einem Widerruf der Organstellung im Allgemeinen nach denselben Grundsätzen zu beurteilen wie bei der Kündigung eines Dienstvertrages aus wichtigem Grund. ... Für die Kündigung eines Dienstverhältnisses aber gilt, soweit nicht Beschränkungen, die ihre Ursache allein in der nur für Kündigungen von Dienstverträgen geltenden Fristenregelung des § 626 Abs. 2 BGB haben, in Betracht zu ziehen sind, ganz allgemein der Grundsatz, dass Umstände, die im Zeitpunkt der Ausübung des außerordentlichen Kündigungsrechts aus wichtigem Grund bereits bestanden haben, im Rechtsstreit zur Begründung der Kündigung nachgeschoben werden können, und zwar unabhängig davon, ob sie dem Kündigenden im Zeitpunkt seiner Kündigungserklärung bekannt oder unbekannt waren. ... Es besteht im Allgemeinen kein Anlass, die Zulässigkeit des Nachschiebens von weiteren beim Ausspruch des Widerrufs bereits bestehenden wichtigen Gründen für die Beendigung der Geschäftsführerstellung darüber hinaus einzuschränken. Es gibt zahlreiche vernünftige Motive, die Begründung für einen Widerruf der Geschäftsführerbestellung zunächst auf bestimmte Tatbestände zu beschränken. Dies kann zum Beispiel angebracht sein, um den abzuberufenden Geschäftsführer zu schonen, aber auch etwa, um nicht unnötig Interna der Gesellschaft einem öffentlichen Streit auszusetzen. Es wäre nur schwer einzusehen, warum die Gesellschaft nicht berechtigt sein sollte, ihre weiteren Gründe, die die Belassung des Geschäftsführers in seiner bisherigen Stellung und Verantwortung für sie unzumutbar machen, noch nachträglich zur Stützung ihres Abberufungsbeschlusses offenzulegen, wenn sie feststellen muss, dass das Gericht die bisher angegebenen Gründe zwar als wesentlich, aber nicht für sich allein ausreichend erachtet. Die gegenteilige Annahme könnte lediglich zur Folge haben, dass die Gesellschaft aufgrund in der Sache unrichtiger Gerichtsentscheidungen gezwungen würde, tatsächlich unzumutbare Geschäftsführer weiter amtieren zu lassen, oder aber die Gesellschaft zu zwingen, stets ohne jede Rücksichtnahme, möglicherweise auch ohne Rücksicht auf die berufliche Zukunft des zu Entlassenden, so-

836 BGH, NJW-RR 1992, S. 292 (293).
837 BGH, NJW-RR 1992, S. 292 (293 f).

gleich sämtliche – wirklichen oder angeblichen – Verfehlungen ihres Geschäftsführers offenzulegen. Daran kann auf keiner Seite ein vernünftiges Interesse bestehen. ... Dagegen kann sich eine solche Einschränkung aus Gesichtspunkten der innergesellschaftlichen Kompetenzordnung ergeben. So kann das Vertretungsorgan einer Genossenschaft nicht von sich aus nachträglich die Gründe für die Kündigung eines Vorstandsmitgliedes erweitern, wenn die für die Entscheidung über eine außerordentliche Kündigung allein zuständige Generalversammlung die Kündigung (nur) aus bestimmten Gründen ausgesprochen hat. ... Sollen weitere Kündigungsgründe nachgeschoben werden, so muss sie das Vertretungsorgan deshalb vorher der Generalversammlung unterbreiten und sie darüber entscheiden lassen. Dagegen kann die Kompetenzordnung in der Gesellschaft einem Nachschieben von wichtigen Abberufungsgründen vernünftigerweise nicht entgegenstehen, wenn es in einer Zwei-Mann-GmbH um die Abberufung des anderen Gesellschafter-Geschäftsführers aus seinem Amt geht und der Gesellschafter, der den Abberufungsbeschluss allein gefasst hat ..., zugleich derjenige ist, der die Gesellschaft in dem über die Wirksamkeit der Abberufung anhängig gemachten Rechtsstreit vertritt. Da in diesem Fall der Geschäftsführer, der sich bedingt durch die Prozesslage zum Nachschieben bisher nicht geltend gemachter weiterer Abberufungsgründe entschlossen hat, zugleich derjenige ist, der in der Gesellschafterversammlung allein über das Nachschieben dieser Gründe zu beschließen hätte und nicht davon auszugehen ist, daß er in seiner Eigenschaft als Gesellschafter anders entscheiden würde als in seiner Eigenschaft als Geschäftsführer, könnte man bei dieser Konstellation zur Annahme einer Verletzung der Kompetenz der Gesellschafterversammlung nur bei einer sehr formalen Betrachtungsweise gelangen. ..."

XI. Außerprozessuale Geltendmachung von Nichtigkeits- und Anfechtungsgründen

381 Hinsichtlich der außerprozessualen Geltendmachung von Beschlussmängeln ist zwischen Nichtigkeits- und Anfechtungsgründen zu differenzieren.

382 Zunächst zu Nichtigkeitsgründen: Da § 241 AktG die Beschlussnichtigkeit nicht von einer klageweisen Geltendmachung abhängig macht, sondern dieselbe unabhängig davon eintritt, und da hier ferner keine vorläufige Wirksamkeit besteht, können Nichtigkeitsgründe auch außerhalb eines Nichtigkeits- und Anfechtungsverfahrens und ohne (Wider-)Klage von jedermann geltend gemacht werden.[838]

BGH, Urt. v. 16. Dezember 1953 – II ZR 167/52 –, NJW 1954, S. 385 (386):

„... Die Wirkung der Nichtigkeit äußert sich ferner dahin, dass sie ohne weiteres von jedermann geltend gemacht werden kann. ..."

383 Zu berücksichtigen ist allerdings, dass es etwa zu einer Heilung analog § 242 AktG kommen kann. Auch kann in einer Geltendmachung unter gewissen Voraussetzungen ausnahmsweise eine unzulässige Rechtsausübung gemäß § 242 BGB liegen. Beides ist oben bereits erläutert worden (Rn 154 ff und 321 ff).

384 Für Anfechtungsgründe gilt Anderes: Mit Rücksicht auf § 241 Nr. 5 AktG und die vorläufige Wirksamkeit anfechtbarer Gesellschafterbeschlüsse bis zu ihrer rechtskräftigen Nichtigerklärung können Anfechtungsgründe jedenfalls grundsätzlich weder einredeweise noch auf andere Art und Weise als durch eine Klage oder eine Widerklage prozessual geltend gemacht werden. Ebenso wenig ist eine außerprozessuale

838 BGH, NJW 1954, S. 385 (386); *Bayer*, in: Lutter/Hommelhoff, GmbHG, § 47 Anh. Rn 29; *Römermann*, in: Michalski, GmbHG, § 47 Anh. Rn 234; *Raiser*, in: Ulmer, GmbHG, § 47 Anh. Rn 81; *K. Schmidt*, in: Scholz, GmbHG, § 45 Rn 81; *Zöllner*, in: Baumbach/Hueck, GmbHG, § 47 Anh. Rn 68.

Geltendmachung mit der Rechtsfolge des § 241 Nr. 5 AktG möglich. Zur Geltendmachung von Anfechtungsgründen und einer hierauf gestützten Vernichtung eines Gesellschafterbeschlusses bedarf es vielmehr grundsätzlich entweder einer Anfechtungsklage[839] oder einer Widerklage[840] mit entsprechendem Inhalt. Diese Regelung dient der Aufrechterhaltung des Geschäftsbetriebes der GmbH ungeachtet gewisser Auseinandersetzungen unter den Gesellschaftern und begünstigt die Gesellschaft.[841] Gewisse Ausnahmen sind etwa unter dem Gesichtspunkt des Rechtsmissbrauchs und nach § 826 BGB denkbar.[842] Schließlich können Anfechtungsgründe nach der Rechtsprechung des Bundesgerichtshofs außerhalb einer Klage seitens der selbst nicht zur Anfechtung befugten GmbH auch als Einwendung gegen eine positive Beschlussfeststellungsklage eines ihrer Gesellschafter geltend gemacht werden (Rn 451 f auch zu der unklaren Rspr.).[843]

BGH, Urt. v. 1. Juni 1987 – II ZR 128/86 –, NJW 1987, S. 2514 (2515):

„... Aus diesen Gründen können allgemeine Rechtsbehelfe, die sich gegen die Wirksamkeit der den Einziehungsbeschluss auslösenden Zwangsvollstreckung oder gegen die Vollstreckbarkeit eines Titels überhaupt richten, nicht die Erhebung der im Gesellschaftsrecht zur Geltendmachung von Beschlussmängeln vorgeschriebenen Anfechtungsklage gegen den Einziehungsbeschluss ersetzen. ... Unter den gegebenen Umständen ist die Ausnutzung der dem Mitgesellschafter M nur zum Schein eingeräumten Vollstreckungsmöglichkeit zur Einziehung des Geschäftsanteils der Beklagten ein schwerer Rechtsmissbrauch, der rechtlich keine Beachtung verdienen kann. ...“

BGH, Urt. v. 31. Mai 2011 – II ZR 116/10 –, BeckRS 2011, 19184 Rn 9:

„... Die Anfechtungsklage ist begründet, wenn der gefasste Beschluss gesetzes- oder satzungswidrig ist; der an seiner Stelle festzustellende Beschluss muss seinerseits gesetzes- und satzungskonform sein. ...“

Abweichende Lösungsansätze, die entweder rechtsgestaltende, außerprozessuale Anfechtungserklärungen[844] oder inzidente, gerichtliche Prüfungen[845] zulassen, begegnen Bedenken nicht nur im Hinblick auf die vom Gesetzgeber mit dem analog anzuwendenden § 241 Nr. 5 AktG offenbar gewünschte Rechtssicherheit für die Gesellschaft,[846] sondern insbesondere mit Blick auf die Urteilswirkung erga omnes analog § 248 Abs. 1 S. 1 AktG. Die analoge Anwendung des § 248 Abs. 1 S. 1 AktG ist schon deshalb unverzichtbar, weil ein Gesellschafterbeschluss nicht gegenüber einem Gesellschafter als wirksam, gegenüber einem anderen Gesellschafter hingegen als unwirksam behandelt werden kann. Sie lässt sich aber bei der Geltendmachung von An- 385

839 BGH, NJW 1954, S. 385 ff; NJW 1987, S. 2514 f; NJW 1988, S. 1844 f; NJW 1989, S. 2694 (2695 f); NJW 1997, S. 1510 ff; *Bayer*, in: Lutter/Hommelhoff, GmbHG, § 47 Anh. Rn 3, 67; *Koppensteiner/Gruber*, in: Rowedder/Schmidt-Leithoff, GmbHG, § 47 Rn 153; anders *Raiser*, in: Ulmer, GmbHG, § 47 Anh. Rn 107; mit anderen Ansätzen: *Casper*, in: ZHR 163 (1999), S. 54 ff; *Noack*, Fehlerhafte Beschlüsse in Gesellschaften und Vereinen, S. 46; *Zöllner/Noack*, ZGR 1989, S. 525 (533 ff).

840 BGH, NJW 1972, S. 1320; *Römermann*, in: Michalski, GmbHG, § 47 Anh. Rn 516; *Raiser*, in: Ulmer, GmbHG, § 47 Anh. Rn 242; *Wertenbruch*, in: MünchKomm-GmbHG, § 47 Anh. Rn 218.

841 BGH, NJW 1988, S. 1844 f; *Wertenbruch*, in: MünchKomm-GmbHG, § 47 Anh. Rn 218.

842 BGH, NJW 1987, S. 2514 (2515).

843 BGH, Urt. v. 31. Mai 2011 – II ZR 116/10, BeckRS 2011, 19184 Rn 9.

844 *Casper*, in: Bork/Schäfer, GmbHG, § 47 Rn 61; *Raiser*, in: Ulmer, GmbHG, § 47 Anh. Rn 10 ff.

845 *Zöllner/Noack*, ZGR 1989, S. 525 (535 ff).

846 *Wertenbruch*, in: MünchKomm-GmbHG, § 47 Anh. Rn 219.

fechtungsgründen außerhalb einer Anfechtungsklage bzw einer entsprechenden Widerklage nicht leicht begründen.[847]

386 Richtig ist allerdings, dass die Gesellschafterversammlung ihre Beschlüsse auch wegen Bedenken hinsichtlich ihrer Anfechtbarkeit jederzeit mit Wirkung auch für die Vergangenheit aufheben kann und diese Maßnahme ebenfalls zur Klärung führen kann.[848] Prozessual führt die Aufhebung eines mit der Nichtigkeits- und Anfechtungsklage angegriffenen Gesellschafterbeschlusses zur Erledigung des Rechtsstreits in der Hauptsache, wenn die Aufhebung nach der Rechtshängigkeit erfolgt ist. Im Falle übereinstimmender Erledigungserklärungen findet hier § 91 a ZPO Anwendung. Im Übrigen kann der Kläger seine Klage durch einseitige Erledigungserklärung im Sinne einer Feststellung der Erledigung nach § 263, § 264 Nr. 2 ZPO ändern. Ist es vor der Rechtshängigkeit bereits zur Erledigung gekommen, sollte der Kläger die Klage nach § 269 Abs. 3 S. 3 ZPO zurücknehmen. Setzt auch die Nichtigkeits- und Anfechtungsklage nicht voraus, dass der Kläger versucht hat, einen Aufhebungsbeschluss herbeizuführen, besteht doch ein gewisses Risiko, dass ein Verzicht auf ein entsprechendes Vorgehen im Rahmen des billigen Ermessens etwa nach § 91 a ZPO Berücksichtigung findet und der Kläger wegen seines übereilten Vorgehens die Kosten nach dem Rechtsgedanken des § 93 ZPO zu tragen hat.[849] Allerdings dürfte gegebenenfalls ebenso zu berücksichtigen sein, dass der Kläger der Beschlussfassung widersprochen hatte und ein auf Aufhebung gerichteter Beschlussantrag nach den Umständen des Einzelfalls von vornherein aussichtslos erschien. Dies alles lässt indessen das oben (Rn 384) begründete Verwerfungsmonopol des mit der Anfechtungsklage angerufenen Gerichts unberührt.[850]

387 Schließlich ist zu beachten, dass sich ein Gesellschafter nach Ablauf der Anfechtungsfrist nicht mehr auf die Rechtswidrigkeit eines Gesellschafterbeschlusses berufen kann, auch wenn dieser mit Anfechtungsgründen behaftet war.[851]

388 Außerhalb einer Anfechtungsklage und ohne Rücksicht auf die Anfechtungsfrist kann nach den vorstehenden Ausführungen zwar nicht die Anfechtbarkeit eines Gesellschafterbeschlusses als solche geltend gemacht werden. Jedoch bedeutet das keineswegs stets, dass der zur Begründung der unzulässig eingewendeten Anfechtbarkeit vorgetragene Sachverhalt unerheblich ist. Vielmehr kann in dem betreffenden Geschehen sehr wohl zugleich eine vorsätzliche sittenwidrige Schädigung eines Gesellschafters im Sinne des § 826 BGB liegen, die etwa einer Zwangseinziehung durch Gesellschafterbeschluss auch ohne Rücksicht auf die Voraussetzungen der Anfechtungsklage entgegengehalten werden kann. Der Sache nach wird hiermit ein auf Naturalrestitution, zB durch Wiedereinrichtung und Wiedereinräumung des eingezogenen Geschäftsanteils, oder auf Wertersatz gerichteter Schadenersatzanspruch geltend gemacht. Hinzu kommt, dass § 826 BGB eine Einrede sogar gegen rechtskräftige Urteile zu begründen vermag, also erst recht Gesellschafterbeschlüssen entgegengehalten

847 *Bayer,* in: Lutter/Hommelhoff, GmbHG, § 47 Anh. Rn 3; *Römermann,* in: Michalski, GmbHG, § 47 Anh. Rn 20.
848 *Wertenbruch,* in: MünchKomm-GmbHG, § 47 Anh. Rn 220; *Zöllner/Noack,* ZGR 1989, S. 525 (535 ff).
849 Nur zu § 91 a ZPO: *Wertenbruch,* in: MünchKomm-GmbHG, § 47 Anh. Rn 220.
850 *Wertenbruch,* in: MünchKomm-GmbHG, § 47 Anh. Rn 220.
851 BGH, NJW 1987, S. 2514 (2515); *K. Schmidt,* in: Scholz, GmbHG, § 45 Rn 124 aE; *Zöllner,* in: Baumbach/Hueck, GmbHG, § 47 Anh. Rn 156 ff.

werden kann.[852] Ob man dies als Ausnahme von den vorgenannten Grundsätzen qualifiziert, kann offen bleiben.[853]

Übersicht über die Geltendmachung von Beschlussmängeln außerhalb von Nichtigkeits- und Anfechtungsklagen – Nr. 27 389

1. Nichtigkeitsgründe	a)	Grds. von jedermann und jederzeit (BGH, NJW 1954, S. 385, 386).
	b)	1. Ausnahme: Heilung analog § 242 AktG.
	c)	2. Ausnahme: Unzulässige Rechtsausübung analog § 242 BGB.
2. Anfechtungsgründe	a)	Grds. nur mittels Anfechtungsklage und unter den entsprechenden Voraussetzungen, insbes. der Anfechtungsbefugnis und der Anfechtungsfrist (BGH, NJW 1987, S. 2514, 2515).
	b)	1. Ausnahme: Rechtsmissbrauch bzw § 826 BGB (BGH, NJW 1987, S. 2514, 2515).
	c)	2. Zweifelhafte Ausnahme: evtl einredeweise seitens der nicht zur Anfechtung befugten GmbH gegenüber positiver Beschlussfeststellungsklage und einfacher Feststellungsklage (BGH, Urt. v. 31. Mai 2011 – II ZR 116/10 –, BeckRS 2011, 19184 Rn 9; anders allerdings noch BGH, NJW 1980, S. 1465 (1468) sowie NJW 1986, S. 2051 f; dazu auch Puszkajler, in: Hk-GmbHG, Anh § 47 Rn 116).

XII. Gerichtliche Zuständigkeit für Nichtigkeits- und Anfechtungsklagen

Analog § 246 Abs. 3 S. 1 AktG ist für eine Anfechtungsklage bei der GmbH ausschließlich das Landgericht sachlich und örtlich zuständig, in dessen Bezirk die betreffende Gesellschaft ihren Sitz hat. Analog § 249 Abs. 1 S. 1 AktG gilt das nicht nur für die Anfechtungs-, sondern auch für die Nichtigkeitsklage, was schon aufgrund des einheitlichen Streitgegenstandes geboten ist. Hinsichtlich der sachlichen Zuständigkeit wird dementsprechend § 23 Nr. 1 GVG verdrängt.[854] 390

Da es sich um eine Handelssache im Sinne des § 95 Abs. 2 Nr. 1 GVG handelt, ist der Rechtsstreit auf Antrag des Klägers in der Klageschrift (§ 96 Abs. 1 GVG) oder des Beklagten innerhalb der Erwiderungsfrist (§ 98 Abs. 1, § 101 Abs. 1 S. 2 GVG) vor der Kammer für Handelssachen zu verhandeln. Diese ist dann funktionell zustän- 391

---

852 BGH, NJW 1987, S. 2514 f; *Raiser,* in: Ulmer, GmbHG, § 47 Anh. Rn 192 f; *K. Schmidt,* in: Scholz, GmbHG, § 45 Rn 124 f.

853 Für Ausnahme *Raiser,* in: Ulmer, GmbHG, § 47 Anh. Rn 192 f; *K. Schmidt,* in: Scholz, GmbHG, § 45 Rn 124 f; dagegen *Wertenbruch,* in: MünchKomm-GmbHG, § 47 Anh. Rn 221.

854 BGHZ 22, S. 101 (105); *Bayer,* in: Lutter/Hommelhoff, GmbHG, § 47 Anh. Rn 81; *Drescher,* in: Henssler/Strohn, Gesellschaftsrecht, § 246 Rn 36; *Koppensteiner/Gruber,* in: Rowedder/Schmidt-Leithoff, GmbHG, § 47 Rn 143; *Römermann,* in: Michalski, GmbHG, § 47 Anh. Rn 507; *Zöllner,* in: Baumbach/Hueck, GmbHG, § 47 Anh. Rn 168; anders LG München I, Beschl. v. 28. März 1996, – 17 HKO 3978/96 –, NJW-RR 1997, S. 291.

dig,[855] und zwar auch dann, wenn es um die Verletzung des Mitbestimmungsrechts geht. Für eine teleologische Reduktion des § 95 Abs. 2 Nr. 1 GVG gerade im Hinblick auf Verletzungen mitbestimmungsrechtlicher Bestimmungen und die Begründung der funktionellen Zuständigkeit einer allgemeinen Zivilkammer insoweit besteht kein Grund, zumal die Norm selbst keine Einschränkung auf bestimmte Fälle des § 246 Abs. 3 S. 1 AktG kennt.[856]

392 Eine Kartellrechtsstreitigkeit im Sinne des § 87 GWB liegt immer dann vor, wenn mit der Nichtigkeits- und Anfechtungsklage eine Verletzung des § 1 GWB oder des Art. 101 AEUV geltend gemacht wird.[857] Hier sind die nach § 89 Abs. 1 GWB möglichen Zuständigkeitskonzentrationen durch das Landesrecht sowie die nach § 89 Abs. 2 GWB zulässigen Konzentrationen durch Staatsverträge mehrerer Länder zu beachten. Solche Konzentrationen bestehen nach § 2, § 92 Abs. 1 und § 93 GWB auch hinsichtlich der Zuständigkeit des Oberlandesgerichts für Berufungen gegen die Entscheidungen der Landgerichte als Kartellgerichte im Sinne des § 87 Abs. 1 und 2 GWB. Funktionell sind bei den Landgerichten als Kartellgerichte unverändert auf ordnungsgemäßen Antrag hin die Kammern für Handelssachen nach § 95 Abs. 2 Nr. 1 GVG zuständig, während beim Oberlandesgericht nach § 91 GWB die Kartellsenate funktionell zuständig sind.[858]

393 Einer abweichenden Gerichtsstandsvereinbarung steht wegen der ausschließlichen sachlichen und örtlichen Zuständigkeit des Landgerichts § 40 Abs. 2 Nr. 2 ZPO entgegen.[859] Auch eine Zuständigkeit kraft rügeloser Einlassung auf die mündliche Verhandlung nach § 39 ZPO scheidet deshalb aus.[860]

394 **Übersicht über Fragen der Zuständigkeit – Nr. 28**

1. Sachliche und örtliche Zuständigkeit	■ Gem. § 246 Abs. 3 S. 1, § 249 Abs. 1 S. 1 AktG sachliche Zuständigkeit der Landgerichte und örtliche Zuständigkeit des Landgerichts, in dessen Bezirk die Gesellschaft ihren Sitz hat.
2. Funktionelle Zuständigkeit	■ Da es sich um eine Handelssache (§ 95 Abs. 2 Nr. 1 GVG) handelt, wird die Nichtigkeits- und Anfechtungsklage auf ordnungsgemäßen Antrag (§ 96 Abs. 1 GVG – Antrag in der Klageschrift – bzw § 98 Abs. 1, § 101 Abs. 1 S. 2 GVG – Antrag in der Erwiderungsfrist) hin vor der KfH verhandelt.

855 OLG München, NZG 2007, S. 947; *Drescher,* in: Henssler/Strohn, Gesellschaftsrecht, § 246 Rn 36; *Schmidt,* in: Enshaler/Füller/Schmidt, GmbHG, § 47 Rn 76; *Wertenbruch,* in: MünchKomm-GmbHG, § 47 Anh. Rn 222.

856 LG Hamburg, DB 1982, S. 271; *Koppensteiner/Gruber,* in: Rowedder/Schmidt-Leithoff, GmbHG, § 47 Rn 143; *Römermann,* in: Michalski, GmbHG, § 47 Anh. Rn 509; *Theisen,* DB 1982, S. 265; *Wertenbruch,* in: MünchKomm-GmbHG, § 47 Anh. Rn 223.

857 *Wertenbruch,* in: MünchKomm-GmbHG, § 47 Anh. Rn 224.

858 *Wertenbruch,* in: MünchKomm-GmbHG, § 47 Anh. Rn 224.

859 *Bayer,* in: Lutter/Hommelhoff, GmbHG, § 47 Anh. Rn 81; *Römermann,* in: Michalski, GmbHG, § 47 Anh. Rn 508; *Raiser,* in: Ulmer, GmbHG, § 47 Anh. Rn 226.

860 *Römermann,* in: Michalski, GmbHG, § 47 Anh. Rn 508; *Wertenbruch,* in: MünchKomm-GmbHG, § 47 Anh. Rn 225.

	▪ Ohne Antrag gelten die allgemeinen Regeln, dh zB originäre Kammersache nach § 348 Abs. 1 Nr. 2 k) ZPO.
3. Kartellsache	▪ Ausnahmsweise handelt es sich um eine Kartellsache nach § 87 GWB, wenn der Beschlussmangel in einem Kartellverstoß liegen soll sowie demnach eine kartell- und nicht bloß eine gesellschaftsrechtliche Frage ausschlaggebend ist. ▪ Dann sind Zuständigkeitskonzentrationen bei bestimmten Land- und Oberlandesgerichten zu beachten.
4. Gerichtsstandsvereinbarungen und rügelose Einlassung	▪ Abweichenden Gerichtsstandsvereinbarungen steht § 40 Abs. 2 S. 2 ZPO entgegen. Auch eine rügelose Einlassung gemäß § 39 ZPO scheidet danach aus.

XIII. Klageanträge

1. Regelfall

Zu Schwierigkeiten bei der Antragstellung führt, dass einerseits nicht nur die auf die GmbH analog anwendbaren Bestimmungen der §§ 241, 243 AktG zwischen der Nichtigkeit und der bloßen Anfechtbarkeit eines angegriffenen Beschlusses unterscheiden, sondern ferner die §§ 246, 249 AktG zwischen der Nichtigkeits- und der Anfechtungsklage differenzieren, dass andererseits aber den beiden Klagen ein einheitlicher Streitgegenstand – gerichtliche Klärung der Wirksamkeit des angegriffenen Gesellschafterbeschlusses – zugrunde liegt.[861] 395

BGH, Urt. v. 17. Februar 1997 – II ZR 41/96 –, NJW 1997, S. 1510 (1511):

„... Der Entscheidung dieser Frage durch das Revisionsgericht steht nicht entgegen, dass das Berufungsgericht nur über den Antrag, die Nichtigkeit des Gesellschafterbeschlusses festzustellen, entschieden hat, nicht aber auch über den hilfsweise gestellten Antrag, den Beschluss für nichtig zu erklären. Beide Anträge stehen nicht in einem Eventualverhältnis. Vielmehr schließt der Nichtigkeitsantrag den Anfechtungsantrag ein. Zwar hat die Rechtsprechung in der Vergangenheit wiederholt angenommen, die auf Feststellung gerichtete Nichtigkeits- und die auf Rechtsgestaltung gerichtete Anfechtungsklage verfolgten verschiedene Rechtsschutzziele. ... Im Schrifttum wird diese Ansicht jedoch zu Recht einhellig abgelehnt. Beide Klagen verfolgen dasselbe materielle Ziel, nämlich die richterliche Klärung der Nichtigkeit des Gesellschafterbeschlusses mit Wirkung für und gegen jedermann. ... Soweit ihnen wie im vorliegenden Fall – beide gleichzeitig binnen eines Monats seit der Beschlussfassung erhobenen Klagen richten sich mit identischer Begründung gegen denselben Gesellschafterbeschluss – derselbe Streitgegenstand zugrundeliegt und die Anfechtungsklage nicht verspätet ist ..., ist es eine vom Gericht durch Subsumtion zu

861 BGH, NJW 1997, S. 1510 f; NJW 1999, S. 1638; NJW 2002, S. 3465 f; OLG München, NZG 1999, S. 1173; OLG Rostock, NZG 2004, S. 191 (192); *Bayer,* in: Lutter/Hommelhoff, GmbHG, § 47 Anh. Rn 78; *Drescher,* in: Henssler/Strohn, Gesellschaftsrecht, § 246 AktG Rn 29; *Raiser,* in: Ulmer, GmbHG, § 47 Anh. Rn 217 f; *Römermann,* in: Michalski, GmbHG, § 47 Anh. Rn 482; *Roth,* in: Altmeppen/Roth, GmbHG, § 47 Rn 154; *K. Schmidt,* in: Scholz, GmbHG, § 45 Rn 152; *Zöllner,* in: Baumbach/Hueck, GmbHG, § 47 Anh. Rn 166.

beantwortende, revisionsgerichtlicher Entscheidung zugängliche Rechtsfrage, ob die Vorschrift des § 248 AktG oder die des § 249 AktG Anwendung findet... Diese rechtliche Beurteilung wird auch durch die Rechtskraftwirkungen des auf eine Nichtigkeits- oder Anfechtungsklage hin ergehenden Urteils bestätigt. Wird eine dieser Klagen rechtskräftig als unbegründet abgewiesen, ist die Erhebung einer weiteren Klage mit identischem Streitgegenstand – gleichgültig in welcher Form – unzulässig. Wird einer solchen Klage stattgegeben, so ist die Erhebung einer erneuten derartigen Klage – auch bei Wechsel der Klageart – ebenfalls ausgeschlossen. ..."

396 Hinzu kommt, dass den unterschiedlichen Rechtsfolgen der Beschlussnichtigkeit und der Anfechtbarkeit entsprechend, dem Urteil im Falle einer erfolgreichen Nichtigkeitsklage eine bloß die Nichtigkeit feststellende Wirkung zukommt,[862] während es bei zulässiger und begründeter Anfechtungsklage eines Gestaltungsurteils bedarf, mit dem der angefochtene Gesellschafterbeschluss im Sinne der § 241 Nr. 5, § 248 Abs. 1 S. 1 AktG für nichtig erklärt wird.[863] Die Entscheidungen des Bundesgerichtshofs vom 17. Februar 1997[864] und vom 22. Juli 2002[865] stehen dem auch nicht entgegen, soweit darin ohne weitere Differenzierung von der Klärung der Nichtigkeit des angegriffenen Beschlusses mit Wirkung für und gegen jedermann die Rede ist. Vielmehr beschreiben die entsprechenden Formulierungen lediglich das dem einheitlichen Streitgegenstand zugrunde liegende, prozessuale Ziel des Klägers.[866]

397 Die forensische Praxis begegnet dem Problem eines einheitlichen prozessualen Anspruchs mit zwei möglichen Rechtsfolgen durch Formulierung eines Haupt- und eines Hilfsantrages: Hauptsächlich wird beantragt, die Nichtigkeit des angegriffenen Beschlusses festzustellen (Nichtigkeitsklage), und hilfsweise wird beantragt, den angegriffenen Beschluss für nichtig zu erklären (Anfechtungsklage).[867] Allerdings liegt in dieser Antragsfassung trotz der Formulierung im Sinne eines Haupt- und eines Hilfsantrages mit Rücksicht auf den einheitlichen Streitgegenstand keineswegs eine eventuelle Klagehäufung.[868] Die Anfechtungsklage ist hier nicht mittels eines echten Hilfsantrages erhoben worden, sondern es handelt sich ungeachtet der gewählten Formulierung um einen einheitlichen Antrag im Sinne einer Nichtigkeits- und Anfechtungsklage.[869] Mag die übliche Antragsfassung auch gewissen Bedenken begegnen, weil sie auf ein tatsächlich nicht bestehendes Eventualverhältnis hindeutet und auf den ersten Blick über den einheitlichen Streitgegenstand hinwegtäuscht, hat sie doch den Vorteil, die beiden möglichen Rechtsfolgen widerzuspiegeln und wegen ihres Bekanntheitsgrades keinen Anlass zu Rückfragen zu geben. Jede andere Formulierung kann

---

862 BGH, GmbHR 2009, S. 39 (40); *Hüffer,* in: AktG, § 249 Rn 10; *Koppensteiner/Gruber,* in: Rowedder/Schmidt-Leithoff, GmbHG, § 47 Rn 141; *Zöllner,* in: Baumbach/Hueck, GmbHG, § 47 Anh. Rn 69 (einem Gestaltungsurteil gleichkommende, umfassende Wirkung); offen gelassen von *Raiser,* in: Ulmer, GmbHG, § 47 Anh. Rn 214; anders hingegen *Bayer,* in: Lutter/Hommelhoff, GmbHG, § 47 Anh. Rn 81; *Kindl,* in: ZGR 2000, S. 166 (171 ff); *Römermann,* in: Michalski, GmbHG, § 47 Anh. Rn 480 ff; *K. Schmidt,* in: JZ 1988, S. 729 (733 f); *K. Schmidt,* in: Scholz, GmbHG, § 45 Rn 152, 168, 171 ff, 175.

863 *Hüffer,* in: AktG, § 248 Rn 4; *Koppensteiner/Gruber,* in: Rowedder/Schmidt-Leithoff, GmbHG, § 47 Rn 141; *Raiser,* in: Ulmer, GmbHG, § 47 Anh. Rn 213; *Römermann,* in: Michalski, GmbHG, § 47 Anh. Rn 480; *Wertenbruch,* in: MünchKomm-GmbHG, § 47 Anh. Rn 226; anders *Schwab,* in: K. Schmidt/Lutter, AktG, § 249 Rn 1.

864 BGH, NJW 1997, S. 1510 f.

865 BGH, NJW 2002, S. 3465 f.

866 *Wertenbruch,* in: MünchKomm-GmbHG, § 47 Anh. Rn 226.

867 *Raiser,* in: Ulmer, GmbHG, § 47 Anh. Rn 240; *Römermann,* in: Michalski, GmbHG, § 47 Anh. Rn 512; krit. dazu *K. Schmidt,* in: Scholz, GmbHG, § 45 Rn 151.

868 BGH, NJW 1997, S. 1510 (1511).

869 *Wertenbruch,* in: MünchKomm-GmbHG, § 47 Anh. Rn 227.

demgegenüber zu Zweifeln am umfassenden Prozessziel führen und muss das Gericht jedenfalls nach § 139 Abs. 1 S. 2 ZPO veranlassen, diese Zweifel durch Nachfrage zu beseitigen.[870]

2. Antragstellung nach bestandskräftiger Bestätigung, Wiederholung bzw Neufassung oder Aufhebung

Ist der angegriffene Beschluss nicht bereits analog § 241 AktG nichtig, kann eine anfänglich zulässige und begründete Anfechtungsklage dadurch erledigt werden, dass die Gesellschafterversammlung den angegriffenen Beschluss bestätigt hat und der Bestätigungsbeschluss nicht seinerseits nichtig sowie wegen Ablaufs der Anfechtungsfrist oder rechtskräftiger Zurückweisung einer Nichtigkeits- und Anfechtungsklage bestandskräftig geworden ist, § 244 S. 1 AktG analog. In diesem Fall ist zweierlei zu beachten: 398

Nach § 244 S. 2 AktG kann der klagende Gesellschafter den angefochtenen, bestätigten Beschluss zum einen für die Zeit bis zur wirksamen Bestätigung für nichtig erklären lassen. Voraussetzung dafür ist lediglich ein rechtliches Interesse des Klägers an einem solchen, auf einen begrenzten Zeitraum bezogenen Urteilsspruch. Insofern findet § 244 S. 2 AktG analoge Anwendung.[871] 399

OLG Düsseldorf, Urt. v. 31. Juli 2003 – 6 U 27/03 –, NZG 2003, S. 975 (978):
„... Der bestätigende Beschluss vom 20.9.2002 wird mit der Rechtskraft dieser Entscheidung analog § 244 S. 1 AktG ... heilende Wirkung entfalten, allerdings, wie sich bereits aus § 244 S. 2 AktG analog ergibt, erst ab dem Zeitpunkt seiner Fassung... Bis zu diesem Zeitpunkt ist der Beschluss vom 16.8.2002 für nichtig zu erklären. ...“

Das erforderliche rechtliche Interesse liegt etwa dann vor, wenn es für die aus der Mitgliedschaft folgenden Rechte des klagenden Gesellschafters auch darauf ankommt, ob der bestätigte Beschluss von Beginn an oder erst seit der Bestätigung wirksam gewesen ist.[872] Daran kann man zB bei Beschlüssen mit Auswirkungen auf den Gewinnbezug denken. Die Zulässigkeit der Klageänderung ergibt sich unmittelbar aus § 244 S. 2 AktG, und es bedarf insofern nicht außerdem der Prüfung der Voraussetzungen der §§ 263 f ZPO.[873] Liegen die Voraussetzungen des § 244 S. 2 AktG vor, scheidet wegen des darin begründeten Minus sowohl eine umfassende Klageabweisung als auch eine vollständige Erledigung aus.[874] Dem Kläger ist durch einen Hinweis gemäß § 139 Abs. 1 S. 2 ZPO Gelegenheit zu geben, den Antrag sachgerecht zu fassen und Tatsachen für sein rechtliches Interesse vorzutragen.[875] Dabei kann er den § 244 S. 2 AktG entsprechenden Antrag auch hilfsweise für den Fall anbringen, dass das Gericht von einer nicht nichtigen und bestandskräftigen Bestätigung im Sinne des § 244 S. 1 AktG ausgeht.[876] 400

870 *Wertenbruch,* in: MünchKomm-GmbHG, § 47 Anh. Rn 227.

871 OLG Düsseldorf, NZG 2003, S. 975 (978); *Bayer,* in: Lutter/Hommelhoff, GmbHG, § 47 Anh. Rn 61; *Koppensteiner/Gruber,* in: Rowedder/Schmidt-Leithoff, GmbHG, § 47 Rn 137; *Raiser,* in: Ulmer, GmbHG, § 47 Anh. Rn 165, 240.

872 *Hüffer,* AktG, § 244 Rn 7; *Raiser,* in: Ulmer, GmbHG, § 47 Anh. Rn 165; *Wertenbruch,* in: MünchKomm-GmbHG, § 47 Anh. Rn 230; anders *K. Schmidt,* in: Scholz, GmbHG, § 45 Rn 166.

873 *Drescher,* in: Henssler/Strohn, Gesellschaftsrecht, § 244 AktG Rn 14 f; *Hüffer,* AktG, § 244 Rn 7; *Hüffer,* in: MünchKomm-AktG, § 244 Rn 16; *Schwab,* in: K. Schmidt/Lutter, AktG, § 244 Rn 22.

874 Wohl ebenso *Wertenbruch,* in: MünchKomm-GmbHG, § 47 Anh. Rn 230.

875 *Hüffer,* in: MünchKomm-AktG, § 244 Rn 16 und auch *Wertenbruch,* in: MünchKomm-GmbHG, § 47 Anh. Rn 231.

876 *Wertenbruch,* in: MünchKomm-GmbHG, § 47 Anh. Rn 230.

401 Demgegenüber kann die nach einer Bestätigung analog § 244 S. 1 AktG mögliche Erledigungserklärung im Anfechtungsprozess nicht hilfsweise abgegeben werden.[877]

> **BGH, Urt. v. 8. Februar 2011 – II ZR 206/08 –, NZG 2011, S. 506 (508):**
> „... Die hilfsweise Erledigungserklärung im Anfechtungsprozess ist unzulässig. ... Für den Feststellungsantrag, der in einer einseitigen hilfsweisen Erledigungserklärung enthalten ist, fehlt das erforderliche rechtliche Interesse (§ 256 Abs. 1 ZPO), das regelmäßig in einer günstigen Kostenfolge liegt. ... Außerdem wäre es widersprüchlich, nach einer Abweisung des Hauptantrags als unbegründet auf den Hilfsantrag die Erledigung festzustellen. ... Auch eine günstige Kostenfolge nach § 91 a Abs. 1 ZPO ist mit einem entsprechenden Hilfsantrag regelmäßig nicht zu erreichen, weil im Rahmen der Kostenentscheidung stets zu berücksichtigen ist, dass die Klage mit dem Hauptantrag abgewiesen worden ist. Unzutreffend meint das Berufungsgericht, ein solches Feststellungsinteresse ergebe sich aus einer Besonderheit der Klage gegen Hauptversammlungsbeschlüsse, bei der die Bestätigungsbeschlüsse nur die Anfechtbarkeit, nicht aber die Nichtigkeit beseitigen. Die einseitige Erledigungserklärung dient nicht dazu, dem Kläger zu Lasten des Prozessgegners das Prozessrisiko für die Einschätzung abzunehmen, ob ein erledigendes Ereignis eingetreten ist, d. h. ob hier nicht behebbare Nichtigkeitsgründe vorliegen. ...“

402 Will der Kläger in den nicht § 244 S. 2 AktG analog unterliegenden Fällen eine Abweisung seiner Anfechtungsklage wegen Bestätigung analog § 244 S. 1 AktG vermeiden, muss er die Erledigung der Hauptsache ohne innerprozessuale Bedingung erklären. Denn es gibt keinen rechtfertigenden Grund dafür, dem klagenden Gesellschafter zu gestatten, das mit der Einschätzung der Bestätigung analog § 244 S. 1 AktG verbundene Risiko über § 244 S. 2 AktG hinaus auf die Gesellschaft abzuwälzen.[878] Für eine hilfsweise Erledigungserklärung fehlt das rechtliche Interesse.[879] Außerdem hat die verklagte Gesellschaft Anspruch auf eine Hauptsacheentscheidung, wenn der klagende Gesellschafter trotz der Erledigung an seinem Hauptsacheantrag festhält.[880] Erklärt der Kläger im Hinblick auf § 244 S. 1 AktG einseitig die Erledigung, liegt in seiner Erklärung – wie üblich – eine nach § 264 Nr. 2 ZPO zulässige Klageänderung im Sinne eines auf Feststellung der Erledigung durch die Bestätigung gerichteten Antrages.[881] Begründet ist diese Klage, wenn die Anfechtungsklage bis zur Bestätigung zulässig und begründet gewesen ist.[882] Anderenfalls kommt es zur Klageabweisung mit der Folge der Kostentragung des Klägers nach § 91 Abs. 1 ZPO.[883] Schließt die Gesellschaft sich der Erledigungserklärung an, sind § 91 a ZPO und im Rahmen des billigen Ermessens u.a. die Erfolgsaussichten der Klage bis zur Bestätigung maßgebend.

403 Wird der angefochtene Beschluss nach Klageerhebung bestätigt, so richtet sich die bereits erhobene Klage unter Berücksichtigung der objektiven Grenzen des Streitgegenstandes zwar nicht ohne Weiteres auch gegen den bestätigenden Beschluss, jedoch

877 Zur AG: BGH, AG 2010, S. 749; NZG 2011, S. 506 (508); *Wertenbruch,* in: MünchKomm-GmbHG, § 47 Anh. Rn 229.
878 Zur AG: BGH, NZG 2011, S. 506 (508); *Wertenbruch,* in: MünchKomm-GmbHG, § 47 Anh. Rn 229.
879 Zur AG: BGH, NZG 2011, S. 506 (508); *Drescher,* in: Henssler/Strohn, Gesellschaftsrecht, § 244 AktG Rn 9.
880 BGHZ 106, S. 359 (367 f); *Wertenbruch,* in: MünchKomm-GmbHG, § 47 Anh. Rn 229.
881 BGH, NJW 2008, S. 2580; *Hüffer,* in: AktG, § 244 Rn 8.
882 Zur AG: BGH, AG 2010, S. 749; NZG 2011, S. 506 (508); *Wertenbruch,* in: MünchKomm-GmbHG, § 47 Anh. Rn 228.
883 BGH, NJW-RR 2006, S. 471; *Hüffer,* in: AktG, § 244 Rn 18; *Wertenbruch,* in: MünchKomm-GmbHG, § 47 Anh. Rn 228.

steht es dem Kläger frei, die Klage im Sinne einer Nichtigkeits- und Anfechtungsklage auch gegen den bestätigenden Beschluss zu erweitern.[884] Allerdings greift insofern mit Rücksicht auf den teilweise veränderten Klagegrund ungeachtet des sachlichen Zusammenhangs der unterschiedlichen Streitgegenstände[885] nicht § 264 Nr. 2 ZPO ein, sondern maßgebend ist § 263 ZPO.[886]

> **OLG Stuttgart, Urt. v. 10. November 2004 – 20 U 16/03 –, NZG 2005, S. 432 (433):**
> „... Die Anfechtung der Bestätigungsbeschlüsse durch Klageerweiterung im Anfechtungsprozess um die Ausgangsbeschlüsse ist eine Klageänderung. Die Zulässigkeit der Anfechtung des Bestätigungsbeschlusses richtet sich nicht nach § 264 Nr. 2 ZPO. ... § 264 Nr. 2 ZPO betrifft nur Erweiterungen oder Beschränkungen des Klageantrags ohne Änderung des zu Grunde liegenden Lebenssachverhalts. Die Einführung eines neuen Streitgegenstandes ist als nachträgliche objektive Klagehäufung dagegen ein Fall des § 263 ZPO ... Die Anfechtungsklage gegen den Bestätigungsbeschluss hat einen anderen Streitgegenstand als die Anfechtungsklage gegen den Ausgangsbeschluss ..., weil der Klageantrag anders als bei der Anfechtung des Ausgangsbeschlusses lautet und sich der zur Begründung des Antrags vorgetragene Sachverhalt davon unterscheidet. ..."

Die hiervon abweichende Entscheidung des Bundesgerichtshofs vom 27. September 404
1956[887] geht noch davon aus, dass es einer gesonderten Anfechtung des bestätigenden Beschlusses nicht bedürfe, und ist dementsprechend durch § 244 S. 1 AktG überholt.[888] Klagen mehrere Aktivlegitimierte, handelt es sich im Hinblick auf § 248 Abs. 1 S. 1, § 249 Abs. 1 S. 1 AktG um eine aus prozessualen Gründen notwendige Streitgenossenschaft, § 62 Abs. 1 Alt. 1 ZPO.[889] Gleichwohl kann hier jeder Streitgenosse für sich und unabhängig von dem Verhalten der übrigen Kläger die Erledigung erklären, denn im Falle einer notwendigen Streitgenossenschaft bloß aus prozessualen Gründen, besteht zwar die Notwendigkeit einer einheitlichen Feststellung des geltend gemachten Rechts, aber nicht die Notwendigkeit einer gemeinsamen Rechtsverfolgung. Darin liegt der Unterschied zu einer aus materiellrechtlichen Gründen notwendigen Streitgenossenschaft.[890]

Wird ein angefochtener Beschluss dagegen nicht bloß bestätigt, sondern neu gefasst 405
bzw wiederholt, greift nicht § 244 AktG ein, sondern kann eine Erledigung durch Entfallen des Rechtsschutzbedürfnisses eingetreten sein. Das hängt wiederum von den Rechtsfolgen des angegriffenen, neu gefassten bzw wiederholten Beschlusses ab (s. Rn 267 ff). Insofern gelten die obigen Ausführungen zur Erledigung entsprechend. Der Unterschied zwischen Bestätigung und Neufassung bzw Wiederholung liegt nicht in erster Linie hierin, sondern in den unterschiedlichen Voraussetzungen für die Bestätigung und die Neufassung bzw Wiederholung mit Rücksicht auf den maßgebenden Zeitpunkt.

---

884 OLG Stuttgart, NZG 2005, S. 432 (433); *Wertenbruch*, in: MünchKomm-GmbHG, § 47 Anh. Rn 232; anders allerdings *Hüffer*, AktG, § 244 Rn 9; *K. Schmidt*, in: Großkommentar zum AktG, § 244 Rn 17; offen gelassen von *Drescher*, in: Henssler/Strohn, Gesellschaftsrecht, § 244 AktG Rn 10.

885 OLG Dresden, NZG 2000, S. 426; OLG Stuttgart, NZG 2005, S. 432 (433); *Habersack/Schürnbrand*, FS für Hadding, 2004, S. 391 (399); *Hüffer*, AktG, § 244 Rn 9.

886 OLG Stuttgart, NZG 2005, S. 432 (433); *Hüffer*, AktG, § 244 Rn 9; *K. Schmidt*, in: Großkommentar zum AktG, § 244 Rn 17.

887 BGH, NJW 1956, S. 1753.

888 *Hüffer*, AktG, § 244 Rn 4; *K. Schmidt*, in: Großkommentar zum AktG, § 244 Rn 9; *Wertenbruch*, in: MünchKomm-GmbHG, § 47 Anh. Rn 233.

889 Zur AG: BGH, NZG 2011, S. 506 (508); *Wertenbruch*, in: MünchKomm-GmbHG, § 47 Anh. Rn 229.

890 Zur AG: BGH, NZG 2011, S. 506 (508); *Wertenbruch*, in: MünchKomm-GmbHG, § 47 Anh. Rn 229.

3. Beschlussaufhebung nach Klageerhebung

406 Nicht nur die Bestätigung eines Gesellschafterbeschlusses kann zur Erledigung einer Anfechtungsklage führen, sondern auch die Aufhebung eines evtl zwar wirksamen, aber anfechtbaren Gesellschafterbeschlusses. Die Aufhebung des mit der Nichtigkeits- und Anfechtungsklage angegriffenen Gesellschafterbeschlusses nach Rechtshängigkeit durch einen neuerlichen Gesellschafterbeschluss hat diese Folge, wenn der angegriffene Beschluss entweder mit einem Nichtigkeits- oder mit einem Anfechtungsgrund behaftet war und der Aufhebungsbeschluss nicht seinerseits nichtig ist.[891] Schließt die Gesellschaft sich der Erledigungserklärung des klagenden Gesellschafters an, ist nach § 91 a ZPO zu entscheiden, wobei im Rahmen des billigen Ermessens die Erfolgsaussichten bis zur Aufhebung zu berücksichtigen sind. Bleibt die Erledigungserklärung einseitig, liegt darin eine konkludente, nach § 264 Nr. 2 ZPO ohne Weiteres zulässige Klageänderung im Sinne einer Feststellung der Erledigung durch den Aufhebungsbeschluss.

407 Hat der Kläger ein entsprechendes rechtliches Interesse, etwa wegen Auswirkungen der Beschlüsse auf seine aus der Mitgliedschaft folgenden Rechte, kann er – wie bei der Bestätigung analog § 244 S. 2 AktG – auch bei der Aufhebung die Feststellung der Nichtigkeit bzw Anfechtbarkeit bis zur Beschlussaufhebung erwirken.[892]

408 Bei Aufhebung eines nichtigen oder anfechtbaren Beschlusses nach Anhängigkeit, aber noch vor Rechtshängigkeit ist nach § 269 Abs. 3 S. 3 ZPO vorzugehen.

4. Widerklage

409 Die Nichtigkeits- und Anfechtungsklage kann unter zusätzlicher Berücksichtigung des § 33 ZPO auch als Widerklage erhoben werden.[893] Ebenso kann die beklagte Gesellschaft umgekehrt gegenüber einer Nichtigkeits- und Anfechtungsklage gestützt auf andere prozessuale Ansprüche Widerklage erheben, wenn die Voraussetzungen des § 33 ZPO vorliegen.[894]

410 Begehrt die GmbH im Wege einer Klage Feststellung einer beschlossenen Einziehung eines Geschäftsanteils, kann der beklagte, von der Einziehung betroffene Gesellschafter nicht nur Klageabweisung beantragen, sondern auch den Einziehungsbeschluss widerklagend mit einer Nichtigkeits- und Anfechtungsklage angreifen. Ihm fehlt auch unter Berücksichtigung der von der Gesellschaft erhobenen Feststellungsklage schon deshalb nicht das Rechtsschutzbedürfnis, weil er nur mit seiner Nichtigkeits- und Anfechtungsklage den Eintritt der Bestandskraft zu verhindern vermag.[895] Umgekehrt kann auch die GmbH im Falle einer gegen den Einziehungsbeschluss gerichteten Nichtigkeits- und Anfechtungsklage widerklagend die Feststellung der Einziehung des Geschäftsanteils des Klägers beantragen. Ihr Rechtsschutzbdürfnis ergibt sich aus der grundsätzlich unbefristet möglichen Geltendmachung der Beschlussnichtigkeit.[896]

891 *Raiser,* in: Ulmer, GmbHG, § 47 Anh. Rn 254; *Römermann,* in: Michalski, GmbHG, § 47 Anh. Rn 514.
892 *Wertenbruch,* in: MünchKomm-GmbHG, § 47 Anh. Rn 234.
893 *Raiser,* in: Ulmer, GmbHG, § 47 Anh. Rn 242; *Römermann,* in: Michalski, GmbHG, § 47 Anh. Rn 516.
894 BGH, NJW 1972, S. 1320; *Raiser,* in: Ulmer, GmbHG, § 47 Anh. Rn 242.
895 *K. Schmidt,* in: Scholz, GmbHG, § 45 Rn 124 Fn 446; *Wertenbruch,* in: MünchKomm-GmbHG, § 47 Anh. Rn 235; anders allerdings OLG Düsseldorf, GmbHR 1999, S. 543 (547).
896 *Wertenbruch,* in: MünchKomm-GmbHG, § 47 Anh. Rn 235.

Übersicht über Fragen der Antragstellung – Nr. 29 411

1. Regelfall	Antragsfassung iS eines Haupt- und eines Hilfsantrages, obgleich es sich mit Rücksicht auf den einheitlichen Streitgegenstand nicht um eine evtl objektive Klagehäufung handelt (BGH, NJW 1997, S. 1510, 1511).
2. Bestätigung und Neufassung bzw Wiederholung (s. Übersicht Nr. 17, Rn 273)	a) Erledigung, wenn ein Beschluss, der nicht nichtig, aber anfechtbar ist, bestätigt wird, § 244 S. 1 AktG analog. b) Allerdings mit Wirkung ex nunc, so dass bei entsprechendem rechtlichen Interesse Nichtigerklärung bis zum Zeitpunkt der Bestätigung in Betracht kommt, § 244 S. 2 AktG analog (OLG Düsseldorf, NZG 2003, S. 975, 978). Rechtliches Interesse zB dann, wenn Gewinnbezug davon abhängt. Zulässig ist auch Hilfsantrag. c) Dagegen kann Erledigung nicht hilfsweise erklärt werden (BGH, NZG 2011, S. 506, 508). Erledigung liegt vor, wenn zwar die Nichtigkeitsklage unbegründet war, jedoch die Anfechtungsklage bis zum Zeitpunkt der Bestätigung begründet war (BGH, NZG 2011, S. 506, 508). Einseitig: Klageänderung iSd. § 264 Nr. 2 ZPO; übereinstimmend: § 91 a ZPO. d) Trotz (prozessual) notwendiger Streitgenossenschaft iSd. § 62 Alt. 1 ZPO können die Kläger unabhängig voneinander die Erledigung erklären. Erforderlich ist lediglich einheitlich wirkende Feststellung, nicht hingegen auch einheitliche Rechtsverfolgung. e) In Nichtigkeits- und Anfechtungsklage auch gegen den Bestätigungsbeschluss liegt Klageänderung iSd. § 263 ZPO (OLG Stuttgart, NZG 2005, S. 432, 433). f) Bei Neufassung bzw Wiederholung (anderer Zeitpunkt für das Vorliegen der Voraussetzungen maßgebend als Bestätigung, Rn 267 ff) kann Rechtsschutzbedürfnis ebenfalls entfallen und kann das zur Erledigung führen.
3. Aufhebung nach Klageerhebung	a) Erledigung, wenn der angegriffene Beschluss mit einem Nichtigkeits- oder mit einem Anfechtungsgrund behaftet war und der Aufhebungsbeschluss nicht seinerseits nichtig ist. Einseitig: Klageänderung, § 264 Nr. 2 ZPO; Übereinstimmend: § 91 a ZPO.

	b) Erledigung vor Rechtshängigkeit: § 269 Abs. 3 S. 3 ZPO. c) Kläger kann bei rechtlichem Interesse Feststellung der Anfechtbarkeit bis zum Zeitpunkt der Aufhebung beantragen.
4. Widerklage	Unter der Voraussetzung insb. eines rechtlichen Zusammenhangs (§ 33 ZPO) kann ein seitens der Gesellschaft in Anspruch genommener Gesellschafter widerklagend auch Nichtigkeits- und Anfechtungsklage erheben.

XIV. Einrede anderweitiger Rechtshängigkeit, § 261 Abs. 3 Nr. 1 ZPO

412 Für die Einrede anderweitiger Rechtshängigkeit nach § 261 Abs. 3 Nr. 1 ZPO kommt es maßgebend auf die Reichweite des Streitgegenstandes der Nichtigkeits- und Anfechtungsklage bzw auf diejenige des ihr zugrunde liegenden prozessualen Anspruchs an.[897] Geht man unter Berücksichtigung des prozessual-zweigliedrigen Streitgegenstandsbegriffs mit dem Bundesgerichtshof von einer materiellen Rechtskraft aus, die sich auch auf nicht geltend gemachte, ja nicht einmal bekannte Nichtigkeits- und Anfechtungsgründe, also auf die gesamten, der Entstehung des angegriffenen Beschlusses zugrunde liegenden Umstände erstreckt,[898] muss jede Nichtigkeits- und Anfechtungsklage hinsichtlich des angegriffenen Beschlusses die Einrede anderweitiger Rechtshängigkeit gemäß § 261 Abs. 3 Nr. 1 ZPO begründen. Die Ausführungen des Bundesgerichtshofs in seiner die Schiedsfähigkeit von Beschlussmängelstreitigkeiten betreffenden Entscheidung vom 6. April 2009[899] sind vor diesem Hintergrund nicht in jeder Hinsicht klar.[900]

BGH, Urt. v. 22. Juli 2002 – II ZR 286/01 –, NJW 2002, S. 3465 (3466):

„... Nach anderer Ansicht liegt der Streitgegenstand der Nichtigkeits- und Anfechtungsklage in dem prozessualen Begehren, die Nichtigkeit des Hauptversammlungsbeschlusses anhand der dem Beschluss anhaftenden Mängel richterlich klären zu lassen. Der Streitgegenstand umfasst danach alle – auch nicht zum Gegenstand des Prozessvortrags gemachte – einem Hauptversammlungsbeschluss anhaftenden Mängel. Daraus folgt, dass die Geltendmachung zusätzlicher Mängel durch ergänzenden Sachvortrag nicht zu einer Klageänderung führt. ... Der Senat folgt im Grundsatz der Minderheitsmeinung. Als Klagegrund sieht er die Gesetzes- bzw Satzungswidrigkeit des Hauptversammlungsbeschlusses an. Unter diesem allgemeinen Gesichtspunkt werden alle Mängel zusammengefasst, die dem Hauptversammlungsbeschluss anhaften und die zur Klärung seiner Nichtigkeit durch das Gericht führen. Ausgangspunkt für die Bestimmung des Streitgegenstands der Nichtigkeits- und Anfechtungsklage ist das mit der Klage verfolgte prozessuale Ziel, die richterliche Klärung der Nichtigkeit des Hauptversammlungsbeschlusses herbeizuführen. ... Die Nichtigkeit oder Anfechtbarkeit eines derartigen Beschlusses folgt stets aus einer Gesetzes- oder Satzungswidrigkeit einzelner Umstände. Dazu gehören der Be-

897 *Wertenbruch*, in: MünchKomm-GmbHG, § 47 Anh. Rn 236 sowie allgemein:, *Foerste*, in: Musielak, ZPO, § 261 Rn 10 ff; *Greger*, in: Zöller, ZPO, § 261 Rn 9 f.

898 BGH, NJW 2002, S. 3465 (3466); *Nietsch*, in: ZIP 2009, S. 2269 (2272 f); *Zöllner*, in: Baumbach/Hueck, GmbHG, § 47 Anh. Rn 167.

899 BGH, NJW 2009, S. 1962 (1966).

900 *Wertenbruch*, in: MünchKomm-GmbHG, § 47 Anh. Rn 236.

schlussgegenstand, der Inhalt des Beschlusses sowie die Vorgänge, die für den Ablauf des zur Beschlussfassung führenden Verfahrens maßgebend sind. Der Verfahrensablauf umfasst die verschiedenen Stadien der Vorbereitung des Beschlusses bis hin zur Beschlussfassung selbst. Diese gesamten, der Entstehung des Beschlusses zu Grunde liegenden Umstände stellen einen einheitlichen Lebenssachverhalt dar (vgl ähnliche Argumentation zur Frage der Nichtigkeit auf Grund Beurkundungsbedürftigkeit eines aus mehreren Teilen zusammengesetzten Rechtsgeschäfts ..., der einen Teil des Klagegrundes der Nichtigkeits- und Anfechtungsklage bildet. Der andere Teil besteht aus der Fehlerhaftigkeit eines oder mehrerer dieser Umstände, die sich aus deren Gesetzes- oder Satzungswidrigkeit ergibt. Aus dem diese Elemente umfassenden Klagegrund der Mangelhaftigkeit des Beschlusses und dem prozessualen Begehren ihrer Klärung durch richterliche Entscheidung setzt sich der Streitgegenstand der Nichtigkeits- und Anfechtungsklage der §§ 241 f, 243 ff AktG zusammen. Das Verständnis, das die überwiegende Meinung dem Streitgegenstand dieser Klagen zu Grunde legt, orientiert sich offensichtlich an den Kriterien, von denen die weitaus überwiegende Meinung bei der Leistungsklage ausgeht. Das wird jedoch der Eigenart der Nichtigkeits- und Anfechtungsklage nicht gerecht. Gegenstand beider Klagearten ist die fehlende Übereinstimmung des gefassten Beschlusses mit Gesetz und Satzung hinsichtlich Beschlussgegenstand, -inhalt und -verfahren. Eine weitergehende Unterteilung ihres Streitgegenstands nach den einzelnen, dem Beschlussgegenstand sowie dem Beschlussverfahren zu Grunde liegenden Elementen und den ihnen anhaftenden Fehlern könnte die einheitliche Überprüfung des Beschlusses je nach Umfang und Einzelheiten des Klägervortrags verhindern. Dem steht der Gesichtspunkt der Rechtssicherheit entgegen. Dieser Umstand ist zwar bei der Anfechtungsklage im Hinblick auf ihre Befristung und die damit verbundene Ausschlusswirkung ohne Bedeutung. Bei der Nichtigkeitsklage verhindert er jedoch, dass derselbe Aktionär – aus welchen Gründen auch immer – die Gesellschaft mehrfach mit einer solchen gegen denselben Beschluss gerichteten Klage überzieht. Die Ansicht des Senats steht mit der überwiegenden Ansicht in Übereinstimmung, die für den Begriff des Streitgegenstands der verwaltungsgerichtlichen Anfechtungsklage vertreten wird; dieser setzt sich aus dem Klageantrag auf Beseitigung des angefochtenen Verwaltungsakts und dem Klagegrund zusammen, der entsprechend dem Klägervortrag in der Rechtswidrigkeit des Verwaltungsakts und der dadurch bewirkten Verletzung der Rechte des Klägers gesehen wird. ...“

XV. Darlegungs- und Beweislast

Nach allgemeiner Regel trifft diejenige Partei die Beweislast, die nach dem maßgebenden materiellen Zivilrecht einen Vorteil vom Nachweis der behaupteten Tatsachen hat. Danach hat der Anspruchsteller die anspruchsbegründenden Umstände und hat die in Anspruch genommene Partei die im Rahmen von Einwendungen oder Einreden relevanten Umstände nachzuweisen.[901] Auf die Nichtigkeits- und Anfechtungsklage findet diese allgemeine Regel in der Weise Anwendung, dass der klagende Gesellschafter grundsätzlich die Beweislast für das Vorliegen eines Nichtigkeits- oder eines Anfechtungsgrundes trägt, weil es sich bei den die Nichtigkeit oder die Anfecht- 413

901 Vgl etwa BGH, NJW 1983, S. 2499 (2500); NJW 2001, S. 2096 (2098).

barkeit betreffenden Regeln der §§ 241 ff AktG sowie bei den maßgebenden Bestimmungen des GmbH-Gesetzes um für den Kläger günstige Bestimmungen handelt.[902]

414 Die Darlegungslast trifft grundsätzlich diejenige Partei, die auch die Beweislast trägt. Jedoch bedarf es etwa bei negativen Tatsachen eines substantiierten Bestreitens – sekundäre Behauptungslast.[903] Stellt also der Kläger eine für die Wirksamkeit des angegriffenen Beschlusses erhebliche Tatsache in Abrede, trifft die beklagte Gesellschaft nach der für die Darlegung negativer Tatsachen geltenden, allgemeinen Regel die sekundäre Behauptungslast und muss sie den betreffenden Umstand konkret dartun. Die Beweislastverteilung bleibt davon in der Regel unberührt. Allerdings kommen hier unter den auch sonst maßgebenden Gesichtspunkten, wie zB demjenigen der Beweisvereitelung, unterschiedliche Erleichterungen in Betracht.[904]

415 Übertragen auf die Nichtigkeits- und Anfechtungsklage bedeutet dies, dass der klagende Gesellschafter grundsätzlich sowohl die Darlegungs- als auch die Beweislast für seine Anfechtungsbefugnis/Aktivlegitimation trägt. Ebenso muss er die Einhaltung der Anfechtungsfrist, das Vorliegen eines Gesellschafterbeschlusses als möglicher Streitgegenstand sowie einen Nichtigkeits- oder Anfechtungsgrund dartun und beweisen.[905]

416 Letzteres gilt jedenfalls für Verfahrensmängel. Dabei genügt die unsubstantiierte Behauptung eines Verfahrensmangels „ins Blaue hinein“ nicht, sondern es bedarf der konkreten Darlegung eines Verfahrensmangels sowie des Nachweises im Falle des hinreichenden Bestreitens seitens der GmbH.[906] Die Gesellschaft kann eine sekundäre Behauptungslast und uU sogar die Beweislast treffen, wenn der vom Kläger dargelegte Sachverhalt einen Verfahrensmangel, wie zB eine nach dem feststehenden Erhalt des entsprechenden Schreibens wahrscheinliche Unterschreitung der Ladungsfrist, nahelegt und die Einzelheiten den Kenntnisbereich der Gesellschaft betreffen.[907] Steht der Verfahrensfehler entweder nach dem unstreitigen Sachverhalt bzw dem nicht hinreichend bestrittenen Vortrag des Klägers oder aber nach Beweiserhebung fest, obliegt es der Gesellschaft, die Irrelevanz des vorliegenden Verfahrensmangels für das Beschlussergebnis darzutun und zu beweisen.[908]

Auch für materielle Nichtigkeits- und Anfechtungsgründe gilt der o.g. Grundsatz, dass der klagende Gesellschafter die ihm günstigen Umstände, die seiner Nichtigkeits- und Anfechtungsklage zum Erfolg verhelfen, darzulegen und zu beweisen hat.[909] Allerdings gibt es hier gewisse Abweichungen: So hat der klagende Gesellschafter bei Verstößen gegen den Gleichbehandlungsgrundsatz zwar die Ungleichbehandlung dar-

902 OLG München, AG 2003, S. 452 (453); OLG Stuttgart, Urt. v. 19. Dezember 2012 – 14 U 10/12 –, juris Rn 44 f; *Drescher,* in: Henssler/Strohn, Gesellschaftsrecht, § 243 AktG Rn 32; *Hüffer,* AktG, § 243 Rn 59; *Raiser,* in: Ulmer, GmbHG, § 47 Anh. Rn 244.

903 BGH, NJW 1999, S. 287 f; NJW-RR 2007, S. 488 (zum Fehlen eines Rechtsgrundes im Rahmen des § 812 Abs. 1 S. 1 Alt. 1 BGB).

904 *Wertenbruch,* in: MünchKomm-GmbHG, § 47 Anh. Rn 237.

905 *Drescher,* in: Henssler/Strohn, Gesellschaftsrecht, § 243 AktG Rn 32; *Hüffer,* AktG, § 243 Rn 60; *Raiser,* in: Ulmer, GmbHG, § 47 Anh. Rn 244; *Römermann,* in: Michalski, GmbHG, § 47 Anh. Rn 517; *K. Schmidt,* in: Scholz, GmbHG, § 45 Rn 161.

906 *Hüffer,* in: MünchKomm-AktG, § 243 Rn 146; *Raiser,* in: Ulmer, GmbHG, § 47 Anh. Rn 246; *Römermann,* in: Michalski, GmbHG, § 47 Anh. Rn 519; *K. Schmidt,* in: Scholz, GmbHG, § 45 Rn 161.

907 *Raiser,* in: Ulmer, GmbHG, § 47 Anh. Rn 246; *Römermann,* in: Michalski, GmbHG, § 47 Anh. Rn 519; *K. Schmidt,* in: Scholz, GmbHG, § 45 Rn 161.

908 *Hüffer,* in: AktG, § 243 Rn 61; *Römermann,* in: Michalski, GmbHG, § 47 Anh. Rn 519; *K. Schmidt,* in: Scholz, GmbHG, § 45 Rn 161.

909 *Hüffer,* in: MünchKomm-AktG, § 243 Rn 149.

zulegen und nachzuweisen. Die Gesellschaft muss jedoch sodann die rechtfertigenden Umstände darlegen und beweisen.[910] Das gleiche gilt für die Gewährung von Sondervorteilen: Während der klagende Gesellschafter Umstände für einen Sondervorteil dartun und nachweisen muss, muss die GmbH rechtfertigende Umstände darlegen und beweisen.[911] Zudem ist bei den Anforderungen an die Substantiierung des Klägervortrages mit Rücksicht auf den Kenntnishorizont des Klägers Vorsicht geboten.[912] Schwieriger ist die Verteilung der Darlegungs- und Beweislast bei der Verletzung von Treuepflichten. So hat der Bundesgerichtshof die Gesellschaft im Falle einer Kapitalerhöhung unter Bezugsrechtsausschluss für verpflichtet gehalten, hierfür die sachliche Rechtfertigung vorzutragen und zu beweisen, und dem Kläger lediglich auferlegt, diese zu widerlegen und den Gegenbeweis zu führen.[913] Mag man auch diesen Gedanken nicht ohne Weiteres auf sämtliche Fälle von Treuepflichtverletzungen und anderen materiellen Beschlussmängeln übertragen können,[914] spricht doch vieles für die folgende Verteilung der Darlegungs- und Beweislast: Der klagende Gesellschafter muss lediglich Umstände dartun und beweisen, die einerseits eine bestimmte Pflicht der Gesellschaft und andererseits die Abweichung der Gesellschaft hiervon begründen. Stehen diese Umstände fest, muss die Gesellschaft rechtfertigende Umstände für ihre Entscheidung darlegen und beweisen.

Das lässt sich auch auf solche Fälle übertragen, die nicht eine verletzte Pflicht im en- **417**
geren Sinne zum Gegenstand haben, so zB bei Beschlüssen über eine Zwangseinziehung: Während der Kläger neben den Voraussetzungen seiner Aktivlegitimation und der Anfechtungsfrist darzulegen und nachzuweisen hat, dass ein Beschluss über die Einziehung seines Geschäftsanteils gefasst wurde, hat die Gesellschaft diejenigen Umstände darzutun und zu beweisen, die die Zwangseinziehung nach § 34 Abs. 1 GmbHG in Verbindung mit ihrer Satzung rechtfertigen. Die Gesellschaft trägt also die Darlegungs- und Beweislast hinsichtlich positiver Zulässigkeitsvoraussetzungen bzw Wirksamkeitsvoraussetzungen angefochtener Beschlüsse im Rahmen der materiellen Inhaltskontrolle.[915]

> **OLG Stuttgart, Urt. v. 19. Dezember 2012 – 14 U 10/12 –, juris Rn 44 f:**
> „... Die Darlegungs- und Beweislast für das Vorliegen der tatsächlichen Voraussetzungen eines wichtigen Grundes zur Ausschließung des Klägers aus der Beklagten trifft die Beklagte. ... Für die Überprüfung des Einziehungsbeschlusses der Gesellschaft im Wege der Beschlussmängelklage gelten zwar die allgemeinen Regeln über die Darlegungs- und Beweislast in solchen Verfahren. ... Nach diesen hat auch bei Beschlussmängelklagen jede Partei die Tatsachen darzulegen und zu beweisen, welche die Norm voraussetzt, aus der sie die für sie günstige Rechtsfolge ableitet. ... Allerdings befindet sich im Rahmen der materiellen Inhaltskontrolle von Gesellschafterbeschlüssen die Gesellschaft in der Darlegungs- und Beweislast hinsichtlich positiver Zulässigkeitsvoraussetzungen bzw sachlicher Wirksamkeitsvoraussetzungen des angefochtenen Beschlusses, hat also die Gesellschaft, bedarf der angefochtene Gesellschafterbeschluss einer besonderen Rechtfertigung, die Rechtfertigungsgründe darzulegen und die entsprechenden Tatsachen notfalls zu bewei-

910 *Hüffer*, in: MünchKomm-AktG, § 243 Rn 149; *Raiser*, in: Ulmer, GmbHG, § 47 Anh. Rn 248.
911 *Hüffer*, in: MünchKomm-AktG, § 243 Rn 152.
912 BGH, NJW 1988, S. 1579.
913 BGH, NJW 1978, S. 1316; anders und für uneingeschränkte Darlegungs- und Beweislast der Gesellschaft etwa *Hüffer*, in: MünchKomm-AktG, § 243 Rn 150.
914 *Hüffer*, in: MünchKomm-AktG, § 243 Rn 150.
915 OLG Stuttgart, Urt. v. 19. Dezember 2012 – 14 U 10/12 –, juris Rn 44 f.

sen... Die Rechtsprechung hat diese Auffassung bisher wohl nicht ausdrücklich übernommen, dass sie in der Sache von ihr abwiche, ist indes nicht ersichtlich. ... Der Senat hält diese Auffassung für richtig und schließt sich ihr an. ..."

418 **Übersicht über Fragen der Darlegungs- und Beweislast – Nr. 30**

1. Allgemeine Regel	Der klagende Gesellschafter trägt grds die Darlegungs- und Beweislast für das Vorliegen von Nichtigkeits- und Anfechtungsgründen (OLG Stuttgart, Urt. v. 19. Dezember 2012 – 14 U 10/12 –, juris Rn 44 f).
2. Ausgleich	Allerdings gelten die Regeln der sekundären Behauptungslast, so dass die Gesellschaft etwa bzgl negativer Tatsachen, die der Kläger allgemein behauptet, substantiiert vortragen muss.
3. Beweiserleichterungen	Hinzu kommen im Einzelfall Beweiserleichterungen, zB bei Beweisvereitelung.
4. Verfahrensmängel als Nichtigkeits- und Anfechtungsgründe	a) Unzulässig sind Behauptungen „ins Blaue hinein", es muss selbst unter Berücksichtigung der engen Grenzen der Wahrheitspflicht konkret vorgetragen werden. b) Gesellschaft kann dann sekundäre Behauptungslast treffen. c) Während der klagende Gesellschafter den Fehler darlegen und beweisen muss, hat die beklagte Gesellschaft dessen Irrelevanz darzutun und – erforderlichenfalls – zu beweisen.
5. Materielle Nichtigkeits- und Anfechtungsgründe	a) Grds. bleibt es bei der o.g. allgemeinen Regel. b) 1. Abweichung: Verstoß gegen den Grundsatz der Gleichbehandlung der Gesellschafter, dh Darlegungs- und Beweislast zwar hinsichtlich Ungleichbehandlung beim Gesellschafter, für Rechtfertigung jedoch bei Gesellschaft. c) 2. Abweichung: Das Gleiche gilt für die Gewährung von Sondervorteilen als besondere Form der Ungleichbehandlung. d) 3. Abweichung: Auch bei der Verletzung von Treuepflichten muss der Gesellschafter lediglich diejenigen Umstände dartun und beweisen, die die Treuepflicht begründen und die die Abweichung der Gesellschaft hiervon ergeben, während die Gesellschaft rechtfertigende Umstände darlegen und beweisen muss (BGH, NJW 1978, S. 1316). e) 4. Abweichung: Die beklagte Gesellschaft muss diejenigen Tatsachen dartun und nachweisen, die die beschlossene Zwangseinzie-

hung rechtfertigen und der materiellen Inhaltskontrolle unterliegen (OLG Stuttgart, Urt. v. 19. Dezember 2012 – 14 U 10/12 –, juris Rn 44 f).

XVI. Mangelhaftes oder fehlendes Protokoll

Auch wenn das Führen eines formgerechten Protokolls für Gesellschafterversammlungen der GmbH – abgesehen von den Fällen der Einmann-GmbH (§ 48 Abs. 3 GmbHG) und satzungsändernder Beschlüsse – nicht gesetzlich vorgesehen ist und daher eine entsprechende Verpflichtung lediglich Inhalt der Satzung sein kann,[916] ist doch zu berücksichtigen, dass das Protokoll in der Regel geeignetes Beweismittel sowohl für die Fassung des angegriffenen Gesellschafterbeschlusses als solcher als auch für die mit der Nichtigkeits- und Anfechtungsklage gerügten Beschlussmängel ist. Da allerdings darüber hinaus eine gesetzliche Bestimmung über die Folgen eines mangelhaften oder gar gänzlich fehlenden Protokolls für den Nichtigkeits- und Anfechtungsprozess fehlt, kommt, wenn auch die Satzung dazu schweigt, nur ein Rückgriff auf die allgemeinen Regeln der Beweisvereitelung in Betracht.[917] 419

Nach ständiger Rechtsprechung des Bundesgerichtshofs liegt in Anwendung des Rechtsgedankens der § 427, § 441 Abs. 3 S. 3, §§ 444, 446, § 453 Abs. 2, § 454 Abs. 1 ZPO, § 242 BGB eine Beweisvereitelung vor, wenn eine Partei ihrem beweispflichtigen Gegner die Beweisführung schuldhaft erschwert oder unmöglich macht. Dies kann vorprozessual oder während des Prozesses durch gezielte oder fahrlässige Handlungen geschehen, mit denen bereits vorhandene Beweismittel vernichtet oder vorenthalten werden. Das Verschulden muss sich dabei sowohl auf die Zerstörung oder Entziehung des Beweisobjekts als auch auf die Beseitigung seiner Beweisfunktion beziehen, also darauf, die Beweislage des Gegners in einem gegenwärtigen oder künftigen Prozess nachteilig zu beeinflussen. Als Folge der Beweisvereitelung kommen in solchen Fällen Beweiserleichterungen in Betracht, die unter Umständen bis zur Umkehr der Beweislast gehen können.[918] 420

Dementsprechend ist die an sich den klagenden Gesellschafter treffende Beweislast hinsichtlich solcher Umstände, die Inhalt des Protokolls gewesen wären, der Gesellschaft aufzuerlegen, wenn dem Nachweis unter Zuhilfenahme des Protokolls entweder dessen Mängel entgegenstehen oder ein Protokoll gänzlich fehlt und ein der Gesellschaft zurechenbares Verschulden sowohl hinsichtlich des Fehlens des Protokolls als auch die Aufhebung der Beweisfunktion betreffend vorliegt.[919] 421

Da Sinn und Zweck des Protokolls in erster Linie der Beweis der Vorgänge der Gesellschafterversammlung ist und dies außerdem evident ist, kann man das Verschulden hinsichtlich der Aufhebung der Beweisfunktion vermuten, wenn nur ein den Mangel bzw die Vernichtung betreffendes Verschulden gegeben ist, das der Gesellschaft zugerechnet werden kann.

916 *Koppensteiner/Gruber,* in: Rowedder/Schmidt-Leithoff, GmbHG, § 48 Rn 17; *Römermann,* in: Michalski, GmbHG, § 48 Rn 173 f; *Zöllner,* in: Baumbach/Hueck, GmbHG, § 48 Rn 22.

917 *Raiser,* in: Ulmer, GmbHG, § 47 Anh. Rn 247; *Wertenbruch,* in: MünchKomm-GmbHG, § 47 Anh. Rn 240.

918 BGH, NJW 1996, S. 315; NJW 1998, S. 79; NJW 2002, S. 825; NJW 2004, S. 222; NJW 2006, S. 434 (436) jeweils mwN.

919 *Wertenbruch,* in: MünchKomm-GmbHG, § 47 Anh. Rn 240.

422 Wird von vornherein von der Errichtung eines Protokolls abgesehen, liegt schon darin eine Beweisvereitelung, die unter den vorgenannten Verschuldensvoraussetzungen ebenso zur Beweislastumkehr zu Ungunsten der Gesellschaft führt.[920]

Die vorstehenden Grundsätze gelten im Hinblick auf die evidente Bedeutung eines Protokolls für den Nachweis der Vorgänge anlässlich der Gesellschafterversammlung unabhängig davon, ob die Satzung eine Pflicht zur Führung eines Protokolls vorsieht.[921]

423 Auch wenn der Versammlungsleiter als solcher kein Organ der Gesellschaft ist, ist sein Verhalten doch der Gesellschaft zuzurechnen, weil die Führung des Protokolls Teil der ihm zur eigenverantwortlichen Ausübung übertragenen Aufgabe der Versammlungsleitung ist. Insofern ist er Sachwalter der GmbH anlässlich der Gesellschafterversammlung und im Rahmen der Aufgabe der Versammlungsleitung.[922]

Im Ergebnis trägt also die GmbH das Risiko einer auf Mängel des Protokolls zurückgehenden schuldhaften Beweisvereitelung, und zwar unabhängig vom Inhalt der Satzung hinsichtlich der Protokollierung anlässlich der Gesellschafterversammlung.[923]

424 **Übersicht über Fragen fehlender oder mangelhafter Protokolle – Nr. 31**

1. Allgemeines	a) Es gibt keine gesetzliche Pflicht zur Protokollierung. Nur die Satzung kann eine solche vorsehen (dazu s.u. 5.). b) Allerdings handelt es sich um eine zum Beweis der Geschehnisse anlässlich der betreffenden Gesellschafterversammlung geeignete Privaturkunde. c) Dementsprechend gelten die allgemeinen Regeln der fahrlässigen oder vorsätzlichen Beweisvereitelung mit Beweiserleichterungen bis hin zu einer vollständigen Beweislastumkehr.
2. Doppeltes Verschulden	Das Verschulden kann zwar sowohl in der Form der Fahrlässigkeit als auch in derjenigen des Vorsatzes vorliegen. Jedoch muss es sich sowohl auf das Fehlen des Protokolls bzw auf den Protokollmangel beziehen als auch auf die damit verbundene Aufhebung der Beweisfunktion.
3. Vermutung	Vermutung des Verschuldens hinsichtlich der Aufhebung der Beweisfunktion, wenn Verschulden bzgl Fehlen eines Protokolls bzw des Protokollmangels vorliegt.
4. Bedeutung des Versammlungsleiters	Sein Verhalten bei der Versammlungsleitung wird der Gesellschaft ungeachtet der mangelnden Organ-

920 *Raiser,* in: Ulmer, GmbHG, § 47 Anh. Rn 247; *Wertenbruch,* in: MünchKomm-GmbHG, § 47 Anh. Rn 240; anders *Römermann,* in: Michalski, GmbHG, § 47 Anh. Rn 519.

921 *Wertenbruch,* in: MünchKomm-GmbHG, § 47 Anh. Rn 240.

922 *Römermann,* in: Michalski, GmbHG, § 48 Rn 105; *Zöllner,* in: Baumbach/Hueck, GmbHG, § 48 Rn 22.

923 I.E. *Raiser,* in: Ulmer, GmbHG, § 47 Anh. Rn 247; ausdrücklich *Wertenbruch,* in: MünchKomm-GmbHG, § 47 Anh. Rn 240.

stellung zugerechnet, weil er als Sachwalter der Gesellschaft tätig ist.

5. Bedeutung einer Protokollpflicht in der Satzung

a) Für die vorstehenden Grundsätze kommt es nicht auf das Vorhandensein einer satzungsmäßigen Protokollpflicht an, so dass die Gesellschaft auch dann das Risiko der Nichterweislichkeit der gefassten Beschlüsse aufgrund von Protokollmängeln trägt, wenn eine solche Pflicht in der Satzung nicht vorgesehen ist.

b) Eine solche Pflicht kann im Einzelfall iS einer Wirksamkeitsvoraussetzung für Beschlüsse auszulegen sein oder auch nur deklaratorisch iS einer Beweisregel. Auch kann sie Ausgangspunkt einer Schadenersatzforderung sein.

XVII. Prozesshandlungen: Anerkenntnis, Säumnis u.a.

Grundsätzlich bestehen bei der Nichtigkeits- und Anfechtungsklage keine Besonderheiten, was Klagerücknahme (§ 269 ZPO), Geständnis (§ 288 ZPO), Verzicht (§ 306 ZPO), Säumnis (§§ 330 ff ZPO), Rechtsmittelverzicht (§ 515 ZPO) und -rücknahme (§ 516 ZPO) angeht. Vielmehr gelten auch hier die Dispositions- und die Verhandlungsmaxime.[924] 425

Einem dabei durchaus möglichen kollusiven Zusammenwirken von klagendem Gesellschafter und die beklagte Gesellschaft vertretender Geschäftsführung können die betroffenen Gesellschafter nur dadurch entgegenwirken, dass sie dem Prozess als streitgenössische Nebenintervenienten (§ 69 ZPO) auf der Seite der Gesellschaft beitreten.[925] Als solche können sie zB einem Geständnis der Hauptpartei[926] oder auch einer Rechtsmittelrücknahme der Hauptpartei widersprechen.[927] Insbesondere können sie aber durch Erscheinen und Antragstellung ein Versäumnisurteil gegen die Gesellschaft verhindern.[928] Nimmt das Gericht seine oben schon behandelten Pflichten (Rn 346 ff) aus Art. 2 Abs. 1 iVm Art. 20 Abs. 3 GG, Art. 103 Abs. 1 GG im Zusammenhang mit der Benachrichtigung der am Prozess nicht beteiligten Gesellschafter ordnungsgemäß wahr und stellt eine rechtzeitige Information durch die Geschäftsführung analog § 246 Abs. 4 S. 1 AktG sicher, so verbleibt dem nicht unmittelbar beteiligten Gesellschafter auch hinreichend Gelegenheit, ein befürchtetes kollusives Zusammenwirken durch einen frühzeitigen Beitritt zu verhindern. Wird er zu spät benachrichtigt, muss er selbst uU ein Rechtsmittel einlegen. Insofern reicht die Möglichkeit der streitgenössischen Nebenintervention aus und besteht keine nennenswerte Gefahr, zu spät zu kommen.[929]

---

924 *Koppensteiner/Gruber*, in: Rowedder/Schmidt-Leithoff, GmbHG, § 47 Anh. Rn 154; *Raiser*, in: Ulmer, GmbHG, § 47 Anh. Rn 251; *Römermann*, in: Michalski, GmbHG, § 47 Anh. Rn 522; *K. Schmidt*, in: Scholz, GmbHG, § 45 Rn 158; *Zöllner*, in: Baumbach/Hueck, GmbHG, § 47 Anh. Rn 175.

925 *Zöllner*, in: Baumbach/Hueck, GmbHG, § 47 Anh. Rn 175.

926 *Bayer*, in: FS für Maier-Reimer, 2011, S. 1 (5) zur AG; zur GmbH: *Wertenbruch*, in: MünchKomm-GmbHG, § 47 Anh. Rn 243.

927 *Schultes*, in: MünchKomm-ZPO, § 69 Rn 13; *Wertenbruch*, in: MünchKomm-GmbHG, § 47 Anh. Rn 242.

928 *Wertenbruch*, in: MünchKomm-GmbHG, § 47 Anh. Rn 242.

929 So aber *Zöllner*, in: Baumbach/Hueck, GmbHG, § 47 Anh. Rn 175.

426 Trotz der Zulässigkeit prozessualer Disposition über den Streitgegenstand insbesondere durch Anerkenntnis seitens der Gesellschaft (str., § 307 ZPO; s.u. Rn 427 ff) ist es den Parteien des Nichtigkeits- und Anfechtungsprozesses verwehrt, einen verfahrensbeendenden Vergleich mit dem Inhalt zu schließen, dass der klageweise angegriffene Gesellschafterbeschluss entweder nichtig ist oder für nichtig erklärt wird.[930] Der Grund hierfür liegt allerdings weniger in der mangelnden Dispositionsbefugnis der Parteien die Wirksamkeit des Gesellschafterbeschlusses betreffend,[931] denn diese Erwägung stünde konsequenterweise auch einem Anerkenntnis (§ 307 ZPO) entgegen und dessen Unzulässigkeit steht – wie noch auszuführen sein wird – keineswegs fest. Hintergrund ist vielmehr, dass jedenfalls die Urteilswirkung erga omnes analog § 248 Abs. 1 S. 1, § 249 Abs. 1 S. 1 AktG ausschließlich durch Gesetz angeordnet werden kann und der Parteidisposition entzogen ist.[932] Zulässig ist ein Vergleich ohne Weiteres, wenn er die Wirksamkeit des angegriffenen Beschlusses im Verhältnis zu Unbeteiligten nicht berührt.[933] Darüber hinaus steht es der Gesellschafterversammlung selbstverständlich frei, den angegriffenen Beschluss aufzuheben und dadurch eine Erledigung jedenfalls für die Zeit nach dem Aufhebungsbeschluss herbeizuführen.[934] Dabei mag auch eine Universalversammlung im Sitzungssaal des Gerichts in Betracht kommen.

427 Ob über die o.g. Prozesshandlungen und deren Rechtsfolgen hinaus auch ein Anerkenntnis der klageweise in Anspruch genommenen und durch die Geschäftsführung vertretenen GmbH mit der Folge eines Anerkenntnisurteils gemäß § 307 ZPO über die Nichtigkeit oder die Nichtigerklärung des angegriffenen Gesellschafterbeschlusses zulässig ist, hat der Bundesgerichtshof in einer Entscheidung vom 12. Juli 1993 wegen eines jedenfalls entgegenstehenden Widerspruchs des streitgenössischen Nebenintervenienten offen lassen können.[935]

> **BGH, Urt. v. 12. Juli 1993 – II ZR 65/92 –, NJW-RR 1993, S. 1253 (1254):**
> „... Im Schrifttum ist streitig, ob der Geschäftsführer als Vertreter der Gesellschaft für diese im kassatorischen Verfahren ein Anerkenntnis abgeben kann... Die Gegenmeinung, welche die Zulässigkeit eines solchen Anerkenntnisses bejaht, stützt sich darauf, dass ohnehin nicht verhindert werden könne, dass die Gesellschaft den Vortrag des Klägers nicht bestreite ... und auf diese Weise seiner Klage zum Erfolg verhelfe. Es kann dahinstehen, ob dem allgemein zuzustimmen wäre. ...“

> **OLG Stuttgart, Urt. v. 23. Januar 2002 – 20 U 54/01 –, NZG 2003, S. 1170 (1172):**
> „... Die Beklagte konnte deshalb die zulässige Klage des Klägers zu 2 isoliert anerkennen, der Senat kann auf Grund dessen ein Anerkenntnisurteil nur zu Gunsten des Klägers zu 2 erlassen. ...“

---

930 *Drescher,* in: Henssler/Strohn, Gesellschaftsrecht, § 246 AktG Rn 44; *Koppensteiner/Gruber,* in: Rowedder/Schmidt-Leithoff, GmbHG, § 47 Anh. Rn 154; *Raiser,* in: Ulmer, GmbHG, § 47 Anh. Rn 251; *Römermann,* in: Michalski, GmbHG, § 47 Anh. Rn 523; *K. Schmidt,* in: Scholz, GmbHG, § 45 Rn 159; *Zöllner,* in: Baumbach/Hueck, GmbHG, § 47 Anh. Rn 175.

931 So aber zB *Wertenbruch,* in: MünchKomm-GmbHG, § 47 Anh. Rn 241.

932 *Zöllner,* in: Baumbach/Hueck, GmbHG, § 47 Anh. Rn 175.

933 *Drescher,* in: Henssler/Strohn, Gesellschaftsrecht, § 246 AktG Rn 44; *K. Schmidt,* in: Scholz, GmbHG, § 45 Rn 159.

934 *Raiser,* in: Ulmer, GmbHG, § 47 Anh. Rn 252; *Römermann,* in: Michalski, GmbHG, § 47 Anh. Rn 523; *K. Schmidt,* in: Scholz, GmbHG, § 45 Rn 159; *Wertenbruch,* in: MünchKomm-GmbHG, § 47 Anh. Rn 241.

935 BGH, NJW-RR 1993, S. 1253 (1254).

Das Oberlandesgericht Stuttgart und Teile der Literatur bejahen die Anwendung des § 307 ZPO auch hinsichtlich einer Nichtigkeits- und Anfechtungsklage,[936] während andere das unter Hinweis insbesondere auf die mangelnde Dispositionsbefugnis der Geschäftsführung und die interne Zuständigkeit ausschließlich der Gesellschafter für Entscheidungen über die Wirksamkeit von Gesellschafterbeschlüssen verneinen.[937] Schon der Hinweis auf eine mangelnde Dispositionsbefugnis der Geschäftsführung begegnet Zweifeln: So richtig es ist, dass die Geschäftsführung der GmbH materiell nicht über Gesellschafterbeschlüsse disponieren darf,[938] so wenig folgt aus der (externen) Vertretung der Gesellschaft im Nichtigkeits- und Anfechtungsprozess und der prozessualen Wirksamkeit eines seitens der Geschäftsführung erklärten Anerkenntnisses (§ 307 ZPO) dessen gesellschaftsinterne Rechtmäßigkeit. Vielmehr ändert die wirksame Vertretung der Gesellschaft durch die Geschäftsführung auch bei der Abgabe eines Anerkenntnisses im Nichtigkeits- und Anfechtungsprozess nichts daran, dass die Geschäftsführung hierfür intern die Zustimmung der Gesellschafter einholen muss, will sie nicht ihre Pflichten verletzen und sich uU schadenersatzpflichtig machen. Der Schluss von den gesellschaftsinternen Rechten und Pflichten auf die prozessuale Rechtslage ist nicht zwingend. Umgekehrt muss deshalb die Frage der Wirksamkeit eines für die Gesellschaft erklärten prozessualen Anerkenntnisses von der Frage unterschieden werden, ob die Geschäftsführung bei der Abgabe der Erklärung ihre gesellschaftsinternen Pflichten verletzt. Hinzu kommt, dass eine Nichtanwendung des § 307 ZPO zur Folge hätte, dass die Gesellschaft zwar ein Anerkenntnis nicht erklären könnte, dasselbe Ergebnis hinsichtlich der materiellen Rechtskraft aber durch eine bewusste Säumnis, durch ein falsches Geständnis oder auch durch Schweigen (§ 138 Abs. 2 ZPO) ohne Weiteres herbeiführen könnte. Dies halten auch die Gegner des Anerkenntnisses nach § 307 ZPO trotz angeblich mangelnder Dispositionsbefugnis der Geschäftsführung für zulässig.[939] Der Hinweis auf den zwischen Säumnis mit Geständnisfiktion, Geständnis und prozessualem Anerkenntnis bestehenden Unterschied,[940] mag zwar in der Sache zutreffen, kann aber die unterschiedliche Behandlung von angeblich unzulässigem Anerkenntnis einerseits und zweifellos zulässiger Säumnis und falschem Geständnis andererseits nicht rechtfertigen, weil auch mit den zuletzt genannten prozessualen Maßnahmen aus Sicht der Gesellschafter Dispositionen verbunden sind, die wegen ihrer Auswirkungen auf den angegriffenen Gesellschafterbeschluss allein ihnen obliegen und seitens der Geschäftsführung nicht ohne Abstimmung mit den Gesellschaftern vorgenommen werden dürfen. Nach allem begegnet das prozessuale Anerkenntnis seitens der beklagten GmbH gemäß § 307 ZPO auch im Nichtigkeits- und Anfechtungsprozess keinen durchgreifenden Bedenken;[941] für die GmbH gilt insofern das gleiche wie nach der Rechtsprechung 428

936 OLG Stuttgart, NZG 2003, S. 1170 (1172) zu AG; zur GmbH: *Raiser,* in: Ulmer, GmbHG, § 47 Anh. Rn 253; *Zöllner,* in: Baumbach/Hueck, GmbHG, § 47 Anh. Rn 175.

937 *Koppensteiner/Gruber,* in: Rowedder/Schmidt-Leithoff, GmbHG, § 47 Anh. Rn 154; *Römermann,* in: Michalski, GmbHG, § 47 Anh. Rn 525; *K. Schmidt,* in: Scholz, GmbHG, § 45 Rn 159; *Wertenbruch,* in: MünchKomm-GmbHG, § 47 Anh. Rn 244, 254.

938 Dazu allgemein etwa OLG München, NJW-RR 1997, S. 988 (989); sowie im vorliegenden Zusammenhang damit argumentierend: *Römermann,* in: Michalski, GmbHG, § 47 Anh. Rn 521 ff; *K. Schmidt,* in: Scholz, GmbHG, § 45 Rn 159; *Wertenbruch,* in: MünchKomm-GmbHG, § 47 Anh. Rn 254.

939 *Koppensteiner/Gruber,* in: Rowedder/Schmidt-Leithoff, GmbHG, § 47 Anh. Rn 154; *Römermann,* in: Michalski, GmbHG, § 47 Anh. Rn 525; *K. Schmidt,* in: Scholz, GmbHG, § 45 Rn 160.

940 *K. Schmidt,* in: Scholz, GmbHG, § 45 Rn 160; *Wertenbruch,* in: MünchKomm-GmbHG, § 47 Anh. Rn 245.

941 *Raiser,* in: Ulmer, GmbHG, § 47 Anh. Rn 253; *Zöllner,* in: Baumbach/Hueck, GmbHG, § 47 Anh. Rn 175.

des Oberlandesgerichts Stuttgart[942] für die Aktiengesellschaft. Das hat schließlich den prozessökonomischen Vorteil, dass in jeder Lage des Verfahrens ein (Anerkenntnis-)Urteil ohne mündliche Verhandlung möglich ist.

429 Nach der hier vertretenen Lösung kommt es nicht unmittelbar darauf an, ob sämtliche Gesellschafter dem seitens der Geschäftsführung in Vertretung der Gesellschaft erklärten Anerkenntnis zugestimmt haben.[943] Maßgebend ist ausschließlich, ob die durch ihre Geschäftsführer vertretene Gesellschaft eine wirksame Anerkenntniserklärung im Sinne des § 307 ZPO abgegeben hat und dass gegebenenfalls kein Widerspruch eines streitgenössischen Nebenintervenienten vorliegt. Die Entscheidung des Bundesgerichtshofs vom 12. Juli 1993 betrifft den zuletzt genannten Gesichtspunkt.[944] Für die Frage, ob im konkreten Fall neben § 307 ZPO auch der die Kostenfolge bei sofortigem Anerkenntnis betreffende § 93 ZPO Anwendung findet oder ob es bei der Kostenhaftung der unterliegenden Gesellschaft nach § 91 Abs. 1 S. 1 ZPO verbleibt, ist zu beachten, dass die Gesellschaft jedenfalls grundsätzlich bereits durch Fassung des streitgegenständlichen Beschlusses hinreichenden Anlass zur Klageerhebung gegeben hat. Lediglich in seltenen Einzelfällen kann man von dem klagenden Gesellschafter verlangen, die Gesellschaft vor der Klageerhebung zur Aufhebung des betreffenden Beschlusses aufzufordern.[945]

430 **Übersicht über die zulässigen Prozesshandlungen im Nichtigkeits- und Anfechtungsprozess – Nr. 32**

1. Grundsatz	Grds. bestehen keine Besonderheiten, so dass gegen Klagerücknahme (§ 269 ZPO), Geständnis (§ 288 ZPO), Verzicht (§ 306 ZPO), Säumnis (§§ 330 ff ZPO), Rechtsmittelverzicht (§ 515 ZPO) und -rücknahme (§ 516 ZPO) keine Bedenken bestehen.
2. Widerspruch des streitgenössischen Nebenintervenienten (§ 69 ZPO)	Die übrigen, in ihren Rechten unmittelbar betroffenen Gesellschafter können sich gegen ein kollusives Zusammenwirken des klagenden Gesellschafters und der die Gesellschaft im Prozess vertretenden Geschäftsführung durch einen Beitritt und einen Widerspruch zur Wehr setzen. Dann tritt Säumnis nicht ein und bleibt ein Geständnis unwirksam.
3. Anerkenntnis, § 307 ZPO	Ob die Gesellschaft wirksam ein Anerkenntnis iSd § 307 ZPO abgeben kann, ist str. und hat der BGH ausdrücklich offen gelassen (BGH, NJW-RR 1993, S. 1253, 1254). Nach richtiger Ansicht

942 OLG Stuttgart, NZG 2003, S. 1170 (1172).
943 Dafür aber *Wertenbruch,* in: MünchKomm-GmbHG, § 47 Anh. Rn 245.
944 BGH, NJW-RR 1993, S. 1253 (1254).
945 OLG Stuttgart, NZG 2003, S. 1170 (1172) und OLG Naumburg, NJW-RR 1998, S. 1195 f zur AG mwN.

(OLG Stuttgart, NZG 2003, S. 1170, 1172 zur AG) ist dies aber zu bejahen, zumal die Gesellschaft dasselbe Ergebnis unzweifelhaft durch ein Schweigen (§ 138 Abs. 3 ZPO), durch ein Geständnis (§ 288 ZPO) oder durch eine Säumnis (§§ 330 ff ZPO) herbeizuführen vermag.

XVIII. Streitwert, § 247 AktG analog

Für die Bemessung des Streitwertes finden unstreitig § 247 Abs. 1 S. 1 AktG einerseits sowie die den gespaltenen Streitwert betreffenden § 247 Abs. 2 und Abs. 3 AktG andererseits analoge Anwendung.[946] Fraglich ist hingegen, ob auch der die relative (1/10) und die absolute (500.000 EUR) Obergrenze betreffende § 247 Abs. 1 S. 2 AktG analog anzuwenden ist. Hat der Bundesgerichtshof dies auch bisher offen gelassen,[947] ist doch der obergerichtlichen Rechtsprechung[948] dahingehend zu folgen, dass die Bestimmung dem Schutz von Kleinaktionären dient. Diese sollen nicht durch Streitwerte und Kosten, die der Höhe nach in keinem angemessenen Verhältnis zu dem geringen Wert ihrer Aktien stehen, von der Wahrnehmung ihrer Rechte abgehalten werden.[949] Diese Konstellation ist indessen bei der personalistischen Struktur der GmbH jedenfalls gewöhnlich nicht gegeben. Dementsprechend ist § 247 Abs. 1 S. 2 AktG in seiner Gesamtheit nicht analog anzuwenden.[950] Soweit demgegenüber teilweise eine analoge Anwendung nur der in § 247 Abs. 1 S. 2 AktG vorgesehenen absoluten Streitwertobergrenze von 500.000 EUR vertreten wird,[951] trägt das dem o.g. besonderen Zweck der Norm und den Besonderheiten der Aktiengesellschaft gegenüber der GmbH nicht ausreichend Rechnung. Hinzu kommt, dass dies einer „Rosinentheorie" nahekäme und den nach den Vorstellungen des Gesetzgebers bestehenden Zusammenhang beider Obergrenzen auflöste. 431

Nach allem ist der Streitwert bei der Nichtigkeits- und Anfechtungsklage gegen einen Gesellschafterbeschluss der GmbH der Höhe nach grundsätzlich weder relativ auf 1/10 des Stammkapitals noch absolut auf 500.000 EUR begrenzt. Eine analoge Anwendung des § 247 Abs. 1 S. 2 AktG in seiner Gesamtheit und die daraus folgende Geltung der relativen und der absoluten Wertobergrenzen mag man ganz ausnahmsweise dort erwägen, wo die Rechtsform der GmbH ohne Rücksicht auf ihre personalistische Struktur als Kapitalanlagegesellschaft mit einer Vielzahl von Kleinanlegern gebraucht wird. Hier greift nämlich der § 247 Abs. 1 S. 2 AktG zugrunde liegende Zweck des Kleinanlegerschutzes ein. 432

946 BGH, NZG 1999, S. 999; OLG Karlsruhe, GmbHR 1995, S. 302; *Drescher*, in: Henssler/Strohn, Gesellschaftsrecht, § 247 AktG Rn 2; *Koppensteiner/Gruber*, in: Rowedder/Schmidt-Leithoff, GmbHG, § 47 Anh. Rn 144; *Raiser*, in: Ulmer, GmbHG, § 47 Anh. Rn 256; *K. Schmidt*, in: Scholz, GmbHG, § 45 Rn 153; *Zöllner*, in: Baumbach/Hueck, GmbHG, § 47 Anh. Rn 171.

947 BGH, NZG 1999, S. 999.

948 OLG Frankfurt a.M., NJW 1968, S. 2112; OLG Karlsruhe, GmbHR 1995, S. 302.

949 *Hüffer*, AktG, § 247 Rn 1.

950 *Drescher*, in: Henssler/Strohn, Gesellschaftsrecht, § 247 AktG Rn 2; *Römermann*, in: Michalski, GmbHG, § 47 Anh. Rn 529; *Zöllner*, in: Baumbach/Hueck, GmbHG, § 47 Anh. Rn 171; anders *K. Schmidt*, in: Scholz, GmbHG, § 45 Rn 153.

951 *Raiser*, in: Ulmer, GmbHG, § 47 Anh. Rn 257; *Wertenbruch*, in: MünchKomm-GmbHG, § 47 Anh. Rn 246.

BGH, Beschl. v. 5. Juli 1999 – II ZR 313/97 –, NZG 1999, S. 999:
„... Nach allgemeiner Auffassung ist § 247 Abs. 1 S. 1 AktG für den Streitwert der Anfechtungsklage gegen Gesellschafterbeschlüsse einer GmbH entsprechend heranzuziehen ... Unter diesen Umständen kommt es auf die von den Klägern aufgeworfene Streitfrage nicht an, ob die Streitobergrenze von 1 Mio. DM gem. § 247 Abs. 1 S. 2 AktG, durch die insbes. Kleinaktionäre vor unzumutbaren Kostenrisiken einer Anfechtungsklage gegen Beschlüsse der Hauptversammlung geschützt werden sollen ..., auf die Anfechtungsklage des GmbH-Rechts entsprechend anwendbar ist. ...“

OLG Frankfurt a.M., Beschl. v. 17. Juli 1968 – 6 W 279/68 –, NJW 1968, S. 2112:
„... Der Senat wendet auch den Grundgedanken des § 247 Abs. 1 S. 2 AktG auf die Nichtigkeitsklage gegen Gesellschafterbeschlüsse einer GmbH nicht an. Der Sinn des § 247 Abs. 1 S. 2 AktG besteht darin, unverhältnismäßig hohe Streitwerte zu vermeiden; deshalb wird nur ein Zehntel des Grundkapitals als äußerste Grenze des Streitwertes zugelassen. Dieser Gedanke läßt sich aber auf eine GmbH mit ihrem regelmäßig viel geringeren Stammkapital nicht übertragen. ...“

XIX. Urteil und Rechtskraftwirkung

1. Unterschiedliche Tenorierung, Gestaltungs- und Feststellungswirkung

433 Stellt das mit der zulässigen Nichtigkeits- und Anfechtungsklage angerufene und zuständige Gericht fest, dass der angegriffene Beschluss nichtig ist, hat es analog § 249 Abs. 1 S. 1 iVm § 248 Abs. 1 S. 1 AktG die Nichtigkeit des betreffenden Gesellschafterbeschlusses festzustellen, während die Feststellung lediglich eines Anfechtungsgrundes analog § 248 Abs. 1 S. 1 AktG zur Nichtigerklärung führt. Die unterschiedliche Tenorierung ergibt sich etwa aus § 241 Nr. 1–4, 6 AktG einerseits und § 241 Nr. 5 AktG andererseits. Sie entspricht insofern der unterschiedlichen Wirkung der beiden in Betracht kommenden Tenorierungen bei begründeter Nichtigkeits- und Anfechtungsklage, als ein mit einem Nichtigkeitsgrund behafteter Beschluss analog § 241 AktG ipso iure nichtig ist und es deshalb keiner Gestaltung, sondern nur einer Feststellung dieser ohnehin bestehenden Rechtsfolge bedarf, während Beschlüsse, die nur mit einem Anfechtungsgrund behaftet sind, vorläufig wirksam sind und diese Wirkung analog § 241 Nr. 5 AktG nur durch rechtskräftiges Urteil verlieren. Dementsprechend hat ein der Anfechtungsklage durch Nichtigerklärung stattgebendes Urteil rechtsgestaltende Wirkung, während einem der Nichtigkeitsklage stattgebenden Urteil lediglich eine feststellende Wirkung zukommt. Der einheitliche Streitgegenstand von Nichtigkeits- und Anfechtungsklage vermag an diesen, in den gesetzlichen Regeln selbst angelegten Unterschieden nichts zu ändern, zumal der Gesetzgeber den einheitlichen Streitgegenstand der Nichtigkeits- und Anfechtungsklage ohnehin nicht stets bedacht hat, wie etwa die Bestimmung des § 249 Abs. 2 S. 2 AktG zeigt.[952]

434 Die rechtgestaltende Wirkung der Nichtigerklärung tritt analog § 241 Nr. 5 AktG grundsätzlich rückwirkend bzw ex tunc ein, und zwar bezogen auf den Zeitpunkt der

952 BGH, NJW 1997, S. 1510; NJW 2002, S. 3465; *Hüffer*, AktG, § 249 Rn 10; *Drescher*, in: Henssler/Strohn, Gesellschaftsrecht, § 246 AktG Rn 28, § 249 AktG Rn 1, 3; *Koppensteiner/Gruber*, in: Rowedder/Schmidt-Leithoff, GmbHG, § 47 Anh. Rn 141; *Wertenbruch*, in: MünchKomm-GmbHG, § 47 Anh. Rn 247 ff; offen gelassen von *Raiser*, in: Ulmer, GmbHG, § 47 Anh. Rn 214; anders hingegen *Römermann*, in: Michalski, GmbHG, § 47 Anh. Rn 481; *K. Schmidt*, in: Scholz, GmbHG, § 45 Rn 45; *ders.*, in: JZ 1977, S. 769 ff; *ders.*, JZ 1988, S. 729 (733 ff).

Beschlussfassung.[953] Allerdings bleiben zur Ausführung des für nichtig erklärten Gesellschafterbeschlusses bereits vorgenommene Rechtsgeschäfte in ihrer Wirksamkeit unberührt,[954] und der Schutz Dritter wird im Falle der Nichtigerklärung eines die Bestellung zum Geschäftsführer betreffenden Gesellschafterbeschlusses über das Handelsregister nach § 15 Abs. 3 HGB gewährleistet.[955]

2. Materielle Rechtskraft

Analog § 249 Abs. 1 S. 1 iVm § 248 Abs. 1 S. 1 AktG entfaltet das einer Nichtigkeitsklage stattgebende Urteil, soweit damit die Nichtigkeit eines bestimmten Gesellschafterbeschlusses festgestellt worden ist, materielle Rechtskraft nicht nur inter partes, sondern inter bzw erga omnes, also für und gegen jedermann.[956] Für die Fragen der subjektiven Reichweite der materiellen Rechtskraft, kommt es nicht darauf an, ob man mit der herkömmlichen Auffassung von einer bloßen Feststellungswirkung des stattgebenden Nichtigkeitsurteils oder aber von einer Gestaltungswirkung nicht nur des stattgebenden Anfechtungsurteils, sondern auch der Nichtigkeitsfeststellung ausgeht.[957] 435

Wird die Nichtigkeits- und Anfechtungsklage abgewiesen, kommt dem Urteil zwar auch materielle Rechtskraft zu. Diese wirkt aber nicht inter bzw erga omnes, sondern beschränkt sich in subjektiver Hinsicht auf das Verhältnis zwischen den Parteien. Das klageabweisende Urteil wirkt also nur inter partes.[958] Die unterschiedliche Rechtskraftwirkung des klagestattgebenden Urteils einerseits und des klageabweisenden Urteils andererseits folgt aus § 248 Abs. 1 S. 1 AktG, der eine materielle Rechtskraftwirkung nur für das stattgebende Urteil vorsieht. Dementsprechend fehlt für eine darüber hinausgehende und tief in die Rechte Dritter eingreifende materielle Rechtskraftwirkung erga omnes auch der klageabweisenden Urteile die gesetzliche Grundlage. Da angesichts des eindeutig differenzierenden Wortlautes auch keine planwidrige Regelungslücke festgestellt werden kann, scheidet eine (doppelte) Analogie zur Begründung einer über das Parteiverhältnis hinausreichenden Rechtskraftwirkung klageabweisender Urteile im Nichtigkeits- und Anfechtungsprozess der GmbH aus. 436

Die inter partes wirkende materielle Rechtskraft des klageabweisenden Urteils im Nichtigkeits- und Anfechtungsprozess hat zur Folge, dass der Zulässigkeit einer erneuten Nichtigkeits- und Anfechtungsklage nur hinsichtlich des unterlegenen Klägers 437

953 OLG Köln, AG 1999, S. 471; OLG Zweibrücken, NZG 2004, S. 382 (383); *Hüffer*, AktG, § 248 Rn 6; *Römermann*, in: Michalski, GmbHG, § 47 Anh. Rn 479; *Zöllner*, in: Baumbach/Hueck, GmbHG, § 47 Anh. Rn 178.

954 *Drescher*, in: Henssler/Strohn, Gesellschaftsrecht, § 248 AktG Rn 8.

955 *Drescher*, in: Henssler/Strohn, Gesellschaftsrecht, § 248 AktG Rn 8; *Römermann*, in: Michalski, GmbHG, § 47 Anh. Rn 544.

956 BGH, NJW 1997, S. 1510 (1511); *Drescher*, in: Henssler/Strohn, Gesellschaftsrecht, § 248 AktG Rn 7 und § 249 AktG Rn 13; *Koppensteiner/Gruber*, in: Rowedder/Schmidt-Leithoff, GmbHG, § 47 Anh. Rn 155; *Raiser*, in: Ulmer, GmbHG, § 47 Anh. Rn 264; *K. Schmidt*, in: Scholz, GmbHG, § 45 Rn 173; *Zöllner*, in: Baumbach/Hueck, GmbHG, § 47 Anh. Rn 69.

957 So geht etwa *K. Schmidt*, in: Scholz, GmbHG, § 45 Rn 45 von einer Gestaltungswirkung auch des stattgebenden Nichtigkeitsurteils aus und bejaht eine materielle Rechtskraft erga omnes, vgl *K. Schmidt*, in: Scholz, GmbHG, § 45 Rn 173. Zur herkömmlichen Auffassung vgl *Koppensteiner/Gruber*, in: Rowedder/Schmidt-Leithoff, GmbHG, § 47 Anh. Rn 141 sowie Rn 155; *Wertenbruch*, in: MünchKomm-GmbHG, § 47 Anh. Rn 247 ff sowie Rn 250.

958 *Bayer*, in: Lutter/Hommelhoff, GmbHG, § 47 Anh. Rn 30; *Drescher*, in: Henssler/Strohn, Gesellschaftsrecht, § 248 AktG Rn 5; *Koppensteiner/Gruber*, in: Rowedder/Schmidt-Leithoff, GmbHG, § 47 Anh. Rn 159; *Raiser*, in: Ulmer, GmbHG, § 47 Anh. Rn 263; *K. Schmidt*, in: Scholz, GmbHG, § 45 Rn 177; *Zöllner*, in: Baumbach/Hueck, GmbHG, § 47 Anh. Rn 69.

der Einwand der Rechtskraft entgegensteht.[959] Die materielle Rechtskraft steht indessen nicht nur der Erhebung einer neuerlichen Nichtigkeits- und Anfechtungsklage entgegen, sondern ebenso der auch aus anderen Gründen zweifelhaften Erhebung einer allgemeinen Feststellungsklage sowie – bedeutsamer – dem in einem anderen Verfahren erhobenen Einwand der Nichtigkeit des betreffenden Beschlusses.[960] Mit Rücksicht auf den einheitlichen Streitgegenstand von Anfechtungs- und Nichtigkeitsklage steht die Klageabweisung nicht nur der neuerlichen Erhebung einer Nichtigkeitsklage, sondern ebenso der neuerlichen Erhebung einer Anfechtungsklage entgegen.[961] Das gilt selbst dann, wenn das erkennende Gericht nach den Entscheidungsgründen unter Verletzung der Regeln über den Streitgegenstand lediglich entweder die Anfechtungs- oder die Nichtigkeitsklage beschieden hat. Ein solcher Fehler führt wegen des einheitlichen Streitgegenstands nicht zur Einschränkung der materiellen Rechtskraft, sondern kann unter der weiteren Voraussetzung der Entscheidungserheblichkeit einem Rechtsmittel zum Erfolg verhelfen und in diesem Rahmen nicht nur eine Abänderung, sondern uU auch eine Zurückverweisung nach § 538 Abs. 2 S. 1 Nr. 1 ZPO rechtfertigen.

438 Da der einheitliche Streitgegenstand der Nichtigkeits- und Anfechtungsklage weder nur die geltend gemachten Beschlussmängel umfasst, noch es auf die Möglichkeit der Kenntnisnahme von bestimmten Tatsachen und Mängeln ankommt, sondern die Nichtigkeits- und Anfechtungsklage stets die gesamten, der Entstehung des Beschlusses zugrunde liegenden Umstände betrifft, steht der Einwand der Rechtskraft nach einer Klageabweisung auch der Geltendmachung von Nichtigkeits- und Anfechtungsgründen entgegen, die im betreffenden Nichtigkeits- und Anfechtungsprozess keine Berücksichtigung gefunden haben, aber schon vorgelegen haben. Jede andere Betrachtung würde den Lebenssachverhalt künstlich teilen und führte angesichts mehrfach relevanter Umstände zu großen Abgrenzungsschwierigkeiten hinsichtlich der Reichweite von Streitgegenstand und materieller Rechtskraft.[962]

BGH, Urt. v. 22. Juli 2002 – II ZR 286/01 –, NJW 2002, S. 3465 (3466):

„... Nach anderer Ansicht liegt der Streitgegenstand der Nichtigkeits- und Anfechtungsklage in dem prozessualen Begehren, die Nichtigkeit des Hauptversammlungsbeschlusses anhand der dem Beschluss anhaftenden Mängel richterlich klären zu lassen. Der Streitgegenstand umfasst danach alle – auch nicht zum Gegenstand des Prozessvortrags gemachte – einem Hauptversammlungsbeschluss anhaftenden Mängel. Daraus folgt, dass die Geltendmachung zusätzlicher Mängel durch ergänzenden Sachvortrag nicht zu einer Klageänderung führt. ... Der Senat folgt im Grundsatz der Minderheitsmeinung. Als Klagegrund sieht er die Gesetzes- bzw Satzungswidrigkeit des Hauptversammlungsbeschlusses an. Unter diesem allgemeinen Gesichtspunkt werden alle Mängel zusammengefasst, die dem Hauptversammlungsbeschluss anhaften und die zur Klärung seiner Nichtigkeit

959 BGH, NJW 1997, S. 1510 (1511 f); *Koppensteiner/Gruber,* in: Rowedder/Schmidt-Leithoff, GmbHG, § 47 Anh. Rn 159; *Raiser,* in: Ulmer, GmbHG, § 47 Anh. Rn 262; *K. Schmidt,* in: Scholz, GmbHG, § 45 Rn 176 f.

960 *Raiser,* in: Ulmer, GmbHG, § 47 Anh. Rn 262; *K. Schmidt,* in: Scholz, GmbHG, § 45 Rn 177; *Wertenbruch,* in: MünchKomm-GmbHG, § 47 Anh. Rn 251.

961 BGH, NJW 1997, S. 1510 (1511 f); *Raiser,* in: Ulmer, GmbHG, § 47 Anh. Rn 262; *Wertenbruch,* in: MünchKomm-GmbHG, § 47 Anh. Rn 251.

962 BGH, NJW 2002, S. 3465 (3466); *Wertenbruch,* in: MünchKomm-GmbHG, § 47 Anh. Rn 251; *Zöllner,* in: Baumbach/Hueck, GmbHG, § 47 Anh. Rn 166 f; offen gelassen von *Raiser,* in: Ulmer, GmbHG, § 47 Anh. Rn 262; anders *Drescher,* in: Henssler/Strohn, Gesellschaftsrecht, § 246 AktG Rn 30; *Koppensteiner/Gruber,* in: Rowedder/Schmidt-Leithoff, GmbHG, § 47 Anh. Rn 159; *K. Schmidt,* in: Scholz, GmbHG, § 45 Rn 177.

durch das Gericht führen. Ausgangspunkt für die Bestimmung des Streitgegenstands der Nichtigkeits- und Anfechtungsklage ist das mit der Klage verfolgte prozessuale Ziel, die richterliche Klärung der Nichtigkeit des Hauptversammlungsbeschlusses herbeizuführen. ... Die Nichtigkeit oder Anfechtbarkeit eines derartigen Beschlusses folgt stets aus einer Gesetzes- oder Satzungswidrigkeit einzelner Umstände. Dazu gehören der Beschlussgegenstand, der Inhalt des Beschlusses sowie die Vorgänge, die für den Ablauf des zur Beschlussfassung führenden Verfahrens maßgebend sind. Der Verfahrensablauf umfasst die verschiedenen Stadien der Vorbereitung des Beschlusses bis hin zur Beschlussfassung selbst. Diese gesamten, der Entstehung des Beschlusses zu Grunde liegenden Umstände stellen einen einheitlichen Lebenssachverhalt dar ..., der einen Teil des Klagegrundes der Nichtigkeits- und Anfechtungsklage bildet. Der andere Teil besteht aus der Fehlerhaftigkeit eines oder mehrerer dieser Umstände, die sich aus deren Gesetzes- oder Satzungswidrigkeit ergibt. Aus dem diese Elemente umfassenden Klagegrund der Mangelhaftigkeit des Beschlusses und dem prozessualen Begehren ihrer Klärung durch richterliche Entscheidung setzt sich der Streitgegenstand der Nichtigkeits- und Anfechtungsklage der §§ 241 f, 243 ff AktG zusammen. ..."

Demgegenüber können andere Aktivlegitimierte, die weder am betreffenden Nichtigkeits- und Anfechtungsprozess beteiligt waren noch von einer Rechtskrafterstreckung, zB nach § 325 ZPO, betroffen sind, mit Rücksicht auf die bloß inter partes wirkende materielle Rechtskraft des klageabweisenden Urteils sowohl noch Nichtigkeits- und Anfechtungsklage gegen den betreffenden Gesellschafterbeschluss erheben als auch den Nichtigkeitseinwand in einem anderen Verfahren geltend machen.[963] Allerdings wird die Möglichkeit, ohne Rücksicht auf den Ausgang des anderen Verfahrens selbst Anfechtungsklage zu erheben, im Hinblick auf die Anfechtungsfrist einerseits und mit Rücksicht auf die Dauer von Gerichtsverfahren andererseits praktisch nur selten von Bedeutung sein; interessant ist unter Berücksichtigung einer möglichen Heilung vor allem der Nichtigkeitseinwand.[964] 439

Hat der Kläger anstelle einer Nichtigkeits- und Anfechtungsklage eine allgemeine Feststellungsklage erhoben und ist diese nicht auf die Feststellung einer (unklaren) Beschlussfassung gerichtet, greifen die § 248 Abs. 1 S. 1, § 249 Abs. 1 S. 1 AktG nicht ein und kann deshalb die materielle Rechtskraft eines abweisenden oder stattgebenden Urteils nicht inter bzw erga omnes, sondern lediglich inter partes, also im Verhältnis der Parteien, wirken.[965] Ausnahmsweise anderes gilt nach deren Sinn und Zweck allerdings zum einen für die auf Feststellung einer umstrittenen Beschlussfeststellung gerichtete allgemeine Feststellungsklage, zum anderen für die positive Beschlussfeststellungsklage.[966] 440

963 *Koppensteiner/Gruber*, in: Rowedder/Schmidt-Leithoff, GmbHG, § 47 Anh. Rn 159; *Raiser*, in: Ulmer, GmbHG, § 47 Anh. Rn 263; *K. Schmidt*, in: Scholz, GmbHG, § 45 Rn 177; *Zöllner*, in: Baumbach/Hueck, GmbHG, § 47 Anh. Rn 176.

964 *Zöllner*, in: Baumbach/Hueck, GmbHG, § 47 Anh. Rn 176.

965 OLG Hamm, Urt. v. 12. März 2008 – 8 U 190/06 –, juris Rn 52; *Bayer*, in: Lutter/Hommelhoff, GmbHG, § 47 Anh. Rn 30; *Drescher*, in: Henssler/Strohn, Gesellschaftsrecht, § 248 AktG Rn 2; *Raiser*, in: Ulmer, GmbHG, § 47 Anh. Rn 284; *K. Schmidt*, in: Scholz, GmbHG, § 45 Rn 82.

966 Zur allgemeinen, auf die Feststelung einer umstrittenen Beschlussfassung gerichteten Feststellungsklage: *Römermann*, in: Michalski, GmbHG, § 47 Anh. Rn 597 f; *Wertenbruch*, in: MünchKomm-GmbHG, § 47 Anh. Rn 264; *Zöllner*, in: Baumbach/Hueck, GmbHG, § 47 Anh. Rn 193; anders allerdings *Raiser*, in: Ulmer, GmbHG, § 47 Anh. Rn 284.

441 Übersicht zu Fragen des Urteils und seiner Wirkung – Nr. 33

1. Tenorierung	a) Nichtigkeitsklage: „Es wird festgestellt, dass der anlässlich der Gesellschafterversammlung am … zu TOP … gefasste Beschluss mit dem Wortlaut … nichtig ist." b) Anfechtungsklage: „Der anlässlich der Gesellschafterversammlung am … zu TOP … gefasste Beschluss mit dem Wortlaut … wird für nichtig erklärt."
2. Feststellungs- und Gestaltungswirkung	a) Nichtigkeitsklage und entsprechender Feststellungstenor: bloß Feststellungswirkung (str.). b) Anfechtungsklage und entsprechende Nichtigerklärung: Gestaltungswirkung (grds. ex tunc).
3. Materielle Rechtskraft	a) Stattgebendes Urteil: erga bzw inter omnes, § 248 Abs. 1 S. 1, § 249 Abs. 1 S. 1 AktG. b) Abweisendes Urteil: inter partes.
4. Folgen	a) Einwand entgegenstehender Rechtskraft. b) Rechtskraft steht nicht nur neuerlicher Klage entgegen, sondern auch Nichtigkeits- und Anfechtungseinwand in einem anderen Verfahren (BGH, NJW 1997, S. 1510, 1511 f). c) Gilt auch dann, wenn das zuerst angerufene Gericht fehlerhaft nur die Nichtigkeit oder ausschließlich die Anfechtbarkeit geprüft hat. d) Dabei kommt es nicht auf Kenntnis oder Kennenmüssen hinsichtlich des betreffenden Beschlussmangels an. Ausgeschlossen wegen entgegenstehender Rechtskraft ist die Geltendmachung selbst dann, wenn der Betroffene die vorliegenden Mängel nicht einmal kennen konnte (BGH, NJW 2002, S. 3465). e) Allerdings können am (Erst-)Prozess nicht beteiligte, aktivlegitimierte Parteien wegen der nur inter partes wirkenden Rechtskraft einer Klageabweisung die Nichtigkeit bzw Anfechtbarkeit sehr wohl weiterhin geltend machen. Problematisch sind dann die Anfechtungsfrist und die Heilungsfrist.
5. Rechtskraft einer allgemeinen Feststellungsklage	a) Hat der Kläger anstelle einer Nichtigkeits- und Anfechtungsklage eine (evtl unzulässige) allgemeine Feststellungsklage erhoben, wirkt die Rechtskraft stets nur inter partes

	(OLG Hamm, Urt. v. 12. März 2008 – 8 U 190/06 –, juris Rn 52).
	b) Nur für die Beschlussfeststellungsklagen wegen unklarer Beschlussfassung oder positiver Feststellung gilt nach deren Sinn und Zweck anderes (str.).

3. Handelsregistereintragung

Analog § 248 Abs. 1 S. 2, § 249 Abs. 1 S. 1 AktG sind bei der GmbH sämtliche Urteile zum Handelsregister einzureichen, mit denen einer Nichtigkeits- und Anfechtungsklage stattgegeben worden ist, und nicht etwa nur diejenigen Urteile, die analog § 248 Abs. 1 S. 3 AktG einzutragen sind, weil auch der nichtige Beschluss einzutragen war. Das folgt aus dem eindeutigen Gesetzeswortlaut.[967] 442

Hat der betroffene Beschluss eine Satzungsänderung zum Inhalt gehabt, ist der vollständige Wortlaut der durch das Urteil berichtigten Satzung einschließlich einer diesbezüglichen Notarbescheinigung zum Handelsregister einzureichen, § 248 Abs. 3 AktG analog.[968] 443

Übersicht zur Handelsregistereintragung – Nr. 34 444

1. Stattgebendes Urteil im Allgemeinen	Analog § 248 Abs. 1 S. 2, § 249 Abs. 1 S. 1 AktG sämtliche Urteile, mit denen einer Nichtigkeits- und Anfechtungsklage stattgegeben worden ist, und keineswegs nur solche iSd § 248 Abs. 1 S. 3 AktG (str.).
2. Stattgabe bei Beschlüssen über Satzungsänderungen	Außerdem vollständiger Wortlaut der kraft Urteils berichtigten Satzung einschließlich Notarbescheinigung, § 248 Abs. 3 AktG analog.

XX. Verbindung von Nichtigkeits- und Anfechtungsklagen mit positiven Beschlussfeststellungsklagen, § 260 ZPO

Ist ein bestimmtes Beschlussergebnis festgehalten worden, meint aber ein Gesellschafter, die Gesellschafter hätten tatsächlich einen bestimmten anderen Beschluss gefasst, dies sei aber wegen eines Fehlers etwa bei der Berücksichtigung bzw Nichtberücksichtigung gewisser Stimmen trotz oder wegen eines Stimmverbots nicht zutreffend festgestellt worden, kann er eine positive Beschlussfeststellungsklage erheben.[969] Die- 445

967 *Wertenbruch,* in: MünchKomm-GmbHG, § 47 Anh. Rn 253; *Zöllner,* in: Baumbach/Hueck, GmbHG, § 47 Anh. Rn 179; anders allerdings *Bayer,* in: Lutter/Hommelhoff, GmbHG, § 47 Anh. Rn 36; *Koppensteiner/Gruber,* in: Rowedder/Schmidt-Leithoff, GmbHG, § 47 Anh. Rn 144; *K. Schmidt,* in: Scholz, GmbHG, § 45 Rn 170; unklar *Raiser,* in: Ulmer, GmbHG, § 47 Anh. Rn 264.

968 *Wertenbruch,* in: MünchKomm-GmbHG, § 47 Anh. Rn 253; *Zöllner,* in: Baumbach/Hueck, GmbHG, § 47 Anh. Rn 179.

969 *Römermann,* in: Michalski, GmbHG, § 47 Anh. Rn 567; *Wertenbruch,* in: MünchKomm-GmbHG, § 47 Anh. Rn 119, 255; *Zöllner,* in: Baumbach/Hueck, GmbHG, § 47 Anh. Rn 186.

se kann mit einer Nichtigkeits- und Anfechtungsklage verbunden werden.[970] Auf diese Art und Weise kann der klagende Gesellschafter nicht nur ein Urteil über die Nichtigkeit des vom Versammlungsleiter festgestellten Beschlusses (Kassation) erwirken, sondern darüber hinaus die Feststellung, dass tatsächlich der von ihm gewünschte Beschluss gefasst wurde (Reformation).

BGH, Urt. v. 26. Oktober 1993 – II ZR 87/83 –, NJW 1984, S. 489 (491 f):

„... 3. Hätte die Klägerin den die Gewinnausschüttung ablehnenden Beschluss mit Recht angefochten, so könnte insoweit auch ihr weiterer Antrag, das wirksame Zustandekommen des von ihr beantragten Beschlusses festzustellen, Erfolg haben. Voraussetzung hierfür wäre die Zulässigkeit eines mit der Anfechtungsklage verbundenen positiven Feststellungsantrags. Diese ist bei dem vorliegenden Sachverhalt gegeben. Wie der Senat bereits entschieden hat, kann ein Gesellschafter auf Feststellung klagen, daß die Gesellschafterversammlung einen von ihm gestellten Antrag angenommen habe, wenn der Antrag am Widerspruch nicht stimmberechtigter Personen nur scheinbar gescheitert ist und der Versammlungsleiter wegen der Zweifelhaftigkeit der Rechtslage von der Verkündung eines bestimmten Beschlussergebnisses abgesehen hat. ... Ferner hat er in einer AG die Verbindung einer Anfechtungs- mit einer positiven Feststellungsklage für zulässig erachtet, wenn in der Hauptversammlung der Vorsitzende zu Unrecht verkündet hat, ein Antrag sei wegen Fehlens der notwendigen Stimmenmehrheit abgelehnt. ... Von den dort behandelten Fällen unterscheidet sich der vorliegende Sachverhalt dadurch, dass die Anträge der Klägerin wegen der formal einwandfreien Gegenstimme der stimmberechtigten Streithelferin abgelehnt wurden, diese Gegenstimme aber, wie zu unterstellen ist, zum Tagesordnungspunkt 3 missbräuchlich abgegeben und deshalb der ablehnende Beschluss mit Erfolg angefochten worden ist. Auch für einen solchen Fall halten *Zöllner* ... und *Schilling-Zutt* ... die Koppelung der Anfechtungsklage mit einer Klage auf Feststellung des "richtigen" Beschlussergebnisses für grundsätzlich zulässig. Dagegen hat *Karsten Schmidt* ... Bedenken, allein durch eine Anfechtungs- und Feststellungsklage gegen die Gesellschaft, also ohne Prozess gegen den widerstrebenden Gesellschafter, dessen positive Stimmpflicht klären und verwirklichen zu lassen. Er sieht deshalb die angemessene Lösung darin, ähnlich wie bei einer Ausschließungsklage in einer Personengesellschaft ... die Klage auf Feststellung des positiven Beschlussergebnisses mit einer gegen den Gesellschafter gerichteten Klage auf positive Stimmabgabe zu verbinden. Von einer solchen Leistungsklage könne nur ganz ausnahmsweise in zweifelsfreien Fällen abgesehen und dann über die Zustimmungspflicht im Prozess gegen die Gesellschaft als Vorfrage entschieden werden. In der Tat erscheint es schon unter dem Gesichtspunkt des rechtlichen Gehörs bedenklich, in einem Anfechtungs- und Feststellungsprozess gegen die Gesellschaft nicht nur die ablehnende Stimme eines Gesellschafters für wirkungslos zu erklären, sondern darüber hinaus auch ein gegenteiliges Beschlussergebnis festzustellen, ohne dass diesem Gesellschafter Gelegenheit gegeben wird, Einwendungen hiergegen in dem anhängigen Verfahren zu erheben. Solche Bedenken scheiden aber im vorliegenden Fall deshalb aus, weil die Gesellschafterin, die ablehnend gestimmt hat, als Nebenintervenientin am Verfahren beteiligt ist und so ihre Auffassung hinreichend zur Geltung bringen konnte. Damit hatte sie auch die Möglichkeit, etwa bestehende sonstige Gründe, die gegen die Wirksamkeit eines positiven Beschlusses sprechen könnten, schon in diesem Ver-

970 BGH, NJW 1984, S. 489 (491 f); NJW 1986, S. 2051 (2052); NJW 2009, S. 2300; *Drescher*, in: Henssler/Strohn, Gesellschaftsrecht, § 241 AktG Rn 10, § 246 AktG Rn 50; *Römermann*, in: Michalski, GmbHG, § 47 Anh. Rn 567 ff; *Zöllner*, in: Baumbach/Hueck, GmbHG, § 47 Anh. Rn 186.

fahren vorzubringen. ... Jedenfalls bei dieser Verfahrenslage ist die von der Klägerin gewählte Klageverbindung das geeignete und angemessene Mittel, ohne umständliche Umwege zu einem sachgerechten Abstimmungsergebnis zu gelangen. Dem steht auch nicht die Überlegung entgegen, es sei widersprüchlich, einen ablehnenden Beschluss für nichtig zu erklären und gleichzeitig das Zustandekommen eines zustimmenden Beschlusses festzustellen, obwohl nur ein einziger Beschluss vorliege. Mit der Beseitigung der ablehnenden Stimme durch eine erfolgreiche Anfechtung ist der Weg dafür frei, den wirkungslos abgelehnten Antrag aufgrund der dann vorliegenden mehrheitlichen Zustimmung zur Geltung zu bringen. ...“

Die Verbindung von Nichtigkeits-, Anfechtungs- und positiver Beschlussfeststellungsklage kommt nicht nur wegen der genannten Auszählungsfehler in Betracht, sondern auch dann, wenn eine abgegebene Stimme etwa wegen eines Verstoßes gegen die dem betreffenden Gesellschafter obliegende Treuepflicht unwirksam war.[971] Eine solche Treuepflichtverletzung führt zur Unwirksamkeit der betroffenen Stimme und begründet eine Anfechtung dann, wenn sie erheblich war, wenn es also für das Beschlussergebnis auf die unwirksame Stimme ankam.[972] 446

Wie vom Kläger beantragt, kann das angerufene Gericht die Annahme des Beschlussantrages allerdings nur dann positiv feststellen, wenn es wegen des Fehlers bei der Berücksichtigung der Stimmen nicht zu der entsprechenden Feststellung gekommen ist sowie die Feststellung bei zutreffender Berücksichtigung und Auszählung hätte getroffen werden müssen.[973] Aufgrund des über die Nichtigkeits- und Anfechtungsklage hinaus gehenden Klageantrages handelt es sich unter Berücksichtigung des prozessual-zweigliedrigen Streitgegenstandsbegriffs um einen anderen Streitgegenstand. Dementsprechend liegt in der Verbindung von Nichtigkeits- und Anfechtungsklage einerseits sowie positiver Beschlussfeststellungsklage andererseits eine objektive Klagehäufung im Sinne des § 260 ZPO.[974] 447

Eine hinzukommende positive Beschlussfeststellungsklage vermag nichts an der Passivlegitimation der mit der Nichtigkeits- und Anfechtungsklage in Anspruch genommenen Gesellschaft zu ändern, sondern zu verklagen ist auch hier nur die GmbH und nicht auch deren übrige Gesellschafter.[975] Da demnach nicht sämtliche Gesellschafter ipso iure am Verfahren beteiligt sind, diese aber wegen der auch hier dem Urteil zukommenden materiellen Rechtskraftwirkung inter bzw erga omnes (analog § 248 Abs. 1 S. 1, § 249 Abs. 1 S. 1 AktG)[976] unmittelbar in ihren Rechten betroffen sind, muss analog § 246 Abs. 4 S. 1 AktG sowie von Verfassungs wegen – Anspruch auf 448

971 BGH, NJW 1984, S. 489 (491 f); OLG Koblenz, NJW-RR 1989, S. 1057; *Römermann,* in: Michalski, GmbHG, § 47 Anh. Rn 582; *Zöllner,* in: Baumbach/Hueck, GmbHG, § 47 Anh. Rn 191.

972 BGH, WM 1988, S. 23 (25); GmbHR 1991, S. 62; NJW-RR 1993, S. 1253 (1254); *Drescher,* in: Henssler/Strohn, Gesellschaftsrecht, § 243 AktG Rn 17, 18, 23; *Römermann,* in: Michalski, GmbHG, § 47 Anh. Rn 335; *K. Schmidt,* in: Scholz, GmbHG, § 45 Rn 107; *Wertenbruch,* in: MünchKomm-GmbHG, § 47 Anh. Rn 129, 256; *Zöllner,* in: Baumbach/Hueck, GmbHG, 20. Aufl., § 47 Anh. Rn 105.

973 BGH, NJW 1980, S. 1465 (1467 f); NJW 1984, S. 489 (491 f); NJW 1986, S. 2051 (2052); *Römermann,* in: Michalski, GmbHG, § 47 Anh. Rn 567 ff; *Zöllner,* in: Baumbach/Hueck, GmbHG, § 47 Anh. Rn 160, 186; *ders.,* in: ZGR 1982, S. 623 ff.

974 *Wertenbruch,* in: MünchKomm-GmbHG, § 47 Anh. Rn 257; *Zöllner,* in: Baumbach/Hueck, GmbHG, § 47 Anh. Rn 190; anders *Römermann,* in: Michalski, GmbHG, § 47 Anh. Rn 570; offen gelassen von *K. Schmidt,* in: Scholz, GmbHG, § 45 Rn 180.

975 BGH, NJW 1986, S. 2051 (2052); *Zöllner,* in: Baumbach/Hueck, GmbHG, § 47 Anh. Rn 182.

976 BGHZ 76, S. 199; 97, S. 31; *K. Schmidt,* in: NJW 1986, S. 2020; *Bayer,* in: Lutter/Hommelhoff, GmbGH, § 47 Anh. Rn 43; *Zöllner,* in: Baumbach/Hueck, GmbHG, § 47 Anh. Rn 193; anders *Schilling/Zutt,* in: Ulmer, GmbHG, 7. Aufl., § 47 Anh. Rn 152.

Gewährung rechtlichen Gehörs gemäß Art. 103 Abs. 1 GG und allgemeiner Justizgewährungsanspruch in seiner Ausprägung als für den Zivilprozess geltender Anspruch auf Gewährung effektiven Rechtsschutzes nach Art. 2 Abs. 1 in Verbindung mit Art. 20 Abs. 3 GG – sichergestellt werden, dass die nicht als Partei am Verfahren beteiligten Gesellschafter auch von der positiven Beschlussfeststellungsklage so rechtzeitig Kenntnis erhalten, dass sie ihre Rechte im Verfahren umfassend geltend machen und schützen können.[977] Dazu reicht eine Nachricht von der erhobenen Klage nur dann, wenn nicht nur die Nichtigkeits- und Anfechtungsklage bereits erhoben war, sondern auch die positive Beschlussfeststellungsklage, denn auch von dieser Klage muss der nicht am Verfahren beteiligten Gesellschafter in Kenntnis gesetzt werden, um seine Rechte auch insofern wahrnehmen zu können.[978] Hinsichtlich der Frage, durch wen, wann und wie die zunächst nicht beteiligten Gesellschafter zu informieren sind, hinsichtlich ihrer Rechte als Nebenintervenienten und die Rechtsfolgen einer Verletzung der Informationspflicht betreffend gelten die oben (Rn 346 ff) im Zusammenhang mit der Benachrichtigung der GmbH-Gesellschafter von einer Nichtigkeits- und Anfechtungsklage erörterten Grundsätze entsprechend.[979]

BGH, Urt. v. 20. Januar 1986 – II ZR 73/85 –, NJW 1986, S. 2051 (2052):

„... Für den Fall, dass mit der Anfechtungsklage die unrichtige Feststellung eines so nicht zustande gekommenen Beschlusses beseitigt wird, kann mit der gleichzeitig erhobenen Feststellungsklage verbindlich geklärt werden, was in Wahrheit beschlossen worden ist. ... Bedenken gegen die Verbindung beider Klagen bestehen nur insofern, als der gerichtlich festzustellende Beschluss selbst wieder an einem Gesetz- oder Satzungsverstoß leiden oder missbräuchlich sein kann und deshalb von anderen Gesellschaftern angefochten worden wäre, wenn der Versammlungsleiter nicht festgestellt hätte, dass mit ihren Stimmen der Antrag abgelehnt worden sei. Der deshalb von *Karsten Schmidt* vorgeschlagene Weg, die Feststellung des positiven Beschlussergebnisses mit einer gegen die den Antrag ablehnenden Gesellschafter gerichteten Klage auf positive Stimmabgabe zu verbinden ... ist in den Fällen nicht begehbar, in denen es – wie hier – darum geht, dass die betreffenden Gesellschafter nicht stimmberechtigt und deshalb von vornherein auch nicht verpflichtet sind, in einem bestimmten Sinne abzustimmen. Auch ist die analog § 248 AktG auf eine rechtsgestaltende Urteilswirkung zielende „positive Beschlussfeststellungsklage" ebenso wie die Anfechtungsklage nur gegen die Gesellschaft und ... nicht zugleich gegen die daneben betroffenen Mitgesellschafter als notwendige Streitgenossen zu richten. Es genügt, wenn die betroffenen Mitgesellschafter von der Klageerhebung in Kenntnis gesetzt werden und auf diese Weise Gelegenheit erhalten, als Nebenintervenienten auf seiten der verklagten Gesellschaft Mängel des Beschlusses, dessen Feststellung der Kläger wünscht, einredeweise geltend zu machen. In der AG erlangen die Gesellschafter die Kenntnis dadurch, dass entsprechend § 246 Abs. 4 AktG, die Erhebung der Feststellungsebenso wie die der Anfechtungsklage unverzüglich in den Gesellschaftsblättern bekannt zu machen ist. ... In der GmbH ist der Geschäftsführer entsprechend § 246 Abs. 4 AktG verpflichtet, die Gesellschafter davon zu unterrichten, dass der Beschluss angefochten und zugleich eine anders lautende gerichtliche Feststellung des Beschlussergebnisses ver-

977 BGH, NJW 1986, S. 2051 (2052); *Raiser,* in: Ulmer, GmbHG, § 47 Anh. Rn 276; *Zöllner,* in: Baumbach/Hueck, GmbHG, § 47 Anh. Rn 191.

978 BGH, NJW 1986, S. 2051 (2052); *Römermann,* in: Michalski, GmbHG, § 47 Anh. Rn 576; *Wertenbruch,* in: MünchKomm-GmbHG, § 47 Anh. Rn 258.

979 Vgl dazu auch *Wertenbruch,* in: MünchKomm-GmbHG, § 47 Anh. Rn 201, 258 f sowie eingehend *Rensen,* NZG 2011, S. 569 ff.

langt wird. ... Nicht erforderlich ist, dass der auf diese Weise unterrichtete Gesellschafter dem Verfahren auf seiten der Gesellschaft beitritt. ... Nach der Rechtsprechung des BVerfG hat allerdings auch das Gericht dafür Sorge zu tragen, dass der Anspruch auf rechtliches Gehör der Gesellschafter nicht verletzt wird, die zwar nicht förmlich am Verfahren beteiligt sind, denen gegenüber die richterliche Entscheidung aber materiell-rechtlich wirkt. ... Hierzu wird immer dann Anlass bestehen, wenn sich das Gericht keine Überzeugung davon zu verschaffen vermag, dass die Klageerhebung in den Gesellschaftsblättern einer AG bekannt gemacht worden ist oder der Geschäftsführer der GmbH seine Informationspflicht gegenüber den Gesellschaftern erfüllt hat. ..."

Eine positive Beschlussfeststellungsklage kann begründet sein, wenn die vom Versammlungsleiter festgestellte Nichtannahme des Beschlussantrages dem Abstimmungsergebnis nach auf der Berücksichtigung ablehnender Stimmen beruhte, die wegen eines seitens des Versammlungsleiters verkannten Stimmrechtsausschlusses irrtümlich mitgezählt wurden.[980] Umgekehrt kann auch die unzutreffende Nichtberücksichtigung einer tatsächlich wirksamen Stimme aufgrund der fehlerhaften Annahme eines Stimmrechtsausschlusses der positiven Beschlussfeststellungsklage zum Erfolg verhelfen, wenn sie nach dem Abstimmungsergebnis erheblich war.[981] 449

Will der klagende Gesellschafter seine positive Beschlussfeststellungsklage damit begründen, dass einer der an der Abstimmung beteiligten Gesellschafter unter Verletzung der ihm obliegenden Treuepflicht abgestimmt hat, bleibt es zwar grundsätzlich dabei, dass allein die Gesellschaft sowohl für die Nichtigkeits- und Anfechtungsklage als auch die positive Beschlussfeststellungsklage betreffend passivlegitimiert ist, wenn der Kläger nämlich schon durch die Nichtberücksichtigung der treuwidrig abgegebenen Stimme zu seinem Prozessziel gelangt.[982] Anderes gilt allerdings ausnahmsweise dann, wenn der Kläger sein Ziel nicht allein durch Nichtberücksichtigung der treuwidrig abgegebenen Stimme und eine Auszählung ohne diese Stimme zu erreichen vermag, sondern dazu außerdem eine positive Stimme seitens des treuwidrig handelnden Gesellschafters benötigt. Um den betreffenden Gesellschafter hierzu zu verpflichten, muss nicht die GmbH mit einer Leistungsklage in Anspruch genommen werden, sondern der treuwidrig abstimmende Gesellschafter.[983] Die Leistungsklage gegen die Gesellschafter muss hier außerdem erhoben werden. 450

Fraglich ist im Zusammenhang mit eventuell vorliegenden Mängeln des an sich positiv festzustellenden, tatsächlich gefassten Beschlusses der Gesellschaft, was das Gericht zu prüfen hat und unter welchen weiteren Voraussetzungen die positive Beschlussfeststellungsklage dementsprechend begründet ist: Während der Bundesgerichtshof in einer für die Statthaftigkeit und Zulässigkeit der positiven Beschlussfeststellungsklage bei der Aktiengesellschaft maßgebenden Entscheidung vom 13. März 1980 noch verlangt hat, im Wege der Streithilfe seitens der anfechtungsbefugten Gesellschafter Anfechtungsgründe geltend zu machen,[984] und in der für die GmbH inso- 451

980 BGH, NJW 1986, S. 2051 (2052 ff); *Bayer,* in: Lutter/Hommelhoff, GmbHG, § 47 Anh. Rn 41; *Wertenbruch,* in: MünchKomm-GmbHG, § 47 Anh. Rn 260.

981 *Wertenbruch,* in: MünchKomm-GmbHG, § 47 Anh. Rn 260.

982 OLG Koblenz, NJW-RR 1989, S. 1057 (1058); *Römermann,* in: Michalski, GmbHG, § 47 Anh. Rn 585; *Roth,* in: Roth/Altmeppen, GmbHG, § 47 Rn 156; *K. Schmidt,* in: Scholz, GmbHG, § 45 Rn 182; *Zöllner,* in: Baumbach/Hueck, GmbHG, § 47 Anh. Rn 191 f.

983 *Bayer,* in: Lutter/Hommelhoff, GmbHG, § 47 Rn 14, § 47 Anh. Rn 42; *Raiser,* in: Ulmer, GmbHG, § 47 Anh. Rn 276; *Roth,* in: Roth/Altmeppen, GmbHG, § 47 Rn 157; *Zöllner,* in: Baumbach/Hueck, GmbHG, § 47 Anh. Rn 192.

984 BGH, NJW 1980, S. 1465 (1468).

fern maßgebenden Entscheidung vom 20. Januar 1986 ausgeführt hat, die betroffenen Mitgesellschafter erhielten durch die Benachrichtigung die Gelegenheit, als Nebenintervenienten Mängel des festzustellenden Beschlusses einredeweise geltend zu machen,[985] formuliert er in der aktuellen Rechtsprechung nur noch schlicht, dass der festzustellende Beschluss seinerseits gesetzes- und satzungskonform sein müsse.[986] Diese letzte, weder differenzierende noch irgendwie begründete Fassung des maßgebenden Rechtssatzes scheint darauf hinzudeuten, dass im Rahmen der Begründetheit einer positiven Beschlussfeststellungsklage zum einen unabhängig von der formellen Erhebung einer Anfechtungsklage, zum anderen ohne Rücksicht auf eine mangelnde Anfechtungsbefugnis der Gesellschaft nicht nur die von jedermann einredeweise geltend zu machenden Nichtigkeitsgründe, sondern auch die nur unter der Voraussetzung einer Anfechtungsbefugnis geltend zu machenden Anfechtungsgründe zu prüfen sein sollen.[987]

BGH, Urt. v. 31. Mai 2011 – II ZR 109/10 –, NZG 2011, S. 902 (903):

„... Die Anfechtungsklage ist begründet, wenn der gefasste Beschluss gesetzes- oder satzungswidrig ist; der an seiner Stelle festzustellende Beschluss muss seinerseits gesetzes- und satzungskonform sein. ...“

452 Ob das mit Blick auf die mangelnde Befugnis der mit der Anfechtungsklage und der verbundenen positiven Beschlussfeststellungsklage in Anspruch genommenen Gesellschaft, Anfechtungsklage zu erheben oder auch nur Anfechtungsgründe einredeweise geltend zu machen, zu vereinbaren ist, ist aber höchst zweifelhaft und wird von Teilen der Literatur verneint.[988] Zu berücksichtigen ist auch, dass der Bundesgerichtshof seine Rechtsprechung nicht geändert oder gar aufgegeben hat, sondern die jüngere Kurzfassung des maßgebenden abstrakten Rechtssatzes offenbar als Fortsetzung einer Kontinuität versteht. Richtig dürfte es daher sein, im Rahmen der Begründetheit der positiven Beschlussfeststellungsklage von Amts wegen lediglich Nichtigkeitsgründe zu prüfen, die einredeweise Geltendmachung von Anfechtungsgründen hingegen nur den anfechtungsbefugten Gesellschaftern als Nebenintervenienten zu gestatten, und zwar innerhalb einer Anfechtungsfrist, deren Lauf erst mit dem der Zustellung des auf Beschlussfeststellung gerichteten Klageantrags als Zeitpunkt der Kenntniserlangung beginnt.[989] Verzichtete man auf die Anfechtungsfrist, stünden die Gesellschafter im Falle bloß einredeweiser Geltendmachung von Anfechtungsgründen erheblich besser als bei Erhebung einer Anfechtungsklage, wo auch die Anfechtungsgründe im Kern innerhalb der Frist des § 246 Abs. 1 AktG in das Verfahren eingeführt werden müssen (Rn 374). Außerdem hat die Frist den Vorteil, dass die zwischen den Parteien streitigen Gesichtspunkte im ersten Rechtszug und binnen kurzer Frist feststehen. Das erlaubt ein von Anfang an zielführendes und konzentriertes Verfahren.

985 BGH, NJW 1986, S. 2051 (2052).

986 BGH, Urt. v. 31. Mai 2011 – II ZR 116/10 –, BeckRS 2011, 19184 Rn 9; dazu auch OLG Celle, OLGReport 1998, S. 326.

987 So wohl auch *Drescher*, in: Henssler/Strohn, Gesellschaftsrecht, § 246 AktG Rn 51 (allerdings ohne das Problem näher zu erörtern).

988 *Wertenbruch*, in: MünchKomm-GmbHG, § 47 Anh. Rn 263; *Zöllner*, in: Baumbach/Hueck, GmbHG, § 47 Anh. Rn 182 (zur allgemeinen Feststellungsklage).

989 *Puszkajler*, in: HK-GmbHG, Anh. § 47 Rn 116.

XXI. Einfache Feststellungsklage

Oben (Rn 292 ff) ist bereits erläutert worden, dass die Erhebung einer Nichtigkeits- und Anfechtungsklage eine in gewissem Sinne förmliche Beschlussfeststellung voraussetzt. Fehlt es daran, ist die einfache Feststellungsklage gemäß § 256 ZPO eröffnet. Das gilt etwa hinsichtlich einer angeblich beschlossenen, aber unklaren Abberufung eines Geschäftsführers.[990] Auch diese einfache Feststellungsklage ist zwar – wie eine mit der Nichtigkeits- und Anfechtungsklage kombinierte positive Beschlussfeststellungsklage – gegen die Gesellschaft zu richten.[991] Ausnahmsweise kann sie aber auch umgekehrt seitens der GmbH gegen einen unbotmäßigen Gesellschafter erhoben werden, wenn der betreffende Gesellschafter etwa eine bestimmte Beschlussfassung bzw die entsprechende Rechtsfolge zu Unrecht bestreitet oder behauptet.[992] Dagegen ist die einfache Feststellungsklage eines Gesellschafters gegen einen anderen Gesellschafter kaum zulässig denkbar. Teilweise wird dies bei zweigliedrigen Gesellschaften sowie dann erwogen, wenn die Beteiligung der Gesellschaft aus einem anderen besonderen Grund ausscheidet.[993] Schon wegen der auf das Verhältnis der Gesellschafter begrenzten Rechtskraftwirkung eines entsprechenden Urteils ist jedoch das Feststellungsinteresse bzw Rechtsschutzbedürfnis für ein solches Vorgehen zweifelhaft. 453

BGH, Urt. v. 1. März 1999 – II ZR 205/98 –, NZG 1999, S. 498 f:

„... Das Berufungsgericht ist zutreffend davon ausgegangen, dass die Frage, ob die Bestellung des Beklagten zum Geschäftsführer wirksam widerrufen worden ist, nur im Wege der Feststellungsklage nach § 256 Abs. 1 ZPO geklärt werden kann. Eine Klage auf Anfechtung des Gesellschafterbeschlusses scheidet im vorliegenden Falle aus, weil ein förmliches Beschlussergebnis nicht festgestellt worden ist ... Im Gegensatz zur gesellschaftsrechtlichen Anfechtungsklage, die der Anfechtungskläger nach der Rechtsprechung des Senats mit aller ihm zumutbaren Beschleunigung innerhalb einer angemessenen, grundsätzlich am Leitbild des § 246 Abs. 1 AktG orientierten Frist erheben muss ..., unterliegt die Feststellungsklage nach § 256 Abs. 1 ZPO, deren Erhebung an keine gesetzliche Frist gebunden ist, auch im Gesellschaftsrecht keiner Präklusionswirkung. Von einer Präklusionswirkung würde man aber ausgehen, wenn man – wie das Berufungsgericht meint – den Erfolg dieser Klage nicht nur von der materiellen Rechtslage, sondern auch davon abhängig machen würde, dass sie in zeitlicher Nähe zu dem umstrittenen Gesellschafterbeschluss erhoben wird. Eine solche Ansicht kann auch nicht dem Senatsurteil vom 13.11.1995 ... entnommen werden, wie die Revision zu Recht geltend macht. Der Senat führt dort ... aus, auch die Feststellungsklage werde der interessierte Gesellschafter zeitnah erheben müssen, um sich nicht dem Verwirkungseinwand (oder dem Vorwurf widersprüchlichen Verhaltens) auszusetzen. Es wird also nachdrücklich auf die Verwirkung abgestellt. Die Geltendmachung eines Rechtes kann jedoch nur dann als verwirkt angesehen werden, wenn der Rechtsinhaber über einen längeren Zeitraum sein Recht nicht geltend macht und dadurch bei der Gegenseite den Eindruck erweckt, dieser brau-

990 BGH, NZG 1999, S. 498; NJW-RR 2008, S. 706 (708); *Bayer*, in: Lutter/Hommelhoff, GmbHG, § 47 Anh. Rn 39; *Drescher*, in: Henssler/Strohn, Gesellschaftsrecht, § 241 AktG Rn 9; *Raiser*, in: Ulmer, GmbHG, § 47 Anh. Rn 280; *Römermann*, in: Michalski, GmbHG, § 47 Anh. Rn 587; *Zöllner*, in: Baumbach/Hueck, GmbHG, § 47 Anh. Rn 181.

991 *Raiser*, in: Ulmer, GmbHG, § 47 Anh. Rn 282; *Römermann*, in: Michalski, GmbHG, § 47 Anh. Rn 593; *Zöllner*, in: Baumbach/Hueck, GmbHG, § 47 Anh. Rn 182.

992 OLG Zweibrücken, GmbHR 1999, S. 79 (80); *Raiser*, in: Ulmer, GmbHG, § 47 Anh. Rn 282; *Römermann*, in: Michalski, GmbHG, § 47 Anh. Rn 593; *Wertenbruch*, in: MünchKomm-GmbHG, § 47 Anh. Rn 262.

993 *Wertenbruch*, in: MünchKomm-GmbHG, § 47 Anh. Rn 262.

che mit der Inanspruchnahme des Rechts in Zukunft nicht mehr zu rechnen. ... Im vorliegenden Falle kann der Klage unter dem Gesichtspunkt der Verwirkung nur dann keine Erfolgsaussicht beigemessen werden, wenn der Beklagte aufgrund der Tatsache, dass die Klage erst über 10 Monate nach der Beschlussfassung erhoben worden ist, darauf vertrauen durfte, die Klägerin habe wegen der Ergebnisunklarheiten davon abgesehen, den Beschluss entsprechend ihrem Verständnis umzusetzen. ..."

454 Eine einfache Feststellungsklage kann nicht nur mit dem Ziel erhoben werden, die Fassung eines bestimmten Beschlusses bzw die Wirksamkeit der entsprechenden Maßnahme feststellen zu lassen, sondern der Kläger kann auch die Feststellung begehren, dass ein Beschluss nicht gefasst wurde bzw die beschlossene Rechtsfolge nicht eingetreten ist. Hier gelten die vorstehenden Ausführungen (Rn 453) zum richtigen Klagegegner entsprechend.[994]

455 Mangels entsprechender gesetzlicher Regelung und mangels analoger Anwendung des speziell für die Anfechtungsklage als Leitbild geltenden § 246 Abs. 1 AktG ist die allgemeine Feststellungsklage nicht fristgebunden. Dementsprechend unterliegt sie in zeitlicher Hinsicht nur dem allgemeinen Rechtsinstitut der Verwirkung.[995] Da Verwirkung aber nicht nur ein Zeit-, sondern auch ein Umstandsmoment erfordert, steht allein der Ablauf einer gewissen Zeit seit der Beschlussfassung einer zulässigen allgemeinen Feststellungsklage nicht entgegen und kann eine zeitnahe Klageerhebung hier nicht allgemein gefordert werden.[996] Vielmehr kommt die Annahme einer Verwirkung nur dann in Betracht, wenn der Kläger nach der streitigen Beschlussfassung bzw dem Aufkommen des Streits und bis zur Klageerhebung so viel Zeit hat verstreichen lassen, dass die übrigen Beteiligten unter Berücksichtigung aller Umstände des Einzelfalles auf die Erledigung des Streits vertrauen konnten und dieses Vertrauen auch durch Fortsetzung der Gesellschaftstätigkeit unter Berücksichtigung ihrer Auffassung vom Geschehen betätigt haben.[997]

456 Gelangt das Gericht auf eine Feststellungsklage hin zu dem Ergebnis, dass die Gesellschafter einen bestimmten Beschluss gefasst haben und die beschlossene Rechtsfolge eingetreten ist, muss das Gericht von Amts wegen auch das Vorliegen von Nichtigkeitsgründen prüfen, während Anfechtungsgründe nach Teilen der Literatur nur unter den Voraussetzungen einer Anfechtungsklage (Anfechtungsbefugnis, Passivlegitimation, Anfechtungsfrist usw) geltend gemacht werden können. Letztere sollen deshalb nur dann zu prüfen sein, wenn entweder auch eine Anfechtungs(-wider-)klage erhoben worden ist oder jedenfalls ein zur Anfechtung befugter Beteiligter Anfechtungsgründe geltend gemacht hat und die weiteren Voraussetzungen einer Anfechtung vorliegen.[998] Auch der streitgenössische Nebenintervenient (§ 69 ZPO) kann dabei Anfechtungs(-wider-)klage erheben oder jedenfalls Anfechtungsgründe geltend

994 *Wertenbruch*, in: MünchKomm-GmbHG, § 47 Anh. Rn 262.

995 BGH, NJW 1996, S. 259; NJW 1999, S. 2268; *Raiser*, in: Ulmer, GmbHG, § 47 Anh. Rn 283; *Römermann*, in: Michalski, GmbHG, § 47 Anh. Rn 591; *Zöllner*, in: Baumbach/Hueck, GmbHG, § 47 Anh. Rn 181.

996 OLG Zweibrücken, GmbHR 1999, S. 79 (80); *Römermann*, in: Michalski, GmbHG, § 47 Anh. Rn 591; *Zöllner*, in: Baumbach/Hueck, GmbHG, § 47 Anh. Rn 181.

997 ZT weniger streng hinsichtlich Betätigung des Vertrauens: *Raiser*, in: Ulmer, GmbHG, § 47 Anh. Rn 283; *Wertenbruch*, in: MünchKomm-GmbHG, § 47 Anh. Rn 263; *Zöllner*, in: Baumbach/Hueck, GmbHG, § 47 Anh. Rn 181.

998 *Puszkajler*, in: HK-GmbHG, Anh. § 34 Rn 117; *Zöllner*, in: Baumbach/Hueck, GmbHG, § 47 Anh. Rn 182; anders OLG Celle, OLGReport 1998, S. 326.

machen.[999] Die bloße Geltendmachung von Anfechtungsgründen seitens eines zur Anfechtung befugten Beteiligten soll hier der Klage aus Gründen der Prozessökonomie gleichstehen. Angesichts des Klageabweisungsantrags einerseits und der Geltendmachung von Anfechtungsgründen andererseits liegt in der zusätzlichen Erhebung einer Anfechtungsklage jedenfalls tatsächlich eine bloße Förmlichkeit, die für sich betrachtet keinen Sinn macht. Folgt man dieser Auffassung, ist bei der Prüfung der Voraussetzungen der Anfechtungsklage zu beachten, dass der Lauf der Anfechtungsfrist nach § 246 Abs. 1 AktG schon deshalb nicht mit der Gesellschafterversammlung und der festzustellenden Beschlussfassung beginnen kann, weil erst die Zustellung des Feststellungsantrages die Kenntnis vom behaupteten Beschluss vermittelt und erst die Feststellung des Gerichts zu einem Beschluss mit dem für den Betroffenen erkennbaren und deshalb anfechtbaren Inhalt führt. Der Fristlauf kann deshalb erst mit der Zustellung der allgemeinen Feststellungsklage und des entsprechenden positiven Antrags beginnen.[1000] Mit Rücksicht auf die bereits zitierte Rechtsprechung des Bundesgerichtshofs zu den Anforderungen an die Begründetheit einer positiven Beschlussfeststellungsklage[1001] ist indessen zweifelhaft, ob auch der Bundesgerichtshof zwar von Amts wegen stets Nichtigkeitsgründe, Anfechtungsgründe aber nur auf die einredeweise Geltendmachung einer anfechtungsbefugten Partei oder eines anfechtungsbefugten Streithelfers innerhalb der Anfechtungsfrist prüfen würde. Vieles spricht dafür, dass der Bundesgerichthof stets und ohne Rücksicht auf Anfechtungsbefugnis und -frist sämtliche Beschlussmängel prüft. Eine derartige, nicht differenzierende Vorgehensweise ließe indessen die mit der Anfechtungsbefugnis verbundenen Beschränkungen hinsichtlich der Geltendmachung von Anfechtungsgründen allzu sehr außer Acht. Deshalb muss es dabei bleiben, dass im Rahmen der Begründetheit der allgemeinen Feststellungsklage zwar von Amts wegen stets Nichtigkeitsgründe zu prüfen sind, Anfechtungsgründe aber nur dann, wenn sie von einer anfechtungsbefugten Person unter Wahrung der Anfechtungsfrist einredeweise geltend gemacht worden sind.[1002]

Zwar sehen die für die GmbH analog anwendbaren § 248 Abs. 1 S. 1, § 249 Abs. 1 S. 1 AktG eine materielle Rechtskraftwirkung inter bzw erga omnes nur für Urteile über die Nichtigkeitsfeststellung, die Nichtigerklärung sowie die positive Beschlussfeststellung vor, und betrifft die Rechtskrafterstreckung am Verfahren nicht beteiligte Personen unmittelbar in ihren Rechten, jedoch gleicht die Lage bei der positiv auf Feststellung eines Beschlusses oder negativ auf die Feststellung der Nichtfassung eines bestimmten Beschlusses gerichteten allgemeinen Feststellungsklage so sehr derjenigen bei der positiven Beschlussfeststellungsklage, dass in beiden Fällen, also auch hier, die für die Nichtigkeits- und Anfechtungsklage geltenden § 248 Abs. 1 S. 1, § 249 Abs. 1 S. 1 AktG zweckmäßigerweise analoge Anwendung finden und einem Urteil über die (Nicht-)Fassung eines Gesellschafterbeschlusses materielle Rechtskraft inter bzw erga 457

999 *Puszkajler*, in: HK-GmbHG, Anh. § 34 Rn 117; *Wertenbruch*, in: MünchKomm-GmbHG, § 47 Anh. Rn 263.

1000 *Puszkajler*, in: HK-GmbHG, Anh. § 34 Rn 117, 119.

1001 Vgl BGH, NJW 1980, S. 1465 (1468) zur AG und BGH, NJW 1986, S. 2051 (2052) zur GmbH einerseits sowie BGH, Urt. v. 31. Mai 2011 – II ZR 116/10 –, BeckRS 2011, 19184 Rn 9 andererseits.

1002 *Puszkajler*, in: HK-GmbHG, Anh. § 34 Rn 117; *Wertenbruch*, in: MünchKomm-GmbHG, § 47 Anh. Rn 263.

omnes zukommt.[1003] Mit Blick auf diese Reichweite der materiellen Rechtskraft ist schließlich die Benachrichtigungspflicht analog § 246 Abs. 4 S. 1 AktG zu beachten.[1004]

458 **Übersicht über (Beschluss-)Feststellungsklagen – Nr. 35**

1. Positive Beschlussfeststellungsklage	a) Klageziel: Gerichtet auf die positive Feststellung eines Gesellschafterbeschlusses. b) Auch in Verbindung mit einer Nichtigkeits- und Anfechtungsklage zulässig, § 260 ZPO (BGH, NJW 1984, S. 489, 491 f). c) Richtiger Klagegegner und passivlegitimiert ist die Gesellschaft (BGH, NJW 1986, S. 2051, 2052). d) Begründet, wenn der betreffende Beschluss 1. ohne den Rechtsfehler des Versammlungsleiters tatsächlich gefasst wurde (BGH, NJW 1984, S. 489, 491 f; NJW 1986, S. 2051, 2052) und 2. weder Nichtigkeits- noch (von anfechtungsbefugter Person rechtzeitig einredeweise geltend gemachte, str.) Anfechtungsgründe dem positiv festzustellenden Beschluss entgegenstehen (BGH, NZG 2011, S. 902, 903). e) Rechtskraft erga omnes analog § 248 Abs. 1 S. 1, § 249 Abs. 1 S. 1 AktG. f) Benachrichtigungspflicht, analog § 246 Abs. 4 S. 1 AktG, und Nebeninterventionsmöglichkeit.
2. Einfache Feststellungsklage	a) Klageziel: Gerichtet entweder positiv auf die Feststellung der unklaren Beschlussfassung oder negativ auf die Nichtfassung eines behaupteten, aber nicht festgestellten Gesellschafterbeschlusses. b) Keine Anfechtungsfrist, sondern nur Verwirkung (BGH, NZG 1999, S. 498). c) Richtiger Klagegegner und passivlegitimiert ist auch hier die Gesellschaft. d) Begründet, wenn entweder positiv 1. der betreffende Beschluss tatsächlich gefasst wurde und vom Versammlungsleiters hätte festgestellt werden müssen sowie 2. weder Nichtigkeits- noch (von anfechtungsbefugter Person rechtzeitig einredeweise geltend gemachte, str.) An-

1003 OLG München, GmbHR 1996, S. 451 f; *Römermann,* in: Michalski, GmbHG, § 47 Anh. Rn 597 f; *Wertenbruch,* in: MünchKomm-GmbHG, § 47 Anh. Rn 264; *Zöllner,* in: Baumbach/Hueck, GmbHG, § 47 Anh. Rn 182; anders *Puszkajler,* in: HK-GmbHG, Anh. § 34 Rn 117; *Raiser,* in: Ulmer, GmbHG, § 47 Anh. Rn 284.

1004 *Zöllner,* in: Baumbach/Hueck, GmbHG, § 47 Anh. Rn 182.

	fechtungsgründe dem festzustellenden Beschluss entgegenstehen (BGH, NZG 2011, S. 902, 903) oder negativ der behauptete Beschluss tatsächlich weder festgestellt noch gefasst wurde. e) Rechtskraft inter bzw erga omnes analog § 248 Abs. 1 S. 1, § 249 Abs. 1 S. 1 AktG (str.). f) Benachrichtigungspflicht, § 246 Abs. 4 S. 1 AktG analog, und Nebeninterventionsmöglichkeit.
3. Unterschied beider Klagen	Während die positive Beschlussfeststellungsklage eröffnet ist, wenn tatsächlich ein (unrichtiges) Beschlussergebnis festgestellt worden ist, ist bei der einfachen Feststellungsklage eine solche Feststellung nicht getroffen worden. Die einfache Feststellungsklage dient also in erster Linie der Beseitigung von Unklarheiten des Beschlussergebnisses.

XXII. Klagen gegen Beschlüsse anderer Organe

Auch wenn das materielle GmbH-Recht den Gesellschaftern in § 45 Abs. 2 GmbHG einen weitreichenden Freiraum im Zusammenhang mit der Übertragung bestimmter Beschlusskompetenzen auf andere Organe der Gesellschaft zugesteht,[1005] hat das nicht zur Folge, dass die Gesellschafter mit dem Gebrauch dieser Befugnisse stets auch auf ihre materiellen Rechte und auf das deren Durchsetzung dienende Instrument der Nichtigkeits- und Anfechtungsklage verzichten. Mit der Übertragung einer Beschlusskompetenz verzichten die Gesellschafter ferner keineswegs auf ein vertrags- und gesetzmäßiges Handeln bei der Beschlussfassung, sondern die Übertragung betrifft lediglich die Zuständigkeit für die Beschlussfassung.[1006] Dementsprechend sind die für die Nichtigkeits- und Anfechtungsklage geltenden Grundsätze für solche Beschlüsse anderer Gesellschaftsorgane anzuwenden, die auf einer Übertragung von Beschlusskompetenzen seitens der Gesellschafter auf ein anderes Gesellschaftsorgan beruhen.[1007] 459

Nach der ratio der vorstehenden Ausführungen sind die Gesellschafter auch für die Erhebung einer Nichtigkeits- und Anfechtungsklage gegen den Beschluss eines anderen Gesellschaftsorgans aktivlegitimiert, denn die Anwendung der Regeln über die Nichtigkeits- und Anfechtungsklage auf die Beschlüsse anderer Organe hat ihren Grund in den Rechten der Gesellschafter. Man kann das dogmatisch auch so begründen, dass die Gesellschafter dem anderen Organ nur das Recht übertragen haben, rechtmäßige Beschlüsse zu fassen, und deshalb in jedem anfechtbaren oder gar nichti- 460

1005 BGH, NJW 1965, S. 1378; *Koppensteiner/Gruber,* in: Rowedder/Schmidt-Leithoff, GmbHG, § 45 Rn 17; *Römermann,* in: Michalski, GmbHG, § 45 Rn 621 ff; *K. Schmidt,* in: Scholz, GmbHG, § 45 Rn 185.

1006 Zutreffend *Wertenbruch,* in: MünchKomm-GmbHG, § 47 Anh. Rn 265; anders aber *Römermann,* in: Michalski, GmbHG, § 47 Anh. Rn 625.

1007 BGH, NJW 1965, S. 1378; *Koppensteiner/Gruber,* in: Rowedder/Schmidt-Leithoff, GmbHG, § 45 Rn 20; *K. Schmidt,* in: Scholz, GmbHG, § 45 Rn 185 ff; *Wertenbruch,* in: MünchKomm-GmbHG, § 47 Anh. Rn 265; anders *Römermann,* in: Michalski, GmbHG, § 47 Anh. Rn 625; *Zöllner,* in: Baumbach/Hueck, GmbHG, § 47 Anh. Rn 208.

gen Beschluss eine Kompetenzüberschreitung liegt.[1008] Diese Begründung gilt allerdings gleichermaßen für anfechtbare und für nichtige Beschlüsse. Sie droht deshalb den entsprechenden Unterschied allzu sehr zu verwischen. Jedenfalls aber kann es nach den vorstehenden Erwägungen nicht darauf ankommen, ob das andere Organ durch den Beschluss subjektive Rechte begründet oder ob das nicht der Fall ist.[1009]

461 Beruhen Beschlüsse eines anderen Gesellschaftsorgans dagegen nicht auf einer Übertragung von Kompetenzen seitens der Gesellschafter(-versammlung), kommt nach diesen Ausführungen eine entsprechende Anwendung der §§ 241 ff AktG grundsätzlich nicht in Betracht.[1010]

BGH, Urt. v. 25. Februar 1965 – II ZR 287/63 –, NJW 1965, S. 1378:
„... Es ist zulässig, dass die Gesellschafter Befugnisse der Gesellschafterversammlung einem anderen Organ zuweisen. Das folgt aus der gesellschaftlichen Selbstverwaltung, der § 45 Abs. 2 GmbHG weitesten Spielraum lässt. Hierin sind sich Rechtsprechung ... und Literatur einig. ... Ausgenommen sind hiervon nur die Aufgaben, die der Gesellschafterversammlung zwingend zugewiesen sind (Beispiel: Satzungsänderung) oder Aufgaben, die das damit betraute Organ der Sache nach nicht wahrnehmen kann (Beispiel: Dem Geschäftsführer ist seine eigene Entlastung oder Abberufung übertragen). ... Die Wirkung des Schiedsspruchs eines als Gesellschaftsorgan tätigen Schiedsgerichts hängt nicht wie die Vollstreckungswirkung eines auf Grund der §§ 1025 ff ZPO ergangenen Schiedsspruchs davon ab, dass er niedergelegt und für vollstreckbar erklärt ist (§ 1039, § 1042 Abs. 1, § 794 Abs. 1 Nr. 4 a ZPO), sondern tritt mit seiner Verlautbarung ein, da ein solches Schiedsgericht an Stelle des sonst berufenen Gesellschaftsorgans tätig wird. ... Aus diesem Grunde ist auch nicht die Aufhebungsklage (§ 1041 ZPO), sondern entweder, nämlich wenn entsprechende Akte des sonst zuständigen Gesellschaftsorgans (zB Aufsichtsratsbeschlüsse) nicht anfechtbar sind, überhaupt nicht oder, wenn der Schiedsspruch einen Beschluss der Gesellschafterversammlung ersetzt oder vervollständigt, mit der Nichtigkeits- oder mit der Anfechtungsklage angreifbar. ...“

XXIII. Einstweiliger Rechtsschutz

462 Zwar kommt auch hinsichtlich der Gesellschafterversammlung einstweiliger Rechtsschutz durchaus in Betracht, zB gegen die Abweichung eines Gesellschafters von einer Stimmrechtsvereinbarung.[1011] Dabei ist jedoch stets die Autonomie der Gesellschaft zu beachten, die Eingriffen in die Beschlusskompetenz der Gesellschafter in ihrer Gesamtheit gewöhnlich entgegensteht. Schon deshalb ist eine einstweilige Verfügung mit dem Ziel, die Fassung eines bestimmten Gesellschafterbeschlusses zu verhindern, nur ausnahmsweise zulässig, grundsätzlich aber nicht.[1012]

1008 *Wertenbruch,* in: MünchKomm-GmbHG, § 47 Anh. Rn 266.

1009 Zutreffend *Wertenbruch,* in: MünchKomm-GmbHG, § 47 Anh. Rn 266; anders aber *K. Schmidt,* in: Scholz, GmbHG, § 45 Rn 188.

1010 BGHZ 135, S. 244 (247); *Wertenbruch,* in: MünchKomm-GmbHG, § 47 Anh. Rn 266 aE; *Zöllner,* in: Baumbach/Hueck, GmbHG, § 47 Anh. Rn 208.

1011 Vgl etwa OLG Hamburg, NJW 1992, S. 186 f; OLG Koblenz, ZIP 1986, S. 503 ff.

1012 I.E. OLG Frankfurt a.M., WM 1982, S. 282; OLG Hamburg, NJW 1992, S. 186 f; *Bayer,* in: Lutter/Hommelhoff, GmbHG, § 47 Anh. Rn 90; *Beyer,* GmbHR 2001, S. 467 (470); *Drescher,* in: Henssler/Strohn, Gesellschaftsrecht, § 246 AktG Rn 53; *Raiser,* in: Ulmer, GmbHG, § 47 Anh. Rn 288; *Römermann,* in: Michalski, GmbHG, § 47 Anh. Rn 606; *Zöllner,* in: Baumbach/Hueck, GmbHG, § 47 Anh. Rn 202 f.

OLG Hamburg, Urt. v. 28. Juni 1991 – 11 U 65/91 –, NJW 1992, S. 186 f:

„... Dem Antrag stehen Zulässigkeitsbedenken nicht entgegen. In Abkehr von der früher vorherrschenden Ansicht, dass mit den Mitteln des einstweiligen Rechtsschutzes nicht in den Bereich der Willensbildung in einer Gesellschaft, insbesondere in das Abstimmungsverhalten eines Gesellschafters eingegriffen werden dürfe, hat sich in den letzten Jahren ein Umdenken vollzogen. Zunehmend hat die Auffassung an Boden gewonnen, dass der Erlass einer einstweiligen Verfügung hier nicht generell unzulässig ist, sondern von einer Bewertung der auf dem Spiele stehenden Interessen abhängig sein muss, im Ergebnis freilich nur bei einer schwerwiegenden Beeinträchtigung der Belange des Antragstellers in Betracht kommt. ... Soweit neuerdings das Oberlandesgericht Koblenz ... zum Teil wieder auf Zulässigkeitsschranken anstatt auf eine Bewertung der konkreten Sachgesichtspunkte abstellen will, wenn es sich nicht um einen Anspruch aus einer Stimmbindung, sondern um gesellschaftsvertraglich oder aus Treuegesichtspunkten folgende Verhaltenspflichten bei einer Abstimmung handelt, so kann das nicht überzeugen. Es geht nicht an, die Zulässigkeit eines Begehrens auf einstweiligen Rechtsschutz hier von der jeweiligen materiellrechtlichen Einordnung des Verfügungsanspruchs abhängig machen zu wollen. Eine solche Differenzierung ist weder dogmatisch zu begründen, noch wird sie den gegebenenfalls berührten und gefährdeten Interessen gerecht. Auch in Fällen, in denen ein Antragsteller sich auf gesellschaftsvertraglich begründete oder aus der Treuepflicht folgende Bindungen eines Mitgesellschafters beruft, ist es geboten, die beiderseitigen Belange umfassend und gründlich abzuwägen und hiervon die Entscheidung über den Erlass einer einstweiligen Verfügung abhängen zu lassen. ...“

Hinsichtlich nichtiger Beschlüsse kommt hinzu, dass diese von vornherein keinerlei Wirkung entfalten und dass deshalb in der Regel ein von ihnen ausgehender Rechtsnachteil nicht zu erwarten ist. Ohne Weiteres kann deshalb ein Bedürfnis, die Beschlussfassung durch den Erlass einer einstweiligen Verfügung zu verhindern, nicht bejaht werden, zumal in der Regel auch nicht zu erwarten ist, dass die Gesellschafter nach Erörterung der Bedenken einen nichtigen Beschluss fassen werden.[1013] 463

Im Zusammenhang mit dem einstweiligen Rechtsschutz durch einstweilige Verfügung ist allerdings die Untersagung der Ausführung nichtiger Beschlüsse und insbesondere einer entsprechenden Registereintragung anders zu beurteilen: Hier kommt eine einstweilige Verfügung grundsätzlich in Betracht, denn der einstweilige Rechtsschutz hat hier nicht den Eingriff unmittelbar in die Willensbildung der Gesellschaft zur Folge, sondern es geht ausschließlich darum, die uU sogar endgültigen Folgen einer rechtswidrigen Vorgehensweise der Gesellschaft bis zu einer endgültigen Klärung der offenen Fragen zu vermeiden.[1014] 464

Ist einstweiliger Rechtsschutz ausnahmsweise zulässig und geboten, kann man dem nicht pauschal entgegenhalten, dass ein mit einer einstweiligen Verfügung verhinderter Gesellschafterbeschluss nicht mehr nachträglich zur Entstehung gelangen könne und deshalb die Hauptsache stets im Sinne eines unvertretbar tiefen Eingriffs in die Willensbildung der Gesellschaft vorweggenommen sei. Vielmehr steht es der Gesellschaft frei, nach dem Ende der Verfügungswirkung eine Gesellschafterversammlung einzuberufen und den gewollten Beschluss noch zu fassen.[1015] 465

1013 *Wertenbruch,* in: MünchKomm-GmbHG, § 47 Anh. Rn 267.

1014 OLG Düsseldorf, DB 1960, S. 520 (522 ff); *Zöllner,* in: Baumbach/Hueck, GmbHG, § 47 Anh. Rn 197.

1015 *Wertenbruch,* in: MünchKomm-GmbHG, § 47 Anh. Rn 268; anders allerdings OLG Frankfurt a.M., WM 1982, S. 282.

Sieht das Gesetz ein spezielles Freigabeverfahren vor, wie etwa für die Eintragung von Umwandlungsbeschlüssen, gehen dessen Regeln über den einstweiligen Rechtsschutz den allgemeinen Bestimmungen vor und stehen als leges speciales einstweiligen Verfügungen hinsichtlich entsprechender Gesellschafterbeschlüsse und ihrer Eintragung entgegen.[1016]

Für nicht nichtige, sondern bloß anfechtbare Gesellschafterbeschlüsse und deren Vollzug, zB durch Eintragung, gilt allgemein das Gleiche wie für nichtige Beschlüsse.[1017]

1. Untersagung einer bestimmten Stimmrechtsausübung

466 Trotz der vorgenannten grundsätzlichen Bedenken gegen einstweiligen Rechtsschutz, mit dem ein Eingriff in die Willensbildung der Gesellschaft verbunden ist, kann einem Gesellschafter mittels einstweiliger Verfügung uU eine ganz bestimmte Ausübung seines Stimmrechts untersagt werden.[1018] Liegt ein Vertrag vor, aus dem sich eine entsprechende Bindung des Stimmrechts des betroffenen Gesellschafters ergibt, und droht konkret eine Verletzung der entsprechenden Verpflichtung durch den Gesellschafter, liegt in einer solchen Untersagung ausnahmsweise kein unzulässiger Eingriff in die freie Willensbildung der Gesellschaft.[1019] Denn die Einschränkung der Willensbildung betrifft hier nur den vertraglich verpflichteten Gesellschafter in seinen Mitgliedschaftsrechten und ergibt sich nicht erst aus der einstweiligen Verfügung, sondern bereits aus dem Vertrag über eine bestimmte Ausübung des Stimmrechts.[1020] Diese Erwägungen gelten für alle verbindlichen Vereinbarungen über eine bestimmte Ausübung des Stimmrechts gleichermaßen[1021] und dienen nur der Durchsetzung des Grundsatzes „pacta sunt servanda“[1022] im Hinblick auf die besonderen Schwierigkeiten, einen in der unzulässigen Ausübung eines Stimmrechts anlässlich einer Gesellschafterversammlung liegenden Vertragsverstoß zu restituieren.

467 Grundsätzlich sind auch keine Bedenken im Hinblick auf das Verbot der Vorwegnahme der Hauptsache und die strengeren Voraussetzungen von Leistungsverfügungen gerechtfertigt, soweit und solange nämlich die Beschlussfassung mit der vom Gesellschafter gewollten Stimmrechtsausübung nachgeholt werden kann.[1023]

OLG Koblenz, Urt. v. 27. Februar 1986 – 6 U 261/86 –, NJW 1986, S. 1692 (1693):

„... Im Schrifttum ist allerdings umstritten, ob es überhaupt zulässig ist, die Ausübung des Stimmrechts durch eine einstweilige Verfügung zu verbieten. Die herrschende Meinung lehnt dies mit der Begründung ab, dass auf diese Weise unmittelbar auf die Beschlussfassung der Gesellschafter Einfluss genommen und somit eine endgültige Regelung

1016 *Zöllner,* in: Baumbach/Hueck, GmbHG, § 47 Anh. Rn 197.

1017 *Wertenbruch,* in: MünchKomm-GmbHG, § 47 Anh. Rn 268; *Zöllner,* in: Baumbach/Hueck, GmbHG, § 47 Anh. Rn 201.

1018 OLG Frankfurt a.M., WM 1982, S. 282; OLG Hamburg, NJW 1992, S. 186 f; *Bayer,* in: Lutter/Hommelhoff, GmbHG, § 47 Anh. Rn 90; *v. Gerkan,* ZGR 1985, S. 167 (174); anders allerdings *Drescher,* in: Henssler/Strohn, Gesellschaftsrecht, § 246 AktG Rn 55.

1019 OLG Koblenz, NJW 1986, S. 1692 (1693); *Bayer,* in: Lutter/Hommelhoff, GmbHG, § 47 Anh. Rn 90; *Römermann,* in: Michalski, GmbHG, § 47 Anh. Rn 608; *Zöllner,* in: Baumbach/Hueck, GmbHG, § 47 Anh. Rn 202.

1020 OLG Koblenz, NJW 1986, S. 1692 (1693); *Bayer,* in: Lutter/Hommelhoff, GmbHG, § 47 Anh. Rn 90; *Römermann,* in: Michalski, GmbHG, § 47 Anh. Rn 608; *Zöllner,* in: Baumbach/Hueck, GmbHG, § 47 Anh. Rn 202.

1021 OLG Koblenz, NJW 1986, S. 1692 (1693); *Wertenbruch,* in: MünchKomm-GmbHG, § 47 Anh. Rn 269.

1022 *Wertenbruch,* in: MünchKomm-GmbHG, § 47 Anh. Rn 269.

1023 OLG Koblenz, NJW 1986, S. 1692 (1693); *Zöllner,* in: Baumbach/Hueck, GmbHG, § 47 Anh. Rn 202 f.

getroffen werde, die im Falle einer späteren Aufhebung der einstweiligen Verfügung ohne weiteres nicht wieder rückgängig gemacht würde... Dagegen wird nur vereinzelt die Ansicht vertreten, es sei statthaft, einem Gesellschafter die Ausübung seines Stimmrechts durch einstweilige Verfügung zu untersagen. ... Dieser Ansicht ist im Grundsatz beizupflichten. ... Sinn und Zweck einer einstweiligen Verfügung ist es, dem Antragsteller einen vorläufigen Rechtsschutz zu gewähren, damit eine Entscheidung in der Hauptsache nicht zu spät kommt. Die einstweilige Verfügung soll sicherstellen, dass der in der Hauptsache zu führende Rechtsstreit überhaupt noch einen Sinn hat und der Antragsteller sein Recht letztendlich auch durchsetzen kann. ..."

2. Untersagung einer Gesellschafterversammlung

Zwar wird teilweise[1024] auch die Untersagung einer Gesellschafterversammlung durch einstweilige Verfügung im Hinblick auf drohende nichtige oder anfechtbare Beschlüsse für zulässig gehalten. Das ist jedoch im Hinblick auf die Ausstrahlungswirkung der Vereinigungsfreiheit nach Art. 9 GG und die große Bedeutung der gesellschaftsinternen Willensbildung einerseits sowie andererseits mit Rücksicht darauf, dass von der Abhaltung der Gesellschafterversammlung als solcher noch kein nennenswerter Nachteil ausgeht, abzulehnen.[1025] 468

OLG Jena, Urt. v. 4. Dezember 2001 – 8 U 751/01 –, NZG 2002, S. 89:

„... Ein Gesellschafter-Geschäftsführer kann grundsätzlich nicht verlangen, dass die übrigen Gesellschafter die Einberufung einer Gesellschafterversammlung unterlassen, um ihn auf dieser Versammlung abzuberufen. Es fehlt an einem Verfügungsanspruch. Denn der Weg der Einberufung einer Gesellschafterversammlung ist der rechtmäßige Weg, um eine solche Abberufung vorzubereiten und herbeizuführen. Das Gleiche gilt für die beabsichtigte Einziehung des Geschäftsanteils des Verfügungsklägers (§ 46 Nr. 4 GmbHG) und die Bestellung eines neuen Geschäftsführers (§ 46 Nr. 5 GmbHG). ..."

Ganz ausnahmsweise kann die Untersagung einer Gesellschafterversammlung dann zulässig sein, wenn sie zB an einem Ort oder zu einer Zeit abgehalten werden soll, der bzw die einzelnen oder mehreren Gesellschaftern ein Erscheinen zwecks Ausübung ihrer Mitgliedschaftsrechte unzumutbar erschwert.[1026] Auch Fälle einer vertraglichen (Voraussetzung: Beteiligung sämtlicher Gesellschafter) oder sogar satzungsmäßigen Verpflichtung, die Gesellschafterversammlung an einem anderen Zeitpunkt oder/und Ort abzuhalten, sind hier denkbar. 469

3. Verbot der Registereintragung bzw der Anmeldung dazu

Die Eintragung eines Beschlusses in das Handelsregister kann aufgrund der damit verbundenen Rechtswirkungen unter den üblichen Voraussetzungen einer einstweiligen Verfügung untersagt werden.[1027] Die Möglichkeit des Registergerichts, die Eintragung bis zur rechtskräftigen Entscheidung über die Nichtigkeits- und Anfechtungsklage auszusetzen, kann dem Antrag auf Erlass einer einstweiligen Verfügung schon deshalb nicht entgegengehalten werden, weil § 381 FamFG insofern eine Ermessens- 470

1024 OLG Frankfurt a.M., GmbHR 1982, S. 237; OLG Koblenz, GmbHR 1991, S. 21; *Bayer,* in: Lutter/Hommelhoff, GmbHG, § 47 Anh. Rn 90; *v. Gerkan,* ZGR 1985, S. 167 ff; *Raiser,* in: Ulmer, GmbHG, § 47 Anh. Rn 288; *Römermann,* in: Michalski, GmbHG, § 47 Anh. Rn 606.

1025 Zutreffend OLG Jena, NZG 2002, S. 89; *Drescher,* in: Henssler/Strohn, Gesellschaftsrecht, § 246 AktG Rn 55; *Zöllner,* in: Baumbach/Hueck, GmbHG, § 47 Anh. Rn 202 f.

1026 *Wertenbruch,* in: MünchKomm-GmbHG, § 47 Anh. Rn 270.

1027 *Zöllner,* in: Baumbach/Hueck, GmbHG, § 47 Anh. Rn 197.

entscheidung vorsieht.[1028] Allerdings kann dem Registergericht die Eintragung nicht wirksam untersagt werden, sondern lediglich dem Antragsgegner als Verfahrensbeteiligtem. Es kann deshalb bei verständiger Auslegung nicht um die Untersagung der Eintragung gehen, sondern nur um das Verbot, einen bestimmten Beschluss zur Eintragung anzumelden. Für das Registergericht sind allein die § 166 Abs. 2 HGB und die §§ 374 ff FamFG maßgeblich. Daraus kann sich eine Verpflichtung des Registergerichts ergeben, von einer Eintragung abzusehen, die aber unmittelbar nicht Gegenstand des Verfahrens unter Privaten ist.

471 Mag auch die Anmeldung eines Gesellschafterbeschlusses zur Eintragung noch nicht die befürchteten Rechtsfolgen zeitigen, sondern insofern erst die konstitutiv wirkende Eintragung maßgebend sein, begründet die Anmeldung doch bereits eine hinreichende Gefahr der Eintragung und ist die letzte untersagbare Handlung der Gesellschaft. Dementsprechend kann die Anmeldung zur Eintragung durch einstweilige Verfügung untersagt bzw kann die Gesellschaft zur Rücknahme eines bereits angebrachten Antrags verpflichtet werden.[1029]

BVerfG, 3. Kammer des Ersten Senats, Beschl. v. 13. Oktober 2004 – 1 BvR 2303/00 –, BB 2005, S. 1585:

„... Die Beschwerdeführer haben nicht vorgetragen, dass sie von der Möglichkeit Gebrauch gemacht haben, die Eintragung des Formwechsels in das Handelsregister durch die Inanspruchnahme der Möglichkeiten des vorläufigen Rechtsschutzes zu verhindern. Die Rechtsordnung stellt eine solche Rechtsschutzmöglichkeit in § 16 Abs. 2 HGB in Verbindung mit den §§ 935 ff ZPO grundsätzlich zur Verfügung. In Rechtsprechung und Literatur ist anerkannt, dass eine einstweilige Verfügung iS. der §§ 935 ff ZPO mit dem Inhalt erlassen werden kann, dem Vorstand einer Aktiengesellschaft die Anmeldung eines Gesellschafterbeschlusses zur Eintragung in das Handelsregister zu untersagen oder einen bereits gestellten Eintragungsantrag wieder zurückzunehmen. Nach § 16 Abs. 2 HGB kann die Eintragung in das Handelsregister dadurch verhindert werden, dass eine einstweilige Verfügung erwirkt wird, in der die Eintragung für unzulässig erklärt wird. ...“

472 **Übersicht über Fragen des einstweiligen Rechtsschutzes – Nr. 36**

1. Allgemeines	a)	Zwar grds. zulässig, aber Eingriffe in die Willensbildung der Gesellschaft sind, soweit möglich, zu vermeiden (OLG Hamburg, NJW 1992, S. 186 f).
	b)	Wie sonst auch sind Vorwegnahmen der Hauptsache zu meiden, soweit möglich.
	c)	Spezielle Regelungen über ein Freigabeverfahren und den dort vorgesehenen einstweiligen Rechtsschutz gehen gegebenenfalls vor.
2. Untersagung einer bestimmten Stimmrechtsausübung	a)	Grds. zulässig, weil nicht in die Willensbildung der Gesellschaft eingegriffen wird (OLG Koblenz, NJW 1986, S. 1692, 1693).

1028 *Wertenbruch,* in: MünchKomm-GmbHG, § 47 Anh. Rn 271.
1029 BVerfG, BB 2005, S. 1585; OLG Düsseldorf, DB 1960, S. 520 (522); OLG München, AG 2007, S. 335 (336); *Bayer,* in: Lutter/Hommelhoff, GmbHG, § 47 Anh. Rn 91; *Zöllner,* in: Baumbach/Hueck, GmbHG, § 47 Anh. Rn 197.

	b) Verfügungsanspruch ergibt sich uU aus (zulässigem) Vertrag über Stimmrechtsbindung eines Gesellschafters.
3. Untersagung einer Gesellschafterversammlung	a) Grds. unzulässig, weil in der Durchführung der Versammlung selbst kein rechtswidriger Eingriff liegen kann (OLG Jena, NZG 2002, S. 89). b) Ausnahme: Unzumutbare Zeit, unzumutbarer Ort.
4. Verbot einer Anmeldung zur Registereintragung bzw Gebot der Antragsrücknahme	a) Unzweifelhaft zulässig (BVerfG, BB 2005, S. 1585). b) Dem steht schon wegen des Ermessens nicht § 381 FamFG entgegen.

E. Schiedsverfahren

I. Schiedsfähigkeit von Beschlussmängelstreitigkeiten in der GmbH

473 Der Bundesgerichtshof hat seine frühere Rechtsprechung zur mangelnden Schiedsfähigkeit von Beschlussmängelstreitigkeiten in der GmbH[1030] aufgegeben. Nach der Entscheidung vom 6. April 2009 sind auch Beschlussmängelstreitigkeiten in der GmbH im Sinne des § 1030 Abs. 1 ZPO schiedsfähig, wenn das vorgesehene schiedsgerichtliche Verfahren den Rechtsschutz in einer der staatlichen Gerichtsbarkeit vergleichbaren Weise – vgl dazu insb. die allgemeinen Verfahrensregeln gemäß § 1042 Abs. 1 ZPO – gewährleistet.[1031]

BGH, Urt. v. 6. April 2009 – II ZR 255/08 –, NJW 2009, S. 1962 (1963 f) – Schiedsfähigkeit II:

„... Beschlussmängelstreitigkeiten im Recht der GmbH sind – wie nunmehr auch der Senat unter Aufgabe seines früheren, in BGHZ 132, S. 278 (285 ff) = NJW 1996, S. 1753 – Schiedsfähigkeit I – vertretenen ablehnenden Standpunkts in Übereinstimmung mit der jetzt herrschenden Meinung im Schrifttum ... annimmt – auch ohne ausdrückliche gesetzliche Anordnung der Wirkungen der § 248 Abs. 1 S. 1, § 249 Abs. 1 S. 1 AktG grundsätzlich kraft einer dies analog im Gesellschaftsvertrag festschreibenden Schiedsvereinbarung oder einer außerhalb der Satzung unter Mitwirkung aller Gesellschafter und der Gesellschaft getroffenen Individualabrede „schiedsfähig", sofern und soweit das schiedsgerichtliche Verfahren in einer dem Rechtsschutz durch staatliche Gerichte gleichwertigen Weise – dh unter Einhaltung eines aus dem Rechtsstaatsprinzip folgenden Mindeststandards an Mitwirkungsrechten und damit an Rechtsschutzgewährung für alle ihr unterworfenen Gesellschafter ... – ausgestaltet ist. ..."

„... Soweit der Senat in seinem Urteil vom 29.3.1996 ... ausgesprochen hat, dass mangels ausdrücklicher Regelung durch den Gesetzgeber eine Schiedsfähigkeit von Beschlussmängelstreitigkeiten im Hinblick auf die Wirkungen der § 248 Abs. 1 S. 1, § 249 Abs. 1 S. 1 AktG nicht auf dem Wege richterlicher Rechtsfortbildung zu eröffnen sei, hält er daran nicht mehr fest. Da der Gesetzgeber im Rahmen des zwischenzeitlich verabschiedeten und in Kraft getretenen Schiedsverfahrens-Neuregelungsgesetzes von einer diesbezüglichen gesetzlichen Regelung bewusst Abstand genommen und im Anschluss an die Entwurfsbegründung die Problematik „angesichts ihrer Vielschichtigkeit in tatsächlicher und rechtlicher Hinsicht weiterhin der Lösung durch die Rechtsprechung unter Berücksichtigung der konkreten Umstände des Einzelfalls überlassen" hat ..., greift der Senat die ihm solchermaßen überantwortete Aufgabe auf und hält – nach nochmaliger Prüfung im Lichte des zwischenzeitlich erreichten Diskussionsstandes in der gesellschaftsrechtlichen ... Literatur – seine früheren Bedenken gegen die grundsätzliche Zulässigkeit einer analogen Herbeiführung der Wirkungen aus§ 248 Abs. 1 S. 1, § 249 Abs. 1 S. 1 AktG durch Schiedssprüche auf der Grundlage gesellschaftsvertraglicher Schiedsklauseln nicht mehr aufrecht. Dies gilt freilich nur unter der bereits früher vom Senat mit Rücksicht auf das auch hier geltende Rechtsstaatsprinzip geforderten ... Voraussetzung einer dem Rechtsschutz durch staatliche Gerichte gleichwertigen Ausgestaltung des schiedsgerichtlichen

1030 BGH, NJW 1996, S. 1753 – Schiedsfähigkeit I.

1031 BGH, NJW 2009, S. 1962 (1963) – Schiedsfähigkeit II; dazu *Bayer,* in: Lutter/Hommelhoff, GmbHG, § 47 Anh. Rn 97; *Casper,* in: Bork/Schäfer, GmbHG, § 47 Rn 81; *Hillmann,* in: Henssler/Strohn, Gesellschaftsrecht, § 47 GmbHG Anh. Rn 11; *Römermann,* in: Michalski, GmbHG, § 47 Anh. Rn 561; *Roth,* in: Roth/Altmeppen, GmbHG, § 47 Rn 153 b; *Zöllner,* in: Baumbach/Hueck, GmbHG, § 47 Anh. Rn 36 f.

Verfahrens, die für sämtliche ihm unterworfenen Gesellschafter einen am Maßstab des § 138 BGB zu messenden ... Mindeststandard an Mitwirkungsrechten und damit Rechtsschutzmöglichkeit sicherstellen muss. ...“

Nach § 1055 ZPO wirkt die Entscheidung eines Schiedsgerichts zwar wie ein rechtskräftiges Urteil, aber nach dem eindeutigen Gesetzeswortlaut grundsätzlich lediglich inter partes und nicht etwa inter bzw erga omnes. Dementsprechend haben sowohl stattgebende als auch abweisende Schiedssprüche über Nichtigkeits- und Anfechtungsklagen eine materielle Rechtskraftwirkung lediglich inter partes. Einer ungeachtet der schiedsgerichtlichen Entscheidung erhobenen Klage vor einem staatlichen Gericht steht der Einwand entgegenstehender Rechtskraft aber nur in den Grenzen der materiellen Rechtskraft entgegen.[1032] **474**

Eine den § 248 Abs. 1 S. 1, § 249 Abs. 1 S. 1 AktG inhaltlich gleichkommende Rechtskraftwirkung inter omnes kann allerdings durch eine entsprechende Bestimmung im Gesellschaftsvertrag oder aber durch eine Individualvereinbarung der Gesellschafter bewirkt werden.[1033] Diese Frage hatte der Bundesgerichtshof 1996 noch verneint,[1034] der Gesetzgeber hatte sie beim Erlass des Schiedsverfahrens-Neuregelungsgesetzes vom 22. Dezember 1997[1035] offen gelassen[1036] und der Bundesgerichtshof hat sie mit seiner Entscheidung vom 6. April 2009 unter gewissen Voraussetzungen bejaht.[1037] Dahinter steht auch die Erwägung, dass die Gesellschafter durch Vertrag oder durch einen neuerlichen Gesellschafterbeschluss mit der erforderlichen Mehrheit einen Gesellschafterbeschluss mit Wirkung für und gegen jedermann wieder aufheben können. Dies ist Ausdruck der Vertragsfreiheit als Ausprägung der durch Art. 2 Abs. 1 GG geschützten Privatautonomie. Dementsprechend können die Gesellschafter die Entscheidung über den Bestand eines Gesellschafterbeschlusses mit Wirkung inter bzw erga omnes per Vertrag auch einem Dritten überlassen, soweit dabei gewisse Regeln eingehalten werden.[1038] Im Ergebnis begründet eine den rechtsstaatlichen Mindestanforderungen genügende Schiedsabrede also sowohl die Schiedsfähigkeit von Beschlussmängelstreitigkeiten in der GmbH als auch eine analoge Anwendung der §§ 248, 249 AktG die Reichweite bzw die Grenzen der materiellen Rechtskraft betreffend. Von ausschlaggebender Bedeutung sind insofern die Schiedsklausel bzw -abrede und die in Bezug genommene Schiedsordnung. **475**

1032 *Bayer,* in: ZIP 2003, S. 881 (887); *Nietsch,* in: ZIP 2009, S. 2269 (2274); *Wertenbruch,* in: MünchKomm-GmbHG, § 47 Anh. Rn 272.

1033 BGH, NJW 2009, S. 1962 (1963) – Schiedsfähigkeit II; dazu *Bayer,* in: Lutter/Hommelhoff, GmbHG, § 47 Anh. Rn 98 f; *Zöllner,* in: Baumbach/Hueck, GmbHG, § 47 Anh. Rn 39.

1034 BGH, NJW 1996, S. 1753 – Schiedsfähigkeit I.

1035 BGBl. I, S. 3224.

1036 BT-Drucks. 13/5274, S. 35.

1037 BGH, NJW 2009, S. 1962 (1963) – Schiedsfähigkeit II; dazu *Bayer,* in: Lutter/Hommelhoff, GmbHG, § 47 Anh. Rn 97; *Casper,* in: Bork/Schäfer, GmbHG, § 47 Rn 81; *Bender,* DB 1998, S. 1900 (1904); *Berger,* ZHR 164 (2000), S. 295 (298); *Hillmann,* in: Henssler/Strohn, Gesellschaftsrecht, § 47 GmbHG Anh. Rn 11; *Lenz,* GmbHR 2000, S. 552 (555); *Lüke/Blenske,* ZGR 1998, S. 253 (302 ff); *Römermann,* in: Michalski, GmbHG, § 47 Anh. Rn 561; *Roth,* in: Roth/Altmeppen, GmbHG, § 47 Rn 153 b; *K. Schmidt,* BB 2001, S. 1857 (1859); *Wertenbruch,* in: MünchKomm-GmbHG, § 47 Anh. Rn 272 f; *Zöllner,* in: Baumbach/Hueck, GmbHG, § 47 Anh. Rn 36 f.

1038 BGH, NJW 2009, S. 1962 (1963) – Schiedsfähigkeit II; *Raiser,* in: Ulmer, GmbHG, § 47 Rn 38; *Wertenbruch,* in: MünchKomm-GmbHG, § 47 Anh. Rn 273; *Zöllner,* in: Baumbach/Hueck, GmbHG, § 47 Rn 31.

II. Schiedsklauseln oder -abreden

1. Allgemeines

476 Schon im Hinblick auf die oben (Rn 475) genannte Grundlage der Schiedsfähigkeit von Beschlussmängelstreitigkeiten in der Vertragsfreiheit und -hoheit der Gesellschafter müssen sämtliche Gesellschafter an der Schiedsklausel oder -abrede beteiligt gewesen sein.[1039] Auch wenn die Satzung nach dem Gesellschaftsvertrag mit einer 3/4-Mehrheit geändert werden kann und es dazu nicht eines einstimmigen Beschlusses bedarf, bleibt es hinsichtlich der nachträglichen Einführung einer Schiedsklausel oder -abrede dabei, dass eine auch für Beschlussmängelstreitigkeiten maßgebende Schiedsklausel oder -abrede nur unter Beteiligung aller Gesellschafter getroffen werden kann.[1040] Die Zustimmung eines ablehnenden Gesellschafters kann auch nicht gestützt auf § 242 BGB erzwungen werden, denn die Treuepflicht des Gesellschafters vermag einen Anspruch auf Zustimmung zu einer Schiedsklausel oder -abrede jedenfalls unter den gegenwärtigen Bedingungen einer funktionierenden Rechtspflege nicht zu begründen.[1041] Eher mag man im Hinblick auf die erheblichen Kosten und das Fehlen eines der Prozesskostenhilfe vergleichbaren Instituts sowie mit Rücksicht auf nicht auszuschließende (In-)Solvenzprobleme das Gegenteil erwägen, nämlich eine nur für solvente Rechtsuchende, also nur teilweise funktionierende Schiedsgerichtsbarkeit.

477 Für die Frage, ob eine wirksame Schiedsklausel oder -abrede vorliegt, die die Schiedsfähigkeit einer Beschlussmängelstreitigkeit begründet, kommt es demgegenüber nicht darauf an, ob schon die Satzung eine Schiedsklausel enthält oder eine besondere Schiedsabrede getroffen worden ist.[1042] In formaler Hinsicht müssen jeweils die Anforderungen des § 1031 ZPO Berücksichtigung finden. Die Norm gilt allerdings mit Blick auf § 1066 ZPO nicht für statutarische Schiedsklauseln.[1043]

478 Wesentlich ist in Zusammenhang mit der schon erörterten Rechtskraftwirkung inter omnes durch Regelung im Gesellschaftsvertrag oder gesonderte Abrede, dass auch die nicht unmittelbar am Verfahren beteiligten Gesellschafter von dem Verfahren, seinem Inhalt und Stand rechtzeitig informiert werden. Denn nur so können sie ihre Rechte im Wege einer streitgenössischen Nebenintervention umfassend wahrnehmen und nur auf diese Art und Weise kann ein Eingriff auch in ihre Rechte gerechtfertigt werden.[1044] Im Hinblick auf den dem 10. Buch der Zivilprozessordnung zugrunde liegenden Willen des Gesetzgebers, auch schiedsgerichtlichen Entscheidungen die Wirkungen eines Vollstreckungstitels zukommen zu lassen und so die staatliche Gerichtsbarkeit zu entlasten, einerseits sowie mit Rücksicht auf die Ausstrahlungswirkung des Anspruchs auf rechtliches Gehör gemäß Art. 103 Abs. 1 GG und des Justiz-

---

1039 BGH, NJW 2009, S. 1962 (1964) – Schiedsfähigkeit II; *Bayer,* in: Lutter/Hommelhoff, GmbHG, § 47 Anh. Rn 98; *Böttcher/Fischer,* NZG 2011, S. 601 (602); *Roth,* in: Roth/Altmeppen, GmbHG, § 47 Rn 153 b; *Wolff,* NJW 2009, S. 2021 (2022); *Zöllner,* in: Baumbach/Hueck, GmbHG, § 47 Anh. Rn 38.

1040 *Böttcher/Fischer,* NZG 2011, S. 601 (602); *Wertenbruch,* in: MünchKomm-GmbHG, § 47 Anh. Rn 274.

1041 *Casper,* in: Bork/Schäfer, GmbHG, § 47 Rn 81; *Habersack,* in: JZ 2009, S. 797 (798); *Hillmann,* in: Henssler/Strohn, Gesellschaftsrecht, § 47 GmbHG Anh. Rn 12; *Riegger/Wilske,* in: ZGR 2010, S. 733 (744 f); *Schwedt/Lilja/Schaper,* in: NZG 2009, S. 1281 (1285).

1042 BGH, NJW 2009, S. 1962 (1964) – Schiedsfähigkeit II; *Zöllner,* in: Baumbach/Hueck, GmbHG, § 47 Anh. Rn 38.

1043 *Puszkajler,* in: Hk-GmbHG, § 47 Anh. Rn 134.

1044 BGH, NJW 2009, S. 1962 (1964) – Schiedsfähigkeit II; *Bayer,* in: Lutter/Hommelhoff, GmbHG, § 47 Anh. Rn 100; *Römermann,* in: Michalski, GmbHG, § 47 Anh. Rn 561; *Zöllner,* in: Baumbach/Hueck, GmbHG, § 47 Anh. Rn 37.

gewährungsanspruchs gemäß Art. 2 Abs. 1 iVm Art. 20 Abs. 3 GG in all seinen Ausprägungen (zB effektiver Rechtsschutz, faires Verfahren) andererseits steht der entsprechenden Informationspflicht auch nicht entgegen, dass die Zivilprozessordnung keine diesbezügliche spezielle Bestimmung enthält.[1045]

BGH, Urt. v. 6. April 2009 – II ZR 255/08 –, NJW 2009, S. 1962 (1964) – Schiedsfähigkeit II:

„... Danach setzt, wie das Berufungsgericht zutreffend erkannt hat, die Wirksamkeit einer Schiedsklausel zu Beschlussmängelstreitigkeiten – am Maßstab des § 138 BGB gemessen – die Erfüllung folgender Mindestanforderungen ... voraus: ... Die Schiedsabrede muss grundsätzlich mit Zustimmung sämtlicher Gesellschafter in der Satzung verankert sein; alternativ reicht eine außerhalb der Satzung unter Mitwirkung sämtlicher Gesellschafter und der Gesellschaft getroffene Absprache aus. Jeder Gesellschafter muss – neben den Gesellschaftsorganen – über die Einleitung und den Verlauf des Schiedsverfahrens informiert und dadurch in die Lage versetzt werden, dem Verfahren zumindest als Nebenintervenient beizutreten (vgl Art. 103 Abs. 1 GG ...). Sämtliche Gesellschafter müssen an der Auswahl und Bestellung der Schiedsrichter mitwirken können, sofern nicht die Auswahl durch eine neutrale Stelle erfolgt; im Rahmen der Beteiligung mehrerer Gesellschafter auf einer Seite des Streitverhältnisses kann dabei grundsätzlich das Mehrheitsprinzip zur Anwendung gebracht werden... Schließlich muss gewährleistet sein, dass alle denselben Streitgegenstand betreffenden Beschlussmängelstreitigkeiten bei einem Schiedsgericht konzentriert werden. ...“

Übersicht über Fragen der Schiedsfähigkeit und über die Mindestanforderungen an Schiedsklauseln bzw -abreden – Nr. 37 479

1. Schiedsfähigkeit	a) Grds. Schiedsfähig, wenn Mindestanforderungen an Schiedsklauseln bzw -abreden erfüllt sind (BGH, NJW 2009, S. 1962 ff – Schiedsfähigkeit II). b) BGH hat seine frühere Rechtsprechung aufgegeben.
2. Mindestanforderungen, § 138 Abs. 1 BGB (BGH, NJW 2009, S. 1962 ff – Schiedsfähigkeit II)	a) Zustimmung aller Gesellschafter zur Schiedsklausel bzw -abrede. b) Mitwirkung sämtlicher Gesellschafter an der Schiedsrichterauswahl oder Auswahl durch neutrale Stelle. c) Benachrichtigungspflicht und Möglichkeit streitgenössischer Nebenintervention in der Schiedsklausel bzw -abrede oder in von ihr in Bezug genommener Schiedsordnung. d) Zuständigkeitskonzentration hinsichtlich sämtlicher Beschlussmängelstreitigkeiten.

1045 BGH, NJW 2009, S. 1962 (1964) – Schiedsfähigkeit II; *Wertenbruch,* in: MünchKomm-GmbHG, § 47 Anh. Rn 275; dazu auch *Schilken,* FS für Picker, 2010, S. 709 (719 ff).

	e)	Maßgebender Zeitpunkt ist derjenige des Zustandekommens der Klausel bzw Abrede. Spätere Veränderungen sind grds. ohne Bedeutung.
	f)	Form (nicht für statutarische Klauseln): § 1031 ZPO.
3. Wirkungen des Schiedsspruchs	a)	Bei entsprechender Vereinbarung Rechtskraft inter bzw erga omnes (BGH, NJW 2009, S. 1962, 1963 – Schiedsfähigkeit II).
	b)	Begründet in einem weiteren Verfahren die Einrede entgegenstehender Rechtskraft nach Maßgabe der Grenzen der materiellen Rechtskraft im konkreten Fall.

2. Alte Schiedsklauseln oder -abreden

480 Auch wenn sich die Erhebung der Schiedseinrede für Klagen, die nach dem Inkrafttreten des Schiedsverfahrens-Neuregelungsgesetzes vom 22. Dezember 1997 erhoben worden sind, bereits nach § 1032 Abs. 1 ZPO nF richtet,[1046] ist gemäß § 33 Abs. 1 EGZPO für die Frage der Wirksamkeit einer bis zum 31. Dezember 1997 vereinbarten Schiedsklausel bzw -abrede weiter das alte Recht maßgebend, dh insbesondere § 1025 ZPO aF.[1047]

481 Mit Blick auf die bereits erörterte Änderung der höchstrichterlichen Rechtsprechung zur Schiedsfähigkeit von Beschlussmängelstreitigkeiten ist hinzuzufügen, dass auch § 1025 ZPO aF der Schiedsfähigkeit nicht entgegensteht, sondern es nach Maßgabe des alten Rechts ebenfalls auf die betreffende Schiedsklausel bzw -abrede ankommt.[1048] Sieht eine vor der Änderung der Rechtsprechung im Jahre 2009 geschlossene Schiedsabrede oder eine aus der Zeit vorher stammende Schiedsklausel das Stattfinden eines schiedsgerichtlichen Verfahrens unter der Einschränkung „soweit gesetzlich zulässig" vor, umfasst dies dementsprechend jedenfalls grundsätzlich auch diejenigen Beschlussmängelstreitigkeiten, die nach der neuen Rechtsprechung des Bundesgerichtshofs schiedsfähig sind.[1049] Die genannte Formulierung spricht dafür, dass die Gesellschafter die Streitigkeiten möglichst umfassend dem Schiedsverfahren unterwerfen wollten. Erst recht gilt das natürlich dann, wenn – wie in dem vom Bundesgerichtshof entschiedenen Fall – die Gesellschafter im Gesellschaftsvertrag auch im Zusammenhang mit der Anfechtung von Gesellschafterbeschlüssen auf die Schiedsklausel Bezug genommen haben.[1050]

1046 BGH, NJW 2004, S. 2898 f; *Wertenbruch,* in: MünchKomm-GmbHG, § 47 Anh. Rn 276.

1047 BGH, NJW 2009, S. 1962 (1963) – Schiedsfähigkeit II; *Wertenbruch,* in: MünchKomm-GmbHG, § 47 Anh. Rn 276.

1048 BGH, NJW 2009, S. 1962 (1963) – Schiedsfähigkeit II; *Bayer,* in: Lutter/Hommelhoff, GmbHG, § 47 Anh. Rn 95; *Zöllner,* in: Baumbach/Hueck, GmbHG, § 47 Anh. Rn 33.

1049 BGH, NJW 2009, S. 1962 (1963) – Schiedsfähigkeit II; *Habersack,* in: JZ 2009, S. 797 f; *Zöllner,* in: Baumbach/Hueck, GmbHG, § 47 Anh. Rn 38.

1050 BGH, NJW 2009, S. 1962 (1963) – Schiedsfähigkeit II; *Wertenbruch,* in: MünchKomm-GmbHG, § 47 Anh. Rn 276.

BGH, Urt. v. 6. April 2009 – II ZR 255/08 –, NJW 2009, S. 1962 (1964) – Schiedsfähigkeit II:

„... Der Senat geht allerdings mit dem Berufungsgericht davon aus, dass die im Gesellschaftsvertrag der Beklagten enthaltene Schiedsklausel das Rechtsschutzbegehren des Klägers trotz der Wendung „soweit gesetzlich zulässig" mit umfasst, obwohl zur Zeit ihrer Einführung im Jahr 1989 die damalige höchstrichterliche Rechtsprechung ... Beschlussmängelstreitigkeiten für nicht schiedsfähig erachtete. Die Revision greift diese Auslegung des Berufungsgerichts als ihr günstig nicht an. Für die Richtigkeit dieses Auslegungsergebnisses spricht der Umstand, dass der Gesellschaftsvertrag im Zusammenhang mit der Anfechtung von Gesellschafterbeschlüssen auf die Schiedsklausel Bezug nimmt. ..."

3. Auslegung von Schiedsklauseln oder -abreden, Wirksamkeitsprüfung und Anpassung

Wie andere Vertragsbestimmungen auch sind Schiedsklauseln oder -abreden objektiv auszulegen.[1051] 482

Für die Wirksamkeit der Schiedsklausel oder -abrede und hier insbesondere für die Frage der Sittenwidrigkeit gemäß § 138 Abs. 1 BGB kommt es auf den Zeitpunkt der Aufnahme der Schiedsklausel in die Satzung bzw des Treffens der Schiedsabrede an.[1052]

BGH, Urt. v. 6. April 2009 – II ZR 255/08 –, NJW 2009, S. 1962 (1965) – Schiedsfähigkeit II:

„... Die Sittenwidrigkeit einer Schiedsklausel ist – wie die anderer Rechtsgeschäfte – nach den Verhältnissen im Zeitpunkt ihrer Einführung in den Gesellschaftsvertrag zu beurteilen, nicht hingegen nach den Verhältnissen in dem Zeitpunkt, in dem sie ihre Rechtswirkungen entfaltet ..."

Nicht maßgebend ist schon danach die Anzahl der Gesellschafter zu einem Zeitpunkt 483 nach der Aufnahme einer Schiedsklausel in die Satzung. Hinzu kommt, dass die Anzahl der Gesellschafter allgemein bedeutungslos ist, wenn nur alle an der Vereinbarung der Klausel oder Abrede beteiligt sind.[1053] Die tatsächliche ordnungsgemäße Beteiligung aller Gesellschafter im nachfolgenden Schiedsverfahren ist keine Frage der Wirksamkeit der Schiedsklausel oder -abrede, wenn diese insofern Regelungen enthält, die eine hinreichende Benachrichtigung und die Möglichkeit einer Nebenintervention gewährleisten, etwa durch einen Verweis auf geeignete Schiedsordnungen oder auf das entsprechend anzuwendende Gesetz. Dann geht es nur um etwa vorhandene Mängel des konkreten Schiedsverfahrens und des vorliegenden Schiedsspruchs.[1054]

Auch wenn unvollständige Schiedsklauseln bzw -abreden wie andere Vertragsbestim- 484 mungen die Frage nach einer ergänzenden Vertragsauslegung aufwerfen und dieselbe

---

1051 BGH, NJW 2009, S. 1962 (1965) – Schiedsfähigkeit II; *Wertenbruch*, in: MünchKomm-GmbHG, § 47 Anh. Rn 278.

1052 BGH, NJW 1993, S. 322 (323); NJW 2009, S. 1962 (1965) – Schiedsfähigkeit II; *Wertenbruch*, in: MünchKomm-GmbHG, § 47 Anh. Rn 278.

1053 BGH, NJW 2009, S. 1962 (1965) – Schiedsfähigkeit II; *Zöllner*, in: Baumbach/Hueck, GmbHG, § 47 Anh. Rn 39.

1054 BGH, NJW 2009, S. 1962 (1965) – Schiedsfähigkeit II; *Wertenbruch*, in: MünchKomm-GmbHG, § 47 Anh. Rn 278.

auch bei GmbH-Gesellschaftsverträgen grundsätzlich anwendbar ist,[1055] wird dies oft schon daran scheitern, dass ganz verschiedene Möglichkeiten bestehen, die Vertragslücke zu füllen, und nicht hinreichend sicher feststellbar ist, für welche Möglichkeit sich die Vertragsparteien unter Berücksichtigung des unvorhergesehenen Falles entschieden hätten.[1056]

485 Oben (Rn 476) ist bereits ausgeführt worden, dass ein Gesellschafter jedenfalls grundsätzlich nicht unter Berufung auf seine Treuepflicht auf Zustimmung zu einer Schiedsklausel oder –abrede in Anspruch genommen werden kann.[1057] Anderes mag zwar uU dann gelten, wenn die vereinbarte Schiedsklausel oder –abrede unvollständig ist und die Vertragslücke auch nicht unter Zuhilfenahme der ergänzenden Vertragsauslegung geschlossen werden kann. Jedoch hilft das hinsichtlich einer bereits rechtshängigen Streitigkeit und der insofern erhobenen Schiedseinrede nach § 1032 Abs. 1 ZPO nicht weiter, weil die möglicherweise obligatorische Anpassung nur künftige Streitigkeiten und die Geltung der Schiedsvereinbarung in der Zukunft betrifft.[1058] Eine aus der gesellschaftsrechtlichen Treuepflicht gemäß § 242 BGB folgende Verpflichtung, einer Anpassung der lückenhaften Schiedsvereinbarung zuzustimmen, besteht nur, soweit die Schiedsvereinbarung bei objektiver Auslegung die betreffende Lücke nicht enthalten, sondern Streitigkeiten umfassend regeln sollte, also zB das Schiedsverfahren auch für Beschlussmängelstreitigkeiten eröffnet sein sollte. Dann sind die Gesellschafter kraft Treuepflicht verpflichtet, die dafür erforderlichen Verfahrensvoraussetzungen zu schaffen sowie die Schiedsvereinbarung insofern zu ergänzen und anzupassen.[1059] Das kann zB auch dann der Fall sein, wenn die Schiedsklausel die bereits genannte Formulierung „soweit gesetzlich zulässig" enthält und daher objektiv im Sinne der Schiedsfähigkeit auch von Beschlussmängelstreitigkeiten auszulegen ist. Insofern kommt es nicht darauf an, ob die Parteien im Hinblick auf die frühere Rechtsprechung zur begrenzten Schiedsfähigkeit davon ausgegangen sind, dass Beschlussmängelstreitigkeiten nicht erfasst würden. Maßgebend ist für die objektive Auslegung die Anlehnung an das Gesetz.[1060] Anderes gilt in den Fällen der enumerativen Aufzählung der möglichen Gegenstände des Schiedsverfahrens, wenn dabei Beschlussmängelstreitigkeiten nicht vorgesehen sind, denn hier ergibt auch die objektive Auslegung jedenfalls nicht zweifelsfrei einen übereinstimmenden Willen der Parteien im Sinne einer Eröffnung des Schiedsverfahrens für Beschlussmängelstreitigkeiten. Daran hat die Änderung der Rechtsprechung nichts geändert.[1061] Nur mit anderen Umständen – etwa übereinstimmende Erklärungen der Gesellschafter anlässlich einer Gesellschafterversammlung o.Ä. – kann man einen Zustimmungsanspruch kraft Treuepflicht gemäß § 242 BGB hier begründen.

486 Eine Anpassung der Schiedsklausel bzw -abrede erfordert die Zustimmung sämtlicher Gesellschafter. Das gilt – wie schon erwähnt – auch dann, wenn für Satzungsände-

---

1055 *Hueck/Fastrich,* in: Baumbach/Hueck, GmbHG, § 2 Rn 29; *Ulmer,* in: Ulmer, GmbHG, § 2 Rn 138 ff.

1056 BGH, NJW 1999, S. 711 (712); NJW 1984, S. 1177 (1179); NJW 2009, S. 1962 (1966) – Schiedsfähigkeit II; *Nietsch,* in: ZIP 2009, S. 2269 (2277); *Zöllner,* in: Baumbach/Hueck, GmbHG, § 47 Anh. Rn 37.

1057 *Casper,* in: Bork/Schäfer, GmbHG, § 47 Rn 81; *Habersack,* in: JZ 2009, S. 797 (798); *Hillmann,* in: Henssler/Strohn, Gesellschaftsrecht, § 47 GmbHG Anh. Rn 12; *Riegger/Wilske,* in: ZGR 2010, S. 733 (744 f); *Schwedt/Lilja/Schaper,* in: NZG 2009, S. 1281 (1285).

1058 BGH, NJW 2009, S. 1962 (1966) – Schiedsfähigkeit II; *Wertenbruch,* in: MünchKomm-GmbHG, § 47 Anh. Rn 280.

1059 *Nietsch,* ZIP 2009, S. 2269 (2277 f); *Riegger/Wilske,* ZGR 2010, S. 733 (745 f); *Wertenbruch,* in: MünchKomm-GmbHG, § 47 Anh. Rn 280.

1060 *Wertenbruch,* in: MünchKomm-GmbHG, § 47 Anh. Rn 280.

1061 *Wertenbruch,* in: MünchKomm-GmbHG, § 47 Anh. Rn 280.

rungen im Übrigen das Mehrheitsprinzip vorgesehen ist,[1062] und auch dann, wenn es um eine Erstreckung der Schiedsvereinbarung auf Beschlussmängelstreitigkeiten geht.[1063]

Übersicht über Fragen der Auslegung von Schiedsklauseln bzw -abreden – Nr. 38 487

1. Ergänzende Vertragsauslegung	a) Zwar grds. zulässig. b) IdR wird aber ein bestimmter, übereinstimmender Wille der Parteien für den unvorhergesehenen Fall nur schwer festzustellen sein.
2. Anspruch auf Zustimmung zu einer (Vervollständigung der) Schiedsklausel bzw -abrede kraft Treuepflicht, § 242 BGB	a) Kaum denkbar mit Blick auf Zumutbarkeit staatlichen Rechtsschutzes. b) Anderes kann dann gelten, wenn nur eine Lücke geschlossen werden muss und sich der Klausel oder Abrede ein übereinstimmender Wille zur umfassenden Regelung ohne Zweifel entnehmen lässt. c) Allerdings hilft ein Zustimmungsanspruch nur für künftige Verfahren weiter, während es für ein bereits eingeleitetes Verfahren bei der Lücke bleibt, wenn nicht die ergänzende Vertragsauslegung deren Schließung gestattet.

III. Verfahrenseinleitung und Beteiligung aller Gesellschafter

Es ist bereits ausgeführt worden, dass insbesondere die Ausstrahlungswirkung des rechtlichen Gehörs gemäß Art. 103 Abs. 1 GG sowie des Justizgewährungsanspruchs gemäß Art. 2 Abs. 1 in Verbindung mit Art. 20 Abs. 3 GG und die Entscheidung des Gesetzgebers, zum einen die Anfechtbarkeit von Schiedssprüchen unter Inanspruchnahme der staatlichen Gerichtsbarkeit zu begrenzen (§ 1059 ZPO), zum anderen Schiedssprüche mit gewissen hoheitlichen Wirkungen eines in der staatlichen Gerichtsbarkeit geschaffenen Titels auszustatten (§§ 1055, 1060 ff ZPO), dazu zwingt, auch für das vereinbarte Schiedsverfahren eine Möglichkeit für jeden unmittelbar betroffenen Gesellschafter vorzusehen, seine Rechte im Schiedsverfahren effektiv durch streitgenössische Nebenintervention (§ 69 ZPO) wahrzunehmen.[1064] Das setzt eine der Informationspflicht analog § 246 Abs. 1 S. 1 AktG im Nichtigkeits- und Anfech- 488

1062 BGH, NJW 2009, S. 1962 (1964) – Schiedsfähigkeit II; *Bayer,* in: Lutter/Hommelhoff, GmbHG, § 47 Anh. Rn 98; *Böttcher/Fischer,* in: NZG 2011, S. 601 (602); *Roth,* in: Roth/Altmeppen, GmbHG, § 47 Rn 153 b; *Wolff,* in: NJW 2009, S. 2021 (2022); *Zöllner,* in: Baumbach/Hueck, GmbHG, § 47 Anh. Rn 38.

1063 *Bayer,* in: Lutter/Hommelhoff, GmbHG, § 47 Anh. Rn 98; *Schwedt/Lilja/Schaper,* in: NZG 2009, S. 1281 (1284); *Zöllner,* in: Baumbach/Hueck, GmbHG, § 47 Anh. Rn 38, 41; anders *Schmidt,* in: BB 2001, S. 1857 (1862); unklar *Nietsch,* in: ZIP 2009, S. 2269 (2277).

1064 BGH, NJW 2009, S. 1962 (1964) – Schiedsfähigkeit II; *Bayer,* in: Lutter/Hommelhoff, GmbHG, § 47 Anh. Rn 100; *Römermann,* in: Michalski, GmbHG, § 47 Anh. Rn 561; *Zöllner,* in: Baumbach/Hueck, GmbHG, § 47 Anh. Rn 37.

tungsprozess vor den staatlichen Gerichten vergleichbare Informationspflicht auch für das Schiedsverfahren voraus. Sowohl die Rechtsprechung als auch die herrschende Literatur verlangen eine Regelung in der Schiedsabrede über die Einreichung des verfahrenseinleitenden Antrags bei der GmbH und eine Benachrichtigung der übrigen Gesellschafter durch die Gesellschaft.[1065] Das Erfordernis einer ausdrücklichen Regelung entweder schon in der Schiedsklausel bzw -abrede selbst oder in einer in Bezug genommenen Schiedsordnung begegnet allerdings gewissen Bedenken, weil eine solche für die GmbH dem Gesetz nicht unmittelbar zu entnehmen ist und es diesbezüglich immerhin einer Analogie zur Schließung der Lücke bedarf. Dementsprechend ist nicht recht einsehbar, warum eine lückenfüllende Heranziehung des § 246 Abs. 4 AktG nicht auch hier möglich sein soll, soweit das bei objektiver Auslegung dem Willen und dem Interesse der Parteien entspricht und die Schiedsklausel bzw -abrede keine entgegenstehende Bestimmung enthält. Schließlich wird man nicht gut strengere Anforderungen an den Inhalt einer Schiedsvereinbarung stellen können als an denjenigen des Gesetzes.[1066]

> **BGH, Urt. v. 6. April 2009 – II ZR 255/08 –, NJW 2009, S. 1962 (1964) – Schiedsfähigkeit II:**
>
> „... Danach setzt, wie das Berufungsgericht zutreffend erkannt hat, die Wirksamkeit einer Schiedsklausel zu Beschlussmängelstreitigkeiten – am Maßstab des § 138 BGB gemessen – die Erfüllung folgender Mindestanforderungen ... voraus: ... Die Schiedsabrede muss grundsätzlich mit Zustimmung sämtlicher Gesellschafter in der Satzung verankert sein; alternativ reicht eine außerhalb der Satzung unter Mitwirkung sämtlicher Gesellschafter und der Gesellschaft getroffene Absprache aus. Jeder Gesellschafter muss – neben den Gesellschaftsorganen – über die Einleitung und den Verlauf des Schiedsverfahrens informiert und dadurch in die Lage versetzt werden, dem Verfahren zumindest als Nebenintervenient beizutreten (vgl Art. 103 Abs. 1 GG ...). ...“

489 Kommen etwa die **Regeln der Deutschen Institution für Schiedsgerichtsbarkeit e.V. (DIS)** zur Anwendung, sind hinsichtlich der Information der übrigen Gesellschafter und der Wahrnehmung ihrer Rechte insbesondere die §§ 2 bis 5 der seit dem 15. September 2009 geltenden Ergänzenden Regeln für gesellschaftsrechtliche Streitigkeiten zu beachten:

§ 2 Einbeziehung Betroffener

In Streitigkeiten, über die gegenüber allen Gesellschaftern und der Gesellschaft nur einheitlich entschieden werden kann, und in denen eine Partei die Wirkungen des Schiedsspruchs auf Gesellschafter oder die Gesellschaft erstrecken will, ohne dass sie als Partei des schiedsrichterlichen Verfahrens benannt sind (Betroffene), ist den Betroffenen die Möglichkeit einzuräumen, dem schiedsrichterlichen Verfahren nach Maßgabe der Bestimmungen in diesen DIS-ERGeS als Partei oder streitgenössischer Nebenintervenient im Sinne von § 69 ZPO (Nebenintervenient) beizutreten. Dies gilt entsprechend für Streitigkeiten, über die gegenüber einzelnen Gesellschaftern oder der Gesellschaft nur einheitlich entschieden werden kann.

Der Kläger hat in der Klage neben der beklagten Partei die Gesellschafter oder die Gesellschaft, auf die sich die Wirkungen des Schiedsspruchs erstrecken sollen, unter Angabe ihrer zustellungsfähigen Anschrift als Betroffene zu benennen und die DIS-Geschäftsstelle aufzufordern, die Klage auch den Betroffenen zu übersenden. In Ergänzung zu § 4 DIS-Schiedsgerichtsordnung (DIS-SchO) sind Ex-

1065 BGH, NJW 2009, S. 1962 (1965) – Schiedsfähigkeit II; OLG Bremen, SchiedsVZ 2009, S. 338 f; OLG Frankfurt a.M., SchiedsVZ 2010, S. 334 (335); *Habersack*, in: JZ 2009, S. 797 (798); *Raiser*, in: Ulmer, GmbHG, § 47 Anh. Rn 235; *Wolff*, in: NJW 2009, S. 2021 (2022); *Wertenbruch*, in: MünchKomm-GmbHG, § 47 Anh. Rn 282.

1066 *Rensen*, in: NZG 2011, S. 569 (572).

emplare der Klageschrift in der erforderlichen Anzahl auch zum Zweck der Übersendung an die benannten Betroffenen bei der DIS-Geschäftsstelle einzureichen.

Betroffene, die erst nach Ablauf der in diesen DIS-ERGeS vorgesehenen Fristen für die Benennung von Betroffenen als solche benannt werden, können dem schiedsrichterlichen Verfahren nach Maßgabe von § 4.3 beitreten.

§ 3 Übersendung der Klage und Aufforderung zum Beitritt

3.1 Die DIS-Geschäftsstelle übersendet die Klage an die beklagte Partei sowie die benannten Betroffenen und fordert die Betroffenen auf, der DIS-Geschäftsstelle gegenüber innerhalb von 30 Tagen nach Zugang der Klage schriftlich zu erklären, ob sie dem schiedsrichterlichen Verfahren auf Kläger- oder Beklagtenseite als Partei oder Nebenintervenient beitreten. Über erfolgte Beitritte unterrichtet die DIS-Geschäftsstelle die Parteien und alle gemäß § 2.2 oder § 9.3 benannten Betroffenen.

3.2 Der Beklagte kann innerhalb von 30 Tagen nach Zugang der Klage weitere Betroffene unter Angabe ihrer zustellungsfähigen Anschrift benennen und die DIS-Geschäftsstelle auffordern, die Klage auch diesen Betroffenen zu übersenden; er hat seiner Aufforderung eine entsprechende Anzahl von Kopien der Klage beizufügen. Für die benannten weiteren Betroffenen gelten die Regelungen in § 3.1.

§ 4 Beitritt

4.1 Treten benannte Betroffene dem schiedsrichterlichen Verfahren fristgemäß gemäß § 3 oder gemäß § 9.3 als Partei bei, werden sie mit Zugang der Erklärung bei der DIS-Geschäftsstelle Partei des schiedsrichterlichen Verfahrens mit allen Rechten und Pflichten. Treten sie als Nebenintervenient bei, stehen ihnen die Rechte eines streitgenössischen Nebenintervenienten im Sinne von § 69 ZPO zu. Mit dem Beitritt erhalten benannte Betroffene das Recht, weitere Betroffene zu benennen. Hinsichtlich der so benannten weiteren Betroffenen gelten die Regelungen in § 3.2 entsprechend.

4.2 Erklärt ein benannter Betroffener den Beitritt nicht fristgemäß, gilt dies als Verzicht auf die Teilnahme am schiedsrichterlichen Verfahren. Das Recht, dem schiedsrichterlichen Verfahren gemäß § 4.3 zu einem späteren Zeitpunkt beizutreten, bleibt unberührt.

4.3 Benannte Betroffene können dem schiedsrichterlichen Verfahren zu jeder Zeit unter der Voraussetzung beitreten, dass sie keine Einwendungen gegen die Zusammensetzung des Schiedsgerichts erheben und entweder das Verfahren in der Lage annehmen, in der es sich zur Zeit des Beitritts befindet, oder das Schiedsgericht den Beitritt nach seinem freien Ermessen zulässt. Im Übrigen gelten § 4.1 Satz 1 und 2 entsprechend.

§ 5 Fortlaufende Unterrichtung Betroffener

5.1 Das Schiedsgericht unterrichtet die benannten Betroffenen, die dem schiedsrichterlichen Verfahren nicht beigetreten sind, über den Fortgang des schiedsrichterlichen Verfahrens durch Übersendung von Kopien von Schriftsätzen der Parteien oder Nebenintervenienten sowie schiedsgerichtlichen Entscheidungen und Verfügungen an die angegebenen Anschriften der Betroffenen, soweit Betroffene auf eine solche Unterrichtung nicht ausdrücklich in schriftlicher Form verzichtet haben. Für sonstige Mitteilungen des Schiedsgerichts an die Parteien oder Nebenintervenienten gilt dies nur insoweit, als vernünftigerweise davon auszugehen ist, dass sie für die Entscheidung eines Betroffenen über den späteren Beitritt zum schiedsrichterlichen Verfahren bedeutsam sind.

5.2 Betroffene, die dem schiedsrichterlichen Verfahren nicht beigetreten sind, haben keinen Anspruch auf Teilnahme an der mündlichen Verhandlung.

Während eine Teilnahme auf der Seite der Gesellschaft im Hinblick auf die fehlende **490** Passivlegitimation nur als Nebenintervenient bzw Streithelfer möglich ist, kommt auf der Gegenseite eine Teilnahme am Verfahren auch als weiterer Antragsteller in Betracht.[1067] Selbst wenn der Bundesgerichtshof in seiner Entscheidung „Schiedsfähigkeit II“[1068] die Information durch eine neutrale Schiedsinstitution nicht behandelt hat, reicht diese nach dem Sinn und Zweck der Informationspflicht (effektiver Schutz

1067 *Wertenbruch*, in: MünchKomm-GmbHG, § 47 Anh. Rn 283.
1068 BGH, NJW 2009, S. 1962 ff.

der Rechte materiell Betroffener und Gewährung rechtlichen Gehörs) aus,[1069] zumal auch die Informationspflicht analog § 246 Abs. 4 S. 1 AktG unter gewissen Voraussetzungen zu einer Benachrichtigungspflicht des staatlichen Gerichts als neutraler Institution erstarken kann. Entscheidend ist ausschließlich, dass die in ihrem Rechte unmittelbar betroffenen, aber nicht von vornherein als Partei am Verfahren beteiligten Gesellschafter so rechtzeitig und umfassend von dem sie betreffenden Verfahren informiert werden, dass sie in die Lage versetzt werden, ihre Rechte effektiv wahrzunehmen.[1070]

IV. Auswahl der Schiedsrichter

491 Der verfahrenseinleitende Antrag kann zwar ohne Weiteres auf die Regeln der GmbH-Satzung über die Schiedsrichterbestimmung Bezug nehmen,[1071] darf aber grundsätzlich eine Festlegung auf die Schiedsrichter nicht enthalten.[1072] Denn jede Partei hat – vorbehaltlich einer abweichenden Regelung in der Satzung oder in der Abrede – nur das Recht, einen der Schiedsrichter allein zu benennen.[1073] Der dritte Schiedsrichter kann je nach Vereinbarung zB von den beiden anderen Schiedsrichtern ausgewählt werden oder von einer neutralen Stelle.

492 In einer Schiedsvereinbarung kann auch eine Auswahl der Schiedsrichter durch eine neutrale, dritte Stelle vorgesehen sein.[1074] Das begegnet selbst mit Rücksicht auf das originär den Parteien zustehende Benennungsrecht keinen Bedenken, weil und wenn an der entsprechenden Schiedsvereinbarung sämtliche Gesellschafter beteiligt gewesen sind.[1075]

493 Zu Schwierigkeiten kommt es, wenn eine GmbH eine größere Anzahl von Gesellschaftern hat und die Schiedsrichterbestimmung nicht einvernehmlich einem neutralen Dritten übertragen worden ist: Da hier einerseits unmöglich jeder Gesellschafter einen Schiedsrichter benennen kann, andererseits aber die Mitwirkung aller Gesellschafter an der Benennung erforderlich ist und schließlich auch der in der Schiedsklausel oder -abrede zum Ausdruck kommende übereinstimmende Wille zu berücksichtigen ist, Streitigkeiten einer Entscheidung im Schiedsverfahren zuzuführen, muss es ausreichen, wenn die Schiedsrichterbenennung auf jeder Seite im Wege einer Mehrheitsentscheidung unter Beteiligung sämtlicher Gesellschafter erfolgt.[1076]

494 Da die GmbH passivlegitimiert ist und nicht ihre Gesellschafter, bestimmt die Gesellschaft den ihrerseits zu benennenden Schiedsrichter selbst.[1077] Allerdings muss die

1069 *Goette,* GWR 2009, S. 103 (105); *Habersack,* JZ 2009, S. 797 (780); *Schwedt/Lilja/Schaper,* NZG 2009, S. 1281 (1283); *Wertenbruch,* in: MünchKomm-GmbHG, § 47 Anh. Rn 283.

1070 *Rensen,* NZG 2011, S. 569 (570).

1071 *Wertenbruch,* in: MünchKomm-GmbHG, § 47 Anh. Rn 282.

1072 BGH, NJW 2009, S. 1962 (1965) – Schiedsfähigkeit II; *Raiser,* in: Ulmer, GmbHG, § 47 Anh. Rn 235; *Wolff,* in: NJW 2009, S. 2021 (2022); *Wertenbruch,* in: MünchKomm-GmbHG, § 47 Anh. Rn 282.

1073 *Roth,* in: Roth/Altmeppen, GmbHG, § 47 Rn 153 b; *Schwab/Walter,* Schiedsgerichtsbarkeit, Kap. 10 Rn 1 f; *Wertenbruch,* in: MünchKomm-GmbHG, § 47 Anh. Rn 284.

1074 BGH, NJW 2009, S. 1962 (1964 f); *Bayer,* in: Lutter/Hommelhoff, GmbHG, § 47 Anh. Rn 101 ff; *Wertenbruch,* in: MünchKomm-GmbHG, § 47 Anh. Rn 284; anders *Ebbing,* NZG 1998, S. 281 (286): „... muss daher einem neutralen Dritten übertragen werden ...".

1075 *Wertenbruch,* in: MünchKomm-GmbHG, § 47 Anh. Rn 284.

1076 BGH, NJW 2009, S. 1962 (1964); *Bayer,* in: Lutter/Hommelhoff, GmbHG, § 47 Anh. Rn 104; *Böttcher/Helle,* NZG 2009, S. 700 (701 f); *Wolff,* NJW 2009, S. 2021 (2022 f); anders *Roth,* in: Roth/Altmeppen, GmbHG, § 47 Rn 153 b; *Zöllner,* in: Baumbach/Hueck, GmbHG, § 47 Anh. Rn 37; krit. *Nietsch,* ZIP 2009, S. 2269 (2276 f); *Reichert,* in: FS für Ulmer, 2003, S. 511 (527 f).

1077 *Bayer,* in: Lutter/Hommelhoff, GmbHG, § 47 Anh. Rn 104; *Wertenbruch,* in: MünchKomm-GmbHG, § 47 Anh. Rn 285.

GmbH insofern durch eines ihrer Organe handeln, und zuständig ist hier intern grundsätzlich die Gesellschafterversammlung als Beschlussorgan. Die Geschäftsführung ist mit der Sache regelmäßig nur insoweit befasst, als sie den die Schiedsrichterbenennung betreffenden Gesellschafterbeschluss auszuführen hat.[1078] Da es bei der Beschlussfassung über die seitens der Gesellschaft vorzunehmende Schiedsrichterbenennung um die Rechte der Gesellschaft im Schiedsverfahren geht und nicht unmittelbar um diejenigen der Gesellschafter im Schiedsverfahren, begegnen hier Mehrheitsbeschlüsse grundsätzlich keinen Bedenken.[1079] Bei der Abstimmung bzw der Auszählung ist zu berücksichtigen, dass den auf der Klägerseite beteiligten Gesellschaftern (Parteien und Nebenintervenienten) gemäß § 47 Abs. 4 S. 2 Alt. 2 GmbHG kein Stimmrecht zusteht.[1080]

BGH, Urt. v. 6. April 2009 – II ZR 255/08 –, NJW 2009, S. 1962 (1964) – Schiedsfähigkeit II:

„... Danach setzt, wie das Berufungsgericht zutreffend erkannt hat, die Wirksamkeit einer Schiedsklausel zu Beschlussmängelstreitigkeiten – am Maßstab des § 138 BGB gemessen – die Erfüllung folgender Mindestanforderungen ... voraus: ... Sämtliche Gesellschafter müssen an der Auswahl und Bestellung der Schiedsrichter mitwirken können, sofern nicht die Auswahl durch eine neutrale Stelle erfolgt; im Rahmen der Beteiligung mehrerer Gesellschafter auf einer Seite des Streitverhältnisses kann dabei grundsätzlich das Mehrheitsprinzip zur Anwendung gebracht werden. ...“

V. Zuständigkeitskonzentration im Schiedsverfahren

Während für das Verfahren vor staatlichen Gerichten § 246 Abs. 3 S. 1 AktG die ausschließliche Zuständigkeit desjenigen Landgerichts, in dessen Bezirk die Gesellschaft ihren Sitz hat, Anfechtungsklagen betreffend begründet, nach § 249 Abs. 1 AktG diese Bestimmung auch auf Nichtigkeitsklagen Anwendung findet und gemäß § 246 Abs. 3 S. 6 AktG sogar mehrere Nichtigkeits- und Anfechtungsprozesse miteinander zu verbinden sind, kann die zweckmäßige Konzentration im Schiedsverfahren grundsätzlich auf zweierlei Art und Weise herbeigeführt werden: Zum einen können die Parteien in der Schiedsklausel bzw -abrede schon vor der Auseinandersetzung bestimmte neutrale Personen oder eine bestimmte neutrale Stelle zum Schiedsgericht für sämtliche (Beschlussmängel-)Streitigkeiten bestellen.[1081] Zum anderen kann die Schiedsklausel bzw -abrede vorsehen, dass der erste eingehende Antrag auf Einleitung eines Schiedsverfahrens eine Sperrwirkung entfaltet, und so eine Konzentration bewirken.[1082] Soweit der Bundesgerichtshof ausgeführt hat, im Wege der entsprechenden Anwendung des § 261 Abs. 3 Nr. 1 ZPO ließe sich eine Verfahrenskonzentration nicht in ausreichendem Maße bewirken, begegnet das Zweifeln, weil der Streitgegen- 495

1078 *Bayer,* in: Lutter/Hommelhoff, GmbHG, § 47 Anh. Rn 104; *Wertenbruch,* in: MünchKomm-GmbHG, § 47 Anh. Rn 285.

1079 *Bayer,* in: Lutter/Hommelhoff, GmbHG, § 47 Anh. Rn 104; *ders.,* in: ZIP 2003, S. 881 (890); *Berger,* ZHR 164 (2000), S. 295 (309 f); *Nietsch,* ZIP 2009, S. 2269 (2275); anders *Reichert,* in: FS für Ulmer, S. 511 (526 f).

1080 *Bayer,* in: Lutter/Hommelhoff, GmbHG, § 47 Anh. Rn 104; *Wertenbruch,* in: MünchKomm-GmbHG, § 47 Anh. Rn 285.

1081 BGH, NJW 2009, S. 1962 (1965) – Schiedsfähigkeit II; *Bayer,* in: Lutter/Hommelhoff, GmbHG, § 47 Anh. Rn 102; *Wertenbruch,* in: MünchKomm-GmbHG, § 47 Anh. Rn 286; *Zöllner,* in: Baumbach/Hueck, GmbHG, § 47 Anh. Rn 37.

1082 BGH, NJW 2009, S. 1962 (1965) – Schiedsfähigkeit II; *Wertenbruch,* in: MünchKomm-GmbHG, § 47 Anh. Rn 286.

stand der Nichtigkeits- und Anfechtungsklage sämtliche Nichtigkeits- und Anfechtungsgründe unabhängig von ihrer konkreten Geltendmachung im betreffenden Prozess und unabhängig sogar von der entsprechenden Kenntnis der Beteiligten umfasst.[1083]

496 Dem zuletzt genannten Lösungsweg folgen die am dem 15. September 2009 geltenden Ergänzungsregeln der Deutschen Institution für Schiedsgerichtsbarkeit e.V. (DIS) für gesellschaftsrechtliche Streitigkeiten insofern, als nach § 9.2 das zuerst eingeleitete Verfahren als Vorrangverfahren die zeitlich später eingeleiteten Nachrangverfahren sperrt. Nach § 9.2 S. 2 der DIS-Ergänzungsregeln sind die Nachrangverfahren als selbstständige Verfahren unzulässig. Vielmehr werden nachrangige Klagen, die innerhalb der 30-Tages-Frist des § 3.1 der DIS-Ergänzungsregeln erhoben worden sind, jeweils als Beitritt zum Vorrangverfahren behandelt. Der nachrangige Kläger wird dann als weiterer Kläger des Vorrangverfahrens zum Streitgenossen des ursprünglichen Klägers des Vorrangverfahrens, § 9.4 S. 2 DIS-Ergänzungsregeln. Anderes gilt nur dann, wenn er innerhalb der Beitrittsfrist widerspricht. Nach Maßgabe der §§ 7 und 8 DIS-Ergänzungsregeln kann der hinzutretende Streitgenosse an der Bildung des Schiedsgerichts mitwirken.[1084]

§ 9 Zuständigkeitskonzentration bei Parallelverfahren

9.1 Im Falle der Einleitung mehrerer schiedsrichterlicher Verfahren mit einem Streitgegenstand, über den gegenüber den jeweils beteiligten Parteien und Betroffenen nur einheitlich entschieden werden kann, gelten die Regelungen in den §§ 9.2 bis 9.4.

9.2 Das zeitlich vorrangig eingeleitete schiedsrichterliche Verfahren (Vorrangverfahren) sperrt die Durchführung des zeitlich nachrangig eingeleiteten schiedsrichterlichen Verfahrens (Nachrangverfahren). Das Nachrangverfahren ist unzulässig.

9.3 Für den zeitlichen Vorrang mehrerer Klagen ist der Zeitpunkt des Eingangs der Klage bei der DIS-Geschäftsstelle maßgeblich. Für den Nachweis des tageszeitgenauen Eingangs der Klage bei der DIS-Geschäftsstelle hat die Übermittlung der Klage immer auch per Telefax oder E-Mail (auch ohne Anlagen) zu erfolgen. Im Zweifel bestimmt die DIS-Geschäftsstelle den zeitlichen Vorrang nach freiem Ermessen. Hält die DIS-Geschäftsstelle nach erstem Anschein einen Fall des § 9.1 für gegeben, so soll sie die Parteien und die benannten Betroffenen der eingeleiteten schiedsrichterlichen Verfahren entsprechend informieren.

9.4 Hat der Kläger die Klage im Nachrangverfahren innerhalb der Frist gemäß § 3.1 erhoben, in der er dem Vorrangverfahren als benannter Betroffener beitreten kann, wird die Klageerhebung wie sein Beitritt als benannter Betroffener zum Vorrangverfahren behandelt. Er wird weiterer Kläger im Vorrangverfahren, es sei denn er widerspricht innerhalb der Beitrittsfrist nach § 3.1. Er kann an der Bildung des Schiedsgerichts gemäß §§ 7 oder 8 mitwirken sowie weitere Betroffene im Vorrangverfahren gemäß § 4.1 benennen. Soweit in den §§ 7 oder 8 für den Beginn von Fristen auf den Zeitpunkt des Beitritts eines benannten Betroffenen abgestellt wird, wird für Zwecke dieses § 9.4 unterstellt, dass der Beitritt am Tage des Ablaufs der Beitrittsfrist gemäß § 3.1 erfolgt ist. Erklärt der Kläger im Nachrangverfahren bereits vor Ablauf der Beitrittsfrist gemäß § 3.1 ausdrücklich sein Einverständnis mit dem Beitritt zum Vorrangverfahren, so ist der Zeitpunkt dieser Erklärung für den Fristbeginn maßgeblich. Im Falle seines fristgemäßen Widerspruchs oder einer Klageerhebung nach Ablauf der Frist des § 3.1 wird er so behandelt als sei er nicht Partei des Vorrangverfahrens geworden. Das Nachrangverfahren bleibt ungeachtet dessen unzulässig. Sein Recht gemäß § 4.3 bleibt unberührt.

1083 Zutreffend *Wertenbruch*, in: MünchKomm-GmbHG, § 47 Anh. Rn 286. Vgl zur Reichweite des Streitgegenstands: BGH, NJW 2002, S. 3465 (3466).

1084 *Schwedt/Lilja/Schaper*, NZG 2009, S. 1281 (1284); *Wertenbruch*, in: MünchKomm-GmbHG, § 47 Anh. Rn 287.

BGH, Urt. v. 6. April 2009 – II ZR 255/08 –, NJW 2009, S. 1962 (1964) – Schiedsfähigkeit II:

„... Danach setzt, wie das Berufungsgericht zutreffend erkannt hat, die Wirksamkeit einer Schiedsklausel zu Beschlussmängelstreitigkeiten – am Maßstab des § 138 BGB gemessen – die Erfüllung folgender Mindestanforderungen ... voraus: ... Schließlich muss gewährleistet sein, dass alle denselben Streitgegenstand betreffenden Beschlussmängelstreitigkeiten bei einem Schiedsgericht konzentriert werden. ...“

VI. Vorgeschaltetes gesellschaftsinternes Verfahren

Nach der Rechtsprechung des Bundesgerichtshofs sind Beschlussmängelstreitigkeiten nur dann dem Schiedsverfahren zugänglich, wenn die geschilderten grundlegenden Verfahrensrechte aller materiell Betroffenen durch die Schiedsklausel oder -abrede einschließlich der in Bezug genommenen Schiedsordnung hinreichend gesichert sind. Dementsprechend ist eine Satzungsbestimmung unwirksam, wenn sie durch die Einführung einer an eine vierwöchige Frist gebundenen Beanstandung des Gesellschafterbeschlusses bei der Gesellschaft als Voraussetzung für eine Klage zu einer unzumutbaren Verkürzung des Klagerechts der Gesellschafter, etwa im Hinblick auf die Anfechtungsfrist nach § 246 Abs. 1 AktG, führt.[1085] 497

BGH, Urt. v. 6. April 2009 – II ZR 255/08 –, NJW 2009, S. 1962 (1965 f) – Schiedsfähigkeit II:

„... In diesem Zusammenhang ist zudem darauf hinzuweisen, dass die verbindliche statutarische Vorgabe eines von der Revision so bezeichneten gesellschaftsinternen Vorschaltverfahrens bei Übertragung der Grundsätze der Senatsrechtsprechung zur Verkürzung der Frist des § 246 Abs. 1 AktG ... nicht dem Mindeststandard an Rechtsschutzgewährung entspricht. Zwar lässt der Gesellschaftsvertrag für die Erhebung der Anfechtungsklage selbst mehr als einen Monat Zeit. Er gibt aber weitergehend – der Anfechtungsmöglichkeit vorgeschaltet – eine zusätzliche Obliegenheit zur Beanstandung des Beschlusses innerhalb einer Vier-Wochen-Frist vor, durch die nicht nur der zur sachgerechten Wahrnehmung der Mitgliedschaftsrechte erforderliche Überlegungszeitraum gegenüber der Mindestanfechtungsfrist unzulässig verkürzt, sondern weitergehend im Falle ihrer Nichtbeachtung sogar das Anfechtungsrecht völlig ausgeschlossen wird. ...“

Unabhängig von der Zulässigkeit eines Vorschaltverfahrens und der Wirksamkeit einer entsprechenden Klausel, wird die Dauer des Vorschaltverfahrens allerdings bei der Bestimmung der Anfechtungsfrist analog § 246 Abs. 1 AktG insofern zu berücksichtigen sein, als für die Dauer des Vorschaltverfahrens inklusive Einleitungsfrist eine Hemmung zu bejahen sein wird. Das Vorschaltverfahren gehört zu denjenigen Gesichtspunkten, die gegebenenfalls als zwingende Gründe bzw unter dem Aspekt der Treuepflicht gegenüber dem einzelnen Gesellschafter eine Verlängerung der Monatsfrist rechtfertigen und erfordern können.[1086] Die Dauer eines Vorschaltverfah- 498

1085 BGH, NJW 2009, S. 1962 (1965 f) – Schiedsfähigkeit II; *Wertenbruch*, in: MünchKomm-GmbHG, § 47 Anh. Rn 287.

1086 Vgl frühere Rspr.: BGH, NJW 1990, S. 2625: „... Dabei kann die Monatsfrist des § 246 Abs. 1 AktG, die dem Gesellschafter in jedem Fall zur Verfügung stehen muss, als Leitbild herangezogen werden. Liegen keine besonderen Umstände vor und ist eine einverständliche Regelung nicht zu erwarten, muss der Gesellschafter Mängel, die ihm bereits bei der Beschlussfassung erkennbar sind, innerhalb eines Monats durch Klageerhebung geltend machen. ...“.

rens ist damit in der Weise zu berücksichtigen, dass sie der Monatsfrist hinzugerechnet wird.[1087]

VII. Grenzen der materiellen Rechtskraft – Rechtskraftdurchbrechung bei Schiedssprüchen

499 Auch wenn die Rechtskraft grundsätzlich mit endgültiger Verbindlichkeit einhergeht und spätere Kenntnisse von Manipulationen gewöhnlich nur im Rahmen eines Wiederaufnahmeverfahrens gemäß §§ 578 ff ZPO geltend gemacht werden können, kommt bei Urteilen der staatlichen Gerichte unter bestimmten, engen Voraussetzungen ganz ausnahmsweise eine Durchbrechung der Rechtskraft gestützt auf § 826 BGB in Betracht.[1088] Allerdings setzt eine solche Rechtskraftdurchbrechung nicht nur die Unrichtigkeit der betreffenden Entscheidung voraus, sondern besondere, die Sittenwidrigkeit des Verhaltens der Beteiligten begründende Umstände sowie einen auf sittenwidrige Schädigung gerichteten Vorsatz.[1089] Die Voraussetzungen können zB dann vorliegen, wenn Parteien eines Zivilprozesses kollusiv zusammenwirken, um einen Dritten zu schädigen.[1090]

500 Diese Grundsätze gelten sinngemäß auch für Schiedssprüche.[1091] Denn zum einen stehen auch hier keine Regelungen zur Verfügung, die die von § 826 BGB tatbestandlich erfassten Fälle der sittenwidrigen Erwirkung einer Entscheidung umfassend regeln, besteht also ebenfalls eine planwidrige Regelungslücke. So kann man in einem Schiedsspruch wegen der dem staatlichen Urteil vergleichbaren Wirkung keine Rechtshandlung im Sinne der Regeln über die Insolvenz- oder die Gläubigeranfechtung sehen und die §§ 129 InsO ff bzw das Anfechtungsgesetz zwecks Lückenschließung zur Anwendung bringen.[1092] Zum anderen ist die Sachlage bei einem sittenwidrig erwirkten Schiedsspruch mit derjenigen bei einem sittenwidrig erwirkten Urteil insofern vergleichbar, als einerseits eindeutig falsche Entscheidungen gleichermaßen im Verfahren vor einem staatlichen Gericht wie auch im Schiedsverfahren vorkommen und andererseits Schädigungen Dritter in beiden Verfahrensarten möglich sind. Schließlich bestehen auch vergleichbare Möglichkeiten eines vorsätzlich sittenwidrigen Verfahrensmissbrauchs durch die Parteien im kollusiven Zusammenwirken.[1093]

501 Allerdings dürfte eine Anwendung der vorstehenden Grundsätze für die Rechtskraftdurchbrechung gerade in den hier interessierenden Fällen des Beschlussmängelstreits im Schiedsverfahren schon wegen der umfassenden Sicherung der Beteiligung der übrigen Gesellschafter nur selten in Betracht kommen, zumal die Regeln der Wiederaufnahme (§§ 578 ff ZPO), die auf das Schiedsverfahren mangels spezieller Regeln ent-

---

1087 *Wertenbruch,* in: MünchKomm-GmbHG, § 47 Anh. Rn 209, 288.

1088 BGH, WM 2003, S. 195; *Gottwald,* in: MünchKomm-ZPO, § 322 Rn 207 ff; *Musielak,* in: ders., ZPO, § 322 Rn 88 ff; *Reichold,* in: Thomas/Putzo, ZPO, § 322 Rn 49 ff; *Wertenbruch,* in: MünchKomm-GmbHG, § 47 Anh. Rn 289.

1089 BGH, NJW 1999, S. 1257; *Sprau,* in: Palandt, BGB, § 826 Rn 52; *Wertenbruch,* in: MünchKomm-GmbHG, § 47 Anh. Rn 289.

1090 BGH, WM 1962, S. 906 (909); *Bayer,* in: ZIP 2003, S. 881 (892); *Sprau,* in: Palandt, BGB, § 826 Rn 52; *Wertenbruch,* in: MünchKomm-GmbHG, § 47 Anh. Rn 289.

1091 *Reichold,* in: Thomas/Putzo, ZPO, § 322 Rn 6; *Voit,* in: Musielak, ZPO, § 1055 Rn 5 ff; *Sprau,* in: Palandt, BGB, § 826 Rn 52; *Wertenbruch,* in: MünchKomm-GmbHG, § 47 Anh. Rn 290.

1092 Zutreffend *Wertenbruch,* in: MünchKomm-GmbHG, § 47 Anh. Rn 290; anders *Bayer,* in: Lutter/Hommelhoff, GmbHG, § 47 Anh. Rn 106; *ders.,* in: ZIP 2003, S. 881 (892).

1093 *Bayer,* in: Lutter/Hommelhoff, GmbHG, § 47 Anh. Rn 106; *ders.,* in: ZIP 2003, S. 881 (891 f); *Wertenbruch,* in: MünchKomm-GmbHG, § 47 Anh. Rn 289.

sprechende Anwendung finden,[1094] vorrangig zu berücksichtigen sind. So sind etwa die Fälle falscher Angaben eines GmbH-Geschäftsführers im Schiedsverfahren ebenso wie Fälle, in denen manipulierte Unterlagen vorgelegt worden sind, in prozessualer Hinsicht zunächst durch Anwendung des § 580 ZPO hinsichtlich des Schiedsspruchs zu lösen. Schadenersatzansprüche der Gesellschaft gegen ihren Geschäftsführer ergeben sich daneben aus § 43 Abs. 2 GmbHG. § 826 BGB kann danach nur dort Anwendung finden, wo dennoch eine Regelungslücke besteht. Das ist etwa hinsichtlich derjenigen Geschädigten der Fall, die eine Wiederaufnahme gestützt auf § 580 ZPO nicht erwirken können, weil sie als Gläubiger der Gesellschaft nur mittelbar betroffen waren und sind.[1095] Dass insofern eine gewisse Regelungslücke besteht, kann nach den vorstehenden Ausführungen nicht zweifelhaft sein. Ob man deshalb einen Regelungsbedarf bejaht, hängt davon ab, ob sich der Gesetzgeber unter dem Gesichtspunkt der Gewaltenteilung im demokratischen Rechtsstaat mit einer derart unvollständigen Regelung abfinden und die Befugnis zur Lückenschließung durch Rechtsfortbildung der Rechtsprechung dauerhaft übertragen darf. Daran bestehen durchaus Zweifel.[1096]

Übersicht zur Rechtskraftdurchbrechung, § 826 BGB – Nr. 39 502

1. Subsidiarität	a) Nur nach Eintritt der formellen Rechtskraft – sonst Aufhebungsverfahren nach § 1059 ZPO. b) Zunächst sind die auf Schiedssprüche entsprechend anwendbaren §§ 578 ff ZPO (BGH, NJW-RR 2008, S. 556) maßgebend. Ganz ausnahmsweise findet jedoch § 826 BGB Anwendung.
2. Objektive Unrichtigkeit des Schiedsspruchs und (Dritt-)Schädigung	
3. Vorsatz	Bzgl objektiver Unrichtigkeit und (Dritt-)Schädigung.
4. Besondere Umstände	Fallgruppen: a) Kollusives Zusammenwirken bei Erwirkung des unrichtigen Schiedsspruchs; b) missbräuchliches Ausnutzen des unrichtigen Schiedsspruchs trotz Kenntnis der Unrichtigkeit.

1094 BGH, NJW-RR 2008, S. 556; *Greger,* in: Zöller, ZPO, § 580 Rn 13; *Musielak,* in: ders., ZPO, § 580 Rn 12; *Reichold,* in: Thomas/Putzo, ZPO, § 580 Rn 11; *Wertenbruch,* in: MünchKomm-GmbHG, § 47 Anh. Rn 291.

1095 *Bayer,* in: Lutter/Hommelhoff, GmbHG, § 47 Anh. Rn 106; *ders.,* in: ZIP 2003, S. 881 (891); *Wertenbruch,* in: MünchKomm-GmbHG, § 47 Anh. Rn 291.

1096 Für Regelungsbedarf *Bayer,* in: Lutter/Hommelhoff, GmbHG, § 47 Anh. Rn 106; *ders.,* in: ZIP 2003, S. 881 (892); anders *Wertenbruch,* in: MünchKomm-GmbHG, § 47 Anh. Rn 291.

5. Rechtsfolge	Hier kann gemäß § 826 BGB Schadenersatz verlangt werden, uU auch durch Restitution einer Beschlusslage, § 249 Abs. 1 BGB.

F. Mediation

I. Zulässigkeit und Auswahl des Mediators

Die Zulässigkeit einer Mediation auch in Beschlussmängelstreitigkeiten ergibt sich ohne Weiteres aus der Privatautonomie in Form der Vertragsfreiheit als Ausprägung der allgemeinen Handlungsfreiheit gemäß Art. 2 Abs. 1 GG in wirtschaftlichen Angelegenheiten. Dementsprechend begegneten Mediationsverfahren auch schon vor Erlass des Mediationsgesetzes (MediationsG)[1097] als solche keinerlei Bedenken.[1098] Es mag zwar sein, dass eine Mediation gerade in Beschlussmängelstreitigkeiten und bei Gesellschaften mit einer ganzen Reihe von Gesellschaftern mit besonderen Schwierigkeiten behaftet ist. Das spricht jedoch keineswegs gegen die Zulässigkeit eines solchen Verfahrens und kann von den Gesellschaftern schon bei Abschluss der Mediationsvereinbarung in angemessener Weise berücksichtigt werden.[1099] 503

Nach § 2 Abs. 1 MediationsG wählen die Parteien den Mediator aus. Sowohl die Parteien als auch der Mediator können das Verfahren beenden, § 2 Abs. 5 S. 1 und 2 MediationsG. Die Übernahme der Aufgaben des Mediators erfordert keine juristische und auch keine bestimmte andere Ausbildung, sondern die Gewährleistung einer geeigneten Aus- und regelmäßigen Fortbildung zwecks Erwerbs der erforderlichen theoretischen Kenntnisse und praktischen Erfahrungen obliegt den Mediatoren in eigener Verantwortung, § 5 Abs. 1 S. 1 MediationsG. Der Gesetzgeber hat in § 5 Abs. 1 S. 2 MediationsG Ausbildungsgegenstände aufgezählt. Die Aufzählung ist allerdings nach dem klaren Gesetzeswortlaut nicht abschließend. Die im vorliegenden Zusammenhang interessierenden Unternehmen legen wohl besonderen Wert auf Verhandlungsgeschick, praktische Erfahrung in der Beilegung vergleichbarer Konflikte und wirtschaftlichen Sachverstand, während theorielastige und/oder psychologisch geschulte Mediatoren eher Bedenken begegnen werden.[1100] 504

II. Einfluss der Mediation auf den Lauf der Anfechtungsfrist

Soll nicht die Mediation von vornherein durch den drohenden Ablauf der nach § 246 Abs. 1 AktG zu bestimmenden Anfechtungsfrist erheblich erschwert werden, muss der Lauf des Mediationsverfahrens in irgendeiner Weise bei der Bestimmung der Anfechtungsfrist berücksichtigt werden. Das entspricht auch dem Willen der Parteien bei Abschluss der zugrunde liegenden Mediationsvereinbarung. Auf der anderen Seite sind allerdings die Interessen der nicht am Mediationsverfahren beteiligten und nicht selbst klagenden Gesellschafter zu berücksichtigen. Ihrem Interesse an einer möglichst schnellen Bestandskraft des streitigen Gesellschafterbeschlusses widerspricht eine allgemeine Hemmung des Laufs der Anfechtungsfrist, auf die sie keinen Einfluss haben. Die gegenläufigen Interessen lassen sich nur so auflösen, dass eine Hemmung des Laufs der Anfechtungsfrist für die Zeit des Mediationsverfahrens lediglich dann zu bejahen ist, wenn 1. sämtliche Gesellschafter an der Mediationsvereinbarung be- 505

1097 Mediationsgesetz vom 21. Juli 2012, BGBl. I, S. 1577 ff.

1098 *Römermann,* in: Michalski, GmbHG, § 47 Anh. Rn 562; *Wertenbruch,* in: MünchKomm-GmbHG, § 47 Anh. Rn 292; *Zöllner,* in: Baumbach/Hueck, GmbHG, § 47 Anh. Rn 43 sowie Begründung des Regierungsentwurfs eines Mediationsgesetzes, BT-Drucks. 17/5335, S. 10 ff.

1099 *Römermann,* in: Michalski, GmbHG, § 47 Anh. Rn 562; *Wertenbruch,* in: MünchKomm-GmbHG, § 47 Anh. Rn 292.

1100 *Sessler,* in: Eidenmüller, Alternative Streitbeilegung, 2011, S. 23 f; *Wertenbruch,* in: MünchKomm-GmbHG, § 47 Anh. Rn 293, Fn 979.

teiligt waren und 2. alle Gesellschafter die Möglichkeit haben, dem Mediationsverfahren beizutreten und hier ihre Rechte bzw Interessen wahrzunehmen.[1101] Nach der Leitbild-Rechtsprechung des Bundesgerichtshofs ließ sich das so begründen, dass besondere Umstände eine Verlängerung der Monatsfrist im Sinne einer angemessenen Frist erforderten. Nach der neuen, strengeren Rechtsprechung bedarf es jedoch zwingender Gründe für eine Verlängerung oder einer Regelung in der Satzung (s. Rn 358 ff). Ein einstimmiger Gesellschafterbeschluss oder eine allseitige Vereinbarung dürften aber auch hier genügen.

506 Nach der Vorstellung des Gesetzgebers liegt in der Einleitung und Durchführung eines Mediationsverfahrens ein Verhandeln im Sinne des § 203 S. 1 BGB.[1102] Dementsprechend beginnt auch die hier befürwortete Hemmung des Laufs der Anfechtungsfrist unter bestimmten Voraussetzungen schon mit dem auf Durchführung einer Mediation gerichteten Vorschlag eines Gesellschafters oder der Gesellschaft.[1103] Im Hinblick auf die mit der erga-omnes-Wirkung einer Entscheidung einhergehende unmittelbare Betroffenheit sämtlicher Gesellschafter braucht der vorschlagende Gesellschafter weder Partei noch Nebenintervenient eines gerichtlichen Nichtigkeits- und Anfechtungsverfahren zu sein.[1104] Allerdings endet die Hemmung, sobald eine Partei oder ein Nebenintervenient oder ein anderer Gesellschafter entweder schon die Durchführung der Mediation als solche oder aber die weitere Fortsetzung der Mediation in klarer und eindeutiger Weise ablehnt.[1105] Demgegenüber muss ein zwischenzeitliches Ruhen der Mediation, das etwa eine eingehende Überprüfung der Ergebnisse auf beiden Seiten erlauben soll, nicht zum Ende der Hemmung führen.[1106] Sicherer ist es, die für die Mediation erforderliche Verlängerung der Anfechtungsfrist unter allen Gesellschaftern zu vereinbaren. Dies steht den Gesellschaftern selbstverständlich in Ausübung ihrer Vertragsfreiheit frei.[1107] Abgesehen vom Zeitraum der Hemmung bleibt es bei der Monatsfrist des § 246 Abs. 1 AktG. Insbesondere tritt keine Verkürzung der Frist ein, wenn im Mediationsverfahren der Sachverhalt und die anstehenden Rechtsfrage so eingehend erörtert worden sind, dass es zur Vorbereitung eines gerichtlichen Vorgehens der Monatsfrist an sich nicht mehr bedürfte. Das Vertrauen der Parteien auf die Geltung der Monatsfrist als Mindestfrist bleibt geschützt.[1108] Diese Lösung entspricht derjenigen für außergerichtliche Verhandlungen allgemein (s. Rn 373).

1101 Ähnlich *Römermann,* in: Michalski, GmbHG, § 47 Anh. Rn 564; *Wertenbruch,* in: MünchKomm-GmbHG, § 47 Anh. Rn 294; für eine allgemeine Hemmung hingegen *Casper/Risse,* in: ZIP 2000, S. 437 (441 f).

1102 Begründung des Regierungsentwurfs eines Mediationsgesetzes, BT-Drucks. 17/5335, S. 11; *Wertenbruch,* in: MünchKomm-GmbHG, § 47 Anh. Rn 294.

1103 Begründung des Regierungsentwurfs eines Mediationsgesetzes, BT-Drucks. 17/5335, S. 11; *Wertenbruch,* in: MünchKomm-GmbHG, § 47 Anh. Rn 294.

1104 *Wertenbruch,* in: MünchKomm-GmbHG, § 47 Anh. Rn 294.

1105 Begründung des Regierungsentwurfs eines Mediationsgesetzes, BT-Drucks. 17/5335, S. 11 und *Wertenbruch,* in: MünchKomm-GmbHG, § 47 Anh. Rn 294 sehen insofern nur Ablehnung einer Partei oder eines Nebenintervenienten vor. Nach der hier vertretenen Auffassung lässt sich eine Hemmung für die Zeit der Mediation allerdings nur rechtfertigen, solange alle Gesellschafter einverstanden sind. Lehnt ein Gesellschafter dies ab, endet die Hemmung.

1106 Begründung des Regierungsentwurfs eines Mediationsgesetzes, BT-Drucks. 17/5335, S. 11 und *Wertenbruch,* in: MünchKomm-GmbHG, § 47 Anh. Rn 294.

1107 *Römermann,* in: Michalski, GmbHG, § 47 Anh. Rn 565; *Zöllner,* in: Baumbach/Hueck, GmbHG, § 47 Anh. Rn 43.

1108 *Wertenbruch,* in: MünchKomm-GmbHG, § 47 Anh. Rn 295.

Übersicht über Fragen der Anfechtungsfrist im Zusammenhang mit Mediationsverfahren – Nr. 40 507

1. Grundsatz und Voraussetzungen	Mediationen sind bei der Bestimmung der Anfechtungsfrist nach § 246 Abs. 1 AktG zu berücksichtigen, wenn a) sämtliche Gesellschafter an der Mediationsvereinbarung beteiligt waren und b) alle Gesellschafter benachrichtigt werden und die Möglichkeit haben, dem Verfahren beizutreten sowie hier ihre Interessen angemessen geltend zu machen.
2. Fristbeginn und -ende	a) Der Zeitraum, um den die Monatsfrist wegen eines Mediationsversuchs zu verlängern ist, beginnt mit einem Mediationsvorschlag eines Gesellschafters oder der Gesellschaft. b) Er endet, wenn einer der potenziell am Mediationsverfahren beteiligten Gesellschafter, oder die Gesellschaft oder der Mediator die vorgeschlagene Mediation abgelehnt hat.
3. Rechtsfolgen	a) Verlängerung der Monatsfrist des § 246 Abs. 1 AktG um den Zeitraum zwischen Mediationsangebot und Ablehnung bzw Scheitern der Mediation. b) Keine Verkürzung der Anfechtungsfrist mit Blick auf Erörterungen im Mediationsverfahren.

III. Einigung und Folgen

Da ein materiellrechtlicher Verzicht auf die Erhebung einer Anfechtungsklage allgemein das Entfallen der materiellrechtlichen Anfechtungsbefugnis zur Folge hat,[1109] führt eine Einigung über einen solchen Verzicht zu demselben Ergebnis.[1110] Denkbar ist allerdings auch eine materiellrechtliche Verpflichtung zu Erklärung einer Klagerücknahme (§ 269 ZPO) oder gar eines prozessualen Verzichts (§ 306 ZPO) hinsichtlich eines schon laufenden Gerichtsverfahrens. Ebenso ist ein vorprozessualer Vertrag über einen Verzicht denkbar, der der Zulässigkeit einer Anfechtung insofern entgegensteht, als eine dennoch erfolgte Klageerhebung rechtsmissbräuchlich wäre. Ein vorprozessualer Vertrag über einen Klageverzicht kommt auch die Nichtigkeitsklage 508

1109 *Zöllner,* in: Baumbach/Hueck, GmbHG, § 47 Anh. Rn 137.
1110 *Wertenbruch,* in: MünchKomm-GmbHG, § 47 Anh. Rn 295.

betreffend in Betracht und hat hier in der Regel Folgen für die Zulässigkeit der Klage.[1111]

509 Der anfechtungswillige Gesellschafter kann einen Verzicht auf die Nichtigkeits- und Anfechtungsklage von einer vorherigen Aufhebung des streitigen Gesellschafterbeschlusses abhängig machen.[1112] Das kann etwa außergerichtlich im Wege einer aufschiebenden Bedingung geschehen[1113] oder auch durch den Vorbehalt der Verzichtserklärung und die Abgabe derselben erst nach der Aufhebung.

510 Kann die beklagte Gesellschaft im Rahmen eines gerichtlichen Verfahrens auch nach zutreffender Auffassung sehr wohl ein Anerkenntnis im Sinne des § 307 ZPO erklären und betrifft die Frage der Zuständigkeit der Gesellschafterversammlung in diesem Zusammenhang lediglich das gesellschaftsrechtliche Innenverhältnis (s. Rn 425 ff), kann die an der Mediation beteiligte Gesellschaft den streitigen Gesellschafterbeschluss doch im Rahmen der Mediation weder selbst wirksam aufheben noch mangels Vertretungsmacht für die Gesellschafter eine wirksame Verpflichtung zur Aufhebung eingehen.[1114] Die Aufhebung streitiger Beschlüsse obliegt vielmehr aus materiellrechtlichen Gründen ausschließlich den Gesellschaftern, und – anders als für das gerichtliche Verfahren in § 307 ZPO – fehlt es auch für die Mediation an einer Bestimmung, die zu einer Differenzierung zwischen der materiellrechtlichen gesellschaftsinternen Lage einerseits und der prozessualen Lage andererseits veranlasste. Vielmehr beruht das Mediationsverfahren auf der materiellrechtlichen Privatautonomie der Gesellschafter und unterliegt deshalb neben den Bestimmungen des Mediationsgesetzes ausschließlich materiellrechtlichen Regeln. Dementsprechend ist im Rahmen der Mediation zwar eine Aufhebung des streitigen Gesellschafterbeschlusses möglich. Das setzt jedoch die Zustimmung sämtlicher Gesellschafter im Sinne einer Universalversammlung bzw eines uU zulässigen schriftlichen Verfahrens voraus, soll es unmittelbarer Gegenstand einer Vereinbarung sein.[1115] In Betracht kommen daneben die Abhaltung einer Gesellschafterversammlung, die auch im Rahmen der Mediation geschehen kann, und die Aufhebung des streitigen Beschlusses anlässlich derselben mit der erforderlichen Mehrheit.[1116] Ferner können sich die Gesellschafter auch bloß zur Aufhebung eines streitigen Beschlusses verpflichten.[1117] Schließlich kann eine an der fehlenden Zustimmung aller Gesellschafter gescheiterte, wenn auch mehrheitlich gewollte Vereinbarung über eine Beschlussaufhebung regelmäßig nicht in einen Mehrheitsbeschluss umgedeutet werden, weil dessen Voraussetzungen nicht vorliegen.[1118]

511 Eine erzielte Abschlussvereinbarung ist nach § 2 Abs. 6 S. 3 MediationsG zu dokumentieren. Gesellschafter und Gesellschaften, die ohne fachliche Beratung an der Me-

1111 *Becker-Eberhard,* in: MünchKomm-ZPO, § 269 Rn 12; *Musielak,* in: ders., ZPO, § 269 Rn 2; *Wertenbruch,* in: MünchKomm-GmbHG, § 47 Anh. Rn 296.

1112 *Wertenbruch,* in: MünchKomm-GmbHG, § 47 Anh. Rn 296; *Zöllner,* in: Baumbach/Hueck, GmbHG, § 47 Anh. Rn 43.

1113 *Wertenbruch,* in: MünchKomm-GmbHG, § 47 Anh. Rn 296.

1114 *Römermann,* in: Michalski, GmbHG, § 47 Anh. Rn 565; *Zöllner,* in: Baumbach/Hueck, GmbHG, § 47 Anh. Rn 43.

1115 *Wertenbruch,* in: MünchKomm-GmbHG, § 47 Anh. Rn 296; *Zöllner,* in: Baumbach/Hueck, GmbHG, § 47 Anh. Rn 43.

1116 *Wertenbruch,* in: MünchKomm-GmbHG, § 47 Anh. Rn 296; *Zöllner,* in: Baumbach/Hueck, GmbHG, § 47 Anh. Rn 43.

1117 *Wertenbruch,* in: MünchKomm-GmbHG, § 47 Anh. Rn 296.

1118 *Wertenbruch,* in: MünchKomm-GmbHG, § 47 Anh. Rn 296; *Zöllner,* in: Baumbach/Hueck, GmbHG, § 47 Anh. Rn 43.

diation teilnehmen, sind rechtzeitig darauf hinzuweisen, dass sie die Möglichkeit haben, die Vereinbarung einer rechtlichen Prüfung unterziehen zu lassen, § 2 Abs. 6 S. 2 MediationsG. Die Verletzung dieser Pflicht kann Schadenersatzansprüche gegen den Mediator nach § 280 Abs. 1 BGB begründen. Auch kann ein auf der Verletzung der Belehrungspflicht beruhender Aufhebungsbeschluss uU analog § 243 Abs. 1 AktG angefochten werden.[1119]

Übersicht über mögliche Einigungsgegenstände – Nr. 41 512

1. Antragstellender Gesellschafter	a) Verzicht auf Erhebung einer Nichtigkeits- und Anfechtungsklage durch vorprozessuale Vereinbarung. b) Klagerücknahme, § 269 ZPO. c) Rechtsmittelrücknahme, §§ 516, 565 ZPO. d) Klageverzicht, § 306 ZPO. e) Rechtsmittelverzicht, §§ 515, 565 ZPO.
2. Gesellschaft	a) Keine materiellrechtliche Dispositionsbefugnis über den Streitgegenstand, so dass außerprozessuale Verpflichtungen materiellrechtlicher Art ausscheiden. b) Anerkenntnis, § 307 ZPO (str.), jedenfalls aber Säumnis und Nichtbestreiten. c) Rechtsmittelrücknahme und -verzicht.
3. Übrige Gesellschafter	a) Verpflichtung zur Aufhebung des betreffenden Beschlusses. b) Anerkenntnis, § 307 ZPO, bzw kein Widerspruch gegen Anerkenntnis der Gesellschaft. c) Rechtsmittelrücknahme und -verzicht.

1119 *Wertenbruch*, in: MünchKomm-GmbHG, § 47 Anh. Rn 296.

G. Praxisrelevante Fälle

513 Nicht selten kommt es zu Nichtigkeits- und Anfechtungsklagen gegen Gesellschafterbeschlüsse über die Zwangseinziehung von Geschäftsanteilen (§ 34 Abs. 2 GmbHG), gegen den Ausschluss des klagenden Gesellschafters durch Gesellschafterbeschluss, gegen Gesellschafterbeschlüsse über die Auflösung der GmbH (§ 60 Abs. 1 Nr. 2 GmbHG) und gegen die Abberufung von Geschäftsführern (§ 38 GmbHG). Mit Rücksicht auf die Häufigkeit der entsprechenden Auseinandersetzungen und den damit zusammenhängenden Bedarf an Detailwissen gerade in dieser Hinsicht sollen die rechtlichen Rahmenbedingungen dieser Fälle im Folgenden gesondert erläutert werden.

I. Zwangseinziehung eines Geschäftsanteils

514 Während der Ausschluss als Zwangsmaßnahme lediglich zum Ausscheiden des betroffenen Gesellschafters führt und dementsprechend die Person des Gesellschafters betrifft, gilt die Einziehung (Amortisation) dem Geschäftsanteil,[1120] denn durch die Einziehung wird der betroffene Geschäftsanteil vernichtet und geht mit allen an ihm hängenden Rechten und Pflichten unter.[1121]

BGH, Urt. v. 19. September 1977 – II ZR 11/76 –, NJW 1977, S. 2316:
„..., sind Ausschließung und Einziehung verschiedene Begriffe: Die Ausschließung betrifft den Gesellschafter persönlich und bezieht sich im allgemeinen (von dem besonderen Verfahren nach §§ 21 ff. GmbHG abgesehen) nicht auf bestimmte Anteile; sie ist bei Vorliegen wichtiger Gründe auch ohne ausdrückliche Regelung im Gesellschaftsvertrag zulässig und führt nicht notwendig zum Untergang des Geschäftsanteils, sondern kann auch in der Weise durchgeführt werden, dass der Anteil an einen Dritten veräußert oder von der Gesellschaft selbst übernommen wird, worüber es im Einzelfall besonderer Bestimmung bedarf. ... Die Einziehung richtet sich demgegenüber unmittelbar gegen den einzelnen Geschäftsanteil und vernichtet diesen; sie setzt entweder den Ausschluss des Gesellschafters aus wichtigem Grund oder sonst eine Satzungsbestimmung gem. § 34 GmbHG voraus und ist nur in den Grenzen der Vorschriften zum Schutz des Stammkapitals zulässig. ...“

Zwar ändert sich das Stammkapital der GmbH durch die Einziehung nicht. Jedoch muss eine § 5 Abs. 3 S. 2 GmbHG entsprechende Übereinstimmung von Stammkapital und Summe der Nennbeträge der Geschäftsanteile herbeigeführt werden, und hier bietet sich eine verhältnismäßige Erhöhung der fortbestehenden Geschäftsanteile an.[1122] Das kann uU zu einer Veränderung der Mehrheiten in der Gesellschafterversammlung führen, wenn nämlich ein Gesellschafter durch das auf die Einziehung zurückgehende Anwachsen seines Geschäftsanteils eine Stimmenmehrheit erlangt.[1123] Näheres s. Rn 542.

1120 BGH, NJW 1977, S. 2316; *Fastrich,* in: Baumbach/Hueck, GmbHG, § 34 Rn 2, § 34 Anh. Rn 1.

1121 BGH, JZ 1989, S. 252 (253); *Fastrich,* in: Baumbach/Hueck, GmbHG, § 34 Rn 19; *Lutter,* in: Lutter/Hommelhoff, GmbHG, § 34 Rn 2 (allerdings können sich Rechte am Abfindungserlös als Surrogat fortsetzen).

1122 *Fastrich,* in: Baumbach/Hueck, GmbHG, § 34 Rn 17 a und b zu den mit der Änderung des § 5 Abs. 3 S. 2 GmbHG verbundenen Problemen und gegen eine automatische anteilige Erhöhung; *Lutter,* in: Lutter/Hommelhoff, GmbHG, § 34 Rn 3 für eine automatische Erhöhung; anders die bis zum MoMiG hM, vgl dazu etwa BayObLG, GmbHR 1992, S. 42.

1123 *Lutter,* in: Lutter/Hommelhoff, GmbHG, § 34 Rn 3.

Während § 34 Abs. 1 GmbHG die freiwillige Einziehung regelt, liegt in § 34 Abs. 2 GmbHG die Rechtsgrundlage für die mit Blick auf die Nichtigkeits- und Anfechtungsklage praktisch bedeutsame Zwangseinziehung.

1. Voraussetzungen der Zwangseinziehung

Hintergrund der im Folgenden erörterten Voraussetzungen der Zwangseinziehung von Geschäftsanteilen ist der schon wegen des mit der Zwangseinziehung unvermeidlich einhergehenden, tiefen Eingriffs in die Rechte des betroffenen Gesellschafters gebotene Schutz des Betroffenen.[1124] 515

a) Grundlage in der Satzung der GmbH

Die Zwangseinziehung ist gemäß § 34 Abs. 2 GmbHG nur zulässig, wenn ihre tatsächlichen Voraussetzungen in der Satzung der GmbH geregelt sind. 516

aa) Bestimmtheit

Dabei genügt nicht jede beliebige Satzungsbestimmung, sondern die betreffende Bestimmung der GmbH-Satzung kann nur dann taugliche Grundlage der beschlossenen Zwangseinziehung des Geschäftsanteils sein, wenn sie hinreichend bestimmt ist.[1125] Das gilt vor allem dann, wenn die Satzung eine Zwangseinziehung ohne volle Abfindung vorsieht. Insbesondere hier muss der betroffene Gesellschafter sich auf die drohende Maßnahme einstellen und das Vorliegen ihrer Voraussetzungen rechtlich überprüfen lassen können.[1126] 517

> BGH, Urt. v. 19. September 1977 – II ZR 11/76 –, NJW 1977, S. 2316:
> „... Soweit die Einziehung mit dem zwangsweisen Ausschluss des Anteilsinhabers aus der Gesellschaft verbunden ist, ergibt sich die Zulässigkeit einer Klausel, die es, wie hier, lediglich auf das Vorliegen eines „wichtigen Grundes" abstellt, schon aus der Tatsache, dass damit nichts weiter als die ohnehin bestehende Rechtslage wiedergegeben wird. Denn ebenso wie bei den Personengesellschaften (§ 737 i.V. mit § 723 Abs. 1 S. 2 BGB, § 140 i.V. mit § 133 HGB) kann auch bei der GmbH ein Gesellschafter aus einem in seiner Person liegenden wichtigen Grund ausgeschlossen werden... . Soweit dies, wie bei den Personengesellschaften, ausdrücklich bestimmt ist, hat der Gesetzgeber davon abgesehen, sämtliche im Einzelfall als „wichtiger Grund" in Frage kommenden Tatbestände genau zu normieren – was auch kaum möglich wäre –, und sich mit der Anführung einiger Beispiele (vorsätzliche oder grob fahrlässige Verletzung wesentlicher Pflichten oder Unmöglichkeit ihrer Erfüllung) begnügt. Die für die GmbH aufgestellten Rechtsgrundsätze besagen insofern nichts anderes. ... Eine Satzungsbestimmung, die nur das ausspricht, was auch ohne sie rechtens wäre, kann aber nicht wegen fehlender Bestimmtheit zu beanstanden sein. Unter dem Gesichtspunkt des Verlustes der Mitgliedschaft ist daher den Anforderungen des § 34 Abs. 2 GmbHG genügt, wenn die Satzung, wie hier, bestimmt, dass ein Geschäftsanteil aus einem in der Person seines Inhabers liegenden, seine Ausschließung rechtfertigenden wichtigen Grund eingezogen werden kann. ... Dies gilt jedenfalls dann, wenn der Begriff des wichtigen Grundes keinen weitergehenden Inhalt haben soll, als ihm Gesetz und Rechtsprechung allgemein beilegen. Davon kann hier nach der

---

1124 *Lutter,* in: Lutter/Hommelhoff, GmbHG, § 34 Rn 27.

1125 OLG München, DB 1994, S. 320 (321); *Fastrich,* in: Baumbach/Hueck, GmbHG, § 34 Rn 7; *Lutter,* in: Lutter/Hommelhoff, GmbHG, § 34 Rn 28.

1126 BGH, NJW 1977, S. 2316 f; *Altmeppen,* in: Roth/Altmeppen, GmbHG, § 34 Rn 33; *Fastrich,* in: Baumbach/Hueck, GmbHG, § 34 Rn 7.

Fassung des § 6 Abs. 1 Buchst. b der Satzung und in Ermangelung von Anhaltspunkten für einen abweichenden Sinngehalt ausgegangen werden. ... Etwas anderes ergibt sich auch nicht aus der Abfindungsregelung in § 6 Abs. 3 der Satzung, insbesondere nicht aus deren vom BerGer. angenommenen „Strafcharakter". Als privatrechtliche Vereinbarung unterliegt sie ebensowenig wie etwa ein Vertragsstrafeversprechen ... den strengen Bestimmtheitsanforderungen des Grundgesetzes, wie sie für strafrechtliche oder strafrechtsähnliche Sanktionen gelten. Zudem dienen solche Klauseln, die den Erstattungsanspruch des ausgeschiedenen Gesellschafters begrenzen, nicht einmal – wie eine Vertragsstrafe – in erster Linie als Druckmittel zur Erzwingung eines vertragsgerechten Verhaltens, wie sich hier schon daraus ergibt, dass bei Austritt eines Gesellschafters eine ähnliche Regelung eingreift (§ 7 Abs. 3 der Satzung). Vielmehr sollen sie vor allem die Gesellschaft davor schützen, dass ihr Vermögen zur Unzeit durch hohe Abfindungsansprüche ausgehöhlt wird, und daneben die Auseinandersetzung mit dem Ausgeschiedenen erleichtern. ... Da die Einziehung unter solchen Bedingungen für den betroffenen Gesellschafter eine erhebliche Vermögenseinbuße bedeuten kann, müssen freilich ihre Voraussetzungen und Rechtsfolgen so deutlich erkennbar sein, dass sich jeder Gesellschafter auf sie einstellen kann. Dazu reicht es aber aus, dass sich die in Frage kommenden Tatbestände, notfalls im Wege der Auslegung, anhand der Satzung einwandfrei bestimmen lassen. ... Diese Voraussetzung ist hier eindeutig erfüllt. Denn die Merkmale des „wichtigen Grundes" ... sind durch Gesetz und Rechtsprechung genügend konkretisiert, um das Risiko der Einziehung überschaubar zu machen und den Betroffenen gegen die vom BerGer. befürchtete Willkür des oder der anderen Gesellschafter zu schützen. ..."

Die Einziehungsgründe müssen so genau formuliert sein, dass sie dem einzelnen Gesellschafter die mit der Klausel verbundenen Risiken deutlich machen und auch dem Gericht eine Prüfung gestatten.[1127] Allerdings lassen sich Erwägungen zur Bestimmtheit der maßgebenden Satzungsbestimmung nicht immer sauber von solchen zu einem bedenklichen Entscheidungsspielraum der übrigen Gesellschafter trennen. So soll es nach der Rechtsprechung zB nicht genügen, wenn die Satzung vorsieht, dass ein bereits aus wichtigem Grund ausgeschlossener Gesellschafter nach Wahl der Gesellschafter auch die Einziehung des Geschäftsanteils zu dulden hat.[1128] Hinreichend bestimmt sind Vorschriften, die eine Zwangseinziehung für den Fall der Pfändung des Geschäftsanteils, der Insolvenz des Gesellschafters, der Beerbung durch andere Personen als im Gesellschaftsvertrag vorgesehen, des Verlustes bestimmter Eigenschaften (zB Anwaltszulassung), eines bestimmten Alters, der Niederlegung der Geschäftsführung oder auch der Mitarbeit überhaupt und des Verstoßes gegen ein Wettbewerbsverbot vorsehen.[1129] Auch wenn die Bestimmtheit einer solchen Regelung begrenzt ist, begegnet eine Satzungsvorschrift, nach der – in Anlehnung an den die Auflösung betreffenden § 61 Abs. 1 GmbHG und an § 133 Abs. 2 HGB – die Zwangseinziehung materiell das Vorliegen eines wichtigen, in der Person des Inhabers des betroffenen Geschäftsanteils liegenden Grundes voraussetzt, keinen durchgreifenden

1127 BGH, NJW 1977, S. 2316 f; *Lutter,* in: Lutter/Hommelhoff, GmbHG, § 34 Rn 31.

1128 BGH, DStR 2001, S. 1898; BayObLG, NZG 2004, S. 98; anders *Fastrich,* in: Baumbach/Hueck, GmbHG, § 34 Rn 7; *Lutter,* in: Lutter/Hommelhoff, GmbHG, § 34 Rn 28.

1129 BGH, NJW 1983, S. 2880 (2881); GmbHR 2010, S. 256; OLG Frankfurt a.M., NZG 1998, S. 595; OLG Hamburg, BB 1997, S. 431; OLG Hamm, GmbHR 1998, S. 1081 (1082); OLG München, ZIP 1984, S. 1349; OLG Nürnberg, GmbHR 1994, S. 252 (253 ff); *Fastrich,* in: Baumbach/Hueck, GmbHG, § 34 Rn 10; *Lutter,* in: Lutter/Hommelhoff, GmbHG, § 34 Rn 31.

Bedenken,[1130] zumal wenn sie über diese Generalklausel hinaus Regelbeispiele enthält. Denn eine genauere Regelung ist mit Rücksicht auf die Vielzahl ganz unterschiedlicher Einzelfälle kaum möglich. Ebenso reichen in Rechtsprechung und Literatur gebräuchliche Umschreibungen eines wichtigen Grundes, wie zB „Vermögensverfall“ oder „Unzumutbarkeit weiterer Zusammenarbeit“.[1131]

Umstritten ist die Zulässigkeit einer Regelung in der Satzung, die eine Zwangseinzie- 518
hung für den Fall der Erhebung einer Auflösungsklage bzw einer entsprechenden Ankündigung vorsieht.[1132] Zu Recht wird dies insbesondere von der Rechtsprechung abgelehnt, denn damit ginge eine Beeinträchtigung des zwingenden Minderheitenrechts der Auflösungsklage nach § 61 GmbHG einher.[1133]

OLG München, Beschl. v. 1. Juli 2010 – 31 Wx 102/10 –, DNotZ 2010, S. 937 f:

„... Das RegisterG hat zutreffend darauf hingewiesen, dass § 11 Abs. 2 e der Satzung unwirksam ist, weil die Regelung eine unzulässige Einschränkung des Klagerechts der Minderheit nach § 61 GmbHG beinhaltet. § 61 GmbHG gibt einer Minderheit von Gesellschaftern das Recht, unter besonderen Voraussetzungen durch gerichtliches Urteil Auflösung der Gesellschaft (§ 60 Abs. 1 Nr. 3 GmbHG) zu bewirken. Die Vorschrift hat keine Parallele im Aktienrecht, sondern ähnelt § 133 HGB und ist Ausgleich für die gegenüber der Aktie erschwerte Veräußerlichkeit der Geschäftsanteile. ... Die Regelung dient dem Minderheitenschutz und ist insofern zwingend, als das Klagerecht durch Satzung oder Gesellschafterbeschluss weder eingeschränkt noch entzogen werden kann. ... Eine Satzungsbestimmung, die – wie hier – generell für den Fall der Erhebung der Auflösungsklage die Einziehung des Geschäftsanteils des klagenden Gesellschafters vorsieht, beseitigt praktisch das Klagerecht der Minderheit bzw. den gesetzlichen Auflösungsgrund des § 60 Abs. 1 Nr. 3 GmbHG und ist deshalb unzulässig. ...“

Zu beachten ist im Übrigen, dass der nach § 34 Abs. 2 GmbHG gebotene Schutz 519
nicht nur über das Kriterium der hinreichendem Bestimmtheit der maßgebenden Satzungsbestimmung gewährleistet werden kann, sondern auch im Wege einer restriktiven Auslegung dem Wortlaut nach allzu weitreichender Bestimmungen. Das ist mit Rücksicht auf den Ausnahmecharakter der Zwangseinziehung und § 34 Abs. 2 GmbHG geboten.[1134]

OLG Hamburg, Urt. v. 26. April 1996 – 11 U 189/95 –, ZIP 1996, S. 962 (963):

„... Es mag dann allenfalls eine Unklarheit der Regelung im Gesellschaftsvertrag in Betracht zu ziehen sein, was der Beklagten unter besonderer Berücksichtigung des Ausnahmecharakters einer Zwangseinziehung auch nicht helfen könnte. Die Zwangseinziehung ist eine sehr einschneidende Maßnahme, die in der Regel der Lösung von Problemen mit erheblichem Gewicht – hier solcher in Zusammenhang mit einer drohenden Verwertung eines Gesellschaftsanteils – dienen soll ...; ihr kommt, wie gerade auch schon die Tatsache der Regelung in § 34 Abs. 1 und 2 GmbHG selbst verdeutlicht, ein deutlicher Ausnahmecharakter zu. Daher muss eine entsprechende, körperschaftlich zu qualifizierende Satzungsregelung ... einschränkend ausgelegt und angewendet werden, wobei jedenfalls alle Umstände, die außerhalb der Vertragsurkunde liegen und nicht allgemein erkennbar

1130 BGH, NJW 1977, S. 2316; OLG Stuttgart, GmbHR 1989, S. 466 (467); *Lutter,* in: Lutter/Hommelhoff, GmbHG, § 34 Rn 31.

1131 *Lutter,* in: Lutter/Hommelhoff, GmbHG, § 34 Rn 31.

1132 Dafür etwa *Sosnitza,* in: Michalski, GmbHG, § 34 Rn 36; *Ulmer,* in: Ulmer, GmbHG, § 34 Rn 40.

1133 OLG München, DNotZ 2010, S. 937 f; *Fastrich,* in: Baumbach/Hueck, GmbHG, § 34 Rn 10; *Lutter,* in: Lutter/Hommelhoff, GmbHG, § 34 Rn 42.

1134 OLG Hamburg, ZIP 1996, S. 962 (963); *Lutter,* in: Lutter/Hommelhoff, GmbHG, § 34 Rn 31, 32.

sind, außer Betracht zu bleiben haben. Ausgeschlossen muss daher auch sein ein Rückgriff auf solche Umstände, die, wie etwa nicht nach außen hervortretende Motive der Gründer allen außenstehenden Dritten unbekannt sind. ..."

Schließlich können Änderungen der der Einführung der Zwangseinziehung zugrunde liegenden Verhältnisse Bedeutung haben für die Anwendung der betreffenden Bestimmung.[1135]

bb) Ermessensverbot und andere inhaltliche Anforderungen

520 Oben (Rn 517 ff) ist schon erwähnt worden, dass die in der Satzung geregelten Einziehungsgründe nicht nur auf ihre hinreichende Bestimmtheit hin zu prüfen sind, sondern auch gewissen inhaltlichen Beschränkungen unterliegen. So muss einem die Zwangseinziehung rechtfertigenden Grund zwar nicht das Gewicht eines wichtigen Grundes zukommen, jedoch können die Gründe umgekehrt auch nicht beliebig und im Sinne eines freien Ermessens der Gesellschafter geregelt werden.[1136] Eine Klausel darf nicht zur Abhängigkeit einzelner Gesellschafter vom Wohlwollen anderer Gesellschafter führen, weil damit die Mitgliedschaft in ihrem Kernbereich ausgehöhlt würde. Deshalb kommt weder eine Zwangseinziehung nach freiem Ermessen einer Mehrheit in Betracht, noch ist eine Klausel zulässig, die die Entscheidung über die Zwangseinziehung in das Belieben eines bestimmten Gesellschafters stellt.[1137]

BGH, Urt. v. 9. Juli 1990 – II ZR 194/89 –, NJW 1990, S. 2622 f:

„... Dem Beklagten zu 1 ist durch das die Klägerin bindende Angebot das Recht eingeräumt worden, sich durch dessen Annahme jederzeit nach grundsätzlich freiem Belieben seiner Mitgesellschafterin zu entledigen. Diese Gestaltung der schuldrechtlichen Beziehungen zwischen den beiden einzigen Gesellschaftern hat dieselbe Wirkung wie ein gesellschaftsrechtlich dem Beklagten zu 1 eingeräumtes Recht, die Klägerin ohne sachliche Gründe in der Weise auszuschließen, dass sie ihren Anteil auf ihn zu übertragen hat. Im Recht der Personengesellschaften verstoßen derartige Hinauskündigungsklauseln nach der neueren Rechtsprechung des Senats in der Regel gegen § 138 BGB. Sie begründen die Gefahr, dass die von der jederzeitigen Ausschließungsmöglichkeit bedrohten Gesellschafter von ihren Rechten keinen Gebrauch machen und die ihnen obliegenden Pflichten nicht ordnungsgemäß erfüllen, sondern sich den Wünschen des oder der durch das Ausschließungsrecht begünstigten Gesellschafter beugen; damit wird einer nicht zu billigenden Willkürherrschaft der Mehrheit oder der mit dem Ausschließungsrecht ausgestatteten Gesellschafter Vorschub geleistet. ... An dieser Rechtsprechung hält der Senat auch angesichts der daran von einem Teil des Schrifttums geübten Kritik ... fest. In einer GmbH ist die Sachlage nicht grundsätzlich anders. Auch hier soll insbesondere die Mitwirkung an von der Gesellschafterversammlung zu treffenden Beschlüssen Ausfluss freier Willensbildung sein. Eine Beschlussfassung, bei der ein Teil der Gesellschafter den Mitgesellschaftern mit der immer gegenwärtigen Drohung, sie ohne weiteres aus der Gesellschaft entfernen zu können, seinen Willen aufzwingen kann, wird jenem Grundsatz nicht gerecht. Deshalb ist auch bei der GmbH ein satzungsmäßiges Ausschließungs- oder Einziehungsrecht grundsätzlich nur dann zulässig, wenn es an das Vorliegen bestimmter, in der Satzung festgelegter sachlicher Gründe gebunden ist. ..."

1135 BGH, DB 1977, S. 342; *Fastrich,* in: Baumbach/Hueck, GmbHG, § 34 Rn 9.

1136 *Lutter,* in: Lutter/Hommelhoff, GmbHG, § 34 Rn 33.

1137 BGHZ 112, S. 103 (107 f) = NJW 1990, S. 2622; GmbHR 1989, S. 462 (463); NJW 2005, S. 3641 (3643 f); *Fastrich,* in: Baumbach/Hueck, GmbHG, § 34 Rn 9 a; anders *Altmeppen,* in: Roth/Altmeppen, GmbHG, § 34 Rn 46.

Anderes mag für Hinauskündigungsklauseln ausnahmsweise dann gelten, wenn die Satzung die Zwangseinziehung von Geschäftsanteilen zulässt, die für den Einziehungsberechtigten treuhänderisch gehalten werden,[1138] oder wenn an eine vorübergehende Organstellung bzw Mitarbeit angeknüpft worden ist.[1139] Ferner werden Ausnahmen für Probezeiten, testamentarische Verfügungen, Manager- und Mitarbeiter-Modelle, Venture-Capital-Verträge und Schenkungen diskutiert.[1140] Selbst hier bedarf es indessen einer restriktiven Auslegung iS. einer Einziehung nur beim Vorliegen eines wichtigen Grundes.[1141] 521

Insgesamt betrachtet unterzieht die Rechtsprechung die maßgebenden Satzungsbestimmungen nur einer eher großzügigen Inhaltskontrolle und überprüft stattdessen den Gebrauch der satzungsmäßigen Befugnis zur Zwangseinziehung im Hinblick auf Treuepflichten deutlich strenger.[1142] 522

cc) Zeitpunkt der Einführung und Zustimmungserfordernis

Die Rechtsgrundlage der Zwangseinziehung in der Satzung muss aber nicht nur hinreichend bestimmt sein, sondern nach § 34 Abs. 2 GmbHG vermag sie eine beschlossene Zwangseinziehung nur dann zu rechtfertigen, wenn sie bereits bei Erwerb des entzogenen Geschäftsanteils durch den betroffenen Gesellschafter Bestandteil der Satzung gewesen ist.[1143] Hierbei sind spätere Änderungen bloß formaler Natur von vornherein ohne Bedeutung und dementsprechend unschädlich.[1144] 523

Aber auch die nachträgliche Einführung einer hinreichend bestimmten Regelung der Zwangseinziehung ist zulässig. Das setzt allerdings zum einen mit Blick auf die damit einhergehende Satzungsänderung (§ 53 Abs. 3 GmbHG), zum anderen wegen des hinter § 34 Abs. 2 GmbHG stehenden Schutzgedankens die Zustimmung sämtlicher Gesellschafter voraus.[1145] 524

> **BGH, Urt. v. 16. Dezember 1991 – II ZR 58/91 –, NJW 1992, S. 892 (895):**
> „... Das Berufungsgericht muss sodann feststellen, ob § 9 des Gesellschaftsvertrages in der Fassung vom 9. Dezember 1989 den Abfindungsanspruch der Kläger im Vergleich zu der vorher maßgebenden Regelung einschränkt. Das ist dann der Fall, wenn der auf jeden der Kläger entfallende, unter Zugrundelegung eines angemessenen Abfindungsanspruchs ermittelte Betrag höher ist, als der Betrag, der jedem der Kläger nach § 9 des neuen Gesellschaftsvertrages zusteht und der sich aus dem Nennwert des Anteils sowie dem an der Dauer ihrer Zugehörigkeit zur Beklagten orientierten, nach Jahren bemessenen und für bestimmte Zeiträume der Höhe nach gestaffelten Betrag zusammensetzt. Unter diesen Umständen wären die Voraussetzungen für die Zwangseinziehung im Sinne des § 34 Abs. 2 GmbHG erweitert worden. Da die Kläger dieser Regelung nicht zugestimmt haben, wäre sie im Verhältnis zu ihnen unwirksam. Da davon auszugehen ist, dass die übrigen Gesellschafter der neuen Regelung nur unter der Voraussetzung zuge-

1138 BGHZ 112, S. 108 ff; *Fastrich,* in: Baumbach/Hueck, GmbHG, § 34 Rn 9 a.
1139 *Fastrich,* in: Baumbach/Hueck, GmbHG, § 34 Rn 9 a.
1140 BGH, ZIP 2004, S. 903 ff; ZIP 2005, S. 1917 ff und 1920 ff; ZIP 2007, S. 862 ff und 1309 ff; BGHZ 112, S. 103 ff; *Lutter,* in: Lutter/Hommelhoff, GmbHG, § 34 Rn 34 ff.
1141 BGH, GmbHR 1989, S. 462; *Fastrich,* in: Baumbach/Hueck, GmbHG, § 34 Rn 9 a.
1142 *Fastrich,* in: Baumbach/Hueck, GmbHG, § 34 Rn 9 a; *Sosnitza,* in: Michalski, GmbHG, § 34 Rn 43.
1143 *Fastrich,* in: Baumbach/Hueck, GmbHG, § 34 Rn 7; *Lutter,* in: Lutter/Hommelhoff, GmbHG, § 34 Rn 28.
1144 *Lutter,* in: Lutter/Hommelhoff, GmbHG, § 34 Rn 28.
1145 BGHZ 9, S. 160; BGH, NJW 1992, S. 892 (895); *Fastrich,* in: Baumbach/Hueck, GmbHG, § 34 Rn 8; *Lutter,* in: Lutter/Hommelhoff, GmbHG, § 34 Rn 29.

> stimmt haben, dass sie gegenüber allen Gesellschaftern wirksam wird, wäre die Änderung des Gesellschaftsvertrages in diesem Punkte gescheitert und somit im Verhältnis zu allen Gesellschaftern unwirksam. ..."

Nur wenn sich die betroffenen Gesellschafter freiwillig der Änderung und der neu eingeführten Regelung über die Zwangseinziehung unterwerfen, wird der nach § 34 Abs. 2 GmbHG gebotene Schutz nicht unterlaufen und kann die Regelung im Sinne der Erhaltung ihrer Wirksamkeit einschränkend ausgelegt werden.[1146] Ebenso bedarf die nachträgliche Verschärfung der die Zwangseinziehung betreffenden Regelung bzw die Absenkung der Anforderungen an die geregelte Zwangseinziehung der Zustimmung sämtlicher Gesellschafter.[1147] Dasselbe gilt für eine nachträgliche Herabsetzung der für den Fall der Zwangseinziehung vorgesehenen Abfindung, weil auch darin iE eine Erleichterung der Zwangseinziehung liegt.[1148] Selbst dann, wenn die Zwangseinziehung nicht auch für die gegenwärtigen Inhaber der Geschäftsanteile gelten soll, sondern ausschließlich für die späteren Anteilserwerber, bedarf es der Zustimmung aller Gesellschafter und reicht eine Mehrheitsentscheidung nicht aus. Denn eine solche Regelung hat Einfluss auf die Veräußerbarkeit der Geschäftsanteile und beeinträchtigt insofern sämtliche Gesellschafter.[1149] Wenn allerdings nur die im Zuge einer Kapitalerhöhung zu schaffenden neuen Geschäftsanteile betroffen sein sollen, bedarf es ausnahmsweise nur einer satzungsändernden Mehrheit iSd § 53 Abs. 2 GmbHG; denn hierbei handelt es sich nur um eine Modalität der Kapitalerhöhung.[1150] Umstritten ist schließlich, ob § 34 Abs. 2 GmbHG auch die bloß in anderer Weise dinglich an einem Geschäftsanteil Berechtigten schützt, so dass es auch ihrer Zustimmung bedarf.[1151] § 34 Abs. 2 GmbHG lässt sich ein so weitreichender Schutz kaum entnehmen. Allenfalls kann der Gesellschafter als Inhaber eines belasteten Geschäftsanteils schuldrechtlich gehalten sein, die Zustimmung im Interesse des dinglich Berechtigten zu verweigern, wobei eine dennoch erklärte Zustimmung aber wirksam ist.[1152] Die Treuepflicht kann schließlich im Einzelfall und aufgrund besonderer Umstände (Sanieren oder Ausscheiden) eine Zustimmung gebieten.[1153]

> **BGH, Urt. v. 19. Oktober 2009 – II ZR 240/08 –, NJW 2010, S. 65 (67):**
> „... Der Entzug der Gesellschafterstellung durch zwangsweises Ausscheiden ist nur mit Zustimmung des betroffenen Gesellschafters möglich, sei es durch antizipierte Zustimmung in Form der eindeutigen Regelung im Gesellschaftsvertrag ..., sei es durch Zustimmung zu einem Beschluss, durch den – nachträglich – eine Ausschlussregelung in den Gesellschaftsvertrag eingefügt wird. ... Die Versäumung der gesellschaftsvertraglich vorgesehenen Anfechtungsfrist ersetzt diese Zustimmung nicht. ... Der Gesellschafter ist zwar im Allgemeinen nicht verpflichtet, einer solchen, seine Gesellschafterstellung aufhebenden Änderung des Gesellschaftsvertrags zuzustimmen. Der Senat geht jedoch in ständiger Rechtsprechung davon aus, dass sich in besonders gelagerten Ausnahmefällen für jeden

1146 BGH, NJW 1977, S. 2316; *Fastrich,* in: Baumbach/Hueck, GmbHG, § 34 Rn 8.

1147 *Fastrich,* in: Baumbach/Hueck, GmbHG, § 34 Rn 8; *Lutter,* in: Lutter/Hommelhoff, GmbHG, § 34 Rn 29 meint mit Verschärfung allerdings die Herabsetzung der vorgesehenen Abfindung.

1148 BGH, NJW 1992, S. 892 (893); *Fastrich,* in: Baumbach/Hueck, GmbHG, § 34 Rn 8.

1149 *Altmeppen,* in: Roth/Altmeppen, GmbHG, § 34 Rn 9; *Fastrich,* in: Baumbach/Hueck, GmbHG, § 34 Rn 8.

1150 *Fastrich,* in: Baumbach/Hueck, GmbHG, § 34 Rn 8.

1151 Dafür *Altmeppen,* in: Roth/Altmeppen, GmbHG, § 34 Rn 11; *Lutter,* in: Lutter/Hommelhoff, GmbHG, § 34 Rn 29; *Sosnitza,* in: Michalski, GmbHG, § 34 Rn 34; dagegen *Fastrich,* in: Baumbach/Hueck, GmbHG, § 34 Rn 8.

1152 *Fastrich,* in: Baumbach/Hueck, GmbHG, § 34 Rn 8.

1153 BGH, NJW 2010, S. 65 (67); *Fastrich,* in: Baumbach/Hueck, GmbHG, § 34 Rn 8 aE.

einzelnen Gesellschafter aus der gesellschafterlichen Treuepflicht etwas Abweichendes ergeben kann. ... Eine Zustimmungspflicht kommt dann in Betracht, wenn sie mit Rücksicht auf das bestehende Gesellschaftsverhältnis oder auf die bestehenden Rechtsbeziehungen der Gesellschafter untereinander dringend erforderlich ist und die Änderung des Gesellschaftsvertrags dem Gesellschafter unter Berücksichtigung seiner eigenen Belange zumutbar ist. Die Verpflichtung eines einzelnen Gesellschafters, einer notwendig gewordenen Änderung des Gesellschaftsvertrags zuzustimmen, kann daher nur angenommen werden, wenn dem schützenswerte Belange des einzelnen Gesellschafters nicht entgegenstehen. ..."

Hat die erforderliche Zustimmung aller Gesellschafter nicht vorgelegen, sondern lediglich eine nicht hinreichende Gesellschaftermehrheit, ist die beabsichtigte Satzungsänderung iS der Einführung einer Zwangseinziehung bzw ihrer Verschärfung nicht geglückt und sind deshalb nach herrschender Auffassung auch die Zustimmenden nicht an ihre Zustimmung gebunden. Eine Zwangseinziehung kommt danach auch unter den Voraussetzungen der beabsichtigten Regelung nicht in Betracht.[1154] Allerdings bejaht der Bundesgerichtshof unter gewissen Voraussetzungen entgegen dieser herrschenden Auffassung eine Bindung unter dem Gesichtspunkt der Treuepflicht.[1155] 525

b) Vorliegen des Einziehungsgrundes

Die in der Satzung gemäß § 34 Abs. 2 GmbHG geregelte Zwangseinziehung ist ferner nur dann zulässig, wenn auch tatsächlich einer der vorgesehenen Einziehungstatbestände erfüllt ist. 526

Im Falle einer Mitberechtigung nach § 18 GmbHG ist dabei die maßgebende Satzungsvorschrift im Wege der Auslegung zu befragen, ob der Einziehungsgrund in der Person sämtlicher Mitberechtigter vorliegen muss oder ob schon die Erfüllung des betreffenden Tatbestandes durch einen der Mitberechtigten eine alle Mitberechtigten gleichermaßen treffende Zwangseinziehung des Geschäftsanteils zu rechtfertigen vermag.[1156] Mit Blick auf die Gleichbehandlung aller Gesellschafter wird im Zweifel Letzteres ausreichen.[1157] Das Gleiche gilt, wenn man bedenkt, dass es auf die Unzumutbarkeit der Fortsetzung der Gesellschaft ankommt und dass ein störender Mitberechtigter in der Regel ebenso stört wie ein störender, allein berechtigter Gesellschafter. 527

Ein die Zwangseinziehung rechtfertigender, wichtiger Grund iS der o.g. Satzungsbestimmung liegt allgemein dann vor, wenn es zu nachhaltigen und groben Pflichtverletzungen durch den Inhaber des eingezogenen Geschäftsanteils gekommen ist, die so schwer wiegen, dass den übrigen Gesellschaftern unter Berücksichtigung sämtlicher Umstände des Einzelfalles und bei umfassender Interessenabwägung eine andere, den betroffenen Gesellschafter weniger belastende Maßnahme unter keinen Umständen zuzumuten ist.[1158] 528

1154 *Altmeppen,* in: Roth/Altmeppen, GmbHG, § 34 Rn 9; *Lutter,* in: Lutter/Hommelhoff, GmbHG, § 34 Rn 29; *Fastrich,* in: Baumbach/Hueck, GmbHG, § 34 Rn 8; anders *Paulick,* GmbHR 1978, S. 121 (124), wenn Satzung Regelung über freiwillige Einziehung enthält.

1155 BGH, NJW 2010, S. 65 (67).

1156 *Fastrich,* in: Baumbach/Hueck, GmbHG, § 34 Rn 9.

1157 *Ulmer,* in: Ulmer, GmbHG, § 34 Rn 40.

1158 BGH, WM 1966, S. 29 (31); OLG München, GmbHR 1994, S. 407 (409); OLG Brandenburg, GmbHR 1998, S. 194; OLG München, DB 1994, S. 320 (321); *Fastrich,* in: Baumbach/Hueck, GmbHG, § 34 Rn 10; *Lutter,* in: Lutter/Hommelhoff, GmbHG, § 34 Rn 32.

BGH, Urt. v. 18. Oktober 1965 – II ZR 232/63 –, WM 1966, S. 29 (31):

„... Im Übrigen verkennt die Revision, dass auch grob fahrlässige Pflichtverletzungen eines Gesellschafters nur dann seine Ausschließung rechtfertigen können, wenn sie nach der Lage der Sache so schwer wiegen, dass eine andere Lösung als das Ausscheiden dieses Gesellschafters dem oder den Mitgesellschaftern unter keinen Umständen zugemutet werden kann. ...“

Das kann etwa bei schweren Verstößen gegen ein im Gesellschaftsvertrag wirksam vereinbartes Wettbewerbsverbot[1159] der Fall sein wie auch bei schweren Verletzungen der Treuepflicht.[1160] Von ausschlaggebender Bedeutung ist hier der Umfang der Pflichtverletzung ebenso wie das wirtschaftliche Gewicht der Folgen für die Gesellschaft zu berücksichtigen ist. Nicht nur in einzelnen besonders gewichtigen Pflichtverletzungen kann ein wichtiger Grund liegen, sondern auch in einer Vielzahl kleinerer, für sich betrachtet nicht ausreichender Verstöße. Hier kommt es darauf an, ob die Verstöße in ihrer Gesamtheit nach den Verletzungshandlungen, nach der Zahl der Vorfälle und nach dem Gesamtgewicht der wirtschaftlichen Folgen ein Ausmaß erreicht haben, das den übrigen Gesellschaftern eine andere Lösung als die Zwangseinziehung nicht zumutbar erscheinen lässt.[1161]

BGH, Urt. v. 9. März 1987 – II ZR 215/86 –, GmbHR 1987, S. 302 (303):

„... Dabei können die gegen einen Gesellschafter erhobenen Vorwürfe diese Voraussetzungen nicht nur jeweils für sich allein, sondern auch in ihrer Gesamtheit erfüllen. ...“

Die Abgrenzung mag im Einzelfall recht schwierig sein, leichtere Pflichtverletzungen reichen jedenfalls für sich betrachtet nicht aus.[1162] Insofern kommt eine auf das Vorliegen eines wichtigen Grundes gestützte Zwangseinziehung zB dann nicht in Betracht, wenn ein Gesellschafter aufgrund berechtigter Interessen Jahresabschlüsse nicht genehmigt oder die Aufnahme anderer Gesellschafter ablehnt.[1163] Umgekehrt bedarf es nicht stets schwerwiegender Pflichtverstöße: Auch ein vom Betroffenen überwiegend verursachtes, tiefgreifendes, unheilbares Zerwürfnis kann genügen, wenn sich der Gegner nicht selbst wichtige Gründe vorwerfen lassen muss.[1164]

529 Der Grund für die Zwangseinziehung muss in der Person des Inhabers des eingezogenen Geschäftsanteils vorliegen, und zwar auch dann, wenn der betreffende Gesellschafter lediglich Treuhänder ist.[1165]

OLG München, Urt. v. 8. Januar 1997 – 7 U 4025/96 –, BB 1997, S. 491:

„... Bei einer Einziehung aus wichtigem Grund ist auf die Person des Klägers abzustellen, auch wenn dieser teilweise bezüglich des Geschäftsanteils einer treuhänderischen Bindung unterliegt. Allein der Kläger und nicht die Treugeberin ist nämlich in unmittelbarer Rechtsbeziehung mit der Beklagten. Der vom Kläger zitierten Entscheidung ... lässt sich nur entnehmen, dass auch Umstände in der Person eines Treugebers von Bedeutung sein können, sofern dieser etwa Möglichkeiten hat und nutzt, auf die Gesellschaftsverhältnisse einzuwirken. Dies ändert aber nichts an dem erwähnten Grundsatz, sondern stellt nur

1159 OLG Nürnberg, GmbHR 1994, S. 252; *Fastrich,* in: Baumbach/Hueck, GmbHG, § 34 Rn 10.

1160 OLG München, DB 1994, S. 320 (321); *Fastrich,* in: Baumbach/Hueck, GmbHG, § 34 Rn 10.

1161 BGH, GmbHR 1987, S. 302 (303); *Fastrich,* in: Baumbach/Hueck, GmbHG, § 34 Rn 10; *Strohn,* in: MünchKomm-GmbH, § 34 Rn. 124.

1162 OLG Brandenburg, GmbHR 2006, S. 204; *Fastrich,* in: Baumbach/Hueck, GmbHG, § 34 Rn 10.

1163 OLG Celle, GmbHR 1998, S. 140; *Fastrich,* in: Baumbach/Hueck, GmbHG, § 34 Rn 10.

1164 BGH, NZG 2013, S. 1344 (1345).

1165 OLG München, BB 1997, S. 491; *Fastrich,* in: Baumbach/Hueck, GmbHG, § 34 Rn 10; *Lutter,* in: Lutter/Hommelhoff, GmbHG, § 34 Rn 32.

eine Zurechnung des Verhaltens des Treugebers auf den Treuhänder dar. Andernfalls würde mit der Begründung eines Treuhandverhältnisses dem Treuhänder letztlich ein Freibrief für der Gesellschaft abträgliche Verhaltensweisen eingeräumt. ..."

Im Zusammenhang mit der Gesellschafterstellung ist zu beachten, dass im Falle einer Veräußerung der Veräußerer als Gesellschafter gilt, solange der Erwerber nicht in die zum Handelsregister eingereichte Gesellschafterliste eingetragen worden bzw eine entsprechende Anmeldung nicht geschehen ist, § 16 Abs. 1 GmbHG.[1166] 530

c) Ultima Ratio

Mit Rücksicht auf die einschneidenden Folgen der Zwangseinziehung einerseits und den Verhältnismäßigkeitsgrundsatz andererseits kommt die Zwangseinziehung lediglich als ultima ratio in Betracht. Dementsprechend liegt ein wichtiger Grund, der die Zwangseinziehung zu rechtfertigen vermag, nur dann vor, wenn nicht eine mildere, weniger tief in die Mitgliedschaft eingreifende Maßnahme ausreicht. Im Falle eines Gesellschafter-Geschäftsführers ist deshalb die Abberufung als Geschäftsführer vorrangig. Ist diese möglich und reicht diese aus, liegt ein wichtiger Grund im Sinne der Zwangseinziehung nicht vor.[1167] 531

OLG Rostock, Urt. v. 15. August 2001 – 6 U 49/00 –, NZG 2002, S. 294:
„... Zu recht und mit zutreffender Begründung hat das LG den angefochtenen Beschluss deswegen als unwirksam angesehen, weil ein wichtiger Grund für die Einziehung bzw. Zwangsabtretung des Geschäftsanteils des Kl.gem. § 11 lit. c der Satzung der Bekl. nicht ersichtlich ist. ... Soweit die Bekl. in der mündlichen Verhandlung vor dem Senat darauf hingewiesen hat, dass die Anwendung des ultima ratio-Prinzips den Gesellschafter, der zugleich Geschäftsführer sei, ungerechtfertigter Weise besser stelle als den Nur-Gesellschafter – weil bei letzterem die Abberufung als Geschäftsführer als milderes Mittel nicht möglich sei – übersieht sie, dass ein Nur-Gesellschafter nicht in gleichem Maße wie ein geschäftsführender Gesellschafter der Gefahr ausgesetzt ist, durch unternehmerisches Fehlverhalten den Interessen der Gesellschaft zuwider zu handeln. Im Übrigen ist ergänzend darauf hinzuweisen, dass auch nach dem Vorbringen der Bekl. in der Berufungsinstanz nicht ersichtlich ist, dass dem Kl. nach seiner Abberufung als Geschäftsführer noch ein relevantes Fehlverhalten zur Last gefallen ist. ..."

Auch hier kommt es nach allem darauf an, ob die Pflichtverletzungen des betroffenen Gesellschafters so schwer wiegen, dass den übrigen Gesellschaftern eine andere Lösung nicht zugemutet werden kann.[1168]

d) Treuepflicht

Im Hinblick auf die Treuepflicht unterliegt – wie schon erwähnt – auch die Ausübung eines satzungsmäßigen Rechts zur Zwangseinziehung Beschränkungen. Deshalb muss der Einziehungsgrund zum Zeitpunkt der Einziehung in seiner Wirkung noch fortbestehen. So muss etwa eine Pfändung des Geschäftsanteils noch bestehen.[1169] 532

1166 *Lutter,* in: Lutter/Hommelhoff, GmbHG, § 34 Rn 32.
1167 OLG Hamm, BeckRS 2010, 29327; OLG Rostock, NZG 2002, S. 294; *Fastrich,* in: Baumbach/Hueck, GmbHG, § 34 Rn 10.
1168 *Lutter,* in: Lutter/Hommelhoff, GmbHG, § 34 Rn 32.
1169 OLG Hamburg, Urt. v. 26. April 1996 – 11 U 189/95 –, GmbHR 1996, S. 610; *Fastrich,* in: Baumbach/Hueck, GmbHG, § 34 Rn 10.

OLG Hamburg, Urt. v. 26. April 1996 – 11 U 189/95 –, GmbHR 1996, S. 610:

„... Nun beinhaltet zwar die Satzung der Beklagten in ihrem § 10 eine Regelung über die Zwangseinziehung von Geschäftsanteilen bei Vorliegen eines wichtigen Grundes in Form der Pfändung des betreffenden Geschäftsanteils. Diese Bestimmung greift hier allerdings nicht. Denn unter Berücksichtigung des Wortlauts von § 10 (1) b) der Satzung ist für die Zwangseinziehung in diesem Fall die weiterbestehende Pfändung noch im Zeitpunkt der Beschlussfassung erforderlich. Dies ergibt nach Ansicht des erkennenden Senats schon die unbefangene Lektüre des Wortlauts; ...“

Auch kann der Zweck einer Zwangseinziehung treuwidrig sein und ihr entgegenstehen. So kann die Zwangseinziehung trotz des Vorliegens des Einziehungsgrundes „Pfändung des Geschäftsanteils“ treuwidrig sein, wenn die Pfändung durch einen Mitgesellschafter veranlasst worden ist, um sich eines unliebsamen Gesellschafters zu entledigen.[1170]

OLG Hamm, Urt. v. 18. Mai 2009 – 8 U 184/08 –, GmbHR 2009, S. 1161 (1163):

„... Treuwidrigkeit folgt jedenfalls daraus, dass die Vollstreckung keinen nennenswerten Erfolg versprach. Zwar ist ein Gesellschafter nicht gehindert, seine wirtschaftlichen Interessen auch gegenüber Mitgesellschaftern zu verfolgen und Forderungen unter Umständen im Wege der Zwangsvollstreckung durchzusetzen. Wenn andere Vollstreckungsmaßnahmen keinen gleichwertigen Erfolg versprechen, ist er durch die ihm obliegende Treuepflicht grundsätzlich nicht gehalten, von der Vollstreckung in Geschäftsanteile des Mitgesellschafters abzusehen. Dies ist jedoch anders zu beurteilen, wenn die Vollstreckung aller Voraussicht nach erfolglos bleiben wird. Unter diesen Umständen steht dem Interesse des Schuldners am Fortbestehen seiner Gesellschafterstellung kein schutzwürdiges Interesse des vollstreckenden Gläubigers gegenüber. ... Dem vollstreckenden Gesellschafter ist in dem Fall billigerweise anzusinnen, auf die Vollstreckungsmaßnahme zu verzichten oder jedenfalls daraus keine Konsequenzen im Hinblick auf die Einziehung des Geschäftsanteils zu ziehen. Diese Situation liegt im Streitfall vor. Die Verwertung des Geschäftsanteils des Klägers versprach im Ergebnis weder für den Mitgesellschafter noch die Beklagte einen nennenswerten Erfolg, so dass jedenfalls die darauf gestützte Zwangseinziehung des Geschäftsanteils treuwidrig war. Die Vollstreckung mit der Folge der Einziehung des Geschäftsanteils war wirtschaftlich letztlich auf das Abfindungsguthaben gerichtet, da etwa die Versteigerung des Anteils durch den pfändenden Gläubiger offensichtlich nicht gewollt war. Wie zwischen den Parteien unstreitig ist, beträgt das nach den satzungsmäßigen Vorgaben ermittelte Abfindungsguthaben 306,78 €. Angesichts der in Rede stehenden Forderung von über 120.000,00 € nebst Zinsen und Kosten liegt darin ein äußerst geringer Vollstreckungserfolg. Der Senat kann offen lassen, ob allein dieser Umstand bereits die Treuwidrigkeit begründet. Hinzu kommt nämlich noch, dass selbst der relativ geringe Betrag von 306,78 € letztlich nicht dem vollstreckenden Mitgesellschafter zugute kommt. Die vom Mitgesellschafter C3 vollstreckte Forderung war nämlich gerichtet auf Zahlung an die Beklagte. Der Erfolg aus der Vollstreckung stand somit nicht dem vollstreckenden Mitgesellschafter C3 zu, sondern der Gesellschaft. Dieser war materiell-rechtlich verpflichtet, einen evtl. aus der Vollstreckung erzielten Erlös der Gesellschaft zurückzuerstatten. Aber auch ein Vorteil der Gesellschaft, der möglicherweise indirekt dem Mehrheitsgesellschafter zugute gekommen wäre, ist nicht erkennbar. Infolge der Einziehung und der Pflicht zur Zahlung des satzungsgemäßen Entgelts

1170 OLG Hamm, GmbHR 2009, S. 1161 (1163); *Fastrich*, in: Baumbach/Hueck, GmbHG, § 34 Rn 10.

hatte die Beklagte aus ihrem Vermögen den Betrag zu zahlen, der ihr evtl anschließend wieder zugeführt wurde. Sie erlangte durch diese Aktionen keinen Vorteil etwa in Form der Stärkung ihrer Kapitalausstattung oder ihrer Liquidität. Der von der Beklagten im Verhandlungstermin vor dem Senat gegen diese Würdigung erhobene Einwand, die Gesellschaft könne in erheblicher Weise durch die Einziehung deshalb profitieren, weil der Geschäftsanteil später zu einem evtl. deutlich über dem Einziehungsentgelt liegenden Betrag verwertet werden könne, ist nicht tragfähig. Die von der Beklagten für möglich gehaltene spätere profitable Verwertung des Geschäftsanteils ist schon deshalb nicht möglich, weil der Geschäftsanteil mit Wirksamwerden der Einziehung untergeht. ... Der Senat sieht ein erhebliches Interesse des Mehrheitsgesellschafters C3 an der Beschlussfassung auch nicht darin, dass allein die Ankündigung der Einziehung des Geschäftsanteils einen erheblichen Vollstreckungsdruck aufbauen sollte, um den Kläger zur freiwilligen Erfüllung der titulierten Forderung zu veranlassen. Dem steht bereits das tatsächliche Vorgehen des Gesellschafters C3 entgegen. Dieser hat nicht etwa nach dem Scheitern anderweitiger Vollstreckungsmaßnahmen die Einziehung des Geschäftsanteils für den Fall in Aussicht gestellt, dass der Kläger die titulierte Forderung nicht begleicht. Vielmehr hat er den Kläger vor der hier in Rede stehenden Beschlussfassung gänzlich im Unklaren darüber gelassen, auf welche tatsächliche Grundlage der Einziehungsbeschluss gestützt werden sollte. Damit konnte ein Vollstreckungsdruck nur schwerlich aufgebaut werden. Der Senat kann danach dahinstehen lassen, ob etwa die Drohung mit einer Zwangseinziehung des Geschäftsanteils für den Fall, dass die Zahlungsforderung nicht erfüllt wird, den Treuwidrigkeitsvorwurf entkräften könnte. Nach alledem lässt sich als einzig nachvollziehbares Interesse des Mitgesellschafters C3 sein Bestreben feststellen, den Kläger aus der Gesellschaft hinauszudrängen, wobei er sich der formalen Rechtsposition aus § 13.1 der Satzung bediente. Dieses Verhalten war treuwidrig mit der Folge, dass die darauf beruhende Beschlussfassung keinen Bestand haben kann. Sie war auf die Anfechtung des Klägers für nichtig zu erklären. ..."

e) Verwirkung

Die Geltendmachung von Einziehungsgründen unterliegt der Verwirkung gemäß § 242 BGB.[1171] 533

OLG Celle, Urt. v. 31. Juli 1998 – 9 U 1/98 –, NZG 1999, S. 167 (168):

„... Auch hat die Kammer für Handelssachen zutreffend dargelegt, dass eine Einziehung der Geschäftsanteile (grob) treuwidrig wäre (Verbot des widersprüchlichen Verhaltens). Denn wenn die Mitgesellschafter – wie die Beklagte auf S. 3 ihres Schriftsatzes vom 28. Oktober 1997 vorgetragen hat – weder bei der Aufnahme des Klägers noch in den Folgejahren die Satzung „aus der Schublade geholt" haben, können sie nach Jahr und Tag nicht mehr mit Erfolg geltend machen, der Kläger erfülle die Zulassungsvoraussetzungen nicht. ..."

Im Zusammenhang damit steht auch der Grundsatz, dass zwischen dem Eintreten des Einziehungsgrundes bzw dem Bekanntwerden und der Entscheidung über die Zwangseinziehung kein allzu langer Zeitraum verstreichen darf, weil die Lage sonst faktisch dem verbotenen Ermessen hinsichtlich der Zwangseinziehung gleichkäme.[1172]

1171 BGH, WM 1977, S. 192; OLG Celle, GmbHR 1999, S. 551; OLG Frankfurt a.M., ZIP 1998, S. 1107; OLG München, ZIP 1984, S. 1349 (1350); *Fastrich,* in: Baumbach/Hueck, GmbHG, § 34 Rn 10.

1172 BGH, NJW 1989, S. 834 (835 f); *Fastrich,* in: Baumbach/Hueck, GmbHG, § 34 Rn 10.

BGH, Urt. v. 19. September 1988 – II ZR 329/87 –, NJW 1989, S. 834 (835 f):

„… Sieht die gesellschaftsvertragliche Bestimmung ausdrücklich vor oder ist ihr im Wege der Vertragsauslegung (§ 157 BGB) zu entnehmen, dass die Hinauskündigung des Erben binnen kurzer Frist nach seinem Eintritt in die Gesellschaft durchgeführt werden muss, so knüpft das Ausschließungsrecht an ein festes Tatbestandsmerkmal an. Gegen eine solche Vertragsgestaltung bestehen nicht die gegenüber einer Kündigungsregelung nach freiem Ermessen anzumeldenden Bedenken. Der entscheidende Grund hierfür liegt darin, dass sich die ausschlussberechtigten Gesellschafter angesichts des zeitlich begrenzten Ausschließungsrechts zügig darüber Klarheit verschaffen müssen, ob man sich mit dem neuen Mitgesellschafter abfinden will oder nicht. Nach der gesellschaftsvertraglichen Regelung ist daher ausgeschlossen, dass es zu einer willkürlichen und missbräuchlichen Handhabung des Kündigungsrechts und damit zu einer nicht hinzunehmenden Gefährdung der für ein gedeihliches Zusammenwirken erforderlichen freien Willensbildung aller Gesellschafter kommen kann. Eine andere Beurteilung ergibt sich hingegen, wenn die Kündigungsklausel ein zeitlich unbefristetes Ausschließungsrecht gegenüber dem Erben enthält. Unter diesen Umständen steht nicht ein an feste Tatbestandsmerkmale anknüpfendes Ausschlussrecht zur Diskussion; vielmehr handelt es sich um ein Kündigungsrecht nach freiem Ermessen, weil es in das Belieben der ausschlussberechtigten Gesellschafter gestellt ist, ob überhaupt und aufgrund welcher Überlegungen es zum Ausschluss kommt. Der Erbe muss daher stets mit einer grundlosen Hinauskündigung rechnen. Seine Gesellschafterstellung ist demzufolge mit den Ungewissheiten verbunden, die die Kündigungsregelung grundsätzlich als sittenwidrig erscheinen lässt, weil sie die beschriebenen Gefahren heraufbeschwört. … Für die im vorliegenden Streitfall zu beurteilende Vertragsgestaltung gilt dieselbe Unterscheidung. Zwar besteht zu der vorgenannten Kündigungsregelung insoweit ein Unterschied, als das Ausschließungsrecht Gesellschafter betrifft, die bei seiner Festlegung bereits der Gesellschaft angehörten. Dieser Umstand ist nicht ohne Bedeutung, da nicht ausgeschlossen werden kann, dass die betroffenen Gesellschafter unter dem Eindruck des künftigen Ausschließungsrechts auf die Wahrnehmung ihrer Kontrollbefugnisse oder sonstigen Rechte verzichten und den ihnen obliegenden Gesellschafterpflichten nicht nachkommen. Diese Gefahr reicht jedoch nicht aus, die Kündigungsabrede als sittenwidrig anzusehen. Eine gegenteilige Beurteilung ließe unberücksichtigt, dass das eigentliche Anstößige eines Kündigungsrechts nach freiem Ermessen darin besteht, dass es von dem oder den berechtigten Gesellschaftern willkürlich ausgeübt und als Machtinstrument eingesetzt werden kann. An dieser Voraussetzung fehlt es aber, wenn das Kündigungsrecht an den Tod eines Mitgesellschafters anknüpft, weil die betroffenen Gesellschafter hier nicht befürchten müssen, dass ihr Verhalten in oder außerhalb der Gesellschaft zu einer unberechtigten Einziehung ihrer Beteiligung führen kann. Im Gegensatz zum Kündigungsrecht nach freiem Ermessen ist daher keine psychologische Zwangslage gegeben, die eine freie Entscheidung der vom Kündigungsrecht betroffenen Gesellschafter praktisch unmöglich macht. Danach wäre die in § 21 Nr. 2 b des Gesellschaftsvertrages getroffene Kündigungsvereinbarung wirksam, wenn sie – sei es auch nur konkludent – vorschreiben würde, dass die Ausschließung nur im unmittelbaren Anschluss an den Tod des Vaters der Parteien durchgeführt werden kann. Hieran würde sich auch dann nichts ändern, falls der Gesellschaftsvertrag keine angemessene Abfindung vorsehen sollte. Das Berufungsgericht hat dieser Frage zu Recht keine Bedeutung geschenkt. Wie der erkennende Senat wiederholt zum Ausdruck gebracht hat, sind weder die Kündigungsvereinbarung noch die Hinauskündigung selbst von der Wirksamkeit der gesellschaftsvertraglichen Abfindungsregelung abhängig. … Zwar betrifft diese Aussage

Fälle, in denen das Kündigungsrecht nach freiem Ermessen noch grundsätzlich als wirksam angesehen wurde. Durch die neuere Rechtsprechung des Senats zur Sittenwidrigkeit des Ausschließungsrechts hat sich aber nichts an dem Grundsatz geändert, dass über die Wirksamkeit der Abfindungsregelung notfalls in einem getrennten Verfahren entschieden werden muss. Dies gilt erst recht, wenn dem berechtigten Gesellschafter nach der Ausgestaltung der Kündigungsklausel kein unbegrenztes, sondern ein an ein festes Tatbestandsmerkmal anknüpfendes Ausschließungsrecht zusteht. ... Nach der vorliegenden Kündigungsabrede handelt es sich allerdings insofern um ein unbegrenztes Ausschließungsrecht nach freiem Ermessen, als die Hinauskündigung gem. § 21 Nr. 2 b S. 3 des Gesellschaftsvertrages an keine Frist gebunden ist. Zwar wäre hiergegen nach der Rechtsprechung des Senats nichts einzuwenden, wenn es außergewöhnliche Umstände gäbe, die geeignet sind, diese Regelung als gerechtfertigt erscheinen zu lassen. Vom Vorliegen derartiger Umstände geht aber selbst der Bekl. nicht aus; vielmehr hält er die Kündigungsvereinbarung für wirksam, weil sie an den Tod seines Vaters anknüpfte, und die Ausschließung seiner beiden Geschwister auch grundsätzlich im unmittelbaren Anschluss an den Erbfall erfolgen sollte. ... Das vertraglich vereinbarte unbefristete Kündigungsrecht ist aber in entsprechender Anwendung des § 139 BGB als zeitlich begrenztes Ausschließungsrecht aufrechtzuerhalten. Seinem Wortlaut nach erfasst die Vorschrift des § 139 BGB nur die Fälle, dass ein Rechtsgeschäft bei Nichtigkeit eines Teils völlig nichtig oder unter Abtrennung des nichtigen Teils gültig ist, wenn die Parteien nach ihrem hypothetischen Willen das Rechtsgeschäft auch ohne den nichtigen Teil geschlossen hätten. Nicht erwähnt wird dagegen der Fall, dass die Parteien anstelle der vereinbarten nichtigen Regelung eine andere, auf das noch zulässige Maß reduzierte Regelung vereinbart hätten. Nur hierum kann es sich im gegebenen Streitfall handeln. Denn die Kündigungsklausel enthält neben der nichtigen Fristenregelung keine weitere ungeschriebene Abrede, nach der die Hinauskündigung im unmittelbaren Anschluss an den Tod des Vaters der Parteien durchgeführt werden muss. Der Revision ist daher nicht zu widersprechen, wenn sie darauf verweist, dass die Fristenregelung nicht von der übrigen Klausel getrennt werden könne. Dies bedeutet aber nicht, dass die Kündigungsvereinbarung nichtig ist. Nach Sinn und Zweck des § 139 BGB, ein teilweise nichtiges Rechtsgeschäft nach Möglichkeit aufrechtzuerhalten, wenn dies dem hypothetischen Parteiwillen entspricht, ist es vielmehr gerechtfertigt, in begrenztem Umfang auch eine quantitative Teilbarkeit und eine entsprechende Teilnichtigkeit anzuerkennen. ... Eine übermäßig lang bemessene und deshalb nach § 138 Abs. 1 BGB sittenwidrige Laufzeit bestimmter Verträge führt nach gefestigter Rechtsprechung nicht zu deren Nichtigkeit; vielmehr sind sie nach Möglichkeit in entsprechender Anwendung des § 139 BGB mit einer nicht zu beanstandenden Bindungsdauer aufrechtzuerhalten. ... Dem steht hier nicht entgegen, dass ein wegen Sittenwidrigkeit unwirksamer Vertrag grundsätzlich nicht in ein gültiges Rechtsgeschäft umgedeutet werden darf. ... Vorliegend handelt es sich nur darum, dass eine Kündigungsregelung, die allein im Hinblick auf ihre zeitlich unbegrenzte Geltung anstößig ist, die indessen bei einer zeitlich begrenzten Geltung nicht zu beanstanden wäre, auf eine nach dem Grundsatz von Treu und Glauben angemessene Geltungsdauer beschränkt wird. Gegen die übrigen Vertragsteile ist nichts einzuwenden. Auch ist entgegen der Ansicht der Revision nichts gegen die Wertung des BerGer. zu erinnern, nach der sich die Vertragsparteien auf ein zeitlich eng befristetes Ausschließungsrecht geeinigt hätten, wenn ihnen die Nichtigkeit der getroffenen Kündigungsabrede bei Abschluss des Gesellschaftsvertrages bekannt gewesen wäre. Das Berufungsurteil lässt insoweit einen Rechtsfehler nicht erkennen. ... Nicht zu entscheiden ist, welchen Inhalt die Fristenregelung haben muss, damit das Ausschließungsrecht an ein festes Tatbestandsmerkmal anknüpft. Nach Grunewald ... bietet sich an, dem ausschlussberechtigten Gesellschafter insoweit eine Entscheidungsfrist von ca. einem Jahr zuzugestehen. Ob dem gefolgt werden könnte, bedarf hier keiner Entscheidung, weil der Bekl. von seinem Kündigungsrecht zum frühestmöglichen Termin Gebrauch gemacht hat. Aus alledem ergibt sich, dass die Kl. aufgrund der Kündigung vom 20. Juni 1986 gem. § 21 Nr. 2 b des Gesellschaftsvertrages zum Ende des Geschäftsjahres 1986 aus der Gesellschaft ausgeschieden ist. ..."

f) Aufbringung und Erhaltung des Stammkapitals

534 Fest steht, dass die Zwangseinziehung eines Geschäftsanteils mit Rücksicht auf § 34 Abs. 3 iVm § 30 Abs. 1 GmbHG die Volleinzahlung des Stammkapitals voraussetzt. Der Hintergrund hierfür liegt in dem in § 19 Abs. 2 S. 1 GmbHG vorgesehenen Verbot der Befreiung von der Stammeinlage und in dem mit der Zwangseinziehung untrennbar verbundenen Untergang auch der Pflichten aus dem betroffenen Geschäftsanteil.[1173]

g) Einziehungsbeschluss

535 Die Zwangseinziehung obliegt den Gesellschaftern anlässlich einer Gesellschafterversammlung durch Beschluss gemäß § 46 Nr. 4 GmbHG, wobei allerdings der betroffene Gesellschafter zwar zur Teilnahme an der die Zwangseinziehung betreffenden Gesellschafterversammlung berechtigt und ihm auch vor der Beschlussfassung Gelegenheit zur Stellungnahme zu geben ist,[1174] er jedoch vom Stimmrecht ausgeschlossen ist, wenn es nämlich entweder um die Zwangseinziehung wegen eines in seiner Person liegenden wichtigen Grundes geht[1175] oder die Satzung dies vorsieht.[1176]

BGH, Urt. v. 20. Dezember 1976 – II ZR 115/75 –, GmbHR 1977, S. 81 (82):

„... Es kommt daher darauf an, ob die Gesellschafter am 8. Februar 1974 wirksam beschlossen haben, die Anteile der Klägerinnen einzuziehen. Das Berufungsgericht nimmt dies an, wobei es den Klägerinnen ein Stimmrecht versagt und deshalb die von ihnen abgegebenen Gegenstimmen nicht mitzählt. Dem ist im Ergebnis ebenfalls zuzustimmen. ... Fraglich ist allerdings, ob sich ein Ausschluss der Klägerinnen vom Stimmrecht schon aus der gesetzlichen Vorschrift des § 47 Abs. 4 S. 2 GmbHG herleiten lässt. ... Zwar liegt in der Einziehung ein Rechtsgeschäft gegenüber dem betroffenen Gesellschafter. Aber das Stimmverbot des § 47 Abs. 4 S. 2 GmbHG gilt nicht für Beschlüsse über innergesellschaftliche Angelegenheiten, bei denen jeder Gesellschafter aufgrund seines Mitgliedschaftsrechts von der Sache her zur Mitwirkung berufen ist; darunter fallen z. B. die Genehmigung einer Anteilsveräußerung ... oder die Benennung derjenigen Personen, an die nach dem Gesellschaftsvertrag die Erben eines Gesellschafters ihre Anteile abzutreten haben. ... Als eine solche mitgliedschaftliche Angelegenheit könnte man auch die Einziehung eines Geschäftsanteils auffassen. Gleichwohl möchte das Berufungsgericht den von

---

1173 *Fastrich,* in: Baumbach/Hueck, GmbHG, § 34 Rn 11; *Lutter,* in: Lutter/Hommelhoff, GmbHG, § 34 Rn 22, 47.

1174 BGH, DStR 1997, S. 1257; OLG München, NZG 1998, S. 383 (384); *Fastrich,* in: Baumbach/Hueck, GmbHG, § 34 Rn 14; *Lutter,* in: Lutter/Hommelhoff, GmbHG, § 34 Rn 43.

1175 Hier ist ein Stimmrechtsausschluss nur dann begründet, wenn der wichtige Grund auch tatsächlich vorliegt. Die bloße Behauptung reicht nicht aus. Insofern ist eine Inzidentprüfung erforderlich und handelt es sich bei dem wichtigen Grund um eine mehrfach relevante Tatsache. Vgl dazu *Zöllner,* in: Baumbach/Hueck, GmbHG, § 47 Rn 87 mwN (sehr polemisch in Fn 218); anders dagegen etwa *Kleindiek,* in: Lutter/Hommelhoff, GmbHG, § 38 Rn 17.

1176 BGHZ 9, S. 157 (176); GmbHR 1977, S. 81 (82); NJW-RR 1990, S. 530 (531); OLG Celle, GmbHR 1998, S. 140 (141); *Lutter,* in: Lutter/Hommelhoff, GmbHG, § 34 Rn 43.

der Einziehung betroffenen Gesellschafter zumindest in einer Familiengesellschaft allgemein vom Stimmrecht ausgeschlossen wissen. Es verweist hierzu auf die Rechtsprechung des Senats, wonach ein Gesellschafter nicht „Richter in eigener Sache" sein kann und deshalb nicht über seine Ausschließung aus wichtigem Grund mit abstimmen darf. ... Dabei handelt es sich in der Regel um eine von dem Gesellschafter selbst ausgehende Gefährdung der Gesellschaft, die seine weitere Mitgliedschaft für die anderen Gesellschafter unzumutbar macht. Damit ist der Fall der Einziehung aus einem in der Satzung bestimmten sonstigen Grund nicht ohne weiteres gleichzusetzen, zumal hier vielfach dem Interesse des Betroffenen an seinem Verbleiben in der Gesellschaft ein gleich starkes persönliches Interesse der übrigen Gesellschafter an der mit der Einziehung verbundenen Erweiterung ihrer eigenen Beteiligungen gegenübersteht, so dass mit dem Gesichtspunkt des Interessenkonflikts ein Stimmverbot allein für den Inhaber des einzuziehenden Anteils unter Umständen kaum zu rechtfertigen ist. ... Im vorliegenden Fall erübrigt es sich jedoch, die Frage eines Stimmverbots bei Einziehungsbeschlüssen allgemein zu entscheiden. Denn nach der zutreffenden Auffassung des Berufungsgerichts ergibt sich ein solches Verbot hier jedenfalls aus dem Gesellschaftsvertrag. ..."

Anderenfalls bleibt es beim Stimmrecht auch des betroffenen Gesellschafters.[1177] Ausgeschlossen sind in der Regel auch solche anderen Gesellschafter, die in ihrer Person gleichfalls einen Einziehungsgrund verwirklichen.[1178] Wird einem nach Gesetz und Satzung teilnahme- und redeberechtigten Gesellschafter entweder bereits die Teilnahme vorenthalten oder keine Redemöglichkeit gewährt oder wird er an der Kontrolle der Rechtmäßigkeit gehindert, begründet das die Anfechtbarkeit des entsprechenden Beschlusses.[1179]

BGH, Urt. v. 12. Juli 1971 – II ZR 127/69 –, NJW 1971, S. 2225:

„... Das Recht jedes Gesellschafters auf Abhaltung einer Versammlung und Teilnahme an ihr (§ 48 GmbHG) ist vom Stimmrecht zu unterscheiden; es besteht unabhängig davon, ob der Gesellschafter über die in der Versammlung zu erörternden Angelegenheiten mitstimmen kann. ... Der Gesellschafter muss, auch soweit er von der Stimmabgabe ausgeschlossen ist, kraft seiner Mitgliedstellung die Gelegenheit haben, seine Auffassung über den zur Beschlussfassung anstehenden Punkt den Mitgesellschaftern vorzutragen und Einwendungen geltend zu machen. Schon mit Rücksicht auf ein etwaiges Anfechtungsrecht muss er auch verlangen und darüber wachen können, dass alle nach Gesetz oder Satzung zur Beschlussfassung notwendigen Förmlichkeiten eingehalten werden. ..."

Die ablehnende Stimmabgabe eines Gesellschafters ist immer dann rechtsmissbräuch- 536
lich, wenn zum einen ein die Zwangseinziehung rechtfertigender Grund vorliegt und zum anderen keine überwiegenden Gründe des Gesellschaftsinteresses für einen Verbleib des betroffenen Gesellschafters sprechen. Der betreffende Beschluss ist anfechtbar, und hier ist auch eine Verbindung mit einer positiven Beschlussfeststellungsklage möglich.[1180] Daran ändert sich auch nicht etwa deshalb etwas, weil uU der Inhaber

1177 *Altmeppen,* in: Roth/Altmeppen, GmbHG, § 34 Rn 66; *Fastrich,* in: Baumbach/Hueck, GmbHG, § 34 Rn 14.
1178 *Lutter,* in: Lutter/Hommelhoff, GmbHG, § 34 Rn 43.
1179 BGH, DStR 1997, S. 1257; OLG München, NZG 1998, S. 383 (384); *Fastrich,* in: Baumbach/Hueck, GmbHG, § 34 Rn 14.
1180 BGH, WM 1987, S. 1011 (1013); WM 1990, S. 677 (678); *Lutter,* in: Lutter/Hommelhoff, GmbHG, § 34 Rn 43.

eines Splitter-Geschäftsanteils allein über die Zwangseinziehungen zu entscheiden hat.[1181]

537 Die Satzung kann darüber hinaus Einzelheiten das Stimmrecht des betroffenen Gesellschafters betreffend sowie hinsichtlich der erforderlichen Mehrheit regeln. So kann auch Einstimmigkeit aller Stimmberechtigten vorgesehen sein. Allerdings können entsprechende Satzungsbestimmungen so auszulegen sein, dass es lediglich der Zustimmung aller erschienenen und stimmberechtigten Gesellschafter bedarf, nicht dagegen ist eine einmütige Entscheidung sowohl der erschienenen als auch der nicht erschienenen Gesellschafter erforderlich.[1182] Sieht die Satzung insofern keine abweichende Regelung vor, reicht jedenfalls die einfache Mehrheit der abgegebenen Stimmen nach § 47 Abs. 1 GmbHG aus.[1183]

538 Durch eine entsprechende Regelung in der Satzung kann die Einziehungsentscheidung einem anderen Organ der Gesellschaft (Geschäftsführung, Beirat, Aufsichtsrat) und uU sogar einem einzelnen Gesellschafter wirksam übertragen werden;[1184] denn die Gesellschafter können nach § 45 GmbHG auch insofern weitgehend frei entscheiden, und damit geht ohne Weiteres keine Einschränkung der Rechtsschutzmöglichkeiten (Nichtigkeits- und Anfechtungsklage auch gegen die Beschlüsse anderer Organe, s. Rn 370 ff) einher.[1185] Zu beachten ist in diesem Zusammenhang, dass nicht jeder Rechtsweg gegen die Zwangseinziehung wirksam ausgeschlossen werden kann[1186] und dass dieses verbotene Ergebnis auch nicht durch Übertragung der Beschlussfassung auf andere Organe o.Ä. herbeigeführt werden kann. Ob die Befugnis zur Zwangseinziehung auch einem außenstehenden Dritten übertragen werden kann, ist dagegen mit Rücksicht auf dessen mangelnde Einbindung in die gesellschaftsrechtlichen Pflichten höchst zweifelhaft.[1187]

539 Inhaltlich muss der die Zwangseinziehung betreffende Gesellschafterbeschluss deutlich erkennen lassen, dass die Gesellschafter eine Einziehung unmittelbar durch Beschluss und nachfolgende Einziehungserklärung bzw -mitteilung, nicht hingegen eine Ausschlussklage wünschen. Da die betreffenden Maßnahmen ganz verschiedene Rechtsfolgen haben, führt ein Verstoß hiergegen zur Nichtigkeit des betreffenden Gesellschafterbeschlusses, wenn nicht die Auslegung ein bestimmtes Verständnis ermöglicht.[1188]

BGH, Urt. v. 20. Februar 1995 – II ZR 46/94 –, ZIP 1995, S. 835 (836):

„... Entgegen der Ansicht der Revision leidet der Beschluss allerdings nicht an einem formellen Mangel. Einmal war für den Kläger mit hinreichender Deutlichkeit erkennbar, dass Beschlussgegenstand die Einziehung seines Geschäftsanteils war, zum anderen

1181 BGH, WM 1990, S. 677 (678); *Lutter,* in: Lutter/Hommelhoff, GmbHG, § 34 Rn 43.

1182 OLG Hamm, NZG 1999, S. 599; *Lutter,* in: Lutter/Hommelhoff, GmbHG, § 34 Rn 44 (allerdings ohne auf die Möglichkeit einer abweichenden Auslegung einzugehen).

1183 *Fastrich,* in: Baumbach/Hueck, GmbHG, § 34 Rn 14; *Ulmer,* in: Ulmer, GmbHG, § 34 Rn 49.

1184 LG Heilbronn, GmbHR 1994, S. 322; *Fastrich,* in: Baumbach/Hueck, GmbHG, § 34 Rn 14; *Ulmer,* in: Ulmer, GmbHG, § 34 Rn 110; krit. allerdings *Goette,* DStR 1997, S. 1336 (1337); *Strohn,* in: MünchKomm-GmbHG, § 34 Rn 24.

1185 *Fastrich,* in: Baumbach/Hueck, GmbHG, § 34 Rn 14; *Lutter,* in: Lutter/Hommelhoff, GmbHG, § 34 Rn 20, 44, der allerdings eine Gesellschafterfeststellungsklage gegen die Gesellschaft befürwortet.

1186 *Fastrich,* in: Baumbach/Hueck, GmbHG, § 34 Rn 10.

1187 Dagegen *Fastrich,* in: Baumbach/Hueck, GmbHG, § 34 Rn 14; *Lutter,* in: Lutter/Hommelhoff, GmbHG, § 34 Rn 15; *Strohn,* in: MünchKomm-GmbHG, § 34 Rn 26; anders *Sosonitza,* in: Michalski, GmbHG, § 34 Rn 101.

1188 BGH, ZIP 1995, S. 835; OLG Hamm, GmbHR 1995, S. 736 (738); *Fastrich,* in: Baumbach/Hueck, GmbHG, § 34 Rn 14.

brauchte die Abfindungsregelung nicht in den Beschluss aufgenommen zu werden. ... Der Beschluss vom 18. November 1991 spricht zwar nicht davon, dass der Geschäftsanteil des Klägers eingezogen werden solle, vielmehr heißt es dort nur, es werde „die Beendigung der Gesellschafterstellung von Herrn U. Ka. Beschlossen“. Darin hat das Berufungsgericht rechtsfehlerfrei den Ausdruck des Willens der Gesellschafter gesehen, die Gesellschafterstellung des Klägers durch rechtsgestaltenden Beschluss zu beenden. Gegenstand eines solchen Beschlusses konnte nach § 10 Abs. III des Gesellschaftsvertrages der Beklagten nur die Zwangseinziehung des Geschäftsanteils sein, nicht hingegen die Ausschließung des Klägers. Denn die Ausschließung eines Gesellschafters kann nach § 11 des Gesellschaftsvertrages allein durch gerichtliches Gestaltungsurteil erwirkt werden. ...“

h) Abfindung

540 Nur wenn dies im Gesellschaftsvertrag als Wirksamkeitsvoraussetzung vorgesehen ist, muss schon mit der Zwangseinziehung eine Abfindung festgesetzt werden,[1189] und seit sich der Bundesgerichtshof der sog. Haftungslösung angeschlossen hat, steht auch der sofortige Eintritt der Wirksamkeit des Einziehungsbeschlusses unabhängig von der Zahlung der Abfindung fest.[1190] Der bislang notwendigen Satzungsbestimmung über die sofortige Wirksamkeit der Einziehung bedarf es nach der Änderung der Rechtsprechung nicht mehr.

541 Die erwähnte neue Rechtsprechung des Bundesgerichtshofs zur Haftungslösung[1191] begründet Zweifel, ob es für den Einziehungsbeschluss überhaupt noch darauf ankommt, dass die Abfindung aus freiem Kapital gezahlt werden kann, wenn nämlich ohnehin die beschließenden Gesellschafter anteilig haften.[1192] Der Bundesgerichtshof hat indessen an diesem Wirksamkeitserfordernis des Einziehungsbeschlusses trotz der Hinwendung zur Haftungslösung festgehalten. Dementsprechend bleibt es dabei, dass ein Beschluss über die Zwangseinziehung nichtig ist, wenn von vornherein feststeht, dass die geschuldete Abfindung nicht aus dem freiem Vermögen der Gesellschaft gezahlt werden kann.[1193]

BGH, Urt. v. 24. Januar 2012 – II ZR 109/11 –, NZG 2012, S. 259 (Rn 7):

„... Ein Einziehungsbeschluss ist entsprechend § 241 Nr. 3 AktG nichtig, wenn bereits bei Beschlussfassung feststeht, dass das Einziehungsentgelt nicht aus freiem, die Stammkapitalziffer nicht beeinträchtigenden Vermögen der Gesellschaft gezahlt werden kann. ... Dass bei Beschlussfassung am 19. April 2001 feststand, dass die Abfindung, die nach § 6 IV des Gesellschaftsvertrags innerhalb von zwei Jahren bar zu bezahlen war, nicht aus dem freien Vermögen der Gesellschaft geleistet werden konnte (§ 34 Abs. 3, § 30 Abs. 1 GmbHG), hat das BerGer. nicht festgestellt und hat keine der Parteien behauptet. ...“

1189 BGH, ZIP 1995, S. 835; *Fastrich,* in: Baumbach/Hueck, GmbHG, § 34 Rn 14.

1190 BGH, NZG 2009, S. 221 (Rn 7); NJW 2011, S. 2294 (Rn 15); NZG 2012, S. 259 (Rn 7); KG, ZIP 2006, S. 1098; OLG Hamm, GmbHR 1993, S. 743 (746); dazu *Lutter,* in: Lutter/Hommelhoff, GmbHG, § 34 Rn 48 ff; anders noch BGH, ZIP 2003, S. 1544; ZIP 2009, S. 314; OLG Düsseldorf, DB 2007, S. 848 (aufschiebend durch Zahlung der Abfindung bedingte Wirksamkeit der Einziehung).

1191 BGH, NZG 2009, S. 221 (Rn 7); NJW 2011, S. 2294 (Rn 15); NZG 2012, S. 259 (Rn 7); KG, ZIP 2006, S. 1098.

1192 Dazu *Fastrich,* in: Baumbach/Hueck, GmbHG, § 34 Rn 15, 40 ff.

1193 BGH, NZG 2009, S. 221 (Rn 7); NJW 2011, S. 2294 (Rn 15); NZG 2012, S. 259 (Rn 7); *Fastrich,* in: Baumbach/Hueck, GmbHG, § 34 Rn 15, 43 aE, 47.

i) Übereinstimmung von Stammkapital und Summe der Nennbeträge der Geschäftsanteile, § 5 Abs. 3 S. 2 GmbHG

542 Während § 5 Abs. 3 S. 2 GmbHG aF so verstanden wurde, dass ein Auseinanderfallen von Stammkapital und Summe der Geschäftsanteile nach der Gründung etwa durch (Zwangs-)Einziehung unproblematisch und hinzunehmen war,[1194] spricht die Begründung des Regierungsentwurfs des MoMiG dafür, dass die in § 5 Abs. 3 S. 2 GmbHG nF vorgesehene Übereinstimmung dauerhaft und ununterbrochen vorliegen muss.[1195] Die Lösung dieses Problems für den Fall der (Zwangs-)Einziehung, die notwendig mit dem Untergang eines Geschäftsanteils verbunden ist, ist ungeklärt und umstritten. Während teilweise eine ipso iure eintretende anteilige Erhöhung der verbleibenden Geschäftsanteile befürwortet wird,[1196] lehnen andere dies u.a. mit Blick auf die danach möglichen Bruchteile und § 5 Abs. 2 S. 1 GmbHG ab. Sie befürworten eine Gleichstellung von Einziehung und Ausschluss hinsichtlich der Rechtsfolgen.[1197] Umstritten und ungeklärt ist auch die im vorliegenden Zusammenhang vor allem interessierende Frage, ob die nach § 5 Abs. 3 S. 2 GmbHG gebotene Übereinstimmung von Stammkapital und Summe der Nennbeträge der Geschäftsanteile Wirksamkeitsvoraussetzung der Zwangseinziehung ist.[1198] Im Gesetz haben die Vorstellungen der Bundesregierung jedenfalls keinen hinreichenden Niederschlag gefunden.

OLG Saarbrücken, Urt. v. 1. Dezember 2011 – 8 U 315/10 –, NZG 2012, S. 180 (181):
„... Welche Konsequenzen daraus zu ziehen sind, wenn ein Einziehungsbeschluss gegen § 5 Abs. 3 S. 2 GmbHG verstößt, ist umstritten und bisher höchstrichterlich noch nicht entschieden. In der Literatur wird im Wesentlichen die Nichtigkeit des Einziehungsbeschlusses im Hinblick auf die Folgen für bereits gefasste Einziehungsbeschlüsse abgelehnt. ... Demgegenüber haben das LG Essen ... und das LG Neubrandenburg ... die Auffassung vertreten, dass angesichts der klaren und unmissverständlichen Regierungsbegründung ein Verstoß gegen § 5 Abs. 3 S. 2 GmbHG die Nichtigkeit des Einziehungsbeschlusses nach § 134 BGB nach sich ziehe. Ob der Auffassung der beiden Landgerichte gefolgt werden kann, erscheint allerdings fraglich. Zwar hat die Regierung in ihrer Begründung der Änderung des § 5 Abs. 3 GmbHG klar zum Ausdruck gebracht, dass auch die Einziehung von Geschäftsanteilen nicht zum Auseinanderfallen der Nennbeträge der Geschäftsanteile und der Stammeinlage führen dürfen, wobei sie allerdings eine Regelung, wie dies erreicht werden soll (Aufstockung bestehender Anteile, Kapitalherabsetzung oder Neuschaffung eines entsprechenden Gesellschaftsanteils), gerade nicht getroffen hat. Eine Entscheidung hierüber bleibt auch nach der Begründung der Gesellschafterversammlung vorbehalten. Ob sie diese mit dem Einziehungsbeschluss verbinden muss, um die Vorgabe des § 5 Abs. 3 S. 2 GmbHG einzuhalten, lässt sich der Begründung nicht entnehmen. Ein solches Verbot des späteren Auseinanderfallens von Stammkapital und Nennbeträgen der Geschäftsanteile hat allerdings in dem Wortlaut der Vorschrift des § 5 Abs. 3 S. 2 GmbHG keinen Niederschlag gefunden. Vielmehr wurde bei der Neuregelung lediglich der Begriff der Stammeinlagen in § 5 Abs. 3 S. 3 GmbHG a. F. durch den des Nennbetrags der Geschäftsanteile ersetzt und blieb im Übrigen unverändert nach Wegfall

1194 *Fastrich,* in: Baumbach/Hueck, GmbHG, § 34 Rn 17 a; *Ulmer,* in: Ulmer, GmbHG, § 34 Rn 65.
1195 BR-Drucks. 354/07, S. 69; *Fastrich,* in: Baumbach/Hueck, GmbHG, § 34 Rn 17 a.
1196 *Lutter,* in: Lutter/Hommelhoff, GmbHG, § 34 Rn 2, 3.
1197 *Fastrich,* in: Baumbach/Hueck, GmbHG, § 34 Rn 17 b.
1198 Dagegen OLG Saarbrücken, NZG 2012, S. 180 (181); LG Dortmund, ZIP 2012, S. 1247; *Fastrich,* in: Baumbach/Hueck, GmbHG, § 34 Rn 17 a; anders LG Essen, NZG 2010, S. 867; LG Neubrandenburg, GmbHR 2011, S. 823; *Sosnitza,* in: Michalski, GmbHG, § 34 Rn 122.

des § 5 Abs. 3 S. 2 GmbHG a. F. als neuer S. 2 bestehen. Eine Änderung der bisher bestehenden Auffassung, wonach ein späteres Auseinanderfallen der Summe der Geschäftsanteile und des Stammkapitals lediglich einen „Schönheitsfehler" darstellt ..., lässt sich dem Wortlaut dieser Neufassung nicht entnehmen. Eine solche Absicht ergibt sich allein aus der Regierungsbegründung, ohne dass dort allerdings klargestellt wird, welche Rechtsfolge daraus zu ziehen ist, wenn eine entsprechende Regelung – Kapitalherabsetzung, Aufstockung der Nennbeträge der Geschäftsanteile, Bildung eines neuen Geschäftsanteils – bei Einziehung eines Geschäftsanteils unterbleibt. Schließlich spricht auch die systematische Stellung des § 5 Abs. 3 S. 2 GmbHG gegen die in der Regierungsbegründung zum Ausdruck gebrachte Erstreckung auf die gesamte Dauer des Bestehens einer GmbH, denn sie steht im Abschnitt 1 unter der Überschrift „Errichtung der Gesellschaft", ohne dass der die Einziehung regelnde, speziellere § 34 GmbHG hierauf verweist. Demgegenüber zeigt der Verweis in § 55 Abs. 4 GmbHG, der die Erhöhung des Stammkapitals regelt, auf § 5 Abs. 2 und 3 GmbHG, dass diese Vorschrift ohne entsprechenden Verweis keine allgemeine Gültigkeit über die Gründungsphase hinaus beanspruchen kann. ..."

j) Einziehungserklärung, Wirksamkeit und wechselseitige Einziehungsanträge

Zwar wird die Einziehung nicht ohne Weiteres mit dem Gesellschafterbeschluss über die betreffende Maßnahme wirksam, sondern setzt in der Regel[1199] eine Einziehungserklärung durch die Geschäftsführer in vertretungsberechtigter Zahl[1200] bzw durch ermächtigte Gesellschafter[1201] als einseitiges Rechtsgeschäft und empfangsbedürftige Willenserklärung voraus, die mit ihrem Zugang rechtsgestaltende Wirkung entfaltet und schon deshalb unwiderruflich ist.[1202] Jedoch spielt das für die hier interessierende Nichtigkeit und Anfechtbarkeit des vorausgehenden Gesellschafterbeschlusses keine Rolle. Bei den sehr verbreiteten wechselseitigen Einziehungsanträgen ist zu beachten, dass ein solches Vorgehen jedenfalls dann unzulässig ist, wenn bei der Abstimmung in der Gesellschafterversammlung die gegenseitigen Anträge nicht einheitlich behandelt und besprochen werden (s. Rn 558 ff).[1203] Das hat letztlich zur Folge, dass derjenige nicht abstimmen darf (Rn 535) und iE von der Einziehung betroffen ist, in dessen Person ein wichtiger Grund vorliegt. Auf die Reihenfolge in der Tagesordnung und auf etwaige Manipulationen kommt es danach nicht an. 543

2. Beschlussmängel

Hier finden die oben (Rn 19 ff, 176 ff, 274 ff) erörterten allgemeinen Regeln für die Nichtigkeit und Anfechtbarkeit von Gesellschafterbeschlüssen sowie die Geltendmachung entsprechender Mängel Anwendung.[1204] 544

1199 Ausnahme: Betroffener Gesellschafter nimmt an Versammlung teil, bei der Einziehung beschlossen wird, *Altmeppen,* in: Roth/Altmeppen, GmbHG, § 34 Rn 73; *Fastrich,* in: Baumbach/Hueck, GmbHG, § 34 Rn 16; *Ulmer,* in: Ulmer, GmbHG, § 34 Rn 56 (iE).

1200 *Fastrich,* in: Baumbach/Hueck, GmbHG, § 34 Rn 16; *Lutter,* in: Lutter/Hommelhoff, GmbHG, § 34 Rn 24.

1201 *Fastrich,* in: Baumbach/Hueck, GmbHG, § 34 Rn 16.

1202 BFH, GmbHR 2008, S. 1232; *Lutter,* in: Lutter/Hommelhoff, GmbHG, § 34 Rn 24.

1203 OLG München, Urt. v. 8. Oktober 1993 – 23 U 3365/93 –, NJW-RR 1994, S. 496 (497).

1204 *Fastrich,* in: Baumbach/Hueck, GmbHG, § 34 Rn 15; anders *Lutter,* in: Lutter/Hommelhoff, GmbHG, § 34 Rn 51, der zwar für den Fall der Verletzung des § 34 Abs. 2 GmbHG von Wirkungslosigkeit ausgeht, aber keine Nichtigkeits- und Anfechtungsklage verlangt, sondern in unnötiger Abweichung von den allgemeinen Regeln eine Gesellschafterfeststellungsklage ausreichen lässt.

Allerdings bedeutet das in Zusammenhang mit der Einziehung, dass der betreffende Gesellschafterbeschluss grundsätzlich nichtig ist, wenn die gesetzlichen Voraussetzungen der Zwangseinziehung nach § 34 Abs. 2 GmbHG nicht vorliegen.[1205] Das gilt zB dann, wenn eine ausreichende Grundlage in der Satzung nicht vorhanden ist,[1206] die auf den eingezogenen Geschäftsanteil zurückgehende Einlage nicht voll eingezahlt ist[1207] oder von vornherein feststeht, dass die geschuldete Abfindung nicht aus freiem Vermögen gezahlt werden kann, also ein Verstoß gegen die Regeln über die Kapitalerhaltung vorliegt.[1208]

545 Bloß zur Anfechtbarkeit führt es dagegen, wenn zwar eine hinreichende Satzungsbestimmung vorhanden ist, deren Voraussetzungen aber nicht vorgelegen haben.[1209] Das Gleiche gilt für eine Verletzung des Gebots der Gesellschaftergleichbehandlung.[1210] Auch begründet die mangelnde schlüssige Darlegung eines Einziehungsgrundes lediglich die Anfechtbarkeit des Beschlusses.[1211]

546 **Übersicht über die Voraussetzungen der Zwangseinziehung – Nr. 42**

1. Grundlage in der Satzung	a) Entweder schon im Zeitpunkt des Beitritts geregelt, § 34 Abs. 2 GmbHG, oder b) nachträglich eingeführt mit Zustimmung aller Gesellschafter.
2. Notwendiger Inhalt der Klausel	a) Hinreichende Bestimmtheit, so dass die Gesellschafter Bedeutung erkennen können und die Einziehung gerichtlich überprüfbar ist; b) kein Ermessen; c) wichtiger Grund o.a. Tatbestände.
3. Tatsächliches Vorliegen des vorgesehenen Grundes	Wichtig: gemeinsame Behandlung wechselseitiger Anträge.
4. Abwägung	a) Unzumutbarkeit für die anderen Gesellschafter, b) ultima ratio, c) Einschränkung aus Gründen der Treuepflicht, d) Verwirkung, § 242 BGB.
5. Volleinzahlung der Einlage	
6. Abfindung	a) Zwar nach Änderung der Rspr iSd. Haftungslösung nicht mehr aufschie-

1205 *Fastrich,* in: Baumbach/Hueck, GmbHG, § 34 Rn 15.
1206 BGH, GmbHR 1999, S. 1194; *Fastrich,* in: Baumbach/Hueck, GmbHG, § 34 Rn 15.
1207 *Fastrich,* in: Baumbach/Hueck, GmbHG, § 34 Rn 15; *Strohn,* in: MünchKomm-GmbHG, § 34 Rn 84.
1208 *Fastrich,* in: Baumbach/Hueck, GmbHG, § 34 Rn 15, 40 ff unter Bezugnahme auch auf die nunmehr auch vom BGH vertretene Haftungslösung: BGH, NZG 2009, S. 221 (Rn 7); NJW 2011, S. 2294 (Rn 15); NZG 2012, S. 259 (Rn 7).
1209 *Fastrich,* in: Baumbach/Hueck, GmbHG, § 34 Rn 15.
1210 *Fastrich,* in: Baumbach/Hueck, GmbHG, § 34 Rn 15.
1211 *Fastrich,* in: Baumbach/Hueck, GmbHG, § 34 Rn 15; *Strohn,* in: MünchKomm-GmbHG, § 34 Rn 83.

	bend bedingt durch Zahlung der Abfindung, aber b) auch nach neuer BGH-Rspr (BGH, NZG 2009, S. 221, Rn 7; NJW 2011, S. 2294, Rn 15; NZG 2012, S. 259, Rn 7) noch nichtig, wenn von vornherein feststeht, dass Abfindung nicht aus freiem Vermögen der GmbH erbracht werden kann.
7. Übereinstimmungsgebot, § 5 Abs. 3 S. 2 GmbHG	Str., ob Wirksamkeitsvoraussetzung (dagegen OLG Saarbrücken, NZG 2012, S. 180, 181).
8. Formal und im Übrigen (Nichtigkeits- und Anfechtungsgründe allgemeiner Art) ordnungsgemäßer Gesellschafterbeschluss	

II. Ausschluss eines Gesellschafters

Wie bereits ausgeführt unterscheidet sich der Ausschluss eines Gesellschafters von der (Zwangs-)Einziehung dadurch, dass der Ausschluss lediglich zum Ausscheiden des betroffenen Gesellschafters führt, dementsprechend die Person des Gesellschafters als Inhaber des Geschäftsanteils betrifft, den Geschäftsanteil selbst aber in seinem Bestand nicht berührt, während die Einziehung (Amortisation) dem Geschäftsanteil gilt[1212] und zum Untergang des betroffene Geschäftsanteils mit allen an ihm hängenden Rechten und Pflichten führt.[1213] 547

BGH, Urt. v. 19. September 1977 – II ZR 11/76 –, NJW 1977, S. 2316:

„..., sind Ausschließung und Einziehung verschiedene Begriffe: Die Ausschließung betrifft den Gesellschafter persönlich und bezieht sich im allgemeinen (von dem besonderen Verfahren nach §§ 21 ff. GmbHG abgesehen) nicht auf bestimmte Anteile; sie ist bei Vorliegen wichtiger Gründe auch ohne ausdrückliche Regelung im Gesellschaftsvertrag zulässig und führt nicht notwendig zum Untergang des Geschäftsanteils, sondern kann auch in der Weise durchgeführt werden, dass der Anteil an einen Dritten veräußert oder von der Gesellschaft selbst übernommen wird, worüber es im Einzelfall besonderer Bestimmung bedarf. ... Die Einziehung richtet sich demgegenüber unmittelbar gegen den einzelnen Geschäftsanteil und vernichtet diesen; sie setzt entweder den Ausschluss des Gesellschafters aus wichtigem Grund oder sonst eine Satzungsbestimmung gem. § 34 GmbHG voraus und ist nur in den Grenzen der Vorschriften zum Schutz des Stammkapitals zulässig. ...“

Das GmbH-Gesetz enthält zwar in den §§ 34, 61 GmbHG Regelungen für die Einziehung (Amortisation) und die Auflösungsklage, nicht aber allgemeine Bestimmungen

1212 BGH, NJW 1977, S. 2316 f; *Fastrich*, in: Baumbach/Hueck, GmbHG, § 34 Rn 2, § 34 Anh. Rn 1.

1213 BGH, JZ 1989, S. 252 (253); *Fastrich*, in: Baumbach/Hueck, GmbHG, § 34 Rn 19; *Lutter*, in: Lutter/Hommelhoff, GmbHG, § 34 Rn 2 (allerdings können sich Rechte am Abfindungserlös als Surrogat fortsetzen).

über den Ausschluss. Vielmehr finden sich hier nur einige wenige spezielle Vorschriften (§ 21, § 28 Abs. 1 GmbHG). Gleichwohl ist die Zulässigkeit eines Ausschlusses aus wichtigem Grund in Anlehnung an die für Dauerschuldverhältnisse geltenden Regeln und das für Personenhandelsgesellschaften geltende Recht anerkannt.[1214] Da es sich hier außerdem um ein allgemeines Prinzip handelt, ist das Recht der Gesellschafter, einen anderen Gesellschafter aus wichtigem Grund auszuschließen, zwar einer näheren Ausgestaltung durch die Satzung zugänglich, kann aber nicht abbedungen oder eingeschränkt werden.[1215]

BGH, Urt. v. 16. Dezember 1991 – II ZR 58/91 –, NJW 1992, S. 892 (894):

„... Dem Gesellschafter einer GmbH wird überwiegend das Recht zuerkannt, bei Vorliegen eines wichtigen Grundes aus der Gesellschaft auszutreten. ... Dieses Recht gehört als Grundprinzip des Verbandsrechts zu den zwingenden, unverzichtbaren Mitgliedschaftsrechten ... Es kann dann geltend gemacht werden, wenn Umstände vorliegen, die dem austrittswilligen Gesellschafter den weiteren Verbleib in der Gesellschaft unzumutbar machen. ...“

548 Zu Nichtigkeits- und Anfechtungsklagen kann es im Zusammenhang mit dem Ausschluss eines Gesellschafters nur insofern kommen, als überhaupt ein angreifbarer Beschluss als tauglicher Gegenstand vorliegt. Das ist in zwei Konstellationen der Fall: Zum einen kann ein Ausschluss im Wege einer Ausschlussklage erfolgen. Hier müssen die Gesellschafter zuvor einen Beschluss über die Erhebung der Ausschlussklage fassen, der angefochten werden kann. Allerdings kann im Rahmen der entsprechenden Klage nicht das Fehlen materieller Ausschlussvoraussetzungen gerügt werden, sondern es können lediglich formale Mängel und Treuepflichtverletzungen (rechtsmissbräuchliche Ausschlussklage) geltend gemacht werden. Die Prüfung der materiellen Ausschlussvoraussetzungen ist demgegenüber dem die Ausschlussklage betreffenden Zivilprozess vorbehalten.[1216]

BGH, Urt. v. 13. Januar 2003 – II ZR 227/00 –, NJW 2003, S. 2314 (2315):

„... Aus Rechtsgründen nicht zu beanstanden ist allerdings die Ansicht des Berufungsgerichts, dass mit dem angefochtenen Gesellschafterbeschluss keine unmittelbar rechtsgestaltende, in der Satzung der Beklagten nicht vorgesehene Entscheidung über den Ausschluss des Klägers aus der Beklagten getroffen, sondern nur über die Erhebung einer Ausschließungsklage gegen ihn entschieden werden sollte. Dass diese von der Beklagten inzwischen (in einem anderen Rechtsstreit) erhoben worden ist, lässt das Rechtsschutzbedürfnis für die vorliegende Anfechtungsklage – entgegen den insoweit nur im Ergebnis zutreffenden Ausführungen des Berufungsgerichts – schon deshalb unberührt, weil der Gesellschafterbeschluss notwendige (materielle) Voraussetzung für die Erhebung der Ausschließungsklage ist ... und seine Anfechtbarkeit wegen der nach Ansicht des Klägers unrichtigen Feststellung des Abstimmungsergebnisses ... nur im Wege der Anfechtungsklage (entsprechend § 246 AktG) geltend gemacht werden kann. ... Lediglich das Fehlen eines wichtigen Grundes für die Ausschließung kann im Anfechtungsprozess nicht geltend gemacht werden, weil darüber allein im Rechtsstreit über die Ausschließungsklage zu entscheiden ist, während umgekehrt formelle Mängel des für sie erforderlichen Gesell-

1214 BGHZ 9, S. 157 (161 ff); 116, S. 359 (360 u. 369); *Fastrich,* in: Baumbach/Hueck, GmbHG, § 34 Anh. Rn 1; *Ulmer,* in: Ulmer, GmbHG, § 34 Anh. Rn 3.

1215 *Fastrich,* in: Baumbach/Hueck, GmbHG, § 34 Anh. Rn 1; *Strohn,* in: MünchKomm-GmbHG, § 34 Anh. Rn 105, 137; *Ulmer,* in: Ulmer, GmbHG, § 34 Anh. Rn 19.

1216 BGH, NJW 2003, S. 2314 (2315); *Fastrich,* in: Baumbach/Hueck, GmbHG, § 34 Anh. Rn 9; *Ulmer,* in: Ulmer, GmbHG, § 34 Anh. Rn 29 f.

schafterbeschlusses, die dessen Anfechtbarkeit entsprechend § 243 Abs. 1 AktG begründen, hier keine Rolle spielen, wenn der Beschluss nicht erfolgreich angefochten und damit der Ausschließungsklage die Grundlage entzogen wird. ... Daraus folgt – entgegen einer zum Teil vertretenen Ansicht ... – nicht nur ein Rechtsschutzbedürfnis für die Anfechtungsklage, sondern sogar die Vorgreiflichkeit ihrer gerichtlichen Beurteilung für das weitere Ausschließungsverfahren im Sinne von § 148 ZPO. ...“

Zum anderen kann die Satzung einen Ausschluss unmittelbar durch Gesellschafterbeschluss und ohne Ausschlussklage vorsehen.[1217] Hier gelten die allgemeinen Regeln uneingeschränkt, so dass der die Ausschließung betreffende Beschluss nach § 243 AktG mit der Behauptung eines Verstoßes gegen die Satzung oder das Gesetz ohne Weiteres angefochten werden kann.[1218]

BGH, Urt. v. 10. Juni 1991 – II ZR 234/89 –, GmbHR 1991, S. 362:

„... Ein GmbH-Gesellschafter kann nicht nur im Wege der Ausschließungsklage, sondern, wenn die Satzung das zulässt, auch durch Gesellschafterbeschluss ausgeschlossen werden. Eine solche Regelung enthält im vorliegenden Fall § 12 Abs. 1 des Gesellschaftsvertrages. Dort ist auch näher umschrieben, was als wichtiger, die Ausschließung rechtfertigender Grund anzusehen ist, und bestimmt, dass gleichzeitig mit dem Ausschluss der Geschäftsanteil des betroffenen Gesellschafters eingezogen werden kann. Ein auf einer solchen Grundlage gefasster Gesellschafterbeschluss kann entsprechend § 243 AktG auf Anfechtungsklage – nicht, wie das Berufungsgericht zu meinen scheint, auf Feststellungsklage – hin darauf überprüft werden, ob die satzungsmäßigen Voraussetzungen für die Ausschließung vorliegen. ...“

Interessant ist im vorliegenden Zusammenhang allein die zweite Konstellation, weil zur ersten Gruppe gehörende Fälle mit Rücksicht auf die eingeschränkte Anfechtbarkeit keine erörterungswürdigen Besonderheiten aufweisen.

1. Regelung in der Satzung und Maßstab des wichtigen Grundes

Es ist bereits erwähnt worden, dass das Recht zum Ausschluss eines Gesellschafters 549
aus wichtigem Grund zwar der Regelung durch Satzung insofern zugänglich ist, als in gewissem Umfang Voraussetzungen, Verfahren und Abfindung konkretisiert werden können.[1219]

BGH, Urt. v. 1. April 1953 – II ZR 235/52 –, NJW 1953, S. 780:

„... Nur selten wird es gelingen, Abhilfe durch Ergänzung des Gesellschaftsvertrages zu schaffen. Nach dem Prinzip der Vertragsfreiheit kann zwar die Möglichkeit der Ausschließung eines Gesellschafters satzungsmäßig vorgesehen werden. Der Gesellschaftsvertrag kann sowohl bestimmen, unter welchen Voraussetzungen die Ausschließung zulässig sein soll, wie auch, auf welchem Wege sie vorgenommen werden darf. Ist der Gesellschaftsvertrag aber ohne eine solche Regelung zustande gekommen, so kann sie nur noch unter den Voraussetzungen und in den Formen der Änderung des Gesellschaftsvertrages nachgeholt werden (§§ 53, 54 GmbHG) und bedarf zudem der Zustimmung aller Gesellschafter (§ 53 Abs. 3 GmbHG), da durch sie die Pflichten der Gesellschafter vermehrt werden. ...“

1217 BGH, NJW 1953, S. 780; *Fastrich,* in: Baumbach/Hueck, GmbHG, § 34 Anh. Rn 16.
1218 BGH, GmbHR 1991, S. 362; *Fastrich,* in: Baumbach/Hueck, GmbHG, § 34 Anh. Rn 16.
1219 BGH, NJW 1953, S. 780; *Fastrich,* in: Baumbach/Hueck, GmbHG, § 34 Anh. Rn 16.

Jedoch ist weder eine Abbedingung zulässig, noch kommt eine wesentliche Einschränkung in Betracht.[1220]

550 In materieller Hinsicht können die Gesellschafter durch die Satzung der GmbH den Ausschlussgrund des wichtigen Grundes präzisieren und in gewissem Umfang auch erweitern, etwa durch einen weniger strengen Maßstab. Sie können allerdings mit Rücksicht auf die Unabdingbarkeit des Ausschließungsrechts einerseits und die schon im Zusammenhang mit der Zwangseinziehung erwähnte Notwendigkeit des Schutzes eines Kernbereichs der Mitgliedschaft andererseits weder weitere Ausschlussgründe ausschließen – unzulässig sind also abschließende Aufzählungen, während beispielhafte Aufzählungen in Verbindung mit möglichst präzise gefassten Generalklauseln keinen Bedenken begegnen –, noch können sie den Ausschluss ohne zwingenden Grund in das Ermessen oder gar in das Belieben der Mit-Gesellschafter stellen.[1221] Die Möglichkeiten zulässiger Regelung entsprechen den schon in Zusammenhang mit der Zwangseinziehung erörterten Tatbeständen. Zulässig sind zB Regelungen über den Ausschluss bei einer Beendigung der Mitarbeit in der Gesellschaft, wenn die Gesellschaft auf die Mitwirkung aller Gesellschafter angelegt ist,[1222] oder über den Ausschluss beim Erwerb eines Geschäftsanteils einer Familiengesellschaft durch einen Außenstehenden.[1223]

551 In der Regel wird die Satzung neben bestimmten Einzeltatbeständen als Grund für einen Ausschluss das Vorliegen eines wichtigen Grundes vorsehen. Auch insofern kann auf die Ausführungen zur Zwangseinziehung verwiesen werden. Geboten sind demnach eine Zumutbarkeitsprüfung und eine umfassende Abwägung. Dementsprechend liegt ein wichtiger Grund für den Ausschluss als tief in die Rechte des betroffenen Gesellschafters eingreifende Zwangsmaßnahme nur dann vor, wenn den übrigen Gesellschaftern die Fortsetzung der Gesellschaft mit dem betroffenen Gesellschafter infolge eines in seinem Verhalten oder in seiner Person liegenden Grundes nicht länger zuzumuten ist, weil seine fortgesetzte Mitgliedschaft den Fortbestand der Gesellschaft entweder unmöglich macht oder aber jedenfalls ernsthaft gefährdet. Dabei sind sämtliche Einzelfallumstände in die Prüfung einzubeziehen.[1224]

BGH, Urt. v. 18. Oktober 1965 – II ZR 232/63 –, WM 1966, S. 29 (31):
„... Im Übrigen verkennt die Revision, dass auch grob fahrlässige Pflichtverletzungen eines Gesellschafters nur dann seine Ausschließung rechtfertigen können, wenn sie nach der Lage der Sache so schwer wiegen, dass eine andere Lösung als das Ausscheiden dieses Gesellschafters dem oder den Mitgesellschaftern unter keinen Umständen zugemutet werden kann. ...“

BGH, Urt. v. 13. Februar 1995 – II ZR 225/93 –, NJW 1995, S. 1358 (1359):
„... Wie der Senat wiederholt ausgesprochen hat, kann ein Gesellschafter zwangsweise im Wege der Einziehung nach § 34 GmbHG aus der Gesellschaft ausgeschlossen werden, wenn in seiner Person ein diese Maßnahme rechtfertigender wichtiger Grund vorliegt. ... Dabei bedarf die Einziehung einer umfassenden Prüfung aller Umstände des Einzelfalls und einer Gesamtabwägung der beteiligten Interessen sowie des Verhaltens der übrigen

1220 *Fastrich,* in: Baumbach/Hueck, GmbHG, § 34 Anh. Rn 1; *Strohn,* in: MünchKomm-GmbHG, § 34 Anh. Rn 105, 137; *Ulmer,* in: Ulmer, GmbHG, § 34 Anh. Rn 19.
1221 *Fastrich,* in: Baumbach/Hueck, GmbHG, § 34 Anh. Rn 16.
1222 BGH, NJW 1983, S. 2880; *Fastrich,* in: Baumbach/Hueck, GmbHG, § 34 Anh. Rn 16.
1223 BGH, BB 1977, S. 563; *Fastrich,* in: Baumbach/Hueck, GmbHG, § 34 Anh. Rn 16.
1224 BGHZ 16, S. 322; 32, S. 31; 80, S. 350; ZIP 1995, S. 567 (569); OLG Brandenburg, GmbHR 1998, S. 194; *Fastrich,* in: Baumbach/Hueck, GmbHG, § 34 Anh. Rn 3.

Gesellschafter. Eine Zwangseinziehung scheidet danach vor allem dann aus, wenn in der Person des die Einziehung betreibenden Gesellschafters Umstände vorliegen, die seine Ausschließung oder die Auflösung der Gesellschaft rechtfertigen oder auch nur zu einer anderen Beurteilung derjenigen Gründe führen können, die der von der Ausschließung bedrohte Gesellschafter gesetzt hat ... Verfehlungen eines Gesellschafters, der den Ausschluss mitbetreibt, können das Fehlverhalten des auszuschließenden Gesellschafters in einem derart milden Licht erscheinen lassen, dass es als Ausschließungsgrund ausscheidet. ..."

OLG Brandenburg, Urt. v. 15. Oktober 1997 – 7 U 56/95 –, NZG 1998, S. 263 (264):
„... Danach liegt ein die Ausschließung des Gesellschafters rechtfertigender Grund dann vor, wenn eine Pflichtverletzung des Gesellschafters so schwer wiegt, dass bei umfassender Prüfung aller Umstände des Einzelfalles und einer Gesamtabwägung der beteiligten Interessen sowie des Verhaltens der übrigen Gesellschafter eine andere Lösung als das Ausscheiden des Gesellschafters den Mitgesellschaftern unter keinen Umständen zugemutet werden kann. ..."

So kann zB eine Gefährdung dem Gesellschafter nicht zur Last gelegt und als Ausschließungsgrund herangezogen werden, soweit sie auf von sämtlichen Gesellschaftern gleichermaßen zu verantwortenden und von Beginn an vorhandenen Strukturmängeln beruht.[1225] Verfehlungen, die auch in ihren Folgen ausschließlich den privaten Bereich betreffen und außerdem nicht die Mit-Gesellschafter berühren, sind belanglos und dürfen bei der Zumutbarkeitsprüfung und Abwägung keine Berücksichtigung finden.[1226] In Betracht kommen hingegen schwere Verstöße gegen die Treuepflicht[1227] und eine dem gleichkommende Vielzahl für sich betrachtet weniger gewichtiger Pflichtverletzungen.[1228] Treuwidrige Tätigkeit für die Konkurrenz, gravierende Verletzungen des Gesellschaftsvertrages, Denunziation eines Mit-Gesellschafters ehrenrührige öffentliche Äußerungen über Mit-Gesellschafter kommen hier in Betracht.[1229] Auch in einem geschäftsschädigenden Auftreten in der Öffentlichkeit liegt eine Treuepflichtverletzung, die einen Ausschluss rechtfertigen kann.[1230] Umgekehrt legitimiert selbst eine gegen einen Mit-Gesellschafter gerichtete Strafanzeige nicht in jedem Fall den Ausschluss, wenn nämlich nicht zuvor innergesellschaftliche Klärungsversuche gescheitert sind und der anzeigende Gesellschafter nach sorgfältiger Prüfung zu dem Ergebnis kommen durfte, dass strafbare Verhaltensweisen vorliegen könnten.[1231] Indessen kommt es nicht stets auf Pflichtverletzungen an, sondern auch die nachhaltige Zerstörung des Vertrauensverhältnisses[1232] und die Verursachung eines ebenso dauerhaften wie unheilbaren Zerwürfnisses[1233] können uU (per-

1225 OLG Karlsruhe, NZG 2004, S. 335 (336); *Fastrich,* in: Baumbach/Hueck, GmbHG, § 34 Anh. Rn 3.
1226 BGH, NJW 1973, S. 92; *Fastrich,* in: Baumbach/Hueck, GmbHG, § 34 Anh. Rn 3.
1227 BGH und OLG Nürnberg, DStR 1993, S. 1266; OLG München, DB 1994, S. 320 (321); *Fastrich,* in: Baumbach/Hueck, GmbHG, § 34 Anh. Rn 3.
1228 OLG Brandenburg, GmbHR 1998, S. 196; *Fastrich,* in: Baumbach/Hueck, GmbHG, § 34 Anh. Rn 3.
1229 BGH, NJW 1969, S. 794; NJW-RR 1993, S. 1123 (1124); OLG Düsseldorf, DB 2007, S. 848 (851); OLG Frankfurt a.M., DB 1992, S. 2489; OLG Hamm, GmbHR 1993, S. 743 (747 f); *Fastrich,* in: Baumbach/Hueck, GmbHG, § 34 Anh. Rn 3.
1230 *Fastrich,* in: Baumbach/Hueck, GmbHG, § 34 Anh. Rn 3; *Ulmer,* in: Ulmer, GmbHG, § 34 Anh. Rn 12.
1231 BGH, NZG 2003, S. 530; *Fastrich,* in: Baumbach/Hueck, GmbHG, § 34 Anh. Rn 3.
1232 BGHZ 32, S. 35; 80, S. 346 (349); NJW-RR 1991, S. 1249 (1251); *Fastrich,* in: Baumbach/Hueck, GmbHG, § 34 Anh. Rn 3.
1233 BGHZ 80, S. 349; BGH, NJW-RR 1991, S. 1249 (1251); OLG Frankfurt a.M., GmbHR 1993, S. 659; *Fastrich,* in: Baumbach/Hueck, GmbHG, § 34 Anh. Rn 3.

sonalistische Struktur der Gesellschaft, jedenfalls ganz überwiegende Verursachung durch auszuschließenden Gesellschafter) genügen.

552 Auch ein Verschulden ist im Rahmen der Abwägung von Bedeutung, und zwar insbesondere bei Zerwürfnissen: Zwar bedarf es nicht unbedingt und in jedem Fall einer Pflichtverletzung auch eines Verschuldens des ausgeschlossenen Gesellschafters,[1234] jedoch kann das Vorhandensein einer persönlichen Verantwortlichkeit oder dessen Fehlen als einer unter mehreren zu berücksichtigenden Gesichtspunkten den Ausschlag bei der Abwägung geben.[1235] Das Verschulden ist aber nicht nur im Hinblick auf den ausgeschlossenen Gesellschafter relevant, sondern auch ein Mitverschulden der übrigen Gesellschafter etwa an einem Zerwürfnis ist zu berücksichtigen und kann einem Ausschluss entgegenstehen, wenn es nämlich dem Verschulden des ausgeschlossenen Gesellschafters mindestens gleichkommt.[1236]

2. Ultima Ratio

553 Wie auch die Zwangseinziehung kommt der Ausschluss als denkbar tief in die Rechte des Gesellschafters eingreifende Zwangsmaßnahme nur in Betracht, wenn keine mildere, zur Behebung der Störung gleichermaßen geeignete Maßnahme vorhanden ist, also lediglich als ultima ratio. Das ist Folge der Treuepflicht.[1237] Als mildere Maßnahmen kommen mit Rücksicht auf die Umstände des vorliegenden Einzelfalles in Betracht die Abberufung als (Gesellschafter-)Geschäftsführer, die Entziehung von Sonderrechten und uU sogar die Übertragung des Geschäftsanteils auf einen Treuhänder.[1238] Im Falle eines unheilbaren Zerwürfnisses ist zB zu beachten, dass die mildere Maßnahme die Folgen des Streits für den Geschäftsbetrieb der Gesellschaft beseitigt und der entweder personalistischen oder mehr kapitalistischen Struktur der betreffenden Gesellschaft hinreichend Rechnung trägt.

OLG Rostock, Urt. v. 15. August 2001 – 6 U 49/00 –, NZG 2002, S. 294:

„... Soweit die Beklagte in der mündlichen Verhandlung vor dem Senat darauf hingewiesen hat, dass die Anwendung des ultima ratio-Prinzips den Gesellschafter, der zugleich Geschäftsführer sei, ungerechtfertigterweise besser stelle als den Nur-Gesellschafter – weil bei letzterem die Abberufung als Geschäftsführer als milderes Mittel nicht möglich sei – übersieht sie, dass ein Nur-Gesellschafter nicht in gleichem Maße wie ein geschäftsführender Gesellschafter der Gefahr ausgesetzt ist, durch unternehmerisches Fehlverhalten den Interessen der Gesellschaft zuwider zu handeln. ...“

3. Aufbringung und Erhaltung des Stammkapitals, Abfindung

554 Ähnlich wie im Zusammenhang mit der Zwangseinziehung gilt auch hier, dass zum einen ein Ausschluss ausscheidet, wenn der betroffene Gesellschafter seine Einlage noch nicht voll eingezahlt hat und kein Dritter oder Mitgesellschafter zur unmittelbaren Übernahme einschließlich Zahlung bereit ist.[1239]

1234 BGHZ 9, S. 164; *Fastrich,* in: Baumbach/Hueck, GmbHG, § 34 Anh. Rn 4.

1235 *Fastrich,* in: Baumbach/Hueck, GmbHG, § 34 Anh. Rn 4; *Strohn,* in: MünchKomm-GmbHG, § 34 Anh. Rn 123.

1236 BGH, DB 1990, S. 929; GmbHR 1991, S. 362; ZIP 1995, S. 567 (569); OLG Frankfurt a.M., GmbHR 1993, S. 659; *Fastrich,* in: Baumbach/Hueck, GmbHG, § 34 Anh. Rn 4.

1237 BGHZ 16, 322; *Fastrich,* in: Baumbach/Hueck, GmbHG, § 34 Anh. Rn 6.

1238 OLG Düsseldorf, GmbHR 2000, S. 1050 (1056); OLG Rostock, NZG 2002, S. 294; *Fastrich,* in: Baumbach/Hueck, GmbHG, § 34 Anh. Rn 6.

1239 *Fastrich,* in: Baumbach/Hueck, GmbHG, § 34 Anh. Rn 7.

Zum anderen hängt die Wirksamkeit eines Ausschlusses weder von der gleichzeitigen Festsetzung der Abfindung ab[1240] noch von der Zahlung der Abfindung, sondern der Ausschluss ist nur unzulässig, wenn von vornherein feststeht, dass die geschuldete Abfindung nicht aus freiem Vermögen der Gesellschaft gezahlt werden kann.[1241] Insofern gilt für den Ausschluss dasselbe wie für die Einziehung.[1242]

BGH, Urt. v. 24. Januar 2012 – II ZR 109/11 –, NZG 2012, S. 259 (Rn 7):

„... Ein Einziehungsbeschluss ist entsprechend § 241 Nr. 3 AktG nichtig, wenn bereits bei Beschlussfassung feststeht, dass das Einziehungsentgelt nicht aus freiem, die Stammkapitalziffer nicht beeinträchtigenden Vermögen der Gesellschaft gezahlt werden kann. ... Dass bei Beschlussfassung am 19. April 2001 feststand, dass die Abfindung, die nach § 6 IV des Gesellschaftsvertrags innerhalb von zwei Jahren bar zu bezahlen war, nicht aus dem freien Vermögen der Gesellschaft geleistet werden konnte (§ 34 Abs. 3, § 30 Abs. 1 GmbHG), hat das BerGer. nicht festgestellt und hat keine der Parteien behauptet. ...“

Erst recht kommt es für die Wirksamkeit des Ausschlussbeschlusses nicht auf die Angemessenheit der Abfindung an.[1243]

4. Verwirkung

Wie auch die Zwangseinziehung[1244] unterliegt der Ausschluss selbstverständlich der 555
Verwirkung gemäß § 242 BGB, denn insofern sind die Unterschiede zwischen Einziehung und Ausschluss nicht von Belang. Maßgebend ist dementsprechend allein, ob sowohl das Zeit- als auch das Umstandsmoment hinsichtlich des Ausschlusses des Gesellschafters vorgelegen haben. Kurz: Durfte der betroffene Gesellschafter mit Rücksicht auf die seit Kenntniserlangung vom Ausschlussgrund verstrichene Zeit und die übrigen Umstände darauf vertrauen, dass kein Ausschluss erfolgen würde, und hat er dieses Vertrauen betätigt, etwa durch über kurzfristige Notwendigkeiten hinausreichende, fortgesetzte Mitwirkung am Gesellschaftsbetrieb?

Übersicht über die Voraussetzungen eines Ausschlusses aus wichtigem Grund durch 556
Beschluss – Nr. 43

1. Wichtiger Grund	a)	Schwerwiegende Pflichtverletzungen oder Vielzahl weniger gewichtiger Pflichtverletzungen oder
	b)	schuldhaft verursachte Störung des Vertrauensverhältnisses bzw unheilbares Zerwürfnis;
	c)	überwiegende Verursachung durch ausgeschlossenen Gesellschafter und hinreichendes Verschulden;

1240 BGH, ZIP 1995, S. 835; *Fastrich,* in: Baumbach/Hueck, GmbHG, § 34 Anh. Rn 7 und 11 ff.

1241 BGH, NZG 2009, S. 221 (Rn 7); NJW 2011, S. 2294 (Rn 15); NZG 2012, S. 259 (Rn 7); KG, ZIP 2006, S. 1098; *Fastrich,* in: Baumbach/Hueck, GmbHG, § 34 Anh. Rn 7 und 11 ff.

1242 *Lutter,* in: ders./Hommelhoff, GmbHG, § 34 Rn 22 und 26 einerseits sowie Rn 58 andererseits.

1243 BGHZ 32, S. 22; BGH NJW 1977, S. 2316; 1983, S. 2880; OLG Hamm, GmbHR 1993, S. 743; *Fastrich,* in: Baumbach/Hueck, GmbHG, § 34 Anh. Rn 16 aE.

1244 BGH, WM 1977, S. 192; OLG Celle, GmbHR 1999, S. 551; OLG Frankfurt a.M., ZIP 1998, S. 1107; OLG München, ZIP 1984, S. 1349 (1350); *Fastrich,* in: Baumbach/Hueck, GmbHG, § 34 Rn 10.

	d) Folge: Unzumutbarkeit der Fortsetzung wegen Gefährdung der Gesellschaft; e) kein entgegenstehendes, mindestens gleichstehendes Mitverschulden der Gegenseite: f) gemeinsame Betrachtung bei wechselseitigen Ausschlussanträgen.
2. Ultima Ratio	Kein milderes, gleichermaßen geeignetes Mittel, zB Entziehung von Sonderrechten oder Abberufung als (Gesellschafter-)Geschäftsführer.
3. Abfindung	■ Keine Abhängigkeit von gleichzeitiger Festsetzung oder gar Zahlung (Haftungslösung), ■ sondern unzulässig nur, wenn von vornherein feststeht, dass Abfindung nicht aus freiem Kapital geleistet werden kann.
4. Verwirkung	Umstands- und Zeitmoment.
5. Aufbringung und Erhaltung des Stammkapitals	Unzulässig, wenn Einlage nicht voll eingezahlt ist und weder ein Dritter noch ein Mit-Gesellschafter zur Übernahme des Geschäftsanteils einschließlich der unmittelbaren Zahlung der Einlage bereit ist.

III. Abberufung eines Geschäftsführers

557 Nach § 38 Abs. 1 GmbHG ist die Abberufung[1245] eines Geschäftsführers jederzeit möglich und ist auch insofern zwischen dem Organverhältnis, das mit der Abberufung ex nunc endet,[1246] und dem Anstellungsverhältnis zu differenzieren. Aus § 38 Abs. 2 GmbHG folgt ferner, dass die Regelung des § 38 Abs. 1 GmbHG nicht zwingender Natur, sondern in gewissem Umfang abdingbar ist.[1247] Insgesamt regelt § 38 GmbHG lediglich die Beendigung der Organstellung, nicht hingegen das begleitende Anstellungsverhältnis.[1248]

1. Freie Abberufbarkeit und Grenzen

a) Grundsätze

558 § 38 Abs. 1 GmbHG enthält den für das Recht zur Abberufung von Geschäftsführern geltenden Grundsatz und sieht insofern vor, dass Geschäftsführer allgemein, also sowohl Gesellschafter-Geschäftsführer als auch Fremdgeschäftsführer jederzeit und ohne Grund abberufen werden können.[1249]

1245 Vgl amtliche Überschrift des § 84 AktG. Im Sinne einer einheitlichen Terminologie findet deshalb hier nicht der in § 38 GmbHG vorkommende Begriff des „Widerrufs" Verwendung, sondern der allgemein verbreitete Begriff der „Abberufung".

1246 *Terlau*, in: Michalski, GmbHG, § 38 Rn 1; *Zöllner/Noack*, in: Baumbach/Hueck, GmbHG, § 38 Rn 1.

1247 *Zöllner/Noack*, in: Baumbach/Hueck, GmbHG, § 38 Rn 7.

1248 *Zöllner/Noack*, in: Baumbach/Hueck, GmbHG, § 38 Rn 2.

1249 OLG Brandenburg, BeckRS 2008, 06648; OLG Zweibrücken, NZG 1999, S. 1011; *Terlau*, in: Michalski, GmbHG, § 38 Rn 4; *Zöllner/Noack*, in: Baumbach/Hueck, GmbHG, § 38 Rn 3.

OLG Brandenburg, Urt. v. 30. Januar 2008 – 7 U 59/07 –, BeckRS 2008, 06648:

„... Im Ergebnis scheitert die Klage des Klägers bereits daran, dass die Gesellschafterversammlung seine Bestellung als Geschäftsführer jederzeit, das heißt ohne Vorliegen eines wichtigen Grundes, widerrufen konnte. ...“

Hintergrund ist, dass der Geschäftsführer zwar einerseits mit nach außen unbeschränkter Vertretungsmacht ausgestattet ist (§ 35 Abs. 1 S. 1, § 37 Abs. 2 GmbHG), aber andererseits den Weisungen der Gesellschafter in vollem Umfang unterliegt, ihnen also in umfassender Hinsicht untergeordnet ist (übergeordnetes Weisungsrecht der Gesellschafter).[1250] Gerade diese Diskrepanz zwischen Befugnissen im Innen- und im Außenverhältnis setzt ein Vertrauensverhältnis zwischen dem Gesellschafter und den Gesellschaftern der GmbH voraus.[1251] Auch hierin spiegelt sich die im Vergleich zur AG wesentlich personalistischere Natur der GmbH wider.

Der hieraus folgende Grundsatz der freien Abberufbarkeit des Geschäftsführers findet allerdings seine Grenze in dem Gebot von Treu und Glauben (§ 242 BGB) sowie im Schikaneverbot (§ 226 BGB) und im Verbot sittenwidriger Schädigung (§ 138, § 826 BGB), wobei allerdings nicht der betreffende Geschäftsführer geschützt ist und nicht seine Interessen maßgebend sind, sondern ausschließlich das Gesellschaftsinteresse und die Konsequenzen der Abberufung für die Gesellschaft von Bedeutung sind. Eine Abberufung aus evident nicht sachbezogenen Gründen kann deshalb unzulässig sein. Allerdings muss das im Einzelfall positiv festgestellt werden. Eine bloß mangelnde Nachprüfbarkeit der Gründe rechtfertigt den Schluss auf sachfremde Erwägungen ebenso wenig wie die bloße Möglichkeit unsachlicher Gründe allgemein ausreicht.[1252] 559

Vor der Abberufung muss der betroffene Geschäftsführer schon deshalb nicht angehört werden, weil seine Interessen für die hier allein ausschlaggebende Frage der Beendigung der Organstellung nicht maßgebend sind.[1253] 560

BGH, Urt. v. 4. Juli 1960 – II ZR 168/58 –, NJW 1960, S. 861:

„... Auf diesen Mängeln beruht das Berufungsurteil aber nicht. Generalversammlungsbeschlüsse über die Abberufung eines Vorstandsmitglieds und die fristlose Kündigung seines Dienstvertrages bedürfen zu ihrer Wirksamkeit nicht der Gewährung rechtlichen Gehörs. ...“

Der Abberufung des Geschäftsführers steht auch nicht entgegen, dass danach keine (allein) vertretungsbefugte Organperson bereitsteht. Dementsprechend ist es sehr wohl zulässig, den einzigen Geschäftsführer abzuberufen. Auch kann im Falle einer Gesamtvertretungsberechtigung einer von zwei nur gemeinsam vertretungsbefugten Geschäftsführern abberufen werden.[1254] 561

Die Abberufung muss nicht sofort wirksam werden, sondern ihre Wirksamkeit kann sowohl mit einer Frist als auch mit einer aufschiebenden Bedingung (§ 158 Abs. 1 562

1250 Zum Weisungsrecht der Gesellschafter: *Kleindiek*, in: Lutter/Hommelhoff, GmbHG, § 37 Rn 17 ff; *Lücke/Simon*, in: HK-GmbHG, § 37 Rn 12 ff; *Zöllner*, in: Baumbach/Hueck, GmbHG, § 46 Rn 89 ff.

1251 *Zöllner/Noack*, in: Baumbach/Hueck, GmbHG, § 38 Rn 3.

1252 *Altmeppen*, in: Roth/Altmeppen, GmbHG, § 38 Rn 2; *Zöllner/Noack*, in: Baumbach/Hueck, GmbHG, § 38 Rn 3.

1253 BGH, NJW 1960, S. 1861 (zur e.G.); *Zöllner/Noack*, in: Baumbach/Hueck, GmbHG, § 38 Rn 3.

1254 *Zöllner/Noack*, in: Baumbach/Hueck, GmbHG, § 38 Rn 3.

BGB) versehen werden. Jedenfalls aber kann die Handelsregistereintragung aufschiebend bedingt werden.[1255]

563 § 38 Abs. 1 GmbHG gilt allerdings mit Rücksicht auf den Sinn und Zweck der Notgeschäftsführung nur für die von den Gesellschaftern berufenen Geschäftsführer, nicht hingegen für Notgeschäftsführer.[1256]

564 Schließlich gelten Sonderregeln für die rechtsmissbräuchliche Selbstabberufung des einzigen Gesellschafter-Geschäftsführers einer Einpersonen-GmbH.[1257]

OLG München, Beschl. v. 16. März 2011 – 31 Wx 64/11 –, NJW-RR 2011, 773:

„... Nach ständiger obergerichtlicher Rechtsprechung ist die Amtsniederlegung durch den alleinigen Geschäftsführer, der zugleich alleiniger Gesellschafter ist, wegen Rechtsmissbrauchs unwirksam, wenn dieser davon absieht, einen neuen Geschäftsführer für die Gesellschaft zu bestellen. Das verlangt das Interesse des Rechtsverkehrs an der Handlungsfähigkeit der Gesellschaft, die andernfalls beseitigt würde. Daran hat sich durch das Gesetz zur Modernisierung des GmbH-Rechts und zur Bekämpfung von Missbräuchen (MoMiG) vom 23.10.2008 nichts geändert, denn die neu eingeführte Vorschrift des § 35 Abs. 1 S. 2 GmbHG gewährleistet bei Führungslosigkeit der Gesellschaft nur eine Passivvertretung. Grund für die Missbilligung der Amtsniederlegung in derartigen Fällen ist die Zurückstellung überwiegender Interessen anderer Beteiligter durch den Versuch, sich der freiwillig übernommenen Verantwortung für die Gesellschaft und aller weiteren Pflichten zu entledigen, die gerade in wirtschaftlich schwierigen Situationen der Gesellschaft an das Amt des Geschäftsführers geknüpft sind. ... Diese Grundsätze gelten auch dann, wenn der Geschäftsführer sein Amt nicht niedergelegt, sondern sich als alleiniger Gesellschafter selbst gem. § 38 GmbHG im Beschlusswege abberufen hat. Wenn die Amtsbeendigung als solche rechtsmissbräuchlich ist, kann es nicht auf die Art und Weise der Beendigung – Amtsniederlegung, Abberufung oder einvernehmliche Aufhebung des Organverhältnisses – ankommen. Andernfalls könnte der Alleingesellschafter-Geschäftsführer das Erfordernis eines wichtigen Grundes für die Amtsniederlegung durch die eigene Abberufung bzw. durch die Amtsbeendigung im Wege des In-Sich-Geschäfts unterlaufen. ...“

b) Mitbestimmungsrecht

565 Findet auf die betreffende GmbH das Mitbestimmungsgesetz Anwendung (§ 1 MitbestG), wird nach § 31 Abs. 1 MitbestG § 38 GmbHG durch § 84 AktG verdrängt und ist die Abberufung eines Geschäftsführers dementsprechend durch den Aufsichtsrat nur im Falle eines wichtigen Grundes zulässig.[1258] Allerdings führt das nur in einem begrenzten Umfang zu Einschränkungen. Denn im Gegensatz zu § 38 Abs. 2 GmbHG reicht als wichtiger Grund hier aus, dass die Gesellschafter dem Geschäftsführer durch formal ordnungsgemäßen Beschluss das Vertrauen entzogen haben.[1259] Diese Möglichkeit kann aber wiederum nicht beliebig durch Satzung erweitert werden. Dementsprechend können die Gesellschafter mit der Satzung nicht wirksam Ge-

1255 *Altmeppen,* in: Roth/Altmeppen, GmbHG, § 38 Rn 22; *Zöllner/Noack,* in: Baumbach/Hueck, GmbHG, § 38 Rn 3.

1256 OLG München, GmbHR 1994, S. 259; *Lücke/Simon,* in: Hk-GmbHG, § 38 Rn 37; *Zöllner/Noack,* in: Baumbach/Hueck, GmbHG, § 38 Rn 3 (Abberufung des Notgeschäftsführers durch Gerichtsentscheidung).

1257 OLG Düsseldorf, GWR 2011, S. 233; OLG München, NJW-RR 2011, S. 773; OLG Zweibrücken, GmbHR 2006, S. 430; *Zöllner/Noack,* in: Baumbach/Hueck, GmbHG, § 38 Rn 3.

1258 *Zöllner/Noack,* in: Baumbach/Hueck, GmbHG, § 38 Rn 3.

1259 OLG Stuttgart, ZIP 1985, S. 539; *Altmeppen,* in: Roth/Altmeppen, GmbHG, § 38 Rn 15; *Zöllner/Noack,* in: Baumbach/Hueck, GmbHG, § 38 Rn 4.

sichtspunkte zu wichtigen Gründen erheben, die für das Vertrauen erkennbar belanglos sind, und dadurch im Ergebnis eine bei der mitbestimmten GmbH nicht bestehende freie Abberufbarkeit des Geschäftsführers bewirken.[1260]

§ 37 Abs. 3 S. 1 und 5 MitbestG ist zwingend und regelt den Fall eines „Hineinwachsens" der GmbH in den Anwendungsbereich des Mitbestimmungsgesetzes so, dass zuvor bestellte Geschäftsführer, wenn die Amtszeit fünf Jahre überschreitet, nach Ablauf von fünf Jahren ohne Rücksicht auf einen wichtigen Grund, also frei abberufen werden können.[1261] 566

Auch in den Anwendungsbereichen des Montan-Mitbestimmungsgesetzes, des Mitbestimmungsergänzungsgesetzes gelten besondere Regeln für die Abberufung eines Geschäftsführers, die jeweils einen wichtigen Grund verlangen.[1262] 567

Findet hingegen nicht das Mitbestimmungsgesetz, sondern das Drittelbeteiligungsgesetz Anwendung (§ 1 DrittelbG), greift § 31 Abs. 1 MitbestG nicht ein und gilt, weil das Drittelbeteiligungsgesetz keine vergleichbare Vorschrift enthält, für die Abberufung von Geschäftsführern § 38 GmbHG. Deshalb bleibt es hier bei dem Grundsatz der freien Abberufbarkeit mit seinen oben (Rn 559) genannten Grenzen.[1263] 568

c) Allgemeines Gleichbehandlungsgesetz

Obgleich das Allgemeine Gleichbehandlungsgesetz (AGG) als Recht, das zum Schutz von Arbeitnehmern und nicht von Geschäftsführern als Organpersonen bestimmt ist, keine grundsätzliche Anwendung findet,[1264] wird § 6 Abs. 3 AGG hinsichtlich des Zugangs zu beruflicher Tätigkeit und des beruflichen Aufstiegs auch für Organpersonen bzw -mitglieder herangezogen und findet das AGG insofern auch auf Geschäftsführer von GmbH Anwendung.[1265] Insofern betrifft das AGG nicht nur Fragen des Anstellungsverhältnisses, sondern auch die Bestellung als Frage des Organverhältnisses.[1266] Allerdings regelt das AGG nach dem Wortlaut seines § 6 Abs. 3 in sachlicher Hinsicht nur den Zugang, also die Bestellung, nicht dagegen die Abberufung und die Kündigung. Insofern kommt es darauf an, ob sich der abberufene Geschäftsführer erneut um das Amt bewirbt.[1267] 569

> **BGH, Urt. v. 23. April 2012 – II ZR 163/10 –, NZG 2012, 777** (778 f):
> „... Das Allgemeine Gleichbehandlungsgesetz ist schon nach § 6 Abs. 3 AGG auf den Kläger anwendbar. Danach gelten die Vorschriften des zweiten Abschnitts des Gesetzes für Geschäftsführer entsprechend, soweit es u. a. die Bedingungen für den Zugang zur Erwerbstätigkeit betrifft. Damit kann offen bleiben, ob ein Fremdgeschäftsführer, der nicht an der GmbH beteiligt ist – wie hier der Kläger –, im Wege der Auslegung des § 6 Abs. 1 AGG als Beschäftigter, insbesondere als Arbeitnehmer im Sinne dieser Vorschrift, angesehen werden kann. ... Der sachliche Anwendungsbereich des Allgemeinen Gleichbehandlungsgesetzes ist ebenfalls eröffnet, weil der Zugang zur Erwerbstätigkeit i. S. des § 2 Abs. 1 Nr. 1 AGG betroffen ist. ... Unter das Merkmal des Zugangs zur Erwerbstä-

1260 *Paefgen,* in: Ulmer, GmbHG, § 38 Rn 14; *Zöllner/Noack,* in: Baumbach/Hueck, GmbHG, § 38 Rn 4.
1261 *Zöllner/Noack,* in: Baumbach/Hueck, GmbHG, § 38 Rn 4.
1262 *Lücke/Simon,* in: Hk-GmbHG, § 38 Rn 21.
1263 *Zöllner/Noack,* in: Baumbach/Hueck, GmbHG, § 38 Rn 4.
1264 *Lücke/Simon,* in: Hk-GmbHG, § 38 Rn 17.
1265 BGH, NZG 2012, S. 777 ff; OLG Köln, GmbHR 2011, S. 1147 ff; *Lücke/Simon,* in: Hk-GmbHG, § 38 Rn 17.
1266 BGH, NZG 2012, S. 777 ff; *Lücke/Simon,* in: Hk-GmbHG, § 38 Rn 17; anders *Bauer/Arnold,* NZG 2012, S. 921 ff.
1267 BGH, NZG 2012, S. 777 (778 f).

tigkeit i. S. des § 2 Abs. 1 Nr. 1 AGG fallen sowohl der Abschluss eines Geschäftsführeranstellungsvertrags als auch die Bestellung zum Geschäftsführer nach §§ 6, 35 ff. GmbHG. ... Das folgt aus dem Sinn und Zweck des § 6 Abs. 3 AGG, der darauf gerichtet ist, den Schutz vor Benachteiligungen aus den in § 1 AGG genannten Gründen u. a. auf Geschäftsführer auszudehnen. ... Zwar werden die Rechte und Pflichten des Geschäftsführers, insbesondere seine Vergütungsansprüche, regelmäßig in dem Anstellungsvertrag geregelt. Ohne Bestellung zum Geschäftsführer kann der Anstellungsvertrag aber nicht durchgeführt werden. Der dennoch bestehende Vergütungsanspruch nach § 615 BGB kann die in der Nichtbestellung zum Geschäftsführer liegende Diskriminierung nicht in vollem Umfang ausgleichen. Jedenfalls können immaterielle Schäden entstehen, wenn die Bestellung zum Geschäftsführer entgegen dem Anstellungsvertrag unterbleibt. ... Von dem Begriff des Zugangs zur Erwerbstätigkeit wird auch der Fall erfasst, dass die Bestellung eines Geschäftsführers auf Grund einer Befristung endet und die Stelle neu besetzt werden soll. Wenn sich der bisherige, infolge Fristablaufs aus seinem Anstellungsverhältnis und seinem Amt ausgeschiedene Geschäftsführer – wie hier der Kläger – wiederum um die Stelle des Geschäftsführers bewirbt, erstrebt er damit einen – neuen – Zugang zu dieser Tätigkeit. ... Indem § 6 Abs. 3 AGG die Anwendbarkeit des Allgemeinen Gleichbehandlungsgesetzes bezüglich der Organmitglieder auf den Zugang beschränkt und die Beschäftigungs- und Entlassungsbedingungen i. S. des § 2 Abs. 1 Nr. 2 AGG davon ausnimmt, bezweckt die Vorschrift, den für die Entscheidung über Beschäftigungs- und Entlassungsbedingungen zuständigen Gesellschaftsorganen eine weitgehend freie, nur am Unternehmenswohl orientierte und allein an der Grenze der Sittenwidrigkeit und des Verstoßes gegen Treu und Glauben zu messende Entscheidung zu ermöglichen. Wollen die Gesellschafterversammlung oder der Aufsichtsrat das Anstellungsverhältnis eines Geschäftsführers der Gesellschaft durch Entlassung beenden und seine Bestellung zum Geschäftsführer widerrufen, sollen sie dabei nicht eine Abwägung nach dem Allgemeinen Gleichbehandlungsgesetz vornehmen müssen. ...“

Trotz des einer Geltung der Norm auch für die Abberufung entgegenstehenden Wortlauts des § 6 Abs. 3 AGG – „Soweit es die Bedingungen für den Zugang zur Erwerbstätigkeit sowie den beruflichen Aufstieg betrifft, ...“ –[1268] ist im Übrigen mit Rücksicht auf die Rechtsprechung des Europäischen Gerichtshofs zum Arbeitnehmerbegriff („Danosa“) von einer Anwendung des § 6 Abs. 1 AGG auch für Fremdgeschäftsführer und Minderheitsgesellschafter-Geschäftsführer auszugehen, weil diese der Kontrolle durch die Gesellschafter unterliegen und ein nicht selbstbestimmtes Entgelt erhalten; lediglich für Mehrheitsgesellschafter-Geschäftsführer verbleibt es danach mit Rücksicht auf die mangelnden Kontrollmöglichkeiten der übrigen Gesellschafter beim Wortlaut des § 6 Abs. 3 AGG und bei der Unanwendbarkeit des § 6 Abs. 1 AGG.[1269]

EuGH (2. Kammer), Urt. v. 11. November 2010 – C-232/09 (Dita Danosa ./. LKB Lizings SIA) –, NJW 2011, 2343 (2344):

„... Nach ständiger Rechtsprechung kann der Begriff des Arbeitnehmers im Sinne dieser Richtlinie nicht je nach nationalem Recht unterschiedlich ausgelegt werden; er ist anhand objektiver Kriterien zu definieren, die das Arbeitsverhältnis im Hinblick auf die Rechte und Pflichten der Betroffenen kennzeichnen. Das wesentliche Merkmal des Arbeitsver-

1268 *Lücke/Simon,* in: Hk-GmbHG, § 38 Rn 17.

1269 EuGH, NJW 2011, S. 2343 ff; *Lücke/Simon,* in: Hk-GmbHG, § 38 Rn 17; ablehnend *Zöllner/Noack,* in: Baumbach/Hueck, GmbHG, § 38 Rn 6.

> hältnisses besteht darin, dass eine Person während einer bestimmten Zeit für eine andere nach deren Weisung Leistungen erbringt, für die sie als Gegenleistung eine Vergütung erhält. ... Für die Arbeitnehmereigenschaft im Sinne des Unionsrechts ist es ohne Bedeutung, dass das Beschäftigungsverhältnis nach nationalem Recht ein Rechtsverhältnis sui generis ist. ... Sofern eine Person die vorstehend ... angeführten Voraussetzungen erfüllt, ist die Art der Rechtsbeziehung zwischen ihr und der anderen Partei des Arbeitsverhältnisses ohne Bedeutung für die Anwendung der Richtlinie 92/85/EWG. ... Auch die formale Einstufung als Selbstständiger nach innerstaatlichem Recht schließt nicht aus, dass eine Person als Arbeitnehmer im Sinne der Richtlinie 92/85/EWG einzustufen ist, wenn ihre Selbstständigkeit nur fiktiv ist und damit ein Arbeitsverhältnis im Sinne dieser Richtlinie verschleiert. ... Daraus folgt, dass die nach lettischem Recht vorgenommene Einstufung des Verhältnisses, das zwischen einer Kapitalgesellschaft und den Mitgliedern ihrer Unternehmensleitung besteht, oder des Umstands, dass eine solche Gesellschaft und die Mitglieder der Unternehmensleitung keinen Arbeitsvertrag geschlossen haben, entgegen dem Vorbringen von LKB für die Einstufung dieses Verhältnisses für die Zwecke der Anwendung der Richtlinie 92/85/EWG nicht ausschlaggebend sein kann. ... Wie sich aus den vor dem EuGH abgegebenen Erklärungen ergibt, hat Frau Danosa im vorliegenden Fall unstreitig Leistungen gegenüber LKB regelmäßig und gegen Entgelt erbracht und dabei die Aufgaben ausgeführt, die ihr in ihrer Eigenschaft als einzige Geschäftsführerin nach der Satzung dieser Gesellschaft und der Geschäftsordnung der Unternehmensleitung zugewiesen waren. ...“

Im Ergebnis hat das zur Folge, dass zB einer Geschäftsführerin ungeachtet der Angewiesenheit der Gesellschaft auf eine ununterbrochene Tätigkeit ihrer Organe wegen einer Schwangerschaft nicht nur ohne Weiteres nicht gekündigt werden kann (Anstellungsverhältnis), sondern sie auch ohne Weiteres nicht abberufen werden kann (Organverhältnis), wenn sie nicht zugleich Mehrheitsgesellschafterin ist (Organverhältnis).[1270] Ist sie Mehrheitsgesellschafterin und daher nicht Arbeitnehmerin iSd Rechtsprechung des EuGH, heißt das keineswegs, dass keine Schwierigkeiten bestehen, sondern nur, dass Probleme allein dann auftreten, wenn sie sich erneut bewirbt. Bedenklich erscheinen vor diesem Hintergrund auch die in der Wirtschaft verbreiteten Altersgrenzen und ebenso Frauen- oder Männerquoten. Selbst nationale Quoten in international tätigen Unternehmen begegnen dementsprechend Bedenken.[1271] In all diesen Fällen kommt es also auf sachlich rechtfertigende Gründe für die Abberufung an, die in keinem Bezug zu diskriminierenden Gesichtspunkten stehen.

d) Satzungsbestimmungen

Da der in § 38 Abs. 1 GmbH vorgesehene Grundsatz freier Abberufbarkeit nicht 570
zwingend ist und § 38 Abs. 2 GmbHG nur die maximale Einschränkung des Grundsatzes regelt, steht es den Gesellschaftern frei, in der Satzung insofern Zwischenlösungen vorzusehen, als neben einem wichtigen Grund bestimmte andere Gründe eine Abberufung rechtfertigen können sollen. Umgekehrt kann allerdings die Möglichkeit der Abberufung aus wichtigem Grund nicht abbedungen werden. Sie kann nicht einmal auf bestimmte wichtige Gründe beschränkt bleiben. Deshalb steht es den Gesell-

1270 *Zöllner/Noack*, in: Baumbach/Hueck, GmbHG, § 38 Rn 4.
1271 *Lücke/Simon*, in: Hk-GmbHG, § 38 Rn 18.

schafter zwar frei, bestimmte unwichtige Gründe zu wichtigen Gründen zu erheben, es ist ihnen aber verwehrt, wichtige Gründe als unwichtig zu deklarieren.[1272]

BGH, Urt. v. 21. April 1969 – II ZR 200/67 –, NJW 1969, S. 1483:

„... In der GmbH folgt das außerdem aus § 38 Abs. 2 GmbHG. Danach kann die Befugnis der Gesellschaft, die Bestellung eines Geschäftsführers aus wichtigem Grunde jederzeit zu widerrufen, durch den Gesellschaftsvertrag nicht ausgeschlossen werden. Die Vorschrift ist zwingend. Sie beruht auf dem Gedanken, dass die Gesellschaft auf die Dauer an keinen Geschäftsführer gebunden bleiben kann, der sich grobe Pflichtverletzungen zuschulden kommen lässt oder von dem sich die Unfähigkeit zu einer ordnungsgemäßen Geschäftsführung herausstellt. ...“

Eine Satzungsbestimmung, die entweder einen unzulässigen völligen Ausschluss der Abberufung aus wichtigem Grund oder aber eine unzulässig weitreichende Beschränkung der Abberufung aus wichtigem Grund vorsieht, ist allerdings in der Regel nicht nichtig, sondern sie ist geltungserhaltend dahin gehend zu reduzieren, dass die Abberufung auf wichtige Gründe beschränkt sein soll.[1273]

e) Sonderrecht und andere Fälle

571 Eine Beschränkung der freien Abberufbarkeit auf den Fall des Vorliegens eines wichtigen Grundes kann sich auch daraus ergeben, dass die Geschäftsführerstellung nach den Umständen des Einzelfalls ausnahmsweise zum unentziehbaren Kern der Mitgliedschaft gehört (§ 35 BGB). Das kommt in Fällen in Betracht, wo die betreffende GmbH einen ausgeprägt personalen Charakter mit wenigen Gesellschaftern, die sämtlich persönlich als Geschäftsführer mitwirken und zu gleichen Anteilen beteiligt sind, aufweist. Auch kann man eine derartige Auslegung der Satzung erwägen, wenn der betreffende Gesellschafter ausdrücklich auf Lebenszeit zum Geschäftsführer bestellt worden ist oder aber für die Dauer der Gesellschaft. Umgekehrt genügen Einstimmigkeitserfordernisse auch für die Abberufung, Einzelgeschäftsführung, hälftige Beteiligungen zweier Gesellschafter-Geschäftsführer usw nicht ohne Weiteres. Liegt in der Geschäftsführerstellung unter Berücksichtigung der vorstehenden Erwägungen ein grundsätzlich unentziehbares Mitgliedschaftsrecht, bedarf die Abberufung in der Regel der Zustimmung des betroffenen Gesellschafter-Geschäftsführers. Anderes gilt nur dann, wenn ein wichtiger Grund vorliegt und außerdem kein milderes, gleichermaßen geeignetes Mittel bereitsteht (Verhältnismäßigkeit).[1274]

BGH, Urt. v. 4.11.1968 – II ZR 63/67 –, NJW 1969, S. 131:

„... Der Kläger beruft sich auf ein Sonderrecht, das ihm als Gesellschafter einen grundsätzlich unentziehbaren Anspruch auf die Geschäftsführerstellung gebe und auf Grund dessen er ohne seine Zustimmung nur aus einem wichtigen Grund gemäß § 38 Abs. 2 GmbHG abberufen werden könne. ... Eine solche besondere Rechtsstellung kann einem Gesellschafter nur im Gesellschaftsvertrag eingeräumt werden. ... Denn es geht hierbei

1272 BGH, NJW 1969, S. 1483; *Altmeppen,* in: Roth/Altmeppen, GmbHG, § 38 Rn 35; *Lücke/Simon,* in: Hk-GmbHG, § 38 Rn 22; *Stephan/Tieves,* in: MünchKomm-GmbHG, § 38 Rn 103 f; *Zöllner/Noack,* in: Baumbach/Hueck, GmbHG, § 38 Rn 7.

1273 *Altmeppen,* in: Roth/Altmeppen, GmbHG, § 38 Rn 30; *Zöllner/Noack,* in: Baumbach/Hueck, GmbHG, § 38 Rn 7.

1274 BGH, NJW 1969, S. 131; WM 1981, S. 438; WM 1984, S. 29; OLG Brandenburg, BeckRS 2008, 06648; OLG Hamburg, BB 1954, S. 978; OLG Hamm, GmbHR 1992, S. 380; NZG 2002, S. 421; ZIP 1986, S. 1188; OLG München, DB 1994, S. 1972 (1973); *Altmeppen,* in: Roth/Altmeppen, GmbHG, § 38 Rn 65 (Verhältnismäßigkeitsprüfung); *Zöllner/Noack,* in: Baumbach/Hueck, GmbHG, § 38 Rn 8 (wichtiger Grund).

nicht bloß um rein schuldrechtliche Vereinbarungen (z.B. über die Bezüge des Geschäftsführers), die nicht notwendig in die Satzung gehören ..., sondern um eine körperschaftsrechtliche Regelung, die, wenn nicht für die Gläubiger der Gesellschaft, so doch mindestens für die Erwerber von Geschäftsanteilen von unmittelbarer rechtlicher Bedeutung ist und damit in ihrer Wirkung über den engeren Kreis der Beteiligten hinausgeht. Handelt es sich aber bei der vom Kläger behaupteten Vereinbarung um einen materiellen Satzungsbestandteil, so unterlag die Abrede der Formvorschrift des § 2 GmbHG, Daraus folgt, dass ein solches Sonderrecht des Klägers auf Bestellung zum Geschäftsführer und Belassung in diesem Amt auch im Wege der Vertragsauslegung nur dann als wirksam vereinbart angesehen werden kann, wenn sich hierfür im beurkundeten Text des Vertrags zumindest allgemein erkennbare objektive Anhaltspunkte finden lassen, die eine einheitliche Auslegung in diesem Sinne ermöglichen. ... Daran fehlt es hier. Wie das Berufungsgericht zutreffend ausgeführt hat, lässt die Tatsache, dass der Kläger im Gesellschaftsvertrag zum Geschäftsführer bestellt worden ist, noch nicht den Schluss zu, ihm habe hierdurch ein unentziehbares Recht eingeräumt werden sollen, zumal auch die Bestellung von Frau B. im Gesellschaftsvertrag erfolgt ist und diese unstreitig damit kein Sonderrecht erworben hat. ... Die sonstigen Umstände und Erklärungen, auf die sich der Kläger stützt, liegen außerhalb des Vertrages und haben in seinem Wortlaut keinerlei Ausdruck gefunden. Selbst wenn man mit Rücksicht auf den individualrechtlichen Einschlag der angeblichen Vereinbarung über die Unentziehbarkeit des Geschäftsführeramts insoweit eine freiere Auslegung für zulässig halten wollte ..., ändert dies nichts daran, dass ein Sonderrecht des Klägers aus der Vertragsurkunde überhaupt nicht ersichtlich und deshalb nicht formgültig vereinbart worden ist. ..."

Wenn auch bei Fremdgeschäftsführern die vorstehenden Erwägungen nicht eingreifen 572
können, weil sie an die Mitgliedschaft anknüpfen, so können sich Einschränkungen hier doch daraus ergeben, dass eine Abberufung mit Rücksicht auf das Interesse der Gesellschaft missbräuchlich erscheint.[1275] Das ist oben (Rn 559) unter Hinweis auf die §§ 138, 242, 826 BGB bereits erläutert worden.

2. Wichtiger Grund für die Abberufung

Haben die Gesellschafter den Grundsatz der freien Abberufbarkeit des Geschäftsfüh- 573
rers nicht abbedungen und greift auch keine andere Einschränkung ein, bedarf es keiner materiellen Rechtfertigung der Abberufung. Anderenfalls ist Abberufung nur zulässig, wenn ein nach der Satzung zur Abberufung berechtigender, unwichtiger Grund oder ein wichtiger Grund auch tatsächlich vorliegt. Ein wichtiger Grund im Sinne des unabdingbaren Kerns des Abberufungsrechts der Gesellschafter liegt allgemein immer dann vor, wenn der weitere Verbleib des betroffenen Geschäftsführers im Geschäftsführeramt für die Gesellschaft unzumutbar ist. Bei der Zumutbarkeitsprüfung ist eine wertende Interessenabwägung unter Berücksichtigung sämtlicher Umstände des vorliegenden Einzelfalls anzustellen. Insofern können die Gesellschafter grundsätzlich weder einen Beurteilungsspielraum noch ein Ermessen in Anspruch nehmen, sondern das Vorliegen des Abberufungsgrundes unterliegt in vollem Umfang gerichtlicher Kontrolle.[1276] Mit Rücksicht auf die Trennung zwischen Anstellungs-

1275 BGH, GmbHR 1989, S. 78; OLG Köln, ZIP 1988, S. 1122 (1125); *Paefgen*, in: Ulmer, GmbHG, § 38 Rn 7, 48; *Kleindiek*,in: Lutter/Hommelhoff, GmbHG, § 38 Rn 8; *Zöllner/Noack*, in: Baumbach/Hueck, GmbHG, § 38 Rn 9.

1276 *Lücke/Simon*, in: Hk-GmbHG, § 38 Rn 23.

und Organverhältnis, zwischen Anstellungsvertrag und Organstellung kommt hierbei den Gesellschaftsinteressen grundsätzlich der Vorrang zu.[1277]

OLG München, Urt. v. 29. März 2012 – 23 U 4344/11 –, BeckRS 2012, 07661:

„... Ein wichtiger Grund zur Abberufung des Geschäftsführers im Sinn des § 38 Abs. 2 GmbHG ist dann gegeben, wenn das Verbleiben des Geschäftsführers für die Gesellschaft unzumutbar geworden ist. ... Dabei sind die Gesamtumstände zu würdigen, wobei die Interessen der Gesellschaft im Vordergrund stehen. Zu berücksichtigen sind aber auch die Interessen des Geschäftsführers. ... Bei der personalistischen GmbH sind hierbei neben den Beziehungen zwischen der Gesellschaft und dem Geschäftsführer zugleich auch die Beziehungen des Geschäftsführers zu den Gesellschaftern zu werten. Zu fragen ist in diesen Fällen daher auch, ob den Gesellschaftern zuzumuten ist, dass der Geschäftsführer im Amt verbleibt. ... Bei einer sog. 2-Mann-GmbH-sind zwar grundsätzlich gesteigerte Anforderungen an das Vorliegen eines wichtigen Grundes zu stellen. Ein bloßer Vertrauensverlust in die Zweckmäßigkeit der Geschäftsführung kann für die Abberufung daher nicht ausreichen. Voraussetzung ist vielmehr, dass ein verständiger Betrachter zu dem Ergebnis kommt, die Bedenken gegen die Geschäftsführung seien so stark, dass eine Fortsetzung der Geschäftsführertätigkeit nicht mehr zugemutet werden kann, wie es bei einer groben Pflichtverletzung in der Regel der Fall ist. ...“

574 Bedeutsam im Rahmen der Abwägung sind etwa die folgenden Gesichtspunkte: Schwere der Pflichtverletzung, Folgen der Pflichtverletzung, Grad des Verschuldens, Wiederholungsgefahr, vorangegangene Pflichtverletzungen, Dauer der Geschäftsführertätigkeit, Verdienste des betreffenden Geschäftsführers.[1278] § 38 Abs. 2 GmbHG nennt schließlich selbst beispielhaft grobe Pflichtverletzungen und die Unfähigkeit zur ordnungsgemäßen Geschäftsführung als in Betracht kommende wichtige Gründe.

575 Der die Abberufung rechtfertigende wichtige Grund muss weder in der Person des Geschäftsführers liegen, noch bedarf es eines Verschuldens des betroffenen Geschäftsführers.[1279] Auch setzt die Abberufung nicht zwingend einen Schaden der Gesellschaft voraus.[1280] Vielmehr sind diese Gesichtspunkte jeweils nur in die Abwägung einzubeziehen und können hier uU ausschlaggebende Bedeutung gewinnen. Auch in einem Vertrauensentzug liegt ohne Weiteres nicht stets ein wichtiger Grund; insofern gilt anderes als nach § 84 Abs. 3 S. 2 AktG.[1281] Jedoch kann in der Ursache für den Vertrauensentzug bzw -verlust durchaus ein wichtiger Grund liegen und ist der gerechtfertigte Verlust des Vertrauens selbstverständlich in die o.g. umfassende Abwägung einzubeziehen.[1282] Ferner können Gründe, die für sich keinen wichtigen Grund abgeben, in ihrer Summe als wichtiger Grund die Abberufung rechtfertigen.[1283]

OLG Naumburg, Urt. v. 23. Februar 1999 – 7 U (Hs) 25/98 –, NZG 2000, S. 44 (46):

„... Ein wichtiger Grund ist ein Umstand, der ein Verbleiben des Abzuberufenden in seiner Organstellung für die Gesellschaft unzumutbar macht. Die in § 38 Abs. 2 S. 2

1277 OLG München, BeckRS 2012, 07661; anders *Lücke/Simon,* in: Hk-GmbHG, § 38 Rn 23.
1278 *Lücke/Simon,* in: Hk-GmbHG, § 38 Rn 23.
1279 BGH, NJW-RR 1992, S. 993 f; *Lücke/Simon,* in: Hk-GmbHG, § 38 Rn 23.
1280 OLG Düsseldorf, NJW 1992, S. 172 ff; *Lücke/Simon,* in: Hk-GmbHG, § 38 Rn 23.
1281 BGH, NJW 1960, S. 628 ff; OLG Saarbrücken, GmbHR 2007, S. 143 ff; *Lücke/Simon,* in: Hk-GmbHG, § 38 Rn 23; anders etwa *Terlau,* in: Michalski, GmbHG, § 38 Rn 48, 50.
1282 *Lücke/Simon,* in: Hk-GmbHG, § 38 Rn 23.
1283 OLG Naumburg, NZG 2000, S. 44 ff; *Altmeppen,* in: Roth/Altmeppen, GmbHG, § 38 Rn 34; *Lücke/Simon,* in: Hk-GmbHG, § 38 Rn 23.

> GmbHG genannten Fallgruppen grobe Pflichtverletzung und Unfähigkeit zur ordnungsgemäßen Geschäftsführung sind dort nur beispielhaft genannt. In einer zweigliedrigen Gesellschaft mit gleicher Kapitalbeteiligung sind die Voraussetzungen für eine Abberufung nochmals schärfer. Der Entscheidung durch das Gericht hat in jedem Fall die Abwägung der Gesamtumstände des Einzelfalles unter Berücksichtigung der Interessen beider Beteiligter vorauszugehen. ... Nach Auffassung des erkennenden Senats bildet die Gesamtheit der Verfehlungen des Kl. den wichtigen Grund für seine Abberufung vom Amt des Geschäftsführers. ..."

Schließlich bleibt der Maßstab für das Vorliegen eines wichtigen Grundes nicht immer gleich, sondern richtet sich ebenfalls nach bestimmten Umständen des Einzelfalls: In einer Zwei-Personen-GmbH können uU höhere Anforderungen an das Vorliegen eines wichtigen Grundes zu stellen sein als gewöhnlich.[1284]

Ein wichtiger Grund kann zB vorliegen bei Beleidigung von Gesellschaftern, Mitar- 576
beitern oder Kunden, bei Bestechlichkeit, bei Bilanzmanipulation, bei Verletzung von Buchführungspflichten, bei Geschäftsführungsmaßnahmen gegen den ausdrücklich erklärten Widerspruch der Mitgeschäftsführer, bei Insolvenz des Geschäftsführers, bei Verletzung einer Insolvenzantragspflicht, bei verspäteter Vorlage des Jahresabschlusses, bei Kompetenzüberschreitung, bei anhaltender Krankheit, bei Veruntreuung von Gesellschaftsvermögen, bei Spesenbetrug, bei unheilbarem und dauerhaftem Zerwürfnis der Geschäftsführer, bei Tätlichkeiten gegenüber Mitarbeitern, bei Umgehung der Gesellschafterversammlung, bei entsprechendem Verlangen Dritter mit ausschlaggebendem wirtschaftlichem Gewicht (Hausbank, wichtige Kunden), bei mangelndem Erfolg, bei unberechtigter Verweigerung der Einsicht in die Bücher gegenüber Gesellschaftern, bei Widersetzlichkeit gegen Weisungen der Gesellschafterversammlung, bei unheilbarem Zerwürfnis mit der Gesellschafterversammlung.[1285] Hinsichtlich eines mangelnden Geschäftserfolges bzw einer geschäftlichen Unfähigkeit des Geschäftsführers ist zu beachten, dass sich diese in der Regel nicht schon aus einem einzigen Fehler ergeben wird, sondern erst eine Kumulation von zu verantwortenden geschäftlichen Misserfolgen den Schluss auf geschäftliche Unfähigkeit zulassen wird.[1286]

3. Zuständigkeit für die Abberufung

Nach § 46 Nr. 5 GmbHG ist – vorbehaltlich mitbestimmungsrechtlicher Vorschriften 577
– die Gesellschafterversammlung für die Abberufung zuständig, soweit die Satzung nicht eine Zuständigkeit etwa des Aufsichtsrats oder des Beirats vorsieht.

Von Bedeutung sind in diesem Zusammenhang aber nicht nur Bestimmungen der Satzung über die Abberufung selbst, sondern auch solche über die Zuständigkeit für die Bestellung. Denn in der Abberufung liegt ein actus contrarius im Verhältnis zur Bestellung. Dementsprechend ist grundsätzlich dasjenige Organ für die Abberufung

1284 OLG München, BeckRS 2012, 07661; *Lücke/Simon*, in: Hk-GmbHG, § 38 Rn 23 aE.

1285 *Lücke/Simon*, in: Hk-GmbHG, § 38 Rn 24; vgl auch BGH, NZG 2007, S. 1890; GmbHR 2008, S. 487 ff; NZG 2008, S. 148; NZG 2009, S. 386 ff; KG, GmbHR 2001, S. 925 ff; OLG Düsseldorf, GmbHR 2000, S. 1050; AG 2012, S. 511 ff; OLG Karlsruhe, NZG 2000, S. 264 ff; OLG Köln, GmbHR 1989, S. 79; NZG 2011, S. 307 ff; OLG München, DB 2009, S. 1231 ff; BeckRS 2012, 07661; BeckRS 2010, 18766; OLG Nürnberg, NZG 2000, S. 700 ff; OLG Stuttgart, GmbHR 2006, S. 1258 ff; GmbHR 1995, S. 229; OLG Thüringen, NZG 2010, S. 226 ff.

1286 BGH, DStR 1984, S. 1746 ff; OLG Köln, GmbHR 1989, S. 76 ff; *Lücke/Simon*, in: Hk-GmbHG, § 38 Rn 24.

zuständig, das auch für die Bestellung zuständig ist.[1287] So kann die Satzung etwa ein Benennungs- oder gar ein Bestellungsrecht bestimmter einzelner Gesellschafter oder bestimmter Gesellschafterstämme vorsehen. Ist dies wirksam geschehen, richtet sich auch die Abberufung als actus contrarius hiernach. Im Falle eines Benennungsrechts können demnach die berechtigten Gesellschafter die Abberufung verlangen (kleines Abberufungsrecht) und müssen die übrigen Gesellschafter hieran mitwirken. Im Falle eines Bestellungsrechts können die berechtigten Gesellschafter den Geschäftsführer unmittelbar abberufen (großes Abberufungsrecht).[1288]

OLG Düsseldorf, Urt. v. 8. Juni 1989 – 6 U 223/88 –, NJW 1990, S. 1122:
„... Vorzugsrechte eines Gesellschafters gibt es auch hinsichtlich der Bestellung und der Abberufung von Geschäftsführern. Dabei ist z. B. von einem „großen Abberufungsrecht" die Rede, wenn der Gesellschafter ohne Zustimmung der übrigen Gesellschafter abberufen darf, und von einem „kleinen Abberufungsrecht", wenn er der Zustimmung der Gesellschafterversammlung bedarf. ..."

578 Hat die Satzung die Abberufungszuständigkeit und -befugnis auf ein anderes Organ übertragen, ist dieses aber nicht handlungsfähig, fällt die Abberufungszuständigkeit und -befugnis an die Gesellschafterversammlung zurück.[1289] Umstritten ist das Bestehen eines „Rückholrechts", ob also die Gesellschafterversammlung die Abberufungszuständigkeit und -befugnis auch dann wieder an sich ziehen kann, wenn das nach der Satzung zur Entscheidung berufene Organ handlungsfähig ist. Teilweise wird dies jedenfalls für den Fall bejaht, dass die Zuständigkeit und die entsprechende Befugnis einem einzigen Gesellschafter übertragen worden sind. Ein Bedürfnis für eine Abweichung von den Regeln der Satzung ist allerdings nicht recht erkennbar, denn im Falle eines die Abberufung rechtfertigenden, wichtigen Grundes haben die satzungsmäßig nicht mit der Abberufung befassten Gesellschafter einen Anspruch gegen den oder die zuständigen Gesellschafter auf Abberufung und sind insofern hinreichend geschützt.[1290] Die Zuständigkeit für die Abberufung und die Befugnis zur Abberufung können sogar auf einen gesellschaftsfremden Dritten übertragen werden. Auch eine solche externe Bestellungs- und Abberufungskompetenz begegnet keinen durchgreifenden Bedenken.[1291]

BGH, Urt. v. 20. Oktober 2008 – II ZR 107/07 –, NJW 2009, S. 293 (294):
„... Das Urteil des BerGer. ist schließlich auch nicht auf Grund der Hilfserwägung richtig, die Kündigung sei unwirksam, weil die Beschlüsse dem Kl. nicht vom zuständigen Organ, nämlich der Gesellschafterversammlung der Bekl., mitgeteilt worden seien. Das BerGer. hat verkannt, dass die Gesellschafterversammlung die Kündigungs- oder Abberufungserklärung nicht selbst gegenüber dem Geschäftsführer abgeben muss, sondern sich hierbei auch dritter Personen, z.B. eines anderen Geschäftsführers, bedienen kann. ..."

579 Während nach den § 31 Abs. 5 MitbestG, § 12 Montan-MitbestG, § 15 MitbestErgG in Verbindung mit § 84 AktG allein der Aufsichtsrat für die Abberufung der Ge-

1287 *Lücke/Simon,* in: Hk-GmbHG, § 38 Rn 32.
1288 BGH, GmbHR 1990, S. 76 ff (kleines Abberufungsrecht); OLG Düsseldorf, GmbHR 1990, S. 219 ff (großes Abberufungsrecht); *Lücke/Simon,* in: Hk-GmbHG, § 38 Rn 38.
1289 *Lücke/Simon,* in: Hk-GmbHG, § 38 Rn 32; *Tebben,* in: Michalski, GmbHG, § 6 Rn 59.
1290 Anders *Altmeppen,* in: Roth/Altmeppen, GmbHG, § 38 Rn 28; *Lücke/Simon,* in: Hk-GmbHG, § 38 Rn 33; *Zöllner/Noack,* in: Baumbach/Hueck, GmbHG, § 38 Rn 21 f.
1291 BGH, DB 2008, S. 2641 f; *Tebben,* in: Michalski, GmbHG, § 6 Rn 63; *Lücke/Simon,* in: Hk-GmbHG, § 38 Rn 34; *Fastrich,* in: Baumbach/Hueck, GmbHG, § 6 Rn 20.

schäftsführer zuständig ist, bleibt es im Anwendungsbereich des Drittelbeteilungsgesetzes bei der Zuständigkeit der Gesellschafterversammlung bzw des nach der Satzung zuständigen Organs, denn hier fehlt eine Verweisung auf § 84 AktG.[1292]

4. Abberufungsverfahren

Für die Beschlussfassung über die Abberufung gelten die allgemeinen Regeln für die Gesellschafterversammlung und die Beschlussfassung. Zu beachten ist allerdings, dass die Satzung qualifizierte Mehrheiten wirksam nicht für die Abberufung aus wichtigem Grund vorsehen kann, sondern lediglich für die Abberufung aus anderen Gründen. Insofern kommt zum Tragen, dass die Abberufung aus wichtigem Grund weder abbedungen noch auch nur eingeschränkt werden kann. Dementsprechend entscheidet die Gesellschafterversammlung über die Abberufung aus wichtigem Grund stets durch einfache Mehrheit,[1293] während für das Mehrheitserfordernis in anderen Fällen zunächst die Satzung maßgebend ist und § 47 Abs. 1 GmbHG nur hilfsweise gilt. Für mitbestimmte GmbH ist ferner § 31 Abs. 2 bis 5 MitbestG zu berücksichtigen, der eine 2/3-Mehrheit im Aufsichtsrat vorsieht – für die dem Drittelbeteiligungsgesetz unterliegenden Gesellschaften gilt dies allerdings nicht. 580

BGH, Urt. v. 20. Dezember 1982 – II ZR 110/82 –, NJW 1983, S. 938:

„... Die Satzung der Bekl. beschränkt den Widerruf der Bestellung nicht ausdrücklich auf wichtige Gründe. Sie bestimmt aber in § 8 allgemein, dass Gesellschafterbeschlüsse einer Mehrheit von 3/4 des Stammkapitals bedürfen. Da diese Mehrheit bei dem Abberufungsbeschluss vom 21.2.1979 nicht erreicht war, ist die Abberufung nicht ohne weiteres gem. § 38 Abs. 1 GmbHG wirksam geworden. Anders verhält es sich mit einer Abberufung aus wichtigem Grund, auf die der Beschluss tatsächlich gestützt war und bei der K selbst kein Stimmrecht hatte. ... Die Befugnis der Gesellschaft, die Bestellung zum Geschäftsführer aus einem solchen Grund jederzeit zu widerrufen, ist mit Rücksicht auf die Gefahren, die der Gesellschaft infolge der gegenständlich unbeschränkten Vertretungsmacht des Geschäftsführers (§ 37 Abs. 2 GmbHG) drohen können, in § 38 Abs. 2 GmbHG zwingend vorgeschrieben. Sie kann daher durch die Satzung weder ausgeschlossen noch eingeschränkt werden. Eine unzulässige Einschränkung würde es auch bedeuten, wenn der Widerruf aus wichtigem Grund an eine höhere als die in § 47 Abs. 1 GmbHG bestimmte einfache Mehrheit gebunden wäre. ... Sonst könnten gerade in einem Fall wie dem vorliegenden die Beteiligungsverhältnisse es der Gesellschaft unmöglich machen, sich von einem Geschäftsführer zu lösen, der grob gegen seine Pflichten verstoßen oder sich zu einer ordnungsgemäßen Geschäftsführung als unfähig erwiesen hat. Das wäre mit dem Sinn und Zweck des § 38 Abs. 2 GmbHG ... unvereinbar. ...“

Die für die Kündigung des Anstellungsverhältnisses geltende Frist des § 626 Abs. 2 BGB findet für das Organverhältnis und die Abberufung des Geschäftsführers nicht entsprechende Anwendung, sondern die Abberufung unterliegt einerseits der Entwertung der für die Unzumutbarkeit maßgebenden Gesichtspunkte durch Zeitablauf und andererseits der Verwirkung.[1294] 581

1292 *Lücke/Simon,* in: Hk-GmbHG, § 38 Rn 35 f.

1293 BGH, NJW 1983, S. 938; GmbHR 1991, S. 62 f; KG, GmbHR 2011, S. 1272 ff; OLG München, GmbHR 2007, S. 2171 ff; *Altmeppen,* in: Roth/Altmeppen, GmbHG, § 38 Rn 35; *Lücke/Simon,* in: Hk-GmbHG, § 38 Rn 22, 39, allerdings anders Rn 48; *Kleindiek,* in: LutterHommelhoff, GmbHG, § 38 Rn 16; *Stephan/Tieves,* in: MünchKomm-GmbHG, § 38 Rn 103 f; *Zöllner/Noack,* in: Baumbach/Hueck, GmbHG, § 38 Rn 7 einerseits und Rn 30 andererseits.

1294 BGH, GmbHR 1992, S. 38 ff (Verwirkung); *Lücke/Simon,* in: Hk-GmbHG, § 38 Rn 46.

582 Während der abzuberufende Gesellschafter-Geschäftsführer im Falle einer Abberufung aus wichtigem Grund lediglich zur Teilnahme und Rede anlässlich der betreffenden Gesellschafterversammlung befugt ist, aber hinsichtlich des ihn betreffenden Abberufungsbeschlusses kein Stimmrecht hat,[1295] steht ihm im Falle einer Abberufung aus einem anderen Grund auch das Stimmrecht zu.[1296] Auch hier ist zu beachten, dass ein Stimmrechtsausschluss nur dann eingreift, wenn ein wichtiger Grund tatsächlich vorliegt (Inzidentprüfung).

5. Rechtsschutz

583 Oben (Rn 296 ff, 308 ff) ist bereits erläutert worden, dass die Geschäftsführer zwar mangels Anfechtungsbefugnis keine Anfechtungsklage erheben können, aber sehr wohl eine auf Feststellung der Nichtigkeit gerichtete Klage. Dementsprechend können sowohl Gesellschafter- als auch Fremdgeschäftsführer die Nichtigkeit des Abberufungsbeschlusses gerichtlich feststellen lassen.[1297]

> **BGH, Urt. v. 11. 2. 2008 – II ZR 187/06 –, NZG 2008, 317 (319):**
> „... Ist – wie hier – im Gesellschaftsvertrag keine abweichende Bestimmung getroffen, verbleibt es bei der Regelung des § 38 Abs. 1 GmbHG, wonach der Geschäftsführer einer GmbH jederzeit frei abrufbar ist. Ist ein solcher Beschluss gesellschaftsrechtlich verbindlich gefasst worden, kann der betroffene Geschäftsführer, der – wie hier – nicht zugleich Gesellschafter ist, sich gegen diesen Beschluss nicht mit der Klage auf Feststellung, es sei kein bzw. kein wirksamer Beschluss gefasst worden, wehren. ... Die allgemeine Feststellungsklage aus § 256 ZPO steht dem Geschäftsführer nur gegen einen nichtigen, d.h. nicht nur anfechtbaren Beschluss zu. Nichtigkeitsgründe (i.S. des § 241 AktG) liegen nicht vor. ...“

Auch einstweilige Verfügungen etwa zur Erwirkung oder – umgekehrt – zur Untersagung des Zugangs zu Geschäftsräumen kommen in Betracht.[1298] Im Einzelfall kann ferner vorbeugender Rechtsschutz gegen eine Abberufung als Geschäftsführer zulässig sein. Das setzt allerdings u.a. eine entsprechende Aktivlegitimation des Antragstellers voraus.[1299] Zur Anfechtung eines Abberufungsbeschlusses ist der Geschäftsführer als solcher nicht befugt, sondern lediglich als Gesellschafter.[1300]

584 Oben (Rn 379 f) ist ebenfalls schon erwähnt worden, dass Gründe für einen Gesellschafterbeschluss nachgeschoben werden können, wenn diese bereits bei der Beschlussfassung vorgelegen haben, dass es allerdings abgesehen vom Fall der Zwei-Personen-GmbH dazu mit Rücksicht auf die Zuständigkeit der Gesellschafterversammlung und nicht der Geschäftsführung eines neuerlichen Gesellschafterbeschlusses bedarf. Dies gilt auch für die Abberufung des Geschäftsführers.[1301]

1295 OLG München, BeckRS 2012, 07661.
1296 *Lücke/Simon,* in: Hk-GmbHG, § 38 Rn 43.
1297 BGH, NZG 2008, S. 317 (319); *Lücke/Simon,* in: Hk-GmbHG, § 38 Rn 41.
1298 OLG Stuttgart, GmbHR 2006, S. 1258 ff; *Kleindiek,* in: Lutter/Hommelhoff, GmbHG, § 38 Rn 36 ff; *Lücke/Simon,* in: Hk-GmbHG, § 38 Rn 41.
1299 LG München I, ZIP 1994, S. 1858 ff; *Kleindiek,* in: Lutter/Hommelhoff, GmbHG, § 38 Rn 38; *Lücke/Simon,* in: Hk-GmbHG, § 38 Rn 41.
1300 BGH, NZG 2008, S. 317 (319); *Lücke/Simon,* in: Hk-GmbHG, § 38 Rn 42.
1301 BGH, WM 1991, S. 2143 ff; OLG Zweibrücken, GmbHR 2003, S. 421 ff; *Lücke/Simon,* in: Hk-GmbHG, § 38 Rn 27.

BGH, Urt. v. 14. Oktober 1991 – II ZR 239/90 –, NJW-RR 1992, S. 292 (292 ff):

„… Dem BerGer. ist allerdings im Ausgangspunkt zuzustimmen, dass das Recht der Gesellschaft zur Abberufung ihres Geschäftsführers aus wichtigem Grund nach allgemeinen rechtlichen Grundsätzen verwirkt werden kann, wenn sie die Umstände, die ein solches Recht begründen, über längere Zeit hinweg nicht zum Anlass nimmt, eine Abberufung auszusprechen und der Geschäftsführer aufgrund dieses Verhaltens der Gesellschaft nach Treu und Glauben annehmen durfte, sie wolle auf diese Umstände nicht mehr zur Begründung einer Abberufung zurückkommen. … Nach der Rechtsprechung des Senats ist die Zulässigkeit des Nachschiebens von Gründen bei einem Widerruf der Organstellung im allgemeinen nach denselben Grundsätzen zu beurteilen wie bei der Kündigung eines Dienstvertrages aus wichtigem Grund. ... Für die Kündigung eines Dienstverhältnisses aber gilt, soweit nicht Beschränkungen, die ihre Ursache allein in der nur für Kündigungen von Dienstverträgen geltenden Fristenregelung des § 626 Abs. 2 BGB haben, in Betracht zu ziehen sind, ganz allgemein der Grundsatz, dass Umstände, die im Zeitpunkt der Ausübung des außerordentlichen Kündigungsrechts aus wichtigem Grund bereits bestanden haben, im Rechtsstreit zur Begründung der Kündigung nachgeschoben werden können, und zwar unabhängig davon, ob sie dem Kündigenden im Zeitpunkt seiner Kündigungserklärung bekannt oder unbekannt waren. ... Es besteht im Allgemeinen kein Anlass, die Zulässigkeit des Nachschiebens von weiteren beim Ausspruch des Widerrufs bereits bestehenden wichtigen Gründen für die Beendigung der Geschäftsführerstellung darüber hinaus einzuschränken. Es gibt zahlreiche vernünftige Motive, die Begründung für einen Widerruf der Geschäftsführerbestellung zunächst auf bestimmte Tatbestände zu beschränken. Dies kann zum Beispiel angebracht sein, um den abzuberufenden Geschäftsführer zu schonen, aber auch etwa, um nicht unnötig Interna der Gesellschaft einem öffentlichen Streit auszusetzen. Es wäre nur schwer einzusehen, warum die Gesellschaft nicht berechtigt sein sollte, ihre weiteren Gründe, die die Belassung des Geschäftsführers in seiner bisherigen Stellung und Verantwortung für sie unzumutbar machen, noch nachträglich zur Stützung ihres Abberufungsbeschlusses offenzulegen, wenn sie feststellen muß, dass das Gericht die bisher angegebenen Gründe zwar als wesentlich, aber nicht für sich allein ausreichend erachtet. Die gegenteilige Annahme könnte lediglich zur Folge haben, dass die Gesellschaft aufgrund in der Sache unrichtiger Gerichtsentscheidungen gezwungen würde, tatsächlich unzumutbare Geschäftsführer weiter amtieren zu lassen, oder aber die Gesellschaft zu zwingen, stets ohne jede Rücksichtnahme, möglicherweise auch ohne Rücksicht auf die berufliche Zukunft des zu Entlassenden, sogleich sämtliche – wirklichen oder angeblichen – Verfehlungen ihres Geschäftsführers offenzulegen. Daran kann auf keiner Seite ein vernünftiges Interesse bestehen. … Dagegen kann sich eine solche Einschränkung aus Gesichtspunkten der innergesellschaftlichen Kompetenzordnung ergeben. So kann das Vertretungsorgan einer Genossenschaft nicht von sich aus nachträglich die Gründe für die Kündigung eines Vorstandsmitgliedes erweitern, wenn die für die Entscheidung über eine außerordentliche Kündigung allein zuständige Generalversammlung die Kündigung (nur) aus bestimmten Gründen ausgesprochen hat. ... Sollen weitere Kündigungsgründe nachgeschoben werden, so muss sie das Vertretungsorgan deshalb vorher der Generalversammlung unterbreiten und sie darüber entscheiden lassen. Dagegen kann die Kompetenzordnung in der Gesellschaft einem Nachschieben von wichtigen Abberufungsgründen vernünftigerweise nicht entgegenstehen, wenn es in einer Zwei-Mann-GmbH um die Abberufung des anderen Gesellschafter-Geschäftsführers aus seinem Amt geht und der Gesellschafter, der den Abberufungsbeschluss allein gefasst hat …, zugleich derjenige ist, der die Gesellschaft in dem über die

Wirksamkeit der Abberufung anhängig gemachten Rechtsstreit vertritt. Da in diesem Fall der Geschäftsführer, der sich bedingt durch die Prozesslage zum Nachschieben bisher nicht geltend gemachter weiterer Abberufungsgründe entschlossen hat, zugleich derjenige ist, der in der Gesellschafterversammlung allein über das Nachschieben dieser Gründe zu beschließen hätte und nicht davon auszugehen ist, dass er in seiner Eigenschaft als Gesellschafter anders entscheiden würde als in seiner Eigenschaft als Geschäftsführer, könnte man bei dieser Konstellation zur Annahme einer Verletzung der Kompetenz der Gesellschafterversammlung nur bei einer sehr formalen Betrachtungsweise gelangen. …"

585 **Übersicht über Fragen der Abberufung – Nr. 44**

1. Voraussetzungen	a) Grundsatz: freie Abberufbarkeit; – Ausnahmen: mitbestimmte GmbH (Gegenausnahme: DrittelbG), AGG; b) im Übrigen nach Satzung; c) unabdingbarer Kern: Abberufungsrecht aus wichtigem Grund; – Unzumutbarkeit mit Blick vorrangig (str.) auf das Gesellschaftsinteresse und unter Abwägung aller Umstände; d) keine Frist, sondern nur Folgen für Zumutbarkeit und Verwirkung.
2. Zuständigkeit	■ Gesellschafterversammlung, wenn nicht durch Satzung übertragen; ■ „Rückholrecht", wenn anderes Organ nicht handlungsfähig ist, sonst nicht (str.)
3. Abberufungsverfahren	a) Einfache Mehrheit bei Abberufung aus wichtigem Grund sonst nach Satzung; b) Ausschluss des abzuberufenden Gesellschafter-Geschäftsführers vom Stimmrecht bei Abberufung aus wichtigem Grund, sonst teilnahme-, rede- und abstimmungsbefugt (Inzidentprüfung des wichtigen Grundes); c) keine vorherige Anhörung des Geschäftsführers als solchem.
4. Rechtsschutz	a) Fremdgeschäftsführer kann nur Nichtigkeitsklage erheben, nicht auch Anfechtungsklage, anders dagegen der Gesellschafter-Geschäftsführer; b) einstweiliger Rechtsschutz auf bestimmte Handlungen und Unterlassungen zur Fortsetzung der Organtätigkeit bzw Unterbindung derselben und sogar im Einzelfall vorbeugend gegen Abberufungsentscheidung; c) Nachschieben von Gründen erfordert außer bei Zwei-Personen-GmbH neuerlichen Gesellschafterbeschluss und setzt voraus, dass die Gründe schon bei der Abberufung vorgelegen haben.

IV. Auflösung der GmbH

Nach § 60 Abs. 1 Nr. 2 GmbHG können die Gesellschafter die GmbH durch Beschluss auflösen. Da der Auflösungsbeschluss unmittelbar eine Änderung des vereinbarten Gesellschaftszwecks und längerfristig die Beendigung der Gesellschaft zur Folge hat, betrifft er den Gesellschaftsvertrag als Grundlage der Gesellschaft und ist zwingend den Gesellschaftern vorbehalten. Die entsprechende Kompetenz kann daher auch nicht auf andere Organe übertragen werden.[1302] Nicht einmal von der Zustimmung anderer Personen als der Gesellschafter oder anderer Organe kann die Auflösung abhängig gemacht werden. Nur Vereinbarungen unter den Gesellschaftern sind zulässig.[1303] Schließlich können die Gesellschafter die Möglichkeit einer Auflösung durch Beschluss auch nicht insgesamt abbedingen.[1304] Vielmehr ist eine entsprechende Bestimmung der Satzung mit Rücksicht auf die fortbestehende Vertragshoheit der Gesellschafter nur als Einstimmigkeitserfordernis auszulegen.[1305] 586

Nach § 60 Abs. 1 Nr. 2 Hs 2 GmbHG bedarf der Auflösungsbeschluss grundsätzlich einer 3/4-Mehrheit. Allerdings ist diese Regelung dispositiv, so dass die Satzung ein anderes Mehrheitserfordernis vorsehen kann.[1306] 587

Zwar sieht das Gesetz keine bestimmte Form für den Auflösungsbeschluss vor. Jedoch bedarf es einer Satzungsänderung und der Form des § 53 Abs. 2 GmbHG, wenn die Satzung eine bestimmte Dauer der GmbH vorsieht und die Gesellschafter eine vorzeitige Auflösung beschließen.[1307] 588

Wenngleich der Beschluss im Sinne des § 60 Abs. 1 Nr. 2 GmbHG den Begriff „Auflösung" nicht zu enthalten braucht, muss in ihm der Auflösungswille der Gesellschafter doch deutlich zum Ausdruck kommen.[1308] Insofern reichen Formulierungen wie „Betriebseinstellung" nicht,[1309] und ebenso wenig ist die beabsichtigte Veräußerung aller Vermögensgegenstände der GmbH eindeutig. Maßgebend sind hier die Umstände des Einzelfalls.[1310] 589

Der Auflösungsbeschluss bedarf weder einer Rechtfertigung noch einer Begründung[1311] und kann dementsprechend abgesehen von formalen Mängeln insbesondere unter dem Gesichtspunkt einer Verletzung der Treuepflicht angefochten werden. Letzteres kann etwa dann Erfolg haben, wenn die Auflösung dem Mehrheitsgesellschafter eine allzu günstige Übernahme der Vermögenswerte der GmbH erlaubt.[1312] Hingegen gebietet die Treuepflicht Zustimmung zur Auflösung, wenn der Gesellschaftszweck dauerhaft unmöglich geworden ist.[1313] Dies kann der Mehrheitsgesellschafter der Anfechtung unter dem o.g. Gesichtspunkt einer Übernahme der Vermögenswerte zu Liquidationswerten entgegenhalten. 590

1302 *Frank*, in: Hk-GmbHG, § 60 Rn 24; *Haas*, in: Baumbach/Hueck, GmbHG, § 60 Rn 17.
1303 *Frank*, in: Hk-GmbHG, § 60 Rn 24.
1304 *Frank*, in: Hk-GmbHG, § 60 Rn 24, 25; anders *Weitbrecht*, in: MünchKomm-GmbHG, § 60 Rn 4.
1305 *Frank*, in: Hk-GmbHG, § 60 Rn 24, 25; anders *Weitbrecht*, in: MünchKomm-GmbHG, § 60 Rn 5, der einstimmigen Beschluss nicht genügen lässt, sondern Änderung der Satzung verlangt.
1306 *Frank*, in: Hk-GmbHG, § 60 Rn 25.
1307 *Frank*, in: Hk-GmbHG, § 60 Rn 26; *Haas*, in: Baumbach/Hueck, GmbHG, § 60 Rn 18.
1308 BayObLG, GmbHR 1995, S. 54; *Frank*, in: Hk-GmbHG, § 60 Rn 27.
1309 BAG, NJW 1998, S. 3371 (3372 f); *Frank*, in: Hk-GmbHG, § 60 Rn 27.
1310 *Frank*, in: Hk-GmbHG, § 60 Rn 27.
1311 BGHZ 76, S. 352 (353); *Frank*, in: Hk-GmbHG, § 60 Rn 28.
1312 BGH, NJW 1980, S. 1278; *Casper*, in: Ulmer, GmbHG, § 60 Rn 43; *Frank*, in: Hk-GmbHG, § 60 Rn 28.
1313 *Frank*, in: Hk-GmbHG, § 60 Rn 28.

BGH, Urt. v. 28. Januar 1980 – II ZR 124/78 –, NJW 1980, S. 1278:
„... Der vom Kl. bekämpfte Auflösungsbeschluss vom 16.1.1975 ist mit der Stimmenmehrheit zustande gekommen, die §§ 12 Nr. 1, 17 I 2 der Satzung für einen solchen Beschluss vorschreiben. An weitere Voraussetzungen ist die Auflösung durch Gesellschafterbeschluss nach Satzung und Gesetz (§ 60 Abs. 1 Nr. 2 GmbHG) nicht geknüpft. Insbesondere hat er nichts mit der Möglichkeit und den Erfolgsaussichten einer Ausschließungsklage zu tun. Auch ist es gleichgültig, welche sachlichen Gründe für die Auflösung bestehen und welcher Gesellschafter sie zu vertreten hat. Ein mit der nötigen Mehrheit gefasster Auflösungsbeschluss bedarf keiner sachlichen Rechtfertigung; er trägt seine Rechtfertigung in sich. ... Das Bild ändert sich jedoch entscheidend, wenn man hier das unstreitige, dem Auflösungsbeschluss vorausgegangene Verhalten der Mehrheitsgesellschafterin, mit dem sie diesen Beschluss vorbereitet hat, in eine Gesamtwertung einbezieht, ... Mit diesen Maßnahmen hat Frau F ihre gesellschaftliche Treuepflicht und, soweit sie vor dem 30.12.1974 liegen, zugleich ihre Pflicht zu ordnungsmäßiger Geschäftsführung verletzt. Denn solange die Auflösung der Bekl. nicht beschlossen war, musste sie diese als werbendes Unternehmen betrachten und darauf bedacht sein, es als solches wirtschaftlich zu erhalten und zu fördern. Stattdessen hat sie ... ."

591 Übersicht über Fragen der Auflösung – Nr. 45

1. Voraussetzungen	■ § 60 Abs. 1 Nr. 2 GmbHG: keine Begründung oder Rechtfertigung; ■ daher nur nach allgemeinen Regeln für die Formalia und unter Beachtung der Treuepflicht.
2. Zuständigkeit	Ausschließlich und unabdingbar: Gesellschafterversammlung.
3. Mehrheit	■ Nach § 60 Abs. 1 Nr. 2 Hs 2 GmbHG grds. 3/4; ■ aber dispositiv, dh primär je nach Satzung.
4. Form	■ Grds. formfrei; ■ Ausnahme gemäß § 53 Abs. 2 GmbHG, wenn bestimmte Dauer vorgesehen ist und vorzeitig aufgelöst werden soll.
5. Auslegung	Zwar muss Begriff „Auflösung" nicht benutzt werden, jedoch muss der Auflösungswille eindeutig erkennbar oder unstreitig sein.

H. Prüfungsschemata und Formulierungsvorschläge

I. Nichtigkeits- und Anfechtungsklage

Ungeachtet des einheitlichen Streitgegenstands von Nichtigkeitsklage und Anfechtungsklage sowie trotz erheblicher Überschneidungen bei den Sachurteilsvoraussetzungen sind die Klagen gedanklich unabhängig voneinander zu prüfen. Eine andere Vorgehensweise brächte die Gefahr mit sich, die bedeutsamen Unterschiede der Klagen zu verwischen und wichtige Fragen zu übergehen. So muss ein Prüfungsschema für die Nichtigkeits- und Anfechtungsklage zB berücksichtigen, dass der Geschäftsführer einer GmbH zwar die Nichtigkeit eines Gesellschafterbeschlusses feststellen lassen kann, mangels Anfechtungsbefugnis aber nicht begründet Anfechtungsklage erheben kann. Auch muss Berücksichtigung finden, dass die Nichtigkeitsklage anders als die Anfechtungsklage nicht fristgebunden ist. Das folgende Prüfungsschema spiegelt den Versuch wider, zugleich eine ökonomische Prüfung durch Zusammenfassung von Gesichtspunkten, soweit das möglich ist, zu gestatten und gleichwohl die notwendigen Differenzierungen vorzunehmen. Selbstverständlich lassen sich die erforderlichen Prüfungsschritte aber auch anders gliedern. 592

1. Prüfungsschema

A. Zulässigkeit der Nichtigkeits- und Anfechtungsklage 593

- I. Echte Prozessvoraussetzungen
  1. Ordnungsgemäße Einreichung der Klage, § 253 Abs. 1 ZPO
  2. Deutsche Gerichtsbarkeit
- II. Sachurteilsvoraussetzungen
  1. Ordnungsgemäße Klageerhebung, § 253 Abs. 2 ZPO

     insb.:

     a) Bezeichnung der Parteien und des angerufenen Gerichts, § 253 Abs. 2 Nr. 1 ZPO
        - Richtiger Klagegegner ist die GmbH, und zwar grundsätzlich vertreten durch die Geschäftsführer (Übersicht 24 s. Rn 341). Die Gesellschaft und die vertretenden Geschäftsführer sind genau zu bezeichnen. Ferner bedarf es der Angabe der zustellungsfähigen Anschrift der Gesellschaft.

     b) Bestimmter Klageantrag, § 253 Abs. 2 Nr. 2 ZPO
        - Fassung des Antrags trotz des einheitlichen Streitgegenstandes als Hauptantrag die Feststellung der Nichtigkeit betreffend (Nichtigkeitsklage) und auf Nichtigerklärung gerichteter Hilfsantrag (Anfechtungsklage; Übersichten 18, 29 s. Rn 281, 411)
        - Fassung des Antrags bei Änderungen (Bestätigung, Aufhebung; Übersicht 29 s. Rn 411)
        - Unter den zusätzlichen Voraussetzungen des § 33 ZPO ist die Nichtigkeits- und Anfechtungsklage auch als Widerklage zulässig (Übersicht 29 s. Rn 411).

     c) Bestimmte Angabe des Klagegegenstands und des -grundes, § 253 Abs. 2 Nr. 2 ZPO
        - Hiernach müssen der angegriffene Beschluss und die betreffende Gesellschafterversammlung so genau bezeichnet werden, dass der Streitgegenstand und die objektive Reichweite der materiellen Rechtskraft geprüft werden können. Die Anforderungen an die Zulässigkeit sind dabei geringer als diejenigen an die Schlüssigkeit.

2. Prozesshandlungsvoraussetzungen
   a) Parteifähigkeit, § 50 ZPO: § 13 Abs. 1 GmbHG
   b) Prozessfähigkeit, §§ 51 ff ZPO und ordnungsgemäße Vertretung: Die GmbH wird grundsätzlich durch die Geschäftsführer vertreten, § 35 Abs. 1 S. 1 GmbHG (Übersicht 24 s. Rn 341).
3. Feststellung eines konkreten, mit einer Nichtigkeits- und Anfechtungsklage angreifbaren Beschlusses (sonst allgemeine Feststellungsklage; Übersicht 19 s. Rn 289)
4. Zuständigkeit des angerufenen Gerichts
   a) Sachlich und örtlich: analog § 246 Abs. 3 S. 1, § 249 Abs. 1 S. 1 AktG das Landgericht des Gesellschaftssitzes (Übersicht 28 s. Rn 394)
   b) Ausnahme: Kartellsache, § 87 GWB (Übersicht 28 s. Rn 394)
5. Zulässigkeit des Rechtswegs, § 13 GVG
6. Rechtsschutzbedürfnis bzw Feststellungsinteresse
   a) Klage eines Gesellschafters: Grundsätzlich erfordern die Nichtigkeits- und Anfechtungsklage eines Gesellschafters kein besonderes Rechtsschutzbedürfnis bzw Feststellungsinteresse. Ausnahmsweise gilt das nicht im Falle einer Veräußerung (Übersicht 23 s. Rn 332).
   b) Klage von Organmitgliedern: Kein Rücktritt (Übersicht 23 s. Rn 332).
   c) Nichtigkeitsklage: Klagebefugnis für Nichtigkeitsklage, dh rechtliche Betroffenheit (Übersicht 12 s. Rn 175); evtl. Entfallen des Rechtsschutzbedürfnisses durch ordnungsgemäßen und vollständigen neuen Beschluss, nicht hingegen durch bloße Bestätigung (Übersicht 12 s. Rn 175 und Übersicht 17 s. Rn 273)
   d) Anfechtungsklage: Rechtsschutzbedürfnis gegen den Erstbeschluss kann bei Wiederholung bzw Neufassung (und nicht bloß Bestätigung) entfallen (Übersicht 17 s. Rn 273)
7. Keine anderweitige Rechtshängigkeit, § 261 Abs. 3 Nr. 1 ZPO (BGH, NJW 2002, S. 3465, 3466)
   - Reichweite des einheitlichen Streitgegenstands: Wirksamkeit des angegriffenen Beschlusses, und zwar ohne Rücksicht darauf, welche Mängel geltend gemacht worden sind (Übersicht 18 s. Rn 281).
8. Entgegenstehende Rechtskraft (Übersicht 33 s. Rn 441)
   - Reichweite des einheitlichen Streitgegenstands (BGH, NJW 2002, S. 3465, 3466): Wirksamkeit des angegriffenen Beschlusses, und zwar ohne Rücksicht darauf, welche Mängel geltend gemacht worden sind (Übersicht 18 s. Rn 281).
9. Erfüllung der Informationspflicht (Übersicht 25 s. Rn 352)

III. Keine Prozesshindernisse
1. Kostenerstattung nach Rücknahme, § 269 Abs. 6 ZPO
2. Stellung einer Sicherheit, §§ 110 ff ZPO
3. Keine rechtsmissbräuchliche Klageerhebung, § 242 BGB analog
   a) Nichtigkeitsklage: Hier führt Rechtsmissbrauch grundsätzlich zur Unzulässigkeit (Übersicht 22 s. Rn 326).
   b) Anfechtungsklage: Hier steht Rechtsmissbrauch grundsätzlich nur der Anfechtungsbefugnis entgegen und führt deshalb zur Unbegründetheit (Übersicht 22 s. Rn 326).
4. Keine Einrede der Schiedsvereinbarung, § 1032 Abs. 1 ZPO (Übersichten 37, 38 s. Rn 479, 487)

B. Begründetheit

- Darlegungs- und Beweislast grds. beim Kläger (Übersicht 30 s. Rn 418), allerdings Erleichterungen insbes. mit Rücksicht auf Protokollmängel möglich (Übersicht 31 s. Rn 424)

I. Nichtigkeitsklage
1. Aktivlegitimation (Übersicht 20 s. Rn 301)
2. Keine Frist, sondern allenfalls Drei-Jahres-Frist im Rahmen der Heilung und Verwirkung (Übersicht 26 s. Rn 377)

3. Nichtigkeitsgründe (Übersichten 1, 7 bis 9 s. Rn 18, 121, 146, 152)
   a) § 57 j S. 2 GmbHG – Proportionalitätsprinzip
   b) § 241 Abs. 1 AktG analog:
      aa) Nr. 1: schwerwiegende Einberufungsmängel (Übersicht 2 s. Rn 51);
      bb) Nr. 2: Beurkundungsmängel (Übersicht 3 s. Rn 63);
      cc) Nr. 3: Unvereinbarkeit mit dem Wesen der GmbH sowie Verletzung von Vorschriften zum Schutz von Gläubigern oder sonstiger öffentlicher Interessen (Übersicht 4 s. Rn 82);
      dd) Nr. 4: Sittenverstoß (Übersicht 5 s. Rn 90);
      ee) Nr. 5: Nichtigerklärung durch einer Anfechtungsklage stattgebendes Urteil (Übersicht 6 s. Rn 101);
      ff) Nr. 6: Löschung nach § 398 FamFG (Übersicht 6 s. Rn 101).
   c) § 250 AktG analog: Aufsichtsratswahlen (Übersicht 7 s. Rn 121)
   d) § 256 AktG analog: Jahresabschluss und Ergebnisverwendung (Übersicht 8 s. Rn 146)
   e) Andere Beschlussmängel (Übersicht 9 s. Rn 152)
2. Keine Heilung, § 242 AktG analog (Übersicht 10 s. Rn 164)
3. Keine bloße Nichtigkeit eines anderen Beschlussteils, § 139 BGB analog (Übersicht 11 s. Rn 171)
4. Nichtigkeit kraft Ausstrahlungswirkung (Übersicht 11 s. Rn 171)
5. Kein vollständig neuer und ordnungsgemäßer Beschluss; dagegen ändert bloße Bestätigung nichts an Nichtigkeit und Begründetheit (Übersicht 12 s. Rn 175)
6. Keine Verwirkung.

II. Anfechtungsklage
1. Aktivlegitimation bzw Anfechtungsbefugnis, § 245 AktG analog (Übersicht 21 s. Rn 320)
   – kein Rechtsmissbrauch (Übersicht 22 s. Rn 326)
2. Anfechtungsfrist nach § 246 AktG (Übersichten 26, 40 s. Rn 377, 507)
3. Anfechtungsgründe (Übersicht 1 s. Rn 18):
   a) Einberufungsmängel (Übersicht 13 s. Rn 216);
   b) Abstimmungsmängel (Übersicht 14 s. Rn 222);
   c) Feststellungsmängel und Informationsdefizite (Übersicht 15 s. Rn 233);
   d) Inhaltliche Fehler (Übersicht 16 s. Rn 266):
      aa) Unzulässige Sondervorteile;
      bb) Verstöße gegen das Gleichbehandlungsgebot;
      cc) Treuepflichtverletzungen;
      dd) Besonderheiten bei Aufsichtsratswahlen (§ 251 AktG analog);
      ee) Besonderheiten bei der Feststellung von Jahresabschlüssen (§ 257 AktG analog);
      ff) Besonderheiten bei der Verwendung des Ergebnisses;
      gg) Satzungsverstöße;
      hh) Verstöße gegen Nebenabreden der Gesellschafter;
   e) Zulässiges Nachschieben im Prozess (BGH, NJW-RR 1992, S. 292 ff)
   f) Bei formalen Mängeln: Ursächlichkeit bzw Relevanz (Übersicht 15 s. Rn 233)
4. Keine Bestätigung, § 244 AktG analog (Übersicht 17 s. Rn 273)

III. Anerkenntnis, § 307 ZPO, ohne Widerspruch eines streitgenössischen Nebenintervenienten (str.; Übersicht 32 s. Rn 430)

2. Antrag

Obgleich der Nichtigkeits- und Anfechtungsklage ein einheitlicher Streitgegenstand zugrunde liegt und die entsprechenden Anträge nicht in einem Verhältnis von Haupt- und Hilfsantrag stehen, hat es sich eingebürgert, die Anträge als Haupt- und Hilfsantrag zu formulieren, wobei der die Nichtigkeitsklage betreffende Antrag als Hauptantrag und der die Anfechtungsklage betreffende Antrag als Hilfsantrag angebracht wird. 594

Das ergibt etwa die folgende Antragsfassung:

▶ ... beantragt,
1. festzustellen, dass der Beschluss der Gesellschafterversammlung der ... GmbH am ... in ... zu TOP ... mit dem Wortlaut „...“ nichtig ist;
2. hilfsweise: den Beschluss der Gesellschafterversammlung der ... GmbH am ... in ... zu TOP ... mit dem Wortlaut „...“ für nichtig zu erklären. ◀

Für die Formulierung dieses Antrages ist es nicht von Bedeutung, ob die Nichtigkeits- und Anfechtungsklage von einem Beklagten als Widerklage erhoben wird oder von einem Gesellschafter in der Rolle des Klägers.

II. Positive Beschlussfeststellungsklage

595 Hinsichtlich der positiven Beschlussfeststellungsklage ist zu beachten, dass diese sowohl isoliert als auch in Verbindung mit einer Nichtigkeits- und Anfechtungsklage erhoben werden kann. In dem zuletzt genannten Fall ist zunächst im Zusammenhang mit der Nichtigkeits- und Anfechtungsklage das diesbezügliche Prüfungsschema heranzuziehen. Für die positive Beschlussfeststellungsklage kommen dann lediglich einige Gesichtspunkte hinzu. Bei einer isolierten positiven Beschlussfeststellungsklage bedürfen dagegen sämtliche Gesichtspunkte der Zulässigkeit und Begründetheit gesonderter Prüfung.

1. Prüfungsschemata

a) Isolierte Klage

596 A. **Zulässigkeit der positiven Beschlussfeststellungsklage** (Übersicht 35 s. Rn 458)
- I. Echte Prozessvoraussetzungen
  1. Ordnungsgemäße Einreichung der Klage, § 253 Abs. 1 ZPO
  2. Deutsche Gerichtsbarkeit
- II. Sachurteilsvoraussetzungen
  1. Ordnungsgemäße Klageerhebung, § 253 Abs. 2 ZPO

     insb.:
     - a) Bezeichnung der Parteien und des angerufenen Gerichts, § 253 Abs. 2 Nr. 1 ZPO
       - Richtiger Klagegegner ist die GmbH, und zwar grundsätzlich vertreten durch die Geschäftsführer (Übersicht 35 s. Rn 458). Die Gesellschaft und die vertretenden Geschäftsführer sind genau zu bezeichnen. Ferner bedarf es der Angabe der zustellungsfähigen Anschrift der Gesellschaft.
     - b) Bestimmter Klageantrag, § 253 Abs. 2 Nr. 2 ZPO
       - Fassung des Antrags: Da die Klage auf die Feststellung eines seitens der Gesellschafter gefassten Beschlusses gerichtet ist, muss derselben seinem beschlossenen Wortlaut nach in den Antrag aufgenommen werden.
       - Unter den zusätzlichen Voraussetzungen des § 33 ZPO ist auch die positive Beschlussfeststellungsklage als Widerklage zulässig.
     - c) Bestimmte Angabe des Klagegegenstands und des -grundes, § 253 Abs. 2 Nr. 2 ZPO
       - Hiernach müssen der angeblich tatsächlich gefasste Beschluss und die betreffende Gesellschafterversammlung so genau bezeichnet werden, dass der Streitgegenstand und die objektive Reichweite der materiellen Rechtskraft geprüft werden können. Die Anforderungen an die Zulässigkeit sind dabei geringer als diejenigen an die Schlüssigkeit.

2. Prozesshandlungsvoraussetzungen
   a) Parteifähigkeit, § 50 ZPO: § 13 Abs. 1 GmbHG
   b) Prozessfähigkeit, §§ 51 ff ZPO und ordnungsgemäße Vertretung: Die GmbH wird grundsätzlich durch die Geschäftsführer vertreten, § 35 Abs. 1 S. 1 GmbHG (Übersicht 24 s. Rn 341).
3. Ist die tatsächliche Fassung des Beschlusses streitig und betrifft die Auseinandersetzung nicht Hindernisse der Beschlussfassung, wie zB ein Stimmrecht o.ä., ist nicht positive Beschlussfeststellungsklage, sondern allgemeine Feststellungsklage zu erheben (Übersicht 35 s. Rn 458). Allerdings unterscheiden sich die Klagen nur in der Begründung, so dass das Gericht eine fehlerhaft erhobene positive Beschlussfeststellungsklage ohne Weiteres als allgemeine Feststellungsklage behandeln wird, wenn die beklagte Gesellschaft die tatsächliche Fassung eines Beschlusses in Abrede stellt.
4. Zuständigkeit des angerufenen Gerichts
   a) Sachlich und örtlich: analog § 246 Abs. 3 S. 1, § 249 Abs. 1 S. 1 AktG das Landgericht des Gesellschaftssitzes (Übersicht 28 s. Rn 394)
   b) Ausnahme: Kartellsache, § 87 GWB (Übersicht 28 s. Rn 394)
5. Zulässigkeit des Rechtswegs, § 13 GVG
6. Rechtsschutzbedürfnis bzw Feststellungsinteresse
   a) Klage eines Gesellschafters: Grundsätzlich erfordert die positive Beschlussfeststellungsklage eines Gesellschafters kein über seine Mitgliedschaftsrechte hinausgehendes besonderes Rechtsschutzbedürfnis bzw Feststellungsinteresse. Ausnahmsweise gilt das nicht im Falle einer Veräußerung (Übersicht 23 s. Rn 332).
   b) Klage von Organmitgliedern: Auch hier ergibt sich das Feststellungsinteresse ohne Weiteres aus der Organstellung, denn mit Rücksicht darauf besteht ein Interesse daran, die für die Organtätigkeit verbindlichen Beschlüsse der Gesellschaft feststellen zu lassen. Kein zwischenzeitlicher Rücktritt des Organmitglieds (Übersicht 23 s. Rn 332).
   c) Das Rechtsschutzbedürfniss kann entfallen, wenn ein neuer Beschluss gefasst wird und es auf den früheren Beschluss in keiner Hinsicht ankommt.
7. Keine anderweitige Rechtshängigkeit, § 261 Abs. 3 Nr. 1 ZPO
8. Entgegenstehende Rechtskraft
9. Erfüllung der Informationspflicht (Übersicht 25 s. Rn 352)

III. Keine Prozesshindernisse
1. Kostenerstattung nach Rücknahme, § 269 Abs. 6 ZPO
2. Stellung einer Sicherheit, §§ 110 ff ZPO
3. Keine rechtsmissbräuchliche Klageerhebung, § 242 BGB analog (Übersicht 22 zu den Voraussetzungen s. Rn 326)
4. Keine Einrede der Schiedsvereinbarung, § 1032 Abs. 1 ZPO (Übersichten 37, 38 s. Rn 479, 487)

B. Begründetheit

I. Fassung des Beschlusses im Sinne des Klageantrags, dh idR Rechtsfehler des Versammlungsleiters zB im Zusammenhang mit der Berücksichtigung ausgeschlossener Stimmen oder umgekehrt mit der Nichtberücksichtigung nicht ausgeschlossener Stimmen (Übersicht 35 s. Rn 458).

II. Keine Nichtigkeitsgründe (Übersicht 35 – s. Rn 458 Prüfungsschema zur Nichtigkeits- und Anfechtungsklage)

III. Keine Anfechtungsgründe (sehr zweifelhaft im Einzelnen; Übersicht 35 s. Rn 458)
1. Anfechtungsbefugnis des Gegners, § 245 AktG analog
2. Anfechtungsfrist nach § 246 Abs. 1 AktG
3. Anfechtungsgründe liegen nicht vor (s. Prüfungsschema zur Nichtigkeits- und Anfechtungsklage)

IV. Anerkenntnis, § 307 ZPO, ohne Widerspruch eines streitgenössischen Nebenintervenienten (str.; Übersicht 32 s. Rn 430)

b) Verbundene Klage, § 260 ZPO

597 Die mit einer Nichtigkeits- und Anfechtungsklage im Wege der objektiven Klagehäufung verbundene positive Beschlussfeststellungsklage hat über die nach § 260 ZPO erforderlichen Gesichtspunkte hinaus keine anderen Voraussetzungen als die isolierte Beschlussfeststellungsklage. Nur werden die dort gesondert zu prüfenden Voraussetzungen schon im Rahmen der Zulässigkeit der Anfechtungs- und Nichtigkeitsklage geprüft und auch das Feststellungsinteresse ergibt sich zwangslos aus dem hinter der Nichtigkeits- und Anfechtungsklage stehenden Streit, so dass im Rahmen der Zulässigkeit lediglich § 260 ZPO hinzukommt und im Rahmen der Begründetheit eine eigenständige Prüfung erforderlich ist. Das spiegelt das folgende Schema wider.

A. **Zulässigkeit** der Verbindung der positiven Beschlussfeststellungsklage mit der Nichtigkeits- und Anfechtungsklage, § 260 ZPO (Übersicht 35 s. Rn 458)

B. **Begründetheit**

- I. Fassung des Beschlusses im Sinne des Klageantrags, dh idR Rechtsfehler des Versammlungsleiters zB im Zusammenhang mit der Berücksichtigung ausgeschlossener Stimmen oder umgekehrt mit der Nichtberücksichtigung nicht ausgeschlossener Stimmen (Übersicht 35 s. Rn 458).
  - Gewöhnlich wird sich der in diesem Rahmen maßgebende Rechtsfehler bereits aus der Begründetheit der Nichtigkeits- und Anfechtungsklage ergeben. In diesem Fall muss an dieser Stelle nur geprüft werden, ob bestimmte Gesichtspunkte der regelmäßigen Folge entgegenstehen, dass nicht der mit der Nichtigkeits- und Anfechtungsklage gefasste Beschluss gefasst wurde, sondern ein Beschluss im Sinne des Gegenvorschlages.
- II. Keine Nichtigkeitsgründe (Übersicht 35 s. Rn 458 – s.o. Prüfungsschema zur Nichtigkeits- und Anfechtungsklage)
- III. Keine Anfechtungsgründe (sehr zweifelhaft im Einzelnen; Übersicht 35 s. Rn 458)
  1. Anfechtungsbefugnis des Gegners, § 245 AktG analog
  2. Anfechtungsfrist nach dem Leitbild des § 246 AktG
  3. Anfechtungsgründe liegen nicht vor (s. Rn 458 Prüfungsschema zur Nichtigkeits- und Anfechtungsklage)
- IV. Anerkenntnis, § 307 ZPO, ohne Widerspruch eines streitgenössischen Nebenintervenienten (str.; Übersicht 32 s. Rn 430)

2. Anträge

598 Auch hinsichtlich der Formulierung der Anträge für die positive Beschlussfeststellungsklage ist zwischen einer isolierten und einer verbundene Klage zu unterscheiden. Allerdings liegt der Unterschied nicht in der Fassung des die positive Beschlussfeststellungsklage selbst betreffenden Antrags, sondern allein im Hinzutreten der die Nichtigkeits- und Anfechtungsklage betreffenden Anträge bei einer verbundenen Klage.

a) Isolierte positive Beschlussfeststellungsklage

599 Im Falle einer isolierten positiven Beschlussfeststellungsklage empfiehlt sich demnach die folgende Antragsfassung:

▶ ... beantragt,

festzustellen, dass anlässlich der Gesellschafterversammlung der ... GmbH am ... in ... zu TOP ... der folgende Beschluss gefasst wurde: ... (Verf.: Beschlusstext im Wortlaut). ◀

b) Mit Nichtigkeits- und Anfechtungsklage verbundene positive Beschlussfeststellungsklage, § 260 ZPO

Für die mit einer Nichtigkeits- und Anfechtungsklage im Wege der objektiven Klagehäufung verbundene positive Beschlussfeststellungsklage liegt die folgende Antragsfassung nahe: 600

▶ ... beantragt,
1. festzustellen, dass der Beschluss der Gesellschafterversammlung der ... GmbH am ... in ... zu TOP ... mit dem Wortlaut „...“ nichtig ist;
2. hilfsweise: den Beschluss der Gesellschafterversammlung der ... GmbH am ... in ... zu TOP ... mit dem Wortlaut „...“ für nichtig zu erklären;
3. festzustellen, dass anlässlich der Gesellschafterversammlung der ... GmbH am ... in ... zu TOP ... der folgende Beschluss gefasst wurde: ... (Verf.: Beschlusstext im Wortlaut). ◀

III. Allgemeine Feststellungsklage, § 256 ZPO

Sowohl die Prüfung als auch die Anträge von positiver Beschlussfeststellungsklage und allgemeiner Feststellungsklage gleichen sich weitgehend, wenn die allgemeine Feststellungsklage ebenfalls auf die Feststellung eines bestimmten Beschlusses gerichtet ist. Die geringen Unterschiede beruhen auf den unterschiedlichen Situationen, für die die beiden Klagen im Zusammenhang mit Beschlussmängelstreitigkeiten vorgesehen sind, und den entsprechenden Klagezielen. Die Begründetheit der allgemeinen Feststellungsklage und der Antrag weichen nur dann wesentlich ab, wenn es sich um eine negative Feststellungsklage handelt. 601

1. Prüfungsschemata

a) Positive Feststellung

A. **Zulässigkeit der allgemeinen Feststellungsklage** (Übersicht 35 s. Rn 458) 602

- I. Echte Prozessvoraussetzungen
  - 1. Ordnungsgemäße Einreichung der Klage, § 253 Abs. 1 ZPO
  - 2. Deutsche Gerichtsbarkeit
- II. Sachurteilsvoraussetzungen
  - 1. Ordnungsgemäße Klageerhebung, § 253 Abs. 2 ZPO

    insb.:
    - a) Bezeichnung der Parteien und des angerufenen Gerichts, § 253 Abs. 2 Nr. 1 ZPO
      - Richtiger Klagegegner ist die GmbH, und zwar grundsätzlich vertreten durch die Geschäftsführer (Übersicht 35 s. Rn 458). Die Gesellschaft und die vertretenden Geschäftsführer sind genau zu bezeichnen. Ferner bedarf es der Angabe der zustellungsfähigen Anschrift der Gesellschaft.
    - b) Bestimmter Klageantrag, § 253 Abs. 2 Nr. 2 ZPO
      - Fassung des Antrags: Da die Klage auf die Feststellung eines seitens der Gesellschafter gefassten Beschlusses gerichtet ist, muss derselbe seinem beschlossenen Wortlaut nach in den Antrag aufgenommen werden.
      - Unter den zusätzlichen Voraussetzungen des § 33 ZPO ist auch die allgemeine Feststellungsklage als Widerklage zulässig.
    - c) Bestimmte Angabe des Klagegegenstands und des -grundes, § 253 Abs. 2 Nr. 2 ZPO
      - Hiernach müssen der angeblich tatsächlich gefasste Beschluss und die betreffende Gesellschafterversammlung so genau bezeichnet werden, dass der Streitgegenstand und die objektive Reichweite der materiellen Rechtskraft geprüft werden können. Die Anforderungen an die Zulässigkeit sind dabei geringer als diejenigen an die Schlüssigkeit.

2. Prozesshandlungsvoraussetzungen
   a) Parteifähigkeit, § 50 ZPO: § 13 Abs. 1 GmbHG
   b) Prozessfähigkeit, §§ 51 ff ZPO und ordnungsgemäße Vertretung: Die GmbH wird grundsätzlich durch die Geschäftsführer vertreten, § 35 Abs. 1 S. 1 GmbHG (Übersicht 24 s. Rn 341).
3. Zuständigkeit des angerufenen Gerichts
   a) Sachlich und örtlich: analog § 246 Abs. 3 S. 1, § 249 Abs. 1 S. 1 AktG das Landgericht des Gesellschaftssitzes (Übersicht 28 s. Rn 394)
   b) Ausnahme: Kartellsache, § 87 GWB (Übersicht 28 s. Rn 394)
4. Zulässigkeit des Rechtswegs, § 13 GVG
5. Feststellungsinteresse: Unsicherheit über das Vorliegen eines Beschlusses
   a) Die allgemeine Feststellungsklage ist nur dann zulässig, wenn kein spezieller Rechtsbehelf eröffnet ist, also mangels Feststellung eines Beschlusses in der Gesellschafterversammlung weder die Nichtigkeits- und Anfechtungsklage in Betracht kommen, noch die positive Beschlussfeststellungsklage zulässig ist.
   b) Klage eines Gesellschafters: Grundsätzlich erfordert die allgemeine Feststellungsklage eines Gesellschafters kein über seine Mitgliedschaftsrechte hinausgehendes besonderes Feststellungsinteresse. Ausnahmsweise gilt das nicht im Falle einer Veräußerung (Übersicht 23 s. Rn 332).
   c) Klage von Organmitgliedern: Auch hier ergibt sich das Feststellungsinteresse ohne Weiteres aus der Organstellung, denn mit Rücksicht darauf besteht ein Interesse daran, die für die Organtätigkeit verbindlichen Beschlüsse der Gesellschaft feststellen zu lassen. Kein zwischenzeitlicher Rücktritt des Organmitglieds (Übersicht 23 s. Rn 332).
   d) Das Rechtsschutzbedürfnisses kann entfallen, wenn ein neuer Beschluss gefasst wird und es auf den früheren Beschluss in keiner Hinsicht ankommt.
6. Keine anderweitige Rechtshängigkeit, § 261 Abs. 3 Nr. 1 ZPO
7. Entgegenstehende Rechtskraft
8. Erfüllung der Informationspflicht bei Fragen von Beschlussmängeln und Rechtskraft inter bzw erga omnes (Übersicht 25 s. Rn 352)

III. Keine Prozesshindernisse
1. Kostenerstattung nach Rücknahme, § 269 Abs. 6 ZPO
2. Stellung einer Sicherheit, §§ 110 ff ZPO
3. Keine rechtsmissbräuchliche Klageerhebung, § 242 BGB analog (Übersicht 22 zu den Voraussetzungen s. Rn 326)
4. Keine Einrede der Schiedsvereinbarung, § 1032 Abs. 1 ZPO (Übersichten 37, 38 s. Rn 479, 487)

B. Begründetheit

I. Fassung des Beschlusses im Sinne des Klageantrags (Übersicht 35 s. Rn 458)

II. Keine Nichtigkeitsgründe (Übersicht 35 – s.o. Prüfungsschema zur Nichtigkeits- und Anfechtungsklage)

III. Keine Anfechtungsgründe (sehr zweifelhaft im Einzelnen; Übersicht 35 s. Rn 458)
1. Anfechtungsbefugnis des Gegners, § 245 AktG analog
2. Anfechtungsfrist nach dem Leitbild des § 246 AktG
3. Anfechtungsgründe liegen nicht vor (s.o. Prüfungsschema zur Nichtigkeits- und Anfechtungsklage)

IV. Anerkenntnis, § 307 ZPO, ohne Widerspruch eines streitgenössischen Nebenintervenienten (str.; Übersicht 32 s. Rn 430)

b) Negative Feststellung

603 **A. Zulässigkeit der allgemeinen Feststellungsklage** (Übersicht 35 s. Rn 458)

I. Echte Prozessvoraussetzungen
1. Ordnungsgemäße Einreichung der Klage, § 253 Abs. 1 ZPO
2. Deutsche Gerichtsbarkeit

II. Sachurteilsvoraussetzungen
   1. Ordnungsgemäße Klageerhebung, § 253 Abs. 2 ZPO
      insb.:
      a) Bezeichnung der Parteien und des angerufenen Gerichts, § 253 Abs. 2 Nr. 1 ZPO
         - Richtiger Klagegegner ist die GmbH, und zwar grundsätzlich vertreten durch die Geschäftsführer (Übersicht 35 s. Rn 458). Die Gesellschaft und die vertretenden Geschäftsführer sind genau zu bezeichnen. Ferner bedarf es der Angabe der zustellungsfähigen Anschrift der Gesellschaft.
      b) Bestimmter Klageantrag, § 253 Abs. 2 Nr. 2 ZPO
         - Fassung des Antrags: Da die Klage auf die Feststellung gerichtet ist, dass ein bestimmter Beschluss nicht gefasst wurde, muss der betreffende Beschluss zwar nicht unbedingt in seinem Wortlaut in den Antrag aufgenommen werden. Jedoch muss er so genau bezeichnet werden, dass jede Unklarheit ausgeschlossen ist.
         - Unter den zusätzlichen Voraussetzungen des § 33 ZPO ist auch die allgemeine Feststellungsklage als Widerklage zulässig.
      c) Bestimmte Angabe des Klagegegenstands und des -grundes, § 253 Abs. 2 Nr. 2 ZPO
         - Hiernach müssen der angeblich nicht gefasste Beschluss und die betreffende Gesellschafterversammlung so genau bezeichnet werden, dass der Streitgegenstand und die objektive Reichweite der materiellen Rechtskraft geprüft werden können. Die Anforderungen an die Zulässigkeit sind dabei geringer als diejenigen an die Schlüssigkeit.
   2. Prozesshandlungsvoraussetzungen
      a) Parteifähigkeit, § 50 ZPO: § 13 Abs. 1 GmbHG
      b) Prozessfähigkeit, §§ 51 ff ZPO und ordnungsgemäße Vertretung: Die GmbH wird grundsätzlich durch die Geschäftsführer vertreten, § 35 Abs. 1 S. 1 GmbHG (Übersicht 24 s. Rn 341).
   3. Zuständigkeit des angerufenen Gerichts
      a) Sachlich und örtlich: analog § 246 Abs. 3 S. 1, § 249 Abs. 1 S. 1 AktG das Landgericht des Gesellschaftssitzes (Übersicht 28 s. Rn 394)
      b) Ausnahme: Kartellsache, § 87 GWB (Übersicht 28 s. Rn 394)
   4. Zulässigkeit des Rechtswegs, § 13 GVG
   5. Feststellungsinteresse: Unsicherheit über das (Nicht-)Vorliegen eines Beschlusses
      a) Die allgemeine Feststellungsklage ist nur dann zulässig, wenn kein spezieller Rechtsbehelf eröffnet ist, also mangels Feststellung eines Beschusses in der Gesellschafterversammlung eine Nichtigkeits- und Anfechtungsklage nicht in Betracht kommt.
      b) Klage eines Gesellschafters: Grundsätzlich erfordert die allgemeine Feststellungsklage eines Gesellschafters kein über seine Mitgliedschaftsrechte hinausgehendes besonderes Feststellungsinteresse. Ausnahmsweise gilt das nicht im Falle einer Veräußerung (Übersicht 23 s. Rn 332).
      c) Klage von Organmitgliedern: Auch hier ergibt sich das Feststellungsinteresse ohne Weiteres aus der Organstellung, denn mit Rücksicht darauf besteht ein Interesse daran, die für die Organtätigkeit verbindlichen Beschlüsse der Gesellschaft klären zu lassen. Kein zwischenzeitlicher Rücktritt des Organmitglieds (Übersicht 23 s. Rn 332).
      d) Das Rechtsschutzbedürfniss kann entfallen, wenn der streitige Beschluss aufgehoben wird und es auf das Bestehen oder Nichtbestehen des früheren Beschlusses in keiner Hinsicht ankommt.
   6. Keine anderweitige Rechtshängigkeit, § 261 Abs. 3 Nr. 1 ZPO
   7. Entgegenstehende Rechtskraft
   8. Erfüllung der Informationspflicht bei Fragen von Beschlussmängeln und Rechtskraft inter bzw erga omnes (Übersicht 25 s. Rn 352)

III. Keine Prozesshindernisse
   1. Kostenerstattung nach Rücknahme, § 269 Abs. 6 ZPO
   2. Stellung einer Sicherheit, §§ 110 ff ZPO
   3. Keine rechtsmissbräuchliche Klageerhebung, § 242 BGB analog (Übersicht 22 zu den Voraussetzungen s. Rn 326)
   4. Keine Einrede der Schiedsvereinbarung, § 1032 Abs. 1 ZPO (Übersichten 37, 38 s. Rn 479, 487)

B. Begründetheit

I. Entweder keine Fassung des angeblichen Beschlusses (Übersicht 35 s. Rn 458)
oder
II. Nichtigkeitsgründe (Übersicht 35 – s. Rn 458 und Prüfungsschema zur Nichtigkeits- und Anfechtungsklage)
III. Anfechtungsgründe (sehr zweifelhaft im Einzelnen; Übersicht 35 s. Rn 458)
   1. Anfechtungsbefugnis des Klägers, § 245 AktG analog
   2. Anfechtungsfrist nach dem Leitbild des § 246 AktG
   3. Anfechtungsgründe liegen vor (s. Prüfungsschema zur Nichtigkeits- und Anfechtungsklage)
IV. Anerkenntnis, § 307 ZPO, ohne Widerspruch eines streitgenössischen Nebenintervenienten (str.; Übersicht 32 s. Rn 430)

2. Anträge

a) Positive Feststellung

604 Für die positiv auf Feststellung eines bestimmten Beschlusses gerichtete allgemeine Feststellungsklage liegt die folgende Antragsfassung nahe:

▶ ... beantragt,

festzustellen, dass anlässlich der Gesellschafterversammlung der ... GmbH am ... in ... zu TOP ... der folgende Beschluss gefasst wurde: ... (Verf.: Beschlusstext im Wortlaut). ◀

b) Negative Feststellung

605 Dagegen empfiehlt sich für die auf die Feststellung, dass ein bestimmter Beschluss nicht gefasst wurde, gerichtete allgemeine Feststellungklage die folgende Formulierung:

▶ ... beantragt,

festzustellen, dass anlässlich der Gesellschafterversammlung der ... GmbH am ... in ... zu TOP ... ein Beschluss mit folgendem Wortlaut „...“ nicht gefasst wurde. ◀

606 Je nach Klageziel und Inhalt des Protokolls kann auch die folgende Fassung des Antrages näher liegen:

▶ ... beantragt,

festzustellen, dass anlässlich der Gesellschafterversammlung der ... GmbH am ... in ... zu TOP ... der folgende, dem Protokoll zu entnehmende Beschluss nicht gefasst wurde: ... (Verf.: Beschlusstext im Wortlaut). ◀

IV. Formulare

1. Nichtigkeits- und Anfechtungsklage

607 Auch wenn sich die Voraussetzungen einer zulässigen und begründeten Nichtigkeitsklage erheblich von denjenigen einer Anfechtungsklage unterscheiden, wird im Folgenden lediglich ein Formular zur Nichtigkeits- und Anfechtungsklage dargestellt.

Hintergrund dieser Abweichung von der anderenorts gewählten Vorgehensweise,[1314] ist der einheitliche Streitgegenstand von Nichtigkeits- und Anfechtungsklage: Wird nämlich Anfechtungsklage erhoben, hat das Gericht von Amts wegen auch die Nichtigkeit zu prüfen und erstreckt sich dementsprechend die materielle Rechtskraft auf die entsprechenden Fragen. Demnach muss sich, wer nicht eine rechtskräftige Entscheidung gegen die eigenen Interessen über eine Frage riskieren will, die er nicht erörtert und zu der er nicht vorgetragen hat, jedenfalls in der Regel sowohl mit der Nichtigkeit als auch mit der Anfechtbarkeit auseinandersetzen. Anderes gilt nur dann, wenn der Kläger etwa als Fremdgeschäftsführer nicht zur Erhebung einer Anfechtungsklage befugt ist. Für diesen nicht oft vorkommenden Fall und andere, vergleichbare Konstellationen ist das folgende Formular mit der Maßgabe zu verwenden, dass sämtliche Ausführungen zur Anfechtung wegzulassen sind.

▶ An das Landgericht ... 608

– Kammer für Handelssachen –

...

Nichtigkeits- und Anfechtungsklage

In dem Rechtsstreit

des ...,

Klägers,

– Prozessbevollmächtigte: ... –

gegen

die ... GmbH, gesetzlich vertreten durch die Geschäftsführer, die Damen und Herren ...,

Beklagte,

wegen Nichtigkeit und Anfechtung eines Gesellschaftsbeschlusses

zum vorläufigen Streitwert von ... EUR

erhebe ich namens und mit Vollmacht meines Mandanten, des Klägers, Klage und werde anlässlich der anzuberaumenden mündlichen Verhandlung beantragen,

1. festzustellen, dass der Beschluss der Gesellschafterversammlung der Beklagten am ... zu TOP ..., mit folgendem Wortlaut „...“ nichtig ist;
2. hilfsweise: den Beschluss der Gesellschafterversammlung der Beklagten am ... zu TOP ..., mit folgendem Wortlaut „...“ für nichtig zu erklären.

Begründung:

1. Zu den Parteien

Die Beklagte wurde durch notariell beurkundeten Vertrag vom ... (vgl Gesellschaftsvertrag, Anlage K 1) gegründet. Die Eintragung in das Handelsregister erfolgte am ... unter ... (vgl Handelsregisterauszug, Anlage K 2). In der Folgezeit kam es zu den folgenden eingetragenen Vertragsänderungen: ... (vgl Vertragsänderungen und entsprechende Handelsregisterauszüge, Anlage K 3).

Das Stammkapital der Beklagten beträgt ... EUR, wobei der Kläger Inhaber eines Geschäftsanteils von ... EUR ist. Die übrigen Gesellschafter sind ... mit einem Geschäftsanteil von ... EUR, ... Einzelvertretungsberechtigte Geschäftsführer der Beklagten sind ... .

1314 Vgl etwa *Klevemann*, in: Vorwerk (Hrsg.), Das Prozessformularbuch, M. 93.3 und 93.4 (S. 1879 ff).

2. Zur Gesellschafterversammlung vom ...

Mit Schreiben vom ... lud ... zu einer Gesellschafterversammlung am ..., um ..., in ... . Dem vorgenannten Einladungsschreiben war eine Tagesordnung beigefügt (vgl Einladung mit Anlagen, Anlage K 4). Bereits diese Einladung begegnet insofern Bedenken, als ... .

Über den Hergang der Gesellschafterversammlung ist das anliegende Protokoll (vgl Anlage K 5) erstellt worden. Dieses ist in formeller Hinsicht insofern fehlerhaft, als ... . Darüber hinaus gibt es den Hergang nicht zutreffend wieder. Tatsächlich hat sich Folgendes zugetragen: ... .

3. Zum angefochtenen Beschluss

Wie sich auch dem fehlerhaften Protokoll entnehmen lässt, hat der Versammlungsleiter, Herr ..., festgestellt, dass die Gesellschafter zu TOP ... einen Beschluss des folgenden Inhalts gefasst haben:

„..."

Dieser Beschluss ist nichtig, jedenfalls aber verstößt er gegen das Gesetz bzw. die Satzung der Gesellschaft.

a) In formeller Hinsicht begegnet er Bedenken, weil ...
b) Der vorgenannte Beschluss zu TOP ... ist aber auch in materieller Hinsicht rechtswidrig. Denn ...
c) aa) Die vorstehenden formellen und materiellen Fehler führen insofern zur Nichtigkeit des angefochtenen Beschlusses, als ... .
   bb) Jedenfalls aber liegen in ihnen Gesetzes- bzw. Satzungsverstöße, die zur Anfechtung berechtigen. Im Einzelnen gilt Folgendes ... .
   cc) Der angefochtene Beschluss beruht insofern auf den ausgeführten Mängeln, als ... .

4. Heilung und Bestätigung

Weder sind die vorstehenden Beschlussmängel analog § 242 AktG geheilt worden, noch ist der Beschluss analog § 244 AktG bestätigt worden. ...

5. Interesse an der Feststellung der Nichtigkeit und Anfechtungsbefugnis (§ 245 AktG analog)

a) Das Interesse des Klägers an der Feststellung der Nichtigkeit des zu TOP ... gefasssten Gesellschafterbeschlussesm ergibt sich zum einen aus der Mitgliedschaft des Klägers. Zum anderen treffen ihn die Rechtsfolgen des angefochtenen Beschlsuses insofern, als ...
b) Die Anfechtungsbefugnis des Klägers ergibt sich aus seiner Mitgliedschaft, § 245 Nr. 1 bis 3 AktG analog. Der Kläger hat an der betreffenden Gesellschafterversammlung teilgenommen und dem angefochtenen Beschluss sowohl hinsichtlich der Beschlussfassung als auch inhaltlich widersprochen. ...

5. Anfechtungsfrist

Der Kläger hat die Anfechtungsfrist nach dem Leitbild des § 246 Abs. 1 AktG eingehalten, denn ... .[1315] ◀

2. Nichtigkeits- und Anfechtungsklage kombiniert mit positiver Beschlussfeststellungsklage

609 Die Kombination mit einer positiven Beschlussfeststellungsklage bietet sich dort an, wo eine Beschlussfeststellung auf der fehlerhaften (Nicht-)Berücksichtigung von Stimmen beruht, etwa infolge einer fehlerhaften Würdigung eines Stimmverbots nach § 47 Abs. 4 GmbHG.

1315 Vgl *Klevemann,* in: Vorwerk (Hrsg.), Das Prozessformularbuch, M. 93.3 und 93.4 (S. 1879 ff).

▶ An das Landgericht ... 610

– Kammer für Handelssachen –

...

Nichtigkeits- und Anfechtungsklage sowie positive Beschlussfeststellungsklage

In dem Rechtsstreit

des ...,

Klägers,

– Prozessbevollmächtigte: ... –

gegen

die ... GmbH, gesetzlich vertreten durch die Geschäftsführer, die Damen und Herren ...,

Beklagte,

wegen Nichtigkeit und Anfechtung eines Gesellschaftsbeschlusses sowie positiver Beschlussfeststellung

zum vorläufigen Streitwert von ... EUR

erhebe ich namens und mit Vollmacht meines Mandanten, des Klägers, Klage und werde anlässlich der anzuberaumenden mündlichen Verhandlung beantragen,

1. a) festzustellen, dass der Beschluss der Gesellschafterversammlung der Beklagten am ... zu TOP ..., mit folgendem Wortlaut „...“ nichtig ist;
   b) hilfsweise: den Beschluss der Gesellschafterversammlung der Beklagten am ... zu TOP ..., mit folgendem Wortlaut „...“ für nichtig zu erklären;
2. festzustellen, dass die Gesellschafter der Beklagten anlässlich der Gesellschafterversammlung am ... in ... zu TOP ..., den folgenden Beschluss gefasst haben: „...“ .

Begründung:

1. Zu den Parteien

Die Beklagte wurde durch notariell beurkundeten Vertrag vom ... (vgl Gesellschaftsvertrag, Anlage K 1) gegründet. Die Eintragung in das Handelsregister erfolgte am ... unter ... (vgl Handelsregisterauszug, Anlage K 2). In der Folgezeit kam es zu den folgenden eingetragenen Vertragsänderungen: ... (vgl Vertragsänderungen und entsprechende Handelsregisterauszüge, Anlage K 3).

Das Stammkapital der Beklagten beträgt ... EUR, wobei der Kläger Inhaber eines Geschäftsanteils von ... EUR ist. Die übrigen Gesellschafter sind ... mit einem Geschäftsanteil von ... EUR, ... Einzelvertretungsberechtigte Geschäftsführer der Beklagten sind ... .

2. Zur Gesellschafterversammlung vom ...

Mit Schreiben vom ... lud ... zu einer Gesellschafterversammlung am ..., um ..., in ... . Dem vorgenannten Einladungsschreiben war eine Tagesordnung beigefügt (vgl Einladung mit Anlagen, Anlage K 4). Der Hergang der Gesellschafterversamlung ergibt sich aus dem entsprechenden Protokoll (vgl. Anlage K 5), welches dem Kläger am ... zugegangen ist.

3. Zum festgestellten, angefochtenen Beschluss

a) Wie sich auch dem Protokoll entnehmen lässt, hat der Versammlungsleiter, Herr ..., festgestellt, dass die Gesellschafter zu TOP ... einen Beschluss des folgenden Inhalts gefasst haben: „...“. Dies beruht insofern auf einem Fehler, als der Versammlungsleiter zu der Feststellung nur aufgrund der Berücksichtigung der Stimmen der ... gelangt ist. Die ... hatte zwar ein Teilnahme- und Rederecht anlässlich der Gesellschafterversammlung am ..., sie war aber gemäß § 47 Abs. 4 GmbH von der Ausübung des ihr grundsätzlich zustehenden Stimmrechts ausgeschlossen, weil ... . Dementsprechend hätte der Versammlungsleiter die Stimmen der ... nicht mitzählen dürfen. Hätte er dies berücksichtigt, hätte der dem Protokoll zu entnehmende, angefochtene Beschluss nicht als gefasst festgestellt werden dürfen.

b) Der angefochtene Beschluss beruht auf dem in der unterbliebenen Berücksichtigung des Stimmverbots liegende Mangel. Bei zutreffender Anwendung des § 47 Abs. 4 GmbHG hätte das Stimmverhältnis wie folgt gelautet: ...
c) Der vorstehende Rechtsfehler ist auch nicht geheilt bzw. der betreffende Beschluss bestätigt worden. ...

4. Zum festzustellenden, tatsächlich gefassten Beschluss

Tatsächlich haben die Gesellschafter unter Berücksichtigung der vorstehenden Erwägungen einen Beschluss mit dem folgenden Inhalt gefasst: „...“.

5. Interesse an der Feststellung der Nichtigkeit, an der positiven Feststellung und Anfechtungsbefugnis (§ 245 AktG analog)

a) Das Interesse des Klägers an der Feststellung der Nichtigkeit des zu TOP festgestellten Gesellschafterbeschlusses ergibt sich zum einen aus der Mitgliedschaft des Klägers. Zum anderen treffen ihn die Rechtsfolgen des angefochtenen Beschlusses insofern, als ... .
b) Die Anfechtungsbefugnis des Klägers ergibt sich aus seiner Mitgliedschaft, § 245 Nr. 1 bis 3 AktG analog. Der Kläger hat an der betreffenden Gesellschafterversammlung teilgenommen und dem angefochtenen Beschluss sowohl hinsichtlich der Beschlussfassung als auch inhaltlich widersprochen. ...
c) Der Kläger hat als Mitglied der Beklagten ein Interesse an der Feststellung des tatsächlich gefassten Beschlusses, weil ... .

6. Anfechtungsfrist

Der Kläger hat die Anfechtungsfrist nach dem Leitbild des § 246 Abs. 1 AktG eingehalten, denn ... .[1316] ◀

3. Negative allgemeine Feststellungsklage kombiniert mit Nichtigkeits- und Anfechtungsklage

611 Die allgemeine Feststellungsklage ist dort von Bedeutung, wo es eventuell an der Feststellung eines gefassten Beschlusses fehlt und deshalb u.U. kein Gegenstand für eine Nichtigkeits- und Anfechtungsklage vorhanden ist. Zweckmäßig ist hier eine Kombination mit einer Nichtigkeits- und Anfechtungsklage für den Fall, dass das Gericht sehr wohl von einer Feststellung ausgeht.

612 ▶ An das Landgericht ...

– Kammer für Handelssachen –

...

Negative allgemeine Feststellungs-, Nichtigkeits- und Anfechtungsklage

In dem Rechtsstreit

des ...,

Klägers,

– Prozessbevollmächtigte: ... –

gegen

die ... GmbH, gesetzlich vertreten durch die Geschäftsführer, die Damen und Herren ...,

Beklagte,

wegen allgemeiner Feststellung, Nichtigkeit und Anfechtung hinsichtlich eines Gesellschafterbeschlusses

1316 Vgl *Klevemann*, in: Vorwerk (Hrsg.), Das Prozessformularbuch, M. 93.5 (S. 1882); *Rück*, in: Mes, Peter (Hrsg.), Beck´sches Prozessformularbuch, II.K.13 (S. 1142 ff).

zum vorläufigen Streitwert von ... EUR

erhebe ich namens und mit Vollmacht meines Mandanten, des Klägers, Klage und werde anlässlich der anzuberaumenden mündlichen Verhandlung beantragen,

1. hauptsächlich: festzustellen, dass die Gesellschafter der Beklagten anlässlich der Gesellschafterversammlung am ..., in ... zu TOP ...den folgenden Beschluss weder in wörtlicher noch in sinngemäßer Fassung gefasst haben: „...“ .
2. a) hilfsweise: festzustellen, dass der Beschluss der Gesellschafterversammlung der Beklagten am ... zu TOP ..., mit folgendem Wortlaut „...“ nichtig ist;
   b) äußerst hilfsweise: den Beschluss der Gesellschafterversammlung der Beklagten am ... zu TOP ..., mit folgendem Wortlaut „...“ für nichtig zu erklären.

Begründung:

1. Zu den Parteien

Die Beklagte wurde durch notariell beurkundeten Vertrag vom ... (vgl Gesellschaftsvertrag, Anlage K 1) gegründet. Die Eintragung in das Handelsregister erfolgte am ... unter ... (vgl Handelsregisterauszug, Anlage K 2). In der Folgezeit kam es zu den folgenden eingetragenen Vertragsänderungen: ... (vgl Vertragsänderungen und entsprechende Handelsregisterauszüge, Anlage K 3).

Das Stammkapital der Beklagten beträgt ... EUR, wobei der Kläger Inhaber eines Geschäftsanteils von ... EUR ist. Die übrigen Gesellschafter sind ... mit einem Geschäftsanteil von ... EUR, ... Einzelvertretungsberechtigte Geschäftsführer der Beklagten sind ... .

2. Zur Gesellschafterversammlung vom ...

Mit Schreiben vom ... lud ... zu einer Gesellschafterversammlung am ..., um ..., in ... . Dem vorgenannten Einladungsschreiben war eine Tagesordnung beigefügt (vgl Einladung mit Anlagen, Anlage K 4). Der Hergang der Gesellschafterversamlung ergibt sich weitgehend aus dem entsprechenden Protokoll (vgl Anlage K 5), welches dem Kläger am ... zugegangen ist.

3. Zum nicht festgestellten Beschluss – Antrag zu 1

Mit Schreiben vom ... hat die Gesellschaft dem Kläger mitgeteilt, dass die Gesellschafter anlässlich der Versammlung vom ..., in ... zu TOP ... einen Beschluss des folgenden Inhalts gefasst hätten: „...“ (vgl Anlage K 6). Tatsächlich ist dieser Beschluss aber weder gefasst noch vom Versammlungsleiter festgestellt worden. Im Einzelnen gilt Folgendes: ...

4. Zu den Anträgen zu 2

Für den Fall, dass sich das Gericht der Rechtsauffassung der Beklagten anschließt, dass die Gesellschafter sehr wohl den vom Kläger in Abrede gestellten Beschluss gefasst haben, erhebt der Kläger Nichtigkeits- und Anfechtungsklage gegen den betreffenden, im Klageantrag zu 1 näher bezeichneten Beschluss. Der Beschluss ist nichtig, jedenfalls aber verstößt er gegen das Gesetz bzw. die Satzung der Gesellschaft.

a) In formeller Hinsicht begegnet der Beschluss Bedenken, weil ... .
b) Der vorgenannte Beschluss zu TOP ... ist aber auch in materieller Hinsicht rechtswidrig, denn ... .
c) aa) Die vorstehenden formellen und materiellen Fehler führen insofern zur Nichtigkeit des angefochtenen Beschlusses, als ... .
   bb) Jedenfalls aber liegen in ihnen Gesetzes- bzw-. Satzungsverstöße, die zur Anfechtung berechtigen. Im Einzelnen gilt Folgendes ... .
   cc) Der angefochtene Beschluss beruht insofern auf den ausgeführten Mängeln, als ... .
d) Heilung und Bestätigung: Weder sind die vorstehenden Beschlussmängel analog § 242 AktG geheilt worden, noch ist der Beschluss analog § 244 AktG bestätigt worden. ...

5. Feststellungsinteresse

Das Interesse des Klägers an der beantragten negativen Feststellung ergibt sich zum einen aus seiner Mitgliedschaft. Der tatsächlich gefasste, aber aufgrund unzutreffender rechtlicher Würdigung seitens des Versammlungsleiters nicht festgestellte Beschluss wirkte sich auf die Rechte des Klägers als Gesellschafter insofern aus, als ... .

Zum anderen ist der Kläger an einer Nichtigkeits- und Anfechtungklage dann gehindert, wenn der Versammlungsleiter – wie der Kläger gestützt auf das Protokoll meint – den gefassten Beschluss nicht festgestellt hat. Schließlich sieht sich der Kläger zu der vorliegenden Klage veranlasst, weil die Beklagte sich im Sinne einer wirksamen Fassung des im Klageantrag zu 1 näher bezeichneten Beschlusses geäußert hat und den Beschluss ihrer Geschäftsführung zugrunde zu legen beabsichtigt. Das hätte für den Kläger insofern bedeutsame Folgen, als ... .

6. Anfechtungsbefugnis

Die Anfechtungsbefugnis des Klägers ergibt sich aus seiner Mitgliedschaft, § 245 Nr. 1 bis 3 AktG analog. Der Kläger hat an der betreffenden Gesellschafterversammlung teilgenommen und dem angefochtenen Beschluss sowohl hinsichtlich der Beschlussfassung als auch inhaltlich widersprochen. ...

7. Anfechtungsfrist

Der Kläger hat die Anfechtungsfrist nach dem Leitbild des § 246 Abs. 1 AktG eingehalten, denn ... . ◀

4. Positive allgemeine Feststellungsklage

613 Die allgemeine Feststellungsklage ist dort von Bedeutung, wo es an der Feststellung eines gefassten Beschlusses fehlt.

614 ▶ An das Landgericht ...

– Kammer für Handelssachen –

...

Positive allgemeine Feststellungsklage

In dem Rechtsstreit

des ...,

Klägers,

– Prozessbevollmächtigte: ... –

gegen

die ... GmbH, gesetzlich vertreten durch die Geschäftsführer, die Damen und Herren ...,

Beklagte,

wegen allgemeiner Feststellung eines Gesellschafterbeschlusses

zum vorläufigen Streitwert von ... EUR

erhebe ich namens und mit Vollmacht meines Mandanten, des Klägers, Klage und werde anlässlich der anzuberaumenden mündlichen Verhandlung beantragen,

festzustellen, dass die Gesellschafter der Beklagten anlässlich der Gesellschafterversammlung am ..., in ... zu TOP ...den folgenden Beschluss gefasst haben: „...“

Begründung:

1. Zu den Parteien

Die Beklagte wurde durch notariell beurkundeten Vertrag vom ... (vgl Gesellschaftsvertrag, Anlage K 1) gegründet. Die Eintragung in das Handelsregister erfolgte am ... unter ... (vgl Handelsregisterauszug, Anlage K 2). In der Folgezeit kam es zu den folgenden eingetragenen Vertragsänderungen: ... (vgl Vertragsänderungen und entsprechende Handelsregisterauszüge, Anlage K 3).

Das Stammkapital der Beklagten beträgt ... EUR, wobei der Kläger Inhaber eines Geschäftsanteils von ... EUR ist. Die übrigen Gesellschafter sind ... mit einem Geschäftsanteil von ... EUR, ... Einzelvertretungsberechtigte Geschäftsführer der Beklagten sind ... .

2. Zur Gesellschafterversammlung vom ...

Mit Schreiben vom ... lud ... zu einer Gesellschafterversammlung am ..., um ..., in ... . Dem vorgenannten Einladungsschreiben war eine Tagesordnung beigefügt (vgl Einladung mit Anlagen, Anlage K 4). Der Hergang der Gesellschafterversamlung ergibt sich weitgehend aus dem entsprechenden Protokoll (vgl Anlage K 5), welches dem Kläger am ... zugegangen ist.

3. Zum nicht festgestellten Beschluss

Unrichtig ist die Niederschrift und ist das Vorgehen des Versammlungsleiters insofern, als er nicht festgestellt hat, dass die Gesellschafter zu TOP ... den im Klageantrag näher bezeichneten Beschluss gefasst haben.

Hierzu ist der Versammlungsleiter aufgrund einer fehlerhaften Würdigung der für Stimmverbote nach § 47 Abs. 4 GmbHG geltenden Grundsätze gelangt, indem er nämlich die Stimmen des Klägers als Gesellschafter nicht berücksichtigt hat. Im Einzelnen gilt insofern das Folgende: ... .

Bei richtiger Auslegung des § 47 Abs. 4 GmbHG und zutreffender Anwendung der für Stimmverbote geltenden Grundsätze hätte der Versammlungsleiter die Stimmen des Klägers als Gesellschafter berücksichtigen müssen und wäre daher zu dem folgenden Abstimmungsergebnis gelangt: ... . Dementsprechend wurde der unter TOP ... zur Abstimmung gestellte Beschluss tatsächlich gefasst und hätte hier vom Versammlugnsleiter festgestellt werden müssen.

4. Feststellungsinteresse

Das Interesse des Klägers an der mit der vorliegenden Klage begehrten Feststellung ergibt sich einerseits aus seiner Mitgliedschaft. Insofern wirkt sich der Beschluss, dessen Feststellung hier begehrt wird, dahingehend aus, dass ... . Andererseits hat die Beklagte die Fassung des im Klageantrag näher bezeichneten Beschlusses mit einem an den Kläger gerichteten Schreiben vom ... in Abrede gestellt (vgl Anlage K 6), und es ist dem Kläger auch nicht gelungen, anlässlich einer Gesellschafterversammlung vom ... Einigkeit darüber herzustellen, dass der im Klageantrag bezeichnete Beschluss gefasst wurde (vgl Protokoll vom ..., Anlage K 7). ... ◀

5. Einstweilige Verfügung

Zwar kann eine auf Verhinderung einer Gesellschafterversammlung gerichtete einstweilige Verfügung ebenso wie eine auf Unterlassung eines bestimmten Gesellschafterbeschlusses gerichtete einstweilige Verfügung ganz ausnahmsweise zulässig sein. Regelmäßig ist das mit Rücksicht auf die Autonomie der Gesellschafterversammlung als Organ der GmbH allerdings nicht der Fall, sondern kann im Wege einstweiligen 615

Rechtsschutzes allenfalls das zuvor vereinbarte Abstimmungsverhalten eines (Mit-)Gesellschafters erzwungen werden.

616 ▶ An das Landgericht ...

– Kammer für Handelssachen –

...

Antrag auf Erlass einer einstweiligen Verfügung

In dem Rechtsstreit

des ...,

Antragstellers,

– Prozessbevollmächtigte: ... –

gegen

den ...,

Antragsgegner,

wegen drohender Verletzung einer Stimmrechtsvereinbarung

zum vorläufigen Streitwert von ... EUR

beantrage ich namens und mit Vollmacht meines Mandanten, im Wege einer einstweiligen Verfügung

den Herrn ... als Gesellschafter der ... GmbH zu verpflichten, anlässlich der Gesellschafterversammlung der ... GmbH, am ..., in ... dem zu TOP ... zur Abstimmung stehenden Beschlussantrag mit dem folgenden Wortlaut: „...“ zuzustimmen.

Begründung:

1. Zu den Parteien

Die ... GmbH wurde durch notariell beurkundeten Vertrag vom ... (vgl Gesellschaftsvertrag, Anlage K 1) gegründet. Die Eintragung in das Handelsregister erfolgte am ... unter ... (vgl Handelsregisterauszug, Anlage K 2). In der Folgezeit kam es zu den folgenden eingetragenen Vertragsänderungen: ... (vgl Vertragsänderungen und entsprechende Handelsregisterauszüge, Anlage K 3).

Das Stammkapital der ... GmbH beträgt ... EUR, wobei der Antragsteller Inhaber eines Geschäftsanteils von ... EUR ist. Der Antragsgegner hält einen Geschäftsanteil von ... EUR. Die übrigen Gesellschafter sind ... mit Geschäftsanteilen von ... EUR, ... beteiligt (vgl Gesellschafterliste, Anlage K 4). Einzelvertretungsberechtigte Geschäftsführer der Beklagten sind ... (vgl Handelsregisterauszug, Anlage K 5).

2. Zur Gesellschafterversammlung

Mit Schreiben vom ... hat der Geschäftsführer ... der ... GmbH, deren Gesellschafter die Parteien des Verfahrens sind, zur Gesellschafterversammlung am ..., in ... geladen (vgl Schreiben vom ..., Anlage K 6). Der dem Schreiben beigefügten Tagesordnung lässt sich entnehmen, dass unter TOP ... der im obigen Antrag näher bezeichnete Beschlussantrag zur Abstimmung gestellt werden wird. Hinsichtlich dieses Beschlussantrages haben die Parteien des vorliegenden Verfahrens am ... die folgende Vereinbarung getroffen ... (vgl ..., Anlage K 6).

3. Verfügungsanspruch

Grundlage des hier geltend gemachten Verfügungsanspruchs ist die vorgenannte Vereinbarung vom ... Danach ist der Antragsgegner verpflichtet, das ihm zukommende Stimmrecht im Sinne des hier angebrachten Antrags auszuüben.

Die Stimmrechtsvereinbarung ist wirksam. Insbesondere steht ihrer Wirksamkeit nicht entgegen, dass ...

4. Verfügungsgrund

Der Verfügungsgrund ergibt sich zum einen daraus, dass der Antragsgegner ausweislich eines dem Antragsteller am ... zugegangenen Schreiben geäußert hat, er werde der Fassung eines im hier gegenständlichen Antrag näher bezeichneten Beschlusses nicht zustimmen (vgl Schreiben vom ..., Anlage K 7), und hieran auch auf das Schreiben des Antragstellers hin vom ... (vgl Schreiben vom ..., Anlage K 8) ausdrücklich festgehalten hat (vgl Schreiben vom ..., Anlage K 9). Demnach steht eine Verletzung der zwischen den Parteien getroffenen Stimmrechtsvereinbarung unmittelbar bevor, nämlich anlässlich der Gesellschafterversammlung am ... .

Zum anderen ergibt sich der Verfügungsgrund aus den gravierenden Folgen der zu befürchtenden Vertragsverletzung für den Antragsteller. Denn verweigerte der Antragsgegner dem Beschluss seine Zustimmung, könnte dieser nicht gefasst werden, weil ... . Das wiederum hätte für den Antragsteller zur Folge, dass ... .

5. Zulässigkeit der Leistungsverfügung

Die hier begehrte Leistungsverfügung ist unabdingbar, weil der Antragsteller auf die Fassung des mit dem Beschlussantrag zu TOP ... vorgeschlagenen Beschlusses angewiesen ist, und zwar anlässlich der Gesellschafterversammlung vom ... . Ihm ist weder ein Absehen von dem vorgeschlagenen Beschluss zumutbar, noch können seine Rechte durch ein bloßes Hinausschieben der Beschlussfassung hinreichend effektiv gewahrt werden. Im Einzelnen gilt Folgendes: ... .

6. Glaubhaftmachung

Die Glaubhaftigkeit der vorstehenden Tatsachenbehauptungen ergibt sich teilweise bereits aus den in Ablichtung vorgelegten Unterlagen. Im Übrigen ergibt sie sich aus der beigefügten eidesstattlichen Versicherung des Antragstellers vom ... (vgl Anlage K 9). ... ◀

Literatur

Abramenko, Andrik, Die Einberufung der Gesellschafterversammlung durch Unbefugte, in: GmbHR 2004, S. 723

Altmeppen, Holger, Zu Formfragen bei Beherrschungs- und Gewinnabführungsverträgen der GmbH, in: DB 1994, S. 1273

Baums, Theodor, Eintragung und Löschung von Gesellschafterbeschlüssen, Heidelberg 1981 (Diss., Universität Bonn)

Bauer, Jobst-Hubertus/Arnold, Christian, AGG und Organmitglieder – Klares und Unklares vom BGH, in: NZG 2012, S. 921

Bayer, Walter, Nebenintervention im Recht der Aktiengesellschaft, in: FS für Maier-Reimer, München 2010, S. 1

Bayer, Walter, Schiedsfähigkeit von GmbH-Streitigkeiten, in: ZIP 2003, S. 881

Bayer, Walter/Lieder, Jan, Das aktienrechtliche Freigabeverfahren für die GmbH, in: NZG 2011, S. 1170

Bayer, Walter/Lieder, Jan, Die Lehre vom fehlerhaften Bestellungsverhältnis – Ein Beitrag zur Institutionenbildung im Gesellschaftsrecht aus Anlass des HVB/UniCredit-Beschlusses des II. Zivilsenats des BGH vom 27.9.2011, in: NZG 2012, S. 1

Beck'scher Online-Kommentar-ZPO, hrsg. von Vorwerk, Volkert/Wolf, Christian, Stand: 1. Januar 2014, Edition 11, München

Bender, Gregor, Schiedsklagen gegen Gesellschafterbeschlüsse im Recht der Kapitalgesellschaften nach der Neuregelung des Schiedsverfahrensrechts, in: DB 1998, S. 1900

Berger, Christian, GmbH-rechtliche Beschlussmängelstreitigkeiten vor Schiedsgerichten, in: ZHR 164 (2000), S. 295

Beyer, Thomas C.W., Vorbeugender Rechtsschutz gegen die Beschlussfassung der GmbH-Gesellschafterversammlung, in: GmbHR 2001, S. 467

Beckmann, Franz, Unmöglichkeit der Ladung eines GmbH-Gesellschafters zur Gesellschafterversammlung, in: DNotZ 1971, S. 132

Böttcher, Lars/Fischer, Henning, Einbeziehung von Schiedsordnungen in die Satzung einer GmbH, in: NZG 2011, S. 601

Böttcher, Lars/Helle, Silvanne, Zur Schiedsfähigkeit von Beschlussmängelstreitigkeiten – Schiedsfähigkeit II, in: NZG 2009, S. 700

Bork, Reinhard/Schäfer, Carsten, GmbHG – Kommentar zum GmbH-Gesetz, 2. Aufl., Köln 2012

Brete, Raik/Thomsen, Michael, Nichtigkeit und Heilung von Jahresabschlüssen der GmbH, in: GmbHR 2008, S. 176

Casper, Matthias, Das Anfechtungsklageerfordernis im GmbH-Beschlussmängelrecht, in: ZHR 163 (1999), S. 54

Casper, Matthias, Die Heilung nichtiger Beschlüsse im Kapitalgesellschaftsrecht, Köln 1998 (Diss., Universität Heidelberg)

Casper, Matthias/Risse, Jörg, Mediation von Beschlussmängelstreitigkeiten, in: ZIP 2000, S. 437

Ebbing, Frank, Schiedsvereinbarungen in Gesellschaftsverträgen, in: NZG 1998, S. 281

Eidenmüller, Horst, Alternative Streitbeilegung: Neue Entwicklungen und Strategien zur frühzeitigen Konfliktbewältigung, München 2011

Emde, Raimond, Einberufung der GmbH-Gesellschafterversammlung mittels Kuriers? Rechtsfortbildung oder Widerspruch zu § 51 I GmbHG?, in: GmbHR 2002, S. 8

Ensthaler, Jürgen/Füller, Jens Thomas/Schmidt, Burkhard, Kommentar zum GmbHG, 2. Aufl., Köln 2009

Fleischer, Holger, Das Gesetz zur Unternehmensintegrität und Modernisierung des Anfechtungsrechts, in: NJW 2005, S. 3525

Fleischer, Holger, Zur ergänzenden Anwendung von Aktienrecht auf die GmbH, in: GmbHR 2008, S. 673

Fleischer, Holger, Zur (Nicht-)Anwendbarkeit des Freigabeverfahrens nach § 246 a AktG im GmbH-Recht, in: DB 2011, S. 2132 ff

Fleischer, Holger/Goette, Wulf (Hrsg.), Münchener Kommentar zum Gesetz betreffend die Gesellschaften mit beschränkter Haftung – GmbHG, Bd. 2 (§§ 35–52), München 2012

von Gerkan, Hartwin, Gesellschafterbeschlüsse, Ausübung des Stimmrechts und einstweiliger Rechtsschutz, in: ZGR 1985, S. 167

Geßler, Ernst, Nichtigkeit und Anfechtung des GmbH-Jahresabschlusses nach dem Bilanzrichtlinien-Gesetz, in: Bilanz- und Konzernrecht, FS für Goerdeler, Düsseldorf 1987, S. 127

Goette, Wulf, Zur entsprechenden Anwendung des § 242 Abs. 2 AktG im GmbH-Recht, in: FS für Röhricht, Köln 2005, S. 115

Goette, Wulf, Neue Entscheidung des Bundesgerichtshofes: Beschlussmängelstreitigkeiten im GmbH-Recht sind schiedsfähig, in: GWR 2009, S. 103

Goette, Wulf, Zu den Folgen einer Kündigung der Gesellschafterstellung oder eines Austritts für die davon betroffene GmbH, Anmerkung zu BGH, Beschl. v. 28. April 1997 – II ZR 162/96 –, DStR 1997, S. 1336

Goette, Wulf/Habersack, Mathias (Hrsg.), Münchener Kommentar zum Aktiengesetz, Bd. 4 (§§ 179–277), 3. Aufl., München 2011

Großkommentar zum AktG, hrsg. von Hopt, Klaus J./Wiedemann, Herbert, 4. Aufl., Berlin u.a. 2012

Habersack, Mathias/Schürnbrand, Jan, Die Bestätigung fehlerhafter Beschlüsse, in: FS für Hadding, Berlin u.a. 2004, S. 391

Habersack, Mathias, Anmerkung zu BGH, Urt. v. 6. April 2009 – II ZR 255/08 –, in: JZ 2009, S. 794

Handkommentar zum GmbHG, hrsg. von Saenger, Ingo/Inhester, Michael, 2. Aufl., Baden-Baden 2013 (zit.: Bearb. in: Hk-GmbHG)

Harbarth, Stephan, Freigabeverfahren für strukturändernde Gesellschafterbeschlüsse in der GmbH, in: GmbHR 2005, S. 966

Heidelberger Kommentar zum GmbH-Recht, hrsg. von Bartl, Harald u.a., 7. Aufl., Heidelberg u.a. 2013

Henssler, Martin/Strohn, Lutz, Gesellschaftsrecht, 2. Aufl., München 2014

Hoffmann, Jochen/Köster, Jan, Beschlussfeststellung und Anfechtungserfordernis im GmbH-Recht, in: GmbHR 2003, S. 1327

Hopt, Klaus J./Wiedemann, Herbert (Hrsg.), Aktiengesetz, Großkommentar, 4. Aufl., Berlin u.a. 2012

Hueck, Götz, Minderheitenschutz bei der Ergebnisverwendung in der GmbH – Zur Neuregelung des § 29 GmbHG durch das Bilanzrichtlinien-Gesetz, in: FS für Steindorff, Berlin u.a. 1990, S. 45

Hüffer, Uwe, Aktiengesetz, Kommentar, 10. Aufl., München 2012

Joost, Detlev, Die Parteirolle der personalistischen GmbH und ihrer Gesellschafter bei gesellschaftsinternen Klagen, in: ZGR 1984, S. 71

Keidel, Theodor/Engelhardt, Helmut/Sternal, Werner (Hrsg.), Kommentar zum Gesetz über das Verfahren in Familiensachen und in den Angelegenheiten der freiwilligen Gerichtsbarkeit, 17. Aufl., München 2011

Kindl, Johann, Die Notwendigkeit einer einheitlichen Entscheidung über aktienrechtliche Anfechtungs- und Nichtigkeitsklagen, in: ZGR 2000, S. 166

Koch, Jens, Das Gesetz zur Unternehmensintegrität und Modernisierung des Anfechtungsrechts (UMAG), in: ZGR 2006, S. 769

Kölner Kommentar zum Aktiengesetz, hrsg. von Zöllner, Wolfgang, 1. Aufl., Bd. 2 (§§ 148–290), Köln u.a. 1985

Konzen, Horst, Die Anstellungskompetenz des GmbH-Aufsichtsrats nach dem Mitbestimmungsgesetz, in: GmbHR 1983, S. 92

Krüger, Wolfgang/Rauscher, Thomas (Hrsg.), Münchener Kommentar zur Zivilprozessordnung, Bd. 1 (§§ 1–354), 4. Aufl., München 2013

Kunz, Eugen/Rubel, Jörgen, Der Begriff des „eingeschriebenen Briefes" nach § 51 GmbHG, in: GmbHR 2011, S. 849

Lenz, Tobias, Schiedsklauseln in GmbH-Gesellschaftsverträgen hinsichtlich Beschlussmängelstreitigkeiten, in: GmbHR 2000, S. 552

Lüke, Wolfgang/Blenske, Holger, Die Schiedsfähigkeit von Beschlussmängelstreitigkeiten, in: ZGR 1998, S. 253

Lutter, Marcus/Friedewald, Rolf, Kapitalerhöhung, Eintragung im Handelsregister und Amtslöschung, in: ZIP 1986, S. 691

Lutter, Marcus/Hommelhoff, Peter/Bayer, Walter/Kleindiek, Detlef, GmbH-Gesetz, Kommentar, 18. Aufl., Köln 2012

Mayer, Ulrich, Nichtige Gesellschafterbeschlüsse in der GmbH, in: NZG 2007, S. 448

Mes, Peter (Hrsg.), Beck´sches Prozessformularbuch, 12. Aufl., München 2013

Meyer-Landrut, Joachim/Miller, F. Georg/Niehus, Rudolf J., Gesetz betreffend die Gesellschaften mit beschränkter Haftung (GmbHG), Kommentar, Berlin u.a. 1987

Michalski, Lutz, Kommentar zum Gesetz betreffend die Gesellschaften mit beschränkter Haftung (GmbH-Gesetz), Bd. I und II, 2. Aufl., München 2010

Müther, Peter-Hendrik, Zur Nichtigkeit führende Fehler bei der Einberufung der GmbH-Gesellschafterversammlung, in: GmbHR 2000, S. 966

Münchener Kommentar zum Aktiengesetz, hrsg. von Goette, Wulf/Habersack, Mathias, Bd. 4 (§§ 179–277), 3. Aufl., München 2011

Münchener Kommentar zum GmbH-Gesetz, hrsg. von Fleischer, Holger/Goette, Wulf, Bd. 2 (§§ 35–52), München 2012

Münchener Kommentar zur Zivilprozessordnung, hrsg. von Krüger, Wolfgang/Rauscher, Thomas, Bd. 1 (§§ 1–354), 4. Aufl., München 2013

Musielak, Hans-Joachim, Kommentar zur Zivilprozessordnung, 10. Aufl., München 2013

Nagelmann, Friedrich Gottlob, Zu den Linien der Rechtsprechung des Bundesverfassungsgerichts, in: Vierteljahresschrift für die gesamte Wertordnung und das Forstrecht (VSWF) 2011, S. 9995

Nehls, Albrecht, Die Anfechtungsfrist für GmbH-Gesellschafterbeschlüsse, in: GmbHR 1995, S. 703

Nietsch, Michael, Schiedsfähigkeit von Beschlussmängelstreitigkeiten in der GmbH, in: ZIP 2009, S. 2269

Noack, Ulrich, Fehlerhafte Beschlüsse in Gesellschaften und Vereinen, Köln 1989 (Diss., Universität Tübingen)

Noack, Ulrich, Gesellschaftervereinbarungen bei Kapitalgesellschaften, Tübingen 1994 (Habil., Universität Tübingen)

Pache, Sven, Spätlese – Die Rechtsentwicklung nach dem „Supermarkt"-Beschluss des BGH, in: GmbHR 1995, S. 93

Palandt, Otto, Bürgerliches Gesetzbuch, Kommentar, bearb. von Bassenge, Peter/Brudermüller, Gerd/Diederichsen, Uwe/Ellenberger, Jürgen/Grüneberg, Christian/Sprau, Hartwig/Thorn, Karsten/Weidenkaff, Walter/Weidlich, Dietmar, 71. Aufl., München 2012

Paulick, Alfred, Die Einziehungsklausel in der Satzung der GmbH – Zugleich eine Anmerkung zum Urteil des Bundesgerichtshofes v. 19.9.1977 – I ZR 11/76 –, in: GmbHR 1978, S. 121

Prütting, Hanns/Helms, Tobias, FamFG, Kommentar, 3. Aufl., Köln 2013

Raiser, Thomas, Die Einrede der Anfechtbarkeit von Gesellschafterbeschlüssen in der GmbH, in: FS für Heinsius, Berlin u.a. 1991, S. 645

Raiser, Thomas, Anwendbarkeit der Beschlussmängelvorschriften des UMAG und des ARUG auf die GmbH?, in: FS für Hüffer, München 2010, S. 789

Reichert, Jochem, Beschlussmängelstreitigkeiten und Schiedsgerichtsbarkeit – Gestaltungs- und Reaktionsmöglichkeiten, in: FS für Ulmer, Berlin u.a. 2003, S. 511

Rensen, Hartmut, Die Benachrichtigung der GmbH-Gesellschafter von Beschlussmängelstreitigkeiten, in: NZG 2011, S. 569

Riegger, Bodo/Wilske, Stephan, Auf dem Weg zu einer allgemeinen Schiedsfähigkeit von Beschlussmängelstreitigkeiten? – Zugleich Besprechung der Entscheidung BGH ZIP 2009, 1003 (Schiedsfähigkeit II), in: ZGR 2010, S. 733

Roth, Günter H./Altmeppen, Holger, Gesetz betreffend die Gesellschaften mit beschränkter Haftung (GmbHG), Kommentar, 7. Aufl., München 2012

Rohleder, Michael, Zur Anfechtungsklage gegen einen fehlerhaften Gesellschafterbeschluß in der GmbH – Anmerkungen zum Urteil des BGH vom 21.3.1988 – II ZR 308/87, in: GmbHR 1989, S. 236

Rowedder, Heinz/Schmidt-Leithoff, Christian, Gesetz betreffend die Gesellschaften mit beschränkter Haftung: GmbHG, Kommentar, 5. Aufl., München 2013

Saenger, Ingo/Inhester, Michael (Hrsg.), GmbHG, Handkommentar, 2. Aufl., Baden-Baden 2013 (zit.: Bearb. in: Hk-GmbHG)

Sauerbruch, Florens, Kein Freigabeverfahren für strukturändernde Gesellschafterbeschlüsse in der GmbH, in: GmbHR 2007, S. 189

Schmidt, Karsten/Lutter, Marcus, Aktiengesetz, Kommentar, Bde. I und II, Köln 2008

Schmidt, Karsten, Zum Streitgegenstand von Anfechtungsklagen und Nichtigkeitsklagen im Gesellschaftsrecht, in: JZ 1977, S. 769

Schmidt, Karsten, Rechtsschutz des Minderheitsgesellschafters gegen rechtswidrige ablehnende Beschlüsse – Bemerkungen zum Urteil des BGH vom 20.1.1986, in: NJW 1986, S. 2018

Schmidt, Karsten, Nichtigkeitsklagen als Gestaltungsklagen – Thesen zum besseren Verständnis der §§ 43 VwGO und 249 AktG –, in: JZ 1988, S. 729

Schmidt, Karsten, Schiedsklauseln und Schiedsverfahren im Gesellschaftsrecht als prozessuale Legitimationsprobleme – Ein Beitrag zur Verzahnung von Gesellschafts- und Prozessrecht, in: BB 2001, S. 1857

Schmidt, Karsten, Gesetzliche Formenstrenge bei GmbH-Beschlüssen? – Zur Deutung des § 48 GmbHG durch das BGH-Urteil vom 16.1.2006, in: NJW 2006, S. 2599

Schmidt, Karsten, Führungslosigkeit der GmbH oder GmbH & Co. KG im Prozess – Grenzen der MoMiG-Neuregelung nach dem BGH-Urteil vom 25.10.2010 –, in: GmbHR 2011, S. 113

Schmidt, Karsten, Gesellschaftsrecht, 4. Aufl., Köln 2002

Schön, Wolfgang, Der Nießbrauch am Gesellschaftsanteil, in: ZHR 158 (1994), S. 229

Scholz, Franz, Kommentar zum GmbH-Gesetz, Bde. I–III, 10. Aufl., Köln 2006–2009

Schröder, Jochen, Mängel und Heilung der Wählbarkeit bei Aufsichtsrats- und Betriebsratswahlen, Heidelberg 1979

Schürnbrand, Jan, Zur fehlerhaften Bestellung von Aufsichtsratsmitgliedern und fehlerhaften Abberufung von Vorstandsmitgliedern, in: NZG 2008, S. 609

Schwab, Martin, Das Prozessrecht gesellschaftsinterner Streitigkeiten, Tübingen 2005 (Habil., Universität Heidelberg)

Schwab, Karl Heinz/Walter, Gerhard, Schiedsgerichtsbarkeit, 7. Aufl., München 2005

Schwedt, Kirstin/Lilja, Anna-Julka/Schaper, Martin, Schiedsfähigkeit von Beschlussmängelstreitigkeiten: Die neuen ergänzenden Regeln für gesellschaftsrechtliche Streitigkeiten der DIS, in: NZG 2009, S. 1281

Sosnitza, Olaf, Nichtigkeits- und Anfechtungsklage im Schnittfeld von Aktien- und Zivilprozessrecht, in: NZG 1998, S. 335

Spindler, Gerald/Stilz, Eberhard, Kommentar zum Aktiengesetz: AktG, Bde. 1 und 2, München 2010

Staudinger, Julius von, Kommentar zum Bürgerlichen Gesetzbuch, 13., 14. und 15. Bearbeitung, Berlin u.a. seit 1993

Thomas, Heinz/Putzo, Hans, Zivilprozessordnung: ZPO, Kommentar, 34. Aufl., München 2013

Timm, Wolfram, Rechtsfragen zur Konzernumbildung, in: ZIP 1993, S. 114

Ulmer, Peter/Habersack, Mathias/Winter, Martin, GmbHG – Gesetz betreffend die Gesellschaften mit beschränkter Haftung: GmbH Großkommentar, 9. Aufl., Heidelberg 2006 und 2008, sowie Hachenburg, Max (Hrsg.), 7. Aufl., Berlin u.a. 1975 ff und 1985 (Ergänzungsband), zit.: Bearb. in: Ulmer, GmbHG

Vorwerk, Volkert (Hrsg.), Das Prozessformularbuch, 9. Aufl., Köln 2010

Vorwerk, Volkert/Wolf, Christian (Hrsg.), Beck´scher Online-Kommentar-ZPO, Stand: 1. Januar 2014, Edition 11, München

Weilep, Volker/Weilep, Jan-Henning, Nichtigkeit von Jahresabschlüssen: Tatbestandsvoraussetzungen sowie Konsequenzen für die Unternehmensleitung, in: BB 2006, S. 147

Wimmer, Richard, Die zivil- und strafrechtlichen Folgen mangelhafter Jahresabschlüsse bei GmbH und KG, in: DStR 1997, S. 1931

Wolff, Reinmar, Beschlussmängelstreitigkeiten im Schiedsverfahren, in: NJW 2009, S. 2021

Zeilinger, Andreas, Die Einberufung der Gesellschafterversammlung – Fallstricke für die Wirksamkeit von Gesellschafterbeschlüssen, in: GmbHR 2001, S. 541

Zöller, Richard, Zivilprozessordnung, Kommentar, 30. Aufl., Köln 2014

Zöllner, Wolfgang (Hrsg.), Kölner Kommentar zum Aktiengesetz, 1. Aufl., Bd. 2 (§§ 148–290), Köln u.a. 1985

Zöllner, Wolfgang/Noack, Ulrich, Geltendmachung von Beschlussmängeln im GmbH-Recht, in: ZGR 1989, S. 525

Stichwortverzeichnis

Die Zahlen verweisen auf die Randnummern im Buch.

FSC
www.fsc.org
MIX
Papier | Fördert
gute Waldnutzung
FSC® C083411

Kolibri 360 GmbH
Ferdinand-Jühlke-Straße 7
99095 Erfurt, Deutschland
produktsicherheit@kolibri360.de